A. Cadoppi-P. Veneziani, *Elementi di diritto penale. Parte generale*. Settima edizione

ALBERTO CADOPPI - PAOLO VENEZIANI

ELEMENTI DI DIRITTO PENALE
PARTE GENERALE

Settima edizione

Wolters Kluwer

CEDAM

Composizione: Integra Software Services Pvt.Ltd

Finito di stampare nel mese di agosto 2018
dalla L.E.G.O. S.p.A.
Viale dell'Industria, 2 - 36100 - Vicenza

Alla memoria
di Pietro Nuvolone e Franco Bricola

«Felice quella nazione dove le leggi non fossero una scienza!»
(C. BECCARIA, *Dei delitti e delle pene,*
ed. V, Harlem [ma Livorno], 1766, § XIV)

«Che la civiltà giuridica del presente possa ricordarsi che anche il diritto penale è hominum causa constitutum»
(A. CAVANNA, *Il codice penale napoleonico. Qualche considerazione generalissima,* in S. VINCIGUERRA (a cura di), *Codice dei delitti e delle pene pel Regno d'Italia* (1811). Ristampa anastatica, Padova, 2001, p. XXI)

INDICE-SOMMARIO

INTRODUZIONE

Capitolo I

IL DIRITTO PENALE

Capitolo II

CENNI STORICI

CAPITOLO III

IL QUADRO ATTUALE

PARTE PRIMA

I PRINCÌPI COSTITUZIONALI

CAPITOLO I

PREMESSA: I PRINCÌPI COSTITUZIONALI FONDAMENTALI IN MATERIA PENALE

CAPITOLO II

IL PRINCIPIO DI LEGALITÀ

Capitolo III

I PRINCÌPI DI MATERIALITÀ E DI OFFENSIVITÀ

Capitolo IV

IL PRINCIPIO DI COLPEVOLEZZA

PARTE SECONDA

LA LEGGE PENALE E LA SUA APPLICAZIONE

CAPITOLO I

PREMESSA

CAPITOLO II

LA LEGGE PENALE NEL TEMPO

CAPITOLO III

LA LEGGE PENALE NELLO SPAZIO

CAPITOLO IV

L'INTERPRETAZIONE DELLA LEGGE PENALE

PARTE TERZA

IL REATO

CAPITOLO I

NOZIONI GENERALI

SEZIONE I

LA TIPICITÀ

CAPITOLO I

LA TIPICITÀ: PREMESSA

CAPITOLO II

IL SOGGETTO ATTIVO

CAPITOLO III

LA CONDOTTA

CAPITOLO IV

L'EVENTO

CAPITOLO V

IL NESSO CAUSALE

SEZIONE II
L'ANTIGIURIDICITÀ

CAPITOLO I
PREMESSA

CAPITOLO II
LA LEGITTIMA DIFESA

CAPITOLO III
LO STATO DI NECESSITÀ

Capitolo IV

IL CONSENSO DELL'AVENTE DIRITTO

Capitolo V

L'ESERCIZIO DI UN DIRITTO

Capitolo VI

L'ADEMPIMENTO DI UN DOVERE

CAPITOLO VII

L'USO LEGITTIMO DELLE ARMI

SEZIONE III

LA COLPEVOLEZZA

CAPITOLO I

PREMESSA

CAPITOLO II

IL DOLO E L'ERRORE

CAPITOLO III

LA COLPA

CAPITOLO IV

LA PRETERINTENZIONE E LA RESPONSABILITÀ OGGETTIVA

Capitolo V

L'ERRORE SUL PRECETTO

Capitolo VI

L'IMPUTABILITÀ

CAPITOLO VII

LE ALTRE CAUSE DI ESCLUSIONE DELLA COLPEVOLEZZA

PARTE QUARTA

LE FORME DI MANIFESTAZIONE DEL REATO

CAPITOLO I

LE FORME DI MANIFESTAZIONE DEL REATO: PREMESSA

CAPITOLO II

LE CIRCOSTANZE DEL REATO

Capitolo III

IL TENTATIVO

CAPITOLO IV

IL CONCORSO DI PERSONE NEL REATO

Capitolo V

UNITÀ E PLURALITÀ DI REATI

Parte Quinta

PENE, PUNIBILITÀ E MISURE DI SICUREZZA

Capitolo I

NOZIONI INTRODUTTIVE

Capitolo II

LE PENE PRINCIPALI

CAPITOLO III

LE PENE ACCESSORIE

CAPITOLO IV

LA COMMISURAZIONE DELLA PENA

CAPITOLO V

LE VICENDE DELLA PUNIBILITÀ

Capitolo VI

LE MISURE DI SICUREZZA

CAPITOLO VII

CONSEGUENZE CIVILI DEL REATO

PREFAZIONE ALLA SETTIMA EDIZIONE

In questa settima edizione, oltre ad aggiornare la trattazione riportando alcuni tra i più recenti riferimenti dottrinali e giurisprudenziali, si è dato altresì conto delle molte ed importanti riforme legislative intervenute negli ultimi tre anni e che hanno interessato la parte generale del diritto penale. Tra tutte, si considerino i d.lgs. 15 gennaio 2016, n. 7 e n. 8, in tema di abrogazione di reati e introduzione di illeciti con sanzioni pecuniarie civili, il primo, e di depenalizzazione, il secondo; la l. 8 marzo 2017, n. 24 (c.d. riforma "Gelli-Bianco"), in tema di responsabilità colposa per gli esercenti le professioni sanitarie; l'intervento in tema di cause estintive del reato realizzato con la l. 23 giugno 2017, n. 103, con la quale si è riformata la disciplina della prescrizione ed introdotto l'istituto dell'estinzione del reato conseguente a condotte riparatorie, di cui al nuovo art. 162-ter c.p.; la l. 22 dicembre 2017, n. 219 («Norme in materia di consenso informato e di disposizioni anticipate di trattamento»); il d.lgs. 1 marzo 2018, n. 21, che ha introdotto nel codice penale, in particolare, il principio della riserva di codice (art. 3-bis c.p.) e la confisca in casi particolari o c.d. "allargata" (art. 240-bis c.p.).

L'aggiornamento ha inoltre tenuto conto degli apporti provenienti dalle norme e dalla giurisprudenza sovranazionali, con particolare riferimento ai nuovi perimetri applicativi delle garanzie fondamentali nel diritto penale e, in senso lato, punitivo.

Ringraziamo per la preziosa collaborazione i dottori Mattia Celva, Massimiliano Lanzi, Matteo L. Mattheudakis, Francesco Mazzacuva e Martina E. Salerno.

Parma, 7 luglio 2018

ALBERTO CADOPPI – PAOLO VENEZIANI

PREFAZIONE ALLA SESTA EDIZIONE

In questa sesta edizione, oltre ad aggiornare la dottrina e la giurisprudenza, si è tenuto conto delle principali novità legislative relative alla parte generale: in particolar modo, di istituti riconducibili alla l. 28 aprile 2014, n. 67 («Deleghe al Governo in materia di pene detentive non carcerarie e di riforma del sistema sanzionatorio. Disposizioni in materia di sospensione del procedimento con messa alla prova e nei confronti degli irreperibili»), quali l'«esclusione della punibilità per particolare tenuità del fatto», prevista dal nuovo art. 131-bis c.p., introdotto dal d.lgs. attuativo 16 marzo 2015, n. 28, nonché la «sospensione del procedimento con messa alla prova», prevista dal nuovo art. 168-bis c.p.

Ringraziamo per la preziosa collaborazione i dottori Mattia Celva, Matteo Mattheudakis e Francesco Mazzacuva.

Parma, 4 giugno 2015

ALBERTO CADOPPI – PAOLO VENEZIANI

PREFAZIONE ALLA QUINTA EDIZIONE

In questa quinta edizione si è tenuto conto, oltre che dei principali aggiornamenti bibliografici, delle novità più significative che hanno riguardato la parte generale dell'ordinamento penale. Tali novità si sono registrate soprattutto nel diritto c.d. "vivente", tanto in materia di principi costituzionali (con particolare riferimento all'evoluzione del rapporto tra diritto penale e fonti sovranazionali e alle sue ricadute sul principio di legalità) quanto su importanti profili di teoria del reato quali il rapporto di causalità (a dieci anni dalla nota sentenza Franzese*) e l'elemento soggettivo (ad esempio, in tema di dolo eventuale). Si è altresì dato rilievo ad alcuni recenti sviluppi dottrinali in tema, fra l'altro, di rapporti fra offensività e* harm principle.

Ringraziamo per la preziosa collaborazione i dottori Matteo Mattheudakis e Francesco Mazzacuva.

Parma, 20 giugno 2012

ALBERTO CADOPPI – PAOLO VENEZIANI

PREFAZIONE ALLA QUARTA EDIZIONE

In questa quarta edizione, oltre ad aggiornare la dottrina e la giurisprudenza, si è tenuto conto delle principali novità legislative relative alla parte generale: in particolar modo, del d.lgs. 9 aprile 2008, n. 81 (c.d. «testo unico in materia di tutela della salute e della sicurezza nei luoghi di lavoro», già modificato in punti significativi dal d.lgs. 3 agosto 2009, n. 106), che ha previsto una disciplina specifica per la delega di funzioni di sicurezza sul lavoro; nonché del d.l. 23 maggio 2008, n. 92, conv. in l. 24 giugno 2008, n. 125 e della l. 15 luglio 2009, n. 94 (c.d. «pacchetti sicurezza») che, tra l'atro, hanno inciso sulle circostanze del reato.

Ringraziamo per la preziosa collaborazione i dottori Matteo Mattheudakis e Francesco Mazzacuva.

Parma, 22 giugno 2010

ALBERTO CADOPPI – PAOLO VENEZIANI

PREFAZIONE ALLA TERZA EDIZIONE

In questa terza edizione si è tenuto conto delle principali novità legislative relative alla parte generale: in particolar modo della l. 5 dicembre 2005, n. 251 (c.d. «ex Cirielli»), che ha riformato, tra l'altro, la recidiva e la prescrizione; della l. 13 febbraio 2006, n. 59, che ha introdotto la c.d. legittima difesa domiciliare (o «allargata»); nonché della l. 24 febbraio 2006, n. 85, che, nel riformare i reati di opinione, ha modificato il testo dell'art. 2 c.p., in tema di successione di leggi penali nel tempo.

L'aggiornamento riguarda naturalmente anche la dottrina e la giurisprudenza. La grafica è stata poi migliorata, al fine di rendere più agevole la lettura.

Va rilevato che nel frattempo è intervenuta la «riforma della riforma» del percorso di studi di Giurisprudenza. Il presente manuale è stato concepito originariamente per i trienni (v. Prefazione alla I^a^ ed., infra*), ma pensiamo che oggi possa essere utilizzato con profitto anche per lo studio dell'esame di Diritto penale I nell'ambito della laurea quinquennale in Giurisprudenza (anch'essa peraltro* sub judice *in questo momento). La semplicità, la sintesi e la chiarezza, infatti – che sono gli obiettivi cui principalmente abbiamo mirato fin dalla I^a^ edizione – debbono caratterizzare anche i libri di testo del nuovo percorso di studi, specie relativamente agli insegnamenti di base, tra cui si deve certamente annoverare anche il Diritto penale I. Comunque, alcuni ampliamenti ed approfondimenti rispetto alle precedenti edizioni sono stati dettati anche dalle predette nuove esigenze didattiche.*

Ringraziamo per la preziosa collaborazione i dottori Silvia Basini, Malaika Bianchi e Gianluca Billo.

Parma, 7 febbraio 2007

ALBERTO CADOPPI – PAOLO VENEZIANI

PREFAZIONE ALLA SECONDA EDIZIONE

La presente seconda edizione della Parte generale degli Elementi costituisce sostanzialmente un aggiornamento della prima edizione. Non è stata infatti alterata la struttura dell'opera, già descritta nella Prefazione dell'edizione precedente. Ci si è limitati a tener conto delle leggi più recenti, e dei più significativi sviluppi giurisprudenziali che hanno inciso sulla parte generale. Si è poi considerata l'evoluzione dottrinale, di cui si trova riscontro anche nell'aggiornamento delle note bibliografiche.

Si ringraziano per l'apporto alla realizzazione di questa edizione i dottori Stefano Delsignore, Anna Ferrari e Luca Monticelli.

Parma, 29 giugno 2004

ALBERTO CADOPPI – PAOLO VENEZIANI

PREFAZIONE

Il presente manuale ha come principale obiettivo la formazione penalistica – nell'ambito della parte generale – degli studenti del triennio di base in scienze giuridiche, od eventualmente di altri trienni attivati dalle Facoltà di Giurisprudenza a seguito della recente riforma: questo dà ragione delle dimensioni tutto sommato contenute del volume.

In una siffatta prospettiva, abbiamo ritenuto opportuno privilegiare essenzialmente la chiarezza dell'esposizione, sia nei contenuti che nella forma.

A questo fine, abbiamo cercato di evitare di affrontare questioni dogmatiche eccessivamente astratte, delineando peraltro quelle apparse utili o a fini didattici, o a fini di risoluzione pratica di questioni di diritto positivo.

Per rendere maggiormente comprensibili e concreti i concetti esposti, si è poi fatto ampio, e talora volutamente sovrabbondante utilizzo di esempi. Le espressioni latine, inoltre, sono state quasi sempre affiancate dalla traduzione, quantomeno al primo utilizzo.

Ancora, al fine di agevolare al massimo la lettura, sono stati impiegati alcuni accorgimenti tipografici: tra l'altro, si sono utilizzati il carattere "grassetto" per evidenziare i concetti e le terminologie più importanti; ed il "sottolineato" per i brani tratti tra virgolette da articoli di legge; riservando il "corsivo" per le parole straniere (e latine).

Sempre allo scopo di non appesantire troppo la lettura, si sono evitate le note a piè di pagina, e solo occasionalmente si sono citati, fra parentesi, gli Autori da considerarsi tra i principali sostenitori di una qualche tesi. Peraltro, in apertura del volume, è stata inserita una bibliografia concernente manuali, trattati e commentari; e alla fine di quasi tutti i Capitoli (laddove ciò si è ritenuto appropriato), si è annessa una bibliografia essenziale, che copre le più importanti monografie e voci su enciclopedie riguardanti i temi contenuti nel Capitolo stesso; per ragioni di spazio, si è esclusa la menzione degli articoli e delle note a sentenza.

Quanto all'impostazione dell'opera, essa – sempre nella prospettiva suesposta – mira a fornire ai lettori un quadro esauriente ma sintetico del "diritto penale italiano", limitatamente alla parte generale (sulla nozione, v. infra, *Introduzione, Cap. I, par. 4). In sostanza, non si è voluto confezionare un manuale "originale", né "peculiare" degli autori, piuttosto privilegiando l'esigenza di offrire un panorama il più possibile "obiettivo" del* ius criminale *italiano attuale nelle sue varie componenti. Si è all'uopo distinto accuratamente, nel testo, fra i tre principali "formanti" del diritto: legge, dottrina e giurisprudenza. E, nell'esposizione dei vari istituti, si è cercato di tener conto di tutti e tre i formati menzionati, non sempre – come è noto – in accordo simbiotico tra loro. Quanto alla legge, visto che il nostro diritto penale è* in primis *ispirato al principio di stretta legalità, abbiamo cercato di non omettere mai la citazione del testo del codice o di qualche altro documento normativo da cui l'istituto trattato ha preso forma: come si diceva, utilizzando in tal caso il "sottolineato".*

Nel menzionare le opinioni della dottrina, abbiamo sempre cercato di evidenziare la tesi da noi ritenuta maggioritaria sul tema di volta in volta trattato, eventualmente esprimendo, se del caso, il nostro motivato dissenso in proposito. Infine, quanto alla giurisprudenza, vista l'importanza che ad essa è opportuno attribuire specie ai fini della ricostruzione del "diritto vivente", abbiamo fatto il possibile per tenerne conto, specie laddove sia risultata ricostruibile una giurisprudenza consolidata. Anche in relazione alla terminologia, ci siamo tendenzialmente astenuti dal coniare nuove espressioni lessicali, adeguandoci di regola a quelle più diffuse.

Una precisazione, poi, sui "destinatari". Il fatto che l'opera sia stata pensata per gli studenti del triennio – ciò dà anche ragione del titolo, peraltro sedimentato nella nostra tradizione penalistica – non sembra ostare all'utilizzabilità di essa da parte di un pubblico diverso: pensiamo a studenti di qualche biennio specialistico, o a laureati che vogliano prepararsi per qualche esame o concorso. Gli uni e gli altri potrebbero integrare la lettura degli «Elementi», attraverso approfondimenti dottrinali e giurisprudenziali. Infine, può essere che qualche magistrato, qualche avvocato, e, perché no, qualche nostro collega professore, possa avere interesse alla lettura di questo lavoro, e possa soprattutto segnalarci i nostri più gravi errori ed omissioni, di cui facciamo sin d'ora ammenda a tutti i lettori.

Un ringraziamento, infine, ai dottori Stefano Delsignore e Luca Monticelli, per l'aiuto fornitoci nella stesura delle note bibliografiche e dell'indice analitico.

Parma, 21 gennaio 2002

ALBERTO CADOPPI – PAOLO VENEZIANI

MANUALI, TRATTATI E COMMENTARI

AA.VV., *Diritto penale. Parte generale*[14], Napoli, 2012.

AA.VV., *Introduzione al diritto penale internazionale*[2], Milano, 201.

AA.VV., *Introduzione al sistema penale*[4], Vol. I, Torino, 2012.

AA.VV., *Introduzione al sistema penale*, Vol. II, Torino, 2001.

ALEO S., *Il sistema penale*[3], Milano, 2008.

ALEO S., *Diritto penale. Parte generale*[2], Padova, 2010.

ANTOLISEI F., *Manuale di diritto penale. Parte generale*[16], Milano, 2003.

ANTOLISEI F.-CONTI L., *Istituzioni di diritto penale*, Milano, 2000.

BATTAGLINI G., *Diritto penale. Parte generale*[3], Padova, 1949.

BELLOMO F., *Nuovo sistema del diritto penale*, Voll. I-III, Milano, 2010-2012.

BELTRANI S., *Manuale di diritto penale: parte generale,* Milano, 2017.

BETTIOL G., *Diritto penale. Parte generale*[11], Padova, 1982.

BETTIOL G.-PETTOELLO MANTOVANI L., *Diritto penale. Parte generale*[12], Padova, 1986.

BOSCARELLI M., *Compendio di diritto penale. Parte generale*[8], Milano, 1994.

BRICOLA F.-ZAGREBELSKY V. (a cura di), *Giurisprudenza sistematica di diritto penale. Parte generale*[2], Voll. I-III, Torino, 1996.

CADOPPI A.-CANESTRARI S.-VENEZIANI P., *Codice penale. Commentato con dottrina e giurisprudenza,* Piacenza, 2011.

CADOPPI A.-VENEZIANI P., *Elementi di diritto penale. Parte generale*[7], Padova, 2015.

CADOPPI A.-VENEZIANI P., *Elementi di diritto penale. Parte speciale*[5], Padova, 2016.

CADOPPI A.-VENEZIANI P., *Elementi di diritto penale. Parte speciale. Vol. II: I reati contro la persona,* Milano, 2017.
CANESTRARI S.-CORNACCHIA L.-DE SIMONE G., *Manuale di diritto penale. Parte generale*[2], Bologna, 2017.
CARACCIOLI I., *Manuale di diritto penale. Parte generale*[2], Padova, 2005.
CARACCIOLI I., *Manuale breve di diritto penale. Parte generale*, Padova, 2006.
CARINGELLA F.-DELLA VALLE F.- DE PALMA M., *Manuale di diritto penale. Parte generale*[7]*,* Roma, 2017.
CARINGELLA F.-DE PALMA M.-FARINI S.-TRINCI A., *Manuale di diritto penale. Parte speciale*[8]*,* Roma, 2017.
CARNELUTTI E., *Lezioni di diritto penale*, Milano, 1943.
CARRARA F., *Programma del corso di diritto criminale*[10], Voll. I-II, Firenze, 1907.
CAVALLO V., *Diritto penale*, Voll. I-III, Napoli, 1948-1955-1959.
CAVALLO V., *Diritto penale. Parte generale*, Napoli, 1962.
CIARDI G., *Diritto penale*, Roma, 2001.
COCCO G. (a cura di), *Manuale di diritto penale. Parte generale*, Vol. I.2. *Il reato*, Assago, 2012.
COCCO G., *Manuale di diritto penale. Parte generale*, Vol. II. *Punibilità e pene*, Padova, 2009.
COCCO G.-AMBROSETTI E.M. (a cura di), *Manuale di diritto penale. Parte generale*, Vol. I.1. *La legge penale*, Padova, 2013.
COCCO G. e AMBROSETTI E. M. (a cura di), *Il reato*, in *Trattato breve di diritto penale, Parte generale, Vol. I - 2,* Milanofiori Assago (Milano), 2017.
CONTI U. (a cura di), *Il Codice penale illustrato articolo per articolo*, Roma, 1934.
CRESPI A.-FORTI G.-ZUCCALÀ G. (a cura di), *Commentario breve al codice penale*[5], Padova, 2008.
CONTENTO G., *Corso di diritto penale*[3] (nuova ed. a cura di Spagnolo G.), Voll. I-II, Bari, 2008.
DE FELICE P., *Lezioni di diritto penale. Principi generali e struttura del reato*, Bari, 2002.
DE FRANCESCO G., *Diritto penale. I fondamenti*[2], Torino, 2011.
DE MARSICO A., *Diritto penale. Parte generale*, Napoli, 1969.
DE VERO G., *Introduzione al diritto penale*, Torino, 2002.
DE VERO G., *Corso di diritto penale*[2], Vol. I, Torino, 2012.
DE VERO G., *Corso di diritto penale*, Vol. II, Torino, 2017.

DELPINO L.-PEZZANO R, *Manuale di diritto penale. Parte generale,* Napoli, 2018.
DOLCINI E.- GATTA G. L. (diretto da), *Codice penale commentato*, Vol. I. *Parte generale*[4], Milano, 2015.
FERRI E., *Principii di diritto criminale*, Torino, 1928.
FIANDACA G.-DI CHIARA G., *Una introduzione al sistema penale*, Napoli, 2003.
FIANDACA G.-MUSCO E., *Diritto penale. Parte generale*[7], Bologna, 2014.
FIORE C., *Diritto penale. Parte generale*[2], Vol. II, Torino, 2004.
FIORE S.-FIORE C., *Diritto penale. Parte generale*[5], Torino, 2016.
FLETCHER G.P., *Grammatica del diritto penale* (trad. e ed. it. a cura di Papa M.), Bologna, 2004.
FLORA G., *Appunti di diritto penale*[2], Assago, 2015.
FLORA G.-TONINI P. (a cura di), *Nozioni di diritto penale*[2], Milano, 2002.
FLORIAN E., *Parte generale del diritto penale*[4], Milano, 1934.
FLORIAN E. (coordinato da), *Trattato di diritto penale. Dei reati e delle pene in generale*, Vol. I, Milano, 1901.
FRANCESCHETTI P., *Corso di diritto penale*, Piacenza, 2003.
FROSALI R.A., *Sistema penale italiano*, Voll. I-IV, Torino, 1958.
GALLI R., *Appunti di diritto penale*, Padova, 2008.
GALLO M., *Appunti di diritto penale*, Vol. I. *La legge penale*, Torino, 1999.
GALLO M., *Appunti di diritto penale*, Vol. II. *Il reato. Parte I - La fattispecie oggettiva*[2], Torino, 2007.
GALLO M., *Appunti di diritto penale*, Vol. II. *Il reato. Parte II - L'elemento psicologico*, Torino, 2001.
GALLO M., *Appunti di diritto penale*, Vol. III. *Le forme di manifestazione del reato*, Torino, 2003.
GALLO M., *Appunti di diritto penale*, Vol. IV. *Della estinzione del reato e della pena*, Torino, 2006.
GALLO M., *Appunti di diritto penale*, Vol. V. *L'imputabilità*, Torino, 2013.
GAROFOLI R., *Manuale di diritto penale, Parte generale*[14], Roma, 2017.
GIUNTA F. (a cura di), *Diritto penale*, Milano, 2008.
GRAZIANO G., *Lineamenti di diritto penale*[4], Roma, 1999.
GROSSO C.F.-NEPPI MODONA G.-VIOLANTE L., *Giustizia penale e poteri dello Stato*, Torino, 2002.

GROSSO C.F.-PADOVANI T.-PAGLIARO A. (diretto da), *Trattato di diritto penale. Parte generale*, Voll. I-IV, Milano, 2007-2014.

GROSSO C.F.-PELISSERO M.-PETRINI D.-PISA P., *Manuale di diritto penale. Parte generale*, Milano, 2017.

LA MONICA M., *Introduzione al diritto penale*, Padova, 2002.

LATTANZI G.-LUPO E. (diretto da), *Codice penale. Rassegna di giurisprudenza e di dottrina*, Voll. I-V, Milano, 2010.

LICCI G., *Figure del diritto penale: il sistema italiano*[4], Torino, 2017.

MAGGIORE G., *Diritto penale. Parte generale*[5], Bologna, 1961.

MANNA A., *Corso di diritto penale. Parte generale*[4], Milano, 2017.

MANTOVANI F., *Diritto penale. Parte generale*[10], Assago, 2017.

MANTOVANI F., *Principi di diritto penale*[2], Padova, 2007.

MANZINI V., *Istituzioni di diritto penale. Parte generale*, Vol. I, Padova, 1958.

MANZINI V., *Trattato di diritto penale italiano*[5] (agg. Nuvolone P.-Pisapia G.D.), Voll. I-IV, Torino, 1981-1985.

MARINI G., *Lineamenti del sistema penale*[2], Torino, 1993.

MARINI G.-LA MONICA M.-MAZZA L. (diretto da), *Commentario al codice penale*, Voll. I-II, Torino, 2002.

MARINUCCI G.-DOLCINI E., *Corso di diritto penale*[3], Vol. I, Milano, 2001.

MARINUCCI G.-DOLCINI E., *Manuale di diritto penale. Parte generale*[6], Milano, 2017.

MAZZA L., *Lezioni di diritto penale*[2], Vol. I, Torino, 2004.

MESSINA S.D., *Diritto penale. Manuale breve,* Milano, 2018.

MEZZETTI E. (a cura di), *Diritto penale internazionale*, Vol. I. *Casi e materiali*[2], Torino, 2010.

MORSELLI E., *Dispense di diritto penale*[3], Perugia, 1998.

MUSOTTO G., *Corso di diritto penale. Parte generale*, Palermo, 1960.

NAPPI A., *Guida al Codice penale. Parte generale*[2], Milano, 2008.

NAPPI A., *Manuale di diritto penale. Parte generale*, Milano, 2010.

NUVOLONE P., *Il sistema del diritto penale*[2], Padova, 1982.

PADOVANI T., *Diritto penale*[11], Milano, 2017.

PADOVANI T. (a cura di), *Codice penale*[6], Milano, 2014.

PAGLIARO A., *Principi di diritto penale. Parte generale*[8], Milano, 2003.

PAGLIARO A.-ARDIZZONE S., *Sommario del diritto penale italiano*[2], Milano, 2006.

PALAZZO F.C., *Introduzione ai principi del diritto penale*, Torino, 1999.

PALAZZO F.C., *Corso di diritto penale. Parte generale*[6], Torino, 2016.

PALAZZO F.C.-PALIERO C.E. (diretto da), *Trattato teorico-pratico di diritto penale*, Voll. I-III, Torino, 2010-2017.

PANNAIN R., *Manuale di diritto penale. Parte generale*[4], Torino, 1967.

PAOLI G., *Il diritto penale italiano. Parte generale*, Vol. I, Padova, 1936.

PEDRAZZI C., *Introduzione al diritto penale* (a cura di Alessandri A.), Milano, 2003.

PESSINA E. (a cura di), *Enciclopedia del diritto penale italiano*, Voll. I-V, Milano, 1904-1905.

PETROCELLI B., *Principi di diritto penale*, Napoli, 1955.

PEZZANO R. (a cura di), *Compendio di diritto penale. Parte generale e speciale*[22], Napoli, 2018.

PISAPIA G.D., *Istituzioni di diritto penale*, Padova, 1965.

PULITANÒ D., *Diritto penale*[7], Torino, 2017.

RAMACCI F., *Corso di diritto penale*[6] (a cura di Guerrini R.), Torino, 2017.

RAMACCI F., *Istituzioni di diritto penale*, Torino, 1992.

RANIERI S., *Manuale di diritto penale. Parte generale*[4], Padova, 1968.

RIVERDITI M. (a cura di), *Manuale di diritto penale: parte generale e speciale*, Assago, 2017.

RIZ R., *Lineamenti di diritto penale. Parte generale*[6], Assago, 2012.

ROMANO B., *Guida alla parte generale del diritto penale*, Assago, 2009.

ROMANO M., *Commentario sistematico del codice penale*[3], Vol. I, Milano, 2004.

ROMANO M.-GRASSO G., *Commentario sistematico del codice penale*[4], Vol. II, Milano, 2012.

ROMANO M.-GRASSO G.-PADOVANI T., *Commentario sistematico del codice penale*[2], Vol. III, Milano, 2011.

RONCO M. (diretto da), *Commentario sistematico al codice penale*[2], Voll. I-III, Bologna, 2010-2011.

RONCO M.-ARDIZZONE S.-ROMANO B. (a cura di), *Codice penale ipertestuale*[3], Torino, 2009.
SABATINI G., *Istituzioni di diritto penale. Parte generale*[4], Catania, 1946.
SALTELLI C.-ROMANO-DI FALCO E., *Commento teorico-pratico del nuovo codice penale*[2], Torino, 1940.
SANGUINETI L.M., *Diritto penale ragionato*, Milano, 2002.
SANTORO A., *Manuale di diritto penale. Parte generale*, Vol. I, Torino, 1958.
VANNINI O., *Istituzioni di diritto penale*, Firenze, 1939.
VANNINI O., *Manuale di diritto penale. Parte generale*, Firenze, 1948.
VASSALLI G. (a cura di), *Dizionario di diritto e procedura penale*, Milano, 1986.
VINCIGUERRA S., *Diritto penale italiano*[2], Vol. I, Padova, 2009.
ZAGREBELSKY V.-PACILEO V. (a cura di), *Codice penale annotato con la giurisprudenza*, Vol. I, Torino, 1999.
ZAGREBELSKY V.-PACILEO V., *Il diritto penale per il giudice di pace*, Torino, 2001.

INTRODUZIONE

CAPITOLO I

IL DIRITTO PENALE

1. Diritto penale, scienza penale, materia (insegnamento) penale.

Il **diritto penale** va subito distinto dalla **scienza penale**.

Il primo è una **branca dell'ordinamento giuridico positivo**, ossia una parte del diritto vigente nello Stato. La seconda non è altro che una **disciplina di studio**, che si occupa sotto il profilo scientifico delle materie penalistiche.

Diritto penale Scienza penale

La **materia di insegnamento** del **diritto penale**, all'Università, deve occuparsi **dell'uno e dell'altro aspetto**: quello del diritto penale come **diritto positivo**; e quello del diritto penale come **scienza**. Le due prospettive debbono comunque essere tenute costantemente distinte.

Nel descrivere il diritto penale come **diritto positivo**, peraltro, sarà impossibile – come vedremo – agire in modo del tutto neutro, matematico, oggettivo. Infatti, il diritto positivo – penale, ma non solo – non è qualcosa di oggettivamente descrivibile secondo il «metodo sperimentale». Ciò implica sempre un certo margine di soggettività e di valutatività da parte di chi si accinge ad un'opera di questo genere.

In queste note iniziali cerchiamo dunque di spiegare allo studente la differenza fra diritto penale come branca del **diritto positivo** e diritto penale come **scienza**. Ma poi, nel corso dell'opera, anche quando discuteremo di argomenti di stretto diritto positivo, non potremo – per forza di cose – toglierci di dosso le vesti di studiosi del diritto penale. Sicché, diritto penale come diritto positivo e diritto penale come scienza si «contamineranno» inevitabilmente tra loro, nel senso che la nostra interpretazione dei «dati» dell'ordinamento penale sarà condizionata dalla nostra opinione scientifica sul punto. Sarà nostra cura, peraltro, chiarire il più possibile, di volta in volta, quanto di ciò che esponiamo sia frutto di una nostra opinione del tutto personale, quanto rappresenti «opinione dominante», e quanto eventualmente rappresenti «opinione unanime», per l'inconfutabilità del risultato interpretativo evidenziato. Ciò, al fine – precisato in *Prefazione* – di dar modo al lettore di avere una idea la più chiara possibile della configurazione «reale» del nostro *ius criminale*.

2. Il diritto penale.

Parlando del **diritto penale** come ramo dell'ordinamento giuridico positivo, ogni ragionamento o discorso che faremo su di esso nel corso di questa opera dovrà essere necessariamente ancorato, appunto, al **diritto positivo** (*ius positum*). Dunque, faremo sempre riferimento – ove non diversamente specificato – al **diritto vigente oggi in Italia**. Vedremo più avanti che, in materia, le due fonti più importanti sono la **Costituzione italiana (1947)** ed il **codice penale c.d. «Rocco» (1930)**.

Il diritto penale è quella branca del diritto pubblico le cui norme concernono i reati e le sanzioni penali.

In Italia vige, come meglio vedremo, il **principio di stretta legalità**. Dunque, le norme rilevanti per il diritto penale possono essere solamente le leggi, emanate dal Parlamento.

I reati si dividono, nel nostro sistema positivo, in **delitti** e **contravvenzioni**. Le sanzioni penali comprendono sia le **pene** (*stricto sensu* intese) che le **misure di sicurezza**.

2.1. *Diritto penale ed altre branche del diritto.*

Per capire più chiaramente cosa sia il diritto penale – come ramo dell'ordinamento giuridico – è opportuno distinguerlo dalle altre branche del diritto.

a) In primo luogo, occorre distinguere il diritto penale dal **diritto civile**.

Diritto penale e diritto civile: distinzione

Aspetti formali

Quanto al metodo per distinguere, di fronte ad una norma, se si tratti di norma penale o civile, esso è piuttosto semplice. È dalla **sanzione** che si può capire se si versi nell'una o nell'altra ipotesi. Le sanzioni **penali** sono infatti tassativamente elencate dal codice penale (art. 22 ss.), e sono, per limitarci qui alle c.d. «pene principali», l'**ergastolo**, la **reclusione**, la **multa** (per i **delitti**); nonché l'**arresto** e l'**ammenda** (per le **contravvenzioni**) (sulle pene irrogabili dal giudice di pace cfr. *infra*, P. V, Cap. II, par. 8). L'ergastolo, la reclusione e l'arresto sono pene c.d. **«detentive»**, nel senso che presuppongono la detenzione del condannato, e sono appannaggio esclusivo del diritto penale. Nessun'altra branca del diritto le prevede, e dunque neppure il diritto civile (eliminato da tempo risulta nel nostro sistema un vetusto istituto, la c.d. «prigione per debiti»).

La distinzione si fa più sottile con riguardo alle **pene c.d. «pecuniarie»**, ossia quelle che consistono nell'obbligo del pagamento di una somma di denaro, e cioè la multa e l'ammenda. Il diritto civile contempla, in effetti, sanzioni pecuniarie, tra cui la più comune e nota è il **risarcimento del danno**. Ma la legge non denomina mai il risarcimento del danno «multa» o «ammenda». Sicché il compito dell'interprete è comunque facile. Se la norma di legge parla di ammenda o di multa, ci si troverà di fronte sicuramente ad una sanzione penale, e dunque ad un **reato**; non ad un mero **illecito civile**.

Aspetti sostanziali

La differenza fra diritto penale e diritto civile non è peraltro limitata a questi aspetti «formali». Essa si dispiega, sotto un **profilo sostanziale**, sia sul piano degli **illeciti** che sul piano delle **sanzioni**.

Sul piano degli **illeciti**, va detto che **reato** e **torto civile** sono entrambi, appunto, «fatti illeciti», nell'ambito dell'ordinamento giuridico.

Diversa gravità

Ma il reato è cosa ben **più grave** dell'illecito civile. Sul punto avremo modo di tornare più volte. Basti qui anticipare che il **reato** è un illecito che, per la sua gravità, **danneggia la società** e dunque lo Stato stesso. Viceversa il torto civile implica un **danno tra privati**, di cui lo Stato si interessa solo per apprestare la tutela dell'ordinamento giuridico a chi tra i due ha subito il danno. Ecco perché nel processo penale una parte è l'**imputato**, e l'altra parte è sostanzialmente lo Stato, rappresentato (sia pur in senso lato) dal **Pubblico Ministero**; mentre, nel processo civile, entrambe le parti di norma sono private.

Quanto alle **sanzioni**, esse sono proporzionate, per gravità e natura, al tipo di illecito. Nel **diritto penale**, esse sono tendenzialmente assai **severe**, hanno natura **punitiva**, e spesso consistono, come si è visto, addirittura nella privazione della **libertà personale** del delinquente. Qui, la soddisfazione della vittima, se vi è, è soltanto morale, e non venale. Ciò è confermato dalle stesse **pene pecuniarie**, che nel diritto penale non vengono versate alla vittima, neppure se «parte civile» nel processo penale. Le **sanzioni civili**, viceversa, (di regola) sono meno «terribili», **non** hanno natura **punitiva**, e consistono (essenzialmente) nella riparazione del danno al danneggiato, mentre lo Stato non percepisce nulla dall'autore del torto civile. Si deve però segnalare che per taluni reati depenalizzati (ad es. ingiuria, danneggiamento semplice) sono state di introdotte «sanzioni civili» la cui entità è determinata in base ad elementi quali la gravità della violazione, la personalità e le condizioni economiche del soggetto agente (anziché in base alla misura del danno arrecato) ed il cui importo deve essere versato allo Stato (d.lgs. n. 7/2016), il che rende tali misure riconducibili alla categoria delle sanzioni punitive invece che a quella delle sanzioni civili (benché applicate dal giudice civile all'esito di una causa intentata dal danneggiato).

Rilevanza dell'elemento soggettivo

Queste differenze trovano poi riscontro in una serie di altre peculiarità di **disciplina** dei due diversi tipi di illeciti. Per menzionare il profilo forse saliente, va sottolineato che nell'ambito del **reato** è assai importante, per determinare la pena «giusta», appurare il c.d. **elemento soggettivo**, ossia il grado di partecipazione soggettiva al fatto commesso dall'imputato.

Così, per esempio, per determinare la pena in un caso di omicidio, è fondamentale accertare se il soggetto ha agito con dolo o con colpa. Se ha agito con dolo, vi sarà un omicidio doloso, per cui è prevista una pena non inferiore ai ventuno anni (art. 575 c.p.)! Se ha invece agito solo con colpa, si avrà un omicidio colposo, con la pena minima di sei mesi e massima di cinque anni (art. 589 c.p.).

Ben diversamente avviene nel **diritto civile**. La sanzione del **risarcimento del danno**, nell'ambito dell'illecito civile, non è in linea di principio commisurata **all'elemento soggettivo** dell'illecito, ma **esclusivamente all'ammontare del danno arre-**

cato. Così, a parità di danno arrecato, il risarcimento sarà di solito sempre lo stesso, sia in caso di dolo che in caso di colpa.

Per restare all'esempio fatto, l'omicidio doloso, dal punto di vista del diritto civile, non comporta necessariamente una sanzione più elevata rispetto all'omicidio colposo (salvo il problema dei danni morali).

È bene precisare, comunque, che un fatto costituente illecito penale può integrare, allo stesso tempo, un illecito civile.

Così, per tornare agli esempi sopra fatti, un omicidio (che sia doloso o colposo) rappresenta al medesimo tempo un delitto, ed un illecito civile extracontrattuale. Un unico fatto darà luogo a **due pretese** – se si vuole due «azioni» – diverse: da un lato, il pubblico ministero dovrà perseguire penalmente l'omicida; dall'altro, i parenti della vittima potranno costituirsi «parte civile» nel processo penale, oppure citare in giudizio civilmente il responsabile dal punto di vista del diritto civile (non sempre coincidente con l'autore del reato).

Principi costituzionali

Un'ultima annotazione sul tema della distinzione fra diritto penale e diritto civile. Vi sono alcuni **princìpi costituzionali** – di cui diremo fra breve (cfr. P. I, *infra*) – che valgono **solo per il diritto penale**, e non per il diritto civile. Stante l'importanza estrema di tali princìpi costituzionali, è chiaro che la differenza fra le due branche del diritto viene a prendere corpo anche, e soprattutto, attraverso tali differenti implicazioni costituzionali.

Diritto penale e diritto amministrativo: distinzione

b) In secondo luogo, occorre distinguere il **diritto penale** dal diritto amministrativo, ed in particolare dal **diritto punitivo amministrativo**. Il che equivale a distinguere i **reati** dagli **illeciti amministrativi**.

Qui le somiglianze si fanno per certi versi più marcate.

Aspetti formali

Dal punto di vista **formale**, le differenze sono chiare, ed il metodo per riscontrarle in concreto non dovrebbe essere complicato.

Anche qui il criterio distintivo, in pratica, si basa sui **«nomi» diversi delle sanzioni**. Già abbiamo visto poc'anzi quali sono le sanzioni nell'ambito del diritto penale. Nel diritto amministrativo non sono previste **pene detentive**, e le pene pecuniarie non prendono né il nome di multa né il nome di ammenda. Ma si chiamano o *tout court* **sanzione amministrativa**, o **sanzione pecuniaria**.

Quando la sanzione è di carattere amministrativo, l'illecito sarà un illecito amministrativo.

Aspetti sostanziali

Come si diceva, la distinzione fra illecito penale ed illecito amministrativo, se facilmente accertabile sotto il profilo formale, non è sempre chiarissima dal punto di vista **sostanziale**. Ovvero: vi sono alcuni punti in comune sia fra i due tipi di illeciti che fra le due categorie di sanzioni, che rendono più tenue la differenza. Quanto agli **illeciti**, si tratta in entrambi i casi di illeciti che interessano la **collettività**, e non (soltanto) un terzo danneggiato. Quanto alle **sanzioni**, sia le sanzioni criminali, che quelle amministrative hanno carattere **punitivo**, e non meramente risarcitorio.

Questa contiguità, per così dire, fra i due tipi di illeciti, è confermata, sotto il profilo della **disciplina**, dal fatto che la legge di riferimento per il c.d. **sistema punitivo amministrativo** – e cioè la l. n. 689 del 1981 – prevede per l'illecito amministrativo princìpi e regole molto simili a quelli predisposti dal codice penale e dalla stessa Costituzione per i reati (v. art. 1 ss., l. cit.). In sostanza, il legislatore ha ritenuto che molte delle regole del diritto penale debbano valere, *mutatis mutandis*, anche per gli illeciti amministrativi, e recentemente sia la Corte costituzionale (in particolare con la sentenza n. 196/2010), sia alcuni settori della dottrina (Fr. MAZZACUVA, MASERA), hanno affermato che talune di queste regole avrebbero non soltanto un rango legislativo, bensì la medesima rilevanza costituzionale che hanno nel diritto *stricto sensu* penale.

Ciò dipende anche dal fatto che – in passato – quelli che oggi sono illeciti amministrativi erano, di regola, illeciti penali. È stato attraverso numerose **leggi c.d. di «depenalizzazione»** che, negli ultimi decenni, molti illeciti penali «minori» sono stati per così dire «declassati» ad illeciti amministrativi (tra questi, ad es., molti illeciti del codice della strada, mentre con i recenti d.lgs. nn. 7 e 8 del 2016 sono stati depenalizzati reati «tradizionali» quali ingiuria, danneggiamento semplice, falso in scrittura privata). Questa genesi storica ha comportato una sorta di sistema «misto» anche dal punto di vista processuale: nel senso che l'autorità competente per irrogare, in prima battuta, le sanzioni amministrative non è il giudice penale, ma l'autorità amministrativa di volta in volta designata dalla legge (il prefetto, ecc.). Qualora il soggetto colpito dalla sanzione faccia opposizione, peraltro, si avrà un vero e proprio processo davanti all'autorità giudiziaria, anche se non davanti al giudice penale, bensì a quello **civile**.

La principale **differenza sostanziale** tra i due tipi di illeciti – quello penale e quello amministrativo – sta nella diversa gravità dell'uno e dell'altro. L'illecito penale è **più grave** dell'illecito amministrativo. Naturalmente questa differenza risulta palese se si prendono in esame, fra i reati, delitti gravissimi come l'omicidio. Ma, di fronte a certe contravvenzioni di scarsa gravità (ad es. le **«rappresentazioni teatrali o cinematografiche abusive»**, di cui all'art. 668 c.p., che forse proprio per questo è stato di recente depenalizzato), è più difficile percepire una consistente differenza rispetto ad illeciti amministrativi la cui pericolosità e la cui gravità appare addirittura maggiore: si pensi a certi illeciti della strada, quali il **«sorpasso a destra»**, ecc. Ma per comprendere meglio i profili sostanziali della distinzione fra i due tipi di illeciti rinviamo a quanto diremo più oltre in relazione, specialmente, al **principio di offensività** (P. I, Cap. III).

Diversa gravità

c) Il diritto penale deve essere anche distinto dal **diritto processuale penale**.

Diritto penale e diritto processuale penale

Il primo si occupa, come detto, dei «delitti e delle pene», ossia – per usare terminologie più attuali e corrette – dei reati e delle sanzioni penali. Il secondo predispone le **regole processuali** per accertare i reati commessi e per irrogare le sanzioni ad essi conseguenti.

Il diritto processuale penale è disciplinato *in primis*, anche se non esclusivamente, dal **codice di procedura penale**.

d) Ancora, è bene distinguere il diritto penale dal **diritto penitenziario**, anche se sotto certi aspetti quest'ultimo si può ritenere una branca del primo. Il diritto penitenziario riguarda quelle norme che concernono più specificamente la **pena**; in particolare, quelle che concernono le modalità di esecuzione della pena, e che sono disciplinate dal c.d. **ordinamento penitenziario** (cfr. soprattutto la l. n. 354 del 1975, e il d.P.R. n. 230 del 2000).

Diritto penale e diritto penitenziario

e) Infine, il diritto penale non va confuso con il diritto delle **misure di prevenzione**. Si tratta di misure quali il **rimpatrio con foglio di via obbligatorio**, la **sorveglianza speciale della pubblica sicurezza**, il **divieto ed obbligo di soggiorno**, ecc. (cfr. soprattutto l. n. 1423 del 1956, e le sue modifiche degli ultimi anni, oggi rifluite nel d.lgs. n. 159/2011, c.d. "codice antimafia"), destinate ad essere applicate a soggetti che si siano dimostrati **pericolosi**, ma in assenza della commissione di un reato.

Diritto penale e diritto delle misure di prevenzione

La distinzione fra il diritto penale e questo ramo dell'ordinamento sta proprio in questo fatto: che presupposto dell'irrogazione di una **pena criminale** è la realizzazione di un **reato**, mentre per l'applicazione di queste misure «preventive» ciò non occorre.

La contiguità fra il diritto penale *stricto sensu* ed il diritto delle misure di prevenzione è però piuttosto forte. Ciò anche perché tali misure sono spesso vere e proprie misure **afflittive**, il che sposta l'accento sull'aspetto **repressivo** – caratteristico del diritto penale – più che su quello esclusivamente **preventivo**. Spesso, insomma, tali misure sono volte a reprimere illeciti difficili da provare più che a prevenire la commissione di futuri reati. Tutto ciò crea anche notevoli problemi di costituzionalità, che affliggono infatti la materia delle misure di prevenzione.

Più di recente, poi, alcuni tipi di misure di prevenzione, specie di tipo «patrimoniale» – tra cui la **confisca** – sono state utilizzate dal legislatore come arma per combattere la criminalità organizzata, anche nell'assenza della prova della commissione di delitti. Si pensi, ad es., alla l. n. 646 del 1982 (c.d. Rognoni-La Torre), per la **prevenzione antimafia** (anch'essa oggi confluita nel c.d. "codice antimafia"). In questo settore, i punti di contatto tra diritto penale e diritto delle misure di prevenzione, naturalmente, si fanno ancor più fitti.

2.2. *Diritto penale, sicurezza sociale e garanzia.*

Diritto penale: obbiettivi e funzioni

Il diritto penale, come si diceva, è quella branca del diritto le cui norme concernono i reati e le sanzioni penali.

Ma questa è una definizione di tipo formale. Il diritto penale – sempre quale branca dell'ordinamento – che caratteristiche ha dal punto di vista **sostanziale**, ossia dei suoi obiettivi e delle sue funzioni?

Come si dirà più oltre (par. 5), il diritto penale andrebbe forse più correttamente denominato – come si è fatto per secoli – **diritto criminale**, nel senso che esso si occupa dei **crimini** (o comunque dei reati), e dunque degli illeciti più gravi in assoluto. Il diritto penale nasce – non solo storicamente, ma anche «logicamente» – perché l'ordinamento giuridico deve necessariamente reagire contro il crimine, cercando di limitarlo al minimo, proteggendo in tal modo la società civile.

Sicurezza sociale

Dunque, la **prima istanza** che il diritto penale persegue è quella di **protezione della collettività dal crimine**. In sostanza, il diritto penale è il diritto che più di ogni altro ha a che fare con la c.d. **sicurezza sociale**. Non è un caso che il CARMIGNANI – della cui importanza nella storia della scienza penale avremo modo di dire di qui a poco – lo avesse definito il diritto delle **«leggi della sicurezza sociale»**. Il diritto penale, insomma, mira a tutelare i cittadini in uno dei diritti più importanti che lo Stato deve loro assicurare: quello della sicurezza. Se non si fossero mai verificati omicidi, stupri, rapine, ecc., il diritto penale non sarebbe mai esistito. Anzi: la necessità di proteggere la collettività dal crimine è **l'unica giustificazione** del diritto penale, che, diversamente, non avrebbe senso e sarebbe inutilmente vessatorio per i destinatari delle sue sanzioni. L'utilizzo di pene così terribili – si pensi che per secoli la pena più diffusa del *ius criminale* è stata la **pena di morte** – non sarebbe ammissibile, e costituirebbe una violazione dei diritti più elementari dei cittadini, se non fosse per la **necessità di difendere la gente dal crimine** (o, per usare un'espressione più diffusa nella dottrina penalistica, di **tutelare beni giuridici**: sul punto v. *infra*, P. I, Cap. III).

Garanzia

Il diritto penale, peraltro, nel perseguire il fine di sicurezza sociale di cui si è detto, deve tener conto del fatto che, utilizzando per definizione le sanzioni più dure che l'ordinamento conosca – oggi non più la pena di morte (da noi) ma pene comunque severissime quali lunghe pene detentive – crea inevitabilmente problemi sul piano della **garanzia**. Ovvero: l'inflizione di pene così dure, o anche solo la loro minaccia, è potenzialmente produttiva di perdite di diritti inalienabili dei cittadini, quali la stessa **libertà personale**. Il diritto penale non è insomma «delicato strumento di ingegneria sociale». È piuttosto una rozza e rude forma di difesa dal crimine, che però usa mezzi a loro volta potenzialmente dannosi per i cittadini, se non impiegati col massimo scrupolo e con la massima prudenza.

Più in generale, il diritto penale deve continuamente «barcamenarsi» tra due opposte esigenze: quella della **sicurezza (sociale)** e quella della **garanzia**. Il perseguimento «a tutti i costi» della prima ridurrebbe intollerabilmente la seconda; il rispetto «a tutti i costi» della seconda vanificherebbe la prima. Per fare un esempio: se, per sconfiggere la mafia, si ripristinasse la pena di morte, e si mandassero a morte decine di imputati solo sulla base di dichiarazioni non «corroborate» di sedicenti pentiti, forse, quantomeno nel lungo periodo, si raggiungerebbe l'obiettivo desiderato (l'annientamento della mafia). Ma questo è un prezzo troppo alto in termini di garanzia. D'altra parte, mirando esclusivamente alla garanzia, si potrebbe pensare di eliminare *tout court* la figura del «pentito», ma una simile scelta comporterebbe il rischio di perdere troppo mordente in termini di sicurezza sociale.

Dunque: il diritto penale deve cercare di mantenere una linea equilibrata, non troppo sbilanciata in un senso, ma neppure troppo sbilanciata nell'altro. Saranno i princìpi costituzionali, come vedremo, a dare una guida normativa al legislatore per risolvere questo sempre ricorrente problema.

3. La scienza penale.

Si diceva che la **scienza penale** è cosa diversa dal **diritto penale**. La prima è una **disciplina del sapere**; la seconda una parte del **diritto positivo** del nostro Paese. La scienza penale è coltivata dagli **studiosi** del diritto penale (che possono anche essere «pratici», od «operatori» del diritto, che si dedicano ad opere scientifiche in materia).

3.1. *Oggetto, natura e funzioni della scienza penale.*

Oggetto della scienza penale

La **scienza penale** non ha gli stessi esatti confini del diritto penale. Infatti, sarebbe troppo limitante per gli studiosi occuparsi del solo **diritto positivo attualmente vigente nel nostro Paese**.

Ad esempio, è assai importante per uno studioso del diritto penale occuparsi della **storia del diritto penale**, del **diritto penale comparato**, e della **politica criminale**.

Storia del diritto penale

La **storia del diritto penale** è quella disciplina che si occupa sia della **storia del diritto penale positivo** (ad es., della codificazione penale, o della giurisprudenza), sia della **storia della stessa scienza penale**. Sul punto, diremo qualcosa nel Cap. II di questa *Introduzione*.

Diritto penale comparato

Quanto al **diritto penale comparato**, esso è quella disciplina che si occupa sia dello studio del **diritto positivo delle altre nazioni**, sia della **scienza penale delle altre nazioni**, sempre che vi sia **comparazione**, appunto, col nostro diritto. Se **manca** l'aspetto comparatistico, più che parlarsi di diritto penale comparato, è più corretto parlare di (studio del) **diritto penale straniero**.

La storia del diritto penale ed il diritto penale comparato, in realtà, non sono che **due aspetti della stessa disciplina comparatistica**. Infatti, la comparazione può essere «**diacronica**», e cioè concernere tempi diversi, e si ha la **storia del diritto**; oppure, può essere «**diatopica**», e cioè concernere luoghi diversi, e si ha il **diritto comparato**.

La comparazione – intesa in questo senso allargato – è di grande utilità allo studioso, che spesso può conoscere a fondo il proprio sistema solo confrontandolo con sistemi diversi del passato e di altre nazioni.

Soprattutto, lo studio della storia e del diritto comparato diviene indispensabile quando ci si appresta alla **riforma del diritto penale**. Se il *ius conditum* può anche essere studiato – seppur con fatica e con angusti orizzonti culturali – senza un'adeguata conoscenza della storia del diritto e della comparazione, il *ius condendum* può essere affrontato solo attraverso un itinerario di studio che implica il ricorso alla storia ed alla comparazione.

Politica criminale

Quando si parla di **riforma**, è poi necessario far ricorso a quel ramo della scienza penale che si denomina di solito **politica criminale**. La politica criminale può essere definita come **quella branca del diritto penale** – inteso come scienza penale – **che si occupa** in particolare (anche se forse non solo) **della ricerca dei mezzi più idonei per contrastare il crimine**.

Sino a qualche decennio fa – come meglio vedremo tra breve – si riteneva che la politica criminale non fosse terreno di «pertinenza» degli studiosi del diritto penale. Oggi, l'opinione maggioritaria propende per l'inclusione della stessa **politica criminale** nell'ambito della **scienza penale** in genere. Ciò in quanto è vero che la politica criminale è materia che risente fortemente della natura «**politica**», appunto, di essa. Ma, in primo luogo, non è detto che uno studioso del diritto penale non debba o non possa avere idee politiche attinenti alla materia di cui proprio lui è l'esperto. In secondo luogo, l'assunto secondo il quale la politica criminale dovrebbe restare estranea alla scienza penale muove in realtà da un falso presupposto di partenza.

Natura della scienza penale

Su questo punto dobbiamo entrare nel vivo della comprensione della natura e delle **funzioni** della stessa c.d. **scienza penale**.

La c.d. scienza penale non deve né può essere considerata a tutti gli effetti una «vera scienza». Già lo aveva, tra i tanti, chiaramente dimostrato il VON KIRCHMANN, che, con frase ad effetto, aveva scritto: «bastano tre parole di rettifica del legislatore, e intere biblioteche diventano carta straccia». Egli voleva dire che il diritto è in gran parte dipendente da scelte politiche del legislatore. E che **non è scienza pura**, dipendendo da una serie di sovrastrutture che ne condizionano il contenuto e, in qualche misura, gli stessi schemi concettuali.

Il c.d. «scienziato» del diritto penale, in realtà, non studia dati oggettivamente interpretabili e non costruisce verità sperimentalmente dimostrabili.

Basti un esempio. Prendiamo il dolo, pur definito dall'art. 43 c.p., ed un caso concreto: il lancio di sassi dal cavalcavia di un'autostrada con morte di un automobilista.

Non è possibile reperire parametri puramente oggettivi per affermare con certezza matematica che in un tale caso vi sia il dolo (c.d. «eventuale», o addirittura «diretto»), piuttosto che semplicemente la c.d. «colpa cosciente». L'opzione del giurista, in questo come in numerosi altri casi, è anche in parte dettata dalle sue convinzioni *lato sensu* politiche (o comunque morali, filosofiche, ecc.). E cioè: affermare – in una tale ipotesi – che si ha un **omicidio doloso** significa fornire un'**interpretazione** dell'art. 43 c.p., ma questa interpretazione non è attività meccanica, ma in parte di tipo emozionale e legata ad opzioni ideologiche o comunque soggettive dell'interprete stesso.

Pensare che vi sia una nozione «scientificamente giusta» di dolo, contrapposta ad una nozione «scientificamente sbagliata» di dolo sarebbe, questo sì, un enorme «errore scientifico»! In realtà, le interpretazioni delle regole e delle figure rilevanti per il diritto penale non vanno giudicate in termini di **«giusto»** o **«sbagliato»**, ma casomai di **più o meno plausibile**, **più o meno ragionevole**, **più o meno ben argomentato**, **più o meno coerente** con l'impostazione generale in base alla quale il singolo studioso organizza la sua concezione del sistema penale.

Se è così, allora cadono le principali obiezioni contro l'inclusione della **politica criminale** nell'ambito della scienza penale. Infatti, se la stessa scienza penale è in certa parte almeno condizionata dalle opzioni *lato sensu* politiche del singolo interprete, è normale che lo scienziato del diritto penale si occupi anche, da esperto, di politica criminale.

Dogmatica penale: ruolo

D'altronde, si è spesso cercato di ridurre la scienza penale a pura **dogmatica penale**. Il diritto penale – secondo questa impostazione (di cui diremo anche fra poco parlando di storia della scienza penale) – sarebbe inquadrabile nell'ambito di una serie di **dogmi**, che rappresenterebbero regole «pure» di teoria generale del diritto penale insuscettibili di negazione. La dogmatica penale sarebbe addirittura cosa **indipendente** dall'assetto del **diritto positivo**.

Anche a questa opinione si possono opporre le stesse considerazioni critiche sopra svolte in relazione ad una pretesa scienza pura del diritto penale. È vero che la scienza del diritto penale, nei secoli, grazie all'evoluzione della dogmatica, ha fatto grandi passi avanti nella costruzione di una sorta di **grammatica comune** (FLETCHER), di **linguaggio** che in qualche modo va al di là dei contenuti contingenti del diritto positivo. Ma questa «grammatica comune» serve soprattutto agli studiosi perché possano comprendersi fra di loro, o essere compresi, entro certi limiti, dagli stessi «operatori del diritto». Non determina i **contenuti** del diritto penale, che sono variabili a seconda dei vari diritti positivi. E comunque, anche quel linguaggio o grammatica comune – ad es., la **tripartizione** nella teoria del reato – non è cosa qualificabile in termini di «giusto» o di «sbagliato», ma casomai in termini di **più o meno ragionevole**, o **utile** alla costruzione (o descrizione) di uno o più istituti rilevanti per il diritto penale.

La **dogmatica**, insomma, esiste, ed è cosa assai importante e straordinariamente sviluppata (soprattutto nell'ambito della dottrina germanica). Ma non si può pensare ad essa come ad una scienza pura ed assoluta. Piuttosto, rappresenta **uno dei vari strumentari** o bagagli di conoscenza di cui la scienza penale si giova nell'ambito della sua multiforme funzione.

Dottrina, legislazione e giurisprudenza

Si utilizza spesso, in materia – come in ogni altra branca del diritto – il termine **dottrina penale**. Esso è talora usato come **sinonimo di scienza penale**. Rappresenta in effetti il frutto del lavoro degli **studiosi** di questa branca del diritto. Il termine – inteso in senso stretto – viene impiegato per indicare uno dei **tre «formanti» principali** del diritto (penale): la **dottrina**, appunto, la **legislazione**, e la **giurisprudenza**.

Solo la **legge** e la **giurisprudenza**, in realtà, contribuiscono **direttamente** alla **formazione del diritto**. La legge dà le coordinate scritte di riferimento, e le interpretazioni dei giudici ne chiariscono la portata applicativa in relazione ai singoli casi giudiziari. La **dottrina non** ha modo di incidere sino a questo punto sul **diritto positivo**. Attraverso le **pubblicazioni scientifiche**, può però avere influenza sui giudici e sullo stesso legislatore. Quando si occupa *de lege lata* della ricostruzione interpretativa di un istituto, può influenzare le **interpretazioni** dei giudici: ed in questo modo avere una incidenza **indiretta** sul *ius conditum*. E quando si occupa *de lege ferenda* della critica del diritto penale vigente, può influenzare le decisioni del legislatore nella **riforma**, ed in questo modo avere una incidenza **indiretta** sul *ius condendum*.

3.2. *Scienza penale ed altre scienze affini.*

Abbiamo visto cosa rientra – o può rientrare – nell'ambito dell'oggetto di studio della scienza penale. Vediamo ora di distinguere tale scienza da scienze o discipline del sapere rispetto ad essa affini e contigue, ma comunque autonome.

Criminologia

In primo luogo va considerata la **criminologia**. Tale branca del sapere – pur sempre appartenente alle **scienze criminali** (o **criminalistiche**) intese in senso ampio – si occupa del crimine non dal punto di vista dei valori e delle norme, come fa la scienza penale; ma dal punto di vista dei **fenomeni**. In sostanza, essa studia il crimine – e più in generale la c.d. «devianza» – come dato da esaminarsi sotto un profilo **empirico-conoscitivo**.

La criminologia, si suddivide in tre sottosettori (F. MANTOVANI).

a) la **criminologia critica**, che si occupa dell'analisi critica dei «processi selettivi» di criminalizzazione e dei «meccanismi» e «finalità» dei controlli sociali;

b) la **criminologia eziologica**, che si occupa delle cause del crimine.

Essa, a sua volta, si distingue in **antropologia criminale**, ed in **sociologia criminale**. La prima studia la criminalità come fenomeno **individuale**, valutando i fattori **biologici** (c.d. «**biologia criminale**») o **psicologici** (c.d. «**psicologia criminale**») che spingono l'uomo al delitto. La seconda studia la criminalità come fenomeno **sociale**, individuando le **cause sociologiche** del crimine.

c) la **criminologia clinica**, che si occupa della **diagnosi, prognosi e trattamento del singolo delinquente**.

Assai **stretti** sono **i nessi** fra scienza penale e criminologia, e, come lo studioso del diritto penale non può ignorare la criminologia, così il criminologo non può ignorare lo studio della scienza penale. Anzi: per certi versi le **due discipline si sovrappongono** – come vedremo – tanto che, pur nella rispettiva autonomia, si può dire che entrambe concorrano nella costruzione di una superiore **«scienza penale integrata»** (la *Gesamtestrafrechtswissenschaft* preconizzata già nel secolo scorso in Germania dal VON LISZT).

Medicina legale

Va poi considerata la **medicina legale**, che è costituita da **quell'insieme di cognizioni mediche che occorrono nello studio e nell'applicazione del diritto**. In essa rientra la **psichiatria forense**, che, studiando le **infermità psichiche** ed altri **disturbi della personalità**, è di grande utilità al penalista.

Altre discipline di interesse del penalista – seppur ben più nettamente distinte dalla scienza penale – sono la **psicologia giudiziaria** e la **polizia scientifica**, in relazione alle quali non occorre qui fornire specifica definizione.

Filosofia del diritto

Un ultimo punto va quantomeno accennato. Quali i rapporti fra la scienza penale e la **filosofia del diritto?** Va premesso che i **nessi** fra le due materie vi sono, e sono **assai consistenti**. Basti pensare al fatto che, tra gli altri, BECCARIA, BENTHAM e ROMAGNOSI, oltre che rinomati filosofi, erano anche penalisti; e questo vale, ai giorni nostri, per numerosi illustri filosofi del diritto, tra i quali H.L.A. HART in Inghilterra, J. FEINBERG negli Stati Uniti, e L. FERRAJOLI da noi. E, viceversa, non è raro che i penalisti si diano allo studio della filosofia del diritto.

Il perché di questi nessi è facilmente comprensibile. Si pensi a tematiche quali la **pena**, o la **colpevolezza**; per non parlare di problemi più circoscritti ma non meno complessi, quale l'**eutanasia**. Si tratta di questioni che hanno **profondi risvolti filosofici**, ma che hanno anche implicazioni **penali** di immediato rilievo. Dunque, si comprende come il filosofo ben possa occuparsi di argomenti cari al penalista, e viceversa.

Con ciò, diritto penale e filosofia del diritto restano discipline, quantomeno in astratto, **distinte**. Sono peraltro innegabili gli stretti legami fra le due, tanto che si può dire che un buon penalista non può certamente permettersi di ignorare la filosofia del diritto, o quantomeno alcuni rilevanti ambiti di essa.

4. La «materia» penale.

Materia penale come insegnamento universitario

Detto cosa sono, da un lato, il diritto penale, e, dall'altro, la scienza penale, resta da vedere cosa comprenda la **materia penale**, intesa come materia di **insegnamento universitario**.

È chiaro che essa, in teoria, potrebbe includere tutte le conoscenze proprie della stessa scienza penale, e dello stesso diritto penale positivo.

Ovviamente, peraltro, la **materia penale** non può che limitarsi alla **descrizione sintetica dei contenuti del nostro diritto positivo**; accompagnata da una **esposizione anch'essa sintetica delle principali teorie elaborate dalla scienza penale** sui vari istituti descritti.

Come sopra premesso, si cercherà di volta in volta di fare in modo che il lettore capisca quali parti dell'esposizione concernano descrizioni del diritto positivo e quali parti invece rappresentino lo stato della scienza penale sul punto. Sempre ribadendo che spesso non è facile distinguere **nettamente** l'uno e l'altro profilo, perché il diritto penale positivo, una volta esposto in forma scientifica in un manuale, diviene *ipso facto* opera dottrinaria, e dunque transita dal mondo del nudo diritto a quello della scienza (o se si vuole della **dottrina**).

Un'ultima precisazione.

Parte generale: nozione

Come evidenziato dal titolo, la presente parte dell'opera concernerà solo la **parte generale**, e cioè **quegli istituti e quegli argomenti del diritto penale che hanno appunto carattere generale**. Lo stesso codice penale è suddiviso – come meglio vedremo – in **parte generale** e **parte speciale**. Dunque, nell'ambito del codice, si prenderanno in considerazione qui soprattutto le norme della parte generale.

Peraltro, da un lato, per far comprendere nel miglior modo possibile la parte generale, occorrerà fare **svariati esempi** tratti dalla **parte speciale** del codice (quella che si occupa delle singole figure criminose), e financo da leggi speciali *extra codicem*. Inoltre, va detto che quella che è **«parte generale»** per la **materia penale** non è necessariamente coincidente con quella che è «parte generale» per il codice. Ciò in quanto la materia penale risente anche dell'apporto della **scienza penale**. Sicché, tanto per fare un esempio, si inserirà qui (al Cap. seguente) una pur veloce trattazione della **storia del nostro diritto penale**. Cosa che non è certamente contenuta nella «parte generale» del nostro codice penale.

Insomma: per parte generale, ai fini del presente volume – e in genere della **materia penale** – si intende qualcosa di più della semplice parte generale del codice. **Parte generale** significa **ogni argomento di carattere generale utile alla comprensione della parte speciale del diritto penale**, oggetto questa di altre autonome opere manualistiche.

5. Diritto penale e diritto criminale.

Nel presentare le linee generalissime della nostra materia, si è finora parlato di diritto **penale**. Ma occorre dire che la nostra disciplina, per secoli, non utilizzò una tale terminologia. Il diritto penale, tradizionalmente, si chiamava **diritto criminale** (in latino: *ius criminale*).

Diritto criminale come terminologia tradizionale

L'aggettivo «criminale» continuò ad essere utilizzato dalla dottrina maggioritaria italiana fino alla seconda metà dell'Ottocento. Lo stesso CARRARA – nel suo celeberrimo «Programma del corso di diritto **criminale**» – adottò la **terminologia tradizionale**. Ed anzi espressamente prese posizione sul punto, distinguendo la **scienza criminale** dalla **scienza penale**, ed evidenziando che solo la prima, in Italia ed all'estero, aveva raggiunto risultati appaganti e coerenti sotto il profilo scientifico.

In realtà, come abbiamo detto poc'anzi, la nostra disciplina si occupa – per dirla col BECCARIA – «**dei delitti e delle pene**». Dunque, **oggetti** della nostra branca del diritto non sono solo gli **illeciti** (reati, **crimini** o delitti, a seconda delle varie denominazioni acquisite nella storia), ma anche le **sanzioni** (le **pene**).

Sicché, a ben vedere, **entrambe** le terminologie – diritto penale e diritto criminale – **sarebbero corrette**. Utilizzando l'espressione diritto **penale**, si enfatizza l'aspetto delle **sanzioni** che caratterizzano la materia; utilizzando l'espressione diritto **criminale**, viceversa, si enfatizza l'aspetto degli **illeciti** che connotano la nostra disciplina.

Tra le due, forse, sarebbe più appropriata ed efficace l'espressione **diritto criminale**; più appropriata, perché è allo scopo di reprimere e di prevenire i crimini che vengono impiegate le pene, e dunque, per così dire, «vengono prima» i crimini delle pene; più efficace, perché con l'aggettivo **criminale** si sottolineerebbe il fatto che gli illeciti di cui alla nostra branca del diritto sono i più gravi di tutto l'ordinamento.

Diritto penale come terminologia attuale

Comunque, l'espressione oggi corrente – che del resto caratterizza la stessa denominazione della materia in quanto insegnamento universitario – è **diritto penale**. Nel testo (come nello stesso titolo del volume) ci atteniamo dunque a tale terminologia.

Capitolo II

CENNI STORICI

Sommario: 1. Storia e diritto penale: le «costanti» e le «variabili». – 2. Storia della scienza penale, storia della legislazione penale, e storia della giurisprudenza penale. – 3. L'epoca del diritto comune. – 4. Illuminismo e diritto penale. – 5. L'Ottocento. – 6. Il Novecento.

1. Storia e diritto penale: le «costanti» e le «variabili».

Va sottolineata l'**importanza della storia** nell'ambito dello studio del diritto penale. Senza un'adeguata conoscenza della storia, non è possibile conoscere a fondo neppure il diritto vigente.

Solo attraverso lo studio della storia, ad es., ci si può rendere conto di quanto le teorie penalistiche e la legislazione penale siano **variabili** nel tempo. A questo proposito, il Nuvolone aveva distinto tra le c.d. **«costanti»** e le c.d. **«variabili»** del diritto penale. Le prime concernevano quegli aspetti del diritto penale che potevano dirsi costanti nel corso della storia: si pensi alla **punibilità dell'omicidio**. Le seconde, viceversa, riguardavano quei profili del diritto penale per loro natura variabili nel tempo: si pensi alla punibilità di **certi illeciti economici**.

Costanti

Variabili

In realtà, **nulla nel diritto penale è del tutto costante**. Ciò soprattutto se si prendono in considerazione, oltre ai diversi tempi, anche i diversi luoghi. **Neppure l'omicidio** è stato sempre punito nella storia dell'umanità, o quantomeno questo si può dire in relazione ai **limiti** della punibilità dell'omicidio. La stessa pena di morte, in fondo, non era che un omicidio legalizzato, in presenza di certe condizioni. E oggi si discute della punibilità dell'eutanasia.

Variabilità come regola

Insomma: è vero che vi sono aspetti del diritto penale più o meno variabili, ma la regola è la **variabilità**.

La storia è dunque importante proprio per questo motivo. Tutto essendo variabile, è bene comprendere l'*iter* dello sviluppo dei vari istituti e delle varie figure penalistiche nel corso della storia, per capirne la «traiettoria», e dunque per meglio inquadrarli nel tempo presente, ed in prospettiva futura. La configurazione vigente di un istituto o di un reato, infatti, deve considerarsi come necessariamente **«provvisoria»**, vista la variabilità intrinseca del diritto penale. La storia consente dunque di guardare all'oggetto di studio in una prospettiva **dinamica**, ed è questa l'unica prospettiva corretta nell'ambito di una disciplina in **continuo divenire**.

Naturalmente, in questa sede non potremo soffermarci più di tanto sugli aspetti *stricto sensu* storici del diritto penale. Questo sarà l'unico capitolo dedicato espressamente a tali profili. Peraltro, vista l'importanza da noi annessa alla storia – e di cui si è detto finora – si cercherà di non trascurare troppo il profilo dello sviluppo storico delle singole tematiche oggetto di studio. Ciò soprattutto quando l'aspetto storico si mostrerà utile alla migliore e più chiara comprensione del presente.

2. Storia della scienza penale, storia della legislazione penale, e storia della giurisprudenza penale.

Storia della scienza penale

Nell'ambito della storia, è bene distinguere in primo luogo fra **storia della scienza penale** e **storia della legislazione penale**.

La prima è la storia del **pensiero** penalistico attraverso i secoli. È la storia del diritto che si trova negli scritti di **dottrina** penale: tanto che si può dire che **scienza** penale e **dottrina** penale siano per certi versi veri e propri **sinonimi**. La scienza penale naturalmente ha sempre seguito lo sviluppo del diritto positivo nel corso dei secoli, ed in una certa misura ha influito sullo sviluppo stesso. Ma la dottrina è cosa diversa dalla legislazione.

Storia della legislazione penale

La storia delle legislazioni penali è la storia delle **leggi scritte** in materia penale. Essa ha risentito dello sviluppo della scienza, ma – forse in misura predominante – ha piuttosto risentito, nei secoli, delle esigenze e delle istanze del **potere costituito**.

Le due cose vanno dunque **tenute distinte**. D'altra parte, come vedremo, nella storia non è raro trovare forti discrepanze fra la scienza e la legge scritta, soprattutto allorché gli studiosi si sono impegnati in una **critica** del diritto vigente al loro tempo. Si pensi **alle grandi battaglie contro la pena di morte** – di cui diremo – sviluppatesi proprio in contrasto con legislazioni che prevedevano a profusione la sanzione capitale.

Storia del diritto positivo

Diversa ancora dalle prime due è la storia del **diritto positivo**. Come abbiamo visto più sopra, infatti, il diritto non si riduce alla nuda **legge scritta**, ma è costituito dalla legge scritta **così come interpretata dalla giurisprudenza**. Se è così, per comprendere – ad es. – quale fosse la configurazione del delitto di **furto** nel nostro diritto penale di fine Ottocento, occorrerebbe non solo leggere le disposizioni in materia dettate dal codice italiano del 1889, ma anche consultare un **repertorio di giurisprudenza** dell'epoca.

Storia della giurisprudenza

Una **storia del diritto positivo** fatta bene, dunque, non dovrebbe essere nuda storia delle legislazioni – né, tanto meno, delle opinioni «scientifiche» dei *doctores* – ma **soprattutto** dovrebbe essere **storia della giurisprudenza** sviluppatasi nel tempo su tali disposizioni di legge scritta.

Peraltro, un simile studio è certamente più complicato dello studio delle legislazioni, sicché è raro trovare ricerche storiche che affrontino con sufficiente profondità d'indagine un'analisi anche impostata sulla giurisprudenza.

In questo volume, non potremo avventurarci che raramente nella storia della giurisprudenza. Dovremo più spesso accontentarci della storia della dottrina e/o delle leggi scritte (e del resto neppure un tale compito potrà essere realizzato il più delle volte). L'importante è peraltro avere la consapevolezza del fatto che il diritto è il prodotto di più fattori, e ciò non vale solo per il diritto presente, ma – talora *a fortiori* – per il diritto passato.

3. L'epoca del diritto comune.

Si legge talvolta negli scritti dedicati alla storia del diritto penale che questo, quantomeno nell'Europa continentale, **nascerebbe con l'Illuminismo**.

In effetti, come vedremo fra breve, è verissimo che, con l'Illuminismo, si affermano – prima tra i pensatori, poi, pian piano, nelle leggi e nelle costituzioni – alcuni dei princìpi più importanti del moderno diritto penale; e, primo fra tutti, si attesta il **principio di legalità**.

Peraltro, da un lato, l'enorme edificio del sapere penalistico **non si esaurisce in tali pur notevoli princìpi**. È fatto anche di **regole**, di **istituti**, e di nozioni che si sono **sviluppate nel corso dei secoli sin dal diritto romano**. L'**omicidio**, ad es., **non nasce con l'Illuminismo**. Già esisteva prima, e già da secoli aveva ricevuto dalla dottrina, dalla legislazione e dalla giurisprudenza una serie di progressivi sviluppi che ne facevano una figura fortemente delineata. Lo stesso si potrebbe dire del **dolo**.

E inoltre, pure con riferimento ai predetti **princìpi**, essi non si manifestano «di botto» con BECCARIA, ma a quel tempo germogliano, quando le gemme indispensabili per una tale fioritura erano già da tempo presenti sulla scena criminale.

Vedremo qui di seguito di tracciare brevemente le lineeguida di questo **periodo pre-illuministico**.

Scienza

Cominciamo dalla **scienza**.

Come si accennava, la **dogmatica** del diritto criminale si è sviluppata nel tempo, grazie **all'apporto plurisecolare** di generazioni di giuristi, che hanno via via affinato la materia.

Già si può parlare di una dottrina criminalistica **ai tempi dei romani**; ed anche nei secoli della ripresa del diritto romano, **nel Medioevo**, non mancarono studiosi che si occupavano di *jus criminale*, sia per risolvere questioni applicative, sia per elaborare teorie di più ampio respiro (ALBERTO GANDINO, BONIFACIO ANTELMI alias VITALINI, JACOPO DA BELVISIO, e poi ANGELO «ARETINO» DE GAMBIGLIONI, ecc.).

Ma per secoli i criminalisti si dedicarono soprattutto alla **parte speciale**, ossia allo studio delle singole figure di reato (l'omicidio, il furto, la rapina, lo stupro, e così via). Per arrivare a concepire una vera e propria **parte generale** del diritto penale, si deve attendere il **Cinquecento**.

Tiberio Deciani fondatore della Parte generale

Uno studioso in particolare, TIBERIO DECIANI (Udine, 1509-Padova, 1585), viene indicato come il fondatore della (moderna?) **parte generale**. In effetti, nel celeberrimo «*Tractatus criminalis*», edito postumo nel 1590 a cura del figlio Nicolò, egli già trattava delle tematiche che oggi si trovano nei principali manuali di diritto penale-parte generale, quali il **dolo**, la **colpa**, ecc., analizzandole in piena autonomia (seppur in collegamento) rispetto allo studio dei singoli reati di parte speciale.

Altri autori dell'epoca vanno segnalati per la loro importanza: si pensi all'illustre e sapiente GIULIO CLARO, ed alla sua «*Praxis criminalis*», o al pur più «pragmatico» e casuistico, quanto «enciclopedico» PROSPERO FARINACCI. Insomma: le **basi** del moderno diritto penale, o quantomeno della sua **sintassi**, erano già state poste in quel grande secolo. E non a caso era proprio **in Italia** che, **nello splendore del Rinascimento**, si affermava anche la dottrina criminale più raffinata e più rinomata d'Europa. Era già – l'Italia – la **«culla del diritto penale»**.

Se con tali scrittori cominciavano a delinearsi le principali strutture portanti della dogmatica, e se la stessa trattazione delle singole figure di reato pian piano assumeva contorni sempre più chiari, è anche vero che, sotto il profilo **contenutistico**, la dottrina penale del tempo, per molti aspetti, **lasciava a desiderare**. Basti pensare alla *nonchalance* con cui simili pur acuti interpreti del *ius criminale* descrivevano ed avallavano **legislazioni e prassi applicative barbare**, sia quanto ai precetti, sia quanto alle sanzioni. I **tre grandi portati dell'Illuminismo – secolarizzazione, umanizzazione, legalità** – erano **di là da venire**.

Nel corso del **Seicento** e del **Settecento** la «culla del diritto penale» **non è più l'Italia**. Autori come il MATTHAEUS (**olandese**), o come CARPZOV (**tedesco**) paiono catalizzare l'attenzione dei criminalisti europei. Ma, se sotto il profilo sistematico e scientifico si continuano a fare grandi progressi, dal punto di vista – diremmo oggi – **politico-criminale** anche tali trattazioni **lasciano** grandemente a **desiderare**. Neppure il più moderno manuale del BOEHMER (**tedesco**) – pubblicato in **pieno Settecento** (1730) – riuscirà a prendere le distanze da un diritto penale ancora per certi versi arcaico, dove si descrivono ancora, senza troppe recriminazioni, crimini quali la **magia** o il **sacrilegio**.

Si dovranno attendere sul punto le graffianti critiche di CHRISTIAN THOMASIUS, che tra i primi distingue chiaramente il foro della morale da quello del diritto, e si pone come antesignano di una **laicità del diritto** penale che solo in pieno Illuminismo troverà più ampio, seppur non certo unanime, accoglimento.

Veniamo ora alla **legislazione**. **Legislazione**

Nel lungo periodo del **diritto comune**, come è noto, la **legislazione** rappresentava **solo una delle fonti del diritto**, anche di quello penale.

«Alcuni avanzi di leggi di un antico popolo conquistatore fatte compilare da un principe che dodici secoli fa regnava in Costantinopoli, frammischiate poscia co' riti longobardi, ed involte in farraginosi volumi di privati ed oscuri interpreti, formano quella tradizione di opinioni che da una gran parte dell'Europa ha tuttavia il nome di leggi; ed è cosa funesta quanto comune al dì d'oggi che una opinione di Carpzovio, un uso antico accennato da Claro, un tormento con iraconda compiacenza suggerito da Farinaccio sieno le leggi a cui con sicurezza obbediscono coloro che tremando dovrebbono reggere le vite e le fortune degli uomini». Ecco come **Beccaria** descriveva, con efficace immagine, il **sistema normativo del diritto comune**.

In effetti, le leggi scritte erano soprattutto quelle **romane** del **Digesto giustinianeo**. E, nell'ambito di queste, erano i c.d. «***Libri terribiles***» (i libri 47 e 48) a contenere gran parte delle **norme penali**. Esse, naturalmente, venivano applicate **così come glossate, interpolate ed interpretate dagli scrittori** che nei secoli avevano studiato il *ius criminale*, alcuni dei quali sono stati menzionati poc'anzi. Ecco spiegati i riferimenti di BECCARIA al CARPZOV, al CLARO ed al FARINACCIO.

Inoltre, il corpo normativo era integrato dal c.d. *ius municipale* o *ius proprium*, ossia quelle leggi scritte che venivano emanate nell'ambito delle varie Repubbliche, dei Regni, dei Ducati, dei Comuni, e così via. Si tratta delle c.d. **norme statutarie**, cioè norme contenute negli **statuti**, appunto, che si davano le singole comunità dotate di sovranità.

Le norme scritte, dunque, non esaurivano affatto tutto il sistema penale vigente. Le **opinioni dei *doctores*, e le decisioni giurisprudenziali**, colmavano le lacune delle leggi, ed avevano grande autorità, pur determinando, ovviamente, uno **stratificarsi di varie fonti normative** produttivo di una **grande confusione**. Il cittadino, di fronte ad un tale caos, faceva certamente molta fatica a conoscere il diritto penale, del resto difficilmente conoscibile dagli stessi giureconsulti: un quadro sapientemente dipinto dal MANZONI nell'episodio in cui Renzo si reca dall'avvocato Azzeccagarbugli. Questo era il motivo delle lamentele del BECCARIA nel celebre passo citato (*«A chi legge»*).

Durante tutto quel lungo periodo – grosso modo dal XIII secolo alla seconda metà del 1700 – le leggi penali, oltre che **contrastanti col principio della certezza del diritto**, furono caratterizzate da una **severità straordinaria**, sia quanto ai **pre-**

cetti (ossia ai comandi o divieti imposti dalle norme), sia quanto alle **sanzioni**.

Sotto il primo profilo, il diritto penale si spingeva spesso a punire **meri atteggiamenti interiori**, se non addirittura i **nudi «pensieri»** dei sudditi. La c.d. **«lesa maestà»** – e cioè la ribellione al sovrano (nelle sue varie forme) – era considerato il **delitto più nefando**, tanto che veniva punito anche se solo allo stadio di pura macchinazione come se il reato fosse stato già consumato. Ed infine si punivano ogni sorta di **comportamenti semplicemente devianti dai precetti morali e/o religiosi**, quali la **magia**, l'**eresia**, la **blasfemia**, la **stregoneria**, ed ogni **comportamento sessuale «irrituale»** (**omosessualità**, **bestialità**, stupro c.d. semplice, ecc.). Si trattava, insomma, di un diritto penale **autoritario**, da un lato, e **confessionale**, dall'altro. Il diritto penale liberale e laico – caratteristico, almeno in teoria, dei giorni nostri – era ancora lontano. **Precetti**

Quanto alle **sanzioni**, quei secoli furono caratterizzati dall'impiego di **supplizi atroci e crudeli**. La **pena di morte** non è che un esempio noto a tutti. Ma altre pene diverse dalla morte non erano per questo meno terribili per il povero condannato: si pensi ai **lavori forzati a vita**, talora un vero e proprio «calvario» per uomini ridotti a bestie. Ancora, alcune pene non erano così dure, ma pur tuttavia evidenziavano un notevole sadismo ed una totale mancanza di rispetto per il condannato e per i suoi diritti fondamentali: si pensi alle pene c.d. **infamanti**, quali la **gogna**, o il **marchio**. A tutto ciò si univa poi – si trattava di norma di una misura più che altro processuale, ma in realtà, sotto il profilo sostanziale, essa rappresentava una vera pena – la **tortura**, i cui terribili tormenti dovevano indurre il poveretto a confessare il suo delitto. **Sanzioni**

Infine, alle misure più propriamente penali, si aggiungeva quasi sempre, almeno in relazione ai delitti più gravi, la c.d. **confisca generale** dei beni del condannato, il quale veniva spogliato di **tutti i suoi averi**. Ciò si ripercuoteva anche, naturalmente, sulla **famiglia** del reo, e dunque su persone innocenti, con patente **violazione del principio**, oggi consacrato dalla Costituzione, della **personalità della responsabilità penale**.

Quale fu, in questi secoli, il ruolo della **giurisprudenza?** **Giurisprudenza**

Senza approfondire qui il discorso, si può peraltro dire che essa aveva **grande peso** nel determinare l'effettivo assetto del sistema penale. Infatti, già si è detto del fatto che le leggi non erano esaustive di tutto il *ius positum*, il quale si avvaleva in gran copia delle opinioni della dottrina – allora più autorevole di oggi – ed anche e soprattutto delle **decisioni dei giudici**.

In particolare, il GORLA ha studiato approfonditamente il ruolo svolto dai c.d. **Grandi Tribunali** dislocati nelle più prestigiose sedi d'Europa in questi secoli. Se fino al XVI secolo erano soprattutto i *doctores* ad imporre le loro interpretazioni delle leggi scritte e non scritte, successivamente questa *auctoritas* passò nelle mani dei **collegi giudiziari più illustri** d'Europa. Così, tribunali autorevoli quali, ad es., il Senato milanese, o quelli di Piemonte e Savoia (per restare in Italia), elaborarono pian piano una **giurisprudenza** che in tutta Europa veniva considerata ed utilizzata. Non dimentichiamo, infatti, che il «diritto comune» era effettivamente diritto **comune** a tutta l'Europa continentale.

Anche e soprattutto **in Francia**, il ruolo dei giudici nella formazione del diritto – specie nei decenni precedenti la Rivoluzione – divenne **talmente preponderante**, che fu tra le cause scatenanti dell'elaborazione di teorie quali quella della separazione dei poteri e della riduzione dei giudici a mere «bocche della legge», da parte dell'illustre MONTESQUIEU.

4. Illuminismo e diritto penale.

Già si è detto che alcuni dei **più importanti princìpi del diritto penale** moderno **nascono con l'Illuminismo**, e cioè con la **seconda metà del 1700**. È questa l'**epoca d'oro** del diritto penale, nell'ambito della quale i filosofi sembrano aver la meglio sui giuristi del foro, e dettare le coordinate del futuro immediato del *ius criminale*.

Scienza

Cominciamo dalla **scienza**.

Sono i filosofi – dicevamo – ad entrare nel vivo della «questione criminale», a criticare aspramente l'assetto del diritto penale vigente, e a proporre un nuovo *ius criminale*.

Già MONTESQUIEU, in Francia, come si accennava, aveva posto le **basi filosofico-politiche** della riforma penale, con il suo «*Esprit de Lois*» (1749).

Cesare Beccaria

Fu peraltro CESARE BECCARIA (Milano, 1738-1794) **il più illustre alfiere delle dottrine dell'Illuminismo penale europeo**. Nel suo libro **«Dei delitti e delle pene»** (Livorno, 1764) – tradotto in numerosissime lingue sin da subito, letto, commentato (persino dal celeberrimo VOLTAIRE!) e citato **in tutta Europa** ed anche **oltre Atlantico**, e tuttora ristampato regolarmente anche in edizioni economiche – l'allora ventiseienne Marchese milanese sottopose a dura critica il sistema del diritto comune, e delineò **le coordinate di un nuovo diritto penale**.

Principali bersagli degli strali di BECCARIA: lo stato di incertezza e di confusione del diritto penale allora vigente; l'eccessiva severità del sistema punitivo; la inopportunità di leggi moraleggianti, che confondevano il delitto col peccato e viceversa.

Erano i **tre principali filoni** su cui si sarebbero sviluppate – anche da parte di altri autori sulle orme di BECCARIA – **le dottrine dell'Illuminismo penale**: l'istanza di **certezza del diritto** penale; l'**umanizzazione** del diritto penale; la costruzione di un diritto penale **laico**. Il presupposto di questi tre percorsi filosofici era comunque uno: il **fondamento** giustificativo del diritto penale.

Fondamento contrattualistico della potestà punitiva

Cominciamo dal presupposto. Per BECCARIA, il rapporto Stato/cittadino si fondava – la teoria era derivata dal ROUSSEAU – sul **contratto sociale**. Il cittadino si impegnava – per così dire «contrattualmente» – con lo Stato a cedere parte della sua **libertà** (bene considerato comunque **sommo** dal Marchese milanese), per riceverne **protezione** e **sicurezza**. Il diritto penale serviva a garantire ai cittadini questa sicurezza, ma naturalmente non doveva eccedere i termini del «contratto». Insomma, doveva esservi proporzione fra la libertà ceduta dai cittadini allo Stato e la libertà tolta ai cittadini dal diritto penale. Ogni **pena**, in questa prospettiva, era giustificata solo se ed in quanto **necessaria**. Ed ogni precetto penale poteva limitare la libertà dei cittadini solo se necessario allo scopo di rendere il sistema capace di **proteggere i cittadini nella loro sicurezza**. Di qui i tre postulati di cui si diceva.

Certezza del diritto

Quanto al primo – e cioè la **certezza del diritto** – abbiamo già visto poc'anzi con quale sarcastica amarezza BECCARIA aveva descritto lo stato caotico e fosco del diritto penale comune. Egli pensava che i cittadini avessero diritto di **conoscere le leggi penali per poter orientare le loro azioni**. D'altronde essi, «contrattualmente», avevano ceduto allo Stato solo **parte** della loro libertà, ed era loro diritto sapere con esattezza **quale parte** avessero ceduto.

BECCARIA riteneva che un **«sacro codice delle leggi»** avrebbe potuto risolvere questo problema, chiarendo a tutti i cittadini

i confini tra il lecito e l'illecito, e dettando **con precisione le sanzioni** per ogni tipo di reato. Una volta adottato un simile codice, ed abolito tutto il «calderone» del *ius commune*, il giudice non avrebbe avuto più bisogno di **interpretare** le leggi, se scritte con adeguata chiarezza. L'interpretazione delle leggi, per BECCARIA, era infatti una delle cagioni principali dello stato caotico e nebuloso del diritto penale. Il giudice avrebbe dovuto diventare davvero – come voleva MONTESQUIEU – null'altro che la «**bocca della legge**», un «**automa**», che avrebbe dovuto applicare la legge in modo «**meccanico**».

Umanizzazione

Quanto al secondo punto, e cioè l'**umanizzazione** del diritto penale, anch'essa era un portato logico del contratto sociale. Il cittadino non avrebbe mai ceduto allo Stato il potere di infierire su di lui con crudeli tormenti, ferri roventi, ruote acuminate, pene di morte «esasperate» da ulteriori supplizi, ecc. Soprattutto, mai il cittadino avrebbe ceduto allo Stato il potere di infliggere pene **sproporzionate** rispetto alla gravità del delitto.

Di qui, i chiari princìpi esposti da Beccaria intorno alle **pene**, che così compendiava nel brano conclusivo del famoso «libretto»: «perché ogni pena non sia una violenza di uno o di molti contro un privato cittadino, dev'essere essenzialmente pubblica, pronta, necessaria, la minima delle possibili nelle date circostanze, proporzionata a' delitti, dettata dalle leggi». Per BECCARIA, la pena doveva avere soprattutto la capacità di **prevenire i delitti**. Ma, per riuscire in questo scopo, essa non doveva essere atroce e sproporzionata (cosa che invece caratterizzava il diritto penale del tempo), ma **dolce** e **proporzionata**. In questa prospettiva si inseriva la nota battaglia di BECCARIA contro la **pena di morte**.

Altri fattori assai importanti: la **prontezza** e la **certezza** della pena. Una pena non pronta e non indefettibile avrebbe **reso vano ogni precetto penale**, e nessuna crudeltà del supplizio avrebbe potuto compensare la lentezza e la incertezza dell'irrogazione della pena.

Laicizzazione

Quanto al terzo punto, e dunque alla **laicizzazione** del diritto penale, anch'essa era collegata al postulato iniziale del fondamento contrattualistico della potestà punitiva. I cittadini cedevano la loro libertà allo Stato solo in caso di commissione di illeciti capaci di arrecare **danno ad altri o alla collettività**. Un comportamento semplicemente «deviante» dal punto di vista **morale** o **reli-**

gioso, ad es., non necessariamente avrebbe creato questo danno, presupposto necessario per l'inflizione della pena. Altrettanto si può dire intorno alla semplice **intenzione** criminosa del soggetto: essa non sarebbe stata sufficiente ad integrare quel «**danno alla nazione**», per BECCARIA «unica e vera misura dei delitti».

In questa prospettiva, non avrebbe più avuto senso punire l'**eresia**, la magia, od altri comportamenti che il diritto penale **confessionale** del tempo ancora considerava delitti.

Le tesi di BECCARIA erano per certi versi rivoluzionarie. Esse peraltro incontrarono più fautori (VOLTAIRE e MORELLET in Francia, HOMMEL e FEUERBACH nel mondo germanico, BENTHAM, BLACKSTONE e EDEN in Inghilterra, JEFFERSON in America) che oppositori (FACCHINEI in Italia, MOUYART DE VOUGLAINS in Francia).

Gaetano Filangieri

In Italia, tra gli immediati continuatori del pensiero del Nostro, si possono annoverare soprattutto GAETANO FILANGIERI e MARIO PAGANO, entrambi napoletani. Il primo dedicò il terzo volume della stupenda opera «La scienza della legislazione» alle **leggi penali**, e riprese le istanze riformistiche del Marchese milanese, approfondendone i risvolti più spiccatamente giuridici; il secondo, specie nei «Princìpi di diritto penale», mostrò come si poteva ripensare alla parte generale attraverso una rilettura della stessa alla luce dei princìpi illuministici.

Mario Pagano

Giandomenico Romagnosi

Ma altri Autori, sul finire del Settecento, contribuirono in modo determinante allo sviluppo ed al progresso della scienza penale. Si pensi – si tratta ancora una volta di un «giurista-filosofo» – a GIANDOMENICO ROMAGNOSI. Celeberrima fu l'opera pubblicata dall'allora giovane salsese in Pavia nel 1791, dal suggestivo titolo «La genesi del diritto penale», dove l'autore, oltre a delineare i fondamenti del giure penale nel **diritto di difesa**, costruiva la teoria della c.d. **controspinta criminosa**. In sostanza, secondo il ROMAGNOSI, ogni delitto è frutto di una sorta di **spinta criminosa**. Al fine di controbilanciare questa spinta, e dunque di prevenire il delitto, è necessario intervenire con la minaccia della sanzione penale, che fungerebbe, appunto, da controspinta alla spinta criminosa. Si affrontavano in tal modo le dinamiche psicosociologiche della prevenzione generale. FEUERBACH, in **Germania**, avrebbe di lì a poco ribadito ed approfondito un'analoga impostazione teorica.

Filippo Maria Renazzi e Luigi Cremani

Se gli scrittori finora citati contribuirono soprattutto a tracciare le coordinate **filosofico-teoriche** della riforma penale, altri importanti criminalisti si dedicarono ad una riformulazione degli istituti e delle regole penalistiche sotto un profilo maggiormente **tecnico-giuridico**: alludiamo soprattutto, per restare in Italia, a FILIPPO MARIA RENAZZI e a LUIGI CREMANI, autori, **nell'ultimo scorcio del Settecento**, di **due assai apprezzati manuali** in vari volumi. Tali opere mostrano come, all'epoca, le nuove dottrine di BECCARIA e dei suoi discepoli non avessero determinato una vera e propria trasformazione complessiva dell'edificio penalistico. In effetti, nelle opere di RENAZZI e CREMANI, si affacciavano certamente tali nuove istanze critiche, che trovavano **applicazione pratica** determinando la trasformazione di antichi istituti e figure di reato. Ma le **dottrine di origine romanistica** sviluppatesi in secoli di progresso del sapere criminalistico non venivano affatto abbandonate. Al contrario, esse formavano ancora **l'ossatura della grammatica e dell'impianto della dottrina penale**, che si evolveva ma senza fratture decise col passato, se non sul piano dei princìpi (cosi anche CAVANNA).

Legislazione

Sulla scorta delle nuove idee illuministiche, verso la fine del Settecento, anche i **legislatori** cominciarono a cambiare rotta.

Erano i tempi del passaggio dal diritto comune alle grandi **codificazioni moderne**, che soprattutto con l'inizio dell'Ottocento diverranno caratteristica saliente di tutti i sistemi penali europei.

«Leopoldina» (1786)

Tra i primi documenti legislativi di una certa importanza, va menzionata la c.d. **«Leopoldina»**, ossia una legge penale emanata da Pietro Leopoldo in **Toscana** nel 1786. Essa – pur non potendosi definire vero «codice» a tutti gli effetti – risentiva grandemente delle istanze illuministiche. Tra l'altro, aboliva la **pena di morte** – cosa veramente eclatante per l'epoca – ed i delitti di **lesa maestà**.

Codice austriaco (1787)

Nel **1787** – sia pur non in Italia – veniva approvato il **primo codice penale**: il **codice austriaco** di Giuseppe II. Si trattava di un vero e proprio **codice penale moderno** sotto ogni punto di vista. Anche qui, la pena di morte veniva tendenzialmente abolita (salvo che per alcune ipotesi eccezionali); e compariva per la prima volta una **parte generale** articolata e per molti versi simile a quella contemplata in molti codici penali attuali.

Dichiarazione dei diritti dell'uomo e del cittadino (1789)

Nel **1789**, in **Francia** – a seguito della Rivoluzione – si approvava la **Dichiarazione dei diritti dell'uomo e del cittadino**. Sull'importanza di tale documento non è naturalmente necessario soffermarsi. Piuttosto, vale la pena mettere in luce il fatto che notevolissimi erano i princìpi di chiara matrice **penalistica** ivi formulati. Tra gli altri menzioneremo i seguenti: «La legge non ha il diritto di proibire che le azioni nocive alla società. Tutto ciò che non è vietato dalla legge non può essere vietato all'individuo umano, e niuno può essere costretto a fare ciò che la legge non ingiunge» (art. 5); «La legge non deve fermare che pene nettamente ed evidentemente necessarie; e niuno può essere punito altrimenti che in virtù di una legge stabilita e promulgata anteriormente al delitto, e legalmente applicata» (art. 8).

Come si vede, il **principio di legalità** (di cui diremo) è ben palesato; ed espressamente viene accolto il **«principio del danno»** (oggi denominato «principio di offensività»: v. *infra*, P. I, Cap. III), laddove si sottolinea che solo le **azioni nocive alla società** possono essere proibite dalla legge.

Codice francese (1791)

Il **codice penale francese rivoluzionario del 1791** cercherà di implementare appieno tali princìpi. Peraltro, tale codice risulterà opera **imperfetta** sotto il profilo legislativo. La parte generale appare troppo esigua, con gravi ripercussioni in tema di certezza del diritto. E ciò rappresenta un paradosso, nell'ambito di un codice (forse meglio definibile «quasi-codice»), che per altri versi mira ad esaltare a tal punto la forza della legge da ridurre – sulle orme delle teorie illuministiche sopra esposte – il giudice a mera «*bouche de la loi*». A tal fine, i compilatori francesi pensarono di ricorrere al sistema delle c.d. **pene fisse**, ossia ad un sistema in cui il giudice non avrebbe potuto spaziare fra un minimo ed un massimo nella commisurazione della pena (come nel nostro sistema attuale), ma si sarebbe trovata già «preconfezionata» dal legislatore, appunto, una pena «fissa» da applicare al fatto da giudicare. Ciò comportò gravissimi problemi applicativi, poiché è impossibile che un codice sia così dettagliato da prevedere tutte le variabili – oggettive e soggettive – in base alle quali calcolare la pena «giusta» da infliggere ad un **certo individuo** per un **certo fatto** da lui compiuto. Per questo motivo, se un codice non prevede minimi e massimi «edittali» (come abitualmente vengono denominati) delle pene, nell'ambito dei quali il giudice possa spaziare nella sua attività di commisurazione, finisce per creare inevitabili **disparità di trattamento** nell'applicazione concreta della legge.

Giurisprudenza

Quale il ruolo della **giurisprudenza**, in questo periodo?

Come si accennava, secondo il pensiero illuministico – nella versione «pura» di BECCARIA e dei suoi seguaci – il giudice avrebbe dovuto ridursi ad una sorta di **automa**, una «bocca della legge».

I legislatori cercarono in effetti, all'epoca, di imbrigliare i giudici il più possibile tra le maglie della legge. Abbiamo appena visto, ad es., cosa fece il **legislatore francese** della Rivoluzione, con il codice del 1791 e con le sue pene fisse. Ma abbiamo anche visto quali furono gli esiti negativi di questo esperimento.

Altro istituto che doveva servire a questo scopo fu il ***Référé législatif.*** Ogni qual volta fossero insorti problemi interpretativi su di una norma, il giudice avrebbe dovuto ricorrere al corpo legislativo, il quale avrebbe dovuto fornire l'interpretazione vincolante per il giudice stesso. Ma l'istituto **fallì**, vista l'enorme massa di dubbi sollevati dai giudici, cui il corpo legislativo era impossibilitato a fornire risposta. In sostanza, si dovette pian piano ammettere che un **certo margine di attività interpretativa** non poteva essere sottratto ai giudici, pena l'impossibilità del funzionamento del sistema.

Se tali esperimenti furono utili a mostrare il carattere **utopistico** di alcune delle idee illuministiche – se prese «alla lettera» – ciò nondimeno in quel periodo si mirò, se non ad **eliminare**, comunque a **ridurre** lo spazio di discrezionalità dei giudici. I codici penali – in via di emanazione in tutta Europa – tesero essenzialmente a questo scopo. Si trattava del lento affermarsi del **principio di legalità**, nella prospettiva della **riserva di legge** (v. *infra*, P. I, Cap. II). In sostanza: dai tempi bui dell'*ancien régime*, laddove l'incertezza del diritto regnava sovrana, e giudici di ogni genere – nella disorganizzazione legislativa e giudiziaria – decidevano sulle controversie a loro piacimento, molto era cambiato. Il giudice non si sarebbe mai ridotto ad automa; ma – a partire dalle riforme illuministiche – i suoi poteri si sarebbero drasticamente ridotti, a vantaggio della **legge scritta**.

5. L'Ottocento.

L'**Ottocento** è il secolo delle **grandi codificazioni penali**. I princìpi illuministici – eccettuate le istanze utopistiche – trovano pian piano realizzazione nei codici penali e più in generale nei sistemi penali europei.

Ma è anche il secolo dei grandi rivolgimenti politici che porteranno all'**unificazione dell'Italia** e dunque all'esordio, sul piano formale, di un diritto penale **italiano**.

L'ultimo scorcio del secolo vedrà poi profilarsi il duro scontro fra la scuola classica e la scuola positiva.

Scienza

Cominciamo dalla **scienza**.

Agli albori dell'Ottocento, le dottrine filosofico-penali illuministiche erano già consolidate. Si trattava di ridedicarsi allo studio della **dogmatica penale** per affinarne le strutture fondamentali, e i dettagli.

Tra i **criminalisti** della **prima metà del secolo** si possono qui ricordare (ma la lista sarebbe ben più lunga...) il pisano GIOVANNI CARMIGNANI, il maceratese GIUSEPPE GIULIANI, ed i napoletani NICOLA NICOLINI e SANTO ROBERTI.

Giovanni Carmignani e la c.d. «Scuola classica»

Grazie al CARMIGNANI (1768-1847), ed ai suoi «*Elementa juris criminalis*» (1ª ed. Pisa, 1807), – tradotti poi in italiano col titolo «Elementi di diritto criminale» – si affacciava sul palcoscenico della scienza penale il metodo di studio della c.d. **«Scuola classica»**. Tra i caratteri salienti di questa impostazione, un'esposizione scientifica della teorica del delitto, imperniata sulla c.d. «**bipartizione**» (v. *infra*, P. III, Cap. I) fra **elemento oggettivo e soggettivo** (allora: «**forza fisica**» e «**forza morale**»). Il GIULIANI, emulo del Maestro pisano, ne seguì l'impostazione, non dimenticando altresì di tener conto del retroterra romanistico della nostra dottrina criminale.

I menzionati giuristi **napoletani** non possono essere considerati prescindendo dalla legislazione penale del Regno delle Due Sicilie (di cui diremo fra breve). Il NICOLINI fu **criminalista erudito**, ed impegnato nella carriera giudiziaria, dunque assai sensibile alle esigenze forensi. Lasciò importanti studi sulla genesi di numerosi istituti accolti dal codice napoletano, e sulle loro origini remote, anche sotto il profilo etimologico. Quanto al ROBERTI, egli fu l'iniziatore di un genere «letterario» oggi sempre più in voga, ossia del «**commentario**» (del codice di Napoli), che egli pubblicò in vari volumi, densi di riferimenti dottrinali e giurisprudenziali.

Menzione autonoma merita inoltre PELLEGRINO ROSSI (1787-1848): toscano di nascita, si trasferì ben presto in **Francia**, dove nel 1829 pubblicò **in francese** un **trattato di diritto penale** assai reputato sia Oltralpe che presso di noi, dove fu tradotto ben presto.

Alle soglie della metà dell'Ottocento, va poi segnalato il toscano Francesco Antonio Mori, che sarebbe stato uno dei principali compilatori del **codice toscano del 1853**. Egli intraprese la traduzione di numerosi lavori e codici tedeschi – pubblicati in vari volumi sotto il titolo «Scritti germanici di diritto criminale» – che rappresentarono un importante punto di partenza per la riforma del diritto penale in quel Granducato.

Francesco Carrara

Nella **seconda metà del secolo**, tra i più importanti esponenti della c.d. **Scuola classica** vanno menzionati soprattutto Francesco Carrara (1805-1888) ed Enrico Pessina (1828-1916).

Il Carrara fu probabilmente **il più grande criminalista italiano di tutti i tempi** (anche se forse non conosciuto all'estero come altri). Nativo di Lucca, insegnò a **Pisa** per tutta la sua carriera. Autore di numerosissime opere che spaziavano sull'intero «giure penale», divenne famoso soprattutto per il Suo immortale «Programma del corso di diritto criminale», edito in numerosissime edizioni dal 1862 ai primi decenni del '900. Nel **«Programma»**, opera monumentale che copriva, in molti volumi, sia la parte generale che la parte speciale, Egli sviluppò il metodo già enunciato dal Suo Maestro, il Carmignani, e cercò di elaborare una **teorica «assoluta»** del reato, capace di avere riscontro scientifico e di valere **per tutti i tempi e per tutti i luoghi**: il reato diveniva **«ente giuridico»**. Ma, a parte questo aspetto, certamente oggi messo in discussione, del pensiero del Carrara, Egli contribuì in maniera determinante a sviluppare quella **dogmatica penale** che – sia con riferimento alla parte generale che con riferimento alla parte speciale – ancor oggi forma il bagaglio culturale di base dei penalisti italiani.

Enrico Pessina

Il Pessina, napoletano, fu anch'Egli illustre giurista, anche se forse non raggiunse la profondità né l'accattivante capacità di comunicazione, caratteristiche peculiari del sommo Carrara. La sua opera fu importante soprattutto perché capace di fotografare il diritto del Suo tempo, anche nelle sue **origini storiche** e dunque in prospettiva **dinamica**. Il Pessina è invero ancor oggi un punto di riferimento fondamentale per chi voglia orientarsi nello studio della storia recente (dal Settecento in poi) del nostro diritto penale.

Luigi Lucchini

Last but not least, tra i criminalisti italiani dell'Ottocento va ricordato Luigi Lucchini (1847-1929), che peraltro fu assai longevo e visse sino alle soglie dell'approvazione del codice

Rocco. Il Lucchini fu per oltre cinquant'anni il **direttore** di quella che, per lungo tempo, fu la più importante rivista italiana dedicata alla nostra materia: la **«Rivista penale»**, da Lui **fondata nel 1874**. Inoltre, fu il **principale compilatore del codice Zanardelli** (1889), di cui diremo fra poco. In entrambe queste sue vesti, Egli sostenne a spada tratta le ragioni della **Scuola classica** contro quelli che Lui definì i «semplicisti del diritto penale», ossia i sostenitori della **Scuola positiva**.

Scuola positiva

L'ultimo scorcio dell'Ottocento, in effetti, fu caratterizzato nel nostro Paese da un'aspra polemica sviluppatasi fra le due scuole, la seconda delle quali – la **Scuola positiva** – cominciò ad affacciarsi prepotentemente sulla scena della dottrina penale solo nell'ultimo quindicennio del secolo.

Cesare Lombroso, Enrico Ferri e Raffaele Garofalo

Gli esponenti più famosi della scuola positiva furono Cesare Lombroso (1835-1909), Enrico Ferri (1856-1929), e Raffaele Garofalo (1851-1934). Il primo, medico più che giurista, fu il vero iniziatore del nuovo movimento. Sosteneva che il delitto era il prodotto di **malformazioni genetiche** riscontrabili nei **tratti fisiognomici dei delinquenti**. La Sua opera più famosa – «L'uomo-delinquente» – fu corredata da un «Atlante» su cui comparivano centinaia di fotografie di criminali, che avrebbero dovuto convincere il lettore della bontà delle Sue teoriche. Enrico Ferri fu **il più importante esponente «giuridico»** della Scuola positiva, ed ebbe l'intelligenza di non accogliere acriticamente le idee più bizzarre del pur reputato Lombroso. Ferri divenne **famosissimo in Italia ed all'estero** (persino nel mondo anglosassone, oltre che in America Latina), e contribuì in maniera determinante alla diffusione della scuola positiva fra i penalisti italiani e non.

Negazione del libero arbitrio e della responsabilità

Perno delle dottrine della Scuola positiva era costituito dal rilievo che il **delinquente** non commetterebbe delitti per sua scelta, bensì perché a ciò **determinato da fattori genetici, psicologici, sociologici**, ecc. Insomma: gli esponenti della scuola positiva negavano il **libero arbitrio** e dunque la stessa categoria della **responsabilità**. Cose alle quali invece credevano profondamente i fautori della scuola classica. Eliminato il libero arbitrio, la stessa **pena**, intesa nel senso «classico», non aveva più senso. Piuttosto, era opportuno prevedere delle **misure di sicurezza**, capaci o di **curare** – se possibile – o addirittura di **segregare** per sempre il delinquente irrecuperabile dalla società.

La scuola **attecchì rapidamente**, ed i suoi adepti si mostravano particolarmente agguerriti nella critica alla Scuola classica ed ai suoi postulati, tra i quali la **concezione retributiva** della pena. Quale retribuzione poteva darsi nei confronti di chi aveva agito non in base ad una sua scelta, ma perché a ciò determinato da varie cause a lui non attribuibili? Una simile concezione rivoluzionaria sui postulati fondamentali del diritto penale non poteva che generare una **rivolta** da parte degli esponenti della **Scuola classica**: di qui le polemiche che percorsero tutto il finesecolo ed anche i primi decenni del Novecento.

Legislazione

Ma veniamo alla **legislazione**.

Si diceva: il secolo XIX fu il secolo delle grandi **codificazioni penali**.

Codice austriaco (1803)

Il primo codice penale emanato in quel secolo, e di interesse per gli italiani, fu il **codice penale austriaco del 1803**, modellato sul quello giuseppino del 1787, e dunque caratterizzato da una parte generale ben articolata e, come disse il PESSINA, dalle «forme piuttosto didattiche».

In Italia (pur prima dell'unità), tra fine Settecento e inizio Ottocento si ebbero alcune iniziative codicistiche (il codice veronese del 1797; il codice lucchese del 1807), ma si trattava di scimmiottamenti del codice francese rivoluzionario del 1791, e dunque, a ben vedere, di **«quasi-codici»**.

Codice di Piombino (1808)

Il primo vero e proprio codice emanato in un territorio che poi, con l'Unità, avrebbe fatto parte dell'Italia, può ritenersi, a nostro giudizio, il **codice penale di Piombino del 1808**, che precedette di qualche mese il **codice penale napoletano del 20 maggio 1808**. Entrambi sono definibili **veri e propri codici penali** per il fatto che non è la sola parte speciale ad essere sviluppata, ma anche la **parte generale**, sostanzialmente sulle orme del modello austriaco. Soprattutto il codice napoletano del 1808 appare interessante, perché mostra la **continuità** della legislazione del primo Ottocento con la **tradizione romanistica** del diritto comune.

Codice napoletano (1808)

Progetto milanese (1806) Sia l'uno che l'altro codice avevano tratto ispirazione, tra l'altro, da un famoso **progetto di codice penale** che fu realizzato in **Milano** nel **1806**, progetto alla cui compilazione, nelle varie sue fasi, parteciparono giuristi del calibro di DE SIMONI, NANI, RENAZZI, CREMANI e successivamente lo stesso ROMAGNOSI, ed il cui primo embrionale abbozzo fu realizzato, nella Lombardia austriaca (1792-1793), da una commissione di cui fece parte BECCARIA in persona (CAVANNA). Questo progetto, pubblicato a Brescia nel 1807, e poi rifinito nel 1809, fu sul punto di essere approvato come codice penale per il Regno d'Italia (napoleonico). Ma il **codice penale francese** era ormai pronto, sicché da Parigi si decise di **imporre il *code pénal*** napoleonico anche **all'Italia**. Il progetto milanese, tuttavia, non restò opera vana: fu **assai influente** nella codificazione italiana preunitaria successiva (come si vedrà).

Codice francese (1810)

Il **codice penale francese del 1810** fu un codice di **estrema importanza** nella storia del diritto penale europeo ed italiano. Esso fu infatti applicato in vaste aree dell'Europa conquistata dai francesi, e, anche dopo la caduta di Napoleone, rimase il **modello principale** di ispirazione della maggior parte dei codici compilati in Europa nei decenni immediatamente successivi.

Si trattava di codice assai **diverso** da quello **austriaco: meno «scientifico»**, dotato di una parte generale più scarna, imperniato su divieti e comandi caratterizzati da un **lessico normativo secco ed efficace**. Sotto il profilo contenutistico, il codice francese era decisamente **autoritario**, e non risparmiava pene infamanti e atroci; la stessa confiscazione generale dei beni veniva ripresa dal fosco passato dell'*ancien régime*. La **pena di morte**, poi, era utilizzata a profusione, ben di più che nel codice del 1791.

Con la **Restaurazione** – e dunque **dopo il 1814** – i vari Stati italiani si diedero a progettare **nuovi codici penali**, sostituendo o le vecchie compilazioni settecentesche, o lo stesso codice penale francese, talora provvisoriamente lasciato in vigore.

Codice del Regno delle Due Sicilie (1819)

Il primo Stato a darsi un codice fu il **Regno delle Due Sicilie**, con il **codice del 1819**. Si trattava di un codice che si ispirava al modello francese, ma apportandovi notevoli **migliorie** tecnico-contenutistiche, e soprattutto riprendendo quel processo di **umanizzazione delle pene** che aveva le sue radici nelle dottrine illuministiche, e che caratterizzava in particolare la **tradizione penalistica italiana**, ma che ancora non aveva trovato se non sporadiche realizzazioni pratiche.

Codice parmense (1820)

Un anno dopo, fu il **Ducato di Parma, Piacenza e Guastalla** a darsi un **codice penale (1820)**. Tale codice era stato in verità preceduto da una legge emanata nel **febbraio 1819** (e dunque ancor prima della pubblicazione del codice di Napoli), che, con oltre 100 articoli, aveva apportato modifiche sostanziali al codice francese, anticipando molte delle riforme salienti del codice del 1820. Il codice parmense, anch'esso **modellato sul *code pénal***, ma anche sul **progetto milanese del 1806**, deve la sua notorietà – e le lodi che ricevette anche da autorevoli studiosi contemporanei quali PELLEGRINO ROSSI – alla rimarchevole **mitezza** dei suoi precetti e delle sue sanzioni.

Regolamento gregoriano (1832)

Nel **1832**, procedettero ad una codificazione penale gli **Stati della Chiesa**, con l'emanazione del **Regolamento penale gregoriano** (da Papa Gregorio XVI). Si trattava di un codice plasmato su vari modelli, ma soprattutto caratterizzato da una forte **impronta confessionale** e dalla **durezza delle pene**. Non stupisce dunque il **giudizio poco favorevole** riservato a questo codice dalla storiografia penalistica.

Codice sardo (1839)

Nel **Regno di Sardegna**, per l'emanazione di un codice penale si dovette attendere il **1839**. Il **codice «albertino»** (così denominato da Carlo Alberto, regnante a quel tempo) scelse come **modello** il **codice francese**, ma profittò ampiamente delle migliorie a questo arrecate dai codici **napoletano** e **parmense**. Il risultato fu estremamente positivo, anche se il codice sabaudo fu **carente** sotto il profilo **della laicità** dei contenuti normativi, spesso improntati ad una particolare riverenza verso la **«religione di Stato»**.

Codice toscano (1853)

Nel **Granducato di Toscana**, si realizzò il primo vero **codice penale** – dopo l'«esperimento» della «leopoldina» – nel **1853**. Si trattava di un codice ispirato principalmente – diversamente dagli altri codici italiani – ad un **modello germanico**, quello del codice penale del **Granducato di Baden del 1846**. Il toscano fu comunque un codice assai importante, forse il migliore dei codici preunitari della Penisola: caratterizzato da soluzioni tecniche **all'avanguardia**, da un dettato legislativo felice, e da una particolare attenzione all'istanza dell'**umanizzazione**.

Codice di Modena e Reggio (1855)

Nel **1855** – e dunque quasi «a tempo scaduto» – anche il **Ducato di Modena e Reggio** si dotò di un **codice penale**. Tuttavia, esso non determinò un grande **progresso** per quegli Stati, dominati dagli Estensi, sovrani assai **poco illuminati**. Il codice, infatti – pur modellato sui codici francese, **parmense** e **sardo**, e persino accogliendo alcune delle soluzioni più moderne del codice **toscano** – fu ben più **repressivo** di questi, e non lesinò la pena di morte specie per reati politici e contro la religione.

Codice sardo-italiano (1861)

Nel **1859** si procedette poi, nella Torino sabauda, alla sostituzione del **codice sardo** del 1839, cui peraltro vennero apportate solo poche, sparse modifiche. Tale codice, con l'Unità, venne **esteso** – per vero non senza discussioni e difficoltà – al **resto d'Italia**, prendendo così il nome di **codice sardo-italiano (1861)**. Esso venne accolto con qualche modifica nelle c.d. «province napoletane»; viceversa, in **Toscana**, per vari motivi (non ultimo, il fatto che era stata ivi soppressa la pena di morte!), **restò in vigore il codice del 1853**.

Codice Zanardelli (1889)

A quel punto cominciarono i **lavori preparatori** per la compilazione del **primo vero codice penale dell'Italia unita**, conclusi solo nel 1889, con l'approvazione del c.d. **codice Zanardelli** (dal Ministro della Giustizia allora in carica, GIUSEPPE ZANARDELLI). Il codice del 1889 ebbe come **modelli** il **codice sardo-italiano del 1859** ed il **codice toscano del 1853**. Apportò ad essi, tuttavia, importanti migliorie, e rappresentò il frutto della migliore scienza e pratica penalistica italiana del tempo, specie della Scuola classica. **Abolì** – sotto la spinta di un movimento che aveva visto impegnati giuristi del calibro di CARRARA e PIETRO ELLERO – la **pena di morte**, e tradusse in termini penalistici il nuovo assetto (sia pur ancor moderatamente) **liberale-democratico** del Paese, ponendosi così all'**avanguardia a livello internazionale**, tanto da rappresentare un modello cui si ispirarono numerosi codici stranieri successivi, tra cui vari codici latino-americani.

Giurisprudenza

Quanto alla **giurisprudenza**, estremamente difficile sarebbe tentare di compendiarne il lavoro svolto nel secolo XIX nell'ambito del nostro sistema penale.

Basti evidenziare qui che la realizzazione dei codici penali ottocenteschi non riuscì nell'intento di eliminare l'**apporto interpretativo dei giudici** nell'ambito dell'applicazione dei codici stessi. Anzi, come osservò il PESSINA, **alcuni importanti tribunali** italiani – impostati o sul modello della Corte di Cassazione francese, o su quello della Corte di Revisione tedesca – svolsero il loro **compito «integrativo» dei dettati codicistici** in modo assai encomiabile, perseguendo con successo le **istanze di giustizia** che d'altra parte quegli stessi codici miravano a realizzare.

Se già nell'Ottocento era risultato chiaro che l'idea illuministica della riduzione della funzione dei giudici a mera bocca della legge era pura utopia, tuttavia si cercò, da un lato, di **limitare lo strapotere dei giudici**; e, dall'altro, di **contenere i contrasti giurisprudenziali**, forieri di incertezza del diritto. Sotto il primo profilo, il **principio di legalità** (v. *infra*, P. I, Cap.

II) vietava già allora ai magistrati di utilizzare *in criminalibus* l'analogia, quantomeno quella sfavorevole al reo: cosicché ai giudici **non era concesso di «creare» nuovi reati**. Sotto il secondo profilo, si attribuì per gran parte dell'Ottocento **notevole importanza alle decisioni giudiziarie** dei più alti Tribunali dello Stato, sicché esse venivano a costituire di norma veri e propri **precedenti vincolanti**, quantomeno nei confronti delle magistrature inferiori.

Tutto ciò non impedì pur **occasionali superamenti** del limite della legge da parte dei giudici, che talora allargarono a tal punto l'interpretazione di alcune norme, da **creare** essi stessi, di fatto, **nuovi reati**. E, d'altro canto, già nel corso dell'Ottocento si pose in concreto il problema dei **contrasti giurisprudenziali**, soprattutto all'indomani dell'Unità d'Italia, quando coesistevano in un'unica nazione **due diversi codici penali**, e ben **cinque Corti di Cassazione**! Solo nel **1889**, con l'istituzione, a Roma, della c.d. **Cassazione Unica** penale, si cercò di risolvere il problema, pur senza grandissimo successo.

Cassazione unica (1889)

6. Il Novecento.

La storia del diritto penale del **Novecento** è la storia recente del nostro diritto penale, e si confonde – nelle ultime decadi del secolo – con l'attualità.

Il Novecento è il secolo che ha visto importanti **conquiste di civiltà da parte del nostro diritto penale**, ma in cui molti dei grandi nodi del diritto penale – primo fra tutti: l'eterno conflitto fra (tutela della) sicurezza e (diritto di) garanzia – sono rimasti sostanzialmente **irrisolti**.

Dottrina

Quanto alla **dottrina**, pur nel perdurare della diatriba tra scuola classica e scuola positiva, e pur con l'affacciarsi sulla scena penale della c.d. **terza scuola**, che mirava ad una mediazione fra le due, la vera novità del **primo scorcio del secolo XX**, sotto il profilo scientifico, fu l'attestarsi del c.d. **tecnicismo giuridico**.

Tecnicismo giuridico

Arturo Rocco

L'esordio di tale approccio alla dogmatica penale è da individuarsi nella celebre **prolusione sassarese** di ARTURO ROCCO, risalente al 1910. ROCCO evidenziò l'importanza, per la scienza penalistica, di riprendere in mano, per così dire, i «ferri del mestiere», e di tornare a dedicarsi – dopo decenni di sterili polemiche – agli istituti più classici della parte generale del diritto penale (dolo, colpa, ecc.) ed allo studio delle fattispecie penali, ossia dei reati (parte speciale). Un tale studio avrebbe dovuto svolgersi, appunto, **da «tecnici del diritto», lasciando** da parte ogni taglio **critico o filosofico**. Le stesse esigenze di riforma, e così lo studio della storia del diritto penale e del diritto penale comparato, strettamente collegati ai profili riformistici, avrebbero dovuto essere sostanzialmente accantonati, per privilegiare l'analisi del *ius conditum*, ossia del diritto positivo vigente.

Vincenzo Manzini

Pian piano, il **metodo tecnico-giuridico prese piede**, anche grazie all'adesione a tale scuola di penalisti importanti come VINCENZO MANZINI, autore di un celebre e monumentale «Trattato di diritto penale italiano», edito in vari volumi ed in varie edizioni.

Ventennio fascista

Durante il **ventennio fascista**, il **tecnicismo giuridico** ebbe decisamente il **sopravvento**, anche perché certamente adatto ad un tale clima politico-istituzionale. Infatti, un tale approccio al diritto penale era l'ideale per **l'esaltazione del diritto positivo** vigente, e cioè per le leggi emanate durante il fascismo, fra cui, soprattutto, il codice Rocco (di cui diremo tra poco). La tendenziale messa al bando di ogni istanza critica e di riforma contribuiva a dare legittimazione alle uniche leggi scritte vigenti, e, sostanzialmente, tacitava il «dissenso».

Ciò nonostante, quel periodo rappresentò un **momento importante** per la **crescita della nostra scienza penale**, e per l'affermarsi di criminalisti di vaglia i cui nomi ancor oggi echeggiano in dottrina. Si pensi (ma molte sono le omissioni) a GIACOMO DELITALA, a FRANCESCO ANTOLISEI, a GIUSEPPE BETTIOL, a PIETRO NUVOLONE, ed agli stessi GIULIANO VASSALLI e MARCELLO GALLO, tutti Autori che hanno contribuito in modo determinante allo sviluppo della dottrina penale anche e soprattutto dopo il fascismo, ma che già in quegli anni scrivevano i loro primi, importanti lavori.

Caduta del regime fascista: reazione al tecnicismo giuridico

All'indomani della caduta del regime fascista, cominciarono a manifestarsi le prime convincenti **reazioni all'indirizzo tecnico-giuridico**, soprattutto da Autori quali il NUVOLONE, che, nella Sua **prolusione parmense** del **1949**, evidenziò l'importanza di un approccio **critico** al diritto penale; o il BETTIOL, che permeò la sua concezione del diritto penale di un vigoroso afflato **filosofico**.

Costituzione e scienza penale

Nel frattempo, l'entrata in vigore della **Costituzione (1948)**, stimolava i penalisti di casa nostra a **ripensare al diritto penale** – ed allo stesso codice Rocco – in termini di **compatibilità con la Costituzione** stessa. Uscirono varie opere sui rapporti fra la Costituzione ed il diritto penale, primi sintomi di una vera e propria svolta nell'approccio al diritto penale, che si verificherà compiutamente solo dall'inizio degli **anni Settanta**. A questa svolta contribuì in modo determinante FRANCO BRICOLA, il quale – allora giovane professore all'Università di Bologna – soprattutto in un fondamentale scritto dal titolo «Teoria generale del reato» (1973), **riformulò l'intera teoria del reato** fondandola sui **princìpi** emergenti nella nostra **Carta costituzionale** (v. *infra*, P. I, Cap. III).

Quanto detto riguarda le **grandi svolte** negli **approcci metodologici alla scienza penale**. Naturalmente, peraltro, l'enorme mole di lavoro profusa da generazioni di studiosi nel corso dell'intero secolo XX ha contribuito a rifinire via via l'approfondimento di numerosi princìpi, istituti, regole, fattispecie, ecc. Non è possibile sintetizzare questi sforzi, poiché occorrerebbe a tal fine un intero trattato. Piuttosto, vale la pena evidenziare il fatto che la **dottrina italiana** – specie nel '900 – ha spesso privilegiato un approccio di taglio **dogmatico-teorico** a quello più **casistico-pragmatico**, tipico, ad es., della dottrina **penale anglosassone**. Nell'ambito della cultura giuridica europea, la **principale fonte di ispirazione** dei criminalisti di casa nostra, per tutto il secolo scorso, è stata invero la **dottrina tedesca**. Ciò ha portato, come si accennava, ad approfondimenti teorico-dogmatici sotto certi aspetti davvero straordinari. Ma, da altro punto di vista, ha finito per relegare la **dottrina penale italiana** – nell'Ottocento assai influente sia sui legislatori che sui giudici – ad un ruolo marginale ed autoreferenziale, **lontana dalle aule di giustizia e dal «diritto vivente»**. Ma è un punto su cui torneremo tra non molto.

Legislazione

Quanto alla **legislazione**, nei primi decenni del Novecento campeggia ancora il codice Zanardelli, codice in fondo ancora «nuovo» in quei decenni. Quel codice non fu oggetto di molte riforme; una delle più rilevanti riguardò peraltro l'introduzione nel sistema dell'istituto della **sospensione condizionale della pena (1902)**, derivante da altre esperienze europee di tal genere.

Progetto «Ferri» (1921)

Nel 1921 va ricordata la redazione del c.d. **«progetto Ferri»**, che prendeva il nome dal compilatore, ENRICO FERRI, cui il Ministro della Giustizia in carica aveva affidato tale compito. Si trattava, naturalmente, di un progetto ispirato alle idee portanti della **scuola positiva**; non venne peraltro mai approvato.

Nel frattempo, il governo fascista – come spesso capita quando un nuovo «regime», specie se «autoritario», si impone – decise di procedere ad una **ricodificazione** del diritto penale. In pochi anni, sotto la regia del Ministro Guardasigilli ALFREDO ROCCO, e grazie all'apporto tecnico di valenti penalisti come ARTURO ROCCO (fratello di ALFREDO) e VINCENZO MANZINI, fu emanato un **nuovo codice penale**. Esso – approvato col Regio Decreto n. 1398 del **19 ottobre 1930** – **entrò in vigore**, congiuntamente con un nuovo **codice di procedura penale** e con altre importanti leggi aventi anche risvolti penali, il 1° luglio del 1931. Prese, come spesso accade, il nome dal Guardasigilli, e dunque divenne noto come **codice Rocco**.

Codice Rocco (1930)

Come è noto, il codice Rocco è **ancora in vigore**, nonostante vari **rimaneggiamenti**, di cui si dirà (non è più in vigore, peraltro, il codice di procedura penale del 1930, d'indole chiaramente inquisitoria, sostituito nel 1988 da un nuovo codice di matrice più spiccatamente accusatoria).

Quali le **caratteristiche salienti** di tale codice?

Esso derivava l'impianto complessivo e non poche soluzioni tecniche dal **codice del 1889**. Ma indubbiamente le **innovazioni furono molte**, e spesso nel segno **dell'involuzione autoritaria**, e dell'istanza **repressiva** e **liberticida**.

Aspetti sanzionatori

In primo luogo, nell'ambito delle sanzioni, fu reintrodotta la **pena di morte**. Ancora, alle pene vennero affiancate, in certi casi, le **misure di sicurezza**, eredità della scuola positiva. Più in generale, vennero previste **pene assai elevate**, ed eliminate le circostanze **attenuanti generiche**. La **parte generale** era indubbiamente ben congegnata, anche se talora sovrabbondante di definizioni e regole sin troppo articolate, alcune delle quali mostravano l'indole autoritaria del codice (si pensi all'art. 5, in tema di **ignoranza della legge penale**; agli articoli in tema di **imputabilità**; alle norme sul **concorso di persone** nel reato, ecc.). La **parte speciale** poneva l'accento sui delitti «contro la personalità dello Stato», e relegava all'ultimo posto, sotto il profilo classificatorio, i delitti contro la persona. Più in generale, gli stessi **beni di carattere individuale** subivano una «statualizzazione», o comunque una **«collettivizzazione»**. L'esem-

Parte generale

Parte speciale

pio della **violenza carnale** e dei delitti ad essa collegati (art. 519 ss.) può essere sufficiente a spiegare l'assunto: non furono collocati nell'ambito dei **reati contro la persona**, ma nell'ambito dei delitti contro la **moralità pubblica**. Proliferavano poi delitti tipici di una **dittatura**, quali **reati politici**, **reati di opinione**, e così via.

Ciò nonostante, il codice Rocco **non abbandonò del tutto** i postulati di carattere **liberale** che avevano contraddistinto il codice Zanardelli, ma che erano patrimonio della scienza penale italiana sin dai tempi di BECCARIA: si pensi alla **riconferma** del **principio di legalità**, sancito perentoriamente all'art. 1 del codice. Diversamente avvenne, ad es., nella Germania nazista, dove il § 2 venne riformato con l'introduzione dell'analogia a sfavore del reo, con evidente compromissione del principio in questione.

Successivamente alla **caduta del regime fascista**, si pose il problema **dell'abrogazione del codice del 1930**, ma questa **non venne**, per vari motivi, mai **realizzata** (almeno sino ad oggi). Piuttosto, si procedette a realizzare varie **riforme**, che toccarono sia il codice penale, che la c.d. «legislazione complementare».

Modifiche al Codice Rocco

Il codice Rocco ha peraltro subito nel tempo numerose ed importanti modifiche dirette o indirette, che hanno inciso profondamente sul volto della parte generale e che verranno menzionate via via nel presente volume. Anche rispetto alla parte speciale, peraltro, le riforme sono state svariate ed hanno di fatto **trasformato il sistema penale** configurato in modo tanto sapiente quanto arcigno e per certi versi retrivo nel 1930.

Giurisprudenza

Quanto alla **giurisprudenza**, essa, nel corso del XX secolo, ha continuato a svolgere **quell'attività di formazione del diritto positivo italiano**, che già aveva attuato nel secolo precedente.

Nel **periodo fascista**, peraltro, la **supremazia della legge**, attuata anche attraverso un codice tecnicamente ben strutturato e assai «puntiglioso» nelle definizioni, riuscì **ad imbrigliare maggiormente i giudici**. D'altra parte, il potere giudiziario venne sottoposto a controlli da parte del governo, ed i vertici della magistratura, come tutti, si allinearono piuttosto compatti al partito di governo.

Supplenza giudiziaria

Negli **anni successivi** alla caduta del regime fascista, viceversa, si assistette al lento emergere di una classe di **magistrati** sempre più variegata e pronta a riaffermare il proprio potere. Negli anni Sessanta si cominciò a manifestare il fenomeno della c.d. **supplenza giudiziaria**, ossia un maggiore interventismo di taluni giudici, che, di fronte alla lentezza delle riforme legislative, vi «supplivano», appunto, anticipando essi stessi le riforme auspicate tramite **azzardate letture «creative»** della legge penale. Ciò comportò vere e proprie **violazioni del principio di legalità**, sia pur – negli intenti di quei giudici – ispirate a nobili fini (in realtà, spesso, si trattò di vera e propria «lotta politica», impropriamente attuata nelle aule di giustizia tramite frange «militanti» del potere giudiziario).

Tutto ciò comportò un **lento degrado della certezza del diritto**. Infatti, i **contrasti giurisprudenziali** cominciarono a proliferare, persino al livello della Corte di Cassazione, incapace di svolgere quel compito di **«nomofilachia»** cui sarebbe vocata istituzionalmente (cfr. art. 65 ord. giud.). Il diritto scritto venne di fatto, specie in certi settori, sostituito da quello che si è definito il **«diritto penale giurisprudenziale»**, un diritto «fatto dai giudici» talvolta *praeter*, altre volte addirittura *contra legem*; soprattutto, un diritto **incerto e variabile** a seconda dei giudicanti, sia pur di fronte a casi analoghi o talora identici.

«Diritto penale giurisprudenziale»

Oggi, il fenomeno della vera e propria «supplenza giudiziaria» si è pian piano affievolito, ma non è certamente venuto meno il **«diritto penale giurisprudenziale»**. Né sono scemate – del resto sarebbe ingenuo pensare a tale possibilità – le **«ricadute politiche»** di talune decisioni giurisprudenziali, come è da tutti riconosciuto, al di là della lettura «di destra» o «di sinistra» che si voglia dare a specifici episodi della nostra storia giudiziaria recente o recentissima.

Ma, al di là di questi problemi, si deve dire che l'operato della **giurisprudenza**, specie negli **ultimi cinquant'anni**, è stato **assai importante**, ed in certi casi determinante nel contribuire al progresso del nostro diritto penale nel cammino verso la giustizia e la civiltà. La giurisprudenza ha infatti **precisato** – sia pur con difficoltà – il significato di numerose definizioni del codice Rocco (in tema di dolo, di colpa, di causalità, di omissione, di imputabilità, ecc.); ed ha reso maggiormente conformi ai **principi garantistici** istituti che il codice Rocco aveva plasmato in modo assai arcigno (si pensi al concorso di persone nel reato, con particolare riferimento all'art. 116 c.p.). Per non parlare delle tante interpretazioni giurisprudenziali di **parte speciale** fondamentali nell'**ammodernamento** di norme del codice talora superate e retrive (in tema, ad es., di reati sessuali).

Non sono mancati peraltro casi opposti di (sospette) **violazioni del divieto di analogia** da parte dei giudici; o di letture interpretative magari autorizzate dal dettato normativo ma **ossessivamente repressive** (ad es. in tema di concorso di persone nel reato).

Ruolo della Corte Costituzionale

Piuttosto, va sottolineato come, soprattutto a partire dagli **anni Settanta**, sia stata la giurisprudenza della Corte costituzionale a fungere da vero **timone sterzante** del nostro diritto penale. Sentenze non numerosissime ma spesso determinanti hanno **cambiato il volto** di istituti compatibili con un regime autoritario ma non certo con un **moderno Stato di diritto** e dei diritti. Si pensi a certe sentenze della Corte con cui sono stati di fatto «depenalizzati» reati in conflitto con principi costituzionali, o si sono rettificati certi elementi oggettivi o soggettivi di altre fattispecie. Ma, soprattutto, fondamentale è stata la **Sentenza n. 364 del 1988**, con cui è stato dichiarato **parzialmente incostituzionale l'art. 5 c.p.**, nella misura in cui non ammetteva come scusa l'**ignoranza inevitabile della legge penale**. Torneremo più volte su questa decisione. Qui basti accennare al fatto che con tale Sentenza si è data ufficiale rilevanza costituzionale al **principio di colpevolezza**, realizzando un'istanza da tempo auspicata dalla migliore dottrina italiana.

La storia del nostro diritto penale, dunque, è anche la storia della nostra giurisprudenza penale, ed oggi, soprattutto, della nostra giurisprudenza costituzionale.

Note bibliografiche ([1])

PANCIROLI G., *De claris legum interpretibus* (ed. Lipsia, 1721) rist. anast. Farnborough, 1968; BECCARIA C., *Dei delitti e delle pene* (V ed., Harlem, ma Livorno 1766) (ed. a cura di Armani G.), Milano, 1987 (e numerose altre versioni; nonché gli innumerevoli scritti su Beccaria e sulla sua opera); ROMAGNOSI G.D., *Genesi del diritto penale (1791)*, a cura di Ghiringhelli R., Milano, 1996 (e varie versioni, nonché altre numerose opere sul Romagnosi e sulla sua opera); *Il codice penale veronese (1797)*, a cura di Vinciguerra S., Padova, 1996; CAVANNA A.-VANZELLI G., *Il primo progetto di codice penale per la Lombardia napoleonica (1801-1802)*, Padova, 2000; *Codice penale universale austriaco (1803)*, a cura di Vinciguerra S., Padova, 1997, (strenna CEDAM); *Codice penale per il Principato di*

([1]) Avvertenza: le note bibliografiche, poste alla fine di ogni Capitolo, saranno limitate per ragioni di spazio alle monografie e alle voci su enciclopedie.

Lucca (1807), a cura di Vinciguerra S., Padova, 1999 (strenna CEDAM); *Codice penale per il Principato di Piombino (1808)*, a cura di Vinciguerra S., Padova, 2000 (strenna CEDAM); *Le leggi penali di Giuseppe Bonaparte per il Regno di Napoli (1808)*, con scritti di AA.VV., Padova, 1998; *Codice dei delitti e delle pene pel Regno d'Italia (1811)*, a cura di Vinciguerra S., Padova, 2002; *Codice per lo Regno delle Due Sicilie (1819). Parte seconda. Leggi penali*, presentazione di Da Passano M., Mazzacane A., Patalano V. e Vinciguerra S., Padova, 1996; *Codice penale per gli Stati di Parma Piacenza e Guastalla (1820)*, presentazione di Cadoppi A., Padova, 1991; *I regolamenti penali di Papa Gregorio XVI per lo Stato pontificio (1832)*, Padova, 2000, a cura di Vinciguerra S.; *Codice penale per gli Stati di S.M. il Re di Sardegna (1839)*, presentazione di Vinciguerra S. e Da Passano M., Padova, 1993; CHAUVEAU A.-HÉLIE F., *Teorica del codice penale* (I versione it., a cura di Tarantini L.), Voll. 3, Napoli, 1853-1856 (ed. *ivi*, nel Vol. I, pp. IX-XL, una vasta bibliografia del diritto penale antico e contemporaneo estesa all'intera Europa); *Leggi criminali per l'Isola di Malta e sue dipendenze (1854)*, a cura di Vinciguerra S., Padova, 2003 (strenna CEDAM); *Codice criminale per gli Stati estensi (1855)*, a cura di Vinciguerra S., Padova, 2002 (strenna CEDAM); CARRARA F., *Programma del corso di diritto criminale* (I ed. Lucca, 1860), rist. Bologna, 1993, limitatamente a *Del delitto, della pena*, con *Introd.* di Bricola F.; *Il codice penale per il Regno d'Italia interpretato*, a cura di Crivellari G., Voll. 8, Torino, 1890-1898; TUOZZI P., *Corso di diritto penale*, Vol. I – *Parte generale, Prenozioni filosofiche e storiche*, pp. 1-68, III ed., Napoli, s.d.; CALISSE C., *Storia del diritto penale italiano dal secolo VI al XIX*, Firenze, 1895; PESSINA E., *Il diritto penale in Italia da Cesare Beccaria alla promulgazione del codice penale vigente (1764-1890)*, in *Enciclopedia del diritto penale italiano*, a cura di Pessina E., Vol. II, Milano, 1906; FINZI M., *Mario Pagano criminalista*, Torino, 1915; SPIRITO U., *Storia del diritto penale italiano da Cesare Beccaria ai giorni nostri*, II ed., Torino, 1932; FALCHI G.F., *Il pensiero penalistico di G.D. Romagnosi*, Padova, 1933; AA.VV., *Enrico Ferri maestro della scienza criminologica*, Milano, 1941 (e vari altri scritti su Ferri); VASSALLI G., voce *Codice penale*, in *Enc. dir.*, Vol. VII, Milano, 1960, pp. 261-279; AA.VV., *Atti del convegno internazionale su Cesare Beccaria promosso dall'Accademia delle Scienze di Torino nel secondo centenario dell'opera «Dei delitti e delle pene»*, Torino, 1966; NEPPI MODONA G., *Sciopero, potere politico e magistratura (1870-1922)*, Bari, 1969; MEREU I., *Culpa=colpevolezza. Introduzione alla polemica sulla colpevolezza fra i giuristi del diritto comune*, Bologna, 1972; SBRICCOLI M., *Crimen lesae majestatis. Il problema del reato politico alle soglie della scienza penalistica moderna*, Milano, 1974; CAVANNA A., *La codificazione penale in Italia. Le origini lombarde*, Milano, 1975; ZORDAN G., *Il diritto e la procedura penale nel Tractatus del maleficiis di Angelo Gambiglioni*, Padova, 1976; MOCCIA S., *Carpzov e Grozio. Dalla concezione teocratica alla concezione laica del diritto penale*, Napoli, 1979; PALOMBI E., *Mario Pagano alle origini della scienza penalistica del secolo XIX*, Napoli, 1979; PATERNITI C., *Note al codice criminale toscano del 1786*, Padova, 1985; CORDERO F., *Criminalia. Nascita dei sistemi penali*, Roma-Bari, 1985; CATTANEO M.A., *Francesco Carrara e la filosofia del diritto penale*, Milano, 1988; DA PASSANO M., *Dalla «mitigazione delle pene» alla «protezione che esige l'ordine pubblico». Il diritto penale toscano dai Lorena ai Borbone (1786-1807)*, Milano, 1988; DOLCINI E., voce *Codice penale*, in *Dig. disc. pen.*, Vol. II, Torino, 1988, pp. 271-287; FERRAJOLI L., *Diritto e ragione. Teoria del garantismo penale*, Bari, 1989; AA.VV., *Atti del congresso internazionale «Cesare Beccaria e la politica criminale moderna»* (a cura del Centro nazionale di prevenzione e difesa sociale), Milano, 1991; AA.VV., *Francesco Carrara nel primo centenario della morte*, Milano, 1991; BAIMA BOLLONE P.L., *Cesare Lombroso ovvero il principio dell'irresponsabilità*, Torino, 1992 (e molti altri scritti su Lombroso); DEZZA E., *Saggi di storia del diritto penale moderno*, Milano, 1992; MARINI G., *Giuseppe Bettiol. Diritto penale come filosofia*, rist. aggiorn., Napoli, 1992; AA.VV., *Diritto penale dell'Ottocento. I codici preunitari e il codice Zanardelli*, a cura di Vinciguerra S., Padova, 1993; MAFFEI D. E P., *Angelo Gambiglioni giureconsulto aretino del Quattrocento*, Roma, 1994; FRIGESSI D.-GIACANELLI F.-MANGONI L., *Cesare Lombroso. Delitto, genio, follia. Scritti scelti*, Torino, 1995; AA.VV., *La criminalità*, in *Storia d'Italia. Annali*, Vol. 12, a cura di L. Violante, Torino, 1997 (ed *ivi* importanti contributi penalistici); AA.VV., *Legge Diritto Giustizia*, in *Storia d'Italia. Annali*, Vol. 14, a cura di L. Violante, Torino, 1998 (ed *ivi* importanti contributi penalistici); DA PASSANO M., *Emendare o intimidire? La codificazione del diritto penale in Francia e in Italia durante la Rivoluzione e l'Impero*, Torino, 2000; NOVARESE D., *Istituzioni e processo di codificazione nel Regno delle due Sicilie. Le leggi penali del 1818*, Milano, 2000; CADOPPI A., *Introduzione allo studio del diritto penale comparato*, Padova, II ed., 2004; GERI P.M., *Il laboratorio di Francesco Carrara: le miscellanee giuridiche*, Torino, 2003; MONTORZI M., *Giovanni Carmignani, maestro di scienze criminali e pratico del foro, sulle soglie del diritto penale*, Pisa, 2003; ZANARDELLI G., *L'avvocatura* (ed. a cura di Frigo G.), Milano, 2003; CAVINA M. (a cura di), *Tiberio Deciani (1509-1582). Alle origini del pensiero giuridico moderno*, Udine, 2004; RIONDATO S., *Un diritto penale detto «ragionevole». Raccontando Giuseppe Bettiol*, Padova, 2005; RONDINI P., *Il progetto di codice penale per la Lombardia austriaca di Luigi Villa (1787), Pietra scartata o testata d'angolo?*, Padova, 2006; PIFFERI M., *Generalia delictorum. Il tractatus criminalis di Tiberio Deciani e la «Parte generale» di diritto penale*, Milano, 2006; ISOTTON R., Crimen in itinere. *Profili della disciplina del tentativo dal diritto comune alle codificazioni penali*, Napoli, 2006; *Codice penale degli Stati Uniti delle Isole Jonie (1841)*, a cura di Vinciguerra S., Padova, 2008 (strenna CEDAM); *Il Codice penale per gli Stati del Re di Sardegna e per l'Italia Unita (1859)*, a cura di Vinciguerra S., Padova, 2008, (strenna CEDAM); VINCIGUERRA S., *Le fonti culturali del diritto penale italiano*, Padova, 2008; SBRICCOLI M., *Storia del diritto penale e della giustizia: scritti editi e inediti (1972-2007)*, Milano, 2009; MONTALDO S.-TAPPERO P. (a cura di), *Cesare Lombroso cento anni dopo*, Torino, 2009; *Il codice penale per il Regno d'Italia (1930): Codice Rocco*, a cura di Vinciguerra S., Padova, 2010 (strenna CEDAM); *Il codice penale per il Regno d'Italia (1989)*, a cura di Vinciguerra S., Padova, 2009 (strenna CEDAM); *Codici penali. Codice di procedura penale del Regno d'Italia: 1859-1889*, a cura di Dezza E. e Vinciguerra S., Assago-Torino, 2011; STORTONI L.-INSOLERA G. (a cura di), *Gli ottant'anni del Codice Rocco*, Bologna, 2012; EDIGATI D., *Prima della «Leopoldina»: la giustizia criminale toscana tra prassi e riforme legislative nel XVIII secolo*, Napoli, 2011; CADOPPI A., *La gran congiura. Il processo di Ranuccio I Farnese contro i feudatari parmensi (1611-1612)*, Parma, 2012; PISANI M., *Cesare Beccaria e l'*Index librorum prohibitorum, Napoli-Roma, 2013; PORRET M., *Beccaria. Il diritto di punire*, Bologna, 2013; BESSLER J.D., *The Birth of American Law: An Italian Philosopher and the American Revolution*, Durham (NC), 2014; CADOPPI A., *Tra storia e comparazione. Studi di diritto penale comparato*, Padova, 2014.

Capitolo III

IL QUADRO ATTUALE

Sommario: 1. Il diritto penale italiano alla soglia del terzo millennio. – 1.1. La scienza. – 1.2. La legislazione. – 1.3. La giurisprudenza.

1. Il diritto penale italiano alla soglia del terzo millennio.

Come si può descrivere la situazione del nostro diritto penale **oggi**, al principio del terzo millennio? Naturalmente, si tratta di impresa titanica, non certo realizzabile in poche pagine.

Cercheremo qui di seguito, perciò, di limitarci a dipingere un quadro molto approssimativo e veloce, utile peraltro a dare al lettore le **coordinate d'insieme** del nostro **sistema penale attuale**, onde permettergli di proseguire nella lettura del volume, orientandosi forse con minore fatica.

Anche in questo caso, distingueremo **scienza, legislazione e giurisprudenza**; e faremo in modo di lumeggiare, con riferimento ai tre predetti filoni di indagine, le prospettive future più verosimili.

1.1. *La scienza.*

Si diceva poc'anzi che la **dottrina** italiana, dagli anni Settanta del secolo scorso – e soprattutto grazie all'opera di Bricola – ha incominciato a «riscrivere» un diritto penale dal «nuovo volto», e cioè impostato sulla Costituzione.

Approccio costituzionale

Gli **ultimi decenni** sono stati in effetti dedicati ad approfondire questo filone. Peraltro, se l'**approccio costituzionale** ha dato molto alla nostra scienza penale, non si può dire che questa sia stata l'unica preoccupazione dei criminalisti di casa nostra. Infatti, da un lato, l'approccio costituzionale è certamente fruttuoso, ma non si può chiedere ad esso più di quanto esso può dare; se non altro per il fatto che la stessa Costituzione è un documento normativo «a maglie larghe», incapace di dare direttive realmente univoche agli interpreti, se non sui «grandi orizzonti». Dall'altro lato, i penalisti hanno negli ultimi anni dedicato la loro attenzione anche a **tematiche** forse **più nuove**, e comunque meno «battute» di quella costituzionale.

Nuovi oggetti di studio

Sotto questo profilo, potremmo compendiare i **principali «nuovi» oggetti di studio** dei *doctores* nelle seguenti direzioni:

Scienze empiriche

a) le **scienze empiriche**. Come meglio vedremo – specie allorché parleremo del principio di offensività (P. I, Cap. III) – la dottrina italiana ha negli ultimi tempi «riscoperto» le scienze empiriche, tra cui la sociologia, la psicologia, nonché, entro certi limiti, la stessa criminologia.

Non si tratta certo di un ritorno «nostalgico» ai tempi della scuola positiva, né di un *revival* delle teorie lombrosiane. Piuttosto – anche sulle orme di interessanti studi della dottrina tedesca, nonché di quella anglosassone – ci si è resi conto che la Costituzione non può offrire risposte a tutte le domande, e che ogni tesi penalistica esposta ha bisogno, per «funzionare», di un qualche **supporto empirico**. Ciò vale soprattutto allorché ci si sposta dalla nuda esegesi delle singole fattispecie di parte speciale alle grandi tematiche care ai penalisti; e ancor più quando dal *ius conditum* ci si muove verso un sempre più battuto ***ius condendum***. Non si può, ad es., parlare di **prevenzione generale** delle pene (P. V, Cap. I), se non si valutano gli studi empirici (psico-sociologici) svolti in materia. Non si può parlare di **bene giuridico** (v. *infra*, P. I, Cap. III)), se non si hanno chiare le **«norme di cultura»** – detto altrimenti, le norme della **morale sociale** – diffuse nella società: e gli unici strumenti per conoscere tale realtà empirica sono i sondaggi di opinione, terreno d'azione dei sociologi.

Se forse è eccessivo parlare di un ritorno della **scienza penale integrata** di lisztiana memoria, è peraltro certo che, oggi, gli studi più seri svolti su queste tematiche tengono conto assai più di un tempo delle acquisizioni delle c.d. scienze ausiliarie.

E riteniamo che in futuro simili intrecci si infittiranno, a meno che l'emanazione di un (possibile) nuovo codice penale non finisca per ricatalizzare l'attenzione dei penalisti sul diritto positivo, e per farli ridiventare tutti diligenti commentatori del codice;

Giurisprudenza

b) la **giurisprudenza**. Per lungo tempo, la giurisprudenza – ovvero: le decisioni giudiziarie – è stata la «Cenerentola» degli studi penalistici. Ai tempi del CARRARA, la giurisprudenza era considerata **poco importante**, per una cieca **fiducia giusnaturalistica nella «ragione»** della dottrina, capace di costruire una nozione assoluta e «vera» di reato come «ente giuridico». Gli epigoni dell'indirizzo tecnico-giuridico si impegnarono così a fondo, appunto, sull'aspetto **tecnico** dell'analisi degli istituti, da far passare in secondo piano le bizzarrie troppo poco tecniche della giurisprudenza. Successivamente, l'approccio al diritto penale – come si è detto – si fece più «aperto», ma ciò non portò con sé una maggiore attenzione per la giurisprudenza, dal momento che l'interesse degli studiosi si concentrò soprattutto sulla **Costituzione**, e dunque, tutt'al più, sulla giurisprudenza della **Corte costituzionale**.

Oggi, la dottrina si è accorta gradualmente del fatto che essa era **sempre meno ascoltata dalla giurisprudenza**, proprio per il fatto che la giurisprudenza non era presa in considerazione a sufficienza nei lavori della dottrina stessa. E si è anche resa conto che la **giurisprudenza «conta» sempre di più**, nel senso che è sempre più chiaro che è l'**interpretazione offerta dai giudici al diritto scritto** a rappresentare il vero e proprio **diritto vivente e vigente** nella nazione, e lo studio del solo diritto scritto (la «legge») senza un approfondito esame della giurisprudenza appare sempre più insufficiente e talora ingenuo.

Una tale propensione deriva forse anche **dall'aumentato interesse** della dottrina italiana per il **diritto di *common law*, notoriamente impostato più sulla giurisprudenza che sulla dottrina**.

Si può anzi ritenere che lo **studio orientato alla prassi giurisprudenziale** diverrà sempre **più importante** in futuro, e che l'analisi della c.d. ***law in action*** (diritto in azione) prenderà sempre più piede, mettendo a nudo l'insufficienza della c.d. ***law in the books*** (diritto dei libri). Del resto, anche i recenti sviluppi della **giurisprudenza della Corte Europea dei Diritti dell'Uomo**, nell'interpretazione dell'art. 7 CEDU, spingono nella direzione di una sempre maggiore valorizzazione della giurisprudenza.

Riforma del codice

c) la **riforma**. Di riforma del codice – e più in generale del diritto – penale, in Italia, se ne parla naturalmente quantomeno dalla caduta del fascismo. Ma mai come **nell'ultimo trentennio** è stato così acceso il dibattito sul tema.

Ciò è dovuto a svariati fattori. In primo luogo, superato il tecnicismo giuridico, la dottrina italiana si è sempre più resa conto dell'importanza di dedicarsi, oltre che al commento ed all'esegesi delle leggi vigenti, anche alla loro **critica**. E la critica di una legge – se non è meramente distruttiva, ma mira anche ad essere costruttiva – implica il suggerimento di **proposte di riforma**. A questo punto, la riforma stessa – sotto un profilo generale – diviene potenziale oggetto di studio: quale riforma? che tipo di riforma? quale metodo per una riforma? Sono tutte domande che sottendono riflessioni di taglio generale (si potrebbe dire «filosofico», ma anche «politico») sulla riforma.

Inoltre, **diversi importanti progetti** di un nuovo codice penale (come vedremo di qui a poco) sono stati realizzati proprio **nell'ultimo ventennio**: e ciò non poteva non stimolare il dibattito fra gli studiosi.

Infine, la riforma del codice Rocco, col passare degli anni, diviene **sempre più indilazionabile**. La realizzazione, **di recente**, di nuovi **codici penali** da parte di varie nazioni straniere a noi particolarmente prossime, quali **Francia** (1994), **Spagna** (1995), e **Portogallo** (1995) (per non parlare di numerosi paesi *ex* socialisti dell'est europeo) ha ulteriormente spinto i giuristi di casa nostra – «fanalini di coda» in questa nobile gara – ad impegnarsi su questo terreno;

Storia

d) la **storia** del diritto penale. Mai come in questi anni si può parlare di *revival* dell'interesse per la storia del diritto penale. E ciò soprattutto per merito di SERGIO VINCIGUERRA, il quale, a partire dai primi anni '90, ha cominciato a **ripubblicare i codici italiani preunitari** in ristampa anastatica, facendo precedere la ristampa da interessanti interventi di storici del diritto (tra i quali possiamo segnalare per tutti l'ora compianto Maestro ADRIANO CAVANNA) e di criminalisti.

Più in generale, si può dire che la storia del diritto sia **tornata in auge**, e che anche nell'ambito delle monografie penalistiche attuali si tenda a tenere conto più di qualche tempo fa dell'esperienza storica.

Del resto ciò non deve stupire: in primo luogo, l'**abbandono del metodo tecnico-giuridico** porta con sé quasi automaticamente un rifluire dell'interesse dei penalisti verso quei territori d'indagine che i tecnico-giuridici disdegnavano, quali appunto la storia del diritto. In secondo luogo, l'attenzione per la **riforma penale** – di cui si è detto alla lettera *c* – implica l'utilizzo della storia: ché infatti non si può pensare al futuro del diritto penale senza conoscerne il passato;

Comparazione

e) la **comparazione**. Il **decennio da poco trascorso** – e cioè l'ultima decade del secolo XX – può definirsi l'**epoca dello «splendore» del diritto penale comparato**. Non solo – ancora una volta sotto l'impulso di VINCIGUERRA – si è ripresa l'antica tradizione di **tradurre in italiano numerosi codici penali stranieri**. Ma si sono addirittura pubblicati nella nostra lingua, ad opera di autori italiani e non, **manuali di diritto penale straniero** (tedesco, inglese, scozzese, irlandese). E più in generale si può dire che la dottrina tenga in grande considerazione la comparazione nell'ambito di ogni studio serio su istituti attuali, anche se concernenti il solo diritto italiano. Mentre proliferano nelle Facoltà di Giurisprudenza gli **insegnamenti del diritto penale comparato**, sino a qualche tempo fa assenti; e, conseguentemente, si pubblicano i primi **manuali** dedicati a tale materia (es.: PALAZZO-PAPA).

Questa «passione» per il diritto penale comparato origina da vari fattori.

In primo luogo, ancora una volta, si tratta di un riflusso verso quelle materie che erano state messe in **disparte** per decine di anni dagli epigoni dell'indirizzo **tecnico-giuridico**. In secondo luogo, di nuovo, la spinta verso la **riforma** porta inevitabilmente con sé la necessità di guardare al diritto straniero, onde poterne trarre idee utili alla riforma del nostro diritto. Ancora, la **«globalizzazione»** spinge quasi naturalmente gli studiosi ad occuparsi del **diritto penale straniero**, che sempre più tende a (ri)diventare **diritto comune** delle nazioni più industrializzate. E comunque, la maggiore facilità di oltrepassare le frontiere – anche, ma non solo, attraverso strumenti telematici formidabili come **internet** – dà modo agli studiosi di potersi più agevolmente dedicare alle indagini comparatistiche.

Infine, lo sviluppo del **diritto penale internazionale**, e del **diritto penale europeo**, contribuiscono all'accrescimento della dimensione transnazionale dello studio del diritto penale, e dunque allo sviluppo del diritto penale comparato, inteso in senso lato;

Diritto penale europeo

f) il **diritto penale europeo**. Oggi, l'argomento **«alla moda»** è il diritto europeo. E d'altra parte non si tratta solo di *fashion*, se è vero che la maggior parte delle leggi approvate in questi anni in Italia sono sostanzialmente, all'origine, di fonte europea.

Anche il **diritto penale** non è immune da questo *trend* delle discipline giuridiche in genere. Anche se, visti gli strettissimi legami fra questa «terribile» branca del diritto e la sovranità statuale, il diritto penale è, fra i vari rami del diritto, quello più refrattario ad una completa «europeizzazione».

Il diritto penale europeo viene studiato sotto vari aspetti: in primo luogo, in riferimento alle attuali **interconnessioni fra diritto europeo e diritto penale**, nell'ambito del *ius conditum*. In secondo luogo, pullulano gli studi **de iure condendo**, orientati a valutare se ed in quale misura il diritto penale possa «europeizzarsi», senza snaturarsi. In quest'ultima prospettiva, si è addirittura realizzato, da parte di un gruppo di studiosi europei, una sorta di **«mini-codice» penale europeo**, concernente esclusivamente la protezione degli **interessi finanziari dell'Unione europea**, ma completo di parte generale, parte speciale, e norme processuali (il **c.d. «corpus juris»**, da non confondersi con quello giustinianeo!). Ed altre iniziative sono sorte in argomento, tra cui l'idea di compilare una sorta di codice penale **modello per l'Europa**, che potrebbe fungere, più che da codice europeo, appunto da «modello» per la realizzazione di eventuali codici futuri in Europa, maggiormente armonizzati fra loro di quelli oggi in vigore. La recente approvazione del Trattato di Lisbona, con l'introduzione di una vera e propria competenza dell'Unione europea in materia penale, accresce infine ulteriormente l'interesse degli studiosi per il diritto penale europeo.

Diritto penale internazionale

g) il **diritto penale internazionale**. Soprattutto a seguito dell'approvazione della **Corte penale internazionale** con la Convenzione di Roma del **1998**, si è riaccesa l'attenzione degli studiosi – per vero, forse più degli internazionalisti che dei penalisti – sul c.d. diritto penale internazionale, ossia su quella branca del diritto che si occupa della **punizione dei crimini di guerra**, **contro la pace** e **contro l'umanità**.

Da ultimo – specie a seguito dei terribili fatti dell'11 settembre 2001 – l'importanza del diritto penale internazionale pare destinata a crescere vieppiù, al fine di combattere la piaga del terrorismo internazionale.

1.2. *La legislazione.*

Come abbiamo già detto, ancor oggi è vigente in Italia il **codice Rocco del 1930**. Abbiamo inoltre riferito di alcune delle più significative modifiche arrecate a tale codice in questi ottant'anni.

Codice Rocco

Oggi, l'assetto del nostro codice è il seguente (in estrema sintesi).

Il codice è formato da **734 articoli** (anche se alcuni di essi sono stati abrogati, e pullulano i *bis*, *ter*, ecc.). È diviso in **tre libri, il primo** concernente la **parte generale**, ed il **secondo ed il terzo la parte speciale**.

Libro Primo: dei reati in generale

La **parte generale** è compendiata in **240 articoli**, e si divide in **8 Titoli**, concernenti rispettivamente: il I, la **legge penale**; il II, le **pene**; il III, il **reato**; il IV, il **reo** e la **persona offesa dal reato**; il V, la **non punibilità per particolare tenuità del fatto**, nonché la **modificazione**, **applicazione ed esecuzione della pena** (quest'ultimo Capo rifluito nell'ordinamento penitenziario); il VI, l'**estinzione del reato e della pena**; il VII, le **sanzioni civili**; l'VIII, le **misure amministrative di sicurezza.**

La **parte speciale** copre la parte restante del codice, ed è divisa in **due libri** (il secondo e il terzo).

Libro Secondo: dei delitti in particolare

Il **secondo libro** concerne i **delitti**, ed è diviso in **14 Titoli**, concernenti rispettivamente: il I, i **delitti contro la personalità dello Stato**; il II, i **delitti contro la pubblica amministrazione**; il III, i **delitti contro l'amministrazione della giustizia**; il IV, i **delitti contro il sentimento religioso e contro la pietà dei defunti**; il V, i **delitti contro l'ordine pubblico**; il VI, i **delitti contro l'incolumità pubblica**; il VI-bis, i **delitti contro l'ambiente**; il VII, i **delitti contro la fede pubblica**; l'VIII, i **delitti contro l'economia pubblica, l'industria e il commercio**; il IX, i **delitti contro la moralità pubblica e il buon costume**; il IX-bis, i **delitti contro il sentimento per gli animali** (introdotto nel 2004); il X (integralmente abrogato da tempo) i **delitti contro la integrità e la sanità della stirpe**; l'XI, i **delitti contro la famiglia**; il XII, i **delitti contro la persona**; il XIII, i **delitti contro il patrimonio.**

Libro Terzo: delle contravvenzioni in particolare

Il **terzo libro** concerne le **contravvenzioni**, ed è diviso in **2 Titoli**, riguardanti rispettivamente: il I, **le contravvenzioni di polizia**; il II, **le contravvenzioni concernenti l'attività sociale della pubblica amministrazione**. Di recente si è aggiunto un

Titolo II-*bis*, dedicato alle **contravvenzioni riguardanti la tutela della riservatezza**.

Leggi speciali o complementari

Non si deve credere, peraltro, che il **codice esaurisca la materia penale**, o ne rappresenti la parte quantitativamente più rilevante. In realtà, se il **codice contiene qualche centinaio di reati** – o, come spesso si dice, fattispecie penali – **la normativa extracodicistica (leggi speciali o complementari) ne contiene svariate migliaia**. È peraltro indubbiamente vero che la maggior parte dei **reati più gravi e più classici** (omicidio, rapina, stupro, e così via) si trovano nel **codice**. Tanto che si è sostenuto che quel fenomeno che dai giuristi è stato definito **«decodificazione»** ha interessato **meno il diritto penale** rispetto ad altre branche del diritto.

Nel codice rimangono a tutt'oggi anche tutte le norme di **parte generale**. Ed anzi, in base all'art. 16 c.p., le disposizioni del codice «*si applicano anche alle materie regolate da altre leggi penali, in quanto non sia da queste stabilito altrimenti*». Ma non mancano, anche se si tratta invero di rarità (per es. il d.lgs. n. 74 del 2000, in materia **penale-tributaria**), normative extracodicistiche che prevedono **deroghe** ad alcune norme della **parte generale**.

Anche la legislazione speciale, o complementare – cioè quella *extra codicem* – ha avuto notevoli modifiche negli ultimi decenni. Sarebbe peraltro impossibile elencare qui tutte queste «novelle». È sufficiente che il lettore sappia che anche e soprattutto nel settore delle leggi complementari il legislatore italiano, negli ultimi tempi, è stato assai **prolifico**, anche se non sempre il suo operato è stato degno di encomio.

Si deve peraltro segnalare che il recente d.lgs. n. 21/2018 ha cercato di dare un primo riconoscimento al principio della «riserva di codice», riportando all'interno dello stesso alcuni reati prima previsti nella legislazione complementare, in particolare laddove questi non fossero inseriti in una normativa «organica» ed introducendo un nuovo art. 3-*bis* c.p. che detta un principio per la futura legislazione secondo cui «nuove disposizioni che prevedono reati possono essere introdotte nell'ordinamento solo se modificano il codice penale ovvero sono inserite in leggi che disciplinano in modo organico la materia». Peraltro, è chiaro che tale principio ha un rango essenzialmente legislativo, che pare renderlo suscettibile di deroghe (anche non espresse) da parte di qualsiasi legge posteriore.

Ma se molte sono state le leggi penali degli ultimi decenni, è anche vero che la **riforma vera** del nostro diritto penale è **ancora da attuarsi**. A questo proposito, sin dai primi anni successivi alla II guerra mondiale si cominciarono ad elaborare **progetti di nuovi codici penali**.

Progetti per un nuovo codice

Tralasciando qui la menzione dei tentativi più risalenti, ci limiteremo a menzionare gli **ultimi progetti, successivi al 1990**.

Progetto Pagliaro

Il primo progetto – il c.d. **progetto Pagliaro** – fu realizzato nel 1992 da una commissione, composta da soli **professori**, il cui Presidente era appunto ANTONIO PAGLIARO, istituita nel 1988 dall'allora Ministro GIULIANO VASSALLI. Esso riguarda sia la parte generale che la parte speciale. Non si tratta peraltro di un vero e proprio «articolato», ma piuttosto di uno «**Schema di delega legislativa** per l'emanazione di un nuovo codice penale». Ciò ha reso e rende difficile una valutazione in dettaglio delle scelte operate dalla commissione, perché essa non di rado si è limitata a redigere princìpi o direttive piuttosto generali, suscettibili di dar luogo a formulazioni normative di vario taglio. Ciò nonostante, va detto che si tratta di progetto assai raffinato, e certamente al passo con la dottrina più moderna. In particolare, la commissione ha cercato di disegnare un codice il più possibile **fondato sui princìpi della nostra Costituzione**.

Ma – in parte a causa della impostazione di semplice schema di legge-delega, ma soprattutto per ragioni **politico-istituzionali** – il progetto, pur pubblicato e pur attentamente considerato e sottoposto a critica dalla dottrina, **non ha prodotto alcun risultato in Parlamento**.

Progetto Riz

Di poco successivo è il **Disegno di legge** di iniziativa parlamentare (n. 2038 del 1995), primo firmatario il senatore e professore ROLAND RIZ. Progetto interessante, e tutto sommato in linea con lo schema Pagliaro, ma concernente la sola **parte generale**. Anche in questo caso, comunque, nulla di fatto.

Progetto Grosso

Ancor **più recente** è il progetto realizzato da una **commissione** nominata dall'allora Ministro della Giustizia GIOVANNI MARIA FLICK nel 1998, e composta da **professori, magistrati ed avvocati**. Presidente della commissione, CARLO FEDERICO GROSSO.

Il c.d. **«progetto Grosso»** è stato approntato, con un articolato vero e proprio, nel **settembre 2000 (e riveduto nel maggio**

2001), ed è leggibile nel sito internet del Ministero della Giustizia. Esso riguarda la **sola parte generale**. Raccoglie i frutti del lavoro delle generazioni più moderne degli studiosi, e – grazie alla presenza nella commissione di avvocati e magistrati – non manca di **senso pratico** ed evita saggiamente inutili barocchismi e prese di posizione dogmatiche «di parte». La svolta politica della primavera del 2001 ha determinato un «congelamento» del progetto.

Esso sarà comunque – come del resto i progetti sopra menzionati – utilissimo **punto di riferimento per la riforma** del codice penale italiano, che speriamo non debba attendere ancora troppo. Va ricordato, infatti, che quasi tutti i nostri «vicini» europei hanno proceduto di recente ad una ricodificazione del diritto penale.

Progetto Nordio

Successivamente una commissione nominata dal Ministro CASTELLI, e presieduta da un magistrato, il dott. CARLO NORDIO, ha approntato un nuovo progetto, dapprima limitato alla parte generale; esso è stato depositato presso il Ministero il 28 luglio 2004. Anche la parte speciale è stata successivamente delineata.

Progetto Pisapia

Da ultimo, nel luglio 2006, il Ministro MASTELLA ha nominato una ulteriore commissione per la riforma del codice penale, presieduta dall'Avv. GIULIANO PISAPIA, ma, ancora una volta, non si è riusciti a far confluire i lavori in un testo normativo vigente.

Va rilevato in proposito che, come emerso nei lavori di un convegno svoltosi nel marzo 2010 a Bologna, dedicato agli «Ottant'anni del codice Rocco», la più recente dottrina si mostra sempre più scettica sulla fattibilità e sulla stessa opportunità della realizzazione di un nuovo codice penale.

1.3. *La giurisprudenza.*

Già su questo tema abbiamo detto alcune cose poco più sopra.

In questa sede non possiamo certo soffermarci sui contenuti delle più importanti decisioni giudiziarie degli ultimi anni. Rinviamo a questo fine ai singoli capitoli dedicati ai vari istituti della parte generale.

Piuttosto, qui possono bastare due parole sul **ruolo** che la **magistratura** sembra assumere, o voler assumere, negli ultimi tempi.

Passata la tempesta della supplenza giudiziaria, la giurisprudenza non cessa peraltro, come si avvertiva più sopra, di contribuire attivamente alla formazione del nostro diritto penale. Tuttavia, gli stessi giudici vanno pian piano accorgendosi **dell'eccessivo numero di contrasti giurisprudenziali** che si registrano in materia penale (stimati in **varie centinaia**!). È chiaro come ciò rischi di **minare in radice la certezza del diritto**, in una materia in cui essa è quantomai importante.

Valore del precedente giudiziale

A questo proposito, alcuni illustri esponenti della magistratura suggeriscono l'opportunità di attribuire **maggiore valore a certe importanti decisioni**, ad es. a quelle delle **Sezioni Unite della Cassazione**. Si tratta di un'opinione di recente corroborata da indagini dottrinali, che – anche attraverso comparazioni con alcuni sistemi di *common law* – hanno evidenziato l'importanza di attribuire a talune decisioni il valore di **precedente** (anche se solo parzialmente) **vincolante**. Ci pare questa una soluzione da sperimentare *de lege ferenda*, peraltro cercando di adattare al nostro sistema di *civil law* soluzioni che, nell'ambito dei paesi di *common law*, hanno naturalmente caratteristiche non trasferibili *de plano* nel nostro diritto. Solo in questo modo la giurisprudenza potrà divenire, oltre che l'indispensabile, conclusiva tappa del processo di «formazione» del diritto, anche uno strumento decisivo per contribuire a rendere maggiormente certo il nostro spesso caotico diritto penale. In questa direzione, peraltro, si è orientato di recente il legislatore mediante l'introduzione nell'art. 618 del codice di procedura penale di un comma 1-bis il quale, similmente a quanto previsto da qualche anno nei settori civile e amministrativo, stabilisce che se Se una sezione della Corte di cassazione ritiene di non condividere il principio di diritto enunciato dalle Sezioni Unite, rimette a queste ultime, con ordinanza, la decisione del ricorso.

Parte Prima

I PRINCÌPI COSTITUZIONALI

Capitolo I

PREMESSA: I PRINCÌPI COSTITUZIONALI FONDAMENTALI IN MATERIA PENALE

Sommario: 1. Premessa: i princìpi costituzionali fondamentali in materia penale.

1. Premessa: i princìpi costituzionali fondamentali in materia penale.

È vero che la principale fonte del nostro diritto penale, come si è detto più sopra, è il **codice penale**.

Ma è anche vero che la **Costituzione** italiana detta numerosi princìpi che, direttamente o indirettamente, hanno importanti, se non fondamentali, ripercussioni sul nostro diritto penale.

Inoltre, si diceva che la stessa **dottrina italiana** si è orientata negli ultimi trenta-quarant'anni nel senso di dare la massima valorizzazione alle ricadute sul *ius criminale* della Costituzione. Anzi, vale qui la pena rammentare il fatto che uno dei caratteri salienti della scienza penale contemporanea è proprio ricollegabile a quella **concezione «costituzionalistica»** del diritto penale di cui si diceva, e che vide tra i primi e più importanti teorizzatori Franco Bricola (sulle orme del Suo Maestro Pietro Nuvolone).

Del resto, va anche detto che la stessa **Corte costituzionale** – costituitasi negli anni Cinquanta – un tempo timida interprete del dettato costituzionale, col passare delle decadi ha sempre più preso coraggio, ed oggi rappresenta uno dei principali «attori» del palcoscenico penalistico, sino a costituire, in certi settori, un imprescindibile veicolo della realizzazione della stessa **riforma penale**.

Insomma. Il moderno diritto penale italiano trova nella Costituzione un punto di riferimento fondamentale: si tratta di una vera e propria «stella polare» del *ius criminale* dei giorni nostri.

In particolare, la Costituzione contiene alcuni **princìpi-cardine** di importanza centrale per guidare sia lo studioso che il «pratico» alla comprensione della **natura e della funzione del nostro diritto penale odierno**, e per permettere di interpretarne adeguatamente le norme. Lo stesso codice penale – pur se documento tecnicamente assai pregevole e sistematicamente costruito – non sarebbe oggi comprensibile senza la «bussola» costituita da quei princìpi costituzionali, del resto sovraordinati ai princìpi eventualmente ricavabili dal codice.

D'altra parte, il codice è stato in più punti «emendato» da numerosi interventi della Corte costituzionale. E questo è uno dei motivi per cui oggi il nostro codice – benché invecchiato – può ancora in qualche modo «funzionare», nonostante i suoi oltre ottant'anni di età.

Anche dal punto di vista didattico, dunque, pare opportuno partire – nell'esposizione della parte generale del nostro diritto penale – da questi princìpi costituzionali, della cui importanza lo stesso studente è bene si renda conto sin dalle prime battute dello studio della materia.

Una precisazione, peraltro. I **princìpi costituzionali** rilevanti per il diritto penale sono invero assai numerosi. Qui prenderemo in considerazione, tuttavia, solo i princìpi che riteniamo **fondamentali** in materia, al fine di comprendere gli stessi «capisaldi» del nostro *ius criminale*. Si tratta fra l'altro di **princìpi caratteristici della sola branca penalistica, e capaci quindi di contribuire a differenziare la stessa nozione di reato rispetto ad altre categorie di illeciti**. In questo senso si può dire – sulla scia del pensiero di FRANCO BRICOLA – che tali princìpi sono i parametri attraverso i quali si può costruire una **teoria generale del reato** moderna, e che dunque sostituiscono i «vecchi» canoni metapositivi del «diritto naturale» (v. oggi, sul punto, DONINI).

In particolare ci occuperemo del **principio di legalità**, del **principio di offensività** e del **principio di colpevolezza**.

CAPITOLO II

IL PRINCIPIO DI LEGALITÀ

1. Il principio di legalità: profili introduttivi.

In prima approssimazione, si può definire il **principio di legalità** come quel principio in base al quale **nessuno può essere punito se non in forza di una legge entrata in vigore prima della commissione del fatto, legge che chiaramente deve vietare la commissione di quel fatto e che deve prevedere una pena in caso di trasgressione del divieto**.

Già si è accennato più sopra al fatto che è soprattutto con l'Illuminismo che il principio di legalità si afferma.

Nullum crimen nulla poena sine lege

Ed è con il criminalista tedesco FEUERBACH, all'inizio dell'Ottocento, che esso comincia ad essere contrassegnato dalla massima latina – dunque non di ascendenza romanistica – ***nulla poena sine lege*** («nessuna pena senza una legge») ampliata, nella versione più completa e moderna, nella formula ***nullum crimen, nulla poena, sine praevia et clara lege poenali*** («nessun reato, nessuna pena, senza una previa e chiara legge penale»).

Ma già BECCARIA aveva espresso chiaramente il principio, ed anzi – come vedremo – ne enfatizzò a tal punto la portata da formularne una versione tutto sommato utopistica, destinata a fare i conti con la storia e dunque a subire qualche ridimensionamento.

Il principio si propone comunque sin dall'inizio come principio **garantistico**. Il diritto penale implica da un lato la **restrizione della libertà** dei cittadini, poiché vieta la commissione di determinate azioni; inoltre, comporta l'uso di pesanti sanzioni. E tali restrizioni e tali pene non debbono essere inflitte al di fuori di una legge, o grazie a leggi poco chiare o magari retroattive. Il cittadino deve essere garantito contro gli abusi che lo Stato potrebbe fare del diritto penale. Diritto penale che, se usato **al di fuori del principio di legalità**, si trasformerebbe *ipso facto* in **puro uso della violenza o della forza da parte dello Stato** nei confronti dei cittadini.

Facciamo un esempio. Se la legge non vietasse ai cittadini di giocare d'azzardo, essi avrebbero il diritto di farlo. E nessun giudice potrebbe colpire con delle sanzioni penali dei giocatori d'azzardo in difetto di una legge che lo proibisse. Se tali sanzioni venissero inflitte, lo Stato, a ben vedere, colpirebbe con gratuita violenza quei cittadini, allo stesso modo di chi aggredisce il prossimo per la strada per rapinarlo. Insomma, se lo Stato impiegasse i ruvidi mezzi del diritto penale al di fuori della legalità, sarebbe sostanzialmente uno «Stato-delinquente» esso stesso.

Non è un caso che vi siano autori che hanno collocato il principio di legalità fra le stesse **«categorie logiche» del diritto penale** (NUVOLONE), anche argomentando sul piano della prevenzione del crimine. Ovvero: se lo Stato vuole far sì che i cittadini non commettano una certa azione (es.: non giochino d'azzardo), deve vietarla in anticipo con una legge, essendo questo l'unico modo razionale ed efficace che lo Stato ha per mirare ad evitare che i cittadini giochino d'azzardo.

Stati totalitari

Se questo è indubbiamente vero, ciò nondimeno va detto sin d'ora che il principio di legalità non è stato accolto da tutti gli Stati in tutte le epoche. **Stati autoritari**, o forse, meglio, **«totalitari»**, si sono spesso sbarazzati del principio di legalità, reprimendo condotte non formalmente vietate dalla legge, o punendo con **leggi retroattive** fatti che al momento della commissione non costituivano reato. Esempi famosi – sia pur con varie sfumature qui non suscettibili di approfondimento – sono costituiti dal diritto penale dell'Unione Sovietica (in certi periodi), e da quello della Germania nazista. Ma si è notato che, **prima dell'Illuminismo**, il principio di legalità era stato **per secoli sostanzialmente negato** o comunque attuato «a marcia ridotta». Dunque, se è vero che dal punto di vista «logico» il diritto penale sembra implicare l'osservanza del principio di legalità, è anche vero che non sempre i sovrani o gli apparati statuali hanno scelto la via più «logica». Altre argomentazioni ed altre istanze, non sempre commendevoli, hanno talora prevalso nella storia su considerazioni di tipo «logico», ed anche su considerazioni basate sui diritti fondamentali dell'individuo.

Principio di legalità e Costituzioni

Che il principio di legalità costituisca – oltre ad un consolidato principio del diritto penale, soprattutto un **diritto umano fondamentale** – è confermato dal fatto che praticamente tutte le **costituzioni** e/o le **carte dei diritti umani** lo hanno consacrato fra i princìpi più importanti: a partire dalle prime costituzioni americane e dalla stessa **Costituzione federale del 1787**, dalla francese **Dichiarazione dei diritti dell'uomo e del cittadino del 1789**, per arrivare alle costituzioni più moderne, europee e non; alla **Convenzione europea dei diritti dell'uomo** (CEDU) del 1950 (entrata in vigore per l'Italia nel 1955), all'art. 7; allo Statuto di Roma sulla Corte penale internazionale del 1998 (artt. 22, 23); ed alla Carta dei diritti fondamentali dell'Unione europea del 2000 (art. 49).

La **nostra Costituzione** sancisce il principio di legalità all'**art. 25, comma 2**, che così dispone: «Nessuno può essere punito se non in forza di una legge che sia entrata in vigore prima del fatto commesso». Nessun dubbio, dunque, sulla **rilevanza costituzionale del principio di legalità**.

art. 25, comma 2, Costituzione Italiana

D'altra parte, il *nullum crimen sine lege* è in *pole position* nell'ambito dello stesso **codice penale** italiano, che all'art. 1° dispone: «Nessuno può essere punito per un fatto che non sia espressamente preveduto come reato dalla legge, né con pene che non siano da essa stabilite»; e lo stesso art. 2, comma 1, precisa ulteriormente: «Nessuno può essere punito per un fatto che, secondo la legge del tempo in cui fu commesso, non costituiva reato».

art. 1 c.p.

art. 2.1 c.p.

2. Il principio di legalità ed i tre sottoprincìpi di riserva di legge, di irretroattività e di determinatezza.

Il disposto di cui all'art. 2 c.p. evidenzia immediatamente il fatto che il principio di legalità è costituito in realtà da **più di un**

principio. In sostanza, si tratta di più **sottoprincìpi** di un unico principio sovraordinato.

I sottoprincìpi in questione sono tre: il principio di **riserva di legge**, il principio di **irretroattività**, il principio di **determinatezza**.

I primi sintomi di una partizione del *nullum crimen* in più sottoprincìpi si trovano già, nel pensiero settecentesco, prima in BECCARIA e poi in BENTHAM.

Beccaria

BECCARIA, aderendo alla concezione rousseauiana del **contratto sociale**, evidenzia chiaramente che è solo la **legge** che deve decidere quali azioni dei cittadini debbano essere vietate. Il legislatore è infatti il naturale depositario delle volontà dei cittadini stessi, che hanno sottoscritto quel «contratto sociale», sacrificando parte della loro libertà in favore della collettività organizzata. In BECCARIA è dunque già chiaro il principio della **riserva di legge**. Ma BECCARIA intuisce anche, e forse soprattutto, l'importanza della **chiarezza delle leggi**. Solo leggi chiare, scritte nella lingua diffusa presso il popolo (ai tempi: non in latino, ma in italiano, dunque!), possono dare al cittadino **sicurezza delle sue azioni**. E cioè: solo se il cittadino ha chiaro davanti agli occhi lo spartiacque fra ciò che la legge gli permette e ciò che la legge gli vieta di fare, può scegliere consapevolmente se compiere o se astenersi dal compiere una data azione. Il principio di **determinatezza** (di cui diremo tra breve), dunque, si staglia già chiaro nella mente di BECCARIA.

Bentham

Quanto al principio di **irretroattività**, esso – probabilmente già implicito nelle parole dello stesso BECCARIA – venne peraltro esplicitato forse per la prima volta compiutamente dal filosofo e giurista inglese JEREMY BENTHAM. Questi, pochi decenni dopo BECCARIA, stigmatizzava la *common law* – diritto di creazione giudiziale e non legislativa – per il fatto che essa comportava nella sostanza un'applicazione retroattiva della legge: ciò nel senso che il giudice si trovava a creare diritto di fronte ad un fatto concreto già commesso, e dunque creava sostanzialmente una legge che disponeva «per il passato». Per l'utilitarista inglese, il metodo della *common law* era paragonabile al metodo con cui i padroni insegnano ai cani a non fare qualcosa: il padrone aspetta che il cane faccia quella cosa, e poi lo bastona. Naturalmente, questa punizione «retroattiva» ha senso per le bestie, dal momento che esse non possono ragionare sulle loro azioni e non si può dire loro o scrivere loro in anticipo quali sono le cose vietate e quali quelle permesse. Non certo per gli **esseri umani**, che **debbono essere «avvisati prima»**, dal legislatore, sui divieti imposti loro dal diritto penale, e sulle possibili sanzioni in cui incorrerebbero in caso di violazione.

Insomma: i tre sottoprincìpi del *nullum crimen* affondano le loro radici nella **storia**, e le stesse costituzioni e gran parte dei codici penali, sin dalla fine del Settecento, hanno quantomeno cominciato a distinguere fra riserva di legge ed irretroattività. Quanto alla determinatezza, la sua mancata esplicitazione nell'ambito di costituzioni e codici è forse dovuta al fatto che essa è da ritenersi – come si vedrà – addirittura ovvia (ma non per questo poco importante) implicazione del principio di legalità.

3. Il principio di riserva di legge.

Si tratta di una «RISERVA ASSOLUTA RELATIVIZZATA»

La Costituzione, dunque, dispone all'art. 25, comma 2, che l'unica **fonte del diritto** in materia penale è la **legge**. Si tratta in sostanza di una vera e propria **riserva di legge**.

Riserva assoluta e riserva relativa

Occorre peraltro appurare se si tratti di **riserva «assoluta»** o **«relativa»**; e cosa si debba intendere esattamente per «legge».

Preliminarmente, a tal fine, vale la pena soffermarsi un attimo sulla **funzione della riserva di legge**. Perché, proprio in **materia penale** – in ambito civilistico, ad es., una tale riserva non è prevista – la **Costituzione** individua come **unica fonte del diritto la legge**?

Il punto è questo. Si è detto che il diritto penale è quella branca del diritto che si occupa «dei delitti (intesi in senso ampio) e delle pene». Si è detto altresì che la **libertà del cittadino** è compressa in modo particolare dal diritto penale, sia per il fatto che è il diritto penale ad individuare quelle azioni umane che costituiscono reato e che dunque sono assolutamente vietate; sia per il fatto che è il diritto penale a prevedere sanzioni limitative della libertà personale in caso di violazione: le pene.

Proprio per questo motivo, si ritiene che **solo la legge** possa disporre in materia. La legge, il cui «creatore» è il **Parlamento**, infatti, offre **maggiori garanzie** dal punto di vista della **democraticità**. Nell'ambito dei tre organi della classica tripartizione dei poteri – Parlamento, Governo, e Magistratura – è solo il primo a garantire la partecipazione sia alla maggioranza che alle minoranze, e ciò è di vitale importanza nel momento in cui in gioco vi è la stessa **libertà dei cittadini**. Solo il Parlamento, e cioè il «potere legislativo», dunque, deve avere la prerogativa di scegliere sino a che punto questa libertà va limitata. Se a decidere fosse il Governo, e cioè il «potere esecutivo», non si garantirebbe il diritto delle minoranze di dare il loro contributo alla discussione sulla legge. E se a decidere fosse un magistrato, e cioè il «potere giudiziario», saremmo *tout court* al di fuori di ogni rappresentatività democratica, quantomeno considerando le attuali procedure di reclutamento dei magistrati nel nostro Paese, che avvengono non per elezione, ma per concorso.

Tra l'altro – come meglio vedremo – il diritto penale deve rispecchiare il più possibile le **norme di cultura** (*Kulturnormen*) diffuse nella coscienza sociale. Ciò proprio per il fatto che la libertà dei cittadini può essere compressa, ma solo se in sintonia con quanto è compatibile con la stessa coscienza sociale. Dunque, nessun organo statuale meglio del Parlamento appare in grado di poter rappresentare i cittadini, e la stessa *public opinion*, nel coniare le norme rilevanti per il diritto penale.

Così inquadrata la questione, la risposta alle domande sopra affacciate è piuttosto semplice. Infatti, se, per le ragioni esposte, in materia penale è il Parlamento che deve effettuare le scelte incriminatrici e sanzionatorie, la **riserva di legge** deve essere **assoluta**. La riserva assoluta si distingue infatti dalla **riserva** relativa nel senso che, mentre nell'ambito della prima la legge deve disciplinare **ogni aspetto della materia**, nell'ambito della seconda il legislatore deve solamente fissarne le **linee fondamentali**, potendo **rinviare al potere esecutivo** per taluni aspetti della normazione. Dunque, *in criminalibus* la riserva relativa sarebbe insufficiente ad assicurare quelle garanzie di cui si parlava.

Peraltro, è anche vero che ad intendere la riserva assoluta in senso «troppo rigoroso», si dovrebbe arrivare alla conclusione di negare anche una **minima** possibilità di intervento da parte **dell'esecutivo** nell'ambito della legislazione penale. E ciò potrebbe porre seri **problemi pratici**. Invero, alcuni esempi possono subito chiarire la questione. Si pensi, in primo luogo, a una norma come l'art. 650 c.p., che prevede il reato di «inosservanza dei provvedimenti dell'Autorità», con una disposizione dal tenore seguente: «Chiunque non osserva un provvedimento legalmente dato dall'Autorità per ragione di giustizia o di sicurezza pubblica, o d'ordine pubblico o d'igiene, è punito, se il fatto non costituisce un più grave reato, con l'arresto fino a tre mesi o con l'ammenda fino a euro 206». In questo caso, la norma penale – così come scritta dal legislatore – rinvia a provvedimenti di volta in volta emanati dall'Autorità. Naturalmente il legislatore non può specificare in una sola norma **tutti i divieti** (es.: di balneazione, di assembramento in luogo pericoloso, ecc.); deve lasciare all'Autorità amministrativa (es.: il sindaco, il prefetto, ecc.) la facoltà di prevedere **divieti specifici** a seconda delle **specifiche esigenze** in concreto emergenti. Il legislatore ha peraltro giustamente ed opportunamente, in questo caso, operato alcune **scelte fondamentali**, capaci di fornire già a livello di fattispecie legale **un'immagine sufficientemente compiuta dell'oggetto del divieto**, specificando che il provvedimento deve essere «legalmente dato», e deve essere dettato da ben specifiche «ragioni di giustizia o di sicurezza pubblica, o d'ordine pubblico o d'igiene». In tal modo, la riserva di legge viene ad essere sostanzialmente osservata; anche se, ad intendere la riserva assoluta in senso particolarmente rigoroso, si potrebbe pensare ad una violazione di tale principio da parte del legislatore. La stessa Corte costituzionale si è infatti pronunciata a favore della legittimità costituzionale dell'art. 650 c.p. (Sent. n. 168 del 1971). Ipotesi come quelle di cui si è detto – dal punto di vista della teoria del reato e della norma penale – vengono definite come **norme penali in bianco**: ciò nel senso che il legislatore, in casi simili, pur delineando i **tratti essenziali della fattispecie** e fissando la sanzione, lascia la descrizione del fatto tipico sostanzialmente **«in bianco»**, demandando ad una fonte sussidiaria (qui l'Autorità) il compito di «dar colore» alla condotta vietata in concreto. Le norme penali in bianco sono dunque rispettose della riserva di legge solo se il legislatore ha fissato una volta per tutte nella norma «determinazioni sufficienti» del precetto, che in sostanza viene semplicemente ad essere **integrato nella sua fisionomia concreta** dalla fonte di grado inferiore (in questo senso è comunque orientata la giurisprudenza costituzionale).

Norme penali in bianco

Un'altra ipotesi in cui un eccessivo rigore nel concepire l'assolutezza della riserva di legge potrebbe rivelarsi troppo penalizzante in termini di efficienza dell'ordinamento è facilmente inquadrabile nell'ambito dell'esempio seguente: si pensi all'ipotesi con cui il legislatore punisce lo spaccio di determinate sostanze stupefacenti. Egli non potrebbe elencare tutte le sostanze stupefacenti vietate pensando che un tale elenco sia esaustivo anche per il futuro. Al fine di permettere l'adeguamento dell'elenco man mano che nuove sostanze stupefacenti compaiono sul mercato, il legislatore è costretto a demandare all'esecutivo (in questo caso, al Ministero della Salute) il compito di aggiornare l'elenco. Ciò può avvenire con una certa tempestività solo attraverso una delega all'esecutivo, poiché notoriamente i tempi tecnici del Parlamento sono assai lunghi, e l'aggiornamento giungerebbe sempre con molto ritardo.

Anche in questo caso la riserva non deve essere intesa in senso «troppo assoluto», pena una intollerabile inefficienza del sistema.

Insomma: un equilibrato bilanciamento fra esigenze di garanzia/legalità ed esigenze di funzionamento pratico del sistema impone di considerare *cum grano salis* la riserva di legge, che resta «riserva assoluta», ma «relativizzata» (ed in questo senso, anche se con terminologie non sempre coincidenti, si esprime la dottrina maggioritaria).

Estensione della nozione di «legge»

Un ultimo problema concerne **l'estensione della nozione di «legge»**. Per **legge**, si deve intendere **la legge «in senso formale»** od **«in senso materiale»** (quest'ultima comprensiva dei c.d. «decreti-legge» e dei «decreti legislativi»)?

Anche qui, l'ossequio alle istanze garantistico-democratiche sopra espresse porterebbe ad optare per la sola legge in senso formale. Tuttavia, un atteggiamento più efficientistico e più realistico parrebbe portare ad estendere il ruolo di **fonte** del diritto penale anche alle leggi **in senso materiale**. In particolare, il **decreto legislativo** presuppone che il Parlamento approvi una **«legge-delega»** che **fissi i princìpi** cui il decreto delegato dell'esecutivo dovrà attenersi, sicché quantomeno l'intervento del potere legislativo nelle scelte fondamentali in ordine alla costruzione delle fattispecie dovrebbe essere rispettato. Quanto al decreto-legge, in tal caso è bensì l'esecutivo che adotta «provvedimenti provvisori con forza di legge», ma ciò avviene solo «in casi straordinari di necessità e d'urgenza»; e comunque i decreti-legge perdono efficacia *ex tunc* («sin dall'inizio»), se non sono convertiti in legge (dal Parlamento) entro sessanta giorni dalla loro pubblicazione (art. 77 Cost.).

In effetti, la Corte costituzionale e la stessa dottrina maggioritaria riconoscono efficacia sia ai **decreti-legge** che ai **decreti**

legislativi. Ma è anche vero che di entrambe queste forme di leggi materiali si tende, nel nostro Paese, ad **abusare**. Da un lato, in relazione ai decreti legislativi, la delega tende spesso ad essere **troppo vaga** per esprimere compiutamente la volontà del Parlamento in relazione ai dettagli della normazione, assai importanti tra l'altro in materia penale. Dall'altro, in relazione ai **decreti-legge**, i governi, negli ultimi decenni, tendono ad impiegarli **troppo spesso** e non di rado **in assenza dei requisiti** di straordinaria necessità ed urgenza di cui all'art. 77 Cost.: il che snatura questo strumento normativo ed aggira di fatto la riserva assoluta (sia pur «relativizzata») di legge (di recente, ad esempio, un rilevante caso di abuso della procedura del decreto-legge è stato riscontrato dalla Corte costituzionale con la sentenza n. 32/2014 con riguardo alla disciplina degli stupefacenti introdotta dalla legge c.d. Fini-Giovanardi, la quale si era "inserita" nella procedura di conversione del decreto-legge relativo al finanziamento delle Olimpiadi invernali di Torino 2006, con conseguente riviviscenza della previgente legge c.d. Iervolino-Vassalli, incentrata sulla distinzione tra droghe leggere e droghe pesanti).

In sostanza: sia pur tenendo presenti indubbie esigenze di efficienza del sistema, pare di poter affermare che le leggi in senso materiale potrebbero dirsi in sintonia con il principio di riserva di legge solo **se di esse non si abusasse** nella prassi governativo-parlamentare. Visto che viceversa tali abusi sono assai frequenti, sarebbe preferibile – ed in ciò concordiamo con parte della dottrina (p. es. MARINUCCI-DOLCINI) – rinunciare *tout court* alle leggi materiali, ed ammettere **le sole leggi in senso formale**.

In materia di riserva di legge, andrebbero poi affrontate altre importanti questioni, che qui si possono soltanto sintetizzare rapidamente (mentre conviene rinviare a quanto precedentemente osservato in ordine alla recente valorizzazione del principio della «riserva di codice»).

Leggi regionali

In primo luogo, si deve considerare il problema della legittimità delle **leggi regionali** quali **fonti** del diritto penale. La risposta non può essere che **negativa**, visto quanto si diceva all'inizio del paragrafo, e visto che la Repubblica italiana, che pure si avvia verso forme di «federalismo», non pare assimilabile a realtà quali, ad es., gli Stati Uniti d'America, dove un federalismo «spinto» ha portato i singoli Stati dell'Unione ad avere ciascuno un diverso diritto penale. Da noi, il diritto penale è **diritto penale «italiano»**, sicché – in conformità con la dottrina maggioritaria – anche noi riteniamo che non vi debba essere spazio per le leggi regionali quali fonti del *ius criminale*. Si discute poi se una legge regionale possa prevedere una causa di giustificazione, o altra norma penale favorevole al reo: noi propendiamo sul punto per la soluzione negativa.

Normativa europea

In secondo luogo, occorre considerare l'impatto della **normativa europea** sul nostro diritto penale, anche a seguito dell'approvazione del **Trattato di Lisbona del 2007**. L'intera tematica va valutata alla luce del fatto che, attualmente, il principio di **riserva di legge** espresso dalla nostra Costituzione attribuisce al **solo Parlamento italiano** la potestà normativa in materia penale.

All'indomani dell'entrata in vigore del Trattato di Lisbona, avvenuta nel 2009, sullo stato attuale della materia, sempre in evoluzione, si può rilevare quanto segue (cfr. VIGANÒ, SOTIS).

a) La **potestà normativa** penale resta di **competenza nazionale**, ma certe norme europee, individuando aree di libertà del cittadino, possono in concreto paralizzare l'operatività della norma incriminatrice, in forza della **prevalenza della norma europea**, attraverso il dispiegarsi della causa di giustificazione dell'esercizio del diritto (**art. 51 c.p.**);

b) l'Unione europea può stabilire **norme minime** relative alla **definizione dei reati e delle sanzioni** in sfere di **criminalità particolarmente grave e aventi dimensione transnazionale** (individuate in modo **tassativo**) ovvero, più in generale, allorché queste si rivelino **indispensabili** ai fini dell'efficace attuazione di politiche di **armonizzazione europea** in altri settori (cfr. il **nuovo art. 83 TFUE**; ma già prima, una competenza penale indiretta era stata affermata dalla Corte di Giustizia delle Comunità europee: cfr. i casi *Commissione c. Consiglio*, 2005 e 2007);

c) in particolare, tali norme minime possono riguardare l'***an* della sanzione penale**, ma anche la **configurazione del precetto, e la specie e la misura della pena**;

d) in caso di **inadempimento da parte del legislatore italiano**, vi saranno per lo Stato specifiche sanzioni sul piano del diritto europeo, ed in particolare, in caso di direttiva non adempiuta, la procedura di infrazione;

e) **il giudice italiano non potrà supplire al mancato adempimento delle direttive da parte del legislatore nazionale**: ciò neppure nel caso in cui il legislatore abbia abrogato una precedente normativa adeguata rispetto alla domanda di tutela europea, sostituendola con altra normativa ad essa inadeguata (cfr. caso *Berlusconi*, 2005); più complesso stabilire, invece, quali siano i margini per un intervento della Corte costituzionale in tale situazione: al momento, in effetti, la Corte medesima si è limitata ad adottare una pronuncia con esiti *in malam partem* in un caso in cui l'inadempimento sopravvenuto concerneva una norma extrapenale (la definizione di rifiuto) richiamata da una fattispecie penale prevista in materia ambientale, così finendo per ampliare la portata di quest'ultima (Corte cost., Sent. n. 28 del 2010);

f) **il giudice ordinario interno ha tuttavia l'obbligo di interpretare le norme penali esistenti in maniera conforme al diritto dell'Unione**; ciò sempre che il dettato della norma interna permetta una tale interpretazione, e sempre che tale interpretazione non sia *in malam partem* rispetto alla interpretazione della norma che sarebbe preferibile in assenza della normativa europea: ossia non comporti un peggioramento della soluzione del caso nei confronti dell'imputato (Corte di Giustizia delle Comunità europee. Grande Sezione, 16 giugno 2005, C-105/03, *Pupino*) (MANES);

g) in materia di interessi finanziari, il **nuovo art. 86 TFUE** sembra contemplare – ma è punto discusso in dottrina – una prima forma di **competenza penale diretta dell'Unione** (supportata da una vera e propria azione penale europea), esercitabile mediante **regolamento**. Proprio in questo ambito, in effetti, è emersa la prima «storica» richiesta di disapplicazione *in malam partem* di una norma interna da parte della Corte di Giustizia: in particolare, nella già celebre sentenza *Taricco*, i giudici di Lussemburgo hanno evidenziato la necessità di disapplicazione della disciplina italiana della prescrizione per alcune ipotesi di frode fiscale, almeno laddove questa «impedisca di infliggere sanzioni effettive e dissuasive in un numero considerevole di casi di frode grave che ledono gli interessi finanziari dell'Unione europea» (facendo però soprattutto riferimento all'art. 325 TFUE). Tuttavia, la Corte costituzionale con l'ordinanza n. 24 del 2017 ha sollevato un nuovo rinvio pregiudiziale alla Corte di Giustizia, osservando come tale richiesta parrebbe porsi in contrasto con il «controlimite» rappresentato dal principio di legalità (in particolare, dai corollari di determinatezza e di irretroattività della legge penale, non pronunciandosi esplicitamente sul profilo della riserva di legge), cosicché la stessa Corte di Giustizia ha dovuto infine fare un «passo indietro», precisando la propria posizione ed ammettendo l'impossibilità allo stato attuale di praticare una tale disapplicazione delle norme interne (passo indietro di cui ha preso atto la Corte costituzionale nella sentenza n. 115/2018, escludendo quindi i profili di contrasto del diritto eurounitario con la Costituzione).

Pare rimanere tuttora valida, quindi, l'affermazione secondo cui la **normativa europea, comunque, non potrà mai derogare ai principi fondamentali di garanzia**, sia quelli europei, che quelli – se fossero maggiori – **del diritto costituzionale interno** (cfr. Corte cost., Sent. n. 170 del 1984).

Consuetudine

Ancora, si può affacciare la problematica della rilevanza della **consuetudine** come **fonte** del diritto penale. Ebbene, a differenza del diritto civile, la consuetudine **non può avere il valore di fonte** nel diritto penale, proprio perché questo produrrebbe una violazione della **riserva di legge**. Neppure può avere ingresso nel diritto penale, per lo stesso motivo, la c.d. «consuetudine **abrogatrice**». Quanto alla c.d. «consuetudine **scriminante**», su di essa la dottrina è divisa. Noi riteniamo – in conformità con quanto diremo sull'analogia *in bonam partem* – che anche questa tipologia di consuetudine debba essere esclusa.

Sindacato della Corte costituzionale e norme penali di favore

Resta il problema dei **limiti entro i quali le pronunce della Corte costituzionale possono contribuire a definire l'estensione di una fattispecie penale**.

Da questo punto di vista, va preliminarmente ricordato al lettore che, se una norma penale confligge con la Costituzione, essa non potrà essere «disapplicata» direttamente dal giudice, né da quelli di merito, né da quello di legittimità (Cassazione). Il giudice potrà peraltro rimettere la questione di costituzionalità della norma alla Corte costituzionale, che dovrà decidere sul punto. Se, ad es., la Corte ritiene che la norma cozzi contro un articolo della Costituzione, la dichiarerà incostituzionale (in certi casi, la dichiarerà poi «parzialmente incostituzionale, come successe nel caso dell'art. 5 c.p. con la già menzionata Sentenza

n. 364 del 1988). Ora, se è indiscutibile che la Corte, con una sua decisione, possa eliminare o ridurre la portata incriminatrice di una norma penale, non si può dire altrettanto rispetto alla possibilità di estendere la fattispecie incriminatrice, o di crearne *tout court* una nuova. La stessa Corte costituzionale, in effetti, ha nella sua recente giurisprudenza limitato la possibilità di adottare un sindacato *in malam partem* alle sole ipotesi nelle quali si trovi di fronte non a norme semplicemente favorevoli, bensì ad autentiche norme c.d. «di favore», ossia disposizioni che riservano per determinate classi di soggetti o di condotte un trattamento irragionevolmente più favorevole di quello ad esse riservato da una disposizione generale vigente nell'ordinamento (Corte cost., Sent. n. 394 del 2006 sulla disciplina derogatoria del c.d. «falso elettorale» rispetto al normale trattamento sanzionatorio del falso in atto pubblico). La norma di favore, in altri termini, si pone in un rapporto di compresenza e specialità rispetto ad una norma penale, alla quale sottrae senza alcuna giustificazione determinati gruppi di soggetti o di condotte. In queste ipotesi, quindi, il sindacato di ragionevolezza (derivato nella oramai consolidata giurisprudenza della Corte costituzionale dal canone di uguaglianza di cui all'art. 3 Cost.) segue una rigorosa struttura «triangolare» dato che si fonda sul raffronto con una norma generale e vigente nell'ordinamento la quale assume le vesti di autentico *tertium comparationis* (Di Giovine, Veneziani).

Per altro verso, di recente, la Corte costituzionale ha ribadito a più riprese che un sindacato *in malam partem* è sempre ammissibile qualora il vizio di costituzionalità derivi da una violazione delle regole che disciplinano il procedimento legislativo. Tale conclusione è stata affermata, in particolare, in relazione ad un caso di «eccesso di delega» (Sent. n. 5 del 2014 sulle c.d. «camicie verdi»), a modifiche apportate in sede di conversione di un decreto legge ma concernenti profili del tutto estranei rispetto all'oggetto originario del decreto medesimo (Sent. n. 32 del 2014 che, nel dichiarare incostituzionale la legge c.d. Fini-Giovanardi, ha prodotto diverse conseguenze favorevoli sulla disciplina degli stupefacenti ma anche comportato l'aumento del minimo edittale per i reati concernenti le droghe «pesanti») ovvero a violazione dei limiti di competenza legislativa delle Regioni in materia penale (Sent. n. 46 del 2014).

4. Il principio di irretroattività.

Come si accennava, altro sottoprincipio del principio di legalità è il **principio di irretroattività**, sancito espressamente dall'art. 25, comma 2, Cost., e dall'art. 2, comma 1, c.p.

Il principio di irretroattività comporta, in sostanza, il **divieto della retroattività della legge penale**: il legislatore non può confezionare una legge penale per andare a punire fatti **già commessi in precedenza**. Può solo predisporre pene per fatti ancora da commettere. Se violasse tale divieto, il principio stesso di legalità sarebbe in gran parte, se non *in toto*, vanificato.

Così, ad esempio, il codice della strada vigente contempla alcune ipotesi d'illeciti amministrativi. Se oggi Tizio ne ponesse in essere uno, e se tra un mese il legislatore decidesse di mutarlo in un reato, tale nuova fattispecie penale non potrebbe mai applicarsi all'illecito commesso da Tizio, ma solo a quelli posti in essere successivamente all'entrata in vigore della legge.

In relazione al principio in esame, si pongono alcuni problemi generali.

Principio di irretroattività e inasprimento sanzionatorio

In primo luogo: il principio implica anche il divieto di un **inasprimento sanzionatorio** retroattivo, oppure riguarda esclusivamente il caso in cui il legislatore *ex novo* preveda un **nuovo reato**? Si può dire senza ombra di dubbio che il principio – anche se la nostra Costituzione non specifica nulla sul punto – si estende **anche al caso** in cui il legislatore si limiti a prevedere un **aumento di pena**: anche gli inasprimenti sanzionatori, dunque, debbono riguardare solo il futuro (del resto ciò trova espressa conferma nell'art. 7 CEDU).

Principio di irretroattività *in melius* della norma penale

In secondo luogo: *quid* nel caso in cui il legislatore, in relazione ad un certo reato, decida di **diminuire le pene**? Il principio in esame vieta la retroattività di tale mutamento *in melius* del trattamento sanzionatorio? Oppure, all'opposto, si può addirittura dire che il principio di irretroattività implichi un obbligo di retroattività delle norme penali favorevoli?

Al fine di rispondere a questo quesito, occorre approfondire – seppur in sintesi – la *ratio* del principio in esame.

Si potrebbe ipotizzare un'esigenza di **certezza del diritto**, *ex se* rilevante, cui agganciare il divieto di leggi retroattive. Oppure, si potrebbe enfatizzare la dimensione della **garanzia** del cittadino dagli arbìtri dello Stato nella repressione penale, sino ad enucleare un superiore principio del ***favor libertatis*** od anche del ***favor rei***.

È proprio in relazione a queste due ultime chiavi di lettura che si è polarizzato il dibattito sul principio dell'irretroattività nella più recente dottrina italiana. Vi è chi ha sottolineato la *ratio* di **certezza** del principio in esame, evidenziando che ove fosse concesso al legislatore di far retroagire le proprie leggi penali nel momento del fatto, la legge in vigore sarebbe «incerta», poiché potrebbe sempre essere mutata successivamente con effetto *ex tunc*. Vi è peraltro chi propende per una preponderanza del profilo della garanzia, in ossequio al superiore principio del *favor libertatis*. La lettura in un senso o nell'altro è importante onde stabilire se il principio in esame osti all'applicazione retroattiva di norme più favorevoli oppure no. Laddove si desse spazio alla sola dimensione della **certezza**, si potrebbe ritenere incostituzionale, *ex* art. 25, comma 2, la retroattività della legge penale più favorevole: le regole contenute nel comma 2 e comma 3 dell'art. 2 c.p. sarebbero dunque contrarie alla Costituzione. Infatti, anche la retroattività della legge penale più favorevole rende **più incerta** la legge, poiché il cittadino non può sapere se la sua condotta, illecita nel momento in cui egli vuole agire, lo porterà all'applicazione della legge così come essa è vigente in quel momento. Viceversa, se si enfatizzasse la *ratio* di garanzia, nel nome di un superiore principio del *favor rei*, si avrebbe il risultato opposto. Dovrebbe ritenersi addirittura **costituzionalizzato**, *ex* art. 25, comma 2, Cost., il principio della **retroattività della legge penale più favorevole** al reo: infatti, in nome del *favor rei*, ogni mutamento successivo della legge in favore del reo dovrebbe trovare applicazione anche retroattiva (per questa soluzione PAGLIARO).

La soluzione di gran lunga **prevalente** in dottrina (tra gli altri BRICOLA e SINISCALCO) è peraltro quella **intermedia** tra le due appena esposte. Infatti, da un lato sarebbe assurdo leggere la dimensione della certezza in un'ottica così rigida da ritenere incostituzionale la legge retroattiva più favorevole al reo. È chiaro infatti che nel diritto penale la *ratio* di **certezza** non può essere letta se non sullo **sfondo della garanzia** del cittadino dagli arbìtri del potere statuale. In questa prospettiva, ciò che importa è che il cittadino, nel momento in cui si accinge ad agire, sia posto in grado si essere «certo» che la sua azione non sarà dall'ordinamento, con effetto retroattivo, **«trattata peg-**

gio» di quanto non lo sia nel momento in cui egli commette il fatto. Deve insomma sapere che, se l'azione che sta per commettere è lecita, essa non sarà dichiarata retroattivamente illecita nel futuro; e che, se l'azione è già considerata illecita in quel momento, nondimeno le conseguenze punitive collegate alla commissione del fatto non peggioreranno retroattivamente grazie ad una legge successiva.

Il cittadino ha dunque **diritto a non essere trattato peggio rispetto a come viene trattato dalla legge in vigore nel momento in cui egli commette il fatto**. In quest'ottica, la retroattività della legge più sfavorevole comporta *ipso facto* la violazione del principio qui considerato, mentre la **retroattività** della legge più **favorevole**, pur **non** essendo **contraria** al principio in esame, **non è da esso imposta**. La sottoposizione del nostro principio ad un preteso superiore principio del *favor rei* sarebbe infatti tutta da dimostrare, non essendo affatto pacifica la vigenza di un simile principio a livello costituzionale.

Queste considerazioni vanno certamente condivise, anche considerando il principio in esame alla luce della sua **genesi storica**. BECCARIA, ad es., vedeva nel principio di legalità, soprattutto, un baluardo imprescindibile per infondere **certezza e sicurezza** ai cittadini. In sostanza, i cittadini dovevano essere messi in grado, attraverso la lettura del «sacro codice delle leggi», di effettuare **ponderate scelte d'azione**, calcolando le conseguenze delle loro azioni anche sul piano giuridico-sanzionatorio. Ad esempio: il cittadino che vuole impiantare una casa di gioco d'azzardo, deve poter sapere se ciò che fa è proibito o meno dalla legge; e quali sono, almeno a grandi linee, le sanzioni previste. Questa conoscenza della legge gli permetterà di decidere se procedere nella realizzazione della sua idea oppure non.

In quest'ottica, la **certezza del diritto** è fondamentale, ma essa è indubbiamente connessa ad un profilo di **garanzia**. Il cittadino, in sostanza, ha il diritto di essere sicuro del fatto che, in futuro, il legislatore non potrà mai **peggiorare** il trattamento sanzionatorio. Ben diverso è il caso opposto dell'eventuale **miglioramento** di tale trattamento. In questo caso, il cittadino non potrà che avere **benefici** dal mutamento della legge, e la sua stessa **«sicurezza»** non è messa in discussione.

Dunque, il principio non osta alla retroattività delle norme favorevoli. È peraltro ancora aperto il problema **dell'eventuale**

obbligo di retroattività di queste **norme di favore**. Esso, come si osservava, **non** pare discendere **immediatamente** dal **principio di irretroattività**. Ma vi sono **altri princìpi costituzionali** che possono spingere verso una conclusione diversa?

In proposito, parte della dottrina (es. PADOVANI) ha fatto ricorso al **principio di uguaglianza** (art. 3 Cost.). Infatti, si pensi all'ipotesi dell'*abolitio criminis*, ovvero **dell'abrogazione di un reato** da parte di una legge. Se questa si applicasse solo ai fatti commessi successivamente all'entrata in vigore della legge, coloro che hanno commesso il fatto nella vigenza della legge precedente verrebbero certamente trattati peggio. E, vista la spesso lunga durata dei processi, essi potrebbero anche venire giudicati sotto la vigenza della nuova legge. Sicché, nello stesso giorno, un giudice potrebbe essere costretto, di fronte allo stesso fatto commesso, a punire un soggetto (che aveva commesso il fatto prima della abrogazione) e ad assolverne un altro (che aveva commesso il fatto dopo l'abrogazione). La violazione del principio di uguaglianza, dunque, appare fuori di dubbio.

Tuttavia, riteniamo che un principio di obbligatoria retroattività delle norme favorevoli potrebbe trovare ulteriore, e forse ancor **più convincente**, legittimazione costituzionale, ove si considerasse il precetto di cui **all'art. 27, comma 3, Cost.**: esso sancisce il **fine rieducativo della pena**. Ora, **quale effetto rieducativo** potrebbe avere la pena se il reo dovesse scontare una pena più grave di quella prevista al momento del giudizio per il reato previamente commesso, o addirittura per un fatto non più previsto dalla legge come reato nel momento dell'esecuzione della pena? La riduzione della pena (o addirittura la decriminalizzazione) in relazione a quel fatto da parte del legislatore evidenziano che il fatto viene ritenuto rispetto al passato **meno grave o addirittura lecito** sotto il profilo penale: colui che viene condannato in base alle pene previste al momento della commissione del fatto, in mancanza della retroattività della legge più favorevole, sarebbe costretto a continuare a scontare una pena **non ritenuta più giusta dallo stesso legislatore**: a quale effetto rieducativo potrebbe mirare un simile, cieco rigore punitivo?

Si segnala che la **Corte europea dei diritti dell'uomo di Strasburgo** ha di recente affermato che l'**art. 7 CEDU** contiene, sia pure in modo implicito, il principio della retroattività delle norme penali favorevoli, che impone l'applicazione al reo della legge più favorevole tra quella in vigore al momento del fatto e quelle successivamente intervenute prima della sentenza definitiva (Sent. *Scoppola c. Italia*, 2009). La Corte costituzionale, d'altra parte, al momento continua a privilegiare la tesi secondo cui il principio della *lex mitior* sarebbe riconducibile al **principio di uguaglianza-ragionevolezza** di cui all'art. 3 Cost., ammettendo di conseguenza che lo stesso possa subire delle deroghe che siano dettate da contro-interessi aventi rango costituzionale prevalente. Anche a seguito della sentenza Scoppola, ad esempio, tale posizione è stata ribadita in un'importante pronuncia sulla questione dell'efficacia favorevole dei nuovi termini di prescrizione introdotti nel 2006 con la legge c.d. *ex*-Cirielli (Sent. n. 236 del 2011 in cui, in particolare, la Corte ha riaffermato la legittimità della norma che prevede l'inapplicabilità dei termini più favorevoli ai procedimenti pendenti in un grado successivo al primo).

Il nostro art. 2 c.p., comunque, come meglio vedremo (P. II, Cap. I), garantisce la retroattività sia della *lex mitior*, che dell'*abolitio criminis*, sia pur con differenze di disciplina fra l'una e l'altra ipotesi.

Principio di irretroattività e norme processuali

Altra questione degna di discussione è se il principio in esame si estenda anche alle **leggi processuali**. Particolarmente spinosi sono stati casi in cui, anche di recente, si sono emanate leggi più severe in tema di **custodia cautelare**, facendole **retroagire** nei confronti di soggetti che avevano commesso il fatto di reato in un tempo precedente all'entrata in vigore delle leggi stesse.

Se la *ratio* del principio è quella della salvaguardia della **«sicurezza giuridica»** dei cittadini, onde permettere loro di effettuare **scelte d'azione consapevoli**, nella possibilità di conoscere adeguatamente la legge penale prima di effettuarle, si può sostenere (come fa autorevole dottrina) che anche laddove le norme processuali contribuiscano a peggiorare **«sostanzialmente»** la posizione del reo, questi abbia diritto a fruire del divieto di retroattività delle norme sfavorevoli (nonché forse dello stesso obbligo della retroattività delle norme favorevoli). Tra queste norme potrebbero eventualmente **rientrare** quelle in tema di **custodia cautelare**, e ciò potrebbe trarre conferma dal rilievo che il tempo trascorso in stato di custodia cautelare deve **sottrarsi dal computo della pena finale** da scontarsi. Nonostante la Corte costituzionale non si sia mai pronunciata in questo senso, di recente le Sezioni Unite della Cassazione hanno adottato quella che appare essere una soluzione «compromissoria», ritenendo inapplicabili retroattivamente, in assenza di diversa ed espressa norma transitoria, le riforme sfavorevoli della disciplina della custodia cautelare intervenute in epoca successiva (non alla commissione del reato bensì) al momento genetico della misura, ossia alla prima ordinanza applicativa della stessa (cfr. Cass., SS.UU., 31-03-2011). Analoga problematica, peraltro, concerne le norme processuali in tema di **«prova»**, talora determinanti in relazione all'accertamento del fatto di reato e dunque alla possibilità di condannare l'imputato.

Principio di irretroattività e misure di sicurezza

Vi è poi il problema delle **misure di sicurezza** (su cui *infra*, P. V, Cap. VI). Si può estendere il divieto costituzionale di retroattività anche a queste misure? Qui la nostra stessa Costituzione **non osta** ad una tale **retroattività** (cfr. art. 25, comma 3).

La dottrina prevalente **ammette in linea generale la retroattività delle misure di sicurezza**, peraltro tenendo fermo il presupposto che il reato a cui esse conseguono fosse tale anche nel momento della commissione del fatto.

Facciamo un esempio. Se un fatto *x* oggi costituisse reato, il legislatore potrebbe tra un mese rendere applicabile a quel fatto-reato una misura di sicurezza prima non contemplata, come pure prevedere una misura di sicurezza diversa (ed anche più gravosa) di quella prevista in origine per quel reato. L'importante è che non preveda una misura di sicurezza per un fatto *y* che nel momento in cui fu commesso non fosse nemmeno penalmente illecito (v. peraltro, per una più articolata esposizione delle opinioni dottrinali sul tema, *infra*, P. V, Cap. VI).

Ancora, da tempo si evidenzia da parte di illustre dottrina (ad es. NUVOLONE) che laddove una misura di sicurezza fosse una sorta di «pena camuffata», il principio di irretroattività dovrebbe riprendere pieno vigore.

Quest'ultimo spunto sembra potersi sviluppare ulteriormente, grazie **all'art. 7 CEDU** più sopra citato, e specialmente all'**interpretazione** di tale principio e di altri princìpi riguardanti la materia penale da parte della **Corte europea dei diritti dell'uomo di Strasburgo**. In base ad una nota sentenza della Corte, infatti, per riscontrare la sussistenza di una **«pena»** (e dunque della **«materia penale»**) non ci si dovrebbe meramente attenere alle **«etichette»** ad essa attribuite dal diritto interno, ma si dovrebbe far riferimento a più criteri sostanziali, combinati tra loro. Si dovrebbe soprattutto considerare la **«natura» dell'infrazione**; la **«natura» della sanzione**; il **grado di severità che la sanzione stessa in concreto raggiunge** (Sent. *Öztürk c. Germania*, 1984), nonché altri parametri sviluppati in sentenze più recenti. Certamente, almeno talune «misure» che da noi vengono classificate come **misure di sicurezza** potrebbero rientrare nella nozione di **pena** di cui alla **CEDU**, e così essere sottoposte ai princìpi validi per la **materia penale**, tra cui quello di **irretroattività** (Fr. MAZZACUVA, MASERA). Tra queste **«pene camuffate»** rientra presumibilmente, ad es., la **confisca**, che pure viene dal nostro codice considerata come **misura di sicurezza**. La **Corte di Strasburgo** ha anzi in una nota pronuncia **condannato la Gran Bretagna** per aver disposto **retroattivamente** la misura della **confisca**: Sent. *Welch c. Gran Bretagna*, 1995. Analoga soluzione, peraltro, è stata adottata di recente in riferimento ad una misura di sicurezza detentiva prevista nell'ordinamento tedesco (*Sicherungsverwahrung*), riqualificata dalla Corte europea come autentica pena e, di conseguenza, sottoposta al regime dell'irretroattività delle modifiche peggiorative (Sent. *M. c. Germania*, 2009).

Irretroattività espressa ed irretroattività occulta

Altro punto. L'irretroattività può essere **espressa** o **«occulta»**. È **espressa** nel caso in cui una legge disponga ***tout court* per il passato**: in questo caso una tale legge sarebbe da dichiararsi **immediatamente incostituzionale**. È **occulta** quando non è una **legge** che dispone per il passato, ma è un **giudice** che, in una sentenza, **estende l'interpretazione di una norma sino a coprire casi che non erano fatti rientrare in quella norma** secondo l'interpretazione precedente, costante, di essa.

Facciamo un esempio, sia pur volutamente grottesco. Se la norma sull'**omicidio** sinora è stata interpretata nel senso che vi possono rientrare, come vittime, solo gli **esseri umani**, un giudice particolarmente «animalista» potrebbe, un giorno, includere nell'interpretazione dell'art. 575 c.p., tra gli esseri viventi tutelati dalla norma *de qua*, anche una **scimmia** particolarmente intelligente. *Quid* se Tizio aveva ucciso una scimmia prima della nuova interpretazione e se capita sotto «le grinfie» di quel giudice animalista? Si può parlare, in questo caso, di **violazione del principio costituzionale di irretroattività**?

Si tratta di **tematica nuova**, che per ora non trova soluzione. Ma su cui la dottrina italiana più recente sta lavorando, con interessanti prospettive. Anche su questo profilo appare particolarmente interessante la giurisprudenza della Corte europea sull'art. 7 Cedu, nella quale si considera ogni forma di produzione giuridica (scritta o giurisprudenziale) sottoposta al divieto di retroattività e, quindi, al soddisfacimento dei requisiti di «accessibilità» e «prevedibilità» delle soluzioni adottate dai giudici (Sentenze *Sunday Times c. Regno Unito*, 1979, *Kokkinakis c. Grecia*, 1993, *Pessino c. Francia*, 2006).

Da ultimo, tale impostazione è stata confermata in maniera particolarmente significativa proprio in relazione ad una delle più importanti vicende di «creazione giurisprudenziale» che si è manifestata nell'ordinamento penale italiano. Infatti, con la recente sentenza *Contrada c. Italia* del 2015, l'Italia è stata condannata per violazione dell'art. 7 Cedu in ragione della «imprevedibilità» di una condanna per concorso esterno in associazione mafiosa pronunciata in relazione a fatti anteriori rispetto al primo intervento in cui le Sezioni Unite della Corte di Cassazione avevano tentato di definire i caratteri di tale peculiare forma di compartecipazione nel reato associativo (v. *infra*, Parte Quarta, Cap. IV, par. 16).

D'altra parte, investita di una questione di legittimità concernente il problema «opposto» della possibile efficacia retroattiva di una c.d. ***abolitio criminis*** **giurisprudenziale** – ossia dell'adozione da parte delle Sezioni Unite della Corte di Cassazione di un'interpretazione più restrittiva di una fattispecie penale tale da escludere la punibilità di alcuni fatti originariamente ritenuti penalmente rilevanti – la Corte costituzionale ha affermato l'impossibilità di equiparare diritto scritto e diritto giurisprudenziale, atteso che gli artt. 25 e 101 della Costituzione sanciscono un primato della produzione legislativa sull'interpretazione (Sentenza n. 230 del 2012). In tale pronuncia, tuttavia, la Corte pare trascurare il fatto che esigenze di certezza e «riconoscibilità» della legge penale nella sua dimensione *in action* potrebbero ben consentire un'estensione delle regole sull'efficacia nel tempo anche al diritto giurisprudenziale, se non altro nei (frequenti) casi di mutamento giurisprudenziale sfavorevole all'imputato.

Residua un ultimo problema. Il principio di irretroattività può trovare **deroghe** in relazione alla commissione di **crimini contro la pace, di guerra e contro l'umanità**?

Irretroattività e diritto penale internazionale

Il problema si pose, anche se certamente non per la prima volta nella storia, in particolar modo dopo la **II guerra mondiale**, allorché si dovette procedere alla punizione dei criminali di guerra tedeschi e giapponesi.

Come è noto, al **processo di Norimberga** vi furono **condanne**, che suscitarono **critiche** proprio in relazione alla violazione del **principio di irretroattività**. In realtà, nel **diritto internazionale penale** non è possibile pensare ad una applicazione **senza eccezioni** del **principio di legalità** nei suoi vari sottoprincìpi, primo fra tutti quello di **irretroattività**.

D'altra parte, si è visto che la stessa **CEDU**, nonché il **Patto di New York del 1966** (ed ora anche l'art. 49 della Carta dei diritti fondamentali dell'Unione europea del 2000) espressamente sottolineano che il principio di legalità-irretroattività non dovrà impedire la repressione dei fatti «che, nel momento in cui furono commessi, erano ritenuti criminali dai princìpi generali di diritto riconosciuti dall'insieme delle nazioni» (art. 15, comma 2, Patto cit.). Da questo punto di vista, la **deroga** al nostro principio sarebbe in sostanza più **apparente** che reale, poiché, anche al momento della commissione del fatto, questo dovrebbe **già contraddire ai superiori princìpi** menzionati: in questa prospettiva, la legge penale del singolo Stato che autorizzasse o non punisse tali fatti sarebbe una legge da considerarsi **«nulla» *ab initio***, sicché lo stesso principio di legalità-irretroattività **non sarebbe violato**. Sono queste tesi già da tempo formulate, talora in una prospettiva in qualche misura giusnaturalistica (RADBRUCH, NUVOLONE), e che oggi sembrano trovare accoglimento nei citati documenti internazionali.

A quanto detto va aggiunto che lo Statuto di Roma del 1998 (in vigore dal 2002), con cui è stata istituita la Corte penale internazionale, parrebbe risolvere il problema, dal momento che esso codifica, per la prima volta, le fattispecie criminose rilevanti in materia, e sancisce il principio di legalità. Va peraltro precisato che, in relazione al *nullum crimen*, il menzionato Statuto pare lasciare ancora aperte talune importanti questioni, in via di approfondimento dalla dottrina (CATENACCI).

5. Il principio di determinatezza.

Determinatezza, tassatività e precisione

Last but not least, tra i sottoprincìpi del *nullum crimen sine lege*, viene il **principio di determinatezza**. Una prima precisazione di tipo terminologico. Questo principio talora viene denominato principio di determinatezza, altre volte principio di **tassatività**, altre volte ancora principio di **precisione**, ecc. Qualche autore, poi, distingue fra questi termini, ed assegna un significato preciso a ciascuno di essi all'interno del medesimo principio. In questa situazione di **confusione terminologica** – paradossale allorché si dovrebbe parlare, appunto, di determinatezza – riteniamo più opportuno parlare, **indifferentemente**, di determinatezza, tassatività, precisione, come fossero sinonimi. Anzi: a questi termini ne aggiungeremmo uno particolarmente «chiaro»: **«chiarezza»** (ma senza volerlo sostituire agli altri).

Mentre, come si è visto, il principio di **riserva di legge** concerne soprattutto i rapporti fra il **potere legislativo** e quello **esecutivo**, il principio in questione riguarda essenzialmente i rapporti fra il **potere legislativo** ed il **potere giudiziario**. Invero: se la legge non fosse sufficientemente **chiara**, il **giudice**, nell'interpretarla, sarebbe sostanzialmente **«arbitro» del significato** da attribuire alla legge. Più la legge è chiara ed univoca, più il giudice sarà «accompagnato per mano» dalle parole della legge nella sua attività interpretativa.

Facciamo un esempio. Se una norma penale fosse scritta nel modo seguente: «Chiunque **si comporta male** è punito con la pena di...», sarebbe il **giudice** a dover attribuire un senso compiuto al precetto, vaghissimo, dettato dal legislatore. Insomma, il giudice sarebbe costretto a «**trasformarsi in legislatore**». Ecco perché, se si vuole realmente che il principio di legalità – e lo stesso sottoprincipio della riserva di legge – sia rispettato, occorre che le norme penali siano scritte nel modo più **chiaro, determinato, preciso e tassativo** possibile.

Oltre che al principio di riserva di legge, il principio di determinatezza (o chiarezza, o tassatività, o precisione) è legato anche al principio di **certezza del diritto** (penale). Solo leggi **chiare e determinate** possono dare certezza del diritto. Ed era questo un punto, come si è visto, su cui aveva insistito in modo particolare BECCARIA. Egli voleva che tutti i cittadini potessero conoscere in anticipo la legge onde poter compiere **meditate scelte d'azione**. E voleva dunque che i **giudici** non avessero **alcun potere interpretativo**. Essi dovevano essere «bocche della legge», «distributori automatici» di sentenze, per elaborare le quali avrebbero dovuto semplicemente e meccanicamente «applicare» il codice al fatto concreto da decidere. Dunque, il principio di determinatezza, seppur non espresso con questo termine da BECCARIA, era una delle linee-guida del suo pensiero.

Determinatezza e Corte Costituzionale

La **dottrina italiana** ha da tempo riconosciuto l'importanza di questo principio, e pian piano la stessa **Corte costituzionale** lo ha accolto, dapprima in enunciazioni teoriche, poi anche intervenendo su alcune norme troppo poco determinate, dichiarandone l'**incostituzionalità**.

Tra i vari interventi della Corte, va segnalata la dichiarazione di incostituzionalità della norma del codice penale che prevedeva il delitto di ***plagio*** (art. 603 c.p.), avvenuta nel 1981 (Sent. n. 96).

Ma quali sono i **modi** attraverso i quali si può **garantire la tassatività**?

Tecniche volte ad assicurare la tassatività

In primo luogo, perché le leggi siano tassative, occorre che il legislatore, nell'operare le sue scelte normative, non si allontani troppo dal **comune sentire sociale**. Una norma **lontana dalla *public opinion***, dalle *Kulturnormen* diffuse nella collettività, darebbe luogo ad **incertezze applicative** anche a fronte di un testo redatto con precisione e con apparente chiarezza. D'altra parte, il legislatore dovrebbe intervenire col diritto penale solo se la pubblica opinione, di fronte ad un certo fenomeno, si schiera compatta per la criminalizzazione di esso. Se le norme sociali di riferimento sono **ondivaghe o fluttuanti**, difficilmente la legge potrà dare **certezza** alla materia. Un primo requisito è dunque di ordine **sostanziale** più che formale.

Peraltro, una volta osservato questo primo fondamentale canone di scienza della legislazione, il legislatore deve anche seguire alcuni dettami di indole più spiccatamente **tecnico-formale**. Sul punto il Governo, anni fa, intervenne con una «Circolare» della Presidenza del Consiglio dei Ministri, che si soffermava sui corretti **canoni di tecnica legislativa** da osservare nella redazione delle fattispecie.

In questa sede possiamo solo sinteticamente rilevare che, da un certo punto di vista, il legislatore realizzerebbe appieno l'istanza di tassatività solo attraverso la **tecnica c.d. «casistica»**. Ovvero, indicando al giudice, attraverso la norma di legge scritta, i vari casi in cui la norma andrebbe applicata (es.: invece di «colui che incendia edifici», «colui che incendia un fienile», «colui che incendia una casa», ecc.). Ma una simile tecnica, oltre che essere improponibile perché darebbe luogo a codici penali di dimensioni **ciclopiche**, è sempre foriera di **lacune** (nell'esempio, l'incendio di un «capannone» non sarebbe punibile!). Dunque, col tempo (andrebbero qui ricordate pagine memorabili del CARRARA) si è sviluppata, nella nostra tradizione, una **tecnica di redazione** delle fattispecie detta di **«normazione sintetica»**. Essa si impernia sulla descrizione del **nucleo essenziale di disvalore del fatto**, attraverso un'astrazione sintetica dai casi concreti, capace peraltro di fornire all'interprete sufficiente guida al fine di inquadrare appunto i casi concreti da decidere.

Come esempio, basti citare l'art. 624 c.p., che incrimina il **furto**, con una formula che non è casistica ma che appare capace di dare all'interprete una **chiara «immagine»** di ciò che va incluso nella nozione di furto.

Altra **tecnica legislativa** atta a perseguire esigenze di determinatezza è l'utilizzo di **definizioni legislative**. Il **nostro codice abbonda** di simili definizioni, sia nella **parte generale** (si pensi alle definizioni del dolo e della colpa, all'art. 43), sia nella **parte speciale** (si pensi alla definizione del pubblico ufficiale, all'art. 357). Occorre peraltro anche prendere atto della pericolosità di non poche tipologie di norme definitorie, il che rende ancor oggi per alcuni versi attuale il monito di GIAVOLENO: «*omnis definitio in iure periculosa est*» (= «nel diritto ogni definizione è pericolosa»).

Va comunque detto che sia lo scrupolo del legislatore nel coniare norme penali in sintonia con le norme di cultura, sia l'attenzione nell'utilizzo delle migliori tecniche nella redazione delle leggi penali, **non sono sufficienti** ad infondere alla *lex scripta* una chiarezza, una determinatezza **assolute**. La norma scritta lascia sempre (o quasi) un **certo margine interpretativo al giudice**. Le **idee** di BECCARIA in proposito si mostrano dunque – al vaglio di oltre duecento anni di storia del diritto penale – entro certi limiti **utopistiche**. Ciò significa che la determinatezza deve rappresentare un obiettivo cui la norma scritta deve **tendere**, ma con la consapevolezza che difficilmente questo **obiettivo** verrà **raggiunto del tutto**. Ciò nondimeno, il **legislatore** non deve affatto abdicare al suo compito, e deve perseguire il **più possibile** l'istanza fondamentale della tassatività. E laddove la legge manca in modo plateale questo obiettivo, è giusto che la Corte costituzionale intervenga per dichiarare l'incostituzionalità della norma, come in effetti ha fatto in alcuni casi.

Purtroppo, il nostro legislatore appare particolarmente «poco versato» in questo campo, e per varie ragioni le **leggi** emanate in **Italia** negli **ultimi decenni** paiono sempre **meno rispettose del canone della tassatività**. Uno dei motivi è legato alla difficoltà di trovare soluzioni plebiscitarie in Parlamento. Spesso, la lotta fra maggioranza e minoranze – o comunque fra opinioni diverse – comporta la scelta di soluzioni di **compromesso** che in realtà sono delle «non-soluzioni», scaricando di fatto sul **giudice** la responsabilità di dar forma precisa a precetti poco chiari e «indecisi».

I **giudici italiani**, d'altronde – come meglio vedremo – sono particolarmente inclini a svolgere un **ruolo attivo** nell'ambito della loro attività interpretativa, sino a trasformarla non di rado in attività *tout court* **«creativa»**.

Principio di determinatezza e analogia

A tal proposito, si pone il problema dell'**analogia**. L'analogia è quel **procedimento attraverso il quale il giudice, di fronte ad un caso concreto non rientrante in alcuna norma di legge, utilizza una norma e la estende analogicamente, appunto, per farvi rientrare quel caso**.

Si può fare un esempio: se una norma vietasse di rubare l'**uva** del vicino, la si potrebbe estendere analogicamente per punire un caso di furto di **vino**.

L'analogia va **distinta dall'interpretazione** (ed in particolare da quella c.d. «estensiva», ma torneremo su questa distinzione in seguito: *infra*, P. II, Cap. IV); e, mentre in materia penale l'interpretazione è ammessa, **l'analogia è vietata** (art. 14 preleggi del c.c.). L'analogia è invece ammessa in materia civile.

Il motivo per cui **l'analogia è vietata** *in criminalibus* è da ricollegarsi al **principio di determinatezza**. Se tale principio esprime il **primato assoluto del potere legislativo su quello giudiziario**, e sottende un'istanza fondamentale di **certezza del diritto**, è chiaro che l'ammissibilità dell'**analogia** andrebbe **contro tali esigenze**. Infatti, è vero che l'analogia si fonda comunque su di un criterio (quello analogico, appunto). Ma si tratta di criterio troppo elastico, e troppo legato alla personale opinione del giudice, per risultare sufficiente a realizzare le istanze predette. D'altronde, si discute a livello di teoria generale del diritto se l'analogia costituisca un tipo di interpretazione, oppure rappresenti addirittura una **fonte del diritto**. Se quest'ultima tesi fosse corretta, sarebbe ancora più chiaro il motivo per cui l'utilizzo dell'analogia in materia penale andrebbe considerato contrastante col principio di determinatezza.

Analogia *in malam partem* e analogia *in bonam partem*

In tema di analogia, vanno piuttosto considerati i possibili limiti del divieto di ricorrere a tale procedimento. A tal proposito, bisogna distinguere fra **due forme** di analogia: quella c.d. ***in malam partem***, e quella c.d. ***in bonam partem***. La prima implica una estensione analogica di una norma con effetti **sfavorevoli** al reo.

Quale esempio, si pensi al caso in cui una norma che vieta il furto dell'uva venga estesa a punire il furto del vino.

La seconda si ha quando la norma estesa analogicamente produce effetti **favorevoli al reo**.

Quale esempio, si pensi all'ipotesi in cui una norma che prevede un'esenzione da pena in caso di legittima difesa venga estesa al diverso caso della «vendetta» nei confronti dell'aggressore.

L'inammissibilità in materia penale dell'analogia ***in malam partem*** è **pacifica**. Quanto all'ammissibilità dell'analogia ***in bonam partem***, la dottrina numericamente maggioritaria forse è favorevole. Peraltro, va tenuto presente che la possibile estensione analogica di norme favorevoli al reo potrebbe produrre **diseguaglianze** di trattamento fra i consociati.

Ad un imputato, ad esempio, potrebbe applicarsi analogicamente la legittima difesa; mentre in relazione ad un altro imputato, di fronte ad identico caso, un diverso giudice potrebbe non ritenere l'analogia fra la norma che prevede la legittima difesa ed il caso di specie.

Risultato: una grave disparità di trattamento fra i due imputati. Ed il **principio di determinatezza** – nel suo stretto collegamento con l'istanza di certezza del diritto – deve porsi come baluardo dello stesso **principio di eguaglianza** (art. 3 Cost.). Ecco perché – confortati da autorevole dottrina (NUVOLONE, BRICOLA ed altri) – riteniamo che **l'analogia sia vietata in materia penale anche se *in bonam partem***.

Principio di frammentarietà

Corollario del principio di determinatezza, e dello stesso divieto di analogia, è, infine, il c.d. **principio di frammentarietà** (accolto da cospicua dottrina). Tale principio si può sintetizzare nel modo seguente. Il **legislatore**, nel formulare le **fattispecie penali**, deve **costruirle in termini di «tipicità», ossia deve individuare dei «tipi» di condotte lesive e limitare ad essi la punibilità**. Non tutte le condotte dannose debbono essere punite, dunque, ma solo quelle che rispondono a quei requisiti di tipicità.

Facciamo un esempio: la truffa (art. 640 c.p.) si realizza se il soggetto, «con artifizi o raggiri, inducendo taluno in errore, procura a sé o ad altri un ingiusto profitto con altrui danno». Il legislatore avrebbe anche potuto formulare la fattispecie in modo più «aperto», e semplicemente dire: «chiunque diminuisce in qualsiasi modo l'altrui patrimonio è punito...»: ma è chiaro che una simile norma non sarebbe in sintonia con il principio di determinatezza. Essa non «tipicizzerebbe» a sufficienza la fattispecie, e dunque realizzerebbe un eccesso di tutela e si tradurrebbe verosimilmente in aberranti decisioni giudiziarie. Nell'esempio fatto, un giudice potrebbe punire anche Tizio, che non restituisce a Caio un debito di 5 euro.

Il principio di frammentarietà impone che il legislatore – nell'ambito della tutela dei beni giuridici (v. *infra*, P. I, Cap. III) – **selezioni le condotte lesive del bene giuridico**, ossia offensive, che desidera sottoporre a pena. Ciò può essere talora produttivo di **lacune**, non colmabili, come si è visto, con l'analogia. D'altra parte – come ha rilevato la migliore dottrina – le eventuali lacune sono da preferirsi, *in criminalibus*, agli eccessi di tutela e alla vaghezza delle fattispecie.

6. Postilla su principio di legalità e pena.

Già si è rilevato che il **principio di legalità** concerne sia il reato (i cui contorni debbono essere definiti da una legge) che **la pena**, anch'essa da determinarsi per legge (*nulla poena sine lege*).

Ora, come si vedrà anche successivamente (P. V, Cap. IV), nel nostro sistema, di regola, le pene vengono stabilite, nei singoli articoli del codice, esplicitando un minimo ed un massimo: sono i cc.dd. «limiti edittali» della pena stessa. Il giudice dovrà decidere, nel caso giudiziario concreto, quale sia la misura più appropriata da applicarsi tra quel minimo e quel massimo.

Dal punto di vista del principio di legalità, il divario fra il minimo ed il massimo edittali non dovrebbe andare oltre un certo limite, pena un vero e proprio aggiramento del *nulla poena sine lege*.

7. Legalità e misure di prevenzione.

Il tema dell'estensione del principio di legalità alle misure di prevenzione si è rivelato storicamente piuttosto dibattuto, non essendo qualificate le stesse come vere e proprie pene da parte del legislatore. Si tratta, in effetti, di misure (personali, come la sorveglianza speciale, o patrimoniali, come il sequestro e la confisca) che vengono applicate a determinati soggetti socialmente pericolosi anche solo sulla base di indizi della commissione di reati (in particolare, agli indiziati di appartenere ad organizzazioni criminali nella cospicua legislazione sulle misure di prevenzione «antimafia») e a prescindere dal pieno accertamento probatorio di tali illeciti. Ora, sebbene la Corte costituzionale abbia affermato che «la legittimità costituzionale delle misure di prevenzione – in quanto limitative, a diversi gradi di intensità, della libertà personale – è necessariamente subordinata all'osservanza del principio di legalità e alla esistenza della garanzia giurisdizionale» (Corte cost., Sent. n. 177 del 1980), tale considerazione del principio di legalità appare aver riguardato soprattutto i corollari della riserva di legge e della determinatezza (in particolare, nella sentenza veniva ritenuto eccessivamente vago il riferimento ai «proclivi a delinquere»).

In continuità con tale decisione, la Corte europea dei diritti dell'uomo ha peraltro di recente condannato l'Italia proprio ritenendo eccessivamente vaghi i presupposti applicativi delle misure di prevenzione (pur non qualificandole come «penali»), con particolare riferimento alla norma che descrive i destinatari come «coloro che debbano ritenersi, sulla base di elementi di fatto, abitualmente dediti a traffici delittuosi» e «coloro che per la condotta ed il tenore di vita debba ritenersi, sulla base di elementi di fatto, che vivono abitualmente, anche in parte, con i proventi di attività delittuose» (sentenza *De Tommaso c. Italia*, 2017), il che ha condotto la giurisprudenza a tentare di porre rimedio a questo deficit di determinatezza interpretando restrittivamente la nozione di «elementi di fatto» come «precedenti condotte delittuose».

Proprio la ritenuta natura *ante delictum* e la funzione spiccatamente preventiva, per altro verso, sono stati gli argomenti che hanno tradizionalmente giustificato un'applicazione delle misure di prevenzione non solo svincolata dall'accertamento della colpevolezza del preposto, ma anche in chiave retroattiva, soluzione questa accolta anche dalla Corte europea che, in tale settore, non ha mai deciso di procedere a quella «riqualificazione» sostanziale segnalata in precedenza (*supra*, Parte I, Cap. II, par. 4).

Anche da ultimo, peraltro, le Sezioni Unite della Corte di Cassazione hanno ribadito, a seguito dell'emersione di alcune pronunce contrastanti, l'esclusione della natura sanzionatoria delle misure di prevenzione e l'ammissibilità dell'efficacia retroattiva delle riforme che negli ultimi anni hanno esteso l'ambito operativo delle stesse.

Note bibliografiche

BETTIOL G., *Efficacia della consuetudine nel diritto penale*, Milano, 1931; VASSALLI G., *Limiti del divieto di analogia in materia penale*, Milano, 1942; NUVOLONE P., *Le leggi penali e la Costituzione*, Milano, 1953; BOSCARELLI M., *Analogia e interpretazione estensiva nel diritto penale*, Palermo, 1955; VASSALLI G., voce *Analogia nel diritto penale*, in *Noviss. dig. it.*, Vol. I, 1957, p. 607 ss.; MARINUCCI G., voce *Consuetudine (dir. pen.)*, in *Enc. dir.*, Vol. IX, 1961, p. 502 ss.; BRICOLA F., *La discrezionalità nel diritto penale*, Milano, 1965; VASSALLI G., voce *Nullum crimen sine lege*, in *Noviss. dig. it.*, Vol. XI, 1965, p. 493 ss.; SPASARI M., *Diritto penale e Costituzione*, Milano, 1966; SINISCALCO M., *Giustizia penale e Costituzione*, Milano, 1968; CHIAVARIO M., *La convenzione europea dei diritti dell'uomo nel sistema delle fonti normative in materia penale*, Milano, 1969; SINISCALCO M., *Irretroattività delle leggi in materia penale*, Milano, 1969; CARBONI G., *L'inosservanza dei provvedimenti dell'Autorità*, Milano, 1970; GRASSO P., *Il principio* «nullum crimen, nulla poena sine lege» *nella Costituzione italiana*, Milano, 1972; BRICOLA F., voce *Teoria generale del reato*, in *Noviss. dig. it.*, Vol. XIX, 1973, p. 7 ss.; PAGLIARO A., voce *Legge penale: principi generali*, in *Enc. dir.*, Vol. XXIII, 1973, p. 1040 ss.; VINCIGUERRA S., *Le leggi penali regionali*, Milano, 1974; MARINI G., voce «*Nullum crimen, nulla poena sine lege*», in *Enc. dir.*, Vol. XXVIII, 1978, p. 950 ss.; PALAZZO F.C., *Il principio di determinatezza nel diritto penale*, Padova, 1979; RONCO M., *Il principio di tipicità della fattispecie penale nell'ordinamento vigente*, Torino, 1979; SGUBBI F., voce *Diritto penale comunitario*, in *Noviss. dig. it.*, App. II, 1981, p. 1229 ss.; RIZ R., *Diritto penale e diritto comunitario*, Padova, 1984; ZAGREBELSKY G., *Il sistema costituzionale delle fonti del diritto*, Torino, 1985; VASSALLI G., voce *Analogia nel diritto penale*, in *Dig. disc. pen.*, Vol. I, 1987, p. 158 ss.; BALDUZZI R.-SORRENTINO F., voce *Riserva di legge*, in *Enc. dir.*, Vol. XL, 1989, p. 1207 ss.; GRASSO G., *Comunità europee e diritto penale*, Milano, 1989; LICCI G., *Ragionevolezza e significatività come parametri di determinatezza della norma penale*, Milano, 1989; BOSCARELLI M., voce *Nullum crimen sine lege*, in *Enc. giur. Treccani*, Vol. XXI, 1990; PEDRAZZI C., voce *Diritto penale*, in *Dig. disc. pen.*, Vol. IV, 1990, p. 64 ss.; TRAPANI M., voce *Legge penale*, in *Enc. giur. Treccani*, Vol. XVIII, 1990; STILE A.M. (a cura di), *Le discrasie tra dottrina e giurisprudenza in diritto penale*, Napoli, 1991; PALAZZO F.C., voce *Legge penale*, in *Dig. disc. pen.*, Vol. VII, 1993, p. 338 ss.; DOLCINI E.-PADOVANI T.-PALAZZO F.C. (a cura di), *Sulla potestà punitiva dello Stato e delle Regioni*, Milano, 1994; BERNARDI A., *Codificazione penale e diritto comunitario*, Ferrara, 1996; CADOPPI A. (a cura di), Omnis definitio in iure periculosa? *Il problema delle definizioni legali nel diritto penale*, Padova, 1996; RIONDATO S., *Competenza penale della comunità europea*, Padova, 1996; ROMANO B., *Il rapporto tra norme penali*, Milano, 1996; FIANDACA G. (a cura di), *Sistema penale in transizione e ruolo del diritto giurisprudenziale*, Padova, 1997; GIOSTRA G.-INSOLERA G. (a cura di), *Costituzione, diritto e processo penale*, Milano, 1998; CADOPPI A., *Il valore del precedente nel diritto penale. Uno studio sulla dimensione* in action *della legalità*, Torino, 1999; VASSALLI G., *Formula di Radbruch e diritto penale*, Milano, 2001; FIANDACA G., *Il diritto penale tra legge e giudice*, Padova, 2002; CAMAIONI S., *Successione di leggi penali*, Padova, 2003; CATENACCI M., *«Legalità» e «tipicità del reato» nello statuto della corte Penale Internazionale*, Milano, 2003; INSOLERA G., *Democrazia, ragione e prevaricazione*, Milano, 2003; MUSCO E., *L'illusione penalistica*, Milano, 2004; COCCO G. (a cura di), *Interpretazione e precedente giudiziale in diritto penale*, Padova, 2005; INSOLERA G., *Riserva di legge e democrazia penale: il ruolo della scienza penale*, Bologna, 2005; SICURELLA R., *Diritto penale e competenze dell'Unione europea*, Milano, 2005; NICOSIA E., *Convenzione europea dei diritti dell'uomo e diritto penale*, Torino, 2006; CADOPPI A., *Il valore del precedente nel diritto penale. Uno studio sulla dimensione* in action *della legalità* (Ristampa con Premessa di aggiornamento), Torino, 2007; GRASSO G.-SICURELLA R. (a cura di), *Lezioni di diritto penale europeo*, Milano, 2007; SOTIS C., *Il diritto senza codice. Uno studio sul sistema penale europeo vigente*, Milano, 2007; BERNARDI A.-PASTORE B.-PUGIOTTO A. (a cura di), *Legalità penale e crisi del diritto, oggi. Un percorso interdisciplinare*, Torino, 2008; FONDAROLI D. (a cura di), *Principi costituzionali in materia penale e fonti sovranazionali*, Padova, 2008; GRASSO G.-SICURELLA R. (a cura di), *Per un rilancio del progetto europeo. Esigenze di tutela degli interessi comunitari e nuove strategie di integrazione penale*, Milano, 2008; GUERINI U. (a cura di), *Il diritto penale dell'Unione europea. La normativa, la dottrina, la giurisprudenza europea in materia penale e la cooperazione giudiziaria*, Torino, 2008; PAONESSA C., *Gli obblighi di tutela penale. La discrezionalità legislativa nella cornice dei vincoli costituzionali e comunitari*, Pisa, 2009; GRANDI C., *Riserva di legge e legalità penale europea*, Milano, 2010; ALMERIGHI A.-MANNA A. (a cura di), *I poteri dello Stato e la Costituzione*, Roma, 2011; MANES V.-ZAGREBELSKY V. (a cura di), *La Convenzione europea dei diritti dell'uomo nell'ordinamento penale italiano*, Milano, 2011; SALCUNI G., *L'europeizzazione del diritto penale: problemi e prospettive*, Milano, 2011; DONINI M., *Europeismo giudiziario e scienza penale*, Milano, 2011; CUPELLI C., *La legalità delegata. Crisi e attualità della riserva di legge nel diritto penale*, Napoli, 2012; VOGLIOTTI M., voce *Legalità*, in *Enc. dir.*, Annali, VI, 2013, p. 371 ss.; GRANDI C., voce *Riserva di legge e obblighi europei di armonizzazione*, in *Libro dell'anno del diritto Treccani 2014*, 2014, p. 115 ss.; CADOPPI A., voce *Giurisprudenza e diritto penale*, in *Dig. disc. pen.*, agg. 2016, p. 407 ss.; BONINI S., *L'elemento normativo nella fattispecie penale*, Napoli, 2016; CADOPPI A. (a cura di), *Cassazione e legalità penale*, Roma, 2017; MAZZACUVA F., *Le pene nascoste. Topografia delle sanzioni punitive e modulazione dello statuto garantistico*, Torino, 2017; MASERA L., *La nozione costituzionale di materia penale*, Torino, 2018; PALAVERA R., *Il penalista e il suo spartito*, Pisa, 2018.

Capitolo III

I PRINCÌPI DI MATERIALITÀ E DI OFFENSIVITÀ

1. Premessa.

Il principio di legalità, di cui si è parlato sinora, riguarda soprattutto il problema delle **fonti del diritto penale**. In sostanza, esso è più che altro legato al tema della **norma penale**.

I princìpi di cui ci accingiamo a trattare ora riguardano viceversa un altro polo altrettanto importante della nostra materia: e cioè la **nozione del reato**. Sia il principio di materialità che il principio di offensività paiono di grandissima importanza al fine di poter visualizzare, per così dire, l'**immagine del reato**. Ogni reato, naturalmente, ha una sua specificità. Il furto è diverso dall'omicidio, che a sua volta è diverso dallo stupro, e così via. Ma vi sono alcuni requisiti che debbono caratterizzare **tutti i reati**.

Vi sono due requisiti, in particolare, che sono derivati da due fondamentali princìpi costituzionali, e cioè il principio di **materialità**, da un lato, e quello di **offensività**, dall'altro. Si tratta fra l'altro di princìpi fra loro collegati, sicché pare opportuno parlare di entrambi nell'ambito del medesimo capitolo.

2. Il principio di materialità.

Nullum crimen sine actione

Il **principio di materialità** si esprime nella massima latina (F. MANTOVANI) ***nullum crimen sine actione*** («nessun reato senza azione»).

Invero, il principio di materialità si sostanzia nell'esigenza che ogni reato consti quantomeno di un fatto che sia in qualche modo «osservabile», che abbia insomma **riscontri «esterni» oggettivi**.

Un esempio potrà chiarire subito quanto detto. Una legge penale potrebbe punire colui che «desidera la donna d'altri». Il desiderio, però – a parte casi estremi – non si manifesta all'esterno, ma si sostanzia in un **puro pensiero**. Ecco: in questo caso non sarebbe rispettato il principio di materialità. Infatti, il mero pensiero non è qualcosa di **riscontrabile esternamente** in modo oggettivo, ma è qualcosa che riguarda – per così dire – il solo **«foro interno»**, ossia la coscienza del soggetto. E non è possibile elevare a fatto penalmente rilevante un puro dato interno alla persona quale il pensiero.

Cogitationis poenam nemo patitur

Del resto, che il mero pensiero non potesse essere oggetto di repressione penale era già espresso da un antico brocardo, attribuito ad ULPIANO: «***cogitationis poenam nemo patitur***» («nessuno può patire una pena per il [mero] pensiero»).

Un altro esempio può essere rappresentato da certi reati che implicano la punizione di **mere caratteristiche della persona**, a prescindere dalla realizzazione di **fatti** in sé stessi rilevanti. Si pensi alla punizione di un soggetto solo perché appartenente ad una determinata **razza** (il che sarebbe francamente abominevole); oppure perché professante una certa **fede** (vale la considerazione appena svolta); oppure perché **abbigliato** in un determinato modo. Qui, all'apparenza, un **fatto** vi potrebbe anche essere (soprattutto nell'ultima ipotesi). Ma nella realtà sarebbe chiaro l'intento del legislatore di reprimere penalmente un mero **atteggiamento interiore** del soggetto, cosa assolutamente da evitare nell'ambito di un «diritto penale **del fatto**» quale il nostro, che appunto ha bisogno di una «materialità» per potersi attivare.

Il principio di materialità non trova riscontro in un **articolo particolare** della Costituzione. Un indizio in tal senso, la Costituzione lo dà certamente, nell'ambito dello stesso art. 25, comma 2, quando parla di **«fatto commesso»**: dove è chiaro che il Costituente riteneva necessario che, nell'ambito di ogni reato, fosse riscontrabile un **fatto**.

Peraltro, un tale dettaglio terminologico non significherebbe nulla, se la sussistenza del principio di materialità non fosse supportata dall'**intero tessuto della Carta costituzionale**, e da alcuni princìpi da essa chiaramente derivabili.

Principio di laicità

In particolare, il principio pare trovare conforto nello stesso «**principio di laicità** dello Stato e dell'ordinamento giuridico», che permea l'**intera Costituzione** repubblicana italiana. Principio che impone di disegnare un'immagine del **reato diversa** rispetto a quella del **peccato**. Come peccato, si può anche configurare – come in effetti si fa – il «desiderare la donna d'altri». Infatti, il peccato è un qualcosa che si può esaurire anche nella coscienza dell'individuo, nel suo «foro interno», nel suo atteggiamento interiore. Non così il reato, che deve appunto manifestarsi in qualche modo all'esterno.

Da questa contrapposizione fra reato e peccato, fra foro esterno e foro interno, fra oggettività (o materialità) e soggettività (od interiorità), si deduce l'impronta (anche o forse soprattutto) **oggettivistica** del diritto penale. Quella che ha spinto il legislatore italiano – come vedremo – a lasciare impunito (art. 115 c.p.) il **mero accordo** per commettere un reato, nonché il **reato impossibile** (art. 49 c.p.); e a prevedere una pena per il **tentativo** inferiore a quella prevista per il reato consumato (art. 56 c.p.). Quella che fra l'altro emergeva già chiaramente in BECCARIA, quando il celebre Autore milanese diceva che «l'unica e vera misura dei delitti è il **danno** fatto alla nazione» e **non «l'intenzione** di chi gli commette». Va peraltro qui precisato che il sistema penale italiano attuale annette notevole importanza anche al profilo soggettivo dell'illecito (v. ad es. *infra*, P. I, Cap. IV): nell'ambito della contrapposizione tra sistemi **oggettivi puri** e sistemi **soggettivi puri**, dunque, il nostro ordinamento non appare inquadrabile *tout court* né nell'uno né nell'altro modello, essendo piuttosto riconducibile ad uno schema intermedio, di tipo **«misto»**.

Infine, il principio di materialità trova conforto, *a fortiori*, nel principio costituzionale di offensività, di cui si dirà fra breve.

Una categoria di illeciti penali che potrebbero apparire «a rischio» dal punto di vista sia della **offensività** che della stessa materialità sono i c.d. **reati omissivi propri**. Ma a questo proposito rinviamo appunto a quanto diremo fra poco sul tema dell'offensività.

3. Il principio di offensività.

Nullum crimen sine iniuria

Il **principio di offensività** è efficacemente riassumibile (F. MANTOVANI) attraverso la massima ***nullum crimen sine iniuria*** («nessun reato senza **offesa**»). Esso evidenzia il fatto che un reato deve essere **offensivo** di «qualcosa» – si passi la voluta vaghezza del concetto in queste prime battute – per essere tale.

In sostanza. Non avrebbe senso elevare a reato un fatto che non arrecasse **danno** (quantomeno in potenza) a nessuna persona, a nessuna cosa, o eventualmente alla società stessa nel suo complesso. Ciò contrasterebbe – prima ancora che con la Costituzione (cosa di cui diremo) – con lo stesso «buon senso».

Un legislatore che punisse, ad es., chi veste (o chi non veste) di verde, si coprirebbe di ridicolo!

«Reato come offesa» e «reato come violazione di un dovere»

Peraltro, il reato potrebbe essere considerato anche da un altro punto di vista. Il «reato come **offesa**» si contrappone infatti – storicamente e concettualmente – al «reato come **violazione di un dovere**». E la concezione del reato come «violazione del dovere» è tipica degli ordinamenti totalitari, od impostati sul fanatismo religioso. In questo caso, al «sovrano» (come al capo religioso) non interessa tanto impedire che i cittadini arrechino **danno** ad altri, ma piuttosto essi esigono dai sudditi (o dai fedeli) l'**obbedienza cieca**, la **fedeltà assoluta**, e dunque una semplice **violazione del dovere di obbedienza/fedeltà** sarà sufficiente ad integrare un **delitto**. Era tale, ad es., la concezione del reato nella Germania nazionalsocialista, mentre una simile concezione ebbe solo una qualche eco nella dottrina italiana, senza mai avere da noi il sopravvento.

Concezione *liberal* del diritto

Quanto alla concezione del reato «come offesa», essa venne ad es. accolta dalla stessa Dichiarazione dei diritti dell'uomo e del cittadino del 1789 (art. 12). **E divenne – nel mondo anglosassone – il manifesto della concezione *liberal* del diritto** (penale) sin dall'opera di JOHN STUART MILL, la cui eredità è stata oggi raccolta dalla dottrina maggioritaria, ed espressa in modo mirabile, fra gli altri, dall'inglese H.L.A. HART, e dall'americano JOEL FEINBERG.

3.1. *Il bene giuridico.*

Se il principio di offensività – nel modo in cui è stato sintetizzato finora – è conosciuto quantomeno dal tempo dell'Illuminismo, peraltro va detto che esso è stato riempito di **contenuti diversi** in epoche ed in sistemi penali diversi.

Reato lesione di un diritto soggettivo

In Italia, sino alla fine dell'Ottocento, prevalse la concezione del reato come **violazione (o lesione) di un diritto soggettivo**. Si riteneva, insomma, che si potessero reprimere con la sanzione penale solo quelle condotte che arrecavano una diminuzione ad un diritto soggettivo altrui. In questo modo, occorreva sempre trovare un **soggetto** capace di essere portatore di quel diritto soggettivo, appunto, leso dal fatto delittuoso. Ma una tale concezione – simile del resto a quella del più vago «danno ad altri» caro agli anglosassoni – non poteva spiegare a sufficienza la punibilità di certi fatti la cui rilevanza criminosa non era per vero dubitabile: si pensi ai **delitti di falso**, dove era **difficile trovare una «vittima» in carne ed ossa** portatrice di un diritto soggettivo. Ma anche reati oggi ritenuti di più dubbio spessore criminoso – e pur tuttavia un tempo punibili per molte legislazioni – non sembravano trovare collocazione adeguata all'interno della concezione legata al diritto soggettivo: si pensi ai reati contro la religione, o a certi reati contro la moralità.

Reato come lesione di un bene giuridico

Ecco dunque che pian piano, a partire dalla metà dell'Ottocento – soprattutto in Germania – ci si cominciò ad allontanare dall'ancoraggio al diritto soggettivo, e si elaborò l'idea del **bene giuridico**, destinata ad avere grande fortuna nella scienza penale europeo-continentale sino ai giorni nostri. In Italia, il CARRARA aveva imperniato la sua costruzione del reato sulla **lesione del diritto soggettivo**; ma già a partire dalla fine dell'Ottocento, cominciò anche da noi ad affermarsi la teoria del **bene giuridico**.

La nozione di bene giuridico non abbisogna di un soggetto in carne ed ossa cui riferirsi. Essa prende spunto piuttosto da un «**oggetto**» di riferimento della legislazione penale. Un oggetto che peraltro ha un **valore** per la collettività, perché ne rappresenta un **interesse**.

Così, ad esempio, la vita, in quanto «**bene giuridico**», è **oggetto** di protezione penale, perché rappresenta un **valore** per la nostra società; ciò corrisponde al fatto che la società ha **interesse** a preservare la vita di tutti e di ciascuno di noi: non a caso, **oggetto giuridico** è sostanzialmente sinonimo di bene giuridico.

Una volta **spostato il baricentro** della tutela penale sul **bene giuridico**, si può anche concepire la repressione dei **delitti di falso**, dal momento che il «traffico giuridico» e la «funzione probatoria» di certi documenti rappresentano beni giuridici legittimamente tutelabili dal diritto penale. Allo stesso tempo, taluno potrebbe giustificare anche una tutela della moralità pubblica o del buon costume, rintracciando anche in tal caso un bene giuridico, un interesse della società degno di protezione penale.

In verità, proprio quest'ultimo riferimento evidenzia che lo stesso concetto di bene giuridico, per certi versi, appare capace di fungere da «**vestito per tutte le stagioni**», dal momento che la sua capacità selettiva nell'ambito del catalogo delle incriminazioni varia molto, ed è dipendente dal contenuto di cui lo si vuole riempire. Insomma: «bene giuridico» non è una «**formula magica**» capace di risolvere da sola tutti i problemi del legislatore. È un **contenitore** che deve, appunto, essere riempito di contenuto.

Proprio per questo motivo, non mancano Autori che, oggi, e forse non del tutto a torto, desidererebbero abbandonare di nuovo l'idea del bene giuridico, e rifluire magari sul **diritto soggettivo** – nozione dal contenuto certamente più ristretto – oppure, addirittura, sui **diritti umani fondamentali**. Questi soli – per certa dottrina – dovrebbero essere gli oggetti tutelabili dal diritto penale (ma su quest'ultimo punto torneremo).

Per ora resta tuttavia predominante, in dottrina, l'ancoraggio alla teoria del **bene giuridico**.

Ciò che è **discusso** è soprattutto se il principio secondo il quale non si può avere reato senza lesione di un bene giuridico sia o non sia costituzionalizzato; se possano essere tutelati beni giuridici estranei alla Costituzione; e se infine vi sia qualche altro punto di riferimento onde individuare i beni giuridici degni di essere protetti dal *ius criminale*.

È su questi tre punti che proseguirà la nostra trattazione.

3.1.1. *Il reato come offesa ad un bene giuridico, come principio costituzionale.*

Che il **principio di offensività** abbia **rilevanza costituzionale**, e che quindi ogni reato debba ledere un bene giuridico, è acquisizione della dottrina dominante in Italia.

In effetti, nessuna norma della Costituzione espressamente prevede il *nullum crimen sine iniuria*.

Peraltro, è l'**intera orditura della Carta fondamentale** che sembra imporre un tale principio. Concepire un modello di reato imperniato sulla violazione del dovere, o, peggio ancora, su un qualche atteggiamento interiore del soggetto, sarebbe certamente contrastante con l'assetto stesso della nostra Costituzione, che configura uno **Stato laico, tollerante**, nel quale la **libertà dei cittadini** è bene supremo. In un simile contesto, l'unica giustificazione del diritto penale sta nella repressione e prevenzione di **fatti dannosi** per altre persone o per la società.

Una mera deviazione dalla «morale comune», che non producesse danno ad altri, ad es., non dovrebbe avere rilevanza penale. Né potrebbe costituire reato la mera disobbedienza o la pura infedeltà al regime.

Principio di «autonomia personale»

Lo stesso **principio di «autonomia personale»** – che la nostra Costituzione certamente riconosce – presuppone che gli individui siano del tutto liberi di effettuare **autonome e libere scelte d'azione**, anche se tali scelte siano censurabili perché non «ortodosse» rispetto alla morale comune. Solo se tali azioni producono un **danno**, ad altri o alla stessa società, può essere legittimo l'intervento del diritto penale. È questa una delle chiavi di volta del **pensiero *liberal* anglosassone**, che rispecchia peraltro un **«principio di laicità»** sempre più diffuso anche nella dottrina italiana.

Tutto ciò implica il riconoscimento del **bene giuridico** quale **«stella polare»** della nozione di reato. E dunque conferma la **rilevanza costituzionale** del principio che vede il reato, necessariamente, come **lesione di un bene giuridico**.

Ma sul punto occorre svolgere alcune precisazioni.

In primo luogo, si è detto che il principio di offensività richiede che il reato comporti una lesione del bene giuridico. Ma a chi è rivolto questo principio? Al **legislatore o** al **giudice**?

Ebbene: in prima battuta è rivolto al **legislatore**. Quando il legislatore crea una nuova fattispecie penale, deve assicurarsi che il fatto previsto come reato, in ogni sua forma di realizzazione, comporti la lesione di un bene giuridico.

Ad esempio: un legislatore non potrebbe vietare a chicchessia di parlare ad alta voce per strada, sotto minaccia di sanzione penale. Questo bizzarro precetto potrebbe aver legittimazione in uno Stato totalitario, dove il Sovrano esige solo ed esclusivamente la fedeltà dei sudditi, a prescindere dal merito delle azioni richieste o vietate ai sudditi stessi; non in uno Stato liberale e democratico, dove la Costituzione impone il principio di offensività. Nel nostro sistema, il legislatore può invece vietare il furto, perché esso comporta la lesione di un bene giuridico.

Previsione di fattispecie inoffensive

Quid, nel caso in cui il **legislatore non si adegui** al principio di offensività, e preveda come reato un fatto **«inoffensivo»** di alcun bene giuridico?

Si torni all'esempio del legislatore che vieta di parlare ad alta voce per strada. In questo caso, sarebbe difficile riscontrare immediatamente un bene giuridico leso dalla commissione di un simile fatto. Qui, i casi sono due. O la **Corte costituzionale** dichiara **incostituzionale** la norma per contrasto col principio di offensività.

Ma sinora la Corte – che pure ha riconosciuto la valenza costituzionale del principio (v. da ultimo Sent. n. 519/2000) – è stata piuttosto **ritrosa** ad applicare *sic et simpliciter* il *nullum crimen sine iniuria*, senza il «sostegno» di concomitanti violazioni di altri parametri costituzionali. Oppure è il **giudice ordinario** che deve cercare di «ritoccare» **interpretativamente** il precetto onde renderlo più conforme al principio di offensività. Ed è questa una facoltà – che pare tradursi in un «compito» – che viene riconosciuta al giudice sia dalla Corte di Cassazione, che dalla stessa Corte costituzionale.

Sul punto torneremo anche trattando del tema della interpretazione (P. II, Cap. IV).

Qui basti riprendere l'esempio fatto del divieto di parlare ad alta voce per strada. In questo caso, il giudice potrebbe reinterpretare la norma nel senso di restringere il concetto dell'«alta voce» ai soli casi di «schiamazzi», e dunque di applicare la norma in casi di disturbo della quiete pubblica. Il fatto, in tale ricostruzione interpretativa, comporterebbe certamente una lesione di un bene giuridico.

Offensività e «messa in pericolo» di un bene giuridico

Un ultimo spunto sul concetto di **lesione di un bene giuridico**. *Quid* nell'ipotesi della mera **messa in pericolo di un bene giuridico**?

Ad esempio: lo scoppio di una bomba in una piazza può creare anche solo un boato, senza cagionare vittime. Si può dire in una simile ipotesi che manca la lesione di un bene giuridico e che dunque non è legittimo punire un tale episodio criminoso? Una simile risposta non sarebbe di certo soddisfacente.

Sicché si deve ritenere che anche la **messa in pericolo** di un bene giuridico possa essere **sufficiente** a realizzare il principio di offensività. Il problema nasce piuttosto dal fatto che man mano che ci si **allontana dal «danno»**, e che il pericolo del danno si fa a sua volta **remoto**, si scivola verso una china ad un punto della quale non ha più senso parlare davvero di **«offesa»**. Ma su questo punto torneremo allorché parleremo dei **reati di pericolo**.

3.1.2. *La teoria dei beni giuridici costituzionali come unici possibili beni tutelabili.*

Nei primi anni Settanta (del Novecento), grazie soprattutto all'opera del Bricola, ha cominciato a prendere piede nel nostro Paese la tesi secondo la quale **unici beni tutelabili dal diritto penale** sarebbero **beni «di rilievo costituzionale»**.

L'assunto muoveva, tra l'altro, dalla seguente argomentazione: l'art. 13 Cost. eleva la **libertà** a **diritto inviolabile dell'uomo**. Il diritto penale prevede sanzioni – le **pene** – che per definizione limitano la libertà personale. Dunque, per poter infliggere una pena ad un soggetto, occorre che egli abbia offeso un **bene giuridico «di rango analogo» a quello della libertà personale**. Infatti, se il bene offeso fosse di rango inferiore, non vi sarebbe **proporzione** fra il danno arrecato dal «delinquente» e la pena irrogata dall'ordinamento per la commissione di quel fatto. Quali sono allora i beni di pari rango, o di rango analogo a quello della libertà personale? Sono beni di **rilievo costituzionale**, dal momento che anche il bene della libertà personale è di rilievo costituzionale.

Ecco perché il catalogo dei beni rilevanti quali beni giuridici tutelabili dal diritto penale si restringeva ai soli beni di rango costituzionale.

La tesi del Bricola – tra l'altro supportata da ben più ampie argomentazioni – trovò sostenitori ed oppositori. In linea di massima, e da un punto di vista teorico, l'argomentazione del giurista bolognese appariva impeccabile.

Limiti della teoria

Un problema serio nasceva però dal fatto che la Costituzione italiana è del 1948. E dal 1948 ad oggi – ma anche dal 1948 ai primi anni Settanta – sono passati molti lustri. Nel 1948 non erano ancora emersi nel tessuto sociale alcuni beni od interessi che poi si sarebbero affermati con forza nelle decadi successive. Si pensi per tutti all'**ambiente**. L'ambiente, come **bene giuridico a sé stante, non** è contemplato dalla **Costituzione**, per il semplice motivo che negli anni Quaranta – con le macerie della Guerra ancora nelle strade – non si pensava all'ambiente come ad un bene di rilievo costituzionale. *Quid*, dunque, intorno alla tutela penale dell'ambiente? Poteva dirsi legittimato l'impiego del diritto penale per proteggere un simile bene non previsto nella Costituzione?

Beni implicitamente contenuti nella Costituzione

Non si poteva certo dare risposta negativa ad una simile domanda. E nemmeno BRICOLA rispondeva negativamente sul punto. Egli rifinì piuttosto la sua tesi, includendo fra i beni penalmente tutelabili non solo quelli **esplicitamente** contenuti nella Costituzione, ma anche quelli **implicitamente** contenuti in essa. L'ambiente doveva dirsi implicitamente contenuto nella Costituzione, che d'altra parte tutela sia il paesaggio (art. 9, comma 2), sia la salute (art. 32), nonché, *a fortiori*, la vita umana.

In sostanza, attraverso il riferimento ai beni giuridici implicitamente preveduti dalla Costituzione, si superava l'obiezione della incapacità della Costituzione stessa – anche per la sua datazione storica – di adeguarsi a nuove esigenze emergenti, talune delle quali assai importanti e dunque suscettibili di adeguata protezione da parte del diritto penale.

Peraltro, proprio il riferimento a tali beni «implicitamente» contenuti nella Costituzione limitava la pregnanza della tesi in questione, e la sua capacità di vincolare davvero la discrezionalità del legislatore. Infatti, vista l'ampiezza dei princìpi contenuti nella Costituzione italiana, non è difficile reperire un bene «implicitamente» derivabile da tali princìpi. Insomma: se non si ammetteva l'intervento di «riserva» dei beni impliciti, la Costituzione era troppo stretta; ammessi i beni impliciti, le maglie della Costituzione divenivano immediatamente **troppo larghe** per fungere da chiara guida al legislatore.

In base a questi rilievi, oggi, la tesi del BRICOLA, se certamente è in linea di massima seguita dalla dottrina quantomeno nell'impostazione di base, è dai più ritenuta comunque suscettibile di integrazioni e/o correzioni attraverso **altre «chiavi di lettura»** del concetto del bene giuridico.

Ciò non toglie che la teoria abbia giocato un ruolo fondamentale nella scienza penalistica italiana dell'ultimo trentennio. E che ancor oggi sia un punto di riferimento fondamentale per la dottrina.

La stessa **Corte costituzionale** ha mostrato – in talune sentenze assai significative (*in primis*, nella fondamentale e già citata Sent. n. 364/88, riportata per esteso nel Cap. IV, *infra*) – di accogliere la teoria del bene giuridico costituzionale, anche se non risulta che fino ad oggi essa abbia provveduto a dichiarare costituzionalmente illegittime delle norme solo per il fatto che il bene giuridico protetto non era contemplato (né esplicitamente né implicitamente) nella Costituzione.

3.1.3. *Beni giuridici e norme di cultura: la teoria costituzionale-culturale del bene giuridico.*

Proprio il fatto che la tesi dei beni giuridici costituzionali, in fondo, **non si è mostrata sufficiente** ad individuare parametri precisi attraverso cui imbrigliare la discrezionalità del legislatore, ha spinto la dottrina ad elaborare **ulteriori tesi** sul punto.

Teoria del diritto penale minimo

Partendo da una enfatizzazione del ruolo di ***extrema ratio*** del diritto penale, alcuni Autori hanno proposto di riservare la tutela penale ai soli **diritti umani fondamentali** (BARATTA, ed altri). In questo modo, si realizzerebbe un **diritto penale minimo**, che avrebbe anche il pregio di limitare l'utilizzo della sanzione penale, la più dura delle sanzioni, a poche ipotesi delittuose assai gravi. Qui, non si verificherebbero le ambiguità dei beni impliciti, e la teoria in questione sarebbe certamente in grado di limitare la discrezionalità del legislatore. Ma pare **eccessivo** restringere in tal modo l'ambito del penalmente rilevante. E numerosi beni giuridici di grande importanza (si pensi ancora una volta all'ambiente, ma non è che uno fra i tanti esempi) resterebbero privi di tutela.

Particolarmente fecondo si è mostrato viceversa l'utilizzo di **punti di riferimento di carattere sociologico**, ruotanti attorno al problema del **consenso sociale**. In sostanza, numerosi autori hanno evidenziato – anche sulla scia di qualche scrittore tedesco (HASSEMER, AMELUNG, ecc.) – che il **diritto penale funziona** solo se si trova in sintonia con la **coscienza sociale**. Un diritto penale che si allontanasse dalla *public opinion* non sarebbe in grado di svolgere i suoi compiti di prevenzione del delitto e di contribuire alla sicurezza sociale dei cittadini.

Concezione «promozionale» del diritto penale

Collegata a questo tema è la questione della c.d. **«funzione promozionale»** del diritto penale. Alcuni autori (da noi ad es.

l'ANTOLISEI) hanno sostenuto l'opportunità che il diritto penale svolga compiti non solo di tutela, di protezione dell'esistente. Esso dovrebbe, ben di più, svolgere compiti di **sviluppo sociale**, attraverso l'incentivazione di comportamenti utili al progresso della società. Insomma: secondo questa impostazione, le norme penali dovrebbero in certi casi **«andare oltre» le norme interiorizzate dalla coscienza sociale**, e spingersi ad **inculcare nuovi valori nella collettività**. Non a caso, peraltro, i sostenitori di questa tesi rinunciano, in queste ipotesi, all'utilizzo della categoria del **bene giuridico**.

A questa teoria si può opporre il rilievo (tra gli altri: FIANDACA) che il **diritto penale non** è diritto «raffinato», capace di svolgere delicati compiti di «**ingegneria sociale**». Infatti le sue sanzioni sono le più rozze e terribili che l'ordinamento conosca. E tali pene non possono essere inflitte a scopo di «miglioramento» della coscienza sociale. Se questo fosse il fine perseguito, il perseguirlo con lo strumento penale significherebbe cadere in una sorta di «autoritarismo penale».

Negata così legittimazione alla concezione promozionale del diritto penale, il bene giuridico torna prepotentemente ad assumere il suo ruolo-guida della politica criminale. E sotto il profilo **contenutistico** lo stesso bene giuridico si riaggancia alla **coscienza sociale**, unico parametro per evitare che il bene giuridico scompaia o serva a funzioni autoritarie.

Diritto penale e «norme di cultura» (*Kulturnormen*)

Al fine di **precisare meglio il contenuto di questo bene giuridico ricostruito su base sociologica, vi è chi** (CADOPPI) ha preso le mosse da una teoria elaborata dal tedesco MAX ERNST MAYER ai primi del Novecento: la **teoria delle *Kulturnormen***. In base a tale tesi, il diritto penale dovrebbe conformarsi il più possibile alle **«norme di cultura»**, ossia alle norme sociali diffuse nella collettività in un dato momento storico. E così gli stessi **beni giuridici** tutelabili dal diritto penale sarebbero in definitiva solo quelli che la **coscienza sociale** stessa ritiene **degni di tutela**.

Più in particolare, la tesi funziona solo in **negativo**. Nel senso che il legislatore sarebbe solo vincolato dalla *public opinion* a **non prevedere come reato un fatto che la coscienza sociale non giudica degno di repressione penale**. Non vale il contrario: ossia, **il legislatore, una volta appurato che la coscienza sociale ritiene degno di repressione (penale) un certo fatto, non sarebbe vincolato a prevederlo come reato**. Ciò in quanto la coscienza sociale potrebbe essere in certi casi troppo punitiva, e altre volte potrebbe essere spinta a punire fatti che rappresentano esercizi di diritti di libertà (magari costituzionalmente tutelati) da parte di chi li pone in essere.

Ancora più in dettaglio, il parametro attraverso cui valutare l'atteggiamento della pubblica opinione sarebbe il seguente: si tratterebbe di appurare se **una parte preponderante della collettività ritiene che un fatto sia «criminoso», e cioè meriti la sanzione detentiva**. Solo in questo caso il legislatore sarebbe legittimato a porsi il problema ulteriore se in effetti sia opportuno ricorrere alla tutela penale.

È chiaro che, in una simile concezione, il bene giuridico si plasma, appunto, secondo le *Kulturnormen* diffuse nella coscienza sociale. E i beni giuridici così individuati dovrebbero preventivamente trovare una qualche collocazione (anche implicita) a livello costituzionale. Ma tali beni di rilievo costituzionale riceverebbero dal confronto con il parametro del consenso sociale una caratterizzazione **più chiara e definita**. Si parla in effetti di **«concezione costituzionale-culturale» del bene giuridico**.

«Concezione costituzionale-culturale» del bene giuridico

Questa concezione sarebbe in grado di chiarire quali beni – nell'ambito dei beni costituzionalmente rilevanti – siano da ritenersi particolarmente «**significativi**», un parametro che lo stesso BRICOLA aveva indicato ad ulteriore precisazione della sua tesi.

La concezione costituzionale-culturale del bene giuridico deve naturalmente servirsi dell'apporto delle **indagini demoscopiche**, che spesso sorprendentemente rivelano la **straordinaria sensibilità del *quisque de populo*** in rapporto ad una materia quale il diritto penale, che sembrerebbe a prima vista appannaggio esclusivo di «tecnici» del diritto (si vedano le interessanti ricerche di ROBINSON negli Stati Uniti e di DELOGU-GIANNINI da noi).

Una tale configurazione del bene giuridico trova avallo in varie **norme della Costituzione** (es. art. 27, comma 3), ma è la stessa **intera fisionomia** della nostra Carta costituzionale che sembra legittimarla. La stessa **Corte costituzionale** l'ha confermata autorevolmente nella rinomata Sent. n. 364/88, in tema di *ignorantia legis*, laddove l'estensore, RENATO DELL'ANDRO, ha evidenziato la «necessità che il diritto penale costituisca davvero la «*extrema ratio*» di tutela della società, sia costituito da norme non numerose, eccessive rispetto ai fini di tutela, chiaramente formulate, **dirette alla tutela di valori almeno di «rilievo costituzionale» e tali da essere percepite anche in funzione di norme «extrapenali» di civiltà, effettivamente vigenti nell'ambiente sociale** nel quale le norme penali sono destinate ad operare».

Reati culturali

Il rapporto fra cultura e diritto penale entra in gioco anche sotto altro aspetto.

Nelle attuali società multietniche e multiculturali, presso alcuni gruppi di minoranze sopravvivono costumi fortemente in conflitto con le *Kulturnormen* della maggioranza. Ad es., alcune popolazioni provenienti dall'Africa usano praticare a bambine o giovani ragazze varie forme di «mutilazioni genitali femminili». Tali condotte, ed altre consimili, nel nostro paese costituiscono reato, anche se si tratta di comportamenti in sintonia con la cultura, o a volte con costumi religiosi, della comunità in cui i soggetti attivi del reato si trovano inseriti. Simili reati vengono denominati **«reati culturali»**.

Il problema principale relativamente a questa categoria di illeciti penali, consiste nel verificare se i loro autori debbano essere puniti per il fatto che hanno commesso, e in che misura. Soprattutto in alcune giurisdizioni anglosassoni (es.: USA, Canada, Australia, ecc.), da qualche decennio si è elaborata in proposito sia dalla giurisprudenza che dalla dottrina la teoria delle c.d. «***cultural defenses***» («esimenti culturali»). Anche la nostra dottrina in tempi recenti ha studiato proficuamente questa interessante tematica (fra gli altri, MONTICELLI, DE MAGLIE, BERNARDI, BASILE), alla ricerca di soluzioni *de iure condito* e *de iure condendo*.

Va detto in proposito che spesso i «reati culturali» sono di una certa gravità, e **difficilmente si può ipotizzare la non punibilità dell'autore**, salvi rari casi di ignoranza inevitabile della legge penale (v. P. III, Sez. III, Cap. V). È più plausibile ricorrere all'applicazione di qualche circostanza attenuante (v. P. IV, Cap. II), o alla clemenza del giudice in fase di commisurazione della pena (v. P. V, Cap. IV).

Il legislatore italiano, proprio relativamente al problema delle «mutilazioni genitali femminili», ha adottato una soluzione ben poco condivisibile: invece di prevedere una qualche attenuante per chi, per motivi culturali, pratica tali pur deprecabili azioni, ha creato una fattispecie *ad hoc*, punita più gravemente rispetto alle comuni lesioni personali (art. 583-*bis* c.p.).

3.2. *Ricadute pratiche del principio di offensività sul nostro diritto penale ed altre questioni.*

Il principio di offensività, così come descritto nelle pagine che precedono, ha quantomeno potenziali **ricadute applicative** nel nostro diritto penale.

In primo luogo, vi sono delle **categorie di reati** particolarmente **«a rischio»** sotto il profilo dell'offensività.

Principio di offensività e particolari categorie di reati

Si pensi, fra gli altri, ai reati **«di pericolo astratto (o presunto)»**, a certi reati **«a dolo specifico»**, ai delitti **«di attentato»**, ai reati **«di sospetto»**, ai reati **«senza vittime»**, ai reati **«omissivi propri»**, ecc. Sulla descrizione di alcune di queste tipologie di illeciti è meglio rinviare ai capitoli cui queste categorie afferiscono (v. ad es. *infra*, P. III, Cap. I).

Qui, basti tracciare le linee generalissime del discorso.

Il **legislatore**, nel prevedere reati di simile natura, dovrà muoversi con particolare **cautela**. Egli in linea di massima dovrà **astenersi** dal prevedere simili tipi di illeciti, salvo che **esigenze irrinunciabili di tutela** lo impongano. Ad es., i **reati di pericolo presunto (o astratto)** dovranno essere utilizzati solo se, appurata una fondamentale esigenza di tutela, si riscontri l'impossibilità di realizzare quelle esigenze tramite la previsione di un reato di danno o di pericolo concreto.

Un esempio dovrebbe chiarire il discorso. Se si vuole creare una normativa a tutela da possibili disastri nucleari, derivanti da cattiva manutenzione di una **centrale nucleare**, si potrebbe pensare di prevedere una fattispecie di danno costruita sull'effettiva causazione di un disastro nucleare. Ma è chiaro che una simile tutela giungerebbe «troppo tardi». Il diritto penale, in un simile terreno «più che minato», deve **arretrare la «soglia della punibilità»**, e cioè deve necessariamente colpire condotte anche semplicemente pericolose, in astratto, per il bene protetto. Potrà quindi legittimamente prevedere reati imperniati sulla semplice «omissione di cautele volte ad impedire un disastro nucleare», anche se il disastro è ben lungi dal verificarsi. Questo sarebbe un reato di **pericolo astratto** (e ad un tempo sarebbe un reato «omissivo proprio»), ma sarebbe compatibile col principio di offensività per la particolarità del contesto in cui si inserirebbe.

Ove viceversa simili presupposti non sussistano, l'operato del legislatore che «trasgredisce» il principio di offensività va decisamente censurato. Ed in certe ipotesi – laddove la violazione del *nullum crimen sine iniuria* sia clamorosa – si potrà prospettare l'**incostituzionalità** della fattispecie coniata dal legislatore.

Anche il **giudice** ha comunque precisi doveri in questo campo. Se giunge al suo cospetto una fattispecie sospetta dal punto di vista della offensività, egli dovrà cercare di reinterpretare la fattispecie alla luce del principio di offensività. Per esempio, il giudice può ritenere integrato il reato di incendio, di cui all'art. 423 c.p., solo laddove il fuoco, per la sua violenza e capacità diffusiva, sia effettivamente idoneo a creare pericolo per la pubblica incolumità, cosa che in effetti la giurisprudenza ha fatto. Oppure, se ciò non è possibile, se del caso investire della questione la Corte costituzionale.

In effetti, i nostri giudici hanno «offensivizzato» interpretativamente numerose fattispecie, mostrando una certa sensibilità per il principio in questione.

Va poi detto che il **parametro dell'offensività** è il **primo parametro** cui deve guardare il **legislatore** quando crea una fattispecie penale. Ma anche laddove il legislatore appuri che un fatto sia offensivo per il bene protetto, la sua opera non è finita.

Principio di sussidiarietà (*extrema ratio*)

Infatti, **egli dovrebbe comunque accertarsi altresì che l'impiego della sanzione penale sia davvero necessario** per fronteggiare il fenomeno che egli mira ad impedire. Ove riscontri viceversa che anche una diversa e meno terribile sanzione (ad es., una sanzione amministrativa, o civile) sia sufficiente per contrastare il fenomeno, dovrebbe prevedere quella sanzione minore e non la sanzione penale. Questo principio – che fa per così dire da *pendant* del principio di offensività – si chiama **principio di sussidiarietà**. E deriva dal principio più generale della ***extrema ratio***, ovvero quel principio in base al quale il diritto penale deve intervenire come «argine ultimo» contro i «flutti» della devianza. Principio che trova giustificazione proprio nella particolare durezza delle sanzioni di cui il diritto penale si serve.

Inoffensività ed esiguità

Ancora, in tema di offensività, si può evidenziare che, laddove **in concreto** un fatto si mostri **totalmente inoffensivo**, il giudice dovrebbe ritenerlo addirittura **«atipico»**, cioè non conforme alla fattispecie astratta prevista dal legislatore. Per esempio, non sarebbe neppure tipico, in quanto del tutto inoffensivo, il furto di un acino d'uva (v. sul punto, anche per la nozione di tipicità, *infra*, P. III, Cap. I).

Dalla mancanza di offensività, o «inoffensività», si deve distinguere l'altro fenomeno, ad essa imparentato, della c.d. **esiguità**. Il fatto è «esiguo» quando è – strettamente parlando – lesivo del bene giuridico, ma in misura **particolarmente scarsa**.

Si pensi al caso del **furto di una mela**. Ebbene, qui si ha, a differenza dell'ipotesi menzionata del furto di un acino d'uva, un fatto offensivo del bene protetto, ma in misura talmente minima che si può dire che rasenti l'inoffensività.

Il principio di esiguità – o **«irrilevanza del fatto»** – è stato inizialmente previsto, nel nostro ordinamento, in settori particolari: ad es., nel **diritto penale minorile** (art. 27 d.P.R. n. 448/1988), e nell'ambito dei reati di competenza del **giudice di pace** (art. 34 d.lgs. n. 274/2000). Il d.lgs. n. 28/2015 – attuando sul punto la delega di cui all'art. 1, comma 1, lett. *m*, della l. n. 67/2014 – ha poi introdotto di recente, nel codice penale, un art. 131-*bis*, dedicato alla disciplina dell'«Esclusione della punibilità per particolare tenuità del fatto» (su cui v., *infra*, P. V, Cap. V) e concernente proprio ipotesi come quelle da ultimo considerate, pur accompagnate da ulteriori condizioni: ad es., la necessità che, per escludere la punibilità, alla tenuità dell'offesa si accompagni la non abitualità del comportamento. In tal modo, il legislatore è intervenuto allineando sul punto – almeno ad un livello essenziale – il nostro ordinamento all'esperienza di altri paesi.

Prospettive di codificazione del principio di offensività

Infine, quanto alle prospettive di «codificazione» del principio di offensività, esso venne previsto nell'ambito di un progetto di revisione della Costituzione realizzato nel 1998 ad opera della c.d. **commissione «bicamerale»** (art. 129, comma 2). Ma il progetto non venne approvato. Nel **progetto Grosso**, esso è previsto come criterio di «applicazione della legge penale» all'art. 2.2 («Le norme incriminatrici non si applicano ai fatti che non determinano una offesa del bene giuridico»), ed anche i progetti successivi contengono disposizioni di segno analogo. Ma sull'opportunità di una simile disposizione tuttora si discute in dottrina.

3.3. *Limiti del diritto penale, bene giuridico e* harm principle.

Dottrine liberali e *harm principle*

In chiusura di Capitolo, è bene aggiungere qualcosa relativamente ad una tematica emersa piuttosto di recente nel dibattito italiano in materia di offensività e più in generale di **limiti del diritto penale**.

Alludiamo ai rapporti fra **offensività** e **bene giuridico** da un lato, e ***harm principle*** (principio del danno) dall'altro.

Già nelle pagine precedenti si è accennato qua e là alle teorie anglosassoni *liberal*, in base alle quali l'*harm principle* sarebbe il principio legittimante il diritto penale, e ne costituirebbe allo stesso tempo il limite.

Si tratta di una tesi che trova le sue radici, come si diceva, nel pensiero di JOHN STUART MILL, e del suo *On Liberty*, manifesto delle **dottrine *liberal* anglosassoni** risalente alla metà del XIX secolo. MILL sosteneva che l'unica buona ragione per esercitare il potere punitivo fosse l'obiettivo di **impedire il danno ad altri**. Di conseguenza, lo Stato **non avrebbe potuto legittimamente vietare ai cittadini di recare danno a sé stessi**. Le tesi di MILL si basavano sostanzialmente sul **principio di autodeterminazione**. Ciascuno è libero di fare ciò che vuole, fino a che le sue azioni restano in una sfera auto-diretta, ma nel momento in cui un soggetto agisce arrecando danno ad altri, lo Stato può intervenire per prevenire o reprimere simili comportamenti.

La riflessione di Feinberg

La **dottrina dell'*harm principle*** è stata successivamente accolta da molti filosofi e giuristi: tra questi possiamo menzionare H.L.A. HART (poco dopo la metà del secolo scorso) e soprattutto, più di recente, JOEL FEINBERG. Quest'ultimo autore, in un libro composto da quattro volumi intitolato *The Moral Limits of the Criminal Law*, uscito fra il 1984 e il 1989, ha portato a compimento le tesi di MILL, derivandone una complessa ed articolata costruzione con l'obiettivo di individuare i principi giustificanti l'intervento punitivo dello Stato. Secondo FEINBERG, non solo **l'*harm principle* giustificherebbe l'intervento del diritto penale, ma anche il c.d. *offence principle***, ovvero quello che si potrebbe tradurre come il **principio della molestia**. In sostanza, a certe condizioni, sarebbe giustificato intervenire col diritto penale anche per impedire che i cittadini arrechino ad altri gravi forme di molestie.

FEINBERG è peraltro molto categorico nel **negare legittimazione** ad altri due principi che secondo alcuni potrebbero fondare la pretesa punitiva: ovvero il c.d. **principio paternalistico**, e il **principio moralistico**.

Secondo lo studioso americano, **il paternalismo non giustificherebbe la repressione penale**. Sotto questo profilo, FEIN-

BERG segue pedissequamente il pensiero di MILL. Nel caso in cui con una propria azione un cittadino **rechi danno solo a sé stesso**, costui **non potrà essere punito**. Anche nella dottrina italiana, recentemente, da alcuni autori (FIANDACA, CADOPPI, CAGLI e meno decisamente PULITANÒ) si sono condivise le idee antipaternalistiche di FEINBERG. Va peraltro detto che questi stessi autori sottolineano che l'antipaternalismo non deve portare il diritto penale verso la strada dell'insensibilità verso i più deboli. Di conseguenza, si propongono alcuni temperamenti ad una indiscriminata attuazione di queste dottrine. Altri autori, viceversa (ROMANO, FORTI) si mostrano in generale **favorevoli al principio paternalistico**. Il problema diventa particolarmente spinoso soprattutto quando il **danno** che uno arreca a sé stesso è molto **grave ed irrimediabile**: si pensi al **suicidio**, ma anche a condotte collegate a questo come la stessa **eutanasia attiva**. Ma questa tematica non può essere ulteriormente approfondita in questa sede.

Con riferimento al **moralismo giuridico**, infine, FEINBERG ritiene che **non sia giustificabile** la repressione penale di **condotte meramente immorali**, che non producono danno o grave molestia ad altri. È questa una posizione sostanzialmente accolta anche nella dottrina italiana, benché la nostra legislazione non sempre si attenga a questa indicazione, come dimostrano anche recenti esempi (si pensi alla repressione della pedopornografia «virtuale» con la legge n. 38/2006, laddove non sono riscontrabili «vittime», perché nessun bambino è stato fotografato o filmato, ma si vuole solo punire l'immoralità del pedofilo; ciò salvo non s'interpreti la norma predetta, anche considerando le successive modificazioni della stessa, escludendo la rilevanza penale della c.d. pedopornografia «totalmente virtuale»).

Queste **prospettive *liberal* di stampo anglosassone** sembrano **utili anche ai giuristi continentali** pur abituati a ragionare soprattutto in termini di **offensività** e di **bene giuridico**. In effetti, appurare se un comportamento viene represso penalmente perché rechi danno ad altri, perché rechi semplice molestia ad altri, perché arrechi danno solo al soggetto che pone in essere l'azione, o perché semplicemente immorale, appare di grande rilevanza per inquadrare meglio le reali motivazioni che hanno portato il Legislatore alla previsione di simili ipotesi criminose. E questo può essere di notevole ausilio a chi vuole procedere ad un esame critico della legislazione criminale, al fine di individuarne i giusti confini e limiti. Abbiamo visto d'altra parte più sopra che il **bene giuridico** presenta molti aspetti di **ambiguità**, e in numerose ipotesi non è capace di fornire al giurista una risposta chiara sulla legittimità dell'intervento punitivo. L'interazione tra la prospettiva *liberal* dell'*harm principle* e la prospettiva continentale del bene giuridico appare suscettibile di dare buoni frutti, e infatti anche nell'ambito della nostra dottrina, di recente, si sono attuate rilevanti iniziative, sia convegnistiche che editoriali (FIANDACA e FRANCOLINI, CADOPPI), al fine di approfondire questo filone di indagine scientifica.

Note bibliografiche

ROCCO ART., *L'oggetto del reato e della tutela giuridica penale*, Torino, 1913; ANTOLISEI F., *Problemi penali odierni*, Milano, 1940; PETTOELLO MANTOVANI L., *Il concetto ontologico del reato*, Milano, 1954; GALLO M., voce *Dolo*, in *Enc. dir.*, Vol. XIII, 1964, p. 750 ss.; NEPPI MODONA G., *Il reato impossibile*, Milano, 1965; FIORE C., *L'azione socialmente adeguata nel diritto penale*, Napoli, 1966; GREGORI G., *Adeguatezza sociale e teoria del reato*, Padova, 1969; BRICOLA F., voce *Teoria generale del reato*, in *Noviss. dig. it.*, Vol. XIX, 1973, p. 7 ss.; MUSCO E., *Bene giuridico e tutela dell'onore*, Milano, 1974; GREGORI G., *Saggio sull'oggetto giuridico del reato*, Padova, 1978; ANGIONI F., *Contenuto e funzioni del concetto di bene giuridico*, Milano, 1983; MAZZACUVA N., *Il disvalore di evento nell'illecito penale*, Milano, 1983; AA.VV., *Materiali per una riforma del sistema penale*, Milano, 1984; PALIERO C.E., «Minima non curat praetor». *Ipertrofia del diritto penale e decriminalizzazione dei reati bagatellari*, Padova, 1985; STILE A.M. (a cura di), *Bene giuridico e riforma della parte speciale*, Napoli, 1985; AA.VV., *Beni e tecniche della tutela penale*, Milano, 1987; FIORELLA A., voce *Reato in generale: Diritto penale*, in *Enc. dir.*, Vol. XXXVIII, 1987, p. 770 ss.; CADOPPI A., *Il reato omissivo proprio*, Voll. I-II, Padova, 1988; MANNA A., *Beni della personalità e limite della protezione penale*, Padova, 1989; PARODI-GIUSINO M., *I reati di pericolo tra dogmatica e politica criminale*, Milano, 1990; PEDRAZZI C., voce *Diritto penale*, in *Dig. disc. pen.*, Vol. IV, 1990, p. 67 ss.; SGUBBI F., *Il reato come rischio sociale*, Bologna, 1990; PADOVANI T.-STORTONI L., *Diritto penale e fattispecie criminose*, Bologna, 1991; AA.VV., *Verso un nuovo codice penale*, Milano, 1993; PATRONO P., *Diritto penale dell'impresa e interessi umani fondamentali*, Padova, 1993; PEPINO L. (a cura di), *La riforma del diritto penale*, Milano, 1993; AA.VV., *Prospettive di riforma del codice penale e valori costituzionali*, Milano, 1996; CATENACCI M., *La tutela penale dell'ambiente*, Padova, 1996; DONINI M., *Teoria del reato. Una introduzione*, Padova, 1996; CANESTRARI S. (a cura di), *Il diritto penale alla svolta di fine millennio. Atti del convegno in ricordo di Franco Bricola (Bologna, 18-20 maggio 1995)*, Torino, 1998; CADOPPI A., *Il valore del precedente nel diritto penale. Uno studio sulla dimensione* in action *della legalità*, Torino, 1999; DONINI M., voce *Teoria del reato*, in *Dig. disc. pen.*, Vol. XIV, 1999, p. 221 ss.; CADOPPI A. (a cura di), *Offensività e colpevolezza. Verso un codice penale modello per l'Europa*, Padova,

2002; Calisti R., *Il sospetto di reati*, Milano, 2003; Musco E., *L'illusione penalistica*, Milano, 2004; Caterini M., *Reato impossibile e offensività*, Napoli, 2004; De Francesco G., *Programmi di tutela e ruolo dell'intervento penale*, Torino, 2004; Donini M., *Il volto attuale dell'illecito penale*, Milano, 2004; Fiordalisi D., *Il danno criminale*, Torino, 2006; Manes V., *Il principio di offensività nel diritto penale. Canone di politica criminale, criterio ermeneutico, parametro di ragionevolezza*, Torino, 2005; Licci G., *Modelli nel diritto penale. Filogenesi del linguaggio penalistico*, Torino, 2006; Bernardi A., *Modelli penali e società multiculturale*, Torino, 2006; Dolcini E.-Paliero C.E. (a cura di), *Teorie del diritto penale, criminologia e politica criminale*, in *Studi in onore di Giorgio Marinucci*, Milano, 2006; Bernardi A. (a cura di), *Multiculturalismo, diritti umani, pena*, Milano, 2006; Merli A., *Introduzione alla teoria generale del bene giuridico. Il problema, le fonti, le tecniche di tutela penale*, Napoli, 2006; Fiandaca G.-Francolini G. (a cura di), *Sulla legittimazione del diritto penale. Culture europeo-continentale e anglo-americana a confronto*, Torino, 2008; La Rosa E.-Risicato L. (a cura di), *Laicità e multiculturalismo. Profili penali ed extrapenali*, Torino, 2009; Basile F., *Immigrazione e reati culturalmente motivati. Il diritto penale nelle società multiculturali*, Milano, 2010; Bernardi A., *Il fattore culturale nel sistema penale*, Torino, 2010; Cadoppi A. (a cura di), *Laicità, valori e diritto penale.* The Moral Limits of the Criminal Law, Milano 2010; Parisi F., *Cultura dell'«altro» e diritto penale*, Torino, 2010; Balbi G.-Esposito A. (a cura di), *Laicità, valori e diritto penale*, Torino, 2011; Castronuovo D., *Principio di precauzione e diritto penale. Paradigmi dell'incertezza nella struttura del reato*, Roma, 2012; Consorte F., *Tutela penale e principio di precauzione. Profili attuali, problematicità, possibili sviluppi*, Torino, 2013; Corn E., *Il principio di precauzione nel diritto penale. Studio sui limiti all'anticipazione della tutela penale*, Torino, 2013; Cadoppi A. (a cura di), *Prostituzione e diritto penale. Problemi e prospettive*, Roma, 2014; De Maglie C., voce *Reati culturalmente condizionati*, in *Enc. dir.*, Annali, VII, 2014, p. 872 ss.; Fiandaca G., *Sul bene giuridico: un consuntivo critico*, Torino, 2014; Pulitanò D., voce *Offensività del reato (principio di)*, in *Enc. dir.*, Annali, VIII, 2015, p. 665 ss; G. Caruso, voce *Ambiente (Riforma penale dell')*, in *Dig. disc. pen.*, agg. 2016, p. 73 ss.; Bonini S., *La funzione simbolica nel diritto penale del bene giuridico*, Napoli, 2018; Provera A., *Tra frontiere e confini*, Napoli, 2018; Marra G., Extrema ratio *e ordini sociali spontanei*, Torino, 2018.; F. Bacco, *Tra sentimenti e uguale rispetto. Problemi di legittimazione della tutela penale*, Torino, 2018; C. Perini, *La legittimazione della norma criminale. Gli statuti di garanzia della penalità nella svolta di fine millennio*, Milano, 2018.

Capitolo IV

IL PRINCIPIO DI COLPEVOLEZZA

Sommario: 1. Nozioni introduttive. – 2. L'art. 27 Cost. e il principio di «personalità» della responsabilità penale come (mero) divieto di responsabilità per fatto altrui. – 3. L'art. 27 Cost. ed il principio di colpevolezza come responsabilità per fatto proprio colpevole. – 4. Principio di colpevolezza e legalità.

1. Nozioni introduttive.

Condizioni necessarie per l'esistenza di responsabilità penale per fatto proprio

In un sistema penale moderno, è del tutto pacifico che **nessuno** possa essere chiamato a rispondere per un **fatto «altrui»** (ossia, **commesso da altri**). Un esempio «estremo»: il figlio non può essere punito per il reato commesso dal padre. Occorre, invece, che il **fatto** possa essere considerato **«proprio»** del soggetto che si vuole colpire con la sanzione penale.

Realizzazione materiale del fatto

La **prima condizione** necessaria affinché si possa affermare la responsabilità penale (per fatto proprio) è dunque che **il reo** abbia **materialmente** realizzato il fatto previsto dalla legge come reato (salvo quanto si preciserà in tema di concorso di persone nel reato, *infra*, P. IV, Cap. IV). Si pensi all'omicidio: perché Tizio possa essere punito per la morte di Caio è indispensabile, innanzitutto, che Tizio abbia cagionato quella morte (sparando alla vittima, o avvelenandola, o investendola con l'autovettura, ecc.).

Ma questa condizione – pur se necessaria – non è ancora sufficiente.

Non v'è chi non veda che altro è uccidere un uomo con la volontà di farlo (Tizio investe intenzionalmente Caio, suo irriducibile nemico); altro è causare la morte per imprudenza (Tizio investe Caio perché, anziché prestare la dovuta attenzione, sta sbirciando il giornale mentre guida); altro è cagionare la morte di un individuo innocuo, scambiandolo erroneamente per un feroce aggressore armato, in un contesto in cui anche la persona più accorta di questo mondo avrebbe commesso uno sbaglio identico; altro ancora è il fatto di chi uccide volontariamente, ma in preda a un delirio paranoide che distorce totalmente la sua percezione della realtà; e si potrebbe continuare.

In breve: così come non è possibile accontentarsi del **divieto di responsabilità per fatto altrui, nemmeno può bastare la materiale realizzazione del fatto**, ovvero la oggettiva causazione di un certo risultato lesivo (la morte di un uomo, ad es.).

Fatto colpevole

Occorre qualcosa in più, che si identifica *in primis* in un **legame soggettivo tra il fatto e l'autore**; ciò incarna la base del **principio di colpevolezza: *nullum crimen sine culpa***, ossia **nessun crimine senza colpevolezza** (per *culpa*, quindi, si deve intendere «colpevolezza», e non «colpa»).

Perché sia rispettato il principio di colpevolezza, il fatto deve poter essere considerato **«proprio»** del soggetto agente non soltanto perché da questi **materialmente cagionato** (se così fosse, saremmo di fronte ad una mera **responsabilità oggettiva**), ma anche perché si tratta di un **fatto (proprio) «colpevole»**. Vedremo fra poco che cosa si debba intendere per «fatto (proprio) colpevole». A questo punto, sembra opportuno prendere in considerazione la **norma costituzionale**, in cui il principio di colpevolezza si trova sancito.

2. L'art. 27 Cost. e il principio di «personalità» della responsabilità penale come (mero) divieto di responsabilità per fatto altrui.

L'art. 27 Cost. nel suo significato minimo: divieto di responsabilità penale per fatto altrui

Fondamentale è l'**art. 27, comma 1, Cost.**: «La responsabilità penale è personale».

A lungo, questa affermazione è stata intesa in senso alquanto restrittivo, e cioè come equivalente di un **divieto di responsabilità penale per fatto altrui**.

In effetti, all'epoca dell'entrata in vigore della Carta costituzionale, non mancavano, nell'ordinamento penale, norme incriminatrici che prevedevano la punibilità di un soggetto per un fatto commesso da altri.

Per esempio, nella versione originaria del codice Rocco, l'art. 57 disponeva che «per i reati commessi col mezzo della stampa (...) periodica, chi rivesta la qualità di direttore o redattore responsabile risponde per ciò solo, del reato commesso, salva la responsabilità dell'autore della pubblicazione (...)».

Quindi – per esempio – Tizio, direttore del giornale, poteva rispondere del delitto di diffamazione a mezzo stampa commesso da Caio, giornalista, **per il solo fatto di essere direttore**: e quindi non per un concreto fatto proprio (quale il mancato controllo, o il non adeguato controllo dell'operato di Caio), ma solo in base alla **posizione** di direttore rivestita. Il che finiva per rendere il direttore responsabile addirittura per fatti commessi **da altri** soggetti, quali appunto i giornalisti ed i redattori.

Questa norma (art. 57 c.p., nel testo originario sopra riferito) collideva chiaramente con il disposto dell'art. 27, comma 1, Cost., addirittura nel suo **significato minimo** che vuole la responsabilità penale «personale», nel senso di **«per fatto proprio, e non per fatto altrui»**.

La riforma dell'art. 57 c.p. alla luce del significato minimo dell'art. 27 Cost.

In un primo tempo, peraltro, la Corte cost. è stata piuttosto «timida» nell'interpretare e nell'applicare l'art. 27, comma 1, Cost., persino nel suo contenuto minimo, di divieto di responsabilità per fatto altrui. Così, investita della questione di legittimità dell'art. 57 c.p., la Consulta «non se l'è sentita» di dichiararne l'illegittimità, pur auspicandone la riforma (Sent. n. 3 del 1956). Riforma che è puntualmente intervenuta con l. n. 127 del 1958, che ha riformulato l'art. 57 c.p., individuando il **fatto proprio**, di cui può essere chiamato a rispondere il direttore o il vice-direttore responsabile del periodico: fatto consistente nell'**omissione del controllo**, sul contenuto del periodico, **necessario ad impedire che col mezzo della pubblicazione siano commessi reati**. Non solo: di questo fatto, il direttore o il vice-direttore debbono rispondere «a titolo di colpa» (sul punto, vedasi anche *infra*, P. III, Sez. III, Cap. IV, nonché fra poco, in questo stesso Capitolo).

In altre sentenze, successive alla n. 3 del 1956, la Corte costituzionale ha per lungo tempo inteso l'art. 27 Cost., come se questo si limitasse a sancire il divieto di responsabilità **per fatto altrui**.

Secondo questa interpretazione (che oggi è unanimemente giudicata **troppo riduttiva**), l'art. 27 Cost. affermerebbe una regola assolutamente ovvia. Perché sia rispettato il **principio di «personalità della responsabilità penale»**, basterebbe che vi fosse un **legame di natura meramente oggettiva** tra l'autore e l'elemento da imputare (all'autore stesso). In altri termini, l'art. 27, comma 1, Cost. non sarebbe incompatibile con forme di **responsabilità oggettiva** per fatti «propri» del soggetto agente, ricollegabili al medesimo in presenza di un semplice **nesso di causalità materiale** (sui concetti di nesso causale, dolo, colpa, responsabilità oggettiva, vedasi *infra*).

3. L'art. 27 Cost. ed il principio di colpevolezza come responsabilità per fatto proprio colpevole.

L'art. 27 Cost. nel suo significato più pregnante: responsabilità per fatto proprio colpevole

In realtà, come evidenziato dalla dottrina più attenta ai valori ed ai princìpi espressi dalla Costituzione, l'art. 27 Cost. va interpretato in modo diverso, e **più pregnante**: esso non si limita a sancire il divieto di responsabilità per fatto altrui, e la necessità che la responsabilità penale discenda da un fatto proprio dell'agente. In realtà, l'art. 27 Cost. consacra il **principio di colpevolezza**, inteso nel senso che la responsabilità per fatto materialmente proprio deve essere anche una responsabilità per **fatto proprio colpevole**.

Tali rilievi non sono rimasti privi di riscontro nella giurisprudenza della Corte costituzionale.

La svolta decisiva è stata segnata dalla **«storica» sentenza n. 364 del 1988, della Consulta**, che ha dichiarato l'illegittimità costituzionale dell'art. 5 c.p. nella parte in cui non esclude dalla inescusabilità dell'ignoranza della legge penale l'ignoranza inevitabile.

Al di là dello specifico tema oggetto della decisione (su cui v. *infra*, P. III, Sez. III, Cap. V), la citata sentenza della Corte costituzionale svolge una serie di considerazioni tali da aprire una **«nuova era» nel dibattito in tema di colpevolezza**, e da influenzare profondamente l'evoluzione nel nostro sistema penale, nella direzione di una sempre più compiuta attuazione del relativo principio.

La pronuncia menzionata, inequivocabilmente, **ha riconosciuto, per la prima volta nella storia della giurisprudenza della Corte, il rilievo costituzionale del principio di colpevolezza**.

Più in particolare, la **colpevolezza come principio costituzionale** ha una valenza garantistica, che si traduce in un «**limite al legislatore ordinario** nell'incriminazione dei fatti penalmente sanzionabili, nel senso che vengono costituzionalmente indicati i **requisiti subiettivi minimi di imputazione**, senza la previsione dei quali il fatto non può legittimamente essere sottoposto a pena».

Requisiti subbiettivi minimi di imputazione

Quando, allora, un «fatto proprio» può dirsi anche «**colpevole**», in base al principio di colpevolezza? Ossia: a che cosa allude la Corte costituzionale, quando parla di «**requisiti subiettivi minimi di imputazione**»?

Perché sia rispettato il principio di colpevolezza, occorre – ad avviso della Corte – che in rapporto (almeno) agli **elementi più significativi** della fattispecie di reato sussista – a seconda del tipo di fattispecie criminosa che di volta in volta viene in considerazione – **il dolo o quantomeno la colpa** (sulle fondamentali nozioni di dolo e di colpa, vedasi *infra*, P. III, Sez. III, Capp. II e III).

In relazione a questa tematica, la Corte costituzionale ha valorizzato il **collegamento sistematico**, già evidenziato dalla dottrina più attenta, **tra il già ricordato comma 1 dell'art. 27 Cost., ed il comma 3** del medesimo articolo: non solo la responsabilità penale è personale (comma 1), ma altresì «Le pene (...) devono tendere alla rieducazione del condannato» (art. 27, comma 3, Cost.). Ha affermato, sul punto, la Corte: «I commi 1° e 3° vanno letti in stretto collegamento: essi, infatti, pur enunciando distinti princìpi, costituiscono un'unitaria presa di posizione in relazione ai requisiti subiettivi minimi che il reato deve possedere perché abbiano un significato gli scopi di politica criminale enunciati, particolarmente, nel 3° comma. (...) È quest'ultimo comma che svela, ove ve ne fosse bisogno, l'esatto significato e la precisa portata che il principio della responsabilità penale personale assume nella Costituzione. (...) Collegando il primo al terzo comma dell'art. 27 Cost. agevolmente si scorge che, comunque si intenda la **funzione di rieducazione** di quest'ultima (cioè **della pena**, n.d.r.), essa postula **almeno la colpa** dell'agente **in relazione agli elementi più significativi della fattispecie tipica. Non avrebbe senso la «rieducazione» di chi, non essendo almeno «in colpa» (rispetto al fatto), non ha, certo, bisogno di essere «rieducato»**. Soltanto quando alla pena venisse assegnata esclusivamente una funzione **deterrente** (ma ciò è sicuramente da escludersi nel nostro sistema costituzionale, data la grave strumentalizzazione che subirebbe la persona umana) potrebbe configurarsi come legittima una responsabilità penale per fatti non riconducibili (oltre a quanto si dirà in tema di ignoranza inevitabile della legge penale) alla predetta colpa dell'agente».

In definitiva, quindi, ne risulta confermato che «si risponde penalmente soltanto per il fatto proprio, purché si precisi che per "fatto proprio" non s'intende il fatto collegato al soggetto, all'azione dell'autore, dal mero nesso di causalità materiale (...), ma anche, e soprattutto, dal momento subiettivo, costituito, in presenza della prevedibilità ed evitabilità del risultato vietato, almeno dalla "colpa" in senso stretto» (Corte cost., sent. n. 364 del 1988, cit.).

Ciò comporta, come diffusamente si vedrà in seguito (P. III, Sez. III, Cap. IV), la necessità di una **sistematica revisione** delle ipotesi di **responsabilità oggettiva** presenti nell'ordinamento penale: ipotesi, cioè, in base alle quali certi elementi della fattispecie vengono imputati al reo in presenza di un **mero nesso di causalità materiale** (secondo il canone della responsabilità per fatto «proprio» in quanto materialmente cagionato); ipotesi che non si reputano più accettabili, in quanto il principio di colpevolezza esige che il **fatto proprio**, del quale deve rispondere penalmente un individuo, debba essere anche **«colpevole»**.

Per quanto riguarda la questione della compatibilità tra principio di colpevolezza e responsabilità degli enti da reato, v. *infra*, P. III, Cap. II.

4. Principio di colpevolezza e legalità.

Il **principio costituzionale di colpevolezza**, così inteso (esplicitabile anche – come anticipato – con il brocardo *nullum crimen sine culpa*), presenta chiari **collegamenti** con il **principio di legalità** (art. 25, comma 2, Cost.): «**Nelle prescrizioni tassative del codice, il soggetto deve poter trovare, in ogni momento, cosa gli è lecito e cosa gli è vietato**: ed a questo fine sono necessarie leggi precise, chiare, contenenti riconoscibili direttive di comportamento. **Il principio di colpevolezza è, pertanto, indispensabile, appunto anche per garantire al privato la certezza di libere scelte di azione** (...) A nulla varrebbe, infatti, in sede penale, garantire la riserva di legge statale, la tassatività delle leggi ecc. quando il soggetto fosse chiamato a rispondere di fatti che non può comunque impedire, o in relazione ai quali non era in grado, senza la benché minima sua colpa, di ravvisare il dovere di evitarli nascente dal precetto. Il **principio di colpevolezza**, in questo senso, più che completare, costituisce **il secondo aspetto del principio, garantistico, di legalità**, vigente in ogni Stato di diritto» (Corte cost., Sent. n. 364 del 1988, cit.).

Principio di riconoscibilità

In questa prospettiva, viene sviluppato dalla dottrina il c.d. **principio di riconoscibilità** del contenuto precettivo delle norme penali: le leggi penali non solo debbono essere precise e preesistere alla commissione del fatto, ma debbono anche risultare **«riconoscibili»** dal cittadino. Solo così, infatti, le norme penali possono avere una effettiva **efficacia motivante** nei confronti dei consociati. Il cittadino che sia messo nelle condizioni di comprendere con sufficiente chiarezza ciò che è permesso e ciò che è vietato penalmente, può liberamente decidere come comportarsi; ma si espone alle conseguenze del rimprovero giuridico-penale, in caso di violazione del precetto.

È evidente la contiguità fra il pensiero della Consulta e le idee già espresse sul tema, oltre duecento anni prima, da BECCARIA.

Note bibliografiche

BELLAVISTA G., *Il problema della colpevolezza*, Palermo, 1942; SCARANO L., *La non esigibilità nel diritto penale*, Napoli, 1948; GALLO M., *Il concetto unitario di colpevolezza,* Milano, 1951; PETTOELLO-MANTOVANI L., *Il concetto ontologico del reato*, Milano, 1954; PETROCELLI B., *La colpevolezza*[3], Padova, 1955; DOLCE R., *Lineamenti di una teoria generale delle scusanti nel diritto penale*, Milano, 1957; VENDITTI R., voce *Colpevolezza*, in *Noviss. Dig. It.*, Vol. II, 1959, p. 554 ss.; SANTAMARIA B., voce *Colpevolezza,* in *Enc. dir.*, Vol. VII, 1961, p. 646 ss.; BRICOLA F., voce *Teoria generale del reato*, in *Noviss. dig. it.*, Vol. XIX, 1973, p. 7 ss.; RONCO M., *L'azione «personale»*, Torino, 1984; MARINI G., voce *Colpevolezza,* in *Dig. disc. pen.*, Vol. II, 1988, p. 314 ss.; STILE A.M. (a cura di), *Responsabilità oggettiva e giudizio di colpevolezza*, Napoli, 1989; MORSELLI E., *Il ruolo dell'atteggiamento interiore nella struttura del reato*, Padova, 1989; FORNASARI G., *Il principio di inesigibilità nel diritto penale*, Padova, 1990; DONINI M., *Illecito e colpevolezza nell'imputazione del reato*, Milano, 1991; AA.VV., *Prospettive di riforma del codice penale e valori costituzionali*, Milano, 1996; DONINI M., *Teoria del reato*, Padova, 1996; SCHIAFFO F., *Le situazioni «quasi scriminanti» nella sistematica teleologica del reato,* Napoli, 1998; CAVALIERE A., *L'errore sulle scriminanti nella teoria dell'illlecito penale. Contributo ad una sistematica teleologica*, Napoli, 2000; MEZZETTI E., *«Necessitas non habet legem»?*, Torino, 2000; VENEZIANI P., *Motivi e colpevolezza*, Torino, 2000; VIGANÒ F., *Stato di necessità e conflitto di doveri*, Milano, 2000; CADOPPI A. (a cura di), *Offensività e colpevolezza. Verso un codice penale modello per l'Europa*, Padova, 2002; CURI F., Tertium datur: *dal* common law *al* civil law *per una scomposizione tripartita dell'elemento soggettivo*, Milano, 2003; VALLINI A., *Antiche e nuove tensioni tra colpevolezza e diritto penale artificiale*, Torino, 2003; BARTOLI R., *Colpevolezza: tra personalismo e prevenzione*, Torino, 2005; BASILE F., voce *Principio di colpevolezza e responsabilità oggettiva*, in *Libro dell'anno del diritto Treccani 2013*, 2013, p. 110 ss.; RECCIA E., *La criminalità stradale. Alterazione da sostanze alcoliche e principio di colpevolezza*, Torino, 2014; CIVELLO G., *Il principio del* sibi imputet *nella teoria del reato. Contributo allo studio della responsabilità penale per fatto proprio*, Torino, 2017; ROTOLO G., *Riconoscibilità del precetto penale e modelli innovativi di tutela*, Torino, 2018.

Parte Seconda

LA LEGGE PENALE E LA SUA APPLICAZIONE

Capitolo I

PREMESSA

Dopo aver trattato dei principi costituzionali in materia penale – argomento, per così dire, «preliminare» allo studio delle regole dettate dal codice penale – pare opportuno passare alla disciplina codicistica.

Il nostro codice, nell'ambito della **parte generale** – e dunque del Libro primo, che si occupa «Dei reati in generale» – dedica il Titolo I alla «legge in generale».

Sostanzialmente, le prime disposizioni del nostro codice si occupano del principio di legalità, e di istituti ad esso legati, quali la disciplina della **legge penale nel tempo e nello spazio**.

Del principio di legalità già si è detto nella Parte Prima, dedicata ai princìpi costituzionali.

In questa Parte Seconda, ci occuperemo del problema della **legge penale e della sua applicazione**.

In sostanza, **non** tratteremo in questa sede della definizione e degli elementi del **reato**, cui sarà dedicata una Parte successiva di questo volume (la Parte Terza); **neppure** sarà oggetto dei capitoli seguenti il problema delle **sanzioni**, che sarà affrontato *infra*, alla Parte Quinta.

Qui, piuttosto, si considererà la **legge penale**, e cioè **l'apparato normativo dedicato dal nostro ordinamento al diritto penale**. E si prenderanno in esame i vari problemi ruotanti attorno alla **applicazione** di essa.

In proposito, si pongono almeno **tre** generi di questioni.

In primo luogo, si dovrà considerare il **rapporto fra la legge penale ed il tempo**.

In secondo luogo, si prenderà in esame il **rapporto fra la legge penale e lo spazio**.

Ciò fatto, la trattazione del capitolo «della legge penale», nonostante il silenzio in proposito del nostro codice penale, non è ancora esaurita. Infatti, la legge penale deve essere considerata non solo nella sua «sfera temporale e spaziale», astratta, di vigenza, ma anche nella sua **effettiva e pratica portata applicativa**. Sotto quest'ultima angolazione, occorrerà studiare la complessa problematica della **interpretazione della legge penale**.

Capitolo II

LA LEGGE PENALE NEL TEMPO

1. Premessa.

L'art. 2 del c.p. disciplina la tematica della «**successione di leggi penali**» nel tempo. Il comma 1 del suddetto articolo riproduce, in sostanza, il contenuto minimo del **principio costituzionale di irretroattività** (vedi *supra*, P. I, Cap. II), disponendo che «Nessuno può essere punito per un fatto che, secondo la legge del tempo in cui fu commesso, non costituiva reato».

Dei commi successivi si dirà nei paragrafi che seguono.

2. L'*abolitio criminis* (art. 2, comma 2, c.p.). Il nuovo comma 3 dell'art. 2 c.p.

Dispone l'art. 2, comma 2, c.p.: «Nessuno può essere punito per un fatto che, secondo una legge posteriore, non costituisce reato; e, se vi è stata condanna, ne cessano la esecuzione e gli effetti penali».

Si tratta della c.d. *abolitio criminis* (= abolizione del reato): **un fatto è previsto dalla legge come reato all'epoca in cui viene**

realizzato, ma, successivamente, la legge muta, e non prevede più come reato quello stesso fatto; lo trasforma in un illecito meramente amministrativo, o addirittura lo considera lecito. La regola dettata dall'art. 2, comma 2, c.p. è dunque quella della **piena retroattività della legge posteriore** (ossia entrata in vigore dopo che il fatto è stato commesso), in quanto più favorevole, e più favorevole **in massimo grado** per il soggetto agente. Si tratta, con ogni evidenza, di una regola in **perfetta sintonia con i princìpi costituzionali**: anzi, si profilerebbe un'ipotesi di illegittimità costituzionale, qualora non fosse dettata dal codice.

***Abolitio criminis* e giudicato**

È **indifferente, ai fini dell'abolizione del reato, che la nuova legge entri in vigore prima o dopo che sia divenuta irrevocabile la sentenza di condanna: l'*abolitio criminis*, infatti, travolge anche il giudicato**. Divergono unicamente le modalità di «presa d'atto» della depenalizzazione: laddove il processo di cognizione sia ancora in corso, il giudice deve pronunciare sentenza di assoluzione, con la formula «perché il fatto non è (più) previsto dalla legge come reato» (art. 530, comma 1, c.p.p.); viceversa, se è già intervenuto il giudicato, occorre provvedere in sede esecutiva (cfr. art. 673 c.p.p.).

La cedevolezza del giudicato, peraltro, è prevista dallo stesso art. 673 c.p.p. anche con riferimento all'ipotesi di **declaratoria di incostituzionalità di una norma incriminatrice**. Maggiori problemi, invece, sono sorti recentemente in relazione alla diversa situazione in cui sia la norma che aggrava il trattamento sanzionatorio ad essere dichiarata incostituzionale dato che, viceversa, nessuna disposizione ammette espressamente la possibilità di modificare in sede di esecuzione una sentenza di condanna passata in giudicato. A fronte della moltiplicazione dei casi in cui tale problematica si è palesata – ad esempio, a seguito delle pronunce di incostituzionalità dell'aggravante di clandestinità, della disciplina sugli stupefacenti e di taluni divieti di prevalenza delle attenuanti sulla recidiva reiterata – le Sezioni Unite della Corte di Cassazione hanno ritenuto che il potere del giudice dell'esecuzione di rideterminare la pena da scontare sia comunque derivabile dal disposto dell'art. 30 della legge n. 87 del 1953 (Sent. n. 42858 del 2014, *Gatto*).

Nuovo terzo comma introdotto con la legge n. 85 del 2006

Con la legge n. 85 del 2006 (art. 14), in tema di reati di opinione, è stato inserito nel corpo dell'art. 2 c.p. un **nuovo terzo comma**, che così recita: «Se vi è stata condanna a pena detentiva e la legge posteriore prevede esclusivamente la pena pecuniaria, la pena detentiva inflitta si converte immediatamente nella corrispondente pena pecuniaria, ai sensi dell'articolo 135».

Non si tratta di un'ipotesi di *abolitio criminis*. Infatti, si presuppone che il fatto continui ad essere previsto come reato, anche dalla legge posteriore. Quel che muta è la pena. La legge del tempo in cui è stato commesso il fatto prevede la pena detentiva, mentre la **legge successiva** contempla soltanto la **pena pecuniaria**. In tal caso, si verifica una successione di leggi penali nel tempo in senso stretto (cfr. il paragrafo successivo). Sino alla recente modifica introdotta nel 2006, la disciplina si sarebbe ricavata dal «vecchio» comma 3 dell'art. 2 c.p. (ora divenuto il comma 4): la norma più favorevole, e in particolare la nuova previsione della pena pecuniaria in luogo di quella detentiva originariamente prevista, avrebbe trovato applicazione, ma con il limite del giudicato. Se cioè fosse passata in giudicato la sentenza di condanna a pena detentiva, questa sarebbe rimasta intangibile.

Viceversa, in forza dell'attuale disposto dell'art. 2, comma 3, c.p., qualora la condanna sia passata in giudicato la pena detentiva inflitta si converte immediatamente nella corrispondente pena pecuniaria (la sola prevista dalla legge posteriore).

In sostanza, dunque, **la novità si traduce in una eccezione alla regola generale stabilita dal codice nella prospettiva della successione di leggi penali in senso stretto (art. 2, comma 4, c.p.)**, laddove pone il limite preclusivo del giudicato alla retroattività della nuova disciplina più favorevole al reo. Ma si tratta di un'eccezione *sui generis*. Infatti, non si applica retroattivamente la nuova pena pecuniaria, secondo la cornice edittale stabilita dalla legge sopravvenuta. Al contrario, si prevede una automatica conversione della pena detentiva inflitta, con sentenza di condanna passata in giudicato, nella corrispondente pena pecuniaria.

Ad esempio, l'art. 299 c.p. prevedeva, per il delitto di vilipendio alla bandiera nazionale o ad altro emblema dello Stato, la pena della reclusione da uno a tre anni. In forza dell'art. 6 della l. n. 85 del 2006, la pena è ora dell'ammenda, da 100 a 1.000 euro. Qualora Tizio sia stato condannato con sentenza passata in giudicato alla pena di anni uno di reclusione, tale pena «si converte immediatamente nella corrispondente pena pecuniaria». La conversione è destinata ad avvenire nella multa, ossia nella pena pecuniaria che corrisponde alla reclusione nei delitti. Non rileva, invece, che la pena pecuniaria prevista dalla nuova legge sia l'ammenda, con conseguente trasformazione del reato, da delitto a contravvenzione. Né è destinato ad operare il limite alla sostituzione della pena detentiva in pena pecuniaria, stabilito in sei mesi dall'art. 53 della legge n. 689 del 1981 (e succ. mod.).

Diversa sarebbe la soluzione, qualora Tizio non fosse stato condannato con sentenza passata in giudicato. In tale ipotesi, si dovrebbe applicare la normativa dettata dal «nuovo» art. 299 c.p., in quanto più favorevole, non soltanto in relazione alla pena comminata (ammenda anziché reclusione): si pensi, ad esempio, al più breve termine di prescrizione previsto per le contravvenzioni in luogo di quello dettato per i delitti. Ma sul punto, vedasi diffusamente *infra*, nel paragrafo successivo.

2.1. *Successione di leggi richiamate da elementi normativi della fattispecie penale e da norme penali in bianco.*

Elementi normativi

Vi sono fattispecie incriminatrici che contemplano **elementi c.d. «normativi»**, il cui contenuto si determina alla luce di **altre norme giuridiche**, richiamate, anche implicitamente, dall'elemento normativo stesso.

Ad esempio, il furto consiste nell'impossessarsi della cosa mobile altrui, sottraendola a chi la detiene (art. 624 c.p.): per sapere se la cosa mobile è «altrui», è necessario fare riferimento alle norme civilistiche che disciplinano la proprietà; quindi, «altrui» rappresenta un elemento normativo del delitto di furto. Ancora: la calunnia consiste nell'incolpare (mediante denuncia, querela, ecc.) taluno di un «reato», sapendolo innocente; anche in questo caso, la norma incriminatrice (art. 368 c.p.) contiene un elemento normativo: per sapere infatti se un fatto è o no «reato», dobbiamo fare riferimento a norme penali diverse dall'art. 368 c.p.

Mutamento della legge richiamata da un elemento normativo che abbia una limitata influenza sul precetto penale

È ben possibile che la norma penale che contiene un elemento normativo rimanga intatta nella sua formulazione, e che **mutino nel tempo le norme, penali o extrapenali, richiamate** dall'elemento normativo stesso.

In tal caso, l'opinione prevalente è nel senso che **non si** verifichi *abolitio criminis,* in quanto la nuova legge elimina o modifica disposizioni che hanno una limitata influenza sul precetto penale: nulla aggiungono e nulla tolgono, infatti, al **significato generale di disvalore del fatto**, incidendo soltanto sull'applicabilità in concreto della fattispecie penale, con riguardo cioè al caso singolo.

Esempio: se Tizio incolpa Caio, sapendolo innocente, di un fatto che all'epoca della denuncia calunniosa è previsto dalla legge come reato, il delitto di calunnia ascrivibile a Tizio non viene meno qualora, in epoca successiva, il fatto oggetto della falsa incolpazione venga depenalizzato. In tal caso, infatti, **resta integro il giudizio astratto di disvalore** riguardante il fatto di calunnia, espresso dall'ordinamento.

Mutamento della legge richiamata da un elemento normativo che sia parte integrante della disposizione incriminatrice

Diverso è il caso in cui una **legge richiamata** dalla fattispecie incriminatrice **contribuisca a fondare la valutazione di illiceità penale**, e tale legge muti nel tempo. Qui cambia, infatti, una legge che fa **«parte integrante»** della disposizione incriminatrice (si pensi alle **c.d. norme penali in bianco**, il cui contenuto precettivo richiede di essere specificato in base ad altre norme giuridiche). Sicché, se viene tolta dall'ordinamento la norma che consente di «colorare» il precetto, viene meno la stessa possibilità di formulare un giudizio di disvalore astratto; il che si riverbera retroattivamente anche sui fatti pregressi: **quindi**, *abolitio criminis*.

3. La successione di leggi penali nel tempo in senso stretto (art. 2, comma 4, c.p.).

Ai sensi dell'art. 2, comma 4, c.p., «Se la legge del tempo in cui fu commesso il reato e le posteriori sono diverse, si applica quella le cui disposizioni sono più favorevoli al reo, salvo che sia stata pronunciata sentenza irrevocabile».

È, questo, il fenomeno della **successione di leggi penali nel tempo**, **in senso stretto** (in senso ampio, vi è un rapporto di successioni di leggi penali anche in caso di *abolitio criminis*, e la stessa rubrica dell'art. 2 è genericamente intitolata «Successione di leggi penali»).

Nel caso di cui ora ci si occupa, la **«nuova» legge non abolisce l'incriminazione** vigente all'epoca del *tempus commissi delicti*: il fatto, cioè, continua ad essere previsto dalla legge come reato, ed il giudice deve decidere **quale legge, fra quelle che si sono succedute, è più favorevole al reo, ed applicarla** (nel presupposto che il fatto sia previsto come reato da tutte le leggi in rapporto di successione).

Laddove la «nuova» normativa preveda, per quel fatto, un trattamento **più severo**, la regola dell'art. 2, comma 4, c.p. si pone in linea con il **principio di irretroattività**: continua ad applicarsi la «vecchia» legge (più favorevole).

Qualora, viceversa, la «nuova» normativa preveda, per il medesimo fatto, un trattamento **meno severo**, la disciplina dell'art. 2, comma 4, c.p. è conforme al **principio di (tendenziale) retroattività delle modifiche normative favorevoli al reo**.

Normalmente, le leggi da porre a confronto sono due: quella vigente all'epoca del fatto, e quella entrata in vigore successivamente. Nulla vieta, però, che esistano una o più **leggi «intermedie»**, che si collocano temporalmente nel periodo che intercorre tra il *tempus commissi delicti* ed il momento in cui è entrata in vigore l'ultima legge in rapporto di successione (quella vigente all'epoca del giudizio, ovvero della pronuncia della sentenza di condanna).

Anche una legge «intermedia» rientra fra quelle che si debbono comparare, insieme alla legge del *tempus commissi delicti* e alla legge in vigore al momento del giudizio, al fine di individuare la normativa più favorevole; del resto, lo stesso art. 2, comma 4, c.p. fa riferimento, al plurale, alle leggi «posteriori».

È utile formulare, in proposito, due avvertenze.

Individuazione in concreto della norma più favorevole

Da un lato, **la legge più favorevole va individuata in concreto**, ossia il giudice è chiamato a valutare quale sia la normativa che, applicata allo specifico caso alla sua attenzione, conduce ai risultati di maggior favore per il reo.

Divieto di *tertia lex*

D'altro lato, la legge più favorevole in concreto **non può scaturire da una sorta di «mosaico»**, composto da «tessere» estrapolate dalle varie leggi in comparazione, da cui vengano appunto selezionati i frammenti di disciplina «più favorevoli». In ogni caso, infatti, il giudice dovrà decidere **quale legge**, fra quelle che si sono succedute, è più favorevole al reo, ed **applicarla** *in toto* (nel presupposto che il fatto sia previsto come reato da tutte le leggi in rapporto di successione). Il giudice, in altri termini, deve scegliere una delle leggi che si sono succedute, nella sua integralità, optando per quella che ritiene in concreto più vantaggiosa per il reo; **non può**, invece **creare una «terza legge»**, che in realtà non è mai esistita, e che verrebbe ad accorpare tutti gli aspetti più favorevoli delle normative che si sono avvicendate nel tempo (c.d. **divieto di *tertia lex***).

Un **limite fondamentale** all'applicabilità delle disposizioni più favorevoli al reo è rappresentato, come si è detto (art. 2, comma 4, c.p.), dalla **pronuncia di sentenza irrevocabile (di condanna)**.

Tale limite potrebbe presentare dei problemi di legittimità costituzionale, alla luce del principio di (tendenziale) retroattività delle norme penali più favorevoli. Di certo, la soluzione offerta dal nostro codice segna una posizione di compromesso tra la realizzazione di un'esigenza costituzionale di retroattività «totale» della *lex mitior*, da un lato, ed il rispetto della cosa giudicata, e di esigenze pratiche di tipo processuale dall'altro.

4. La spesso problematica distinzione tra *abolitio criminis* e successione di leggi penali in senso stretto. Abrogazione-*abolitio criminis* e abrogazione con successione di norme incriminatrici.

Nella prassi, è spesso assai arduo decidere se ci si trovi dinnanzi ad un fenomeno di *abolitio criminis*, con conseguente applicabilità della disciplina del **comma 2 dell'art. 2 c.p.**, oppure dinnanzi ad una **successione di leggi penali** *stricto sensu* intesa, regolata dal comma 4 dell'art. 2.

Certo, in molti casi, che sia intervenuta **un'*abolitio criminis*** è del tutto evidente ed indiscutibile: ciò accade ogni qual volta venga **soppressa** *tout court*, nella sua **integralità, una fattispecie incriminatrice**, ovvero un reato venga **trasformato in un illecito amministrativo** (prevedendosi l'irrogabilità di mere sanzioni amministrative, in luogo delle originarie pene). Si pensi all'abolizione del reato di emissione di assegni in mancanza di provvista, o del reato di guida senza patente, fatti oggi sanzionati solo in via amministrativa.

Altrettanto facile è constatare una **successione di leggi penali nel tempo**, *ex* art. 2, comma 4, c.p., quando il **fatto tipico di reato** permanga identico nella legge vigente al *tempus commissi delicti* ed in quelle posteriori, variando **unicamente la disciplina sanzionatoria** (es.: la pena principale, o le pene accessorie, o entrambe).

Capita di frequente, tuttavia, di imbattersi in leggi penali che espressamente **abrogano** determinate fattispecie di reato, **senza che per ciò stesso si verifichi un'*abolitio criminis*** ai sensi dell'art. 2, comma 2, c.p., o perlomeno senza che vi sia una integrale «abolizione» dei fatti costituenti reato in base alla normativa previgente: questo perché la nuova legge non si limita ad abrogare «vecchie» figure di reato, ma al contempo **ne introduce di nuove** (pur diversamente formulate), che si prestano a sanzionare penalmente gli stessi fatti, o quantomeno una parte di quei fatti.

Criteri atti a distinguere tra *abolitio criminis* e successione di leggi in senso stretto

In proposito, sono stati elaborati vari criteri, che si propongono di chiarire quando vi sia *abolitio criminis*, e quando invece debba applicarsi l'art. 2, comma 4, c.p.

Criterio della continuità del tipo illecito

Un primo criterio, che si presta maggiormente a individuare un rapporto di successione tra vecchia e nuova fattispecie incriminatrice, è quello della **c.d. continuità del tipo di illecito**: in sintesi, si confrontano le due norme, e se – nelle linee essenziali – quella successiva riproduce il contenuto offensivo della precedente, vi è successione di leggi penali nel tempo in senso stretto (art. 2, comma 4); diversamente, se vi è «soluzione di continuità», occorre concludere nel senso dell'abolizione del reato.

Facciamo un esempio: l'art. 520 c.p. puniva il pubblico ufficiale che si fosse congiunto carnalmente con persona arrestata di cui avesse avuto la custodia per ragione del suo ufficio. Tale articolo venne abrogato dalla l. n. 66/1996. La stessa legge, peraltro, introduceva una nuova forma di realizzazione della violenza sessuale (art. 609-*bis* c.p.), e cioè **la costrizione mediante abuso di autorità**. Argomentando attraverso il criterio della continuità del tipo di illecito, si potrebbe ritenere che tra le due norme vi sia un rapporto di semplice «successione di leggi» (art. 2, comma 4). Viceversa, l'applicazione di un criterio più rigoroso dovrebbe portare a riscontrare – quantomeno in relazione a certe modalità specifiche di realizzazione del fatto – una vera e propria *abolitio criminis*. Si faccia l'ipotesi di Tizio, pubblico ufficiale, sedotto dalla bellissima carcerata Caia, che in tal modo voleva procurarsi indebiti favori; Tizio sarebbe stato punibile in base alla vecchia normativa; non però in base alla nuova fattispecie. Questo caso specifico, dunque, classificabile secondo il criterio della continuità del tipo di illecito come mera successione di leggi (art. 2, comma 4), parrebbe meglio inquadrabile nella vera e propria *abolitio criminis* (art. 2, comma 2).

Al criterio della continuità del tipo di illecito si rimprovera un'eccessiva vaghezza ed estensione (palese nel caso di cui all'esempio riferito) e in genere in dottrina si propende per schemi più rigorosi.

Criterio della continenza

Si suggerisce da parte di taluno la teoria della **c.d. continenza, o «piena continenza»**: la nuova norma **succede** a quella previgente, con applicabilità della disciplina più favorevole e con il limite del giudicato (art. 2, comma 4), soltanto laddove la fattispecie successiva sia **integralmente contenuta** in quella precedente; laddove, invece, ciò non avvenga, si ricade nella sfera dell'art. 2, comma 2, c.p.

Anche questo criterio viene in genere scartato, perché troppo restrittivo.

Criterio della specialità

Fermo restando che appare comunque corretto effettuare il confronto **tra fattispecie astratte**, tenendo presenti i rapporti strutturali fra le medesime, con maggior frutto si utilizza il **criterio della specialità** (sul quale vedasi *infra*, in tema di concorso di norme e concorso di reati).

In particolare, qualora la fattispecie incriminatrice abrogata sia **speciale**, vuoi rispetto ad altra fattispecie introdotta contestualmente, vuoi rispetto ad altra fattispecie già presente nell'ordinamento, pare corretto – in mancanza di peculiari indicazioni normative di segno diverso – ravvisare una **successione di leggi penali in senso stretto**.

Ad esempio, è stato **abrogato** il delitto di **oltraggio a pubblico ufficiale** (art. 341 c.p.), ma **non** quello di **ingiuria** (art. 594 c.p.). L'oltraggio altro non era che un'ingiuria rivolta ad un pubblico ufficiale, ossia la fattispecie di oltraggio era **speciale** rispetto a quella di ingiuria, perché ne riproduceva il contenuto (gli elementi costitutivi), con in più un elemento peculiare («specializzante»), dato dalla particolare qualifica della vittima (soggetto passivo: il pubblico ufficiale). Ebbene, Tizio che ha commesso un oltraggio **non beneficia** *tout court* **di un'*abolitio criminis*** nel momento in cui l'art. 341 c.p., che lo prevede, viene abrogato, perché il medesimo fatto **continua ad essere previsto come reato** dalla norma in tema di ingiuria (la quale, per così dire, si «riespande»).

Quindi, se al momento dell'abrogazione dell'oltraggio Tizio è già stato condannato con sentenza passata in giudicato, questa resta intangibile. Se, viceversa, il fatto è ancora *sub iudice*, dovrà essere applicata la normativa più favorevole.

Va comunque segnalato che, con la l. n. 94 del 2009, il delitto di **oltraggio a pubblico ufficiale** è stato reintrodotto, con modifiche, nel nuovo art. 341-*bis* c.p.

Il criterio della specialità dovrebbe in effetti valere anche nel **caso inverso**, ossia quando sia **abrogata** una norma definibile **generale** rispetto a quella, speciale, contestualmente varata: in tal caso si ha **successione di leggi penali nel tempo, limitatamente** a quella (parte di) fattispecie, o «sottofattispecie» che **mantiene rilevanza penale**, in base al confronto con la nuova disposizione (che infatti, proprio in quanto speciale, restringe la sfera dei fatti punibili); *abolitio criminis* (altrettanto parziale), invece, per il resto.

Per esempio, nella vigenza della l. n. 516 del 1982, non presentare la dichiarazione annuale dei redditi, anche solo per colpa, integrava una fattispecie contravvenzionale, qualora l'ammontare dei redditi non dichiarati fosse superiore a 100 milioni di lire (art. 1, comma 1). Tale contravvenzione è stata abrogata con il d.lgs. n. 74 del 2000, che contestualmente ha reintrodotto una fattispecie di omessa dichiarazione, peraltro limitando la punibilità, da un lato, alle ipotesi dolose, e, dall'altro, al superamento di una soglia quantitativa di imposta evasa di 150 milioni (euro 77.468,53; poi ridotti ad euro 30.000 e successivamente aumentati ad euro 50.000). Come si vede, la nuova ipotesi è speciale, in quanto più «ristretta» rispetto alla vecchia. In questo caso, in applicazione dei princìpi esposti, non si dovrebbe configurare, in relazione a fatti compresi sia nella vecchia che nella nuova fattispecie, un'*abolitio criminis*, ma una successione di leggi penali. Colui che avesse, prima della riforma, dolosamente omesso di presentare la dichiarazione, in presenza di un'imposta evasa superiore a 150 milioni (euro 77.468,53; poi ridotti ad euro 30.000), dovrebbe essere punibile, dunque, pur dopo l'entrata in vigore della nuova legge; naturalmente, in base alla legge a lui in concreto più favorevole (si segnala peraltro la giurisprudenza contraria, sul punto, delle Sezioni Unite della Cassazione, che ravvisano un'*abolitio criminis* «totale» della vecchia fattispecie).

Specialità reciproca

Talora, poi, la specialità tra la «vecchia» e la «nuova» incriminazione è **reciproca**, ovvero una norma ha una sfera di operatività **più ampia per certi aspetti**, e **meno ampia per altri**, e viceversa. Ma di fronte a questa specifica ipotesi, le opinioni della dottrina e gli orientamenti giurisprudenziali, già in generale tutt'altro che univoci in materia, si fanno particolarmente variegati, e non appare opportuno soffermarsi sulla difficile questione in questa sede.

5. Le leggi eccezionali e temporanee.

«Se si tratta di leggi eccezionali o temporanee, non si applicano le disposizioni dei capoversi precedenti» (art. 2, comma 5, c.p.), ossia la disciplina, poc'anzi esaminata, in tema di *abolitio criminis* e di successione (in senso stretto) di leggi penali nel tempo.

Leggi eccezionali

Per **leggi eccezionali**, si intendono quelle **promulgate allo scopo di affrontare situazioni di «emergenza»**, quali calamità naturali, epidemie, penuria di beni di prima necessità, ecc.

Leggi temporanee

Si definiscono **leggi temporanee**, invece, quelle che **contengono l'indicazione del termine**, fino alla scadenza del quale la legge stessa resterà in vigore (**termine finale di efficacia**).

Sia le leggi eccezionali, che quelle temporanee, hanno dunque un denominatore comune: sono destinate a **durare solo per un certo periodo**, «elastico» (per le leggi eccezionali: e cioè fino a quando persiste l'«emergenza»), o predeterminato (dalla stessa legge temporanea).

Occorre tenere conto, allora, che la legge eccezionale/temporanea è di regola destinata ad introdurre nuove incriminazioni, o un trattamento punitivo più rigoroso. Ebbene, questa disciplina sfavorevole sarebbe destinata a venir meno, se si applicassero le regole dettate dai commi 2 e 4 dell'art. 2 c.p.: infatti, nel momento in cui la legge eccezionale/temporanea cessa di avere effetto, si «riespanderebbe» la disciplina comune, più favorevole, con effetti anche retroattivi.

L'art. 2, comma 5 c.p. **deroga a** questa retroattività, sancendo la c.d. **ultrattività** delle disposizioni contenute nella legge eccezionale/temporanea: le nuove incriminazioni, nonché i trattamenti sanzionatori più severi introdotti con la legge «a durata temporale limitata», continuano ad essere applicabili ai fatti commessi durante la vigenza di quella stessa legge, anche dopo che – a seguito dello spirare della medesima – sia subentrata una disciplina penale più favorevole (che non prevede più l'incriminazione, o che contempla un trattamento più mite).

È chiara la *ratio* sottesa a tale quadro: se al cessare delle esigenze che hanno decretato la necessità di ricorrere ad una legge eccezionale o temporanea potessero applicarsi retroattivamente nuove leggi più favorevoli, **l'efficacia generalpreventiva** della legge a durata temporale limitata risulterebbe grandemente compromessa, soprattutto del periodo terminale di vigenza della stessa.

6. I decreti-legge decaduti o non convertiti in legge.

L'ultimo comma dell'art. 2 c.p. recita che «Le disposizioni di questo articolo si applicano altresì nei casi di decadenza e di mancata ratifica di un decreto-legge e nel caso di un decreto-legge convertito in legge con emendamenti».

Efficacia dei decreti-legge

Occorre tenere conto, però, di quanto dispone la **Costituzione** in tema di **efficacia dei decreti-legge**. Infatti, mentre prima dell'entrata in vigore della Carta costituzionale la regola era nel senso che il decreto-legge decaduto o non ratificato perdesse efficacia non già retroattivamente, bensì a far data dalla infruttuosa scadenza del termine per la conversione, l'art. 77, comma 3, Cost. ha innovato sul punto, dettando una disciplina opposta: «I decreti perdono efficacia **sin dall'inizio**, se non sono convertiti in legge entro sessanta giorni dalla loro pubblicazione. Le Camere possono tuttavia regolare con legge i rapporti giuridici sorti sulla base dei decreti non convertiti».

Art. 77.3 Cost.

Va segnalato, altresì, che la Corte costituzionale, con Sentenza n. 51/1985, ha dichiarato l'illegittimità costituzionale dell'art. 2, ultimo comma, c.p., «nella parte in cui rende applicabile alle ipotesi da esso previste le disposizioni contenute nei commi 2 e 3 dello stesso art. 2 c.p.».

Occorre, quindi, ricomporre il quadro della disciplina in materia, con particolare riguardo alle ipotesi in cui il **decreto-legge non convertito abroghi fattispecie di reato**, o introduca un **trattamento penale più favorevole**.

Fatti pregressi

Fondamentale è la distinzione tra i fatti commessi prima dell'entrata in vigore del decreto-legge non convertito ed i fatti commessi nel periodo di vigenza del medesimo (rispettivamente: c.d. **«fatti pregressi»** e c.d. **«fatti concomitanti»**).

Per i **«fatti pregressi»**, la **perdita di efficacia** *ex tunc* del decreto-legge **non incontra limitazioni**: si considera che il decreto-legge **non sia mai esistito**, e non si pone neppure, in pratica, un problema di successione di leggi penali nel tempo (in senso ampio), dato che la nuova normativa penale (quella introdotta con decreto-legge), a seguito della mancata conversione, viene meno «sin dall'inizio». **Né il cittadino** può aver **fatto affidamento** sulla disciplina introdotta dal decreto-legge, o comunque essersi «motivato» in base ad essa, giacché si tratta di fatti realizzati in epoca antecedente all'emanazione del decreto. In definitiva, quindi, i **«fatti pregressi» possono essere sanzionati in base alla normativa penale del *tempus commissi delicti***.

Fatti concomitanti

Diversa è la situazione in caso di **fatti commessi nel periodo compreso tra l'emanazione del decreto-legge, e la vana scadenza del termine di sessanta giorni**, previsto per la conversione in legge. In questa ipotesi, è innegabile che le **«libere scelte di azione»** dei consociati risultino **condizionate dalla normativa dettata con decreto-legge**, che in quel momento è legge penale a tutti gli effetti. È logico, dunque, che qualora il decreto-legge non venga convertito, la perdita di efficacia *ex tunc* dello stesso debba trovare un **limite** nella prospettiva della successione delle leggi penali nel tempo.

In particolare, **per i «fatti concomitanti» si applicano comunque le norme più favorevoli dettate dal decreto-legge, ancorché esso sia ormai decaduto**.

Decreto legge e *abolitio criminis*

Ciò vale, innanzitutto, nel caso in cui il decreto-legge abbia abolito una fattispecie incriminatrice. Nelle more della conversione, ogni fatto che in tale fattispecie rientri è reputato penalmente irrilevante. Viceversa, dopo lo spirare del termine di conversione senza che questa sia intervenuta, la fattispecie penale (solo «provvisoriamente» soppressa) riprende vigore, e lo riprende *ex tunc* (art. 77 comma 3 Cost.): peraltro, essa non è applicabile ai fatti commessi **all'interno della parentesi temporale** segnata dalla vigenza del decreto legge, perché, se così fosse, si violerebbe il divieto di retroattività della legge penale sfavorevole.

Decreto legge e *lex mitior*

Identico ragionamento vale, inoltre, qualora il decreto-legge non abroghi alcuna fattispecie, ma si limiti ad introdurre una disciplina penale **più favorevole** all'agente: chiunque abbia agito nella vigenza della *lex mitior* (pur se introdotta con decreto legge) acquisisce, in buona sostanza, il diritto di essere trattato in base a quella disciplina **più mite**. Anche in questo caso, invero, applicare ai «fatti concomitanti» la disciplina (più severa) **formalmente** in vigore (causa il venir meno retroattivo del decreto legge non convertito), in luogo della disciplina (più favorevole) **sostanzialmente** vigente all'epoca della realizzazione del fatto, si tradurrebbe in una violazione del divieto di retroattività delle norme penali sfavorevoli al soggetto agente.

7. La dichiarazione di incostituzionalità di una norma incriminatrice.

In linea generale, l'art. 136, comma 1, Cost. prevede che «Quando la Corte dichiara l'illegittimità costituzionale di una norma di legge o di un atto avente forza di legge, la norma cessa di avere efficacia dal giorno successivo alla pubblicazione della decisione».

Dichiarazione di illegittimità costituzionale di una norma incriminatrice

Quid iuris, più specificamente, se la **Corte costituzionale dichiara l'illegittimità** di una norma incriminatrice?

Una **chiara risposta** al quesito si rinviene nell'art. 30, commi 3 e 4, l. n. 87/1953 («Norme sulla costituzione e sul funzionamento della Corte costituzionale»): «Le norme dichiarate incostituzionali non possono avere applicazione dal giorno successivo alla pubblicazione della decisione»; «Quando in applicazione della norma dichiarata incostituzionale è stata pronunciata sentenza irrevocabile di condanna, ne cessano la esecuzione e tutti gli effetti penali».

Per quanto la dichiarazione di illegittimità costituzionale di una norma incriminatrice non sia, a rigore, riconducibile ad un fenomeno di successione di leggi penali nel tempo, neppur *lato sensu* inteso, la situazione che si viene a creare è **simile** a quella che si verifica in ipotesi di *abolitio criminis*, e la disciplina è dunque la medesima. Facciamo un esempio. La Corte costituzionale dichiarò incostituzionale (Sent. n. 96 del 1981) il delitto di plagio (art. 603 c.p.). Se qualcuno fosse stato condannato in precedenza per tale delitto con sentenza passata in giudicato, a seguito della Sentenza della Corte sarebbero cessati sia l'esecuzione che gli effetti penali della condanna.

Dichiarazione di illegittimità costituzionale di una norma più favorevole

Più problematico il caso in cui la **norma «caducata»** fosse **favorevole al reo**, in quanto prevedeva un trattamento più mite o aboliva un'incriminazione precedente.

Posto che tale tipo di pronuncia è stata ritenuta ammissibile dalla Corte costituzionale (Sent. n. 394 del 2006) solo in presenza di una «norma penale di favore» (*supra*, P. I, Cap. II), in tale occasione il giudice delle leggi ha chiarito che la norma di favore, ancorché illegittima, deve comunque trovare applicazione rispetto ai fatti commessi sotto la sua vigenza (c.d. «fatti concomitanti»), mentre relativamente ai «fatti pregressi» (ossia commessi prima dell'entrata in vigore della norma di favore) sia possibile applicare il trattamento sanzionatorio più rigoroso originariamente previsto, configurando così una deroga alla disciplina dell'art. 2 c.p. analoga a quella già esaminata in materia di decreti-legge non convertiti.

8. Il *tempus commissi delicti*.

Spesso si è fatto riferimento, sin qui, al *tempus commissi delicti*, ovvero al momento in cui il soggetto ha «commesso il fatto».

Occorre chiarire meglio, allora, che cosa si intenda con tali locuzioni, e quando si collochi temporalmente questo particolare momento.

Tempo del commesso reato e consumazione del reato

Preliminarmente, allo scopo di meglio inquadrare il problema, occorre distinguere tra il **«tempo del commesso reato»** e il diverso concetto della **«consumazione del reato»**. Il primo concerne il problema dell'individuazione del momento in cui deve ritenersi commesso il reato agli effetti della successione di leggi penali nel tempo, e ci interessa in questa sede. Il secondo concerne il problema dell'individuazione del momento in cui il reato deve considerarsi **consumato** – ossia completo di tutti i suoi elementi essenziali – agli effetti della realizzazione del fatto tipico: di questo diverso problema ci occuperemo più oltre (*infra*, P. IV, Cap. III).

Individuazione del *tempus commissi delicti*

In relazione all'individuazione del *tempus commissi delicti*, **due sono le teorie** che si contrappongono.

Teoria della condotta

Secondo la **teoria della condotta**, occorre fare riferimento al momento in cui l'agente ha posto in essere, appunto, la condotta del reato (sulla nozione di condotta, v. *infra*, P. III, Sez. I, Cap. III).

Teoria dell'evento

Secondo la **teoria dell'evento**, bisogna invece attendere sino al momento in cui si è verificato l'evento del reato (sulla nozione di evento, v. *infra*, P. III, Sez. I, Cap. IV).

Se si parte dalla prospettiva del **principio di irretroattività** (della legge penale sfavorevole) come strettamente collegato al **«principio di riconoscibilità»** dei precetti penali, e come espressione dell'idea di **sicurezza giuridica**, nell'ambito del rapporto tra Stato e cittadini (in funzione di garanzia per questi ultimi) (v. *supra*, P. I, Cap. II e IV), si comprende come l'unico momento da prendere in considerazione per individuare il *tempus commissi delicti*, ai fini qui in esame, sia quello in cui il soggetto **pone in essere l'azione o l'omissione** vietata.

Non avrebbe senso, infatti, pensare di agganciare il *tempus commissi delicti* al verificarsi di un **successivo risultato** dell'azione (l'evento), anche quando per la realizzazione dell'intero fatto di reato tale risultato fosse indispensabile. Così, ad esempio, nell'omicidio occorre che si verifichi la morte di un uomo perché il fatto tipico sia consumato. Ma, ai fini del momento del commesso reato rilevante *ex* art. 2 c.p., bisogna guardare al momento della commissione dell'azione, anche se poi la morte si verifichi magari molto tempo dopo (si deve peraltro segnalare che tuttavia tale conclusione non risulta pacifica in giurisprudenza e la questione, infatti, è stata recentemente rimessa alle Sezioni Unite).

«Reati di durata»

Problemi particolari sorgono in relazione ai c.d. **«reati di durata»** (reati permanenti, abituali, ecc.: sui quali vedasi *infra*, P. III, Cap. I).

Si pensi, ad esempio, al sequestro di persona a scopo di estorsione (art. 630 c.p.), **reato permanente** nel quale l'azione criminosa dura nel tempo, e si immagini che una legge che reprime in modo più severo lo stesso fatto entri in vigore **durante il periodo di commissione del reato** (ossia mentre è in corso la «permanenza»: il sequestrato è ancora sottoposto a privazione della libertà personale).

Secondo la prevalente **giurisprudenza**, il *tempus commissi delicti* va individuato nel momento in cui i rapitori compiono **l'ultimo atto** che protrae la situazione antigiuridica (la prigionia della vittima), con la conseguenza di ritenere applicabile la legge **più severa**.

La **dottrina**, sul punto, è **divisa**: alcuni Autori pervengono alla stessa soluzione appena enunciata; altri, invece, concludono che la legge più grave non dovrebbe applicarsi, poiché il momento di commissione del fatto resterebbe pur sempre quello iniziale (in cui il soggetto agente instaura la situazione antigiuridica): col che la legge sfavorevole posteriore (rispetto a quel momento) non potrebbe retroagire.

Invero, nell'ottica della *ratio* del principio di irretroattività sopra esposta, quest'ultima soluzione pare meno plausibile.

Pensiamo al caso dei sequestratori. Essi – poniamo – hanno rapito un bambino in aprile: in giugno viene approvata una legge che aggrava le pene per il delitto. A quel punto – nel periodo di tempo tra l'approvazione della legge e la sua entrata in vigore – i sequestratori **possono liberamente decidere** se rilasciare il bambino o se perseverare nella loro azione criminale. Se **decidono di tenere ulteriormente** sotto sequestro il bambino nonostante la nuova legge, è **giusto** che sia **questa** ad essere loro **applicata**. La nuova legge **non retroagisce**; informa i delinquenti che se, con la loro condotta (successiva all'entrata in vigore della legge stessa), continueranno a protrarre la situazione antigiuridica, saranno loro applicabili pene più gravi: e ciò nel rispetto delle scelte d'azione dei sequestratori e della riconoscibilità della nuova e più severa disposizione penale.

Note bibliografiche

SINISCALCO M., *Irretroattività delle leggi in materia penale*, Milano, 1969; PAGLIARO A., voce *Legge penale: principi generali*, in *Enc. dir.*, Vol. XXIII, 1973, p. 1040 ss.; PAGLIARO A., voce *Legge penale nel tempo*, in *Enc. dir.*, Vol. XVIII, 1973, p. 1063 ss.; LEONE M., *Il tempo nel diritto penale sostantivo e processuale*, Napoli, 1974; PETRONE M., *L'*abolitio criminis, Milano, 1985; PODO C., voce *Successione di leggi penali*, in *Noviss. dig. it.*, App. VII, 1987, p. 611 ss.; SIRACUSANO P., *Successione di leggi penali*, I, Messina, 1988; TRAPANI M., voce *Legge penale*, in *Enc. giur. Treccani*, Vol. XVIII, 1990; PAGLIARO A., *Tempus commissi delicti*, in *Enc. dir.*, Vol. XLIV, 1992, p. 82 ss.; PALAZZO F. C., voce *Legge penale*, in *Dig. disc. pen.*, Vol. VII, 1993, p. 338 ss.; ROMANO B., *Il rapporto tra norme penali*, Milano, 1996; DEL CORSO S., voce *Successione di leggi penali*, in *Dig. disc. pen.*, Vol. XIV, 1999, p. 82 ss.; MUSCO M., *La riformulazione dei reati*, Milano, 2000; CAMAIONI S., *Successione di leggi penali*, Padova, 2003; AMBROSETTI E.M., Abolitio criminis *e modifica della fattispecie*, Padova, 2004; MICHELETTI D., *La legge penale e successione di norme integratrici*, Torino, 2006; DE SANTIS G., *Gli effetti del tempo nel reato, uno studio tra casistica e dogmatica*, Milano, 2006; ALAGNA R., *Tipicità e riformulazione del reato*, Bologna, 2007; GAMBARDELLA M., *L'abrogazione della norma incriminatrice*, Napoli, 2008; GATTA G.L., Abolitio criminis *e successione di norme «integratrici»: teoria e prassi*, Milano, 2008; PECORELLA C., *L'efficacia nel* *tempo della legge penale favorevole*, Milano, 2008; FALCINELLI D., *Il tempo del reato, il reato nel tempo: la scrittura normativa delle coordinate cronologiche criminali*, Torino, 2011; VALENTINI V., *Diritto penale intertemporale*, Milano, 2012; GAMBARDELLA M., Lex mitior *e giustizia penale*, Torino, 2013; GAMBARDELLA M., voce *Legge penale nel tempo*, in *Enc. dir.*, Annali, VII, 2014, p. 648 ss.; VIGANÒ F., voce *Retroattività della legge penale più favorevole*, in *Libro dell'anno del diritto Treccani 2014*, 2014, p. 105 ss.

Capitolo III

LA LEGGE PENALE NELLO SPAZIO

1. La legge penale nello spazio: il principio di territorialità ed il principio di universalità.

L'art. 3, comma 1, c.p. afferma che, salvo eccezioni, «La legge penale italiana obbliga tutti coloro che, cittadini o stranieri, si trovano nel territorio dello Stato».

L'art. 6, comma 1, c.p. specifica ancor più chiaramente che «Chiunque commette un reato nel territorio dello Stato è punito secondo la legge italiana».

Principio di territorialità

Principio di universalità

Da queste disposizioni, la dottrina maggioritaria trae argomento per ritenere che nel nostro sistema risulti accolto, in linea generale, il **principio di territorialità**: **la nostra legislazione penale si applica, perlomeno tendenzialmente, ai soli fatti realizzati in territorio italiano**; è indifferente, invece, che tali fatti siano commessi da cittadini italiani o da cittadini stranieri, o che le vittime siano italiane o straniere.

Principio di universalità

Si parla di recepimento solo tendenziale del principio di territorialità, in quanto esso risulta **temperato** dalla presenza di norme basate su criteri diversi, quale quello dell'**universalità** (su cui vedasi appena *infra*), ovvero che fanno riferimento alla **cittadinanza** dell'autore o della persona offesa, o ancora alla **titolarità in capo allo Stato degli interessi lesi**.

Peraltro, autorevole dottrina, tenuto conto del complesso delle norme in tema di limiti spaziali della legge penale, presenti nel nostro sistema penale, giunge alla conclusione che gli artt. 3 e 6 c.p. esprimano non già la regola generale, quanto piuttosto **l'eccezione**. Secondo questa differente lettura, il nostro codice penale recepisce, in linea di massima, il **principio di universalità**: la legge penale italiana si applica dovunque, da chiunque e contro chiunque sia commesso il fatto, salvo deroghe che riguardano una cerchia ristretta di reati, cui non si applica la legge italiana se commessi all'estero: si confrontino, in proposito, gli artt. 9 e 10 c.p.

2. Le nozioni di cittadino italiano e di territorio dello Stato.

Cittadino italiano

L'art. 4, comma 1, c.p., chiarisce che, agli effetti della legge penale, si considerano «cittadini italiani» coloro che hanno la cittadinanza italiana e gli apolidi residenti nel territorio dello Stato. Tutti coloro che non rientrano nella definizione di cittadino italiano vanno qualificati come «stranieri».

Territorio dello Stato

Sempre «agli effetti della legge penale, è territorio dello Stato il territorio della Repubblica e ogni altro luogo soggetto alla sovranità dello Stato» (art. 4, comma 2, prima parte, c.p.).

In particolare, sono considerati territorio dello Stato «le navi e gli aeromobili italiani, ovunque si trovino, salvo che siano soggetti, secondo il diritto internazionale, a una legge territoriale straniera» (art. 4, comma 2, ultima parte, c.p.).

Con ovvia deduzione *a contrario*, se ne ricava che territorio estero è quello non soggetto alla sovranità del nostro Stato.

3. Reati commessi nel territorio dello Stato. Il *locus commissi delicti*.

Già si è detto come, in primo luogo, debba essere punito secondo la legge italiana colui che commetta un reato **nel territorio dello Stato**, e che cosa si intenda per «territorio dello Stato». Resta da vedere **a quali condizioni un reato possa considerarsi commesso nel territorio dello Stato**, o comunque in un luogo assimilato dalla legge al territorio italiano (es.: a bordo di un aereo o di una nave italiani).

Fondamentale in proposito è l'art. 6, comma 2, c.p. Tale norma non recepisce né il criterio della **condotta**, secondo il quale il reato si considera commesso nel territorio dello Stato quando in esso è avvenuta l'azione o l'omissione; né il criterio dell'**evento**, secondo il quale il reato si considera commesso nel territorio dello Stato quando in esso si è verificato, appunto, l'evento del reato. Ma recepisce il **criterio della c.d. «ubiquità»**: «Il reato si considera commesso nel territorio dello Stato, quando l'azione o la omissione, che lo costituisce, è ivi avvenuta in tutto o in parte, ovvero si è ivi verificato l'evento che è la conseguenza dell'azione od omissione». Facciamo due esempi. Tizio si trova in Italia e spara a Caio che si trova in Austria, appena al di là del confine, uccidendolo; Tizio si trova in Austria, e spara a Caio che si trova in Italia appena al di qua del confine, uccidendolo. In entrambi i casi, per la teoria dell'ubiquità, il reato va considerato commesso nel territorio dello Stato.

Criterio della c.d. «ubiquità»

Si discute se il compimento in territorio italiano di **meri atti preparatori** di un reato, di per sé irrilevanti ai fini della configurabilità di un tentativo punibile (sul delitto tentato, vedasi *infra*, P. IV, Cap. III), sia sufficiente a determinare l'applicabilità della legge penale italiana, qualora il **restante processo esecutivo** si sia **integralmente svolto all'estero**, ossia tutti gli elementi tipici del reato siano stati realizzati al di fuori del nostro territorio.

Compimento sul territorio dello Stato di meri atti preparatori

Ad esempio, se Tizio acquista una rivoltella in Italia, allo scopo di uccidere Caio, dopodiché si reca in Germania, dove incontra Caio e gli spara, l'omicidio si considera o no commesso nel territorio dello Stato? Secondo la prevalente giurisprudenza, e parte della dottrina, la risposta ad un quesito del genere deve essere **affermativa**, perché è sufficiente – si dice – che si collochi in territorio italiano un **qualsiasi frammento dell'*iter* criminoso, purché dotato di un significato apprezzabile**, nell'ottica di una valutazione complessiva dell'attività penalmente illecita posta in essere.

Il punto è peraltro controverso: secondo altri Autori, la soluzione di considerare parte della condotta qualunque comportamento umano che si riduca, in realtà, ad un mero antecedente causale rispetto ad un fatto tipico integralmente realizzato all'estero, si traduce in una violazione della regola legale di cui all'art. 6, comma 2, c.p., poiché viene ad includere nel concetto di azione anche comportamenti **atipici**.

4. Reati commessi all'estero punibili incondizionatamente.

In **deroga** al **principio di territorialità**, o, se si preferisce, in applicazione del principio di universalità (a seconda di quale dei due princìpi si voglia assumere come tendenzialmente recepito quale criterio generale nel nostro sistema penale positivo), **taluni reati**, pur se **commessi in territorio estero**, e a prescindere dalla cittadinanza dell'autore (che può essere indifferentemente un italiano o uno straniero), sono di regola senz'altro punibili secondo la legge italiana, nel senso che non è richiesta alcuna particolare condizione di procedibilità. Si parla, in proposito, di **reati «incondizionatamente» punibili secondo la legge italiana**, e di **«procedibilità assoluta»**; segnatamente, non occorre né richiesta, né istanza, né querela; e nemmeno necessita la presenza dell'autore o degli autori del reato nel territorio dello Stato.

In applicazione del criterio di ubiquità, debbono ritenersi commessi all'estero quei reati i cui elementi costitutivi tipici hanno trovato **integrale realizzazione al di fuori del territorio dello Stato italiano**, e (secondo l'orientamento prevalente, almeno nella prassi) che comunque non si ricollegano causalmente a comportamenti antecedenti (pur atipici) avvenuti in Italia.

L'indicazione dei reati *de quibus* si rinviene nell'art. 7 c.p.:

1) delitti contro la personalità dello Stato italiano;

2) delitti di contraffazione del sigillo dello Stato e di uso di tale sigillo contraffatto;

3) delitti di falsità in monete aventi corso legale nel territorio dello Stato, o in valori di bollo o in carte di pubblico credito italiano;

4) delitti commessi da pubblici ufficiali a servizio dello Stato, abusando dei poteri o violando i doveri inerenti alle loro funzioni;

5) ogni altro reato per il quale speciali disposizioni di legge o convenzioni internazionali stabiliscono l'applicabilità della legge penale italiana.

5. Delitti politici commessi all'estero. La nozione di delitto politico.

Qualora venga commesso all'estero un **delitto politico**, che non sia un delitto contro la personalità dello Stato italiano (infatti, se così fosse, si rientrerebbe nell'ambito dell'art. 7, n. 1, c.p.), il soggetto agente è punito secondo la **legge italiana**, sia che si tratti di un cittadino italiano, sia che si tratti di uno straniero. Perché si possa procedere, occorre tuttavia la **richiesta del Ministro della Giustizia**, e, se si tratta di delitto punibile a querela della persona offesa, occorre altresì che la **querela** sia stata proposta (art. 8, commi 1 e 2, c.p.).

Nozione di delitto politico

Quanto alla **nozione** di **delitto politico**, l'art. 8, comma 3, c.p. afferma che «Agli effetti della legge penale, è delitto politico ogni delitto, che offende un interesse politico dello Stato, ovvero un diritto politico del cittadino. È altresì considerato politico il delitto comune determinato, in tutto o in parte, da motivi politici».

Delitti oggettivamente politici

Delitti soggettivamente politici

Come è facile constatare, la definizione di delitto politico fornita dal codice penale è assai **ampia**; essa comprende sia i **delitti c.d. oggettivamente politici**, ovvero quelli che offendono un interesse politico dello Stato (delitti politici **diretti**) o un diritto politico del cittadino (delitti politici **indiretti**), sia i **delitti c.d. soggettivamente politici**, ovvero quelli comuni realizzati per motivi politici.

Nozione di motivo politico

Si suole ritenere che il **motivo** sia **politico** quando il soggetto agisce per il raggiungimento di un obiettivo che riguarda l'**esistenza, la costituzione ed il funzionamento dello Stato**. Per esempio, una rapina (delitto comune) può dirsi sorretta da un motivo politico, quando gli autori agiscano per finanziare un'organizzazione terroristica che si propone di sovvertire le istituzioni dello Stato. Tale motivo ben può concorrere con altri (esempio: migliorare le proprie condizioni economiche), giacché la legge si accontenta che il delitto comune sia determinato anche **solo in parte** da motivi politici.

6. Delitti comuni commessi all'estero.

Occorre ora prendere in considerazione i **delitti comuni** (= non politici) **commessi all'estero**, **che non rientrano nell'elenco di quelli incondizionatamente punibili**.

Il codice penale ne tratta separatamente, all'art. 9 per ciò che attiene ai delitti commessi dal **cittadino**, e all'art. 10 per quanto invece riguarda i delitti commessi dallo **straniero**. In entrambi i casi, si richiede comunque la **presenza del reo nel**

territorio dello Stato: tale condizione è reputata essenziale, poiché solo così si giustifica l'intervento punitivo dello Stato, in rapporto a reati commessi all'estero che non recano un'offesa diretta ad interessi pubblici.

Delitti commessi all'estero dal cittadino

Dispone l'art. 9, comma 1, c.p., che «Il cittadino che, fuori dei casi indicati nei due articoli precedenti, commette in territorio estero un delitto per il quale la legge italiana stabilisce l'ergastolo, o la reclusione non inferiore nel minimo a tre anni, è punito secondo la legge medesima, sempre che si trovi nel territorio dello Stato».

Quindi, per i delitti puniti con pena detentiva non inferiore a una certa soglia (**tre anni**), la disciplina è nel senso che il cittadino (autore all'estero) debba risponderne ai sensi della legge italiana, purché si trovi nel territorio dello Stato.

Se invece per il delitto è prevista una pena detentiva di minore durata, occorre altresì la **richiesta del Ministro della Giustizia**, ovvero l'**istanza o la querela** della persona offesa (condizioni di procedibilità) (art. 9, comma 2, c.p.).

Infine, nei casi previsti dai commi 1 e 2 dell'art. 9, «qualora si tratti di delitto commesso a danno delle Comunità europee, di uno Stato estero o di uno straniero, il colpevole è punito a richiesta del Ministro della giustizia, sempre che l'estradizione di lui non sia stata conceduta, ovvero non sia stata accettata dal Governo dello Stato in cui egli ha commesso il delitto» (art. 9, ultimo comma, c.p.).

Ne discende che la legge penale italiana non può mai trovare applicazione in rapporto ai reati commessi all'estero dal **cittadino**, qualora si tratti di (mere) contravvenzioni (comunque punite), ovvero di delitti puniti con la sola pena pecuniaria (multa), e, secondo l'interpretazione preferibile, di delitti puniti con pena alternativa (reclusione o multa), giacché in questi casi il minimo della pena è rappresentato dalla pena pecuniaria, ed è dunque **inferiore** alla soglia dei **tre anni** di reclusione di cui all'art. 9, comma 2, c.p.

Occorre ricordare, inoltre, che la previsione dell'art. 9, comma 3, c.p. (così come quella di cui all'art. 10, comma 2, c.p.) è stata estesa ai delitti commessi in danno dell'Unione europea, in forza dell'art. 5, commi 1 e 2, l. 29 settembre 2000, n. 300.

Reati commessi all'estero dallo straniero

Quanto al delitto **comune** dello **straniero all'estero**, l'art. 10 c.p. detta una disciplina a proposito della quale si è ravvisata la massima espansione del **principio di universalità**.

In danno allo Stato o ad un cittadino italiano

Al comma 1 dell'art. 10 c.p. viene disciplinata l'ipotesi in cui il reato sia lesivo di un interesse dello **Stato italiano**, ovvero di un **cittadino italiano**: «Lo straniero che, fuori dei casi indicati negli articoli 7 e 8, commette in territorio estero, a danno dello Stato o di un cittadino, un delitto per il quale la legge italiana stabilisce l'ergastolo, o la reclusione non inferiore nel minimo a un anno, è punito secondo la legge medesima, sempre che si trovi nel territorio dello Stato, e vi sia richiesta del Ministro della giustizia, ovvero istanza o querela della persona offesa».

In danno ad uno Stato estero o ad un cittadino straniero

All'art. 10, comma 2, c.p., si presuppone, invece, che il delitto sia commesso a danno di uno **Stato estero** o di uno **straniero** (ovvero dell'**Unione europea**: vedasi quanto precisato *supra*); in tale prospettiva, «il colpevole è punito secondo la legge italiana, a richiesta del Ministro della giustizia, sempre che:

1) si trovi nel territorio dello Stato;

2) si tratti di delitto per il quale è stabilita la pena dell'ergastolo, ovvero della reclusione non inferiore nel minimo a tre anni;

3) l'estradizione di lui non sia stata conceduta, ovvero non sia stata accettata dal Governo dello Stato in cui egli ha commesso il delitto, o da quello dello Stato a cui egli appartiene».

7. Reato transnazionale.

Si deve infine segnalare che la l. n. 146 del 2006 – la quale ha ratificato e dato esecuzione alla Convenzione (c.d. «Convenzione di Palermo») ed ai Protocolli delle Nazioni Unite contro il crimine organizzato transnazionale adottati dall'Assemblea Generale, rispettivamente, il 15 novembre 2000 e il 31 maggio 2001 – ha introdotto nell'ordinamento italiano una nuova categoria di reato definita sulla base di elementi spaziali: il **reato transnazionale**.

In base all'art. 3 di tale legge, «si considera reato transnazionale il reato punito con la pena della reclusione non inferiore nel massimo a quattro anni, qualora sia coinvolto un gruppo criminale organizzato, nonché:

a) sia commesso in più di uno Stato;

b) ovvero sia commesso in uno Stato, ma una parte sostanziale della sua preparazione, pianificazione, direzione o controllo avvenga in un altro Stato;

c) ovvero sia commesso in uno Stato, ma in esso sia implicato un gruppo criminale organizzato impegnato in attività criminali in più di uno Stato;

d) ovvero sia commesso in uno Stato ma abbia effetti sostanziali in un altro Stato».

Alla nuova categoria di reato transnazionale si collegano effetti giuridici sia di diritto sostanziale che di diritto processuale. In particolare, si segnala la previsione di una **circostanza aggravante** ad efficacia speciale (su questa nozione, v. *infra*, P. IV, Cap. II), espressamente applicabile ai «reati puniti con la pena della reclusione non inferiore nel massimo a quattro anni nella commissione dei quali abbia dato il suo contributo un gruppo criminale organizzato impegnato in attività criminali in più di uno Stato» (art. 4 l. n. 146 del 2006).

Note bibliografiche

DEAN F., *Norma penale e territorio,* Milano, 1963; TREVES T., *La giurisdizione nel diritto penale internazionale*, Padova, 1973; PAGLIARO A., voce *Legge penale nello spazio*, in *Enc. dir.*, Vol. XXIII, 1973, p. 1054 ss.; SINISCALCO M., voce *Locus commissi delicti*, in *Enc. dir.*, Vol. XXIV, 1974, p. 1051 ss.; PANAGIA S., *Il delitto politico nel sistema penale italiano*, Padova, 1980; DEL TUFO V., *Estradizione e reato politico*, Napoli, 1985; DE FRANCESCO G., voce *Reato politico*, in *Enc. dir.*, Vol. XXXVIII, 1987, p. 897 ss.; PULITANÒ D., voce *Delitto politico*, in *Dig. disc. pen.*, Vol. III, 1989, p. 358 ss.; TRAPANI M., voce *Legge penale, Limiti spaziali*, in *Enc. giur. Treccani*, Vol. XVIII, 1990; PELISSERO M., *Reato politico e flessibilità delle categorie dogmatiche*, Napoli, 2000; DI MARTINO A., *La frontiera e il diritto penale. Natura e contesto delle norme di «diritto penale transnazionale»*, Torino, 2006; ROSI E. (a cura di), *Criminalità organizzata transnazionale e sistema penale italiano. La Convenzione ONU di Palermo*, Milano, 2007; CENTONZE A., *Criminalità organizzata e reati transnazionali*, Milano, 2008; FAIELLA S., *Riciclaggio e crimine organizzato transnazionale*, Milano, 2009.

Capitolo IV

L'INTERPRETAZIONE DELLA LEGGE PENALE

1. Cenni introduttivi.

Anche la legge penale – come quella civile, amministrativa, ecc. – deve essere **interpretata**, per acquisire (già in astratto) un **significato più preciso**, e per permettere di **risolvere i casi giudiziari**.

Facciamo un esempio: le nozioni di **dolo** e di **colpa** sono definite nell'art. 43 c.p. Ma senza un'adeguata interpretazione di tali norme, da un lato esse resterebbero per certi versi tendenzialmente imprecise, per l'impossibilità da parte di brevi norme di legge come quelle menzionate di esaurire una materia di per sé ricchissima di implicazioni teorico-pratiche. Dall'altro, sarebbe impossibile decidere le controversie giudiziarie nell'ambito delle quali tali concetti trovano utilizzo. Si pensi all'ipotesi del rapinatore che, fuggendo dal poliziotto, senza neppure voltarsi verso di lui, spara alcuni colpi di pistola all'indietro, per farlo desistere dall'inseguimento. Nel caso in cui il poliziotto muoia, si potrebbero avere almeno due diverse soluzioni giudiziarie: omicidio colposo od omicidio doloso. La soluzione dipende dall'interpretazione data dal giudice all'art. 43 c.p., ed in particolare alle nozioni di dolo e di colpa in questo articolo contenute. Se si amplia interpretativamente la nozione di dolo a ricomprendervi la figura del c.d. **dolo eventuale**, e se si estende, sempre interpretativamente, la nozione di dolo eventuale a coprire ipotesi come quella menzionata, allora si dovrà concludere per la punibilità a titolo di **omicidio volontario** (art. 575 c.p.); se viceversa si «contiene» la figura del dolo al c.d. **dolo diretto**, o si restringe interpretativamente la nozione di dolo eventuale, in una simile ipotesi si dovrebbe punire per **omicidio colposo** (art. 589 c.p.). La differenza può essere enorme: nel caso menzionato, l'omicidio doloso è punibile con una pena minima di 21 anni di reclusione; l'omicidio colposo con una pena minima di 6 mesi (e massima di 5 anni)!

Interpreti della norma penale

Ma chi sono i **soggetti** che interpretano le norme penali?

Dottrina

La stessa **dottrina**, abitualmente, interpreta le norme penali. Ma le sue elaborazioni ermeneutiche **non hanno ricaduta diretta sul diritto positivo**. Infatti, come abbiamo altre volte evidenziato, non sono i «professori» che decidono le vicende giudiziarie. Tutt'al più, l'influenza delle interpretazioni dottrinali sul diritto si spiega indirettamente, nella misura in cui tali interpretazioni vengono fatte proprie dai giudici.

Giurisprudenza

Il compito di decidere i casi giudiziari è infatti del **giudice**, il quale dunque opererà interpretazioni delle norme che **hanno ricaduta diretta sul diritto positivo**. Infatti, la norma – così come interpretata dai giudici – si applicherà ai casi da questi decisi. È dunque l'interpretazione del giudice avrà diretta incidenza sulla sorte giudiziale dell'imputato. Altrimenti detto, la **giurisprudenza**, attraverso la sua attività di interpretazione delle norme penali, determina il c.d. **«diritto vivente»**, ossia il diritto effettivamente applicato nelle aule dei tribunali.

Questo diritto – che si denomina anche, con espressione inglese, *law in action* – «conta» ancor di più, in pratica, di quello della legge scritta (la c.d. *law in the books*). Infatti, il diritto così come è scritto, prima di essere interpretato dai giudici, è ancora, per così dire, **«materiale grezzo»**. Il **«prodotto finito»** è quello che esce dalle **aule giudiziarie**, attraverso l'interpretazione giudiziale. Questa asserzione è difficilmente criticabile. E d'altra parte, illustre dottrina ha da tempo rilevato che il diritto penale di una nazione non è adeguatamente illustrato dal suo codice penale, ma piuttosto dal **commentario giurisprudenziale** di tale codice.

Diritto vigente

È dunque chiaro (ma sul punto aggiungeremo qualcosa nel paragrafo conclusivo di questo capitolo) che la tematica dell'interpretazione della legge è assai **importante**, proprio perché è attraverso l'interpretazione (giudiziale) che si viene a formare il **diritto vivente**, ossia il «vero» diritto applicato «sulla pelle» dei consociati. E nel **diritto penale** il problema dell'interpretazione della legge si fa ancor **più serio**, dal momento che il **principio di legalità** – con i tre sottoprincìpi a noi noti (v. *supra*, P. I, Cap. II) – esige che l'interpretazione da parte del giudice non sia tale da «spodestare» il **legislatore**, unico soggetto legittimato, da noi, a produrre diritto (penale).

2. I criteri interpretativi.

L'art. 12 delle preleggi al c.c. dispone: «Nell'applicare la legge non si può ad essa attribuire altro senso che quello fatto palese dal significato proprio delle parole secondo la connessione di esse, e dalla intenzione del legislatore».

Si tratta di disposizione applicabile tendenzialmente ad ogni branca del diritto, e dunque anche al **diritto penale**.

Ma, da un lato, la norma in questione non chiarisce più di tanto: ad es. non chiarisce quale sia il «peso» da attribuire al «significato proprio delle parole» della legge, da un lato, e dall'altro alla «intenzione del legislatore»; tenendo poi presente che il «senso», sia nell'uno che nell'altro caso, non sempre è davvero «fatto palese», come vorrebbe dare ad intendere l'art. 12. Dall'altro, occorre considerare il fatto che il **diritto penale** potrebbe avere **esigenze peculiari** rispetto ad altre branche del diritto, derivanti, appunto, dal principio di legalità e dai suoi corollari.

Sicché, per avere un'idea più chiara di quali siano i criteri attraverso i quali il giudice deve interpretare la legge, nel diritto penale, è d'uopo passare in rassegna i vari, tradizionali **canoni dell'interpretazione**, come insegnati dall'ermeneutica, per cercare di valutarne l'effettivo impatto *in criminalibus*.

Tali criteri sono: 1) quello lessicale-semantico; 2) quello storico; 3) quello logico-sistematico; 4) quello teleologico. Li considereremo partitamente.

2.1. *Il criterio lessicale-semantico.*

Secondo questo criterio, il giudice dovrebbe attribuire alla norma di legge il significato che essa ha dal punto di vista **lessicale-semantico**.

È bene precisare subito che le parole debbono essere interpretate in base al loro significato **semantico**, appunto, e non **etimologico**. In sostanza, si dovrà guardare al significato che la parola assume **oggi**, nel contesto lessicale, e non al significato che essa aveva in origine. Neppure sembra corretto che il giudice si attenga al significato che la parola aveva al **momento dell'emanazione della legge**. Infatti, il **linguaggio evolve** con l'evolversi dei costumi e delle esigenze sociali. E sarebbe assurdo far riferimento a significati ormai sorpassati nell'uso comune.

Il criterio semantico è il **primo** a venire in considerazione, ed è opportuno che sia il primo a venire in considerazione soprattutto nel **diritto penale**. Infatti, il principio di legalità, e soprattutto quello di **tassatività** – ed il suo «precipitato» sul piano della tipicità, ossia il principio di «**frammentarietà**» – esigono che l'interprete dia il **massimo peso alle parole del legislatore**. Ma su ciò diremo qualcosa in più tra breve, trattando dell'interpretazione c.d. «estensiva».

Questo criterio non risolve comunque ogni problema.

Infatti, non di rado il **testo della legge penale** – pur non essendo necessariamente carente sotto il profilo della tassatività – **non è sufficientemente chiaro** nella sua portata «semantica», se non ci si aiuta con gli altri criteri di cui si è detto. Prendiamo ad esempio l'espressione «atti sessuali», di cui all'art. 609-*bis* c.p. (violenza sessuale): quali sono gli atti sessuali? dobbiamo comprendervi, ad es., il «bacio» (v. *infra*, la parte speciale, per la giurisprudenza sul punto)? Il solo significato semantico delle parole usate dal legislatore non è all'uopo sufficiente per risolvere il problema.

2.2. *Il criterio storico.*

Il **criterio storico** utilizza appunto la **«storia» dell'istituto regolato** dal legislatore, per comprendere meglio le parole da esso usate. In sostanza, si tratta di ricostruire il **percorso storico seguito dal legislatore** nel disciplinare una certa materia, da un lato per escludere che nuove espressioni usate dal legislatore possano essere interpretate allo stesso modo rispetto a vecchie, diverse terminologie abbandonate dalla nuova legge. Dall'altro, il criterio storico aiuta a capire il «perché» il legislatore si sia risolto ad introdurre una nuova formula lessicale.

Possiamo continuare con l'esempio precedente. L'espressione «atti sessuali» non era utilizzata nell'ambito del codice Rocco. Esso, in relazione alla «violenza carnale» (art. 519), utilizzava l'espressione «congiunzione carnale»; e, in relazione al delitto di «atti di libidine violenti» (art. 521), utilizzava, appunto, l'espressione «atti di libidine». Nel 1996, con la l. n. 66, il legislatore è intervenuto a ridisciplinare l'intera materia dei reati sessuali, unificando le due fattispecie di cui si è detto – la più grave violenza carnale, e la meno grave ipotesi degli atti di libidine – e creando un'unica fattispecie di **violenza sessuale**. A questo punto, ha introdotto l'inedita espressione **«atti sessuali»**, rinunciando all'utilizzo sia della troppo restrittiva nozione di «congiunzione carnale», sia della troppo «moraleggiante» e «soggettivistica» nozione di «atti di libidine». Come utilizzare il criterio storico, dunque, al fine di interpretare oggi l'espressione «atti sessuali»? Si può intanto escludere che tale nozione sia così restrittiva da limitarsi alla vera e propria «congiunzione carnale»; e in secondo luogo si può escludere che la nuova nozione sia così soggettivistica e moraleggiante come quella precedente degli «atti di libidine» (v., per la giurisprudenza, *infra*, la parte speciale).

Utilizzo dei lavori preparatori

A questo proposito – soprattutto al fine della ricostruzione di una per vero spesso «chimerica» *voluntas legislatoris* – può essere utile anche, talora, la consultazione dei c.d. «lavori preparatori» della nuova legge. Di particolare, innegabile interesse, da questo punto di vista, si pongono per lo stesso penalista moderno i «lavori preparatori» del codice Rocco, pubblicati a suo tempo in una serie di cospicui volumi.

Un aiuto nell'interpretazione il criterio storico lo offre certamente. Peraltro va detto che tale criterio non risolve di per sé definitivamente il problema.

In sostanza, per restare al nostro esempio, non siamo ancora in grado di rispondere alla domanda se gli atti sessuali includano o meno il «bacio».

2.3. *Il criterio logico-sistematico.*

L'interprete **non** può guardare ad una norma penale come se si trattasse di una **«monade»**, come se fosse un bel fiore in un deserto.

È indispensabile che egli tenga conto del fatto che una norma penale fa parte di un **sistema di norme**, sistema che a sua volta è retto da criteri logici, o per meglio dire logico-giuridici.

La stessa **parte speciale** non è leggibile se non alla luce della **parte generale**. Si pensi alla distinzione fra omicidio volontario (art. 575 c.p.) e omicidio colposo (art. 589 c.p.): ebbene, questa distinzione sarebbe incomprensibile, se l'interprete non ponesse mente all'art. 43 c.p., che definisce il dolo e la colpa. Ma di esempi se ne potrebbero fare mille altri.

Ogni disposizione incriminatrice, poi, va interpretata tenendo conto del fatto che esistono altre norme di parte speciale che dispongono su materie collegate.

Torniamo al nostro esempio. L'espressione **«atti sessuali»** è utilizzata dal legislatore per descrivere altri reati sessuali. Si pensi all'art. 609-*quater*, che disciplina gli «atti sessuali con minorenne»; o all'art. 609-*quinquies*, che disciplina la «corruzione di minorenne». Ebbene. Si potrebbe argomentare – secondo il criterio logico-sistematico – dalla presenza della medesima espressione «atti sessuali» nelle due norme menzionate, cercando di vedere se abbia senso pensare che il «bacio» sia punibile all'interno di tali norme. In questo caso, si potrebbe giungere alla conclusione di **escludere il bacio** dalla nozione di atti sessuali. Si pensi ad es. alla «corruzione di minorenne»: essa si perfeziona con la realizzazione di «atti sessuali alla presenza di persona minore di anni quattordici». Chi potrebbe pensare di punire per corruzione di minorenni i genitori di un tredicenne che si baciano davanti a lui?

Peraltro, l'*iter* interpretativo non è da considerarsi concluso. Infatti, qualcuno potrebbe obiettare che l'espressione «atti sessuali» potrebbe avere un **diverso significato** nell'ambito di **norme diverse**. Insomma: il criterio sistematico non è quasi mai di per sé conclusivo, e lascia sempre, o comunque tendenzialmente spazio per conclusioni fra loro opposte.

Occorre dunque considerare altri criteri.

2.4. *Il criterio teleologico.*

Il **criterio teleologico** fa riferimento al **fine**, allo **scopo della norma**.

Si tratta di un criterio che da un lato potrebbe rivelarsi importantissimo, per non dire centrale, nell'ambito dell'attività ermeneutica. Dall'altro, esso reca con sé, specie in materia penale, notevoli (quantomeno potenziali) controindicazioni, e dunque non da oggi la dottrina ne diffida, talora fortemente.

Questo criterio potrebbe rivelarsi **determinante**, perché non vi è nulla che spieghi meglio la portata di una norma dello scopo che essa intende perseguire. Ma, nello stesso tempo, il riferimento allo scopo è **pericoloso**. Questo per vari motivi. Se si pensa allo **scopo** perseguito dal **legislatore nel momento in cui egli ha approvato la legge**, il problema è che solo **di rado** lo scopo perseguito «all'origine» dal legislatore è **chiaro**. Questo perché il legislatore è organo composito, che nell'emanare le norme deve mediare fra varie istanze tra loro confliggenti, tra maggioranza e minoranza, ecc.: il risultato è la **scarsa trasparenza del fine** perseguito dal legislatore.

Bene giuridico e interpretazione

Si potrebbe poi far riferimento non tanto allo scopo che si pretende perseguito dal legislatore, ma al profilo teleologico della norma al **momento dell'interpretazione di essa**. Qui, sostanzialmente si tratterebbe di reperire il **bene giuridico** protetto dalla norma che si vuole interpretare, e procedere ad una interpretazione della norma il più possibile in sintonia con le esigenze emergenti da tale bene giuridico.

Ma anche qui vi sono problemi: **qual è il bene giuridico protetto**? A volte sarà facile individuarlo, altre volte una tale individuazione si mostra assai più difficile. E in ogni caso il reperimento del bene giuridico è procedimento piuttosto **soggettivo**, in cui ogni giudice potrebbe avere idee sue diverse dagli altri. Con **gravi rischi per la certezza del diritto** e per il principio di legalità. BECCARIA, già contrario *tout court* ad ogni forma di interpretazione, riteneva «argine rotto al torrente delle opinioni» il ricorso allo **«spirito della legge»** per interpretarla.

Tutto ciò ha certo un qualche fondamento. Né mancano autori moderni contrari all'impiego del bene giuridico, o più in generale al criterio teleologico, per l'interpretazione; anche muovendo dal rilievo che esistono **reati che offendono più beni giuridici (c.d. reati plurioffensivi)**, in relazione ai quali sarebbe assai difficile trarre chiare indicazioni interpretative.

È peraltro indubitabile che l'utilizzo del bene giuridico nell'attività interpretativa è di fatto assai **diffuso**, pare in pratica ineliminabile, e non di rado si rivela anche **fruttuoso**. Ciò, si badi bene – ma torneremo fra breve sul punto – sempreché l'interprete non utilizzi il bene giuridico per «superare» **i limiti lessicali del precetto**, cosa che non gli è assolutamente concessa dal *nullum crimen sine lege*.

Che il bene giuridico possa avere utilità nell'ambito dell'attività interpretativa, può essere dimostrato ricorrendo al nostro solito esempio. La **violenza sessuale** (art. 609-*bis*) è indubbiamente delitto contro la libertà sessuale: ciò è evidenziato dalla stessa collocazione sistematica delle norme introdotte dalla legge del 1996 all'interno del codice e dalla storia dei lavori preparatori della stessa. **In questo caso**, dunque, **non è difficile reperire il bene giuridico protetto**. Dunque, tornando al problema se il «bacio» possa rientrare fra gli «atti sessuali» rilevanti per tale fattispecie, si deve riflettere se un bacio «imposto» ad una persona possa ledere il bene giuridico della **libertà sessuale**. Ebbene: si può ritenere, nella prospettiva di tutela di un simile bene giuridico, che il bacio **solo entro certi limiti** (es.: bacio appassionato, bacio «profondo», ecc.), possa essere **idoneo a ledere o a porre in pericolo tale interesse**. Più difficilmente avrebbe senso far rientrare nell'ambito della tutela di quel bene giuridico la punibilità, ad es., di un semplice bacio «sulla guancia», ancorché affibbiato alla «vittima» da un focoso pretendente.

Insomma: pare che il riferimento al bene giuridico, in questo caso, possa offrire un ausilio non secondario all'interprete.

Naturalmente, nella predetta ipotesi l'interprete è agevolato dal fatto che il bene giuridico è di **facile reperibilità**. Non di rado, invece, al fine di individuare il bene giuridico tutelato, l'interprete è costretto **prima ad interpretare i singoli elementi della fattispecie; e solo in seguito a questa operazione potrà ritagliare il bene giuridico**. Ma in questi casi si crea – come si dice in dottrina – una sorta di **«circolo vizioso»**. E cioè: l'interprete, per interpretare i singoli elementi costitutivi della fattispecie, dovrebbe conoscere **prima** il bene giuridico; ma il bene giuridico lo può conoscere solo **dopo** aver interpretato i singoli elementi del reato. Dunque, in definitiva, ambedue le operazioni sono interdette all'interprete: quella della ricostruzione interpretativa dei significati dei singoli elementi del reato, perché egli non ha ancora a disposizione, in dettaglio, le coordinate del bene giuridico; quella della conoscenza del bene giuridico, perché a tal fine egli dovrebbe prima aver avuto la possibilità di dare un senso compiuto a tutti gli elementi della fattispecie. Sicché il bene giuridico, in questi casi, non parrebbe di molto aiuto.

In realtà, anche in queste ipotesi il ricorso al bene giuridico **non è del tutto inutile**. Infatti, l'importante è che l'interprete **proceda per gradi**. In primo luogo, dovrà dare un'interpretazione **di massima** all'intera fattispecie; poi, potrà da questa operazione trarre ausilio per ricostruire con maggiore chiarezza **la fisionomia del bene giuridico**. Infine, potrà tornare ad occuparsi dell'interpretazione dei singoli elementi del fatto, potendo giungere a questo punto ad un maggiore livello di precisione, grazie all'utilizzo del bene giuridico. E così potrà continuare via via di questo passo, sempre passando dai singoli elementi al bene giuridico e viceversa.

Insomma: dato per ammesso che l'**interpretazione non è «operazione matematica»**, e che essa sconta un qualche margine di incertezza e di soggettività (ma v. sul punto di qui a poco), va riconosciuto che anche il ricorso al **bene giuridico** – e dunque anche il criterio teleologico – può essere **utile** all'interprete. Ma non in tutti i casi tale criterio potrà essere ugualmente utile; e comunque l'interprete dovrà sempre far **uso attento e «circospetto»** del bene giuridico nell'attività interpretativa.

Interpretazione secondo Costituzione

Un particolare caso di utilizzo del bene giuridico a fine interpretativo è dato dalla c.d. **interpretazione secondo Costituzione**, che si attua quando l'interprete, di fronte a più significati possibili della norma, le attribuisce **il significato maggiormente conforme alle esigenze di tutela emergenti dalla Costituzione**. Un tale procedimento può essere particolarmente utile al fine di dare ad un norma un'interpretazione **evolutiva**.

Si pensi, ad esempio, a quanto è avvenuto nell'ambito di varie sentenze, anche delle Sezioni Unite, in tema di delitti contro il buon costume (ad es., in tema di vendita di videocassette pornografiche, ritenuta in certi casi non punibile *ex* art. 528 c.p.: si veda la giurisprudenza *infra*, nella parte speciale).

3. Interpretazione ed analogia: criteri distintivi.

Come abbiamo visto più sopra (P. I, Cap. II), **l'analogia è vietata nel diritto penale**.

Dunque, è assai importante stabilire quando l'applicazione della legge da parte del giudice sia frutto di **analogia**, e quando essa sia invece il risultato di una semplice attività **interpretativa**. Nel primo caso, il giudice ha ecceduto dalle sue attribuzioni. Nel secondo caso, ha operato nei limiti dei suoi poteri, ed ha anzi adempiuto al suo dovere di interpretare le leggi.

Analogia

Torniamo dunque brevemente a ricordare cosa sia l'analogia. Essa si ha quando, di fronte ad una lacuna della legge (scritta), il giudice la colma applicando al caso non previsto dalla legge una norma di legge scritta che dispone su casi analoghi a quello da decidere. Ad esempio: poniamo il caso che una norma scritta imponga di denunciare all'autorità tutti i **lupi** di proprietà privata. Il giudice si trova a giudicare un soggetto che possiede un **dingo** australiano, non contemplato dalla legge tra gli animali da denunciare; ma ritiene di ampliare la tutela anche al dingo, estendendo l'obbligo di denuncia anche al proprietario del dingo.

L'**interpretazione** viceversa **non** postula una **lacuna** della legge scritta. Consiste invece nell'attribuire un certo significato ad una certa legge scritta.

Interpretazione estensiva

L'interpretazione a volte peraltro pare «rasentare» l'applicazione analogica. Ciò avviene soprattutto nei casi di c.d. **interpretazione estensiva**. Cos'è l'interpretazione estensiva? Essa non è altro che una normale interpretazione, nell'ambito della quale, peraltro, il significato apparente, iniziale, delle parole usate dalla legge è **più «ristretto»** del significato attribuito alle stesse parole dall'interprete, che risulta essere più ampio, **più «esteso»**, appunto.

Un esempio può forse chiarire l'assunto. Se una norma, durante un famoso festival del cinema, proibisse di girare nudi per strada, che dovrebbe fare il giudice di fronte al caso di una ragazza che, per farsi pubblicità, avesse girato vestita con vestiti di cellophane, e dunque totalmente trasparenti? Il giudice potrebbe dire che l'aggettivo «nudi» si estende ai casi in cui i vestiti indossati dal soggetto siano completamente trasparenti. In questo caso, potremmo avere una interpretazione estensiva della norma.

Però, il lettore avrà già intuito la similarità della interpretazione estensiva alla analogia. In entrambe le ipotesi il caso concreto che viene in considerazione, a ben vedere, non è **immediatamente** collocabile all'interno di una norma. Vi è in entrambe le ipotesi una norma che regola indiscutibilmente **casi molto simili** a quello da dirimere. E in entrambe le ipotesi quella norma viene **estesa a** regolare anche quel caso incerto. Qual è dunque la differenza?

Nell'ipotesi dell'**analogia**, in realtà, si ritiene che le **parole** usate dal legislatore **non possano essere estese nel loro significato a tal punto da ricomprendere il caso non regolato**. Ecco perché non si applica, *stricto sensu*, **quella norma**, ma se ne **crea**, per così dire, **un'altra**, che si utilizza per risolvere il caso di specie. Nell'ipotesi della interpretazione estensiva, viceversa, si ritiene che **le parole** usate dal legislatore **possano essere estese nel loro significato sino a ricomprendere il caso non regolato**. Si applica dunque al caso apparentemente non regolato proprio **quella norma**, estendendone interpretativamente la portata lessicale.

Nel caso del divieto di girare nudi, ad esempio, il giudice ha ritenuto che l'aggettivo «nudi» sia tale da potere essere esteso nel suo significato a tal punto da ricomprendere i casi in cui la ragazza giri con vestiti del tutto trasparenti.

Appare chiaro che, nonostante si tratti di distinzione teoricamente possibile, non sempre è facile distinguere in concreto fra l'una e l'altra ipotesi. E non è raro che i nostri giudici approfittino della contiguità fra queste due diverse figure (l'analogia e l'interpretazione estensiva), per «spacciare» alcune ipotesi (vietate) di analogia per casi di (permessa) interpretazione estensiva. D'altra parte, anche a livello di **teoria generale del diritto** si dubita da tempo della configurabilità di un discrimine fra analogia ed interpretazione estensiva (da ultimo VOGLIOTTI).

Proprio per questo fatto, ed anche in base ad altre considerazioni, parte della dottrina italiana – seppur minoritaria – ritiene che la stessa **interpretazione estensiva** debba essere **vietata**, nel diritto penale, al pari della analogia. Un simile divieto era stato suggerito, ad es., nell'ambito della proposta modifica della Costituzione di cui alla c.d. «Commissione bicamerale» (1998), all'art. 129, comma 3.

4. Interpretazione e principio di legalità.

Proprio il sottile confine esistente fra interpretazione estensiva ed analogia evidenzia talora drammaticamente il problema della stessa compatibilità fra (certe forme di) **interpretazione** e **principio di legalità**.

In sostanza, il punto è questo. Nel nostro sistema, ispirato al *nullum crimen sine lege*, la creazione del diritto penale dovrebbe essere di esclusivo monopolio del legislatore. Il giudice non dovrebbe essere altro che un applicatore «meccanico» della legge: come lo aveva definito Montesquieu, una sorta di «bocca della legge».

Ma questo assioma – valido in linea teorica – si scontra col fatto che nella realtà il giudice deve pur sempre **interpretare la legge**. E, nell'atto di essere interpretata, essa corre il pericolo di venire «trasformata» dal giudice. Ciò è particolarmente vero in relazione all'**interpretazione estensiva**, perché essa tende a sfociare, non di rado, in vere e proprie applicazioni analogiche. Ma più in generale il problema esiste in relazione ad **ogni tipo di interpretazione**, anche, eventualmente, non estensiva *stricto sensu*.

«Nucleo centrale» ed «alone marginale» delle norme

Infatti, come scriveva il filosofo del diritto inglese HERBERT HART, ogni norma si compone di **due parti**: l'una è il c.d. **«nucleo centrale»**, nell'ambito del quale è facile orientarsi interpretativamente. La seconda è rappresentata dal c.d. **«alone marginale»**, nell'ambito del quale si verificano i maggiori problemi interpretativi.

Si pensi, ad esempio, al nuovo art. 544-*bis* c.p., che vieta l'**uccisione di animali a certe condizioni**. Nel nucleo centrale di quella norma stanno certamente gli animali domestici più consueti: **cani**, **gatti**, e così via. Ma che dire, ad es., delle **formiche**? Esse sono certamente «animali», ma l'applicabilità di una simile norma all'uccisione di formiche potrebbe creare qualche imbarazzo all'interprete: siamo infatti nell'ambito di quello che HART chiamava l'**alone marginale** della norma.

E **tutte**, o **quasi tutte le norme**, come si diceva, sono caratterizzate anche da un **alone marginale**.

Ma se è così, allora non deve stupire il rilievo che l'attività interpretativa non è mai – o quasi mai – un'attività «meccanica». Essa, soprattutto in relazione all'alone marginale delle norme, implica un delicato lavoro ricostruttivo da parte dell'interprete, il quale, nell'attribuire un significato alla norma, inevitabilmente, ci «mette anche del suo». Ovvero: nell'interpretazione della norma precipitano le stesse *Weltanschauungen* dell'interprete, e cioè le sue ideologie, le sue opinioni politiche, morali, sociali, e così via. Difficilmente l'interpretazione di una norma è «separabile» totalmente dal soggetto che ha proceduto all'interpretazione. Egli «permea di sé» la stessa interpretazione della norma.

Interpretazione soggettiva o creativa

Ecco perché si usa dire – ed è un *cliché* diffuso nella stessa teoria generale del diritto – che **l'interpretazione è** attività anche in parte **soggettiva**, e **creativa**. Ed ecco perché il «giudice-automa» di beccariana memoria non è che l'utopia di un sognatore. Il giudice – anche se vuole essere «ligio alla legge» – la deve interpretare, e la sua non è attività meccanica. La *law in action*, dunque – e cioè il «diritto vivente» – è qualcosa di diverso rispetto alla *law in the books*.

Dunque: la **tensione fra principio di legalità ed interpretazione** esiste, e non va ipocritamente «nascosta». Certo, un utilizzo scrupoloso, serio, ed onesto da parte del giudice di tutti i criteri interpretativi (di cui si è fatto cenno più sopra) limita, per così dire, i danni. Ma non risolverà mai del tutto questa «tensione», tra «diritto dei libri» e «diritto in azione». Una possibile via d'uscita potrebbe consistere nel prendere atto che la **creatività della giurisprudenza** esiste e che bisogna dunque tenerne conto. La *law in action* del resto non è un male di per sé, anche perché è parte ineliminabile del diritto. Piuttosto, essa diviene nociva per il cittadino nel momento in cui è foriera di **incertezza del diritto**. E la giurisprudenza crea incertezza del diritto quando le decisioni dei giudici sono troppo contrastanti fra loro. Sono insomma i **contrasti giurisprudenziali** (specie quelli che si verificano contemporaneamente fra loro: i c.d. **«contrasti sincronici»**) a creare i guasti maggiori. E nel nostro Paese i contrasti giurisprudenziali si sprecano. Un più attento rispetto del **precedente giudiziale**, dunque, come si è osservato di recente in dottrina (CADOPPI, FIANDACA, DONINI), potrebbe contribuire a limitare l'incertezza del diritto. La tensione fra legalità ed interpretazione, in questa prospettiva, potrebbe ridursi forse sensibilmente, venendo così incontro alla già segnalata richiesta di «accessibilità» e «prevedibilità» delle decisioni formulata dalla Corte europea nella giurisprudenza sull'art. 7 Cedu (*supra*, P. I, Cap. II). In questa direzione, come già osservato, si può leggere l'introduzione del comma 1-bis nell'art. 618 del codice di procedura penale, che impone alle sezioni semplici della Corte di cassazione che di rimettere alle Sezioni Unite questioni su cui ritengano di non condividere il principio di diritto enunciato da queste ultime.

Contrasti giurisprudenziali e valore del precedente

Note bibliografiche

Bellavista G., *L'interpretazione della legge penale*, Roma, 1936; Vassalli G., *Limiti del divieto di analogia in materia penale*, Milano, 1942; Boscarelli M., *Analogia e interpretazione estensiva nel diritto penale*, Palermo 1955; Vassalli G., voce *Analogia nel diritto penale*, in *Noviss. dig. it.*, Vol. I, 1957, p. 607 ss.; Ramacci F., *Introduzione all'analisi del linguaggio legislativo penale*, Milano, 1970; Bricola F., voce *Teoria generale del reato*, in *Noviss. dig. it.*, Vol. XIX, 1973, p. 7 ss.; Palazzo F.C., *Il principio di determinatezza nel diritto penale*, Padova, 1979; Ferrajoli L., *Diritto e ragione*, Bari, 1989; Stile A.M. (a cura di), *Le discrasie tra dottrina e giurisprudenza in materia penale*, Napoli, 1991; Fiandaca G. (a cura di), *Sistema penale in transizione e diritto penale giurisprudenziale*, Padova, 1997; Cadoppi A., *Il valore del precedente nel diritto penale*, Torino, 1999; Fiandaca G., *Il diritto penale tra legge e giudice*, Padova, 2002; Musco E., *L'illusione penalistica*, Milano, 2004; D'Aguanno, *Legge penale (interpretazione della)*, in *Dig. disc. pen.*, Agg. Vol. II, 2004, p. 530 ss.; Cocco G. (a cura di), *Interpretazione e precedente giudiziale in diritto penale*, Padova, 2005; Di Giovine O., *Interpretazione nel diritto penale tra creatività e vincolo alla legge*, Milano, 2006; Papagno C., *L'interpretazione del giudice penale tra regole probatorie e regole decisorie*, Milano, 2009; Vogliotti M., *Dove passa il confine? Sul divieto di analogia nel diritto penale*, Torino, 2011; Cadoppi A., *Il valore del precedente nel diritto penale. Uno studio sulla dimensione* in action *della legalità*[2], Torino, 2014; Vincenti U., voce *Linguaggio normativo*, in *Enc. dir.*, Annali, VII, 2014, p. 669 ss.

Parte Terza

IL REATO

Capitolo I

NOZIONI GENERALI

Sommario: 1. Il reato: nozione formale e sostanziale. – 2. Reati, illeciti civili ed illeciti amministrativi. – 3. Delitti e contravvenzioni. – 4. Bipartizione e tripartizione. – 5. Tipicità, antigiuridicità e colpevolezza. – 6. Varie categorie di reati. – 7. Trattazione separata delle varie tipologie di reati?

1. Il reato: nozione formale e sostanziale.

Nozione formale

Il **reato**, **formalmente**, è definibile come **«quell'illecito cui la legge ricollega una sanzione penale»**. Laddove le sanzioni del diritto penale – come già avevamo avvertito – sono l'ergastolo, la reclusione e la multa (per i delitti), e l'arresto e l'ammenda (per le contravvenzioni).

Nozione sostanziale

Questa nozione è sufficiente a fornire all'operatore del diritto uno strumento per **«riconoscere» un reato**, e per distinguerlo da un illecito civile o da un illecito amministrativo. Ma indubbiamente non si tratta di nozione appagante per il penalista che voglia cogliere, per così dire, il *penal flavour* della nozione di reato, ovvero che voglia individuare una nozione di reato di natura **sostanziale**.

Reato e comportamenti immorali

Sul punto, nella **storia della scienza penale**, si sono affacciate numerose tesi. Il più delle volte, si è cercato di collegare il concetto del **reato** ad un qualche **substrato etico-sociale**.

Reato e «minimo etico»

Così, si è talora evidenziato che il diritto penale potrebbe punire solamente dei comportamenti **immorali**, e considerati come tali dalla collettività (Welzel). Ancora, traendo spunto dalla nota teoria del «minimo etico» di Jellinek, si è cercato di applicare tale dottrina al diritto penale, evidenziando che il **reato**, in quanto illecito più grave degli altri, rappresenterebbe **«il minimo del minimo etico»** (Manzini).

Reato e «norme di cultura»

Collegata a queste tesi è l'idea (MAX ERNST MAYER) che il **reato** comporterebbe una violazione delle c.d. ***Kulturnormen***, ovvero delle **norme di civiltà** diffuse tra i consociati in un determinato momento storico.

Si tratta di teorie che oggi vengono **respinte** dalla dottrina maggioritaria. Spesso, l'obiezione che si rivolge a tesi di questo tipo è la seguente: «esistono comportamenti *penalmente irrilevanti* che nondimeno sono considerati dalla stragrande maggioranza dei consociati *gravemente immorali*, e, per converso, comportamenti *penalmente rilevanti* a dispetto della loro *minima* o *inesistente risonanza etico-sociale*, o, addirittura, *incriminazioni* che *contrastano* con i più elementari principi etici di una data società» (MARINUCCI-DOLCINI). E si fa l'esempio, citando lo stesso MANZINI, di norme penali fondate «sulle aberrazioni di un regime statale assoluto, o sugli eccessi di altre tirannie ormai tramontate»; e di «leggi immorali, perché contrarie ai principi fondamentali della nostra civiltà (come quelle antisemitiche)».

A nostro modo di vedere, simili prese di posizione **non sono convincenti**.

In primo luogo, non pare molto utile il riferimento al **diritto fascista o nazionalsocialista** ed alle «leggi razziali», se non per sottolineare il fatto che nell'ambito di tali aberranti regimi si coniavano **leggi odiose ed intollerabili in una società civile**.

In secondo luogo, sul tema pare opportuno distinguere **due piani diversi**. L'uno, è quello del **diritto positivo vigente** (*ius conditum*); l'altro, è quello della **riforma del diritto attuale** (il *ius condendum*). *De lege lata*, quanto osservato da tali Autori può essere corretto, nel senso che è vero che, anche oggi, sussistono leggi penali che prevedono come reati comportamenti non contrastanti con norme morali, e vi sono norme morali consolidate che non trovano riscontro nella previsione di reati. Ma ciò può essere dovuto al fatto che alcune norme sono state emanate in tempi ormai lontani, quando le norme morali vigenti erano diverse da oggi (si pensi, paradossalmente, proprio a certi delitti contro la moralità pubblica ed il buon costume, nell'ambito del nostro codice). Oppure, può dipendere dal fatto che il legislatore, nel procedere all'emanazione della norma, non ha posto sufficiente attenzione alla *public opinion*.

«Norme di cultura» e riforma

Ma **il riferimento alle norme morali, sociali, di cultura** e così via, **non può essere pretermesso nell'ambito di un discorso *de lege ferenda***. Nel procedere alla progettazione di un diritto penale **futuro**, si deve porre particolare attenzione al rapporto fra i reati (le fattispecie penali) che si vogliono coniare, e la coscienza sociale. Ciò nel senso che – come pare dimostrato dalla scienza criminologica, e dalla stessa scienza criminalistica più sensibile ai più recenti studi sociologici sul diritto penale (AMELUNG, HASSEMER) – un diritto penale che **non** fosse in qualche modo **«ancorato» alle norme di cultura**, finirebbe per essere avvertito come **«un'ingiusta ed autoritaria imposizione» da parte dei cittadini**, e dagli stessi operatori della giustizia, e rischierebbe seriamente di restare inapplicato. Lo stesso effetto di **prevenzione generale della pena** (v. per il concetto *infra*, P. V, Cap. I) sarebbe **difficilmente perseguibile** da un diritto penale di tal fatta.

Insomma. Se i riferimenti alle norme morali, sociali, di cultura, possono sembrare a taluno «anacronistici», e legati ad una sorpassata **concezione «giusnaturalistica»** del *ius criminale*, è anche vero che si possono **«rileggere» tali invecchiate teorie riplasmandole alla luce delle più moderne acquisizioni della scienza penal-sociologica**. Secondo queste concezioni (LUHMANN), il diritto avrebbe una **funzione di «integrazione sociale»**. Ma per funzionare a tal fine esso dovrebbe **rispecchiare le norme sociali**: il diritto penale, in particolare, si limiterebbe a **sostenere** queste norme diffuse nella coscienza sociale, e a **rafforzarle**, in vista di obiettivi di **coesione sociale**, e dell'obiettivo finale della stessa **conservazione della società**.

«Norme di cultura» e Corte costituzionale

D'altra parte, se qualcuno nutre dubbi sulla sospetta «ascendenza giusnaturalistica» di alcune di queste tesi, nessuno dubita del fatto che le norme penali debbano rispettare i **princìpi costituzionali**, e che dunque la stessa nozione di **reato** debba essere modellata nella più perfetta sintonia con tali princìpi (v. *supra*, P. I). Ebbene: in base ad una lettura complessiva del testo costituzionale, è la stessa **Corte costituzionale** che, in una **Sentenza** di fondamentale importanza per la nostra materia, ha sottolineato con forza il fatto che vi debba essere **piena consonanza fra le norme di civiltà ed i precetti penali** (Sent. n. 364/1988, in tema di *ignorantia legis*, riportata per esteso *supra*, P. I, Cap. I), evidenziando la «necessità che il diritto penale costituisca davvero la «extrema ratio» di tutela della società, sia costituito da norme non numerose, eccessive rispetto ai fini di tutela, chiaramente formulate, dirette alla tutela di valori almeno di «rilievo costituzionale» e **tali da**

essere percepite anche in funzione di norme «extrapenali» di civiltà, effettivamente vigenti nell'ambiente sociale nel quale le norme penali sono destinate ad operare». Siamo così lontani dalla teoria manziniana del «minimo del minimo etico»; o da quella di M.E. MAYER sulle «norme di civiltà» (o di «cultura»)?

La realtà è che spesso si è confuso il piano della **morale individuale** in quanto tale, con quello della **morale sociale (in relazione alla criminosità di un certo fatto)**. È in base a questo fraintendimento che si è evidenziato, ad es., che non tutti i fatti che la gente giudica immorali devono essere elevati al rango di reati e sottoposti a sanzione penale. Certo, questo vale per l'etica individuale. Si pensi alla **bestemmia**. Molti di noi ritengono **immorale** il bestemmiare; altro è ritenere che sia opportuno che la bestemmia sia da sottoporre a **sanzione penale**. Un diritto penale **laico** ed ispirato ai princìpi di offensività e di materialità **non deve punire la bestemmia**, perché essa **non reca danni alla società**. In sostanza, **la stessa morale sociale non la giudica degna di essere sottoposta a pena**.

Quanto detto trova del resto riscontro in numerosi **sondaggi di opinione**, dai quali risulta che **la gente non considera «criminosi»**, e cioè degni di sanzione criminale, **fatti che pure ritiene «immorali» in quanto tali**.

Ad esempio, è interessante il fatto che da svariati sondaggi è emerso che la gente ritiene fortemente immorale, ma non degna di essere punita con sanzione penale, l'omissione di soccorso.

«Norme di cultura»: vincolo negativo al legislatore

In definitiva, in sintonia con quanto abbiamo sostenuto in relazione alla c.d. **concezione costituzionale-culturale del bene giuridico** (v. P. I, Cap. III), riteniamo che anche in rapporto alla c.d. **nozione sostanziale di reato**, il nesso norme penali/norme di cultura debba svolgere un ruolo determinante. Anche se – lo ribadiamo qui – ciò vale soprattutto in una prospettiva *de lege ferenda*, e in ogni caso il **vincolo al legislatore** resta necessariamente **negativo**. E cioè: il legislatore **non** dovrebbe prevedere **reati** laddove tali fatti **non** siano considerati **criminosi** dalla pubblica opinione; ma **non vale il contrario**: ossia, il legislatore **non è «obbligato» a prevedere come reati tutti quei comportamenti che la gente considera degni di una sanzione penale**. Sennò, un diritto penale democratico, ed attento alla pubblica opinione, si trasformerebbe in un diritto penale «populista», «demagogico», e perciò stesso troppo dipendente da umori ed emozioni collettive che vanno sempre vagliati con la ragione dell'esperienza e della scienza della legislazione penale prima di essere «tradotti» in leggi, e spiegare effetti magari devastanti su quegli stessi cittadini che le avevano frettolosamente invocate.

2. Reati, illeciti civili ed illeciti amministrativi.

Quanto detto al capitolo precedente ci può aiutare a meglio inquadrare la distinzione fra reati, illeciti civili ed illeciti amministrativi (cui si era già fatto cenno *supra*: *Introd.*, Cap. I). **Reato ed illeciti civili**

Anche qui, si può pensare a distinzioni di tipo formale e sostanziale.

Sotto il profilo **formale**, il **reato** si differenzia dall'**illecito civile** per le sanzioni che l'ordinamento vi riconnette. L'illecito penale (reato) è corredato da sanzioni penali (reclusione, multa, ecc.); l'illecito civile comporta sanzioni di tipo civilistico (risarcimento del danno, riduzione in pristino, ecc.). **Distinzioni formali**

Vi sono poi differenze che hanno rilievo ed origine **«sostanziale»**, ma che attengono a requisiti **costituzionali**, e dunque a profili comunque rilevanti dal punto di vista **giuridico-formale**. Così, alla luce di una tradizionale e rigorosa distinzione formale tra categorie di illecito, **solo il reato** deve rispondere ai princìpi costituzionali di cui si è detto più sopra: **legalità, materialità, offensività e colpevolezza**. L'illecito civile non è vincolato da simili princìpi, o lo è in misura minore se non qualitativamente diversa. **Distinzioni sostanziali**

Ad es., per l'**illecito civile non** è prevista una **riserva assoluta di legge**; è **ammessa l'analogia**; e di conseguenza, l'**irretroattività** (pur per certi versi richiesta) presenta caratteristiche peculiari rispetto a quelle che concernono il reato; la **determinatezza** (e con essa la «tipicità»), poi, è addirittura entro certi limiti sconsigliabile nell'ambito della responsabilità civile, caratterizzata da fattispecie del tutto «aperte», in cui l'unico «polo» di riferimento pare costituito dalla produzione di un **danno** (es.: art. 2043 c.c.). **Legalità** **Tipicità**

Quanto all'offensività, qui vi sono maggiori punti di contatto, perché anche nell'economia dell'illecito civile il profilo del «danno», come si accennava or ora, assume un ruolo determinante. Peraltro, nel diritto civile la «stella polare» della tutela non è il **bene giuridico**, che abbiamo visto connotare il diritto **Offensività** penale, ma è il **diritto soggettivo**. Il che discende dal fatto che il diritto privato si occupa, appunto, di vicende tra privati.

Colpevolezza

Infine, è proprio la **colpevolezza** a connotare specificamente, ed in modo saliente, il **reato** rispetto all'illecito civile. Il diritto penale, infatti, riconnette alla colpevolezza un ruolo centrale, dal momento che il *ius criminale* non deve solo porre attenzione al reato in quanto entità oggettiva, ma anche al **reo** in quanto autore del reato ed in quanto **persona in carne ed ossa**. Vista la terribile severità delle sanzioni in gioco, il diritto penale si deve occupare anche di **chi ha commesso il fatto**, perché è quella persona che potrà subire le gravi restrizioni che la pena determina sulla libertà personale. Ecco perché la responsabilità penale presuppone quantomeno il dolo o la colpa, mentre la responsabilità civile pullula di ipotesi di responsabilità oggettiva. Ed ecco perché, come si è visto (P. I, Cap. IV), la colpevolezza penale implica una valutazione di **rimproverabilità del reo**, del tutto assente – o solo marginalmente rilevante (quantomeno ad oggi) – in ambito civilistico.

Se questi sono indubbi punti di differenziazione (tra l'altro costituzionalmente rilevanti) fra reato ed illecito civile, è anche vero che essi non ci danno – se non vagamente o indirettamente – una risposta sul problema di come distinguere tra un reato ed un illecito civile. O meglio: **non indicano al legislatore un criterio** preciso, di natura **sostanziale**, per farlo propendere, al momento dell'emanazione di una legge, per la **scelta** di un illecito **penale** o **civile**.

Kulturnormen

Ebbene: qui può entrare in gioco la **concezione sostanziale di reato** legata alle *Kulturnormen* di cui si diceva al paragrafo precedente. In sostanza, il legislatore, di fronte al dilemma se classificare un fatto lesivo di un interesse altrui come reato od illecito civile, dovrebbe accertarsi se nell'ambito della **pubblica opinione** quel fatto è ritenuto «**criminoso**» oppure no; solo in caso di risposta positiva da parte di un'**ampia maggioranza dei consociati**, potrebbe propendere (se del caso) per l'**opzione penale**. Si faccia un esempio per tutti: alla domanda se un «tamponamento» involontario debba essere considerato reato o torto civile, la grande maggioranza dei cittadini opterebbe per l'illecito civile. Diversa sarebbe la risposta se si prendesse in considerazione un «tamponamento volontario», magari attuato allo scopo di danneggiare per invidia la nuova e costosa automobile altrui. In questo caso, gli stessi cittadini comuni

avvertirebbero il «*penal flavour*» di un tale grave episodio, e lo **etichetterebbero come «criminoso»**. Questa è proprio la soluzione del nostro codice, che, all'art. 635, punisce il **danneggiamento** solo se **doloso**; quello meramente colposo resta un torto civile e darà diritto al danneggiato di ottenere il risarcimento del danno, *ex* art. 2043 c.c. La **differenza fra illecito penale e civile**, dunque, viene **«avvertita»**, prima che dal legislatore, **dalle stesse «norme di cultura»** diffuse nella coscienza sociale.

Ribadiamo, peraltro, che quanto osservato in tema di *Kulturnormen* non riflette un'opinione diffusissima fra i penalisti odierni, anche se vi è ampia convergenza in dottrina sulla necessità che vi sia armonia fra **norme penali** e **consenso sociale** (MUSCO, PALIERO, M. ROMANO, ecc.).

Reati ed illeciti amministrativi

Quanto alla distinzione fra **illecito penale** ed **illecito amministrativo**, anche qui vi è una indubbia distinzione di carattere **formale**, ricollegabile alle **diverse pene previste** per l'uno e per l'altro illecito. Lo si ribadisce: solo al **reato** vengono riconnesse dall'ordinamento **sanzioni penali**: ergastolo, reclusione, multa, arresto, ammenda. Ciò non vale per altre forme di illecito, neppure per l'illecito amministrativo (che prevede, appunto, sanzioni «amministrative», di solito così espressamente denominate).

Distinzioni formali

Distinzioni in rapporto a princìpi costituzionali

Anche qui, inoltre, si riscontrano differenze in rapporto ai diversi **princìpi costituzionali** che entrano in gioco per l'uno e per l'altro tipo di illecito (v. soprattutto BRICOLA). La distinzione tra le suddette coperture costituzionali, tuttavia, è molto meno nitida e certa rispetto al passato. Inizieremo con il descrivere lo statuto costituzionale tradizionalmente riconosciuto alle diverse categorie di illeciti sul piano interno, in aderenza ad un criterio formale di distinzione tra gli stessi. Passeremo quindi a verificare, successivamente, in che termini le interazioni del diritto nazionale con le fonti sovranazionali – fra tutte, con il diritto CEDU – traccino, a questo riguardo, delle nuove coordinate a cui occorre oggi adattarsi.

Legalità

Prendendo le mosse, quindi, dalla prospettiva interna, occorre ricordare che per l'illecito penale valgono, come si diceva, i princìpi di legalità, materialità ed offensività, e colpevolezza. Per l'**illecito amministrativo**, la **legalità** (affermata, in modo forse sorprendentemente perentorio, dall'art. 1 l. n. 689/1981) è per certi profili (essenzialmente quelli riconducibili alle istanze individual-garantistiche della certezza del diritto) suscettibile di piena estensione, mentre con riguardo ad altri aspetti risulta effettivamente **attenuata**: ad es., le Regioni hanno potestà legislativa in relazione alla creazione di illeciti amministrativi. Quanto al principio di **offensività** (e materialità), esso – se sussistente in ambito punitivo-amministrativo – ha comunque connotazioni ben **diverse e minori** rispetto a quelle che si riscontrano in materia penale: in particolare, non sarebbe proponibile all'interno della categoria dell'illecito amministrativo la teoria dei **beni giuridici costituzionali**, e più in generale è lo stesso concetto di **bene giuridico** che non sempre pare adattarsi all'illecito amministrativo. Infine, il discorso sulla **colpevolezza** fatto poc'anzi per differenziare il reato dall'illecito civile risulta più complesso in ordine al rapporto **reato/illecito amministrativo**: infatti, sebbene si possa dire che determinate esigenze di individualizzazione della risposta punitiva, di attenta considerazione dell'autore del reato, non valgono, in linea di massima, in relazione all'illecito amministrativo, l'eventuale rilevanza della colpevolezza con riguardo a determinati istituti (es.: errore sul precetto, buona fede, ecc.) potrebbe oggi trovare un fondamento ed un vincolo di carattere **costituzionale**, non diversamente da quanto avviene *in criminalibus*, come recentemente prospettato da alcuni settori della dottrina (FR. MAZZACUVA).

Offensività e materialità

Colpevolezza

Definizione sostanziale di "materia penale" nel diritto CEDU

È necessario a questo punto, come anticipato, affrontare il tema della distinzione tra tipi di illecito nella prospettiva delle fonti sovranazionali, in particolare del **diritto CEDU**, e delle relative coperture convenzionali di riferimento. Tale verifica consente di individuare molte e rilevanti differenze rispetto a quanto appena rappresentato in merito al piano nazionale.

E infatti, come già ricordato a proposito del principio di legalità (v. P. I, Cap. I, in particolare par. 4 sul principio di irretroattività), la giurisprudenza della Corte Europea dei Diritti dell'Uomo ha elaborato, negli anni e a partire dalla famosa sentenza *Engel c. Paesi Bassi*, 1976, una **nozione di «materia penale»** autonoma rispetto alle definizioni dei singoli Stati membri, per la quale è necessario accertare la natura "penale" delle norme sanzionatorie prescindendo dall'etichetta attribuita dal legislatore nazionale, verificando piuttosto, in concreto, una serie di indici, quali la natura dell'illecito e della sanzione, nonché la gravità della stessa (**cc.dd. «criteri Engel»**). In altri termini, «ciò che per il diritto interno non è una pena, può invece esserlo per la giurisprudenza sovranazionale» (Corte cost., n. 43/2017). L'accertamento della natura «sostanzialmente penale» di una disposizione sanzionatoria (quale che sia la sua «etichetta» nel diritto nazionale) comporta l'estensione alla stessa del fascio di garanzie che la CEDU riserva, appunto, alla materia penale. Tra esse rilevano, in particolare, il diritto alla **legalità** (**art. 7 CEDU**), il diritto all'**equo processo** (**art. 6 CEDU**) e il **divieto di doppio giudizio** (**art. 4 del Protocollo addizionale 7 CEDU**).

La giurisprudenza CEDU ha quindi elaborato una categoria molto ampia, nella quale tendono a sfumare, ai fini delle garanzie previste dalla Convenzione, le distinzioni tra reati ed illeciti amministrativi e tra pene e sanzioni amministrative. Così, ad esempio, nell'importante sentenza ***Grande Stevens c. Italia***, 2014, è stata riconosciuta la natura sostanzialmente penale – con conseguente applicazione del divieto di doppio giudizio o «*ne bis in idem*» – dell'illecito di «manipolazione del mercato», previsto dal Testo Unico in materia di intermediazione finanziaria (art. 187-*ter*, d.lgs. n. 58/1998, c.d. T.U.F.), il quale, pure, è «etichettato» dal legislatore nazionale quale illecito amministrativo.

Occorre considerare, a tale riguardo, che la Corte costituzionale ha recentemente chiarito che l'accertamento della natura «sostanzialmente penale» di una norma, compiuto ai sensi dei criteri elaborati dalla giurisprudenza della Corte EDU, comporta l'applicazione delle sole garanzie previste dallo stesso diritto convenzionale (si tratta della sentenza, già richiamata, Corte cost., n. 43/2017). In questo modo, la Consulta ha confermato la libertà per ogni Stato di adottare propri criteri classificatori per distinguere il reato dalle altre tipologie di illecito, affermando, allo stesso tempo, la perdurante validità dei criteri formali di distinzione tra illeciti, in ragione del fatto che **solo alle norme formalmente penali si applicano le altre garanzie costituzionali – aggiuntive rispetto a quelle CEDU – previste**, nel diritto interno, **per i soli reati** (si trattava, nella specie, della garanzia disposta dall'art. 30, comma 4, l. n. 87/1953, il quale riconosce alle declaratorie di incostituzionalità delle norme *penali* effetti analoghi a quelli previsti, ai sensi dell'art. 2, comma 2, c.p., per l'*abolitio criminis*; v. P. II, Cap. II, par. 2).

Da ultimo, e tornando sul piano interno, va considerata la possibilità di una distinzione **sostanziale** fra **reato** ed **illecito amministrativo**.

Norme di cultura e criteri distintivi qualitativi

Ebbene: qui bisogna ribadire che vi è una **maggiore «contiguità»** tra illecito penale ed amministrativo di quanto non ve ne sia fra illecito penale e civile. Dunque: il reperimento di criteri distintivi di taglio sostanziale si fa più complicato e delicato. Anzi, questa «vicinanza» – anche di disciplina (si pensi alla l. n. 689/1981, ed al carattere «parapenale» di molte delle norme in essa previste) – ha portato gran parte della dottrina contemporanea a rinunciare a cercare criteri distintivi di tipo qualitativo, e ad optare per una semplice distinzione **quantitativa** fra i due illeciti: il **reato** – in questa prospettiva «rinunciataria» – sarebbe *sic et simpliciter* **più grave dell'illecito amministrativo**.

Una tale opinione viene avversata da una parte della dottrina, che ritiene insufficiente il richiamo a distinzioni puramente quantitative e si sforza di trovare differenziazioni sul piano **qualitativo**.

Noi riteniamo che quanto detto in relazione alla **concezione sostanziale del reato** possa valere anche al fine di suggerire **criteri distintivi sostanziali e qualitativi** fra illecito penale ed illecito amministrativo. In particolare, si è detto che al **reato** debbono corrispondere **norme sociali o di cultura** nell'ambito delle quali quel fatto viene a grande maggioranza reputato come **«criminoso»** (o meglio: **degno di sanzione detentiva**). Ebbene: applicando questo «test» al problema in esame, si può dire che laddove la pubblica opinione **avverta la dannosità sociale** di un certo comportamento, ma **non ritenga che esso debba essere punito con una sanzione detentiva** (in quanto non criminoso), al legislatore resta aperta la strada per la **sanzione amministrativa** e dunque per la creazione di un **illecito amministrativo**.

Facciamo un esempio: tutti avvertono la dannosità per la collettività di un **parcheggio in divieto di sosta**; ma nessuno riterrebbe opportuno punire il parcheggiatore abusivo con una pena detentiva. In altre parole, nessuno – o comunque pochi – riterrebbero «criminosa» una simile condotta, pur trasgressiva di una norma ed obiettivamente dannosa. Infatti: il parcheggio in divieto di sosta costituisce **illecito amministrativo**, non penale. Ben diversa sarebbe l'opinione dei consociati di fronte, ad esempio, ad un **sorpasso in curva cieca ad alta velocità**: ebbene, in questo caso, avrebbe senso punire simili «pirati della strada» con una sanzione penale. Il nostro attuale codice della strada prevede, per tale ipotesi, una semplice sanzione amministrativa (art. 148 commi 10 e 16): ma non è detto che questa sia la soluzione più opportuna. Da noi, tale fatto era considerato reato sino a pochi lustri orsono, e in altri ordinamenti condotte così pericolose sono oggetto di intervento del diritto penale.

In ogni caso, resta valido il rilievo che **non ogni fatto che la pubblica opinione reputa «criminoso» debba essere per ciò stesso assoggettato a sanzione penale**. Il legislatore ha sempre il dovere di operare da «mediatore» tra le istanze di criminalizzazione espresse dalla pubblica opinione e le esigenze di una corretta scienza e tecnica della legislazione penale.

Comunque, pare che attraverso il riferimento alle «norme di civiltà» ed alla sopra proposta concezione sostanziale del reato, si possano fornire strumenti utili al legislatore in relazione alla pur difficile opzione fra illecito penale ed illecito amministrativo: la distinzione fra reato ed illecito amministrativo, dunque, può e deve essere anche **qualitativa**. Né lo studioso deve farsi fuorviare dalla eventuale sussistenza – nel diritto penale attuale – di esempi che non rispecchiano l'accennato rapporto con le *Kulturnormen*. Il fatto che il diritto positivo mostri esempi di «errori» del legislatore, o di norme ormai superate da una realtà sociale in movimento, non deve indurre a pensare che il riferimento alle norme di cultura non possa essere utile, quantomeno, *de lege ferenda*, nel delicato momento in cui il legislatore deve «optare» per la previsione di un reato o di un illecito amministrativo.

A questo proposito, occorre considerare che, come anticipato, la distinzione meramente *formale* tra il reato e le altre forme di illecito (anzitutto rispetto all'illecito amministrativo) è almeno in parte entrata in crisi, negli ultimi decenni, a causa dell'approccio sostanzialistico assunto dalla giurisprudenza sovranazionale, e dai riflessi di questa sul diritto interno. La giurisprudenza CEDU, infatti, attraverso una definizione di «materia penale» autonoma rispetto ai singoli Stati, ha tracciato il perimetro di una più ampia categoria di **«diritto punitivo»**, capace di superare, seppur entro i limiti già evidenziati e sottolineati dalla Corte costituzionale, le distinzioni e le "etichette" utilizzate dai singoli paesi, e di ricomprendere al proprio interno, oltre a tutte le fattispecie di reato, anche gran parte degli illeciti amministrativi. Tale esercizio, come detto, ha delle ricadute pratiche di assoluto interesse, perché all'inclusione in questa ampia categoria di "materia penale" o "diritto punitivo" segue l'applicazione di garanzie, previste dalla CEDU, che potrebbero al contrario non essere riconosciute, stando alle tradizionali categorie nazionali.

I criteri di inclusione nella «materia penale» di una certa norma sono, come visto, sostanziali e non formali, ed operano con riferimento al caso concreto (in una prospettiva di massimizzazione delle tutele per i singoli destinatari di quelle norme). Tuttavia, occorre notare che l'approccio sostanziale proprio della giurisprudenza CEDU sia diverso da quello proposto nelle pagine precedenti, e relativo alla distinzione tra reato ed illecito amministrativo. Le sentenze della Corte di Strasburgo, infatti, non guardano tanto a **cosa** viene vietato dalla norma (e quindi al disvalore, anche sociale e culturale, del comportamento vietato dalla norma), quanto alla **funzione** di quel divieto e della sanzione comminata e a quali siano le **conseguenze**, per il destinatario, in caso di violazione del relativo precetto.

3. Delitti e contravvenzioni.

Ricordiamo al lettore che i reati si dividono in due categorie: **delitti** e **contravvenzioni**. Nel nostro codice, ad es., il **secondo libro** (artt. 241-649-*bis*) concerne **i delitti**; ed il **terzo libro** (artt. 650-734-*bis*) contiene le **contravvenzioni**.

Distinzione formale

Sotto il profilo **formale**, la distinzione fra delitti e contravvenzioni è semplice. Anche qui è la **sanzione** apprestata dall'ordinamento che decide: se il fatto è punito con la pena dell'**ergastolo**, della **reclusione** o della **multa**, siamo di fronte ad un **delitto**. Se il fatto è punito con la pena dell'**arresto**, o dell'**ammenda**, siamo di fronte ad una **contravvenzione** (art. 17 c.p.).

Il problema della distinzione sostanziale fra criteri quantitativi e criteri qualitativi

Anche in questo caso, peraltro, il problema maggiore concerne il quesito se si possano individuare criteri distintivi **sostanziali** fra le due tipologie di reati.

Storicamente, la ricerca di una distinzione fra delitti e contravvenzioni ha creato non pochi grattacapi agli studiosi. Anche in questo caso, si contrapposero due tesi: l'una che vedeva i delitti come qualcosa di **qualitativamente** diverso dalle contravvenzioni, ed un'altra secondo la quale la differenza fra le due categorie di reati si poneva in termini semplicemente **quantitativi**.

Oggi, è preponderante la tesi che differenzia delitti e contravvenzioni in termini semplicemente **quantitativi**. In sostanza: i delitti sarebbero reati **più gravi** delle contravvenzioni.

Sul fatto che i delitti siano più gravi delle contravvenzioni, in linea di massima, pare agevole essere d'accordo. Ma è possibile rintracciare criteri distintivi più «pregnanti» ed appaganti, e soprattutto maggiormente **capaci di vincolare** in qualche modo la **discrezionalità** del legislatore nelle sue scelte?

Pur senza approfondire più di tanto la storia della distinzione in esame, va ricordato che un tempo la distinzione fra delitti e contravvenzioni **corrispondeva sostanzialmente alla differenza che vi è oggi fra reati ed illeciti amministrativi**. Infatti, in primo luogo non esistevano gli illeciti amministrativi (o comunque non erano inquadrati in un sistema come quello odierno); ed in secondo luogo le contravvenzioni, talora denominate **trasgressioni**, erano in sostanza riconducibili alla categoria degli **«illeciti di polizia»**, e cioè illeciti che non erano di competenza della magistratura ordinaria, ma, appunto, della «polizia».

In un simile, diverso quadro, si era affermata – nella tradizione italiana – una netta differenziazione di taglio **qualitativo** fra le due categorie di illeciti. Infatti, solo i **delitti** erano **illeciti criminali** a tutti gli effetti; mentre le **contravvenzioni** o trasgressioni erano qualcosa di minore, che **non aveva «spessore criminale»**. La distinzione dunque – un po' come oggi ribadisce questo testo in relazione alla contrapposizione fra reati ed illeciti amministrativi – era fondata sui rapporti fra l'illecito e la coscienza sociale, e sul concetto di bene giuridico: solo i delitti erano contrari alle più importanti norme morali o di cultura diffuse tra la gente; e solo i delitti comportavano la lesione di un bene giuridico (o di un diritto soggettivo, nella terminologia più risalente).

Mala in se* e *mala quia vetita

Altrimenti detto, i **delitti** erano corrispondenti ai ***mala in se***, ovvero fatti che la stessa coscienza sociale considerava «malvagi», a prescindere dalla loro qualificazione giuridica (omicidio, stupro, rapina, ecc.); le **contravvenzioni** erano corrispondenti ai ***mala quia vetita*** (o *prohibita*), e cioè erano fatti «neutri» dal punto di vista morale, che peraltro divenivano fatti riprovati **in quanto vietati** dal legislatore. In sostanza: nei *mala in se* la qualifica di illecito di un comportamento **precedeva** la scelta del legislatore; nei *mala quia vetita*, viceversa, la qualifica di illecito di un comportamento **seguiva** la scelta del legislatore, dal momento che era la scelta punitiva del legislatore che faceva scattare anche nella pubblica opinione un giudizio di illiceità, legato esclusivamente alla contrarietà alla legge di quel comportamento.

Oggi, un simile criterio distintivo **non sarebbe accettabile**, più che altro perché sono gli **illeciti amministrativi** che hanno, per così dire, **«preso il posto» delle contravvenzioni**, nella «scala gerarchica» degli illeciti. Le **contravvenzioni**, di fronte alla creazione di un sistema organizzato, extrapenale, di illeciti amministrativi – come quello realizzato in Italia soprattutto con la l. n. 689/1981 – potevano addirittura **rischiare l'estinzione**. Quale ruolo potevano infatti giocare, se il posto che avevano tradizionalmente occupato era stato di fatto «rubato» dagli illeciti amministrativi? Non è mancato infatti qualche studioso che – sulla scia di quanto è **avvenuto in Germania** – **ha prospettato** l'idea della **soppressione delle contravvenzioni**.

Sopprimere le contravvenzioni?

Ma vi è anche chi ha **vigorosamente replicato** ad una simile prospettiva (PADOVANI), evidenziando che quello dei **delitti e delle contravvenzioni**, nonostante le vicissitudini storiche, sarebbe una sorta di **«binomio irriducibile»**. Ciò sarebbe confortato anche dalla diversa disciplina prevista per delitti e contravvenzioni nel nostro codice. Tra l'altro: i **delitti** sono sempre punibili a titolo di **dolo** (salva deroga espressa del legislatore), mentre l'elemento soggettivo tipico minimo delle **contravvenzioni** è la colpa (art. 42 c.p.); il **tentativo** è configurabile nei delitti e non nelle contravvenzioni (art. 56 c.p.); l'**oblazione** è ammissibile solo con riferimento a certe **contravvenzioni**, e non ai delitti (art. 162 e 162-*bis* c.p.).

Tenendo conto di queste differenze, si potrebbe individuare una **diversa struttura** rispettivamente nei delitti e nelle contravvenzioni. I primi sarebbero incentrati sul modello del **reato di danno**, o di **pericolo concreto**; le seconde sarebbero maggiormente adattabili a contenere illeciti di **pericolo astratto**, specie di indole **precauzionale** (es.: l'omesso collocamento o rimozione di segnali o ripari: art. 673 c.p.). Inoltre, lo schema contravvenzionale si adatterebbe a reati sul modello **dell'esercizio di attività o del possesso di cose pericolose senza autorizzazione o senza aver effettuato certe denunce** (es.: detenzione abusiva di armi: art. 697 c.p.).

La tesi appare da condividersi sotto il profilo teorico, e recupera una qualche forma di distinzione **qualitativa** fra le due categorie di reati.

Depenalizzazioni

In pratica, peraltro, in ordine a numerose ipotesi di contravvenzioni – anche nell'ambito del codice, sino a qualche tempo fa «roccaforte» difficilmente attaccabile – si sta via via scegliendo la strada della **depenalizzazione** (negli anni più recenti, si veda il d.lgs. n. 507/1999, che ha depenalizzato contravvenzioni precauzionali «classiche», quali quelle di cui all'art. 664. Nello stesso senso è riscontrabile, da ultimo, la depenalizzazione realizzata dai d.lgs. n. 7 e 8 del 2016, che ha segnato un generale arretramento dell'area di intervento penale negli illeciti c.d. bagatellari; pur riguardando, invero, non solo contravvenzioni ma anche molte fattispecie delittuose). Altre contravvenzioni (come peraltro alcuni delitti) sono state destinate alla competenza del **giudice di pace**, andando così incontro ad una sorta di «declassamento» (d.lgs. n. 274/2000).

Insomma: il «binomio irriducibile» rischia davvero di «ridursi». Anche se va considerato, da un lato, il fatto che sussistono ancor oggi **miriadi di contravvenzioni** nelle c.d. **«leggi complementari»**. E, dall'altro, il fatto che in alcuni dei **progetti di riforma** del codice penale (PAGLIARO, RIZ e GROSSO) le contravvenzioni vengono **riconfermate**. Il che fa pensare che il «binomio» delitti/contravvenzioni continuerà a caratterizzare anche nel futuro il nostro diritto penale. Va peraltro preso atto del fatto che i più recenti progetti Nordio e Pisapia hanno optato per l'eliminazione delle contravvenzioni.

4. Bipartizione e tripartizione.

Il reato, nel suo risultato finale, si manifesta come un qualcosa di **unitario**. Peraltro, esso può essere considerato **analiticamente** nei suoi **«ingredienti»**: la **«ricetta» del reato** li elenca e ne descrive importanza e collocazione.

Ma, proprio come avviene nell'arte culinaria, anche nel diritto penale i vari «cuochi» hanno elaborato diverse «ricette» in materia di reato.

In particolare, esistono **due tesi** contrapposte: l'una che individua nel reato **due ingredienti**, e l'altra che individua nel reato **tre ingredienti**. La prima teoria è quella della c.d. **bipartizione**; la seconda teoria è quella della c.d. **tripartizione**.

Secondo la teoria **«bipartita»**, il reato sarebbe composto da **due elementi** (che equivalgono terminologicamente agli «ingredienti» delle ricette): l'**elemento oggettivo** e l'**elemento soggettivo**. Secondo la teoria **«tripartita»**, il reato sarebbe composto da tre elementi: la **tipicità**, l'**antigiuridicità**, la **colpevolezza**.

Gli studiosi del diritto penale hanno letteralmente sparso fiumi di inchiostro nella **disputa fra bipartizione e tripartizione**. Qui non interessa approfondire troppo questa polemica, a volte neppure troppo esaltante nelle elucubrazioni che l'hanno contraddistinta nei decenni. Basterà sintetizzare l'argomento al fine di dare al lettore – specie al «principiante» – un'idea della questione; e di permettergli di meglio comprendere in seguito la trattazione sulla dogmatica del reato, anche in relazione alle sue possibili applicazioni pratiche.

La **bipartizione** è quella seguita, sin dall'Ottocento, dalla **scuola classica italiana** del diritto penale (CARMIGNANI, CARRARA, e così via). Ancor oggi vanta numerosi sostenitori (es.: ANTOLISEI/CONTI, F. MANTOVANI), ma appare decisamente in declino. Molto **più «in voga»** è ai nostri giorni la **tripartizione**, che – elaborata in un primo tempo in Germania (BELING ed altri) – ha cominciato ad affacciarsi sulla scena italiana soprattutto con DELITALA, negli anni Trenta del Novecento, ed ha via via incontrato sempre più numerosi e convinti sostenitori (es.: FIANDACA-MUSCO, FIORE). Anche se non si può dire che esista una sola tesi tripartita, poiché nell'ambito dei sostenitori della tripartizione vi sono, in realtà, molte posizioni fra loro distinte.

Non manca infine chi, *last but not least*, ha sostenuto la praticabilità di una **quadripartizione** (MARINUCCI-DOLCINI), che peraltro parte da un'adesione di base alla tripartizione, aggiungendo un quarto elemento al reato (la **punibilità**); ma è troppo presto per valutare l'impatto di quest'ultima tesi sulla dottrina italiana.

Quali i vantaggi e gli svantaggi della bipartizione, e quali i vantaggi e gli svantaggi della tripartizione? A tal fine, vanno spiegati un po' meglio i singoli elementi individuati nell'ambito della bipartizione e della tripartizione.

Teoria della bipartizione

Partiamo dalla **bipartizione**: essa distingue, come si accennava, fra **elemento oggettivo** ed **elemento soggettivo**. L'elemento **oggettivo** sarebbe composto da **tutti i dati oggettivi** del reato (**condotta, evento, nesso causale**, ecc.); l'elemento **soggettivo** del reato sarebbe composto dal **dolo**, o dalla **colpa**, o da altro elemento di natura, appunto, soggettiva (es.: la preterintenzione). Residua un problema: come classificare elementi come le **cause di giustificazione** (es.: legittima difesa), che, come vedremo, eliminano la sussistenza del reato? Essi, a giudizio di molti dei sostenitori della bipartizione, andrebbero considerati quali **elementi negativi del fatto**, all'interno dell'elemento oggettivo del reato. Il quale, prendendo ad esempio l'omicidio, sarebbe dunque da (ri)descrivere nel modo seguente: «chiunque cagiona la morte di un uomo **non trovandosi in stato di legittima difesa, ecc.**, è punito...».

Teoria della tripartizione

Quanto alla **tripartizione**, essa distingue, come si diceva, tra tipicità, antigiuridicità e colpevolezza. La **tipicità** sarebbe la **conformità del fatto al tipo** dell'illecito descritto dal legislatore (ad esempio: nella violenza sessuale: l'aver costretto altri, con violenza, minaccia o abuso di autorità a subire o compiere atti sessuali). La **antigiuridicità** si sostanzierebbe nella **assenza di cause di giustificazione**, la cui presenza **eliminerebbe il contrasto del fatto col diritto** (è antigiuridico, dunque, un fatto se non ricorre la legittima difesa, né altre **cause di giustificazione in senso stretto**). La **colpevolezza** evidenzierebbe la **rimproverabilità** dell'agente, e dunque si sposterebbe sul piano della «possibilità di agire altrimenti» da parte del singolo autore del reato (si pensi al «pazzo» che, a causa di un'allucinazione, compie un omicidio).

La **bipartizione** ha il pregio della **semplicità** e dell'**immediatezza**. Non a caso anche gli studiosi anglosassoni – che per indole rifuggono eccessivi dogmatismi e sono maggiormente portati al pragmatismo – accolgono una sorta di bipartizione, e non (salvo eccezioni) la tripartizione. Inoltre, la distinzione tra sfera oggettiva e sfera soggettiva, nell'ambito della descrizione dei comportamenti umani, è distinzione che poggia indiscutibilmente sulla stessa «natura delle cose», e non a caso tutti i filosofi classici l'hanno da sempre adottata.

Adesione alla teoria tripartita

Peraltro, va riconosciuto alla **tripartizione** che essa **coglie con più nitore e profondità** alcuni dei tratti tipici del **concetto di reato**, ed appare maggiormente in grado di aiutare a comprendere certe scelte **dogmatiche** – ma anche certe opzioni **applicative** – di cui parleremo a tempo debito (es.: la distinzione fra «giustificanti» e «scusanti»). Tra l'altro, se, attraverso la teoria degli elementi negativi del fatto, i sostenitori della bipartizione riescono ad inquadrare in qualche modo – seppur in fondo un po' artificiosamente – la categoria della antigiuridicità (di cui diremo meglio tra breve), l'elemento della **colpevolezza** appare invece del tutto assente, ed irrecuperabile, all'interno della semplicistica struttura bipartita. Infatti, essa non potrebbe trovare posto nell'ambito dell'elemento soggettivo, che si limita a comprendere elementi «psicologici» di tipo soggettivo, quali il dolo e (come negativo del dolo) la colpa.

E la rinuncia alla categoria della colpevolezza, categoria da qualche sostenitore della bipartizione espressamente avversata (es.: NUVOLONE), appare scarsamente appagante, dal momento che anzi la colpevolezza è senza dubbio il settore di studio del reato che si pone al centro del dibattito più moderno *in criminalibus* (v. ad es. DONINI). E che appare in grado di prospettare le soluzioni forse più interessanti ed innovative anche in vista della costruzione di un diritto penale futuro.

Precisazione

Dunque, riteniamo anche **noi** di poterci schierare tra i sostenitori, sempre più numerosi, della **tripartizione**, rammentando peraltro che non tutte le tripartizioni sono uguali. E con una **precisazione**: la **bipartizione**, come si è segnalato giustamente in dottrina (similmente, FIORELLA), **non** deve perciò stesso ritenersi **inutile**. All'interno dell'adozione della tripartizione, e nell'ambito della scansione analitica della categoria della tipicità, la bipartizione può ancora giocare un ruolo importante: ma di ciò diremo al prossimo paragrafo.

5. Tipicità, antigiuridicità e colpevolezza.

Adottata la tripartizione (con il correttivo di cui si dirà fra breve), occorre analizzare i tre elementi del reato appena un po' più a fondo.

Tipicità

Cominciamo dalla **tipicità**. Essa è detta anche **«conformità al tipo»** del reato, e si sostanzia nel **fatto tipico** (talora si parla anche di **fattispecie tipica**).

Un esempio chiarirà subito il concetto: si pensi all'omicidio doloso (art. 575 c.p.). In questo caso, la norma descrive un **fatto**, consistente nel **cagionare la morte di un uomo**. Questo fatto si dice tipico, perché appunto è conforme al «tipo» di fatto descritto dalla norma. Un altro e diverso «tipo di fatto», ossia un altro **fatto tipico**, è quello descritto dall'art. 609-*bis* c.p., comma 1, che contempla il delitto di **violenza sessuale**. Qui, la fattispecie tipica – la tipicità insomma – si sostanzia nel **compimento di atti sessuali mediante costrizione della vittima,**

attuata attraverso violenza, minaccia, o abuso di autorità. Questo è il fatto tipico.

Come si nota, la **tipicità** non è altro che **l'insieme degli elementi fattuali descritti dal legislatore nell'ambito di una singola disposizione incriminatrice**. La tipicità è il **primo** degli elementi del reato.

Dalla tipicità emergono, infatti, sia il **«disvalore di azione»** (es.: la costrizione violenta e la realizzazione degli atti sessuali nella violenza sessuale); che il **«disvalore di evento»** del reato stesso (es.: la lesione del bene giuridico della **libertà sessuale**, sempre nel medesimo reato). Dunque, la **tipicità** rappresenta la realizzazione normativa, a livello di singola fattispecie, dei **principi costituzionali di determinatezza e frammentarietà**, da un lato; e di **offensività** dall'altro. La determinatezza e la frammentarietà si manifestano soprattutto nella descrizione della **condotta tipica** costitutiva del reato (azione, omissione, ed «elementi concomitanti»). L'offensività si concretizza principalmente nell'**evento**, o comunque nel risultato finale della condotta tipica, da cui emerge e si staglia il **bene giuridico** specificamente protetto dalla norma incriminatrice (si pensi all'omicidio e al bene giuridico «vita»).

Ancora, è importante che la tipicità **rifletta un substrato empirico-criminologico** che riconnette la descrizione del fatto di reato alle esigenze sociali di riferimento. È questo il modo, d'altra parte, in cui hanno la loro **«genesi» le fattispecie penali**: dal manifestarsi di un problema, un fenomeno sociale che viene visto come sempre più dannoso, sino ad assumere, nelle norme di cultura ancor prima che nel mondo del diritto, il carattere di «episodio criminoso». Il legislatore, di solito, recepisce queste indicazioni dalla società, e costruisce fattispecie penali modellate su quelle esigenze.

Il problema della collocazione dell'elemento soggettivo

Un problema può porsi in relazione alla «collocazione» del **dolo** e della **colpa**. Qui le posizioni dogmatiche si fanno variegate e spesso complicate. Per semplificare, ma anche per motivi di carattere sostanziale, riteniamo opportuno «sistemare» sia il dolo che la colpa già nell'ambito della **tipicità**, conformandoci da questo punto di vista all'opinione di alcuni autori (es.: FIORE).

Un esempio dovrebbe chiarire la questione anche in questo caso: l'**omicidio** può essere **doloso** (art. 575 c.p.) o **colposo** (art. 589 c.p.). Ma non si tratta dello stesso **fatto tipico** realizzabile in **due modi diversi**. Si tratta, a ben vedere, di **due diversi fatti tipici**. La riprova è data dal fatto che anche dal punto di vista delle **«norme di cultura»** un **omicidio doloso** è **ben altra cosa** rispetto ad un **omicidio colposo**. Si pensi alla differenza che ciascuno avverte fra i seguenti due casi: Tizio che per odio accoltella Caio; e Mevio che colloca un pesante vaso di fiori sul davanzale di una finestra molto esposta e senza alcuna protezione, così che alla prima forte folata di vento lo stesso cade centrando in pieno il povero Sempronio, che stava passeggiando per la via! Del resto, la **collocazione** delle due fattispecie in **due norme distinte** e distanti fra loro; la storia delle due fattispecie, che le vede differenziate ed autonome fra loro dall'antichità; e la **differenza abissale di pena** fra l'una e l'altra ipotesi (da sei mesi a cinque anni per l'omicidio colposo; da un minimo di ventuno anni per l'omicidio doloso): tutti questi rilievi evidenziano la differenza di **tipicità** fra l'una e l'altra ipotesi.

Se anche il dolo e la colpa contribuiscono alla definizione del fatto tipico, se ne deduce che anche **all'interno della tipicità** possiamo distinguere fra **elemento oggettivo** ed **elemento soggettivo**: nel «tipo» dell'omicidio doloso, si potrà ad es. distinguere fra «causazione della morte di un uomo» (elemento oggettivo), e dolo relativo (elemento soggettivo). Dunque, quantomeno a nostro modo di vedere, la **bipartizione** può giocare comunque un ruolo **all'interno della sistematica tripartita**: nel senso che, nell'ambito della **tipicità**, si può e si deve distinguere fra **elemento oggettivo** ed **elemento soggettivo**.

Un ultimo cenno sul problema dell'inserzione del dolo e della colpa all'interno della stessa tipicità: questa scelta non deve pregiudicare la possibilità – per lo studioso e per lo stesso giudice nel processo – di valutare **anche nell'ambito del giudizio di colpevolezza almeno alcuni aspetti sia del dolo che della colpa**. Ma di ciò diremo fra breve.

Antigiuridicità

Passando ora all'**antigiuridicità**, essa si configura come **«contrarietà del fatto (tipico) al diritto»**. Ciò corrisponde alla stessa etimologia del termine, che si compone del prefisso «anti» (= contro), e del termine «giuridicità» (= conformità al diritto).

In sostanza, il punto è questo: per la configurazione del reato **non basta che vi sia il fatto tipico**. Occorre anche che esso si sia realizzato ***contra ius***.

Facciamo subito un esempio per chiarire: Tizio uccide volontariamente Caio con un colpo di pistola. Vi è il fatto tipico dell'omicidio doloso. Ma se Tizio ha agito spinto dalla necessità di difendersi da Caio che, armato, lo aveva proditoriamente aggredito e che lo voleva uccidere, non vi sarà il **reato** di **omicidio**, perché Tizio ha agito in stato di **legittima difesa**. Detto altrimenti, il comportamento di Tizio è in questo caso **conforme**, e **non contrario al diritto**, dal momento che sussiste, nel caso di specie, una **causa di giustificazione**: **manca** allora l'**antigiuridicità**, che vi sarebbe se Tizio non avesse agito in presenza della legittima difesa o di altra causa di giustificazione.

Cause di giustificazione

L'**antigiuridicità**, insomma, equivale **all'assenza di cause di giustificazione**. E cosa sono le **cause di giustificazione**? Sul punto torneremo *ex professo* più avanti (P. III, Sez. II, Cap. I). Basti qui rilevare che esse sono **situazioni che «giustificano»**, appunto, la commissione del fatto tipico da parte dell'agente. Si possono ricordare tra le cause di giustificazione la legittima difesa, lo stato di necessità (ma sul punto, per precisazioni, rinviamo ad altra sede: P. III, Sez. II, Cap. III), il consenso dell'avente diritto, l'esercizio del diritto, l'adempimento del dovere (ed entro certi limiti l'uso legittimo delle armi). Esse giustificano pienamente il fatto, nel senso che esso diviene a tutti gli effetti conforme al diritto (il verbo stesso «giustificare» deriva, etimologicamente, da *ius*, e cioè «diritto», e significa appunto «rendere conforme al diritto»).

Proprio per questo motivo, la dottrina maggioritaria ritiene che le **cause di giustificazione** non siano istituti «endopenalistici», ma siano **situazioni che rilevano nell'ambito dell'ordinamento giuridico considerato nel suo complesso**. Sicché, ad es., un fatto commesso in stato di legittima difesa non solo negherebbe la sussistenza di un reato, ma altresì implicherebbe la **negazione di un qualsiasi altro illecito**. Così, il Tizio di cui all'esempio precedente dell'omicidio giustificato dalla legittima difesa **non** dovrebbe essere neppure tenuto al **risarcimento dei danni** nei confronti dei parenti superstiti di Caio.

Non a caso, il codice civile italiano contempla la legittima difesa come causa di esclusione della responsabilità civile (art. 2044 c.c.). Parte della dottrina, peraltro, ritiene che, almeno in certe ipotesi, le cause di giustificazione avrebbero efficacia giustificante limitatamente al solo **diritto penale**.

L'assenza di antigiuridicità del fatto, rendendo come detto del tutto «conforme a diritto» il fatto stesso, ha importanti ripercussioni in materia di **concorso di persone nel reato** ed anche si riflette sulla stessa disciplina delle **cause di giustificazione**.

Sotto il primo profilo, se Sempronio offre il suo ausilio a Tizio che uccide Caio in stato di legittima difesa, Sempronio non commetterà a sua volta alcun reato; sotto il secondo profilo, sempre tornando all'esempio precedente, se Tizio reagisce in stato di legittima difesa all'aggressione di Caio, Caio non potrà reagire a sua volta contro Tizio in stato di legittima difesa, dal momento che l'offesa di Tizio nei confronti di Caio sarebbe «giusta» e non «ingiusta» (cfr. art. 52 c.p.).

Colpevolezza

Passiamo ora, *last but not least*, al **terzo elemento del reato**: la **colpevolezza**. Essa consiste nella **rimproverabilità del fatto** all'agente, rimproverabilità che si basa su di un giudizio normativo di **esigibilità** della condotta conforme al diritto da parte del soggetto attivo del reato. Sotto altra angolazione, si può anche dire che la **colpevolezza** si sostanzia nell'«**essere in grado di agire altrimenti**» da parte del reo.

Facciamo anche qui subito un esempio, al fine di rendere più semplici questi concetti apparentemente astrusi. Se Tizio uccide Caio perché affetto da una forma di schizofrenia che gli fa credere che Caio sia un serpente a sonagli, che «rimprovero» possiamo muovere a Tizio per l'omicidio da lui commesso? Egli – detto con le parole del *quisque de populo* – «non ha colpa» per aver fatto quello che ha fatto. Ecco che in questo caso, in «gergo» penalistico, si dice che Tizio non aveva **colpevolezza** al momento della sua azione. In relazione a questa ipotesi, la dottrina tradizionale e lo stesso codice parlano di assenza di «imputabilità», ma la dottrina più recente – nell'ambito della tripartizione – colloca la stessa imputabilità (come meglio vedremo) all'interno della colpevolezza.

Ma si può anche fare un altro esempio (elaborando una norma di fantasia). Tizio acquista una «bombola per gas»; il venditore non lo avverte che chi detiene una simile bombola deve farne denuncia entro 24 ore dall'acquisto all'autorità; Tizio omette la denuncia. Ebbene: questo sarebbe un classico caso di **errore scusabile sul precetto** (v. *amplius infra*, P. III, Sez. III, Cap. V). Anche questo errore non pare «rimproverabile» a Tizio, che non era neppure stato avvertito dal rivenditore del peculiare obbligo che gli incombeva a cagione di un acquisto apparentemente innocente. Dunque: mancherebbe in questo caso la **colpevolezza**, e così sarebbe insussistente il **terzo elemento** del reato. In sostanza, non vi sarebbe un reato.

La **colpevolezza** è, a differenza dell'antigiuridicità, requisito caratteristico del **solo diritto penale**. Essa presuppone un **giudizio di tipo individuale**, e si ritaglia – nei limiti entro cui ciò sia consentito nell'ambito del diritto – sulla **singola persona** che incappa nella commissione di un fatto tipico ed antigiuridico. La mancanza di colpevolezza non determina il venir meno della contrarietà del fatto al diritto. Il fatto rimane invero (oltre che tipico) antigiuridico, ma il soggetto che lo ha commesso non è punibile, perché appunto **non colpevole**, nel senso di **non rimproverabile**.

Le «scusanti»

Le **cause di esclusione della colpevolezza** si dicono – anche se la dottrina non è tutta concorde sul punto – anche **«scusanti»**: esse infatti hanno il solo effetto di **«scusare»** il soggetto che ha realizzato il fatto, ma non hanno la forza di «giustificare» quest'ultimo. Ciò comporta **ripercussioni pratiche** notevoli, ad es., in tema di **concorso di persone** e di **legittima difesa**, speculari a quelle sopra considerate con riguardo alle cause di giustificazione.

In particolare, ad esempio, se Tizio, impazzito, uccide Caio, egli non sarà punibile; ma Mevio, che consapevole della pazzia di Tizio, gli porge una pistola per agevolare l'omicidio, sarà punibile come complice del delitto commesso «incolpevolmente» da Tizio: invero, si tratta di un fatto *contra ius*, ed il compartecipe in questo caso, a differenza di quanto avviene in presenza di una causa di giustificazione, viene giustamente assoggettato a pena. Lo stesso si può dire intorno alla legittima difesa: se Caio aggredisce Tizio in preda ad allucinazioni, Caio non sarà colpevole per il fatto che realizza (es.: tentato omicidio); ma Tizio potrà ciò nondimeno reagire in stato di legittima difesa contro Caio, perché il fatto commesso da Caio è *contra ius*, e cioè antigiuridico, e quindi «ingiusto» (cfr. art. 52 c.p.). Diversamente si porrebbe la questione se l'aggressione da parte di Caio a Tizio fosse «giustificata»: in questo caso, come si è detto più sopra, Tizio non potrebbe reagire a sua volta in stato di legittima difesa, essendo «giusta» l'offesa di Caio nei suoi confronti.

Naturalmente, non è sempre facile distinguere fra «giustificanti» – come si denominano talora le cause di giustificazione

– e «scusanti». Ma il criterio generale deve comunque essere chiaro: le giustificanti determinano il venir meno della contrarietà del fatto al diritto; le scusanti lasciano sussistere tale antigiuridicità, ma escludono la rimproverabilità del singolo agente per ciò che ha fatto.

Dolo e colpa

E il **dolo** e la **colpa**? Essi si collocano, come abbiamo visto, già nell'ambito della **tipicità**. Ma vi è spazio per una valutazione (di alcuni aspetti) del dolo e (di alcuni aspetti) della colpa anche **all'interno della colpevolezza**? Il discorso può qui essere solo abbozzato. Comunque, si può dire che, ad es., nell'ambito delle fattispecie **dolose**, potranno essere presi in considerazione in chiave di colpevolezza i **motivi** che hanno spinto il soggetto a realizzare dolosamente quella azione: in certi casi, la sussistenza di motivi particolarmente apprezzati dall'ordinamento potrà giovare all'imputato non tanto (di norma) per escludere, quanto per ridurre il grado di colpevolezza, con conseguente riduzione di pena (es.: art. 62, n. 1 c.p.). Quanto alla **colpa**, essa potrà rifluire nella colpevolezza soprattutto in relazione alla c.d. **«misura soggettiva»** della colpa, e cioè a quell'aspetto della colpa che si parametra alle **caratteristiche individuali** dell'agente (es.: la cecità è un fattore che può essere preso in considerazione a livello di colpevolezza dell'agente): ma su alcuni di questi profili rinviamo alle trattazioni in tema di dolo e di colpa, rispettivamente (P. III, Sez. III, Capp. II e III).

6. Varie categorie di reati.

Vi sono numerose categorie di reati che appare opportuno descrivere brevemente in questa sede. Essi presentano fra loro differenze sotto il profilo della **tipicità**. Si tratta dunque di **differenze che non bisogna trarre dal comportamento concreto dell'agente, ma dalla conformazione della fattispecie legale, appunto, nella sua tipicità**.

Reati formali e reati materiali

a) Reati **formali** (o di **pura condotta**) e reati **materiali** (o **di evento**).

I reati formali (o di pura condotta) sono reati che consistono nella semplice condotta umana, senza che essa produca alcun risultato separato da essa. L'**evento** è (come meglio si vedrà più oltre: P. III, Sez. I, Cap. III) una **modificazione della realtà naturalistica** prodotta da una condotta umana. Alcuni reati non sono caratterizzati dalla produzione di un evento. Si pensi, ad esempio, alla evasione (art. 385 c.p.): qui, si richiede esclusivamente che il carcerato «evada» dal carcere. Dunque, una volta che il detenuto è uscito dal portone del carcere, il reato si è consumato, senza che sia necessario che un qualche evento ulteriore si produca.

In realtà, anche in reati come quello di evasione si produce una modificazione della realtà: prima dell'evasione, infatti, il detenuto si trovava in carcere; e dopo l'evasione la **realtà naturalistica** è comunque **mutata**, trovandosi il detenuto **fuori dal carcere**. Ma ciò che caratterizza i c.d. reati «di pura condotta» è che l'evento che si produce è comunque coincidente con la condotta, o col segmento finale di essa, senza che sia possibile separare, sotto un profilo cronologico, l'evento dall'azione.

Unici veri reati senza evento sarebbero, a stretto rigore, i reati **omissivi propri** (o puri) (es.: omissione di soccorso: art. 593 c.p.), nell'ambito dei quali, casomai – a giudizio di certa dottrina (CADOPPI) – si può parlare di «non-evento», ossia della mancata produzione di un risultato che l'ordinamento pretendeva che l'obbligato venisse a produrre.

I reati **materiali** (o **di evento**) sono invece caratterizzati dalla presenza di un evento prodotto dalla condotta. Si pensi ad esempio all'**omicidio** (art. 575 c.p.): in questo caso con la sua condotta il soggetto attivo del reato cagiona la morte di un uomo. Si è dunque verificata una modificazione della realtà naturalistica (la morte di un uomo), separata cronologicamente e logicamente dalla condotta che l'ha cagionata.

Nei reati di evento si pone – come si vedrà – il problema del **nesso di causalità**.

I reati **di evento**, a loro volta, si dividono in due categorie:

b) i reati **«a forma libera»** e quelli **«a forma vincolata»**. Sono reati **a forma libera** quelli nell'ambito dei quali il legislatore **non descrive**, nella fattispecie legale, un **certo tipo di condotta** che deve produrre l'evento. Si pensi allo stesso omicidio: qualsiasi condotta viene ritenuta punibile dal legislatore, purché produca l'evento morte. Questi reati sono detti altresì reati **«causalmente orientati»**.

I reati **a forma vincolata**, viceversa, sono reati in relazione ai quali il legislatore richiede che si realizzi l'evento tramite **una certa azione** ben descritta. Reati di questo tipo rappresentano un'applicazione del **principio di frammentarietà** (v. *supra*, P.

I, Cap. II). In questi casi, infatti, il legislatore ritiene che **non tutte le condotte** produttive dell'evento siano da sottoporre ai rigori della sanzione penale, e limita la rilevanza penale a talune di esse connotate da un particolare **«disvalore d'azione»**. Un esempio classico: l'epidemia (art. 438 c.p.), che deve essere cagionata «mediante la diffusione di germi patogeni».

Reati commissivi e reati omissivi

c) Reati **commissivi** e reati **omissivi**.

I reati **commissivi** (o attivi) sono quelli che si commettono mediante **un'azione positiva** (es.: furto: art. 624 c.p.). I reati **omissivi** sono quelli che si commettono mediante **un'omissione** (es.: omissione di denuncia: art. 361 c.p.). I primi corrispondono ad un **precetto negativo**, o **divieto** («non rubare!»); i secondi corrispondono ad un **precetto positivo**, o **comando** («devi fare denuncia!»).

La distinzione è importante. Si approfondirà il punto in sede più idonea. Ma già qui si può evidenziare che nei reati commissivi non si deve individuare alcun «obbligato»; mentre ciò va fatto nell'ambito dei reati omissivi, che, appunto, presuppongono un obbligo in capo al soggetto attivo del reato.

I reati **omissivi**, a loro volta, si dividono in due categorie:

d) reati **omissivi propri** (o **puri**) e reati **omissivi impropri** (o **commissivi mediante omissione**). I reati **omissivi propri** sono caratterizzati dalla **mera non effettuazione di un'azione** (es.: la stessa omissione di denuncia); i reati **omissivi impropri** sono integrati dal **mancato impedimento di un evento** (es.: l'omicidio realizzato dalla mamma che omette di allattare il proprio neonato e ne cagiona la morte).

È soprattutto nell'ambito della seconda categoria – ovvero nell'ambito dei reati omissivi impropri – che si pone il problema della individuazione del soggetto attivo del reato, corrispondente a chi aveva l'obbligo giuridico di impedire l'evento (art. 40, comma 2, c.p.).

Reati dolosi e reati colposi

e) Reati **dolosi** e reati **colposi**.

I reati **dolosi** sono quelli che il legislatore descrive come punibili ad esclusivo titolo di dolo (es.: omicidio volontario: art. 575 c.p.); i reati colposi sono quelli che il legislatore descrive come punibili a titolo di colpa (es.: omicidio colposo: art. 589 c.p.).

Laddove il legislatore tace (come peraltro nello stesso art. 575 c.p.), vale la regola di cui all'art. 42 c.p.: ovvero, **i delitti sono tutti punibili a solo titolo di dolo, salvo che la legge**

disponga espressamente altrimenti; **le contravvenzioni sono punibili indifferentemente a titolo di dolo o di colpa** (salve anche in questo caso deroghe desumibili dalla interpretazione della singola fattispecie contravvenzionale).

f) Reati **istantanei** e reati **permanenti**.

Reati istantanei e reati permanenti

La **fattispecie tipica** può essere costruita in modo che la condotta del soggetto attivo del reato si risolva in un'**unità di tempo**; oppure, la condotta richiesta dalla fattispecie può **perdurare nel tempo**. Col perdurare della condotta, perdura anche la lesione del bene protetto. Nel primo caso abbiamo un reato **istantaneo**, nel secondo caso un reato **permanente**.

Esempi di reato istantaneo: il furto (art. 624 c.p.) e l'omicidio (art. 575 c.p.). Nell'una e nell'altra ipotesi, la condotta tipica del reato può anche durare un attimo (es.: uno sparo). Naturalmente, la durata della condotta deve essere intesa *cum grano salis*, nel senso che la realizzazione di un omicidio, ad es., può necessitare una lunga lotta, e dunque durare anche un'ora. Ma **la fattispecie tipica non lo richiede**. In sostanza, la durata maggiore dell'azione è in queste ipotesi una **semplice «variante»** dell'esecuzione concreta del fatto. Ma non intacca la tipicità, che prevede **l'istantaneità della condotta**. In relazione all'omicidio, poi, non deve fuorviare il rilievo che la morte è qualcosa non di istantaneo, ma, semmai, di «eterno»! Ciò non sposta la istantaneità del reato, perché la «lesione del bene» si verifica istantaneamente, e successivamente si hanno **solo «effetti duraturi» della lesione di quel bene**. Non a caso si parla, in queste ipotesi, (anche il furto, d'altronde, non presenta problemi diversi, poiché il derubato resta per sempre spogliato della sua proprietà, salva la possibilità della restituzione del maltolto) di **reati istantanei con effetti permanenti**.

Nei **reati permanenti** è, dunque, la stessa **fattispecie tipica** che richiede un **perdurare della condotta** (anch'essa tipica). Si pensi, ad esempio, al delitto di **sequestro di persona** (art. 605 c.p.). La «privazione della libertà personale» deve **perdurare necessariamente per un tempo apprezzabile** perché si abbia la condotta tipica del reato. Una semplice privazione momentanea della libertà personale non basterebbe per la realizzazione del fatto tipico (es.: non commetterebbe sequestro di persona chi trattenesse momentaneamente un altro, per poi immediatamente lasciarlo andare libero per la sua strada).

I reati permanenti creano **problemi interpretativi** soprattutto in relazione alla **successione di leggi penali nel tempo**.

Quanto ai **reati omissivi propri**, vi è in dottrina ed in giurisprudenza una certa **confusione**, e si tende ad offrire soluzioni diverse a seconda dei vari settori dell'ordinamento, ma senza che si possano rinvenire, il più delle volte, delle differenze sostanziali fra ipotesi che ricevono soluzioni diverse.

La **giurisprudenza** distingue sostanzialmente i casi in cui il **termine** entro cui va effettuata l'azione è **perentorio**, da quelli in cui è meramente ordinatorio. Nelle prime ipotesi, il reato sarebbe istantaneo; nelle seconde, permanente. Ma una simile soluzione non tiene conto del fatto che, nell'ambito delle **fattispecie di pura omissione, i termini sono sempre perentori**: infatti, se non fosse così, l'obbligato avrebbe «sempre tempo» per adempiere al comando, e il reato non si consumerebbe mai.

Allora, da certa parte della dottrina (CADOPPI, F. MANTOVANI) si è proposto un **criterio diverso**: si dovrebbe guardare alla **fattispecie tipica**, e vedere se essa **richiede al soggetto un'azione che in sé stessa è duratura**, oppure no: nel primo caso si avrebbe un reato omissivo proprio **permanente**; nel secondo caso si avrebbe un reato omissivo proprio **istantaneo**. Si pensi all'ipotesi in cui al soggetto si impone di «conservare delle scritture contabili»: qui il reato sarebbe **permanente**, perché il precetto obbliga ad **un'azione che dura nel tempo**. Diversamente avviene nel caso in cui la norma, ad es., impone ad un datore di lavoro di effettuare una denuncia per l'infortunio di un lavoratore: in questo caso, **l'azione comandata è di tipo istantaneo**, e dunque il **reato** sarà **istantaneo**: dopo il termine, il soggetto non è più obbligato penalmente.

La distinzione ha notevoli riflessi, ad es., in tema di **prescrizione**.

Reati abituali propri, impropri ed eventualmente abituali

g) Reati **abituali propri**, reati **abituali impropri** e reati **eventualmente abituali**.

I **reati abituali propri** sono quelli per la cui **tipicità** è prescritta la **reiterazione della condotta nel tempo**. Ossia: un solo atto non è sufficiente ad integrare il reato. Esempio classico è il reato di **maltrattamenti contro familiari e conviventi** (art. 572 c.p.), che appunto presuppone la reiterazione dei maltrattamenti a danno del familiare o del convivente: un solo atto non sarebbe sufficiente per la realizzazione del reato. Lo stesso si poteva dire in ordine al reato di sfruttamento della prostituzione, nella originaria formulazione del codice penale del 1930 (art. 534 c.p.), che richiedeva che lo sfruttatore si facesse «mantenere» dai guadagni della prostituta.

Nell'ambito dei reati **abituali impropri** viceversa, **la singola condotta può costituire reato**; ma la **reiterazione delle condotte integra un reato diverso o un aggravamento di quel reato**. Quali esempi, si possono menzionare, rispettivamente, l'incesto e la relazione incestuosa (art. 564, commi 1 e 2, c.p.).

Infine, altra categoria elaborata dalla dottrina e soprattutto utilizzata dalla giurisprudenza è quella dei reati **eventualmente abituali**: tali illeciti postulano la **punibilità anche della singola condotta**; ma **in caso di reiterazione non si verificano più reati, sebbene la «forma abituale» dello stesso reato**. Si pensi, ad esempio, allo stesso sfruttamento della prostituzione, nella sua versione successiva al 1958, per lo meno nell'interpretazione giurisprudenziale maggioritaria (art. 3, n. 8, l. n. 75/1958).

Reati di danno e reati di pericolo

h) Reati **di danno** e reati **di pericolo** (**concreto** ed **astratto**).

Già si è detto di questa contrapposizione (P. I, Cap. III). I reati **di danno** sono quelli in cui la tipicità richiede una vera e propria **lesione al bene giuridico** (es.: omicidio: art. 575 c.p.); i reati **di pericolo** sono quelli in cui la fattispecie si «accontenta» della produzione di un pericolo per il bene protetto. L'effettiva produzione del pericolo – in sostanza un vero e proprio **evento di pericolo** – deve essere accertata nell'ambito dei reati di pericolo **concreto** (es.: strage: art. 422 c.p.); diversamente avviene con riguardo ai reati di pericolo **astratto** o **presunto**, nell'ambito dei quali non si ha un evento di pericolo, ed il pericolo per il bene giuridico è presunto nella realizzazione del fatto tipico (es.: rimozione od omissione dolosa di cautele contro infortuni sul lavoro: art. 437 c.p.).

In dottrina si distingue talora fra reati di **pericolo astratto** e **presunto**, ma si tratta di approfondimenti che non possono essere svolti in questo lavoro: piuttosto, va ricordato che i reati di pericolo astratto o presunto creano problemi di difficile compatibilità con il **principio di offensività**: e su ciò rinviamo a quanto già detto in quella sede.

Reati propri e reati comuni

i) Reati **propri** e reati **comuni**.

In ordine al **soggetto attivo** del reato (si cui v. P. III, Sez. I, Cap. II), taluni reati sono **commissibili da «chiunque»**: sono i c.d. reati **comuni**; altri possono essere commessi solo da **determinate categorie di persone**: e si denominano reati **propri**. Come esempi, tra i primi si può menzionare il solito omicidio (art. 575 c.p.); tra i secondi si può pensare al peculato (art. 314 c.p.), nonché ad altri reati contro la pubblica amministrazione.

Ma che tipo di qualifica deve avere il soggetto attivo del reato perché si versi in un'ipotesi di reato proprio? Qui vi sono varie opinioni: vi è chi limita tali qualifiche a qualifiche **«normativamente rilevanti»** (es.: pubblico ufficiale); vi è chi le estende a persone che si trovano in un **qualche rapporto di vicinanza col bene giuridico** protetto dalla norma (si pensi a colui che trova una persona in pericolo nell'ambito dell'omissione di soccorso). Questa seconda opinione unifica in sostanza la categoria del reato proprio a quella del reato **«a soggetto attivo delimitato»**, o **«ristretto»**. Se si accedesse a questa opinione, si dovrebbe concludere **che tutti i reati omissivi propri** sono anche, per ciò stesso, **reati propri**, nel senso di reati a soggetto attivo ristretto; infatti, presuppongono tutti un **obbligo giuridico** in capo a qualche soggetto determinato. È questa una opinione condivisibile, perché in sostanza i problemi interpretativi che si pongono rispetto ai reati propri (es.: il dolo rispetto alla posizione o qualifica del soggetto attivo; oppure la individuazione del soggetto attivo del reato; la particolare vicinanza al bene giuridico del soggetto) si pongono anche in relazione ai reati a soggetto attivo delimitato.

Ulteriori categorie di reati

l) Esistono poi **ulteriori categorie** di reati (es.: reati a dolo generico o specifico; reati preterintenzionali; reati aggravati dall'evento; reati «condizionati»; reati unisussistenti e plurisussistenti; reati plurisoggettivi; reati di mano propria; reati «a distanza»; reati-ostacolo; reati senza vittime; ecc.).

Di talune di queste categorie parleremo – o abbiamo già parlato – in altra parte del presente volume. Su alcune altre non ci soffermeremo in questo volume, rinviando ad altra sede.

7. Trattazione separata delle varie tipologie di reati?

Tra le varie categorie di reati che abbiamo elencato, ve ne sono alcune di particolare importanza: tra le altre risaltano le distinzioni fra reati commissivi ed omissivi, e fra reati dolosi e colposi. Intrecciando le distinzioni, si ottengono quattro categorie di reati: i **reati commissivi dolosi**; i **reati commissivi colposi**; i **reati omissivi dolosi**; i **reati omissivi colposi**.

La dottrina più moderna ha dimostrato che i principi e le regole dogmatiche che valgono per gli uni **non valgono necessariamente per gli altri**; e che ciascuna di queste categorie meriterebbe **trattazione autonoma, separata**: ed è questa la scelta adottata da vari manuali tedeschi, e talora anche in Italia (es.: FIANDACA-MUSCO).

Se una simile impostazione è – entro certi limiti – condivisibile sul piano teorico-dogmatico, ai fini didattici, e in vista dagli scopi che ci prefiggiamo nel presente volume, riteniamo più opportuno ricalcare la nostra manualistica più tradizionale: tratteremo dunque queste quattro categorie di reati non separatamente, ma congiuntamente. Analizzeremo dunque, nel prosieguo dell'opera, **il reato**, nei **suoi elementi costitutivi fondamentali**.

Essi sono, nell'ambito della **tipicità**: il **soggetto attivo**, la **condotta**, l'**evento**, il **nesso causale**; nell'ambito dell'**antigiuridicità**: le **cause di giustificazione**. Infine vi è la **colpevolezza**: il **dolo** e la **colpa** (e così la preterintenzione e la responsabilità oggettiva) – che pure abbiamo visto rilevare già a livello di tipicità – saranno trattati sistematicamente **all'interno della colpevolezza**, poiché abbiamo visto che almeno alcuni aspetti di tali istituti debbono afferire alla tematica della colpevolezza. Nell'ambito della colpevolezza saranno infine considerate altre figure, quali l'**errore sul precetto** e l'**imputabilità**.

Note bibliografiche

ROCCO A., *L'oggetto del reato e della tutela giuridica penale*, Torino, 1913; DELITALA G., *Il «fatto» nella teoria generale del reato*, Palermo, 1930; CARNELUTTI F., *Teoria generale del reato*, Palermo, 1933; LEONE G., *Del reato abituale, continuato e permanente*, Napoli, 1933; ALIMENA F., *Appunti di teoria generale del reato*, Milano, 1938; PAGLIARO A., *Il fatto di reato*, Palermo, 1960; BARATTA A., *Antinomie giuridiche e conflitti di coscienza*, Milano, 1963; FIORE C., *L'azione socialmente adeguata nel diritto penale*, Napoli, 1966; GIULIANI U., *La struttura del reato permanente*, Padova, 1967; GROSSO C. F., voce *Responsabilità penale*, in *Noviss. dig. it.*, Vol. XV, 1968, p. 710 ss.; GREGORI I., *Adeguatezza sociale e teoria del reato*, Padova, 1969; GALLO E., *Riflessioni sui reati di pericolo*, Padova, 1970; MARINUCCI G., *Il reato come azione,* Milano, 1971; BRICOLA F., *Teoria generale del reato*, in *Noviss. dig. it.*, Vol. XVII, 1973, p. 7 ss.; PATALANO V., *Significato e limiti della dogmatica dei reati di pericolo*, Napoli, 1975; MAZZACUVA N., *Il disvalore di evento nell'illecito penale*, Milano, 1983; PALIERO C.E., «Minima non curat praetor», Padova, 1985; FIORELLA A., voce *Reato in generale*, in *Enc. dir.*,

Vol. XXXVIII, 1987, p. 770 ss.; Marinucci G., voce *Antigiuridicità*, in *Dig. disc. pen.*, Vol. I, 1987, p. 172 ss.; Rampioni R., voce *Reato permanente*, in *Enc. dir.*, Vol. XXXVIII, 1987, p. 770 ss.; Cadoppi A., *Il reato omissivo proprio*, Voll. I-II, Padova, 1988; Militello V., *Rischio e responsabilità penale*, Milano, 1988; Rampioni R., *Contributo alla teoria del reato permanente*, Padova, 1988; Ferrajoli L., *Diritto e ragione. Teoria del garantismo penale,* Bari, 1989; Parodi-Giusino M., *I reati di pericolo tra dogmatica e politica criminale*, Milano, 1990; Alibrandi L., voce *Reato permanente*, in *Enc. giur. Treccani*, Vol. XXVI, 1991; Canestrari S., voce *Reato di pericolo*, in *Enc. giur. Treccani*, Vol. XXVI, 1991; Fornasari G., voce *Reato abituale*, in *Enc. giur. Treccani*, Vol. XXVI, 1991; Fiandaca G., *Fatto nel diritto penale*, in *Dig. disc. pen.*, Vol. V, 1991, p. 158 ss.; Angioni F., *Il pericolo concreto come elemento della fattispecie penale*[2], Milano, 1994; Coppi F., voce *Reato permanente*, in *Dig. disc. pen.*, Vol. XI, 1996, p. 318 ss.; Donini M., *Teoria del reato*, Padova, 1996; Grisolia G., *Il reato permanente*, Padova, 1996; Petrone M., voce *Reato abituale*, in *Dig. disc. pen.*, Vol. XI, 1996, p. 188 ss.; Gargani A., *Dal* corpus delicti *al* Tatbestand, Milano, 1997; Donini M., voce *Teoria del reato*, in *Dig. disc. pen.*, Vol. XIV, 1999, p. 221 ss.; Petrone M., *Reato abituale*, Padova, 1999; Brunelli D., *Il reato portato a conseguenze ulteriori*, Torino, 2000; Morgante G., *L'illiceità speciale nella teoria generale del reato*, Torino, 2002; Calisti R., *Il sospetto di reati*, Milano, 2003; Mantovani M., *Esercizio di un'attività non autorizzata. Profili generali*, Torino, 2003; Cardin S., *Principi generali dell'illecito amministrativo (l. 24 novembre 1981, n. 689)*, Padova, 2005; Dolcini E.-Paliero C.E. (a cura di), *Teoria della pena. Teoria del reato*, in *Studi in onore di Giorgio Marinucci*, Milano, 2006; Fiore S., *La teoria generale del reato alla prova del processo. Spunti per una ricostruzione integrata del sistema penale*, Napoli, 2007; Pittaro P., voce *Depenalizzazione*, in *Enc. giur.*, Agg. XVI, 2007; Bernardi A.-Zoda I., *Depenalizzazione. Profili teorici e pratici*, Padova, 2008; Cagnazzo A.-Toschei S. (a cura di), *La sanzione amministrativa: principi generali*, Torino, 2012; Cocco G., voce *Punibilità nella teoria del reato*, in *Dig. disc. pen.*, Agg. 2016, p. 516; Cocco G. e Ambrosetti E. M. (a cura di), *Il reato*, in *Trattato breve di diritto penale, Parte generale, Vol. I - 2*, Milanofiori Assago (Milano), 2017; Lombardo M., voce *Depenalizzazione versus sanzioni pecuniarie civili*, in *Dig. disc. pen.*, agg. 2018, p. 118 ss.

Sezione I

LA TIPICITÀ

Capitolo I

LA TIPICITÀ: PREMESSA

Già si è detto cos'è la tipicità (v. *retro*, il Cap. precedente). Se ne può comunque qui rammentare la definizione.

La **tipicità** non è altro che **l'insieme degli elementi fattuali descritti dal legislatore nell'ambito di una singola disposizione incriminatrice**. La tipicità è il **primo** degli elementi del reato.

Sostanzialmente, è nella fattispecie di parte speciale che emergono gli elementi costitutivi «tipici» di ciascun reato, e dunque, da questo punto di vista, la tipicità – o «conformità al tipo» – è sostanzialmente questione più **di parte speciale** che **di parte generale**.

Tutti i reati, peraltro (o comunque la maggior parte di essi), sono costituiti più o meno dagli stessi **elementi**. E si tratta di elementi che presentano, ancor prima di «calarsi» nelle pieghe della disposizione di parte speciale, **connotati di carattere generale** in quanto appunto comuni a tutte, o a gran parte delle fattispecie. Così, tutte le fattispecie hanno un **soggetto attivo**; tutte le fattispecie hanno una **condotta**; molte fattispecie hanno un **evento**, ecc.

Ecco perché la descrizione di questi elementi della tipicità è questione, ancor prima che di parte speciale, di **parte generale**.

Gli elementi della conformità al tipo che andremo a considerare nell'ambito di questa Sezione sono i seguenti:

1) Il **soggetto attivo** (Cap. II);
2) la **condotta** (Cap. III);
3) l'**evento** (Cap. IV);
4) il **nesso causale** (Cap. V).

Capitolo II

IL SOGGETTO ATTIVO

1. Il soggetto attivo del reato.

Nozione

Il **soggetto attivo del reato** (ovvero **«autore»**, **«reo»**, **«agente»**, **«colpevole»**) è il primo degli elementi costitutivi della tipicità, che designa colui il quale realizza gli estremi di una fattispecie di reato.

Si suole precisare che il soggetto attivo deve essere una **persona umana**. Se è di certo inconcepibile considerare quale autore un animale, o una cosa, assai delicato è invece il problema dell'ammissibilità o meno (ed entro quali limiti) di una responsabilità penale delle persone giuridiche (sul punto, vedasi *infra*, par. 4).

Capacità penale

In rapporto al reo, è stato elaborato, con sfumature diverse, il concetto di **capacità penale**. Quest'ultima, intesa nella sua accezione più generale, è posseduta da ogni individuo, a prescindere dalle sue caratteristiche (età, capacità di intendere e di volere, ecc.): chiunque, cioè, è astrattamente «capace» di commettere un fatto di reato. Nell'ambito della generica capacità penale, peraltro, vengono individuate capacità più specifiche (es.: capacità di essere assoggettati a pena, ovvero a misura di sicurezza), in ragione di particolari caratteristiche dell'individuo.

Nella dottrina più recente, tuttavia, si tende (giustamente) a sottolineare la **sostanziale inutilità di tali categorie concet-**

tuali, che sembrano voler riprodurre nel settore penale concetti di stampo civilistico (quali ad esempio la capacità giuridica, ovvero la capacità di agire), a prescindere da un'effettiva utilità dell'operazione.

Infatti, la nozione di capacità penale risulta perlomeno priva di ricadute pratiche, proprio nella misura in cui la si riconosca ad ogni essere umano, senza differenziazioni. Viceversa, più specifiche capacità (o incapacità) rispetto a determinate conseguenze giuridico-penali possono essere meglio inquadrate in istituti quali l'imputabilità, la pericolosità sociale, le immunità.

Sulla base delle caratteristiche del soggetto attivo richieste dalla norma per l'integrazione del fatto tipico, si distingue tra **reati comuni** e **reati propri**: i reati **comuni** sono quelli realizzabili da chiunque, mentre si definisce **proprio** il reato di cui può essere chiamato a rispondere soltanto chi rivesta una certa qualifica od occupi una certa posizione (sul punto vedasi più diffusamente *supra*, P. III, Cap. I).

2. Le immunità.

L'art. 3 c.p., oltre a sancire il principio di obbligatorietà della legge penale («La legge penale italiana obbliga tutti coloro che, cittadini o stranieri, si trovano nel territorio dello Stato»), fa «salve le eccezioni stabilite dal diritto pubblico interno o dal diritto internazionale»: queste eccezioni danno luogo alle c.d. **immunità.**

Il quadro delle ipotesi di immunità si presenta assai frastagliato, sicché in questa sede ci si limiterà a fornirne solo i cenni essenziali.

In letteratura, l'approccio alla materia prende le mosse da alcune partizioni fondamentali.

Immunità di diritto pubblico interno e immunità di diritto internazionale

Si distingue, innanzitutto, tra **immunità di diritto pubblico interno** ed **immunità di diritto internazionale**, a seconda della fonte normativa (appunto, interna oppure internazionale) da cui l'immunità promana.

Sia le immunità di diritto pubblico interno, sia quelle di diritto internazionale, vengono ulteriormente classificate, a seconda del loro specifico contenuto, in due categorie: le c.d. **immunità funzionali**, da un lato, e le c.d. **immunità extrafunzionali**, dall'altro.

L'immunità si dice **funzionale** quando ha efficacia limitata ai **soli fatti di penale rilievo realizzati nell'esercizio delle funzioni** cui essa si riferisce. **Immunità funzionali**

L'immunità è, invece, **extrafunzionale** quando appunto estende la propria efficacia anche al di là dei fatti di reato compiuti nell'esercizio delle funzioni, «coprendo» **tutti i fatti** posti in essere da colui che beneficia dell'immunità stessa (anche quelli di natura privata). Talora si parla di **immunità assolute**, ad indicare quelle immunità che si estendono a tutti i reati, senza distinzioni tra attività funzionale ed extrafunzionale. **Immunità extrafunzionali**

"IMMUNITÀ ASSOLUTE"

Altra diffusa partizione è tra **immunità sostanziali** ed **immunità processuali**, a seconda dell'oggetto ovvero dei modi e dei tempi dell'inibizione della risposta sanzionatoria.

In caso di immunità **sostanziale**, l'oggetto dell'inibizione è rappresentato dall'applicabilità della sanzione (penale, e talora anche extrapenale); inoltre, l'inibizione non viene meno allorché la persona cessa di svolgere le funzioni cui l'immunità si ricollega. **Immunità sostanziali**

In ipotesi, invece, di immunità **processuale**, viene ad essere preclusa la possibilità di sottoporre il soggetto immune a procedimento penale, ovvero ad alcuni atti del procedimento: ma tale possibilità normalmente rivive e si riespande, con la cessazione dal ruolo da cui l'immunità deriva. **Immunità processuali**

2.1. *(Segue) Le immunità di diritto pubblico interno.*

Beneficiano di **immunità di diritto pubblico interno**:
– il Presidente della Repubblica.

In base all'art. 90, comma 1, della Costituzione, «Il Presidente della Repubblica non è responsabile degli atti compiuti nell'esercizio delle sue funzioni, tranne che per alto tradimento o per attentato alla Costituzione».

Art. 90.1 Cost.

Ne deriva che, per ciò che attiene ai comportamenti tenuti **al di fuori dell'esercizio delle funzioni**, il Presidente della Repubblica può essere chiamato a rispondere penalmente di eventuali reati posti in essere, **al pari di qualsiasi cittadino**. Si tratta, dunque, di un'immunità non assoluta, bensì di tipo **funzionale**, con in più il **limite** (interno rispetto alle funzioni presidenziali) rappresentato dai reati di **alto tradimento** e di **attentato alla Costituzione**. A quali fattispecie faccia riferimento **I concetti di alto tradimento e di attentato alla Costituzione** l'art. 90 Cost. è peraltro problema assai controverso. Secondo una diffusa interpretazione, debbono intendersi richiamati i delitti di cui all'art. 77 del codice penale militare di pace (quanto all'alto tradimento) e di cui all'art. 283 c.p. (quanto all'attentato alla Costituzione). Ma la soluzione è tutt'altro che univoca; va segnalata, fra l'altro, la posizione di chi ravvisa la necessità di una apposita legge penale, che dia attuazione al disposto dell'art. 90 Cost., precisando le fattispecie «proprie» di alto tradimento ed attentato alla Costituzione realizzabili in via esclusiva dal Presidente della Repubblica, sul presupposto che al medesimo le figure di reato preesistenti alla Costituzione non siano applicabili.

Limiti del concetto di «esercizio delle funzioni»

Altra questione assai spinosa attiene all'individuazione dei **limiti** entro i quali si possa ritenere che il Presidente della Repubblica agisca **nell'esercizio delle funzioni**. Mentre non vi sono dubbi che rientri nella sfera di attività funzionale protetta da immunità il compimento di atti ufficiali (sia dovuti che discrezionali), anche *lato sensu* intesi (per esempio, discorsi e dichiarazioni in genere, connessi allo svolgimento dei compiti istituzionali), è oggetto di dibattito fino a che punto possa spingersi il diritto di manifestazione del pensiero attuato mediante c.d. **esternazioni** prive di un vero collegamento funzionale rispetto al ruolo presidenziale, ed effettuate solo **in occasione** dell'esercizio delle funzioni. In giurisprudenza, si registrano alcune sentenze di condanna per diffamazione, in casi di «esternazioni» presidenziali di tal genere, ritenute lesive dell'altrui reputazione.

– **I membri del Parlamento**.

Immunità sostanziali

Art. 68.1 Cost.

L'art. 68, comma 1, Cost. (nel testo modificato con la legge costituzionale n 3 del 1993) prevede che «I membri del Parlamento non possono essere chiamati a rispondere delle opinioni espresse e dei voti dati nell'esercizio delle loro funzioni».

Anche questa rappresenta un'immunità **funzionale di tipo sostanziale**, idonea a escludere ogni forma di responsabilità (non solo penale, ma anche civile e disciplinare) in rapporto a manifestazioni del pensiero che pure, in astratto, potrebbero apparire tipiche (e quindi integrare gli estremi dei delitti di ingiuria, diffamazione, calunnia, ecc.). Una delle principali incertezze interpretative riguarda la distinzione tra opinioni espresse dal parlamentare **nell'esercizio**, ovvero **fuori dell'esercizio delle funzioni**. Secondo un recente (quanto ragionevole) orientamento della Corte costituzionale, l'immunità in discussione garantisce ciascun membro del Parlamento (solo) **con riferimento agli atti tipici del relativo mandato**, incluse le dichiarazioni e le valutazioni effettuate in sede di divulgazione della propria attività istituzionale. Nessuna immunità sostanziale opera invece in caso di realizzazione di reati quali la **corruzione o la concussione**, ovvero di fattispecie che **nulla hanno a che vedere con la manifestazione del pensiero** (es.: percosse, lesioni, danneggiamenti), e che quindi sono da considerare punibili secondo le regole generali.

Immunità processuali

L'art. 68 detta ulteriori immunità, questa volta però **extra-funzionali**: «Senza autorizzazione della Camera alla quale appartiene, nessun membro del Parlamento può essere sottoposto a perquisizione personale o domiciliare, né può essere arrestato o altrimenti privato della libertà personale, o mantenuto in detenzione, salvo che in esecuzione di una sentenza irrevocabile di condanna, ovvero se sia colto nell'atto di commettere un delitto per il quale è previsto l'arresto obbligatorio in flagranza» (comma 2); «*Analoga autorizzazione è richiesta per sottoporre i membri del Parlamento ad intercettazioni, in qualsiasi forma, di conversazioni o comunicazioni e a sequestro di corrispondenza*» (comma 3).

Si tratta all'evidenza di **immunità processuali**, il cui approfondimento esula dall'ambito della presente esposizione.

Altre immunità di diritto interno sono stabilite in favore dei **giudici della Corte costituzionale** (cfr. art. 3 l. cost. n. 1 del 1948), dei **membri dei Consigli regionali** (art. 122, comma 4, Cost.) e dei **membri del Consiglio superiore della Magistratura**.

2.2. *(Segue) Le immunità di diritto internazionale.*

Capi di Stato

Tra le numerose ipotesi di **immunità derivanti dal diritto internazionale**, si può ricordare innanzitutto quella – senz'altro assoluta – riservata al **Sommo Pontefice** (che è anche **capo di Stato estero**: Stato della Città del Vaticano).

In generale, a **tutti i capi di Stato esteri** che si trovino in territorio italiano in tempo di pace è riconosciuta **l'immunità**, in rapporto ai fatti previsti come reato dalla legge italiana, purché realizzati **nell'esercizio delle loro funzioni** (in analoga situazione versano **i membri di governi stranieri**, nonché i **rappresentanti di Stati esteri in conferenze internazionali** o in **organizzazioni intergovernative**). Ancor più ampie risultano le prerogative degli **agenti diplomatici**, che in linea generale sono **sottratti alla giurisdizione dello Stato italiano** (penale, civile ed amministrativa), anche per gli **atti estranei** alle loro funzioni.

Agenti diplomatici

E così ancora l'elenco potrebbe continuare, con riferimento ai parlamentari europei, ai Giudici della Corte dell'Aja, ai militari stranieri, ecc. L'approfondimento della tematica è legato soprattutto allo studio delle fonti internazionali (trattati, convenzioni, accordi).

2.3. *(Segue) La natura giuridica delle immunità.*

Ciò che non va trascurato dal penalista è il problema attinente alla **natura giuridica delle immunità**, perché la sua soluzione incide sulla disciplina concretamente applicabile al caso concreto.

Non deve trarre in inganno il **denominatore comune** di tutte le ipotesi di immunità, ossia la (generica) «non punibilità» del soggetto immune, che discende dalla sottrazione di quel soggetto al potere coercitivo dello Stato (**immunità come causa di esclusione da pena**).

In realtà, occorre indagare **la *ratio* ed il contenuto di ciascuna singola previsione di immunità**, per comprenderne la **natura** (assai eterogenea) e farne derivare le corrette **conseguenze giuridiche**.

Immunità riconducibili ad una causa di giustificazione

Così, le ipotesi di immunità **sostanziale di tipo funzionale**, che si ricollegano cioè alle funzioni svolte dal soggetto immune, sono almeno tendenzialmente riconducibili al concetto di **cause di giustificazione**: più precisamente, viene in considerazione l'esercizio di un diritto ovvero l'adempimento di un dovere, il che rende **lecito** il fatto in seno all'ordinamento. Ne consegue che è esclusa qualsivoglia responsabilità penale a titolo di concorso del terzo (pur non assistito da immunità alcuna) che abbia contribuito alla realizzazione del fatto.

Immunità riconducibili ad una causa personale di non punibilità

In altri casi, invece, il fatto realizzato dal soggetto immune non si può considerare lecito: esso è a tutti gli effetti un reato (chi lo subisce potrebbe reagire invocando la legittima difesa), ma il reo non viene punito per l'esistenza di una **causa perso-**

nale di non punibilità (si pensi, ad esempio, al reato commesso da un agente diplomatico fuori dell'esercizio delle funzioni). Tale causa, proprio in quanto «personale», non si estende ai correi non «coperti» da immunità, i quali pertanto possono rispondere *ex* art. 110 c.p. (vedasi *infra*, in tema di concorso di persone nel reato), a titolo di compartecipazione nel fatto del soggetto immune.

3. L'individuazione dei soggetti responsabili negli enti e nelle imprese.

Quando si verifica un fatto di reato **nel contesto dell'attività di un ente** collettivo o di un'impresa, si pone il problema di **quale soggetto** (persona fisica) debba essere chiamato a risponderne.

Per esempio, in un cantiere, un muratore, dipendente di un'impresa strutturata in forma di società per azioni, cade da un ponteggio – essendo privo dell'apposita attrezzatura antinfortunistica – e muore. Chi può essere considerato responsabile di omicidio colposo?

Spesso la soluzione di questo tipo di quesiti implica la necessità di affrontare tematiche molto complesse, sia in linea teorica generale, sia in rapporto alle particolari caratteristiche in fatto del singolo infortunio concreto, sia ancora alla luce delle peculiarità dei vari organigrammi aziendali. In questa sede, ci si limita quindi a fornire alcune coordinate di massima.

Individuazione del soggetto responsabile in base alle fonti normative di riferimento

In primo luogo, è necessario stabilire **quale soggetto debba essere individuato come responsabile**, nell'ambito dell'impresa o dell'ente in genere, in base alle **fonti normative** di riferimento.

Nell'esempio poc'anzi riferito, si tratta di un infortunio sul lavoro. Dunque, il responsabile andrà individuato nell'ambito della normativa rilevante di diritto del lavoro: il responsabile sarà quindi, in questo caso, il **datore di lavoro**. Si tratterà peraltro di individuare chi in concreto rivesta tale qualifica.

Nel caso, invece, in cui una **società**, a ciò tenuta, non presenti la dichiarazione annuale dei redditi, e vengano superate determinate soglie di imposta evasa, il fatto è previsto quale delitto ai sensi dell'art. 5 d.lgs. n. 74 del 2000. Ci si deve domandare, allora, **chi** avesse **l'obbligo** di presentare la dichiarazione in quell'ambito societario, e così gli esempi potrebbero continuare, in settori penalistici via via diversi (reati fallimentari, reati societari, reati urbanistici, reati ambientali, ecc.), i cui specifici contesti normativi possono incidere in modo peculiare sulla risposta al quesito dell'individuazione del soggetto responsabile.

Ma questa non è che – per così dire – la «prima fase» verso la soluzione definitiva.

Delega di funzioni

Una volta individuato il soggetto responsabile in via primaria, non è detto infatti che questi sia in concreto il vero soggetto attivo del reato: egli infatti potrebbe aver **delegato** ad altri lo svolgimento di determinate **funzioni**, cui si ricollega l'obbligo penalmente sanzionato.

Oggi la disciplina della **delega di funzioni del datore di lavoro** si rinviene nel **d.lgs. n. 81 del 2008** (c.d. «testo unico in materia di tutela della salute e della sicurezza nei luoghi di lavoro», già modificato in punti significativi dal d.lgs. n. 106 del 2009 e da interventi successivi).

Nell'art. 16, sono espressamente indicati i **limiti** e le **condizioni** con cui la delega di funzioni di tutela della salute e della sicurezza dei lavoratori è ammessa. Precisamente, ove non sia espressamente esclusa, si richiede:

«a) che essa risulti da atto scritto recante data certa;

b) che il delegato possegga tutti i requisiti di professionalità ed esperienza richiesti dalla specifica natura delle funzioni delegate;

c) che essa attribuisca al delegato tutti i poteri di organizzazione, gestione e controllo richiesti dalla specifica natura delle funzioni delegate;

d) che essa attribuisca al delegato l'autonomia di spesa necessaria allo svolgimento delle funzioni delegate;

e) che la delega sia accettata dal delegato per iscritto» (comma 1).

È importante osservare che la delega, alla quale deve essere dato risalto attraverso adeguata e tempestiva pubblicità, **non esclude l'obbligo di vigilanza** in capo al datore di lavoro in ordine al corretto espletamento da parte del delegato delle funzioni trasferite. Tuttavia, per un esonero da responsabilità per *culpa in vigilando*, si considera sufficiente che sia stato adottato ed efficacemente attuato un **modello di verifica e controllo** aziendale sulle procedure interne volte a prevenire i rischi per la salute e la sicurezza dei lavoratori, nonché alcuni specifici reati (commi 2 e 3; v. *infra*, par. 4).

Inoltre, previa intesa con il datore di lavoro, **il soggetto delegato può a sua volta delegare** specifiche funzioni in materia di salute e sicurezza sul lavoro, rispettando però le condizioni ed i limiti già visti sopra (comma 3-*bis*).

In base all'art. 17, infine, il datore di lavoro **non può delegare** le fondamentali attività di valutazione «di tutti i rischi» a cui sono esposti i lavoratori e di elaborazione di un documento col quale si crea una sorta di «mappa» dei rischi stessi, così come non può delegare la designazione del responsabile del servizio di prevenzione e protezione dai rischi, il quale deve essere persona con capacità e requisiti professionali adeguati alla natura dei rischi presenti sul luogo di lavoro e relativi alle attività lavorative.

Obbligo non delegabile per legge

Vi sono poi ulteriori **ipotesi** in cui **l'obbligo per legge non è delegabile**, e dunque la delega non esimerà il soggetto obbligato per legge dalla responsabilità penale.

Nel caso ad es. dell'omessa presentazione della dichiarazione dei redditi da parte di una società a responsabilità limitata, si deve individuare il soggetto che avrebbe dovuto presentarla in base alla normativa tributaria: una volta chiarito che l'obbligo fa capo a Tizio, nella sua qualità di amministratore e legale rappresentante della società, questi non potrebbe difendersi adducendo di aver delegato il compito di redigere e di presentare la dichiarazione ad altri soggetti (interni o esterni alla società: ad esempio, un commercialista di fiducia). Infatti, in casi del genere, da un lato la legge consente di selezionare con precisione il responsabile, e, dall'altro, **l'obbligo** di presentazione della dichiarazione **non è delegabile** ad altri con un atto di autonomia negoziale.

4. La responsabilità penale delle persone giuridiche: spunti problematici.

Il principio societas delinquere non potest

Può una **persona giuridica** essere **soggetto attivo** di un reato? **Tradizionalmente**, al quesito si rispondeva in modo **negativo**, citando un noto brocardo: ***societas delinquere non potest*** (= un ente non può delinquere).

Ancora oggi, è assai diffusa, ed autorevolmente sostenuta, l'opinione della non configurabilità di una responsabilità penale in capo ad enti collettivi.

Sul piano del diritto vigente, si suole richiamare il disposto dell'art. 197 c.p.: se in capo a determinate persone giuridiche è previsto, al più, **l'obbligo civile** del pagamento di una somma pari all'ammontare della pena pecuniaria inflitta alla persona fisica che ne ha la rappresentanza o l'amministrazione, in caso di insolvibilità di quest'ultima, se ne deduce – con ragionamento *a contrario* – che gli enti collettivi in genere non possano essere destinatari di una sanzione **penale**.

Ma anche prescindendo da singole norme del codice penale, chi intenda ripensare la regola *societas delinquere non potest* deve «fare i conti» con non poche difficoltà ed ostacoli.

Responsabilità della persona giuridica e divieto di responsabilità per fatto altrui

Un ruolo centrale è svolto, in proposito, **dall'art. 27, comma 1, Cost.: la responsabilità penale è personale**. In primo luogo, si paventa che l'affermazione della **penale responsabilità della persona giuridica** collida con il significato «minimo» di tale disposizione, ossia con il **divieto di responsabilità per fatto altrui**. Ciò sia in quanto l'ente verrebbe a rispondere non per un fatto proprio, ma in conseguenza del comportamento di un suo organo, sia in quanto la sanzione penale comminata alla persona giuridica colpirebbe soggetti terzi, quali dipendenti, soci e creditori. In secondo luogo, si evidenzia una sorta di incompatibilità logica tra la **colpevolezza**, come strumento per la «personalizzazione» del rimprovero giuridico-penale pensato in funzione della persona umana, e l'impiego di tale categoria nei riguardi di **enti collettivi**. La persona giuridica sarebbe, in realtà, per sua stessa natura, incapace di colpevolezza; a tacer d'altro, le stesse più classiche forme dell'elemento soggettivo rappresentate dal dolo e dalla colpa potrebbero configurarsi solo in capo a persone fisiche.

Responsabilità della persona giuridica e principio di colpevolezza

Soprattutto negli ultimi anni, tuttavia, si registra l'esigenza di un **ripensamento dell'intera tematica**, e da più parti si avverte la necessità di un vero e proprio **superamento del tradizionale divieto di responsabilità penale degli enti collettivi**.

In questa direzione militano innanzitutto esigenze di ordine **politico-criminale**.

L'illecito penale realizzato nel contesto di un'attività imprenditoriale che fa capo a un ente spesso rappresenta l'espressione di **scelte strategiche** operate dai vertici della persona giuridica, che permeano la **politica d'impresa**. In questa prospettiva, l'individuazione e la punizione di una o più persone fisiche e nel contempo l'irresponsabilità penale della persona giuridica, lasciano spazio a fondate perplessità.

In primo luogo, l'esperienza giudiziaria dimostra come quanto più complessa ed articolata sia l'organizzazione interna dell'ente, tanto più arduo risulti il compito di individuare il «vero» responsabile.

In secondo luogo, la (fisiologica) ripartizione dei compiti e la delega di funzioni (dai vertici della struttura imprenditoriale ai dirigenti di livello inferiore) fanno **scivolare inesorabilmente verso il basso** degli organigrammi aziendali il rischio penale «tradizionale», ossia quello che debbono sopportare le singole persone fisiche delegate. In tal modo, **chi decide** la politica d'impresa può al tempo stesso **esimersi dai rischi** penali che quella stessa politica comporta. Né si possono ignorare i potenti **condizionamenti** cui può risultare sottoposto il delegato, laddove si tratti di assecondare le scelte strategiche dell'ente (anche a rischio di incorrere nella commissione di reati), ovvero di opporvisi (con il rischio opposto di vedere pregiudicate le proprie possibilità di carriera).

In relazione alle predette esigenze politico-criminali, vi è chi da tempo aveva evidenziato il «**costo** del principio *societas delinquere non potest*» (BRICOLA).

Spunti comparatistici

Ma oltre ad esigenze politico-criminali, una spinta verso il superamento della regola menzionata giunge dal **dato comparatistico**.

Non solo infatti i paesi anglosassoni conoscono da tempo la figura delle *corporate offences*, ma anche, tra gli altri, la vicina Francia, con il nuovo codice penale del 1994, ha introdotto forme di responsabilità penale delle *personnes morales*.

Quanto ai ricordati ostacoli, di ordine **dogmatico-concettuale**, è oggetto di un vivace dibattito se e come possano essere superati.

Al rilievo secondo cui la responsabilità penale delle persone giuridiche cozzerebbe contro il **divieto di responsabilità per fatto altrui**, taluno replica che anche le sanzioni penali che colpiscono le **persone fisiche** si ripercuotono inevitabilmente nei confronti di **terzi incolpevoli** (si pensi ad esempio al pregiudizio che deriva ai figli dalla condanna del loro genitore). Più arduo pare ricostruire una **colpevolezza** in capo alla persona giuridica che rispecchi il **disvalore soggettivo dell'illecito**, in mancanza di **dati psichici reali** riconducibili all'ente. La difficoltà peraltro va circoscritta all'illecito penale **doloso**, mentre quanto ai reati **colposi** (come meglio si vedrà trattando della colpa) la struttura normativa dei medesimi rende solo eventuale la presenza e la rilevanza del concreto atteggiamento psicologico dell'autore. Né – più in generale – può essere esclusa la possibilità di **rielaborare** la stessa nozione di **colpevolezza**, o di concepire una **parallela categoria di ascrizione del reato al soggetto collettivo**, pur sempre nel rispetto dei canoni **costituzionali** di riferimento. E comunque, si è rilevato che solo muovendo dalla premessa che la colpevolezza abbia contenuti psicologici e connotati etici modellati sulla persona umana, si dovrebbe giungere alla conclusione che una responsabilità colpevole possa essere soltanto dell'uomo, e mai dell'ente collettivo: ma è proprio tale premessa a risultare tutt'altro che indiscutibile.

Sanzioni applicabili alla persona giuridica

Un ulteriore nodo da sciogliere è quello delle **sanzioni applicabili** alla persona giuridica, ove in linea di principio se ne voglia ammettere la responsabilità penale.

È fin troppo ovvio che una **pena detentiva non avrebbe senso** nei confronti di un ente. Ma possono trovare applicazione tutta una serie di altre sanzioni: si pensi a quella «estrema» dello **scioglimento dell'ente**, alla **pena pecuniaria**, a forme di **interdizione** dall'esercizio di determinate attività.

In luogo della pena, è stato autorevolmente proposto il ricorso a **misure di sicurezza** (es.: confisca, sospensione dell'attività, revoca di concessioni, ecc.), quali strumenti cui l'ordinamento potrebbe fare ricorso nei riguardi degli enti collettivi, sulla base di una valutazione in chiave di **pericolosità**.

L'alternativa alla pena e alla misura di sicurezza è rappresentata dalla **sanzione** (*lato sensu* punitiva, non penale ma) **amministrativa**, che porrebbe problemi minori dal punto di vista costituzionale.

Di recente, il panorama legislativo italiano ha registrato in materia **importanti innovazioni**.

Decreto lgs. n. 231 del 2001

In particolare, il **decreto lgs. n. 231 del 2001**, in forza di apposita delega contenuta nella l. n. 300 del 2000, ha disciplinato «la **responsabilità degli enti per gli illeciti amministrativi dipendenti da reato**» (art. 1, comma 1).

Un impulso fondamentale per il varo di tale riforma nel nostro Paese è venuto dalla necessità di adeguare la legislazione interna ad impegni assunti a livello europeo, ed in particolare: la Convenzione di Bruxelles del 1995, sulla tutela degli interessi finanziari delle Comunità europee; la Convenzione di Bruxelles del 1997, relativa alla lotta alla corruzione in cui siano coinvolti funzionari comunitari o di Stati membri; la convenzione OCSE sulla lotta alla corruzione di pubblici ufficiali stranieri nelle operazioni economiche internazionali.

Responsabilità «da reato» dell'ente

Sembra utile esaminare – in estrema sintesi – come risulta strutturato il meccanismo in forza del quale può oggi sorgere la responsabilità «da reato» dell'ente.

Il punto di partenza è che appunto un (determinato tipo di) reato venga commesso da una **persona fisica** (che rivesta un determinato ruolo in seno alla *societas*). Ed infatti, la responsabilità dell'ente è una responsabilità **connessa** alla commissione di reato da parte di un soggetto «in carne ed ossa».

Tale **connessione** deve essere **duplice**: **oggettiva** e **soggettiva**.

Connessione oggettiva

Dal punto di vista **oggettivo**, si richiede che il reato (commesso dalla persona fisica) sia stato realizzato **nell'interesse** o a **vantaggio dell'ente** (art. 5, comma 1, d.lgs. n. 231 del 2001). Il concetto è ribadito dall'ultimo comma del medesimo articolo: l'ente **non risponde** qualora le persone fisiche abbiano agito nell'interesse esclusivo proprio o di terzi (diversi, ovviamente, dall'ente d'appartenenza).

Connessione soggettiva

Dal punto di vista **soggettivo**, la persona fisica autrice del reato deve essere legata all'ente da un certo tipo di rapporto. A seconda del tipo di rapporto, si distingue tra:

A) **soggetti in posizione apicale**, ossia «persone che rivestono funzioni di rappresentanza, di amministrazione o di direzione dell'ente o di una sua unità organizzativa dotata di autonomia finanziaria e funzionale», nonché «persone che esercitano, anche di fatto, la gestione e il controllo» dell'ente stesso (art. 5, comma 1, lett. *a*), d.lgs. n. 231 del 2001);

B) **soggetti sottoposti all'altrui direzione**, ossia «persone sottoposte alla direzione o alla vigilanza» di uno dei soggetti in posizione apicale (art. 5, comma 1, lett. *b*), d.lgs. n. 231 del 2001).

I criteri di imputazione della responsabilità all'ente sono stati «strutturati» dal legislatore delegato in modo diverso, proprio a seconda che l'autore del reato (persona fisica) sia in posizione apicale oppure in posizione subordinata.

Reato commesso da soggetto in posizione apicale

Nella prima ipotesi (autore del reato: soggetto in posizione apicale) vale il c.d. **«principio di identificazione»**: l'ente **si identifica** nel soggetto in posizione apicale. Quando agisce il rappresentante (ecc.), agisce *tout court* anche l'ente; sicché, in definitiva, se il soggetto «al vertice» commette un reato, è come se il reato fosse commesso anche dall'ente (sempre che il reato sia realizzato nell'interesse o a vantaggio dell'ente stesso). Insomma: come la *societas* è capace di agire, e di trarre profitto, per il tramite di persone fisiche, così per il tramite di persone fisiche deve essere considerata altrettanto capace di realizzare illeciti, direttamente imputabili alla stessa. In altri termini: si considera l'ente «protagonista» della scena giuridica nel bene, e anche nel male (e in questa prospettiva, la responsabilità dell'ente è comunque «personale», e non per fatto «altrui», ossia della persona fisica): tanto basterebbe, quindi, a imputare all'ente la responsabilità da reato. Tuttavia, il nostro legislatore ha seguito una strada più «garantista», introducendo un temperamento, basato su un meccanismo di **inversione dell'onere della prova**. La regola è che l'ente è responsabile per il reato commesso nel suo interesse o a suo vantaggio dalla persona fisica in posizione apicale; ma va esente da responsabilità se fornisce la prova che ricorrono (cumulativamente) una serie di condizioni (indicate dalle lettere *a*), *b*), *c*) e *d*) dell'art. 6, comma 1, cui qui si rinvia). Anche con riguardo al fatto del soggetto in posizione apicale, dunque, il d.lgs. n. 231 del 2001 non ha voluto prescindere da un paradigma di «colpa di organizzazione» dell'ente, quanto alla prevenzione del rischio della commissione di reati da parte dei suoi stessi «vertici». Tale paradigma è specifico e differenziato da quello dettato in rapporto ai fatti commessi dai subordinati; ma ha in comune l'adozione e l'efficace attuazione di appositi «modelli organizzativi», sulla falsariga dei *compliance programs* anglosassoni.

Reato commesso da soggetto in posizione subordinata

Nella seconda ipotesi (autore del reato: soggetto in posizione subordinata), si delinea una vera e propria **fattispecie colposa**. *Ex* art. 7, comma 1, d.lgs. n. 231 del 2001, vi è responsabilità dell'ente «da reato» commesso dalla persona fisica in posizione subordinata, se la realizzazione del reato è stata resa possibile dall'inosservanza degli obblighi di direzione o vigilanza. Nella prospettiva del legislatore delegato, questi obblighi di direzione e di vigilanza fanno capo direttamente alla *societas*; e la *societas* adempie a questi obblighi (che fondano un vero e proprio dovere di diligenza) adottando ed attuando efficacemente un **modello non solo di organizzazione** e **di gestione** (come quello richiamato in relazione al fatto dei «vertici»), ma

anche di controllo; modello che sia «idoneo a prevenire reati della specie di quello verificatosi». Qualora l'ente adempia a questi obblighi, non si realizza la fattispecie costitutiva della sua responsabilità.

Il quadro appena delineato può essere meglio chiarito con un paio di esempi.

Tizio, **legale rappresentante** della S.p.A. Alfa (e quindi soggetto **in posizione apicale**), corrompe un pubblico funzionario, affinché Alfa possa aggiudicarsi un importante appalto. Ebbene, Tizio è responsabile del delitto di corruzione. Al tempo stesso, Alfa è (per usare le parole dell'art. 1 d.lgs. 231 del 2001) responsabile per l'illecito (definito amministrativo) «dipendente» dal reato di corruzione. Ma qual è il «fatto proprio» di Alfa, che si vuole addebitare alla società?

In realtà, si tratta del fatto commesso dalla persona fisica in posizione apicale, che viene considerato allo stesso tempo:

A) fatto proprio e colpevole (in quanto realizzato con dolo) della persona fisica;

B) fatto proprio e colpevole (anche) dell'ente, in base al duplice requisito che il reato è commesso dalla persona fisica **nell'interesse** della società, e che la *societas* **si identifica** in quella stessa persona fisica, proprio per la **posizione apicale** ricoperta.

Questo giustifica – nell'ottica del legislatore delegato – l'inversione dell'onere della prova quanto alla «scusante» prevista dall'art. 6.

Si ipotizzi invece che (in luogo di Tizio) sia Caio, **dirigente** di Alfa (soggetto **in posizione subordinata**), a corrompere il pubblico ufficiale, affinché la società possa aggiudicarsi l'appalto. Della corruzione è in questo caso responsabile Caio. E poiché la persona fisica autrice del reato ricopre, nell'ambito dell'ente, una posizione non apicale, ma subordinata, la «fattispecie» da cui deriva la responsabilità della persona giuridica risulta più complessa. Compongono invero tale fattispecie:

1) il reato commesso dal dipendente nell'interesse della società;

2) il rapporto che lega il dipendente alla *societas*;

3) il fatto di «agevolazione colposa» proprio dell'ente, che avrebbe dovuto correttamente adempiere a precisi obblighi di direzione e vigilanza (ovviamente: per mezzo dei soggetti in posizione apicale), e che non lo ha fatto, così rendendo possi-

bile la commissione di quel reato. Questo è l'estremo costitutivo ulteriore della fattispecie da cui promana la responsabilità dell'ente, che deve ricorrere quando l'autore del reato sia una persona in posizione subordinata; l'onere della prova sul punto non può quindi che gravar sull'accusa.

Responsabilità «autonoma» dell'ente

È utile ricordare che la responsabilità dell'ente è «autonoma» rispetto alla responsabilità penale della persona fisica. In particolare, l'ente è responsabile a prescindere dal fatto che l'autore del reato (persona fisica) sia stato identificato. L'ente è inoltre responsabile anche se l'autore del reato – persona fisica non è imputabile; e ancora, si procede nei confronti della *societas* anche se il reato si estingue per una causa diversa dall'amnistia (es.: morte del reo) (art. 8, d.lgs. n. 231 del 2001).

«Modello chiuso» degli enti responsabili in base al d.lgs. n. 231 del 2001

Va precisato, inoltre, che **non tutti gli enti** sono responsabili in base al d.lgs. n. 231 del 2001, e che **solo alcuni reati** possono dar luogo a responsabilità dell'ente (c.d. **«modello chiuso»**, fondato su un'elencazione nominativa di reati). Per l'individuazione degli enti (potenzialmente) responsabili, occorre fare riferimento all'art. 1 del d.lgs. n. 231 del 2001 (ad esempio, sono esclusi lo Stato e gli enti pubblici territoriali).

Reati da cui può derivare responsabilità dell'ente

Quanto ai reati che generano la responsabilità degli enti, va detto che il catalogo originario previsto dalla legge delega è stato drasticamente ridotto in sede di approvazione del d.lgs. n. 231 del 2001.

Peraltro, in tale elenco di reati sono state progressivamente inserite nuove fattispecie (ad es., con il d.lgs. 25 settembre 2001, n. 350, recante disposizioni per il passaggio all'euro; con il d.lgs. n. 61 del 2002, di riforma dei reati societari, ecc.), che testimoniano dell'attualità della materia, anche in ragione di possibili ulteriori sviluppi. *De iure condito*, il catalogo di reati, da cui può derivare la responsabilità dell'ente, si ricava dagli artt. 24, 24-*bis*, 24-*ter*, 25, 25-*bis*, 25-*bis*.1, 25-*ter*, 25-*quater*, 25-*quater*.1, 25-*quinquies*, 25-*sexies*, 25-*septies*, 25-*octies*, 25-*decies*, 25-*undecies*, 25-*duodecies* e 25-*terdecies* d.lgs. n. 231 del 2001. Tra i recenti aggiornamenti del catalogo, si segnalano, in particolare, quello che configura la responsabilità dell'ente in relazione a numerosi reati ambientali, collocati sia nel codice penale che in diverse leggi speciali (art. 25-*undecies*), quello relativo ai delitti di omicidio colposo e di lesioni gravi o gravissime commessi con violazione delle norme sulla tutela della salute e della sicurezza sul lavoro (art. 25-*septies*). È interessante osservare che l'inserimento di fattispecie colpose nell'ambito dei reati presupposto ha dato il via ad un dibattito sulla effettiva compatibilità delle stesse ed il modello di responsabilità amministrativa di cui si tratta. L'apparente contraddizione tra la non volontarietà dell'evento, come nota strutturale dei delitti colposi aggiunti all'elenco, e la necessità che l'illecito penale presupposto sia commesso nell'interesse o a vantaggio dell'ente (art. 5 d.lgs. 231 del 2001) è stata ritenuta superabile, da una parte della dottrina (es. PULITANÒ, VENEZIANI) e nelle prime pronunce giurisprudenziali, precisando che i criteri di interesse e vantaggio devono essere riferiti non già al reato complessivamente inteso (e quindi anche all'evento morte o lesioni), ma alle condotte con le quali vengono violate le regole cautelari in tema di salute e sicurezza sul lavoro: ci si riferisce, ad esempio, a quei casi in cui l'inosservanza di misure precauzionali rappresenta una vera e propria scelta per ottenere un risparmio sui costi di gestione dell'impresa.

Aspetti sanzionatori

Un breve cenno va dedicato a come possa essere sanzionato l'ente, riconosciuto responsabile.

L'art. 9 detta le seguenti **sanzioni** (espressamente definite nella rubrica **«amministrative»**):

a) la **sanzione pecuniaria**;

b) le **sanzioni interdittive** (interdizione dall'esercizio dell'attività; sospensione o revoca delle autorizzazioni, licenze o concessioni funzionali alla commissione dell'illecito; divieto di contrattare con la pubblica amministrazione, salvo che per ottenere le prestazioni di un pubblico servizio; l'esclusione da agevolazioni, finanziamenti, contributi o sussidi e l'eventuale revoca di quelli già concessi; divieto di pubblicizzare beni o servizi);

c) la **confisca**;

d) la **pubblicazione della sentenza**.

Un *tertium genus* di responsabilità

L'accertamento della responsabilità amministrativa dell'ente è destinato ad avere luogo con le forme e le garanzie tipiche del processo penale (le indagini preliminari sono svolte dal pubblico ministero, il giudizio con conseguente sentenza di esclusione della responsabilità ovvero di condanna dell'ente è demandato al giudice penale, ecc.).

Il fatto che la responsabilità dell'ente **consegua alla realizzazione di un reato** (per il quale **continua** ovviamente a sussistere **la responsabilità individuale della persona fisica** che lo ha commesso, secondo le regole generali), e che l'accertamento della stessa avvenga con i tipici strumenti penalistici ha indotto a ritenere che – come si legge nella *Relazione* al decreto lgs. n. 231/2001 – la nuova normativa non sia collocabile né nella prospettiva dell'illecito penale, **né in quella dell'illecito amministrativo, avendo dato luogo, piuttosto, alla «nascita di un *tertium genus*, che coniuga i tratti essenziali del sistema penale e di quello amministrativo** nel tentativo di contemperare le ragioni dell'efficacia preventiva con quelle, ancor più ineludibili, della massima garanzia» (recentemente hanno aderito alla tesi della natura ibrida della responsabilità degli enti da reato anche le Sezioni Unite della Corte di Cassazione: Sent. n. 38343 del 2014).

Note bibliografiche

Del Vecchio G., *Il soggetto attivo e passivo del reato*, Milano, 1930; Bettiol G., *Sul reato proprio*, Milano, 1939; Moro A., *La capacità giuridica penale*, Padova, 1939; Ondei E., *Il soggetto attivo del reato*, Padova, 1948; Gallo M., voce *Capacità penale*, in *Noviss. dig. it.*, Vol. II, 1958, p. 880 ss.; Dell'Andro R., voce *Capacità penale*, in *Enc. dir.*, Vol. VI, 1960, p. 113 ss.; Maiani G., *In tema di reato proprio*, Milano, 1966; Grosso C.F., voce *Responsabilità penale*, in *Noviss. dig. it.*, Vol. XV, 1968, p. 710 ss.; Pagliaro A., voce *Immunità (dir. pen.)*, in Enc. dir., Vol. XX, 1970, p. 213 ss.; Traversa S., voce *Le immunità parlamentari*, in *Enc. dir.*, Vol. XX, 1970, p. 178 ss.; Smuraglia C., *La sicurezza del lavoro e la sua tutela penale*, Milano, 1974; De Felice P., *Riflessioni in tema di capacità giuridica penale*, Napoli, 1976; Zagrebelsky G., *Le immunità parlamentari (natura e limiti di una garanzia costituzionale)*, Torino, 1979; Iori D., *Organizzazione dell'impresa e responsabilità penale nella giurisprudenza*, Firenze, 1981; Cessari A.-Lanzi A.-Padovani T., *Responsabilità penale in materia di lavoro nelle aziende*, Milano, 1982; Padovani T., *Diritto penale del lavoro. Profili generali*[2], Milano, 1983; Alessandri A., *Reati di impresa e modelli sanzionatori*, Milano, 1984; Fiorella A., *Il trasferimento di funzioni nel diritto penale dell'impresa*, Firenze, 1984; Padovani T., voce *Infortuni sul lavoro (prevenzione degli infortuni sul lavoro – diritto penale)*, in *Enc. giur.*, Vol. XVII, 1989; Alessandri A., voce *Impresa (Responsabilità penali)*, in *Dig. disc. pen.*, Vol. IV, 1992, p. 193 ss.; Riccio G., voce *Immunità*, in *Dig. disc. pen.*, Vol. VI, 1992, p. 172 ss.; Venafro E., voce *Reato proprio*, in *Dig. disc. pen.*, Vol. XI, 1996, p. 337 ss.; Padovani T., voce *Diritto penale del lavoro*, in *Enc. dir.*, Agg. I, 1997, p. 539 ss.; Grisolia G., *Immunità parlamentari e Costituzione*, Padova, 2000; Pulitanò D., voce *Igiene e sicurezza del lavoro (tutela penale)*, in *Dig. disc. pen.*, Agg. I, 2000, p. 388 ss.; De Felice P., *La responsabilità da reato degli enti collettivi. Parte I. Principi generali e criteri di imputazione del D. Lgs. 231/2001*, Bari, 2001; Aa.Vv., *La responsabilità amministrativa degli enti. D. Lgs. 8 giugno 2001, n. 231*, Milano, 2002; De Maglie C., *L'etica e il mercato. La responsabilità penale delle società*, Milano, 2002; Garuti G. (a cura di), *Responsabilità degli enti per illeciti amministrativi dipendenti da reato*, Padova, 2002; Di Pinto S., *Responsabilità amministrativa da reato degli enti. Profili penali sostanziali*, Torino, 2003; Lancellotti G., *Responsabilità della società per il reato dell'amministratore*, Torino, 2003; Ronco M., voce *Responsabilità delle persone giuridiche. I) Diritto penale*, in *Enc. giur.*, Vol. XXVII, Agg. XI, 2003; Palazzo F. (a cura di), Societas puniri potest. *La responsabilità da reato degli enti collettivi*, Padova, 2003; Vinciguerra S.-Rossi A.-Ceresa-Gastaldo M., *La responsabilità dell'ente per il reato commesso nel suo interesse (D. Lgs. n. 231/2001)*, Padova, 2004; De Francesco G. (a cura di), *La responsabilità degli enti: un nuovo modello di giustizia «punitiva»*, Torino, 2004; Ruggiero G., *Capacità penale e responsabilità degli enti*, Torino, 2004; Gullo A., *Il reato proprio*, Milano, 2005; Abukar Hayo A., *L'immunità penale come species dell'inesigibilità*, Torino, 2006; Lattanzi G. (a cura di), *Reati e responsabilità degli enti*, Milano, 2005; Guerrini R., *La responsabilità da reato degli enti. Sanzioni e loro natura*, Siena, 2005; Pasculli M.A., *La responsabilità 'da reato' degli enti collettivi nell'ordinamento italiano. Profili dogmatici ed applicativi*, Bari, 2005; Selvaggi N., *L'interesse dell'ente collettivo quale criterio di ascrizione della responsabilità da reato*, Napoli, 2006; Bassi A.-Epidendio T.E., *Enti e responsabilità da reato. Accertamento, sanzioni e misure cautelari*, Milano, 2006; Amati E., *La responsabilità da reato degli enti. Casi e materiali*, Torino, 2007; Arena M.-Cassano G., *La responsabilità da reato degli enti collettivi*, Milano, 2007; Spagnolo G. (a cura di), *La responsabilità da reato degli enti collettivi*, Milano, 2007; Basenghi F.-Golzio L.E.-Zini A. (a cura di), *La prevenzione dei rischi e la tutela della salute in azienda. Il Testo Unico e le nuove sanzioni*, Milano, 2008; De Vita A., *La delega di funzioni nel sistema penale. Il paradigma della sicurezza sul lavoro*, Napoli, 2008; Parodi Giusino M., voce *Immunità* (dir. pen.), in *Enc. dir.*, Annali, II, II, 2008, p. 651 ss.; Bernasconi A., voce *Responsabilità amministrativa degli enti* (prof. sost. e proc.), in *Enc. dir.*, Annali, II, II, 2008, p. 957 ss.; Presutti A.-Bernasconi A.-Florio C., *La responsabilità degli enti*, Padova, 2008; Ruggiero G., voce *Capacità penale*, in *Dig. disc. pen.*, Agg. IV, 2008, p. 31 ss.; D'Angelo N., *Infortuni sul lavoro e responsabilità penale*^{2}, Santarcangelo di Romagna, 2009: Basenghi F.-Golzio L.E.-Zini A. (a cura di), *La prevenzione dei rischi e la tutela della salute in azienda. Il Testo Unico e il decreto correttivo 106/2006*^{2}, Milano, 2009; Curi F. (a cura di), *Sicurezza nel lavoro. Colpa di organizzazione e impresa*, Bologna, 2009; D'Avirro A.-Di Amato A., *La responsabilità da reato degli enti*, Padova, 2009; Riverditi M., *La responsabilità degli enti. Un crocevia tra repressione e specialprevenzione. Circolarità ed innovazione dei modelli sanzionatori*, Napoli, 2009; Cadoppi A.-Garuti G.-Veneziani P. (a cura di), *Enti e responsabilità da reato*, Torino, 2010; Bevilacqua F.C., *Responsabilità da reato ex d. lgs. 231/2001 e gruppi di società*, Milano, 2010; Lattanzi G. (a cura di), *Reati e responsabilità degli enti*^{2}, Milano, 2010; Croce G.R.-Coratella C., *Guida alla responsabilità da reato degli enti*^{2}, Milano, 2010; Giunta F.-Micheletti D. (a cura di), *Il nuovo diritto penale della sicurezza nei luoghi di lavoro*, Milano, 2010; Curi F. (a cura di), *Nuovo statuto penale del lavoro: responsabilità per i singoli e per gli enti*, Bologna, 2011; Pavanello E., *La responsabilità penale delle persone giuridiche di diritto pubblico*, Padova, 2011; Piva D., *La responsabilità del "vertice" per organizzazione difettosa nel diritto penale del lavoro*, Napoli, 2011; Fumu G.-Volpi M. (a cura di), *Le immunità penali della politica*, Bologna, 2012; COMPAGNA F. (a cura di), *Responsabilità individuale e responsabilità degli enti negli infortuni sul lavoro*, Napoli-Roma, 2012; FIORELLA A. (Ed.), *Corporate Criminal Liability and Compliance Programs*, Voll. I-II, Napoli, 2012; MASSI S., *Veste formale e corpo organizzativo nella definizione del soggetto responsabile per l'illecito da reato. Un'analisi della statica della responsabilità degli enti nella prospettiva del diritto italiano e comparato*, Napoli, 2012; MASULLO M.N., *Colpa penale e precauzione nel segno della complessità. Teoria e prassi nella responsabilità dell'individuo e dell'ente*, Napoli, 2012; AA.VV., *Il soggetto autore del reato: aspetti criminologici, dogmatici e di politica criminale*, Atti della Giornata di studi penalistici in memoria di Alessandro Alberto Calvi (Padova, 18 novembre 2011), Padova, 2013; FUGGETTI C., voce *Delega di funzioni*, in *Dig. disc. pen.*, Agg. VII, 2013, p. 159 ss.; PRESUTTI A.-BERNASCONI A., *Manuale della responsabilità degli enti*, Milano, 2013; STILE A.M.-MONGILLO V.-STILE G. (a cura di), *La responsabilità da reato degli enti collettivi: a dieci anni dal d.lgs. n. 231/2001. Problemi applicativi e prospettive di riforma*, Atti di convegno (Roma, 2011), Napoli, 2013; TRIPODI A.F., *L'elusione fraudolenta. Nel sistema della responsabilità da reato degli enti*, Padova, 2013; ANGELINI M.-OLIVIERO M., *Le immunità nel diritto interno e comparato*, Atti di convegno (Perugia, 25-27 maggio 2006), Torino, 2014; AA.VV., *La responsabilità amministrativa delle società e degli enti*, in *Le riforme del diritto italiano*, commentario diretto da Levis M. e Perini A., Bologna, 2014; PISILLO MAZZESCHI R., voce *Organi degli Stati stranieri (immunità giurisdizionale degli)*, in *Enc. dir.*, Annali, VII, 2014, p. 735 ss.; STILE A.M.-FIORELLA A.-MONGILLO V. (a cura di), *Infortuni sul lavoro e doveri di adeguata organizzazione: dalla responsabilità penale individuale alla «colpa» dell'ente*, Napoli, 2014; CORSO S.M., *Lavoro e responsabilità di impresa nel sistema del d.lgs. 8 giugno 2001, n. 231*, Torino, 2015; VILLANI E., *Alle radici del concetto di "colpa di organizzazione" nell'illecito dell'ente da reato*, Napoli, 2016; CIVELLO G., *Il principio del* sibi imputet *nella teoria del reato*, Torino, 2017; GUERINI T., *Diritto penale ed enti collettivi. L'estensione della soggettività penale tra repressione, prevenzione e governo dell'economia*, Torino, 2018; D'ALESSANDRO F., voce *Delega di funzioni (diritto penale)*, in *Enc. dir.*, Annali, IX, 2016, p. 241 ss.

Capitolo III

LA CONDOTTA

Sommario: 1. La condotta: nozioni introduttive. – 2. L'azione. – 3. L'omissione. – 4. Reati di azione, reati omissivi e reati a condotta mista. – 4.1. I reati omissivi impropri: l'obbligo di garanzia. – 5. Reati a forma libera e reati a forma vincolata. – 6. I presupposti della condotta. La «situazione tipica» nel reato omissivo. – 7. Oggetto materiale della condotta, oggetto materiale del reato, soggetto passivo del reato, danneggiato. – 8. La «suità» (*suitas*), ovvero la «coscienza e volontà» della condotta.

1. La condotta: nozioni introduttive.

Con il termine **«condotta»** si intende una componente dell'**elemento oggettivo** (o **materiale**) **del reato**: il reato consiste innanzitutto in un **comportamento umano**.

Nell'ambito della condotta, la distinzione fondamentale è tra **condotte attive** e **condotte omissive**, ossia tra **azione** ed **omissione**.

Il concetto di azione nella teoria del reato

Talora si parla di **«azione» in senso ampio**, comprendendo in tale concetto anche contegni puramente omissivi (così, ad esempio, quando si cita il brocardo *nullum crimen sine actione*). Intendere «azione» in senso ampio come sinonimo di «condotta» non scalfisce comunque la *summa divisio* tra azione ed omissione, e la profonda **differenza strutturale** tra condotte attive e condotte omissive.

Non esiste, invero, una sorta di «superconcetto» comune di «azione» *lato sensu* intesa, in cui incasellare sia l'azione in senso stretto che l'omissione. D'altra parte, come si è visto, anche il **dolo** e la **colpa** colorano la stessa **tipicità** del fatto. Dunque, anche pensare ad un «superconcetto» di azione, capace di incasellare indifferentemente le condotte dolose e le condotte colpose, costituirebbe un errore sotto il profilo dogmatico. Come si è osservato, a rigore, questo comporterebbe la necessità di esaminare le varie tipologie di fatti tipici (quello commissivo doloso; quello commissivo colposo; quello omissivo doloso; quello omissivo colposo) separatamente. Ma abbiamo già visto che un tale impianto metodologico, pur corretto, probabilmente, sotto il profilo strettamente teorico, presenterebbe problemi difficilmente sormontabili nella prospettiva didattica, cui questo volume deve necessariamente essere improntato.

Va inoltre soggiunto che, per lungo tempo, la dottrina penalistica – non solo in Italia – ha ritenuto che un tale «superconcetto» di azione fosse configurabile, ed anzi ha impostato l'intera dogmatica del reato, tradizionalmente, su un siffatto concetto superiore di **azione**. L'azione, in una simile prospettiva, era la «**pietra angolare**» della teoria del reato.

Concezione causale dell'azione

A questo scopo, la dottrina aveva elaborato, in successione, varie **concezioni** di azione. In un primo tempo, la concezione più diffusa era quella causale, secondo cui l'azione si sostanziava nella **modificazione del mondo esterno cagionata dalla volontà umana**. Una tale prospettiva presentava due difetti principali: da un lato, non si adattava alla specificità dell'omissione, che, lungi dal produrre una modificazione del mondo esterno, all'opposto produce la **non modificazione** del mondo esterno; dall'altro, sistemando il dolo e la colpa al di fuori della condotta tipica, non teneva conto del fatto che, all'opposto (come dimostrato più sopra), anche il dolo e la colpa debbono partecipare a dare una fisionomia alla stessa tipicità, e dunque anche alla condotta tipica.

Concezione finalistica dell'azione

Una concezione che ebbe grande fortuna in seguito fu quella – risalente allo studioso tedesco WELZEL – dell'**azione finalistica**. In base a questa concezione, l'azione sarebbe una «attività finalisticamente rivolta alla realizzazione dell'evento tipico». La teoria finalistica ha avuto **il merito di evidenziare la dimensione di tipicità del dolo e della colpa** (e da questo punto di vista è ancora **attuale**); ma presenta il difetto di non potersi adattare, se non con molta difficoltà, ai peculiari schemi dei reati colposi ed omissivi.

Concezione sociale dell'azione

Da ultimo, va segnalata la concezione **sociale** dell'azione (JESCHECK), secondo la quale la condotta sarebbe «ogni comportamento socialmente rilevante». La teoria in questione, pur non presentando i difetti di quelle precedentemente considerate, proprio per questo motivo non pare mostrare grandi capacità «selettive» o descrittive, (salvo interpretarla «in senso forte», sintonizzandola con la teoria delle *Kulturnormen*, di cui si è discusso più sopra: in questa prospettiva, ci si avvicinerebbe alle conclusioni cui perviene la dottrina dell'**azione socialmente adeguata**, sostenuta in Italia, ad es., da FIORE). Neppure la concezione in esame pare dunque utile a dar corpo ad un «superconcetto» di azione capace di comprendere in sé, e di descrivere con sufficiente precisione, le varie tipologie di condotte tipiche.

Caratteri minimi fondamentali della condotta

Ciò nondimeno, si può comunque ritenere che **una qualsiasi condotta tipica** – sia essa attiva od omissiva, sia essa dolosa o colposa – deve possedere almeno alcuni **caratteri minimi fondamentali**.

In primo luogo, come già anticipato, la condotta deve essere **umana**, e cioè un **animale non** potrebbe mai essere sanzionato ad opera del diritto penale.

In secondo luogo, nessuno può essere punito per un mero **atteggiamento interiore**, o per uno stato mentale che non si sia estrinsecato in un contegno esterno. In altre parole, il comportamento umano considerato giuridicamente rilevante nella prospettiva penale è soltanto quello che incide in qualche modo sul mondo esteriore (*cogitationis poenam nemo patitur*) (v. *supra*, P. I, Cap. III). Anche questa caratteristica essenziale della condotta, come *quid* che deve fuoriuscire dal foro interiore dell'agente e contraddistinguersi in base ad una propria **materialità**, è **comune sia all'azione che all'omissione**, anche se, soprattutto rispetto ai reati **omissivi propri**, possono esservi talora alcune tensioni con il suddetto principio.

Infine, la condotta deve essere **«cosciente e volontaria»** (art. 42, comma 1, c.p.): ma di ciò – e del peculiare significato della «coscienza e volontà» dell'azione di cui all'articolo menzionato – ci occuperemo in fine del presente Capitolo (par. 8).

2. L'azione.

L'azione (**in senso stretto**, ovvero in contrapposizione al concetto di omissione) viene tradizionalmente definita e fatta consistere dalla dottrina come un **movimento del corpo del soggetto**: sono «azioni» il movimento di un arto, uno sguardo, il parlare, ecc.

Talvolta, l'azione penalmente rilevante consta di un **unico atto**. Si pensi al fatto di chi profferisca una parola minacciosa all'indirizzo di altra persona (art. 612 c.p.: minaccia). Talaltra, occorre invece una **pluralità di atti corporei**, fra loro concatenati. Per esempio, Tizio uccide Caio imbracciando un fucile, prendendo la mira ed infine premendo il grilletto.

Spesso si pone il problema di distinguere se ci si trovi dinnanzi ad un'azione unitaria (pur se scomponibile in più atti, come appena detto), ovvero ad una pluralità di azioni distinte. La soluzione non è sempre agevole: come si vedrà trattando del concorso di norme e di reati, si ritiene in genere di ravvisare l'**unicità della condotta** in presenza dei requisiti congiunti del **legame finalistico** che deve avvincere singoli atti esecutivi, e della **contestualità** dei medesimi, che debbono cioè susseguirsi senza apprezzabili soluzioni di continuità temporale.

3. L'omissione.

Omissione: concetto normativo

L'**omissione** è il *non facere quod debetur*, ossia il **mancato compimento dell'azione richiesta dalla norma**.

Il concetto giuridico-penale di omissione, in base alla concorde dottrina moderna, è dunque un **concetto normativo**: **solo con riferimento ad una norma** che pone in capo ad un soggetto un **obbligo di agire** è possibile enucleare una condotta omissiva.

Teoria dell'aliud agere

Vani si sono rivelati i tentativi di agganciare l'omissione ad un sostrato fenomenicamente percepibile. Basti ricordare, in tale direzione, **la teoria del c.d. *aliud agere*** (VON LUDEN), secondo cui l'aspetto «fisico» e materiale dell'omissione andrebbe colto nella **«azione diversa» che il soggetto effettivamente realizza**, e che è difforme rispetto a quella comandata (e omessa). A questa teoria sono state mosse obiezioni ritenute decisive. In primo luogo, è assai arduo individuare la pretesa «azione diversa» da quella dovuta, giacché nel periodo in cui il soggetto dovrebbe attivarsi per ottemperare al comando legale, e non lo fa, ben può compiere un'infinità di atti. Ma soprattutto, l'azione diversa è del tutto indifferente ed irrilevante nella prospettiva giuridico-penale, tant'è che non necessita neppure di essere accertata. Facciamo un esempio: se una mamma non allatta il proprio neonato, e questo muore, vi sarà un'omissione penalmente rilevante, e che dà luogo a responsabilità per omicidio. In base alla teoria dell'*aliud agere*, in un caso simile ciò che conta non sarebbe il mancato allattamento realizzato dalla mamma, ma, ad es., il fatto che nel tempo in cui essa avrebbe dovuto allattare, invece aveva fatto la pasta per la pizza: ognuno può capire che la pizza con la morte del bambino non ha nulla a che fare, se non solo indirettamente ed accidentalmente.

Occorre, piuttosto, che il soggetto abbia effettivamente ed in concreto la **possibilità di compiere l'azione comandata**. In caso di impossibilità di agire in conformità al comando legale, il comportamento omissivo **non** può essere ritenuto **tipico**, non integrandosi quindi il fatto di reato, nel suo profilo oggettivo. Invero, la norma penale, nell'incriminare l'omissione, pone al contempo un obbligo di agire. Tuttavia, qualora sia impossibile agire, detto obbligo cade automaticamente (*ad impossibilia nemo tenetur*); venuto meno l'obbligo, cade un presupposto dell'omissione e, in definitiva, **la stessa condotta tipica omissiva.**

4. Reati di azione, reati omissivi e reati a condotta mista.

A seconda che la condotta consista in una azione ovvero in una omissione, si distingue tra **reati di azione** e **reati omissivi**.

I reati omissivi, a loro volta, possono essere di due tipi: **reati omissivi propri, o puri**, e **reati omissivi impropri, o impuri**. Questa partizione dovrà essere ripresa trattando dell'evento del reato, giacché i reati omissivi impropri si caratterizzano per il mancato impedimento di un evento lesivo.

Esistono altresì reati la cui condotta è mista, in parte di azione ed in parte di omissione (**reati a condotta mista**). Ad esempio, nell'insolvenza fraudolenta (art. 641 c.p.) si richiede che il soggetto, in una prima fase, **contragga un'obbligazione** («col proposito di non adempierla») **dissimulando il proprio stato di insolvenza**, e che poi in effetti **l'obbligazione non sia adempiuta**. È chiaro che il fatto di contrarre un'obbligazione rappresenta un **segmento attivo** della condotta, mentre il **mancato adempimento è un'omissione**: e sia l'azione che l'omissione descritte in astratto dall'art. 641 c.p. compongono la tipicità materiale del delitto in oggetto.

4.1. *I reati omissivi impropri: l'obbligo di garanzia.*

Con particolare riferimento ai **reati omissivi impropri**, va evidenziato che, nella quasi totalità dei casi, la norma di parte speciale **non descrive** espressamente il reato in forma **omissiva**. Si pensi all'omicidio (art. 575 c.p.): qui, la fattispecie è formulata in termini «causali»; il legislatore, insomma, fa riferimento al «cagionare» la morte, senza precisare attraverso quale tipo di condotta tale risultato debba prodursi.

In ipotesi siffatte, non è esclusa la rilevanza penale di una condotta **omissiva**, e dunque di un omesso impedimento dell'evento. Peraltro, mentre è agevole riscontrare la tipicità di una condotta attiva, che produce l'evento, più complesso è risolvere il problema dell'eventuale **conformità al tipo dell'omissione**.

Concetto di «equivalenza» tra omissione e condotta attiva

A tal fine, **l'omissione tipica** deve avere i caratteri della **«equivalenza»** rispetto alla condotta attiva. Il nostro codice penale, all'art. 40 cpv., sia pur trattando apparentemente della «causalità» dell'omissione, viceversa disciplina proprio il fenomeno della **equivalenza** tra omissione ed azione, ai fini della conformità al tipo della condotta.

L'art. 40 cpv. recita: «Non impedire un evento, che si ha l'obbligo giuridico di impedire, equivale a cagionarlo». Come si nota, d'altra parte, lo stesso legislatore del 1930 ha evidenziato che in simili ipotesi l'omesso impedimento **equivale** alla produzione dell'evento stesso tramite azione.

Concetto di obbligo giuridico

Il codice richiede, al fine di questa equivalenza, il sussistere di un **obbligo giuridico di impedire l'evento**.

Teorie formali

Sin dai primi tempi dell'interpretazione di questa norma, la dottrina ha ritenuto che le fonti da cui può promanare l'obbligo giuridico di impedire l'evento possano essere di tre tipi (c.d. **«trifoglio»**): *a*) la **legge**; *b*) il **contratto**; *c*) **l'attività pericolosa precedente**.

Facciamo tre esempi corrispondenti alle tre fonti menzionate. Tizia, mamma del lattante Caio, omette di allattare Caio, producendone la morte: qui, è la stessa legge civile ad obbligare la madre ad impedire che il suo figlioletto muoia di fame. Tizio e Caia, genitori del bimbo Sempronio, escono a cena e stipulano un contratto con la baby-sitter Mevia, perché accudisca Sempronio durante la serata; Mevia si distrae e Sempronio muore: qui, come si è visto, è il contratto che attribuisce a Mevia l'obbligo di impedire l'evento. Tizio, accanito fumatore, getta un cerino accidentalmente ancora acceso dietro di sé, e dopo qualche minuto si accorge che sta prendendo fuoco il bosco; omette peraltro di intervenire, direttamente o indirettamente, per spegnere le fiamme: qui, come si vede, è il «fare pericoloso precedente», anche se accidentale, che fa nascere in capo a Tizio un obbligo di impedimento dell'evento.

Le teorie che limitano a queste ipotesi l'operatività dell'equivalenza fra azione ed omissione si dicono **teorie formali**.

«Dottrina del garante»

Da qualche decennio a questa parte, peraltro, nel nostro Paese – sulla scia di elaborazioni della dottrina tedesca – si è superata da taluno la teoria formale, accedendo a concezioni di tipo «**sostanziale**», basate sulla c.d. **«dottrina del garante»**.

Questa dottrina identifica l'equivalenza tra azione ed omissione nella particolare **posizione del soggetto** omittente in relazione al **bene giuridico** da tutelare. Questo soggetto sarebbe il **«garante»** del bene giuridico, in situazioni rispetto alle quali il **titolare del bene giuridico stesso** non può, o **non è in grado, di intervenire da solo**. Si pensi ancora al caso del lattante, il quale non è certo in grado di potersi alimentare da solo; la madre è colei che si trova nella «posizione» migliore, per la **vicinanza** particolare che la lega al **bene giuridico** (la vita del bambino), per tutelarlo, e ciò a prescindere da qualsiasi norma di legge eventualmente riscontrabile sul punto.

La teoria del garante individua in sostanza soggetti (i «garanti», appunto) che hanno **«obblighi di garanzia»** nei confronti della tutela del bene giuridico. Il garante è **tenuto all'impedimento dell'evento**, e la sua omissione deve essere ritenuta a tutti gli effetti **equivalente** ad un'azione produttiva dell'evento stesso.

Sia la teoria formale che la teoria sostanziale menzionate hanno **pregi e difetti**.

La prima è maggiormente in linea con il principio di legalità, ma rischia talora di non cogliere la particolare esigenza del caso concreto, e dunque di produrre risultati inaccettabili, o per eccesso o per difetto. La seconda è certamente più a rischio di violazione del principio di legalità, ma si presta a cogliere meglio le esigenze sostanziali del caso concreto.

«Teorie miste»

La dottrina più recente sembra orientata a cercare soluzioni di compromesso tra le due teorie, elaborando **«teorie miste»**, che cercano di assommare i **pregi** di entrambe le citate teorie, senza riproporne i difetti.

5. Reati a forma libera e reati a forma vincolata.

Esistono **reati a forma libera** e **reati a forma vincolata**.

Nei primi (es.: l'omicidio volontario), **non vi è una precisazione legale di particolari modalità di condotta**: quest'ultima è descritta dalla norma in modo tale che rilevi il comportamento consistente nel cagionare, con qualsiasi mezzo, la morte di un uomo. Nei reati **a forma vincolata**, invece, la descrizione della condotta è più articolata, ad indicare un certo percorso che conduce al risultato finale (es.: la truffa, *ex* art. 640 c.p.).

Sia nei reati a forma libera, che in quelli a forma vincolata, è peraltro indubbio che **la condotta appare connotata da un suo autonomo disvalore**.

Reato come «illecito di modalità di lesione»

Nel reato, infatti, non rileva solo il risultato finale (l'evento), ma anche il modo in cui il bene è stato aggredito. Occorre quindi rivolgere l'attenzione non solo alla **lesione del bene giuridico**, ma anche alle **modalità di lesione** (a prescindere dal livello di precisazione di dette modalità nella norma incriminatrice). Come è stato detto con felice formula di sintesi, **il reato è «illecito di modalità di lesione»** (M. GALLO).

Il **disvalore della condotta** e il **disvalore dell'evento** sono entrambi da considerare nella valutazione del **disvalore complessivo** sotteso alla realizzazione di un fatto di reato.

6. I presupposti della condotta. La «situazione tipica» nel reato omissivo.

In molti reati, la condotta assume rilievo giuridico a prescindere da un più ampio contesto in cui si inserisce: per esempio, nell'art. 588 c.p. si punisce chiunque «partecipa ad una rissa»; nell'art. 582 si prevede il fatto di chi «cagiona ad alcuno una lesione personale, dalla quale deriva una malattia nel corpo o nella mente». In altre fattispecie criminose, viceversa, la condotta deve inserirsi in un certo quadro tipico, delineato dalla norma penale.

Occorre quindi analizzare quegli elementi materiali del reato, essenziali affinché il reato stesso possa dirsi compiutamente integrato, che a rigore non rientrano né nella nozione di condotta appena descritta, e neppure in quella di evento o di nesso causale (su cui v. *infra*, di qui a poco).

Presupposti della condotta

Si parla di **presupposti della condotta** (o del fatto, o dell'azione) ad indicare quegli elementi, che debbono **preesistere** o al più risultare **concomitanti** alla condotta, perché questa assuma il **significato criminoso** attribuitole dalla fattispecie incriminatrice.

L'esatto ambito di questa categoria dei presupposti della condotta è peraltro **controverso**.

Come esempio di presupposto si trovano citati elementi sia **di fatto** che **di diritto**: l'età minore di quattordici anni della vittima nel delitto di compimento di atti sessuali con minorenne di cui all'art. 609-*quater*, comma 1, n. 1), c.p.; lo stato di gravidanza nelle fattispecie di aborto (artt. 593-*bis* (interruzione colposa di gravidanza) e 593-*ter* (Interruzione di gravidanza non consensuale) c.p.); il possesso del denaro o della cosa mobile altrui nell'appropriazione indebita (art. 646 c.p.).

Presupposti della condotta e soggetto passivo

Può essere difficile, talora, distinguere tra presupposti della condotta ed **oggetto materiale** o **soggetto passivo** della condotta stessa, intesi come la cosa o la persona su cui ricade il comportamento tipico del soggetto attivo del reato.

Per tornare ad uno degli esempi sopra riferiti, nel delitto previsto dall'art. 609-*quater* n. 1) c.p. la condotta consiste nel compiere atti sessuali con il minore infraquattordicenne; ma quest'ultimo, nella struttura della fattispecie, è senz'altro il soggetto passivo del reato (nozione che tende qui a coincidere con quella di oggetto materiale della condotta); ciò detto, sembra possibile classificare il requisito dell'età inferiore a quattordici anni **vuoi come presupposto della condotta, vuoi come caratteristica del soggetto passivo**.

Presupposti della condotta e soggetto attivo

Analoghe difficoltà si ripropongono laddove si tratti di distinguere tra presupposti della condotta e (peculiari caratteristiche del) **soggetto attivo**: si discute, infatti, se siano da considerare presupposti della condotta (o forse meglio, in queste ipotesi, del fatto) **determinate qualifiche che il soggetto attivo deve rivestire** per essere «legittimato» alla realizzazione di determinati reati «propri». *In primis*, è il caso delle qualifiche soggettive di **pubblico ufficiale** ed **incaricato di un pubblico servizio** (artt. 357 e 358 c.p.), che debbono necessariamente sussistere in capo al soggetto attivo perché questi possa realizzare un peculato, una concussione, un abuso d'ufficio, ecc.

In proposito, pare possibile operare una distinzione tra elementi costitutivi del reato quali il soggetto attivo, il soggetto passivo, l'oggetto materiale da un lato; e i presupposti della condotta o dell'intero fatto, dall'altro: questi ultimi rappresentano particolari qualificazioni (normative o naturalistiche) dei predetti elementi costitutivi, e sono parimenti essenziali ai fini della compiuta realizzazione degli estremi materiali del reato.

Analizzare separatamente i «presupposti» così individuati (es.: la qualifica di pubblico ufficiale del soggetto attivo, l'età o lo stato di gravidanza del soggetto passivo, il possesso dell'oggetto materiale), o studiarli all'interno della teoria del soggetto attivo, di quello passivo, o dell'oggetto materiale del reato, come «predicati» dei medesimi, è in sostanza rimesso ai **gusti personali** del singolo interprete; **quel che rileva concretamente è che questi presupposti così circoscritti non fanno parte della condotta intesa come comportamento umano**, e che quindi non possono, a rigore, formare oggetto di **volizione** da parte soggetto agente, ma soltanto di **rappresentazione** (v. sul punto *infra*, Sez. II, Cap. I, in tema di dolo).

Situazione tipica e reati di pura omissione

Rientra nella categoria dei **presupposti della condotta** anche quella che, nell'ambito delle **fattispecie omissive proprie** (di pura omissione: v. *infra*, Sez. I, Cap. IV), si suole denominare la **«situazione di fatto»**, ovvero la **«situazione tipica»**, e che si definisce appunto come **l'insieme dei presupposti dai quali scaturisce l'obbligo di attivarsi**. Si tratta di un elemento essenziale di ogni modello omissivo «puro», sia esso descritto espressamente dalla norma penale, sia esso ricavabile implicitamente dalla norma medesima. Ad esempio, nel delitto di **omissione di soccorso** (art. 593 c.p.), la **situazione tipica** – intesa come il contesto fattuale in cui l'azione del soggetto obbligato si rende necessaria – è data dallo **stato di pericolo** in cui versa la persona bisognosa di aiuto.

La «situazione tipica» è dunque uno stato di fatto che denota **un pericolo di lesione di un certo bene giuridico**. Ed è in questo quadro che si inserisce il comando penale: il soggetto destinatario del comando deve attivarsi, nel senso indicato dalla norma. Ad esempio, nel caso dell'art. 593 c.p.: prestare l'assistenza occorrente o dare immediato avviso all'autorità, per **mutare quella situazione tipica**.

Anche la situazione tipica, dunque, al pari degli altri presupposti della condotta, può – sul versante subiettivo – formare oggetto di rappresentazione da parte del soggetto attivo del reato (che qui è un «omittente»), e non già di volizione.

7. Oggetto materiale della condotta, oggetto materiale del reato, soggetto passivo del reato, danneggiato.

Già si è fatto cenno a nozioni quali oggetto materiale, o soggetto passivo della condotta: pare opportuno formulare in proposito alcune brevi precisazioni.

Soggetto passivo della condotta

Per **oggetto materiale dell'azione** si intende **la cosa**, e da taluno anche **la persona, sulla quale ricade l'attività fisica del reo**; altri preferiscono parlare – quando la condotta del reo si esplichi nei riguardi di una persona – di **soggetto passivo della condotta**.

Soggetto passivo del reato

Di certo, il **soggetto passivo della condotta** (o se si preferisce, l'oggetto materiale dell'azione rappresentato da una persona fisica) deve essere tenuto logicamente **distinto** dal **soggetto passivo del reato**, anche se le due entità possono coincidere.

Ad esempio: l'art. 642, comma 2, c.p., prevede il delitto di mutilazione fraudolenta della propria persona, consistente nel fatto di chi, al fine di conseguire l'indennizzo di una assicurazione (o comunque un vantaggio derivante da un contratto di assicurazione), cagiona a sé stesso una lesione personale (o aggrava le conseguenze della lesione personale prodotta da un infortunio).

Ebbene, in questa fattispecie, la condotta attiva (azione che cagiona la lesione personale) ricade su una persona (definibile come oggetto materiale, ovvero come soggetto passivo della condotta) che non ha nulla a che vedere con il **soggetto passivo del reato, inteso come vittima, ovvero titolare del bene giuridico tutelato dalla norma incriminatrice**, da individuare qui nell'assicuratore. In sostanza, in capo a chi mutila fraudolentemente la propria persona *ex* art. 642 c.p. vengono a coincidere la qualità di soggetto attivo del reato e quella di soggetto passivo (oggetto materiale) della condotta, mentre il soggetto passivo del reato è il titolare dell'interesse patrimoniale protetto.

In altri casi, invece, soggetto passivo della condotta (oggetto materiale) e soggetto passivo del reato **coincidono**. Si pensi, ad esempio, all'ipotesi di lesioni personali (art. 582 c.p.).

Danneggiato

Il **soggetto passivo-vittima** del reato, quale titolare del bene che costituisce l'oggetto giuridico del reato stesso, a sua volta **non coincide sempre** con il **danneggiato**, ossia con colui che, in rapporto all'illecito penale realizzato, può far valere una pretesa risarcitoria per averne riportato un danno.

Così, la vittima di lesioni personali è non solo soggetto passivo sia del reato che della condotta, ma rappresenta anche il danneggiato (e può costituirsi parte civile nel processo penale per ottenere il risarcimento dei danni patiti). Il soggetto passivo di un omicidio, viceversa, non può per definizione assumere la veste di danneggiato: danneggiati sono da considerare i prossimi congiunti della vittima.

8. La «suità» (*suitas*), ovvero la «coscienza e volontà» della condotta.

Il concetto di suitas: collocazione sistematica

L'art. 42, comma 1, c.p. recita: «Nessuno può essere punito per un'azione od omissione preveduta dalla legge come reato, se non l'ha commessa con coscienza e volontà».

Non è chiaro se la disposizione menzionata debba collocarsi, sistematicamente, nell'ambito dell'elemento oggettivo o dell'elemento soggettivo del reato. Il codice, infatti, su questo punto è ambiguo, e la dottrina è divisa. Noi riteniamo che la «coscienza e volontà» dell'azione, di cui all'articolo menzionato, debba riferirsi già al concetto di **azione (condotta)**, e dunque sistematicamente afferire **all'elemento oggettivo della tipicità**.

In sostanza: l'art. 42, comma 1, c.p., detterebbe i requisiti **minimi** del concetto di **azione**, sotto il profilo dell'**appartenenza dell'azione stessa al soggetto** che l'ha commessa. Si è già detto che la condotta, nell'ambito della tipicità, deve essere una condotta **umana**. Ma oltre che provenire dall'uomo – e dunque, ad es., non da un animale – essa deve essere in qualche modo **attribuibile ad un essere umano**, in quanto **sua** (= dell'autore del reato). Ecco perché si parla, in dottrina, di ***suitas*** della condotta (*in primis* ANTOLISEI). Una condotta «non cosciente e volontaria» nel senso dell'art. 42, comma 1, c.p., insomma, non sarebbe da considerare «propria» dell'agente.

Ecco perché la *suitas* deve essere già considerata requisito della condotta, e non è questione pertinente all'**elemento sog-**

gettivo del reato. Naturalmente anche l'elemento soggettivo del reato si occupa del problema del rapporto di «appartenenza» della condotta all'autore. Ma se ne occupa sotto profili diversi ed ulteriori; e sotto profili diversificati a seconda che si tratti di responsabilità per dolo o per colpa. Infatti, nell'ambito del **dolo**, il soggetto deve **volere** la condotta, sicché il rapporto subiettivo fra l'autore e l'azione deve essere di carattere **psicologico**. Diversamente avviene nell'ambito della **colpa**, che – quantomeno nell'ambito della colpa incosciente – **non richiede necessariamente** nel soggetto la **volontà** di realizzare la condotta stessa. Si pensi – per fare un esempio – alle **omissioni colpose**: esse possono essere dovute a dimenticanza, e la **dimenticanza** dell'azione dovuta postula per definizione la **assenza di volontà** (*stricto sensu* intesa) **della condotta**. Ciò per il fatto che il rapporto intercorrente fra il soggetto e la condotta nell'ambito del reato colposo è – salve ipotesi particolari di colpa (es.: colpa cosciente) – di tipo **normativo**, e non psicologico.

Proprio per questo motivo gli autori che riportano il problema della *suitas* della condotta all'interno dell'elemento psicologico del reato, sono poi costretti a distinguere fra *suitas* delle condotte dolose, e *suitas* delle condotte colpose: solo la prima implicherebbe una coscienza e volontà della condotta *stricto sensu* intesa; la seconda si limiterebbe a sostanziarsi nella «dominabilità», o «impedibilità» della condotta da parte del soggetto attivo del reato.

Il collocare la *suitas* già a livello di elemento oggettivo del reato può avere ripercussioni sulla stessa **formula di proscioglimento**: essa, in caso di mancanza di *suitas*, dovrebbe essere «perché il fatto non sussiste». Viceversa, ove si collocasse la *suitas* nell'ambito dell'elemento soggettivo del reato, la formula di proscioglimento sarebbe: «perché il fatto non costituisce reato». Ciò con ogni eventuale ripercussione sotto il profilo civilistico.

Definizione del concetto di *suitas*

Ma, una volta ricondotta la *suitas* a concetto unitario, e sistemata nell'alveo della condotta, resta il problema del **contenuto della *suitas***, e dunque della sua **definizione**.

Si facciano, in proposito, alcuni esempi: Tizio, fumatore incallito, accende la sigaretta, e, con gesto **abituale**, getta il fiammifero a terra, non accorgendosi di appiccare fuoco ad una macchia di benzina, e di provocare in tal modo un incendio; Caio, alla guida della sua spider, viene punto da un grosso calabrone, e, per gesto **riflesso**, muove bruscamente le braccia, andando ad uccidere un pedone sul marciapiede; Sempronio, passeggero sul tram, sta per cadere a causa di un'improvvisa frenata del mezzo, e, mettendo **istintivamente** le mani avanti per evitare la caduta, tocca suo malgrado il seno di una procace ragazza.

«Atti automatici»

In relazione a casi come questi, si utilizzano varie terminologie in dottrina, ma spesso si accomunano queste varie tipologie di condotta nell'ambito dei c.d. **atti automatici**. Non in tutte queste ipotesi, peraltro, si deve concludere che non vi sia coscienza e volontà dell'azione, ovvero *suitas*. Tizio, ad es., poteva stare più attento nel gettare il fiammifero, e non avrebbe cagionato l'incendio: vi è dunque *suitas*, in quanto l'atto, pur abituale, era **impedibile**, **dominabile**. Caio, viceversa, assai probabilmente **non** avrebbe potuto comunque **impedire** la sua reazione riflessa all'improvvisa puntura: sicché, in tal caso, non si ravviserà la *suitas*, e non vi sarà dunque omicidio, né doloso, né colposo. Quanto a Sempronio, anche in questo caso è ben difficile ipotizzare la sussistenza del delitto di violenza sessuale, dal momento che non solo egli non era in dolo rispetto ad un tale reato, ma ancor prima la condotta realizzata non era «sua», in quanto da lui **non dominabile**.

In sostanza, come si vede, per *suitas* si deve intendere **dominabilità**, **impedibilità** della condotta da parte del soggetto. Qui, ci si dovrà attenere a **criteri particolarmente rigorosi** nell'accertare la non dominabilità o non impedibilità, dal momento che, come si è visto, in questo ambito la mancanza di coscienza e volontà determina addirittura l'insussistenza di una **condotta tipica**. Casi più «tenui», di scarsa dominabilità, potranno riverberare effetti, casomai, in relazione alla sussistenza o meno del dolo o della colpa, ma non escluderanno la sussistenza della *suitas*, e dunque di una condotta tipica, sotto il profilo oggettivo.

Ciò che decide in merito alla sussistenza o meno della *suitas*, dunque, non è l'incasellare o meno un atto nella tipologia degli atti automatici, o nelle sottocategorie – se tali – degli atti abituali, riflessi, o istintivi. Anzi, ciascuno di questi diversi tipi di atti può dar luogo ad una condotta tipica, oppure, all'opposto, alla mancanza di *suitas*: decisivo è in proposito, piuttosto, appurare se, nell'episodio concretamente verificatosi, l'azione (intesa in senso lato) fosse **impedibile o dominabile** dall'agente. Solo in questa ipotesi la condotta sarebbe infatti attribuibile all'agente, e dunque «sua».

In base a questo criterio, si possono risolvere, con varie soluzioni, a seconda dei casi concreti, anche ipotesi di **mancanza di coscienza** del soggetto al momento della condotta, dovuta a vari fattori: sonnambulismo, sonno, delirio, deliquio, coma, malori improvvisi, ecc.

***Suitas* e costringimento fisico**

E per lo stesso motivo si deve riconoscere, tra le cause di esclusione della *suitas*, il **costringimento fisico** (art. 46 c.p.), che costituisce una *vis maior* irresistibile (e in ciò si differenzia dal costringimento psichico, di cui al comma 3 dell'art. 54 c.p.: v. *infra*, Sez. II, Cap. III; e Sez. III, Cap. VII). Si consideri l'esempio di Tizio che prende il braccio di Caio, che aveva in mano un coltello, e con forza bruta lo dirige verso il cuore di Sempronio, uccidendolo. In questo caso Caio *non agit, sed agitur* (= non agisce, ma «è agito»). Giustamente, dunque, l'art. 46, comma 2, c.p. dispone la punibilità, in una siffatta ipotesi, del vero autore del reato, «l'autore della violenza»: cioè, nell'esempio, Tizio.

***Suitas* e forza maggiore**

Lo **stesso principio porta ad escludere la *suitas*** ove ricorra la **forza maggiore** (art. 45 c.p.). Si pensi all'ipotesi di Tizio, casellante, che deve abbassare le sbarre al passaggio del treno, ma che, a causa di un terremoto, e del parziale crollo dell'edificio, giace a terra con una gamba rotta, immobilizzato. Qui, se il treno investe un'automobile e qualcuno rimane ucciso, Tizio non solo non sarà né in dolo né in colpa in relazione all'omicidio, ma non avrà commesso neppure una omissione «cosciente e volontaria», nel senso dell'art. 42, comma 1, c.p. L'ipotesi è del resto analoga a quella del costringimento fisico: qui peraltro non è un terzo, ma una forza esterna della natura che elimina la *suitas*. Ecco perché, a differenza dell'art. 46, comma 2, l'art. 45 non prevede la punibilità di alcuno.

Note bibliografiche

ANTOLISEI F., *L'azione e l'evento nel reato*, Pisa, 1923; DELITALA G., *Il «fatto» nella teoria del reato*, Palermo, 1930; GALLO M., *La teoria dell'azione «finalistica» nella più recente dottrina tedesca*, Milano, 1950; GALLO M., *La teoria dell'azione finalistica*, Milano, 1951; PETTOELLO-MANTOVANI L., *Il concetto ontologico del reato*, Milano, 1954; SANTAMARIA B., *Prospettive del concetto finalistico di azione*, Napoli, 1955; SPASARI M., *L'omissione nella teoria della fattispecie penale*, Milano, 1957; MARINUCCI G., *Il reato come azione. Critica di un dogma*, Milano, 1971; BRICOLA F., voce *Teoria generale del reato*, in *Noviss. dig. it.*, Vol. XIX, Torino, 1973, p. 7 ss.; SGUBBI F., *Responsabilità penale per omesso impedimento dell'evento*, Padova, 1975; CERTO C., *Il problema penale della «suitas»*, Padova, 1979; FIAN-

DACA G., *Il reato commissivo mediante omissione*, Milano, 1979; GRASSO G., *Il reato omissivo improprio*, Milano, 1983; RONCO M., *L'azione «personale»*, Torino, 1984; FIORE C., voce *Azione finalistica*, in *Enc. giur.*, Vol. I, 1988; CADOPPI A., *Il reato omissivo proprio*, Voll. I-II, Padova, 1988; MARINI G., voce *Condotta,* in *Dig. disc. pen.*, Vol. III, 1989, p. 13 ss.; BALBI G., *La volontà e il rischio penale d'azione*, Napoli, 1995; LEONCINI I., *Obbligo di attivarsi, obbligo di garanzia e obbligo di sorveglianza*, Torino, 1999; CRISTIANI A., *Le omissioni del medico e il giudizio penale*, Torino, 2006; FERRANTE M.L., *La suitas nel sistema penale italiano*, Napoli, 2010; MASSARO A., *La colpa nei reati omissivi impropri*, Roma, 2011; RUGGIERO G., *Gli elementi soggettivi della tipicità: indagine sui rapporti fra tipicità e antigiuridicità nella teoria generale del reato*, Napoli, 2011; MANTOVANI M., *Contributo ad uno studio sul disvalore di azione nel sistema penale vigente*, Bologna, 2014; SCHIRÒ D. M., voce *Responsabilità genitoriale*, in *Dig. disc. pen.*, agg. 2016, p. 653 ss.

CAPITOLO IV

L'EVENTO

SOMMARIO: 1. Evento in senso naturalistico ed evento in senso giuridico. – 2. Evento e reati omissivi. Reati omissivi propri ed impropri.

1. Evento in senso naturalistico ed evento in senso giuridico.

Su come dev'essere inteso l'**evento** del reato si è discusso a lungo.

Evento in senso naturalistico

Secondo una concezione, l'evento del reato è un **evento naturalistico**, ossia l'**effetto o risultato naturale** della condotta umana, rilevante per il diritto. In questa prospettiva, l'evento è sempre un *quid* che incide sulla realtà fenomenica, e che risulta legato da un nesso di causalità materiale alla condotta umana tipica.

La concezione naturalistica dell'evento è proposta in dottrina con sfumature diverse. Di certo, sono considerati «eventi in senso naturalistico» **effetti di tipo fisico** (es.: la distruzione di un oggetto nella fattispecie di danneggiamento: art. 635 c.p.), **o fisiologico** (es.: la morte di un uomo nell'omicidio), trattandosi di visibili modificazioni del mondo esteriore. Ma il novero degli eventi naturalistici può allargarsi (e con esso, di pari passo, quello dei «reati di evento»), se si reputano tali anche gli **effetti meramente psicologici** della condotta umana (si pensi alla percezione della minaccia come risultato-evento del delitto di minaccia: art. 612 c.p.).

Reati di evento

Se si accede alla concezione naturalistica dell'evento, occorre distinguere tra **reati di evento**, che contemplano appunto, fra i loro elementi costitutivi, un evento naturalistico (e dunque anche il nesso causale tra quell'evento e la condotta), e **reati di mera condotta**, nei quali un evento naturalistico manca.

Reati di mera condotta

I «confini» tra reati di evento e reati di mera condotta non sono peraltro pacifici: basti dire che una parte della dottrina ravvisa la sussistenza di reati di mera condotta basati su di una **condotta attiva** (ad esempio: l'evasione), mentre secondo una diversa opinione **gli unici reati senza evento** (inteso come effetto tipico della condotta tipica) sarebbero quelli di **pura omissione**.

Evento di danno

Secondo la prevalente opinione, inoltre, l'evento naturalistico può essere rappresentato non soltanto da un risultato esteriore lesivo dell'interesse protetto (c.d. **evento di danno**), ma anche da una **messa in pericolo** del bene giuridico(c.d. **evento di pericolo**): ciò limitatamente ai reati di **pericolo concreto**, nei quali il giudice deve stabilire se una situazione di pericolo si sia o meno verificata, in conseguenza della condotta del soggetto attivo.

Evento di pericolo

Alla concezione naturalistica, si contrappone quella **giuridica** dell'evento: secondo quest'ultima, l'evento andrebbe identificato nella offesa (lesione ovvero esposizione a pericolo) dell'**interesse protetto** dal diritto.

Evento in senso giuridico

L'**evento in senso giuridico**, per i fautori della relativa concezione, **è sempre un elemento essenziale del reato**, sicché in quest'ottica non si potrebbe operare una distinzione tra reati con o senza evento: l'evento inteso come offesa del bene giuridico tutelato non potrebbe mai mancare, perché non potrebbe esserci in astratto un reato «inoffensivo».

In sostanza, dunque, anche secondo la concezione giuridica dell'evento non è in discussione che talune fattispecie di reato difettino di un risultato naturalistico. Piuttosto, in rapporto a queste ultime, chi sostiene la concezione giuridica reputa necessario aggiungere interpretativamente un qualcosa in più, ossia l'offesa all'interesse protetto.

A ciò si obietta che nei reati di mera condotta ogni verifica ulteriore, una volta accertata la tipicità della condotta stessa, è ultronea. È vero che esistono reati, la cui fattispecie astratta contempla unicamente condotte umane che possono apparire «esangui» sotto il profilo del disvalore: in questi casi, possono esservi tutti gli estremi oggettivi di un fatto previsto come reato dal legislatore, senza che però quel fatto si connoti in termini sufficientemente offensivi. Si tratta però di difetti che dipendono da una cattiva formulazione della legge penale da parte del legislatore stesso (il quale dovrebbe sempre, invece, descrivere fattispecie astratte tali da apparire offensive rispetto al bene tutelato), e ai quali non si può rimediare richiedendo in ogni caso un evento giuridico, ossia un'offesa all'interesse protetto che sia distinta rispetto all'azione, e che si sommi ad essa.

La disputa sull'evento

Più in generale, si può osservare che la **disputa sull'evento**, come tante altre dispute di carattere essenzialmente dogmatico-dottrinario, appare talora frutto di un **fraintendimento**. E cioè, a ben vedere, **entrambe le concezioni** – quella dell'evento naturalistico e quella dell'evento giuridico – **possono coesistere**, una volta che si chiarisca che l'una e l'altra riguardano **tematiche diverse** fra loro. Chi utilizza la concezione naturalistica dell'evento, si occupa sostanzialmente della ricognizione degli elementi essenziali della fattispecie tipica; chi viceversa utilizza la concezione giuridica dell'evento, si occupa in realtà della prospettiva della compatibilità della fattispecie con il principio di offensività. È chiaro che le due prospettive possono avere punti di tangenza fra loro, fino talora a sovrapporsi (si pensi appunto a chi vorrebbe, secondo la «concezione realistica» del reato, inserire nella stessa fattispecie tipica, interpretativamente, un evento giuridico): ma ciò non toglie che i due piani possano e debbano tenersi separati.

Di evento si parla, oltre che con riguardo agli elementi essenziali del reato, anche con riguardo ad altri elementi, il cui effetto (perlomeno potenziale) è quello di aggravare la responsabilità penale in rapporto a reati già perfetti: c.d. **evento aggravante, o aggravatore, nei delitti aggravati dall'evento.** Si pensi, ad esempio, alla morte di taluno nella rissa, art. 588 c.p.; v. *infra*, in tema di circostanze del reato.

Evento, inoltre, può essere l'elemento di cui consta una **condizione obiettiva di punibilità:** art. 44 c.p.: «... l'evento, da cui dipende il verificarsi della condizione...» (v. *infra*, P. V, Cap. V, par. 2).

2. Evento e reati omissivi. Reati omissivi propri ed impropri.

Sulla nozione di evento poggia altresì la distinzione-cardine, nell'ambito delle fattispecie omissive, tra **reati omissivi propri** (o **puri**) e **reati omissivi impropri** (o **impuri**).

Reati omissivi impropri

Secondo la prevalente opinione, infatti (es. NUVOLONE, CADOPPI), i **reati omissivi impropri** (detti anche **commis-**

sivi mediante omissione) sono caratterizzati dalla presenza, nella loro struttura, di un **evento** (in senso naturalistico): si tratta appunto dell'evento non impedito dal soggetto obbligato.

Facciamo un esempio: se la mamma non allatta il suo bambino e questi muore, vi sarà un delitto omissivo improprio, che si sostanzierà in un omicidio per omissione: la mamma infatti non ha impedito la morte del piccolo.

In altri termini, in queste fattispecie omissive improprie vi è un soggetto **«garante»** del bene giuridico tutelato, nei cui confronti si dirige il comando penale di tenere una certa condotta attiva **per scongiurare l'evento** (nell'esempio: la mamma): in tale contesto, il nucleo essenziale della violazione penalmente rilevante consiste **nell'omesso impedimento di quell'evento** da parte del soggetto obbligato, il quale non fa ciò che invece dovrebbe fare. Si vedrà più avanti, in tema di causalità, a quali condizioni la verificazione dell'evento possa essere ricollegata all'omissione del soggetto garante, e quindi al medesimo imputata dal punto di vista materiale.

Reati omissivi propri

Al contrario, i **reati omissivi propri** presentano una struttura materiale **priva di un evento**: la condotta consiste in una **pura omissione**, senza produzione di un risultato ulteriore.

In presenza di una certa **situazione tipica**, descritta dalla norma penale, scatta, nei confronti del soggetto obbligato, un comando.

Ad esempio, «devi presentare la dichiarazione dei redditi», oppure «devi compiere l'atto del tuo ufficio».

Quel comando impone al soggetto di attivarsi, e di compiere una data azione, **entro un termine**, espresso o comunque da ricavare in via interpretativa (ma sempre **essenziale**: se infatti un termine non vi fosse, o fosse meramente ordinatorio, mai si potrebbe imputare al soggetto l'inosservanza del comando). Ebbene, il reato omissivo proprio si realizza con il **mancato compimento dell'azione comandata entro il termine** (ed in presenza ovviamente di tutti gli ulteriori requisiti: effettiva possibilità di agire, dolo o colpa, ecc.), a prescindere da un qualsivoglia evento.

Piuttosto, parte della dottrina (CADOPPI) ritiene che il reato omissivo proprio sia contraddistinto da un **non-evento**, ossia dalla **mancata produzione di un risultato utile**. È avendo a mente questo non-evento che si riesce a recuperare la dimensione di **offensività** delle fattispecie omissive pure, la cui carica lesiva per il bene giuridico tutelato si incentra sull'osservazione che il soggetto obbligato nulla ha fatto (contrariamente a quanto avrebbe dovuto fare) per intervenire in positivo nel contesto di una situazione di fatto pericolosa per l'interesse ritenuto meritevole di protezione.

Criterio distintivo basato sulla tecnica di tipizzazione: critica

Per completezza, occorre segnalare che qualche Autore (es.: FIANDACA-MUSCO) adotta un differente criterio distintivo tra reati omissivi propri ed impropri, basato sulla **differente tecnica di tipizzazione legale** delle relative fattispecie.

In questa prospettiva, non sarebbe decisiva la presenza ovvero l'assenza di un evento nella struttura del modello omissivo. Al contrario, il reato omissivo improprio sarebbe contraddistinto dalla **carenza di una previsione espressa**, scaturendo sempre dalla combinazione tra la clausola generale contenuta nell'art. 40 cpv. c.p. («Non impedire un evento che si ha l'obbligo giuridico di impedire equivale a cagionarlo») con la norma incriminatrice che prevede la corrispondente fattispecie di azione. Correlativamente, il reato omissivo proprio sarebbe soltanto il reato omissivo direttamente configurato come tale dal legislatore, mediante un'autonoma incriminazione *ad hoc*, sia che questa preveda un evento nella sua struttura, sia che non lo preveda.

Un esempio di esito divergente delle due impostazioni classificatorie si rinviene nell'art. 659, comma 1, c.p., con riguardo al mancato (= omesso) impedimento di strepiti di animali. Secondo il criterio distintivo prevalente, si tratta di reato omissivo improprio, stante la presenza nella struttura della fattispecie di un evento non impedito. Secondo invece la diversa opinione appena riferita, sarebbe preferibile considerare questo reato una fattispecie omissiva propria, in quanto frutto di una compiuta ed autosufficiente previsione legislativa, che tipizza come penalmente rilevante l'omissione a prescindere dal disposto dell'art. 40 cpv. c.p.

Note bibliografiche

ANTOLISEI F., *L'azione e l'evento nel diritto penale*, Milano, 1928; CECCHI O., *Teoria dell'evento nel reato*, Milano, 1937; GALLO M., *L'elemento oggettivo del reato*, Torino, 1966; SANTAMARIA D., voce *Evento*, in *Enc. dir.*, Vol. XVI, 1967,

p. 118 ss.; STELLA F., *La «descrizione» dell'evento*, Milano, 1970; MAZZACUVA N., *Il disvalore di evento nell'illecito penale*, Milano, 1983; CADOPPI A., *Il reato omissivo proprio*, Vol. II, Padova, 1988; CARACCIOLI I., voce *Evento*, in *Enc. giur.*, Vol. XIII, 1989; FORTI G., *Colpa ed evento nel diritto penale*, Milano, 1990; MAZZACUVA N., voce *Evento*, in *Dig. disc. pen.*, Vol. IV, 1990, p. 445 ss; RUGGIERO G., voce *Evento*, in *Enc. giur.*, Agg. XVI, 2007.

Capitolo V

IL NESSO CAUSALE

Sommario: 1. Il nesso di causalità. La teoria della *condicio sine qua non*. – 2. I limiti della teoria condizionalistica. *A*) La causalità addizionale e la causalità alternativa ipotetica. – 3. (Segue) *B*) L'insufficiente selettività della teoria della *condicio*. I correttivi della causalità adeguata e della causalità umana. – 4. Le «cause sopravvenute da sole sufficienti a determinare l'evento». – 5. Il caso fortuito e la forza maggiore. – 6. La sussunzione sotto leggi scientifiche. – 7. L'equivalente normativo della causalità nella prospettiva omissiva. – 8. L'imputazione oggettiva dell'evento. – 9. Osservazioni conclusive.

1. Il nesso di causalità. La teoria della *condicio sine qua non*.

Perché un evento possa essere ricondotto alla responsabilità di un individuo occorre innanzitutto, dal punto di vista materiale (a prescindere, cioè, dalla ulteriore verifica sul versante soggettivo, se l'evento stesso sia rimproverabile a titolo di dolo, o di colpa), che **tra l'evento** stesso e **la condotta** umana del soggetto attivo sussista il c.d. **nesso causale**.

Teoria condizionalistica

Per stabilire se ricorra o meno tale rapporto di causalità, si fa ricorso – quantomeno «in prima battuta» – alla **teoria della *condicio sine qua non*** (che si fa risalire per tradizione al penalista tedesco von Buri). Tale espressione sta a significare che la condotta è «causale» rispetto all'evento (ossia **ha cagionato** l'evento) quando rappresenta una **«condizione senza la quale l'evento non si sarebbe verificato»**. In altri termini, vi è nesso di causalità laddove la condotta sia un **antecedente indispensabile**, ovvero una **condizione necessaria** rispetto all'evento.

In linea con tale affermazione di principio è l'art. 40, comma 1, c.p.: «Nessuno può essere punito per un fatto preveduto dalla legge come reato, se l'evento dannoso o pericoloso, da cui dipende la esistenza del reato, non è conseguenza della sua azione od omissione».

La teoria condizionalistica vale dunque, nel nostro sistema, sia con riferimento ai reati che si realizzano mediante una **condotta attiva**, sia con riferimento ai reati **omissivi c.d. impropri**, ossia di mancato impedimento di un evento (anche se – con riguardo a questi ultimi – si pongono alcuni problemi particolari, ai quali si farà cenno *infra*, par. 7).

Processo di c.d. «eliminazione mentale»

Per stabilire se una azione (condotta attiva) sia o meno *condicio sine qua non* (e quindi causa) di un certo evento, si deve ricorrere ad un processo di c.d. **«eliminazione mentale»**: occorre cioè «eliminare mentalmente» l'azione che in effetti si è verificata **nella realtà**, e chiedersi se, **nella ipotesi in cui questa non vi fosse stata, l'evento si sarebbe prodotto ugualmente, oppure no**. Qualora a tale domanda si debba rispondere **negativamente**, e cioè se si concluda che l'**evento non si sarebbe prodotto in mancanza di quell'azione, il nesso di causalità sussiste**. Il rapporto causale va invece escluso qualora si possa dire che l'evento si sarebbe verificato comunque, anche se il soggetto agente non avesse posto in essere la condotta *de qua*.

Ad esempio, Tizio esplode un colpo d'arma da fuoco, che attinge Caio in piena testa, e Caio muore nell'immediatezza.

In un caso del genere, ragionando con il metodo della *condicio sine qua non*, si arriva senza problemi ad affermare che vi è il nesso causale tra la condotta di Tizio (sparare) e la morte di Caio. Alla domanda «se Tizio non avesse sparato, Caio sarebbe morto ugualmente?» è facile infatti rispondere «no, Caio non sarebbe morto; Caio è morto perché Tizio gli ha sparato». L'azione consistita nell'esplodere il colpo è quindi una condizione **senza la quale l'evento-morte non** si sarebbe verificato: ipotizzando che lo sparo non vi fosse stato (= eliminandolo mentalmente), Caio sarebbe ancora vivo.

2. I limiti della teoria condizionalistica. *A*) La causalità addizionale e la causalità alternativa ipotetica.

Spesso gli accadimenti della vita non sono così semplici e lineari come nell'esempio appena formulato. In rapporto a casi più complessi, la teoria della *condicio* mostra, invero, una serie di limiti, ai quali occorre dedicare almeno qualche cenno.

Vi sono costellazioni di ipotesi nelle quali fattori causalmente rilevanti non sono (contrariamente alla «regola generale») *condiciones sine quibus non*; ovvero, se si preferisce, in questi casi la teoria condizionalistica può funzionare soltanto con alcuni **correttivi**.

Causalità addizionale

Nella letteratura anglosassone, si parla in proposito di *additional causes*, ossia di **cause addizionali**: vi sono situazioni peculiari, in cui vi sono buone ragioni sia per dire che un certo evento è stato causato da una certa azione, sia – al tempo stesso – per affermare che si sarebbe verificato ugualmente, anche senza quella certa azione.

In questi casi, la domanda «si sarebbe verificato l'evento Y, se non ci fosse stata la condotta X?» (ossia il mero ricorso alla c.d. eliminazione mentale) rischia di fare impostare e risolvere il problema del nesso causale in maniera fuorviante.

Cause addizionali simultanee

Si pensi alla contestuale presenza di **due condotte** – tenute da due distinti soggetti che agiscono l'uno all'insaputa dell'altro – **ognuna delle quali sia da sola sufficiente a produrre l'evento lesivo**, che puntualmente si verifica.

Ad esempio, due uomini simultaneamente fanno fuoco, e (pressoché) contemporaneamente i proiettili attingono alla testa la vittima, cagionando ciascuno una lesione letale, tant'è che pochi istanti dopo la persona colpita muore.

Eliminata mentalmente la condotta di uno dei due, quell'evento-morte si sarebbe verificato lo stesso. Applicando acriticamente la teoria della *condicio sine qua non*, dovremmo pertanto concludere che nessuna delle condotte in esame rappresenta una causa, mentre **è chiaro che** – all'opposto – **entrambe le azioni hanno cagionato l'evento, e che entrambi i soggetti agenti debbono rispondere per omicidio**. In casi di questo tipo, si riconosce che lo schema della *condicio* non è idoneo a risolvere il quesito circa la sussistenza del nesso causale, ovvero che la teoria condizionalistica abbisogna di un correttivo «critico»: se la causalità è **addizionale**, si puntualizza, hanno efficacia causale quelle condizioni dell'evento che, considerate nel loro insieme (**cumulativamente**), ne rappresentano la *condicio sine qua non*, e che configurerebbero in ogni caso una condizione necessaria se considerate **alternativamente** (l'una indipendentemente dall'altra).

Cause addizionali successive

Soluzione analoga, per la dottrina prevalente, deve valere nei casi in cui le **due cause addizionali**, ciascuna delle quali sufficiente a produrre l'evento, **si susseguano nel tempo, ed ancorché la seconda agisca in senso contrario** (*counteracts*) alla prima (che avrebbe prodotto comunque lo stesso evento lesivo, anche se non si fosse inserito l'ulteriore fattore causale).

Se ad esempio Tizio somministra a Caio una dose letale di veleno, e prima che il veleno faccia effetto sopraggiunge Sempronio, che spara a Caio, uccidendolo, non si può dire che eliminata mentalmente la seconda condotta (consistente nello sparare) l'evento non si sarebbe verificato: l'evento-morte si sarebbe verificato in ogni caso – ancorché per causa diversa ed in un momento successivo – stante la precedente condotta di avvelenamento posta in essere da Tizio. Anche in casi del genere, dunque, la teoria della *condicio sine qua non* necessita di essere rivista in maniera critica, giacché nella sua formulazione pura e semplice non si presta a dare conto della causalità di entrambe le condotte, e della responsabilità di entrambi i soggetti agenti per omicidio.

Causalità alternativa ipotetica

Altra ipotesi, simile all'ultima descritta, è quella della c.d. **causalità alternativa ipotetica**, in cui si postula che l'**evento** cagionato da una determinata condotta umana **si sarebbe comunque verificato in conseguenza di una causa ulteriore** (prodottasi pressoché contemporaneamente). Ad esempio, Tizio distrugge la casa di Caio, appiccandovi il fuoco, ma si accerta che comunque la casa non sarebbe stata risparmiata da un incendio sviluppatosi per cause naturali, propagatosi sino al luogo ove sorgeva la casa stessa.

Anche qui, infatti, alla domanda se la casa sarebbe andata distrutta ugualmente dalle fiamme, pure in mancanza della condotta di Tizio, occorre dare risposta positiva: e se la casa sarebbe stata distrutta comunque, è ben difficile considerare la condotta di Tizio quale «antecedente necessario» rispetto al prodursi dell'evento. Ciononostante, Tizio è da ritenersi pur sempre responsabile del fatto (cfr. art. 424 c.p.). Per giustificare questa conclusione, si applica il ragionamento condizionalistico, tenendo presente non l'evento «distruzione della casa ad opera di un incendio», ma un evento descritto ed individuato in maniera più analitica. Si guarda, come si suol dire, all'**evento per come verificatosi *hic et nunc***: l'evento storicamente accaduto proprio in quel dato momento è stato causato dall'azione di Tizio, perché, eliminando mentalmente tale azione, si può concludere che **l'evento così caratterizzato** non si sarebbe verificato. Né rileva, dal punto di vista del nesso causale, che un fattore successivo (nell'esempio fatto, l'incendio per cause naturali) avrebbe portato di lì a poco ad esiti lesivi affatto analoghi (ma **non**, per definizione, **allo stesso evento** inteso *hic et nunc*).

3. (Segue) *B*) L'insufficiente selettività della teoria della *condicio*. I correttivi della causalità adeguata e della causalità umana.

Delimitazione dell'ambito delle condizioni rilevanti

Ma **il più vistoso limite della teoria della *condicio*** è dato dal fatto che, applicando alla lettera il criterio dell'equivalenza causale, la sussistenza del nesso di causalità risulterebbe ravvisabile con **eccessiva ampiezza**: infatti, non si richiede che la condotta umana sia **l'unica** causa dell'evento, ben potendo anzi normalmente rappresentare **una** delle molteplici «concause» che, insieme, hanno contribuito a cagionare l'evento.

Paradossalmente, se tutte le (con)cause che hanno contribuito a cagionare l'evento lesivo dovessero essere poste sullo stesso piano, si potrebbero considerare causali **anche i più remoti antecedenti dell'evento**, e così per esempio anche **la procreazione dell'omicida da parte dei suoi genitori**, nonché la procreazione degli stessi genitori dell'omicida da parte dei nonni di quest'ultimo, e così via (**c.d. regresso ad infinito**).

In realtà, è ovvio che – una volta accertata la sussistenza del nesso causale tra condotta ed evento in base alla teoria della *condicio sine qua non*, in cui tutte le condizioni si equivalgono – si pone il problema di **delimitare l'ambito delle condizioni effettivamente rilevanti**.

Questa esigenza di delimitazione è avvertita e condivisa da tutti, anche se divergono le soluzioni elaborate per farvi fronte. Ciò che più conta è che tale esigenza è necessitata dalla carente **disciplina legale del rapporto di causalità dettata dal nostro codice penale**: in base all'attuale assetto normativo, le c.d. concause vengono infatti poste, almeno apparentemente, tutte sullo stesso piano. Eloquente è in proposito l'art. 41, comma 1, c.p.: «Il concorso di cause preesistenti o simultanee o sopravvenute, anche se indipendenti dall'azione od omissione del colpevole, non esclude il rapporto di causalità fra l'azione od omissione e l'evento».

Ciò significa che – interpretando letteralmente la formula codicistica – le c.d. concause non escluderebbero la «causalità» di qualsiasi condotta che fosse condizione necessaria, anche se remota.

Ma proprio per restringere il novero delle ipotesi nelle quali può dirsi sussistente il nesso di causalità, sono state elaborate – come poc'anzi anticipato – **teorie** che **limitano** gli effetti di un'applicazione rigida del criterio strettamente condizionalistico, e che dunque andrebbero ad integrare interpretativamente il dettato dell'articolo citato.

Teoria della causalità adeguata

In quest'ottica si pongono sia la **teoria della c.d. causalità adeguata**, sia la **teoria della c.d. causalità umana**, che altro non è che uno sviluppo della precedente. Secondo la **teoria della causalità adeguata** (enunciata per la prima volta dal fisiologo tedesco VON KRIES), non basta che l'azione sia «condizione necessaria» in rapporto all'evento: occorre, infatti, che l'azione possa dirsi anche «**adeguata**», e cioè in generale **idonea a determinare l'effetto**. In questa prospettiva, non si possono ricollegare causalmente alla condotta umana gli **eventi** che, al momento dell'azione, si presentavano come **straordinari o atipici**.

Per esempio: Tizio induce il ricco zio Caio a fare frequenti viaggi aerei, confidando nel fatto che prima o poi lo zio perisca in un disastro, e quindi di poterne ereditare il cospicuo patrimonio; l'aereo cade e lo zio muore. Ovvero: Mevio, che nutre il proposito di uccidere l'odiato nemico Sempronio, lo attira in un bosco durante un violento temporale, con la speranza che un fulmine ne provochi la morte per folgorazione; il fulmine colpisce in pieno Sempronio, il quale muore.

In questi casi, sia la condotta di Tizio, sia quella di Mevio, rappresentano *condiciones sine quibus non* in rapporto ai rispettivi eventi (senza l'azione di Tizio, lo zio mai avrebbe deciso di intraprendere un viaggio aereo, e quindi mai sarebbe perito in quel disastro aereo; senza l'azione di Mevio, mai Sempronio si sarebbe recato nel bosco, e quindi mai sarebbe stato folgorato da quel fulmine): ma, secondo la teoria della c.d. **causalità adeguata**, negli esempi ipotizzati **manca il rapporto di causalità** tra condotta ed evento, in quanto il concreto decorso causale è assolutamente atipico; la condotta di Caio e quella di Mevio non sono causali, perché condotte del genere **normalmente non sono affatto idonee** a ledere.

Teoria della «causalità umana»

A risultati molto simili conduce la **teoria della c.d. causalità umana** (ANTOLISEI), secondo la quale **non c'è nesso causale in rapporto ad eventi che sfuggono al dominio dell'uomo**: manca cioè il rapporto di causalità tra condotta ed evento, quando quest'ultimo ha soltanto una **probabilità minima, insignificante di verificarsi**. In questa prospettiva, il nesso causale richiede, in positivo, che l'uomo con la sua condotta abbia realizzato una condizione necessaria rispetto all'evento, e, in negativo, che l'evento stesso non si sia verificato per il concorso di **fattori (assolutamente) eccezionali**.

4. Le «cause sopravvenute da sole sufficienti a determinare l'evento».

La necessità di porre un argine alla teoria della *condicio sine qua non* è con ogni probabilità alla base del disposto dell'art. 41, comma 2, c.p.: «Le cause sopravvenute escludono il rapporto di causalità quando sono state da sole sufficienti a determinare l'evento (...)».

Letture contrastanti dell'art. 41, comma 2, c.p.

Tale norma è stata oggetto di **letture contrastanti**.

Secondo una **prima tesi**, essa si riferirebbe a **seriazioni causali del tutto autonome**, e pertanto non limiterebbe affatto il principio della condizione necessaria.

A questa tesi si obietta, principalmente, che l'art. 41, comma 2, c.p. verrebbe così ad essere disposizione affatto pleonastica.

L'interpretazione alternativa è nel senso che la norma *de qua* riguardi proprio le **concause** (per quanto le concause non siano mai, in quanto tali, da sole sufficienti a determinare l'evento: una «concausa da sola sufficiente», a rigor di logica, non ha senso).

Se rapportato alle concause, l'art. 41, comma 2, c.p. afferma, in buona sostanza, che non c'è nesso causale se l'evento è (co) determinato da fatti **sopravvenuti** assolutamente **imprevedibili ed anomali**.

Tale limite alla teoria condizionalistica (in cui ben si può scorgere una ricaduta normativa della concezione della **causalità umana**), laddove si registri la sopravvenienza di avvenimento eccezionale, vale tuttavia **solo per le cause sopravvenute, e non anche per cause preesistenti e concomitanti**. Si faccia il seguente esempio: Tizio colpisce con un ramoscello la testa di Caio, il quale muore, a causa di una malformazione cranica. In questo caso, l'art. 41, comma 2, sembrerebbe lasciar sussistere il nesso causale. Questo quadro è parso non appagante, e si è proposto di **superare l'incongruenza mediante un'applicazione analogica *in bonam partem* dell'art. 41, comma 2, c.p., laddove i fattori co-causali eccezionali siano simultanei o pregressi rispetto alla condotta** (ANTOLISEI). Tale soluzione, stante la perentorietà della disposizione codicistica, è stata peraltro sottoposta a critica da parte di autorevole dottrina (F. MANTOVANI), che ha utilizzato per superare l'*impasse* (come vedremo al prossimo paragrafo) le categorie del **caso fortuito** e della **forza maggiore**.

Causa consistente nel fatto illecito altrui

Nulla muta, per inciso, qualora la causa preesistente, simultanea o sopravvenuta consista nel fatto illecito altrui. Una chiara esplicazione in tal senso è del resto contenuta nell'art. 41, comma 3, c.p.: «Le disposizioni precedenti si applicano anche quando la causa preesistente o simultanea o sopravvenuta consiste nel fatto illecito altrui».

5. Il caso fortuito e la forza maggiore.

Caso fortuito e forza maggiore come fattori di esclusione della causalità

Come si è appena visto, la disciplina dettata dall'art. 41, comma 2, c.p. rischia di creare una disparità di trattamento difficilmente giustificabile tra (con)cause preesistenti e concomitanti, da un lato, e (con)cause sopravvenute, dall'altro.

Proprio per ovviare a tale disparità, una parte della dottrina ha proposto di ricondurre le nozioni di **caso fortuito** e di **forza maggiore** nell'ambito della **causalità**, quali **fattori di esclusione della stessa**, stante l'incompatibilità tra **causa** e **caso** (F. MANTOVANI).

In questa prospettiva, **la disciplina in tema di nesso causale** andrebbe desunta **non solo dagli artt. 40 e 41 c.p., ma anche dall'art. 45 c.p.** («Caso fortuito e forza maggiore»): «Non è punibile chi ha commesso il fatto per caso fortuito o per forza maggiore».

In particolare, il caso fortuito e la forza maggiore si presterebbero a comprendere non solo i fattori causali sopravvenuti, ma anche quelli **concomitanti o preesistenti**, in grado di escludere il rapporto di causalità, proprio in virtù del **carattere eccezionale** dei medesimi. In altre parole, quando l'evento è sì conseguenza della condotta di un certo soggetto, ma si è prodotto in modo del tutto «fortuito» (ossia in base ad un **decorso**

causale assolutamente anomalo), non può essere imputato all'agente **già dal punto di vista materiale**, dovendo ritenersi escluso il nesso di causalità ai sensi dell'art. 41, comma 2, c.p. (quanto alle concause sopravvenute), ovvero ai sensi dell'art. 45 c.p. (quanto alle concause comunque eccezionali, ancorché preesistenti o concomitanti).

Caso fortuito come assenza di tipicità del fatto

Va in ogni caso dato conto che questa non è l'unica «chiave di lettura» del disposto dell'art. 45 c.p. In un'ottica non troppo dissimile, in quanto comunque legata ad una **concezione oggettiva del fortuito**, si ritiene (ROMANO) che il caso fortuito **trascenda il rapporto causale**, quale nesso tra condotta ed evento, per tradursi piuttosto in una **assenza di tipicità del fatto**: il fatto verificatosi in conseguenza dell'intervento di elementi del tutto incalcolabili non potrebbe essere ritenuto tipico, alla stregua di una valutazione giuridico-penale.

C.d. concezioni soggettive del caso fortuito

Né si può trascurare che, nell'impostazione più tradizionale, prevalgono le **c.d. concezioni soggettive del caso fortuito**, fra le quali spicca la tesi che lo identifica nell'**assenza del dolo o della colpa**.

Forza maggiore come causa di esclusione della *suitas*

E, quanto alla **forza maggiore**, sembra preferibile, come si è già detto (*supra*, Sez. I, Cap. III), inquadrare l'istituto fra le cause che escludono in radice la *suitas*, e dunque la stessa **tipicità della condotta**.

6. La sussunzione sotto leggi scientifiche.

Per stabilire se una certa azione (od omissione) rappresenti effettivamente una *condicio sine qua non* rispetto al prodursi di un determinato evento, si ritiene indispensabile il ricorso a **«leggi di copertura»**, ossia ad un tipo di spiegazione causale **generalizzante**.

Leggi scientifiche di copertura

Il giudice non deve essere un produttore, bensì un consumatore di leggi causali: egli non può affermare che un evento è stato causato da una condotta affidandosi alla propria intuizione (c.d. metodo **individualizzante** di spiegazione causale). Al contrario, il giudice deve fare riferimento a **regole di esperienza** dotate di una **validità scientifica** (STELLA).

Si distingue, in proposito, tra **leggi universali** e **leggi statistiche**.

Leggi universali

Per **leggi universali** si intendono quelle che affermano che la verificazione di X è invariabilmente seguita dalla verificazione di Y, sicché è senz'altro possibile concludere che X è causa di Y.

Leggi statistiche

Si denominano **leggi statistiche**, invece, quelle che riscontrano la consequenzialità di Y rispetto ad X in una certa percentuale di casi.

Struttura probabilistica della spiegazione causale

Dal punto di vista **penalistico**, si ritiene sufficiente anche una spiegazione causale fondata su **leggi statistiche**, purché contraddistinte da un **alto livello di probabilità razionale**: in tale prospettiva, sussiste il rapporto di causalità allorché appaia **altamente probabile** (probabilità confinante con la certezza) che l'evento non si sarebbe verificato senza il comportamento dell'agente (c.d. **struttura probabilistica della spiegazione causale in diritto penale**).

Il metodo della sussunzione sotto leggi scientifiche consente, dunque, di **«riempire di contenuto» la formula della *condicio sine qua non***, che invece – considerata isolatamente – possiede capacità esplicative assai limitate, ed anzi non aggiunge nulla rispetto alle premesse di fatto già a disposizione dell'interprete.

Per esempio, per affermare che l'assunzione di un medicinale, in ragione di particolari effetti collaterali del medesimo, è causa della morte del paziente, non ci si può limitare a «eliminare mentalmente» l'assunzione *de qua*, e chiedersi se il malato sarebbe morto lo stesso, oppure no. L'interrogativo è infatti destinato a rimanere senza alcuna risposta plausibile, e dalla *impasse* si può uscire **soltanto attraverso il ricorso al paradigma della sussunzione sotto leggi scientifiche**. Dobbiamo cioè **sapere se quel farmaco può effettivamente provocare quel tipo di conseguenze** indesiderate, e questo nostro «sapere» è tale solo se suscettibile di **verifica empirica** dotata di un elevato grado di affidabilità. Viceversa, un *deficit* di cognizioni scientifiche sufficientemente affidabili sul punto precluderebbe ogni possibilità di imputazione causale dell'evento.

Non a caso, e con esattezza, si evidenzia in dottrina (es. MARINUCCI-DOLCINI) che il legislatore più opportunamente dovrebbe ricorrere alla tipizzazione di reati non già di danno (incentrati su di un evento dannoso, legato da nesso di causalità alla condotta), ma **di pericolo**, e più precisamente di pericolo astratto, laddove lo stato delle conoscenze scientifiche non consenta né di affermare, né di negare che la singola condotta sia **concretamente** pericolosa (e *a fortiori*, dunque, non consenta né di affermare, né di negare con alto grado di probabilità razionale che quella stessa condotta rappresenti una *condicio sine qua non* rispetto ad un certo evento lesivo).

7. L'equivalente normativo della causalità nella prospettiva omissiva.

Nella prospettiva omissiva, la norma fondamentale è dettata dall'art. 40 cpv. c.p.: «Non impedire un evento, che si ha l'obbligo giuridico di impedire, equivale a cagionarlo».

I reati omissivi propri sono caratterizzati dalla mancanza di evento, o casomai dalla presenza di un non-evento, inteso come mancata produzione di un risultato utile. Nei **soli reati omissivi impropri**, dunque (ossia di omesso impedimento dell'evento) si deve riscontrare la c.d. **causalità omissiva**; in altri termini, ci deve essere un nesso causale (o meglio il suo **equivalente normativo** richiesto dall'art. 40 cpv. c.p.) tra condotta omissiva ed evento non impedito.

Reati omissivi impropri

Anche in rapporto ai reati omissivi impropri si ricorre, in genere, ad un tipo di spiegazione «condizionalistica», basata sul concetto di *condicio sine qua non*.

Accertamento della sussistenza dell'equivalente normativo della causalità

Verificatasi la lesione del bene giuridico (es.: omessa terapia con morte del paziente, ecc.: artt. 40 cpv., 589 c.p.), occorre chiedersi: **che cosa sarebbe successo se il soggetto obbligato (il garante) avesse posto in essere la condotta attiva comandata? Quell'evento che si è verificato *hic et nunc* si sarebbe verificato ugualmente se il soggetto obbligato avesse tenuto il c.d. comportamento alternativo lecito** (es.: predisposizione di idonee misure antiinfortunistiche, diagnosi e terapia corrette, ecc.)?

Dal punto di vista **logico** si utilizza, quindi, quello che viene chiamato un **«condizionale controfattuale»**, così come del resto avviene quando si procede alla verifica del nesso causale in ipotesi di condotta attiva. Come si è appena visto, quando la condotta è attiva ci si chiede, con procedimento logico di **eliminazione mentale**, se l'evento si sarebbe verificato ugualmente se **non** ci fosse stata l'azione.

In caso di condotta omissiva (omesso impedimento dell'evento), si procede invece ad un'**aggiunta mentale** (si aggiunge mentalmente l'azione comandata ed in realtà non eseguita) (es. GRASSO).

Aggiunta mentale del comportamento alternativo lecito

Tanto precisato, si può ritornare alla domanda di fondo, che ci si deve porre in tema di causalità omissiva: **se l'azione comandata** (e in realtà omessa) **fosse stata posta in essere dal «garante», l'evento si sarebbe verificato ugualmente**?

Il quesito, spesso, è assai spinoso, perché non è possibile dare una soluzione univoca, con un «sì» o con un «no»: nella maggior parte dei casi, la risposta si colloca nella ampia «zona grigia» dei «forse».

Per esprimere lo stesso concetto in termini giuridicamente più ortodossi, si può dire che il problema è quello di stabilire:

Probabilità del comportamento alternativo lecito di impedire l'evento

– in linea di fatto e caso per caso, con che grado (livello) di probabilità il comportamento attivo doveroso (e omesso) avrebbe potuto impedire l'evento;

– sul piano astratto, quale livello probabilistico sia richiesto dal nostro sistema positivo perché si possa affermare la sussistenza della causalità omissiva.

Pertanto, il quesito iniziale («il comportamento alternativo lecito omesso avrebbe impedito l'evento?») si fa più complesso, e può essere così riformulato: quante probabilità avrebbe avuto il comportamento alternativo lecito di impedire l'evento?

Su questo punto focale del dibattito, si registrano **profondi contrasti** tra dottrina e giurisprudenza, e le stesse decisioni giurisprudenziali risultano tutt'altro che univoche.

Le soluzioni possibili si orientano in due opposte direzioni.

Teoria dell'aumento del rischio

Secondo una impostazione, è sufficiente un mero **aumento del rischio**; ovvero una **mancata diminuzione** del rischio (VIGANÒ).

Questa è la risposta che sembra prevalere in giurisprudenza quando sono in gioco beni giuridici di rango primario: la vita, l'incolumità personale, la salute in genere. Basti richiamare in proposito le numerose pronunzie in tema di **nesso causale tra colposa omissione di terapia** da parte del medico e morte del paziente: per esempio, è stato riconosciuto sussistente il nesso causale in presenza di una ritenuta **probabilità del 30%** che un corretto e tempestivo intervento medico (in realtà omesso) avrebbe impedito l'evento-morte del paziente (talora si legge nelle motivazioni di «**anche solo poche probabilità di successo**», ovvero di «**serie ed apprezzabili possibilità di successo**», ecc.).

Si tratta di orientamenti che possono essere comprensibili sotto il profilo etico. Se invero, nel reato omissivo improprio, il comando impone al garante di attivarsi per scongiurare l'evento, quando l'evento è la morte di una persona potrebbe in effetti sembrare moralmente poco appagante interpretare il comando stesso come se dicesse: «fai soltanto ciò che con alto grado di probabilità razionale (con probabilità vicina alla certezza) può impedire la morte»: parrebbe in effetti molto più «naturale» leggere il comando nel senso che esso imponga al garante di fare **tutto il possibile per salvare una vita umana**: «fai il possibile per scongiurare la morte, le lesioni, l'evento in genere, fai anche ciò che ha limitate possibilità di successo».

La tesi opposta, nondimeno, fa leva su talune stringenti **obiezioni** mosse **alla teoria dell'aumento del rischio** (es. DONINI, MARINUCCI, PALIERO, VENEZIANI).

In primo luogo, si dice, ascrivere l'evento non impedito in presenza di un mero aumento del rischio **non è legale** (nel senso di «non è conforme al principio di legalità»). La tesi dell'aumento del rischio comporta infatti una **«ristrutturazione giudiziale»** di fattispecie **di danno** (in particolare: artt. 589 c.p., omicidio colposo; art. 590 c.p., lesioni personali colpose) che diventano, nell'interpretazione giudiziale, fattispecie **di pericolo**.

Il reato di **evento** viene in pratica trasformato (più o meno surrettiziamente) in un reato di **mera condotta**; il **disvalore** si incentra **nella condotta anziché nell'evento**; in definitiva, **l'evento** degrada e si trasforma in una sorta di mera **condizione obiettiva di punibilità** (v. *infra*, P. V, Cap. V).

In questo modo, e cioè accontentandosi di un mero aumento del rischio, si prescinde da una verifica rigorosa di un **vero equivalente** della causalità attiva, e si finisce per ascrivere l'evento non impedito pur nel **dubbio** circa la sussistenza di un nesso causale o del suo equivalente normativo, in violazione del principio *in dubio pro reo* (c.d. **«volatilizzazione»** del nesso causale).

Teoria della probabilità confinante con la certezza

In realtà, alla stregua di questa seconda impostazione, la causalità omissiva sussiste quando si possa dire che, qualora il soggetto si fosse attivato, ottemperando al comando, l'evento non si sarebbe verificato di sicuro, ovvero con un **livello di probabilità vicino alla (confinante con la) certezza**.

Questa tesi è stata in passato accolta in alcune sentenze della Cassazione, proprio in tema di responsabilità medica; e nella medesima direzione è orientato altresì il **progetto Grosso**.

Le Sezioni Unite della Corte di Cassazione e il concetto di probabilità logica

Sul punto sono inoltre intervenute le Sezioni Unite della Cassazione, con un'importante sentenza del 2002, in cui vengono sottoposti a critica entrambi gli orientamenti in conflitto, e cioè sia quello che si accontenta di «serie ed apprezzabili probabilità di successo», ovvero di ridotti coefficienti di probabilità (talora addirittura inferiori al 50%), sia quello che esige un grado di probabilità vicino alla certezza (ovvero una percentuale di casi «quasi prossima a cento»). Ad avviso delle Sezioni Unite, anche coefficienti medio-bassi di probabilità possono essere utilizzati per affermare in sede giudiziale la sussistenza della causalità omissiva, purché corroborati da ulteriori riscontri probatori; così come, all'opposto, livelli elevati di probabilità statistica non sono di per sé sufficienti, dovendo il giudice accertarne l'effettivo valore causale, in rapporto al singolo evento. In altri termini, secondo le Sezioni Unite, non è consentito dedurre automaticamente dal mero coefficiente di probabilità, espresso dalla legge statistica, la conferma o meno dell'ipotesi accusatoria circa la sussistenza del nesso causale. Il giudice deve piuttosto verificare la validità di tale ipotesi in base a tutti gli elementi del caso concreto, con un ragionamento probatorio che escluda altresì l'interferenza di fattori alternativi: fermo restando che – per poter ritenere la condotta omissiva (in particolare: del medico) «causale» rispetto all'evento – occorre giungere alla **certezza processuale** che la condotta *de qua* sia stata condizione necessaria dell'evento stesso, in base ad un criterio di «**alto o elevato grado di credibilità razionale**», o «**probabilità logica**»; e viceversa, qualora dovesse residuare un **ragionevole dubbio** sul punto, l'**esito** del processo non potrebbe che essere **assolutorio** (Sent. n. 30328 del 2002, *Franzese*).

La giurisprudenza successiva

L'analisi della giurisprudenza successiva alla pronuncia delle Sezioni Unite pare indicare che tale sentenza – pur assai apprezzabile – abbia solo apparentemente segnato un punto fermo nell'interpretazione dell'art. 40 cpv. c.p. Quella sorta di «terza via» interpretativa (intermedia fra le opposte soluzioni sopra richiamate), che le Sezioni Unite vorrebbero sganciata da un rigido ancoraggio a criteri probabilistici, si sta rivelando nella prassi sostanzialmente incapace di orientare i giudici di merito, soprattutto nell'applicazione del criterio dell'esclusione dell'interferenza di fattori alternativi; sicché casi concreti assolutamente simili vengono decisi ora con una assoluzione ora con una condanna, pur sempre fregiandosi della citazione dell'autorevole precedente. Se, da un lato, infatti, è frequente il richiamo espresso alla formula della «probabilità logica», dall'altro, si riscontra come talvolta ciò avvenga prescindendo da un accurato accertamento che ne dimostri l'effettiva concretizzazione nel caso in decisione.

8. L'imputazione oggettiva dell'evento.

La teoria della c.d. **imputazione oggettiva dell'evento** (*objektive Zurechnungslehre*) – nata nell'ambito dell'elaborazione dottrinaria tedesca – **presuppone** che il soggetto agente abbia cagionato con la propria condotta l'evento (in base all'ormai noto meccanismo della *condicio sine qua non*); e **propone** una serie di criteri di **delimitazione** della rilevanza **oggettiva** del nesso causale. O meglio, circoscrive l'ambito delle ipotesi nelle quali è possibile ascrivere un dato evento ad un certo soggetto, già a livello oggettivo (a prescindere cioè dalla esclusione della responsabilità penale che deriva dalla verifica dell'assenza del dolo ovvero della colpa).

Ratio

La *ratio* di questa dottrina è dunque **analoga** a quella che si è vista ispirare i concetti di **causalità adeguata** e di **causalità umana**: evitare l'imputazione di eventi che siano il frutto di seriazioni causali affatto anomale, ovvero che si siano verificati in dipendenza di fattori legati al caso.

Struttura

L'imputazione oggettiva dell'evento presenta un «nocciolo» di struttura che rimane sostanzialmente costante, senza subire significative modifiche, in rapporto alle varie tipologie di casi in cui si ramifica l'analisi ed il campo di applicazione della teoria.

Da un lato, perché vi sia la possibilità di imputare oggettivamente l'evento ad un certo autore, occorre il requisito del c.d. **aumento del rischio** (*Risikoerhöhung*), ovvero della creazione di un pericolo riprovato dall'ordinamento. Ovviamente, questo aumento del rischio deve prodursi in virtù (in conseguenza) della condotta del soggetto agente. Dall'altro lato, occorre che l'evento lesivo (l'evento del reato, della cui imputazione si tratta), per come verificatosi, rappresenti la **concretizzazione del rischio** in tal modo creato.

Aumento del rischio

Ne discende, innanzitutto, che l'evento **non può essere imputato** all'autore se **manca l'aumento del rischio** disapprovato dall'ordinamento giuridico. Si riprenda allora l'esempio del nipote che riesce a fare in modo che lo zio ricco faccia numerosi viaggi aerei, sino a perire in un disastro. Qui il nipote vuole che lo zio perda la vita, per ereditare; senza la condotta del nipote, inoltre, lo zio non avrebbe intrapreso alcun viaggio aereo, sicché – come già detto – tale condotta si pone come *condicio sine qua non* rispetto all'evento. D'altra parte, chiunque avverte l'assurdità di un'incriminazione a titolo di omicidio volontario del nipote, ancorché l'assenza di responsabilità penale in capo a quest'ultimo possa essere argomentata in vario modo. Il modo proposto dai fautori della teoria dell'imputazione obiettiva dell'evento si basa sulla osservazione che la condotta **non ha affatto aumentato il rischio** di verificazione dell'evento-morte: lo zio si è esposto al normale rischio che chiunque opta per il mezzo aereo accetta di correre.

Certo, vi possono essere anche spiegazioni alternative a quella menzionata del perché il nipote non debba essere considerato responsabile di omicidio volontario.

Una delle possibili obiezioni (MARINUCCI) è che la teoria dell'imputazione oggettiva dell'evento si rivela essere, più propriamente, di pertinenza del concetto di **colpa** (v. *infra*, Sez. III, Cap. III). In questa prospettiva critica, nel «caso dello zio ricco» **manca in radice la violazione di una regola di diligenza**. Vero è che il nipote agisce con la volontà di cagionare l'evento, ma questa volontà non significa ancora dolo di omicidio: perché si possa parlare di dolo, infatti – secondo questa impostazione – occorre che alla base vi sia comunque quella violazione di una regola precauzionale, su cui si fonda la colpa («non c'è dolo senza colpa»). In altri termini, il nipote non è responsabile della morte dello zio, ai sensi dell'art. 575 c.p., perché manca il dolo dell'omicidio volontario; e manca il dolo dell'omicidio volontario perché fa difetto il requisito che si vuole comune sia al dolo che alla colpa, rappresentato dalla **violazione di una regola cautelare**.

Concretizzazione del rischio

Passando ora **all'altro requisito strutturale** dell'imputazione oggettiva dell'evento, ossia alla c.d. **concretizzazione del rischio**, va sottolineato che qui trova piena realizzazione l'esigenza di **estromettere dall'imputazione gli eventi casuali**, e segnatamente gli **eventi** la cui verificazione non rappresenti **la materializzazione di quello specifico rischio creato dalla condotta dell'agente**.

Anche a questo proposito paiono peraltro evidenti le interrelazioni con la tematica della **colpa**, e precisamente con il criterio dello scopo di protezione della regola cautelare violata. Come si vedrà meglio trattando della colpa, infatti, si ritiene necessario un rapporto di «congruenza» tra evento concretamente verificatosi e scopo di protezione della norma precauzionale: v. *infra*, Sez. III, Cap. III, anche per le opportune esemplificazioni.

9. Osservazioni conclusive.

In definitiva: sia la teoria della causalità adeguata, sia quella della causalità umana, sia altre e più recenti teoriche (in particolare, quella appena menzionata della c.d. imputazione oggettiva dell'evento) prendono atto della circostanza che un evento può dirsi, a rigore, **causato** da una condotta umana (in base ad una meccanica applicazione della *condicio sine qua non*), ancorché rappresenti una conseguenza del tutto **casuale** di quella condotta. Ebbene, imputare quell'evento all'autore (già a livello oggettivo: ancor prima cioè della verifica circa la sussistenza del dolo o della colpa) contrasta con uno dei principi di fondo del diritto penale: **la responsabilità penale non deve essere legata al caso**, ovvero il sistema penale deve essere strutturato in maniera tale da ridurre al minimo possibile gli spazi entro i quali la realizzazione degli estremi di un reato possa dipendere da fattori casuali. Di qui gli sforzi per **«depurare» il rapporto di causalità dalla casualità**, selezionando come veramente «causali» soltanto alcuni fra i tanti antecedenti che possono dirsi «condizioni» dell'evento.

Questo rilievo evidenzia peraltro gli stretti nessi che si possono ravvisare fra simili limiti apposti alla teoria della *condicio sine qua non* e parametri di imputazione non di tipo oggettivo, ma soggettivo. Ecco perché parte della dottrina ha avversato simili tentativi di trasposizione di fattori pertinenti all'elemento psicologico del reato in una sede oggettiva, quale quella del nesso causale. Ciò si verificò tempo addietro con le teorie della causalità adeguata e della causalità umana; ed oggi si ripropone – come si è notato – in relazione alla teoria dell'imputazione oggettiva dell'evento.

Per questo motivo, alcuni dei temi trattati poc'anzi verranno ripresi in tema di elemento soggettivo del reato, e più in particolare in tema di colpa (*infra*, Sez. III, Cap. III).

Note bibliografiche

ANTOLISEI F., *Il rapporto di causalità nel diritto penale*, Padova, 1934; RANIERI S., *La causalità nel diritto penale*, Milano, 1936; BATTAGLINI G., *L'interruzione del nesso causale*, Milano, 1954; AZZALI G., *Contributo alla teoria della causalità nel diritto penale*, Milano, 1954; CURATOLA P., *Del nesso oggettivo di causalità nel diritto penale*, Milano, 1955; MALINVERNI A., voce *Causalità (rapporto di)*, in *Noviss. dig. it.*, Vol. III, 1959, p. 40 ss.; PECORARO-ALBANI A., *Caso fortuito (dir. pen.)*, in *Enc. dir.*, Vol. VI, 1960, p. 390 ss.; SINISCALCO M., voce *Causalità (rapporto di)*, in *Enc. dir.*, Vol. VI, 1960, p. 639 ss.; TRIMARCHI P., *Causalità e danno*, Milano, 1967; REALMONTE F., *Il problema del rapporto di causalità nel risarcimento del danno*, Milano, 1967; STELLA F., *La descrizione dell'evento*, Milano, 1970; BRICOLA F., voce *Teoria generale del reato*, in *Noviss. dig. it.*, Vol. XIX, Torino, 1973, p. 7 ss.; SGUBBI F., *Responsabilità penale per omesso impedimento dell'evento*, Padova, 1975; FIANDACA G., *Il reato commissivo mediante omissione*, Milano, 1979; DALIA A.A., *Le cause sopravvenute interruttive del nesso causale*, Napoli, 1975; GRASSO G., *Il reato omissivo improprio*, Milano, 1983; FIANDACA G., voce *Caso fortuito e forza maggiore nel diritto penale*, in *Dig. disc. pen.*, Vol. II, 1988, p. 107 ss.; FIANDACA G., voce *Causalità (rapporto di)*, in *Dig. disc. pen.*, Vol. II, 1988, p. 119 ss.; MILITELLO V., *Rischio e responsabilità penale*, Milano, 1988; CASTALDO A., *L'imputazione oggettiva nel delitto colposo d'evento*, Napoli, 1989; STELLA F., voce *Rapporto di causalità*, in *Enc. giur.*, Vol. XXV, 1991; BARNI M., *Il rapporto di causalità naturale in medicina legale*, Milano, 1991; DONINI M., *Teoria del reato*, Padova, 1996; LICCI G., *Teorie causali e rapporto di imputazione*, Napoli, 1996; PIZZI C., *Eventi e cause*, Milano, 1997; DONINI M., voce *Teoria del reato*, in *Dig. disc. pen.*, Vol. XIV, 1999, p. 221 ss.; STELLA F., *Leggi scientifiche e spiegazione causale in diritto penale*^{2}, Milano, 2000; STELLA F., *Giustizia e modernità. La protezione dell'innocente e la tutela delle vittime*, Milano, 2001; ALEO S., *Causalità, complessità e funzione penale*, Milano, 2003; DI GIOVINE O., *Il contributo della vittima nel delitto colposo*, Torino, 2003; VENEZIANI P., *I delitti contro la vita e l'incolumità individuale. Delitti colposi*, tomo II, in MARINUCCI G.-DOLCINI E. (diretto da), *Trattato di diritto penale. Parte speciale*, Vol. III, Padova, 2003; STELLA F., *Giustizia e modernità. La protezione dell'innocente e la tutela delle vittime*^{3}, Milano, 2003; BLAIOTTA R., *La causalità nella responsabilità professionale tra teoria e prassi*, Milano, 2004; PIERGALLINI C., *Danno da prodotto e responsabilità penale*, Milano, 2004; STELLA F. (a cura di), *I saperi del giudice. La causalità e il ragionevole dubbio*, Milano, 2004; DE MAGLIE C.-SEMINARA S. (a cura di), *Scienza e causalità*, Padova, 2006; DONINI M., *Imputazione oggettiva dell'evento, «nesso di rischio» e responsabilità per fatto proprio*, Torino, 2006; DI SALVO E., *Causalità e responsabilità penale. Problematiche attuali e nuove prospettive*, Torino, 2007; MASERA L., *Accertamento alternativo ed evidenza epidemiologica nel diritto penale. Gestione del dubbio e profili causali*, Milano, 2007; PAGLIARO A., voce *Causalità (rapporto di)*, in *Enc. dir.*, Annali, I, 2007; PUCELLA R.-DE SANTIS G. (a cura di), *Il nesso di causalità. Profili giuridici e scientifici*, Padova, 2007; PIOLETTI U., voce *Causalità (rapporto di)*, in *Dig. disc. pen.*, Agg. IV, 2008, p. 77 ss.; SERENI A., *Causalità e responsabilità penale. Dai rischi d'impresa ai crimini internazionali*, Torino, 2008; ALEO S., *Causalità, complessità e funzione penale*^{2}, Milano, 2009; DE FRANCESCO G.-PIEMONTESE C.-VENAFRO E. (a cura di), *La prova dei fatti psichici*, Torino, 2010; Bartoli R., *Il problema della causalità penale: dai modelli unitari al modello differenziato*, Torino, 2010; Blaiotta R., *Causalità giuridica*, Torino, 2010; Donini M., voce *Imputazione oggettiva dell'evento (dir. pen.)*, in *Enc. dir.*, Annali, III, 2010; Longobardo C., *Causalità e imputazione oggettiva: profili dommatici e di politica criminale*, Napoli-Roma, 2011; Licci G., *La metafora della causalità giuridica*, Napoli, 2011; Brusco C., *Il rapporto di causalità. Prassi e orientamenti*, Milano, 2013; Caruso A., *Gli equivoci della dogmatica causale. Per una ricostruzione critica del versante obiettivo del reato*, Torino, 2013; Summerer K., *Causalità ed evitabilità. Formula della* condicio sine qua non *e rilevanza dei decorsi causali ipotetici nel diritto penale*, Pisa, 2013; Zirulia S., *Esposizione a sostanze tossiche e responsabilità penale*, Milano, 2018.

Sezione II

L'ANTIGIURIDICITÀ

Capitolo I

PREMESSA

Cause di giustificazione

Le **cause di giustificazione** (o «giustificanti», «esimenti», «scriminanti», ecc.) sono situazioni che **escludono l'antigiuridicità** del fatto tipico.

Già si è visto cosa si intende per **antigiuridicità**, e si è notato che essa consiste nella contrarietà del fatto tipico all'ordinamento giuridico. Le scriminanti, se presenti, rendono il fatto **conforme al diritto**. Così, per esempio, se Tizio uccide Caio in stato di legittima difesa, Tizio avrà commesso un fatto tipico, ma non un reato, dal momento che mancherà un elemento essenziale del reato: l'antigiuridicità. Ciò, nell'ambito della tripartizione. Nel caso si accogliesse la bipartizione, in un simile caso mancherebbe un «elemento negativo del fatto», e dunque, anche in un tale inquadramento dogmatico, non si avrebbe un reato.

Scusanti

Le cause di giustificazione, come abbiamo visto, si distinguono dalle **«scusanti»**, o «cause di esclusione della colpevolezza» (v. *infra*, Sez. III, Cap. I).

Il nostro codice prevede una serie di giustificanti, agli artt. 50-54. Ma non le chiama espressamente con quel nome. E, quanto agli effetti da esse prodotte, il codice si limita a dire che in tali ipotesi «**non è punibile** chi ha commesso il fatto». In realtà, come sappiamo, qui **non viene solamente meno la punibilità**; ben di più, è un **elemento del reato** che non si verifica: dunque, viene meno la stessa esistenza del reato. In ciò, le giustificanti si distinguono anche dalle mere «**cause di esclusione della punibilità**», che sono situazioni nell'ambito delle quali il legislatore, per motivi di opportunità (non di «giustizia», quindi), esclude non la stessa configurabilità del reato, ma esclusivamente la «punibilità» dello stesso (cfr. ad es. art. 649 c.p.) (v. *infra*, P. V, Cap. V).

Cause di esclusione della punibilità

Rilevanza oggettiva delle cause di giustificazione

Quanto alla **disciplina**, le cause di giustificazione rilevano anche se solo **oggettivamente** presenti, ma **non conosciute** dal soggetto (cfr. art. 59, comma 1, c.p.). Si faccia l'esempio di Tizio che incontra Caio; non sa che questi ha una pistola nascosta nella tasca e che sta per spararagli; e, pur non sapendo ciò, spara a Caio: nel nostro sistema, in un simile caso, a Tizio (ignaro di agire in stato di legittima difesa) sarà comunque applicabile la tale scriminante, proprio in base alla regola di cui all'art. 59, comma 1 (anche se non mancano Autori che, non solo *de lege ferenda*, ritengono che in alcune ipotesi consimili il fatto sarebbe comunque punibile).

Scriminante putativa

Si può poi verificare l'**ipotesi inversa**: si faccia l'esempio di Tizio che incontra Caio che gli punta una pistola; in realtà, si trattava di una pistola-giocattolo, e Caio voleva solo fare uno scherzo a Tizio; ma Tizio crede che Caio faccia sul serio, e, al fine di difendersi, gli spara. *Quid iuris*? È questa l'ipotesi della c.d. **scriminante putativa**, che **esclude la punibilità** al pari della scriminante realmente sussistente (art. 59, ult. co., c.p.). L'errore compiuto dal soggetto potrebbe peraltro essere **dovuto a colpa** (ad esempio: Tizio, precipitosamente, a Carnevale, scambia Caio, vestito da cow-boy, per un assassino, e lo fredda con una fucilata!): in questo caso, vi sarà **punibilità**, ma solo, **si noti bene**, se il **reato** commesso risulta punibile – nella sua tipicità – a titolo di colpa (es.: omicidio colposo: art. 589 c.p.); non se si verte in un'ipotesi di reato punibile a solo titolo di dolo (es.: danneggiamento: art. 635 c.p.). In questo secondo caso, il soggetto, che pure ha compiuto un errore colposo, andrà *tout court* esente da pena (v. *amplius infra*, Sez. III, Cap. II, par. 2, e Cap. III, par. 10).

Eccesso colposo

L'art. 55 c.p., poi, si occupa della figura dell'**eccesso colposo**: «Quando, nel commettere alcuno dei fatti preveduti dagli articoli 51, 52, 53 e 54, si eccedono colposamente i limiti stabiliti dalla legge o dall'ordine dell'Autorità ovvero imposti dalla necessità, si applicano le disposizioni concernenti i delitti colposi, se il fatto è preveduto dalla legge come delitto colposo». Si faccia l'esempio seguente: Tizio viene aggredito da Caio con un bastone, e reagisce sparandogli un colpo di pistola. Qui – ponendo il caso che Caio non avesse comunque in animo di uccidere Tizio – vi è **sproporzione** fra la difesa e l'offesa ingiusta. Ma la reazione spropositata di Tizio **non è voluta**: essa è **dovuta a colpa**, o perché Tizio ha **erroneamente valutato le intenzioni di Caio**; o perché Tizio, pur valutando correttamente le intenzioni di Caio, ha ecceduto per un **errore nell'uti-**

lizzo dei mezzi di esecuzione del reato (nell'uso della pistola). Il legislatore ha preso espressamente posizione in relazione a queste ipotesi, e ha dunque ritenuto applicabile la **fattispecie colposa, sempre che essa sia prevista dalla legge penale**. L'omicidio, come abbiamo più volte notato, è anche punibile a titolo di colpa, *ex* art. 589 c.p.: è questo dunque il reato che commette Tizio nei due esempi riportati (nella prima ipotesi, Tizio **vuole l'evento**; si parla dunque in dottrina di **colpa impropria**: ma su ciò v. *infra*, Sez. III, Cap. III).

Ratio delle cause di giustificazione

Un ulteriore punto, assai controverso in dottrina. Esiste una *ratio* comune che sottende a tutte le cause di giustificazione? Si è parlato, tra le altre cose, del **criterio dell'interesse prevalente**, o dell'**interesse mancante**. Parte della dottrina ha peraltro espresso seri **dubbi** sulla possibilità di trovare questo fondamento comune a tutte le scriminanti. Piuttosto, va ribadito che tutte creano il **medesimo effetto**, sotto il profilo dogmatico: **eliminano l'antigiuridicità**. Dunque, ciò che le accomuna – anche se non si può parlare di *ratio* comune, poiché probabilmente ogni scriminante ha una propria *ratio* specifica – è il fatto che chi agisce in forza di una scriminante non agisce *contra ius*, ma **conformemente al diritto**: questo significa che il diritto ritiene **«giusto»**, in quanto **conforme alle aspettative dell'ordinamento**, il **comportamento** del soggetto. Come già accennato, peraltro, una parte minoritaria della dottrina ritiene che vi siano ipotesi in cui le cause di giustificazione eliminano la sola illiceità penale, e non rendono del tutto lecito il fatto rispetto alle altre branche del diritto (*supra*, P. III, Cap. I, par. 5).

Cause di giustificazione non codificate

Infine, un accenno va riservato alla tematica delle c.d. **cause di giustificazione non codificate**.

Si tratta di ipotesi in relazione alle quali le cause di giustificazione espressamente previste dal **codice penale non parrebbero applicabili**. Si pensi alla **attività terapeutica del medico** (es.: intervento chirurgico), alla **violenza realizzata in contesti sportivi** (es.: boxe), ecc. In merito a questi casi, taluni Autori ritengono di **estendere analogicamente** l'applicabilità di (una o più) cause di giustificazione, al fine di escludere la punibilità del fatto. Ecco perché si parla di cause di giustificazione **non codificate**.

A nostro avviso, peraltro, come già detto, l'**analogia** nel diritto penale **non è configurabile neppure se *in bonam par-***

tem (v. *supra*, P. I, Cap. II), sicché non sarebbe possibile ricavare analogicamente dagli artt. 50 ss. c.p. alcuna ulteriore causa di giustificazione «non codificata». Come risolvere simili casi, nell'ambito dei quali sarebbe patentemente assurdo punire l'agente? In realtà, come ha rilevato parte della dottrina, ipotesi del genere sarebbero riconducibili già a scriminanti **codificate**, senza bisogno di ricorrere a scriminanti «nuove», non codificate. Così, per tornare agli esempi, le lesioni chirurgiche sarebbero inquadrabili nel consenso dell'avente diritto (o talora nello stato di necessità); e le lesioni inferte da un pugile all'avversario sarebbero anch'esse riconducibili, se del caso, o al consenso dell'offeso, o all'esercizio di un diritto (pur con limiti e precisazioni ulteriori, che però non possono essere approfonditi in questa sede). Si tratterebbe, insomma, non di estensione analogica di tali scriminanti codificate, ma, tutt'al più, di **interpretazione estensiva** di esse.

Note bibliografiche

ANGIONI M., *Le cause che escludono l'illiceità obiettiva penale*, Milano, 1930; MESSINA R., *L'antigiuridicità nella teoria del reato*, Spoleto, 1942; MORO A., *L'antigiuridicità penale*, Palermo, 1947; SANTAMARIA D., *Lineamenti di una dottrina delle esimenti*, Napoli, 1961; GROSSO C. F., *L'errore sulle scriminanti*, Milano, 1961; CONCAS L., voce *Scriminanti*, in *Noviss. dig. it.,* Vol. XVI, Torino, 1969, p. 793 ss.; NUVOLONE P., *I limiti taciti della norma penale*, Padova, 1972 (rist.); SPAGNOLO G., *Gli elementi soggettivi nella struttura delle scriminanti*, Napoli, 1979; MARINUCCI G., voce *Antigiuridicità,* in *Dig. disc. pen.*, Vol. I, 1987, p. 172 ss.; MARINUCCI G., voce *Cause di giustificazione,* in *Dig. disc. pen.*, Vol. II, 1988, p. 130 ss.; GALLO M.-SEVERINO P., voce *Antigiuridicità penale,* in *Enc. giur. Treccani,* Vol. II, 1988; MOCCIA S., *Il diritto penale tra essere e valore*, Napoli, 1992; FIORE S., *Cause di giustificazione e fatti colposi*, Padova, 1996; SCHIAFFO F., *Le situazioni «quasi scriminanti» nella sistematica teleologica del reato*, Napoli, 1998; CAVALIERE A., *L'errore sulle scriminanti nella teoria dell'illlecito penale. Contributo ad una sistematica teleologica*, Napoli, 2000; MEZZETTI E., *«Necessitas non habet legem»?*, Torino, 2000; VIGANÒ F., *Stato di necessità e conflitto di doveri*, Milano, 2000; AMISANO M., *Le esimenti non codificate*, Torino, 2003; BROCCA G.-MINGRONE M., *La legittima difesa*, Padova, 2003; SZEGO A., *Ai confini della legittima difesa. Un'analisi comparata*, Padova, 2003; DI PINTO S., *Cause oggettive di esclusione del reato*, Padova, 2004; BERNARDI A., *Modelli penali e società multiculturale*, Torino, 2006; MAZZON R., *Le cause di giustificazione*, Padova, 2006; BELLAGAMBA F., *I problematici confini della categoria delle scriminanti*, Milano, 2007; DONINI M.-ORLANDI R. (a cura di), *Il penale nella società dei diritti: cause di giustificazione e mutamenti sociali*, Bologna, 2010; CONSULICH F., *Lo statuto penale delle scriminanti*, Torino, 2018.

Capitolo II

LA LEGITTIMA DIFESA

Sommario: 1. Il fondamento. – 2. I requisiti. – 2.1. L'offesa. – 2.2. La difesa. – 3. La legittima difesa domiciliare (c.d. «allargata»).

1. Il fondamento.

L'art. 52 c.p. recita: «Non è punibile chi ha commesso il fatto, per esservi stato costretto dalla necessità di difendere un diritto proprio od altrui contro il pericolo attuale di un'offesa ingiusta, sempre che la difesa sia proporzionata all'offesa».

È questa una delle scriminanti più classiche e risalenti; un tempo era denominata: *moderamen inculpatae tutelae* (= limite della difesa incolpevole); e descritta dalla massima latina *vim vi repellere licet* (= è lecito respingere la forza con la forza).

Quale il **fondamento** della scriminante in parola? Bisogna considerare che in questo caso si ha **un'aggressione** da parte di un soggetto nei confronti di un altro. Ebbene: come è ovvio, **l'ordinamento tratta con maggior favore l'interesse dell'aggredito, rispetto all'interesse dell'aggressore**. Ecco perché la *ratio* della legittima difesa è da ravvisarsi, in conformità con la dottrina dominante, nell'**interesse prevalente**.

Va detto che col passare dei secoli lo Stato ha incrementato, tendenzialmente, le sue capacità di protezione dei cittadini. Forze di polizia organizzate, numeri telefonici *ad hoc* quali il 112 o il 113, dovrebbero assicurare l'intervento dell'ordinamento a tutela del cittadino, teoricamente, in ogni tempo ed in ogni luogo. Se questo «sogno» rispondesse appieno alla realtà, ovviamente, non vi sarebbe spazio per istituti quali la legittima difesa. In realtà, nonostante gli sforzi per assicurare sempre più al cittadino il preziosissimo, fondamentale diritto alla **sicurezza**

personale, vi sono istanze nelle quali **il cittadino è costretto a difendersi da solo** contro chi aggredisce un suo diritto. Ecco il motivo della «sopravvivenza» della legittima difesa. Così inquadrata, la scriminante in parola può forse essere compresa meglio; e meglio si potranno comprendere alcune delle osservazioni – talune anche «fuori dal coro» – che svolgeremo di qui a poco sul tema.

2. I requisiti.

Consideriamo i vari **requisiti** della esimente:

2.1. *L'offesa.*

L'**offesa** (o aggressione) deve derivare da una **condotta umana**, o comunque riconducibile ad una persona. Anche contro un animale si può agire in stato di legittima difesa, ma solo se la bestia è vigilata o custodita da qualcuno. Sennò, si avrà, se del caso, stato di necessità. Autore dell'aggressione può essere anche un pazzo **non imputabile** o una persona non punibile perché **immune**. Infatti, l'offesa in tal caso è comunque ingiusta. Per offesa ingiusta si deve intendere, infatti, offesa **«antigiuridica»**, ovvero, non «giustificata» da alcuna scriminante (v. *supra*, P. III, Cap. I).

Diritto proprio o altrui

L'offesa deve essere diretta ad un **diritto proprio o altrui**: il codice del 1930 ha superato le incertezze sul punto del codice Zanardelli. È dunque oggi possibile difendersi anche, ad es., dall'aggressione ad un **diritto patrimoniale** (ad es., da un furto), sempre che siano rispettati i parametri di proporzionalità, di cui diremo tra breve.

Pericolo attuale

Il **pericolo** per l'interesse aggredito deve essere **attuale**. Anche qui, il codice Rocco ha migliorato la dizione del codice del 1889, che parlava di pericolo «imminente», generando qualche confusione. Quale il **motivo** di questo requisito? Se la legge non richiedesse l'attualità del pericolo, ci si potrebbe anche difendere da aggressori solo **futuri o potenziali**: il che sarebbe naturalmente inopportuno, nell'ambito di un ordinamento che tende a limitare il più possibile l'autotutela da parte dei cittadini, che non debbono trasformarsi in *vigilantes*. Vi è peraltro un'ipotesi in cui, secondo certa dottrina, ci si può difendere anche da **pericoli futuri**: si tratta della c.d. **legittima difesa anticipata**, che si realizza quando il pericolo è sì futuro, ma se il soggetto in pericolo attendesse, sarebbe per lui troppo tardi per agire. Quale esempio, si pensi alla stuprata che, sapendo che verrà uccisa la mattina dopo dal bruto, approfitta dell'ubriacatura del maniaco per ucciderlo e scappare.

Ma **quando finisce l'attualità** del pericolo?

Un esempio potrà dare maggiore chiarezza in proposito: il ladro Caio penetra nel fondo di Tizio e gli ruba due galline; Tizio esce di casa, intima a Caio di mollare la refurtiva, e Caio ubbidisce e scappa: a questo punto, Tizio non potrebbe più agire in stato di legittima difesa, per la mancanza dell'**attualità del pericolo**. Invero, nell'ipotesi fatta il bene giuridico, a seguito dell'abbandono della refurtiva da parte di Caio, non sarebbe più soggetto a minaccia: il furto (art. 624 c.p.) è infatti un delitto contro il patrimonio, e il patrimonio di Tizio, con il recupero della refurtiva, non sarebbe più in pericolo. Se l'aggressore sta commettendo un reato permanente, il pericolo non cessa sino a che dura la permanenza.

Ad esempio, in un sequestro di persona (art. 605 c.p.), il sequestrato potrebbe usare la forza per liberarsi dal sequestratore durante tutto il tempo in cui dura il sequestro.

Si deve poi trattare di un **pericolo**, e non di un **danno già realizzato**. Se i cittadini potessero reagire a danno avvenuto, la loro sarebbe **vendetta** o **ritorsione**, non legittima difesa. Ciò non significa che non sia concesso, ad es., al derubato di reimpossessarsi, anche con (proporzionata) forza, della merce rubata, se ancora il ladro non è riuscito a scappare: il delitto di furto è, in questo caso, ancora *in itinere*, e vi è ancora il pericolo che esso venga portato a compimento.

Ingiustizia

L'**offesa**, come si accennava, deve essere **ingiusta**. Non sarebbe ingiusta, ad esempio, la «offesa» del poliziotto Tizio che cerca di arrestare il malvivente Caio: qui la difesa di Caio non sarebbe certo legittima, per mancanza dell'ingiustizia dell'offesa.

Legittima difesa del provocatore

Si pone poi in proposito il problema della **legittima difesa del «provocatore»**. Facciamo un esempio. Tizio insulta brutalmente Caio; Caio reagisce cercando di pugnalare Tizio; Tizio estrae la pistola e uccide Caio. Qui, la **reazione** di Caio è evidentemente **spropositata** ed **imprevedibile** rispetto alla «provocazione» di Tizio. Ecco che sussiste **l'ingiustizia della offesa**, che è proprio dovuta alla sproporzione fra l'insulto e la (tentata) pugnalata. Diversamente si dovrebbe concludere se Tizio «provocasse» Caio tentando di avventarsi contro di lui con un pugnale; se Caio estraesse a sua volta il suo coltello, e cercasse di accoltellare Tizio, quest'ultimo non potrebbe accampare la legittima difesa, uccidendo Caio. Infatti, la (tentata) «offesa» da parte di Caio nei confronti di Tizio sarebbe, a ben vedere, un'offesa **giusta**, e non ingiusta, poiché sarebbe sostanzialmente frutto di una legittima difesa da parte di Caio.

2.2. *La difesa.*

La **reazione difensiva** è caratterizzata da una serie di requisiti.

Necessità

In primo luogo deve essere **necessaria** per salvare il diritto minacciato proprio o altrui. Ciò significa che chi si difende deve usare la reazione meno lesiva per l'aggressore fra tutte quelle idonee a scongiurare il pericolo. La necessità va intesa anche in relazione alle **caratteristiche fisiche** dei due. Non sarebbe necessario, ad esempio, da parte del campione di boxe Tizio, ricorrere alla pistola per difendersi dal mingherlino ed inoffensivo aggressore Caio.

Il problema della fuga

In proposito, una questione tradizionalmente affrontata dalla dottrina è quella della fuga. Se l'aggredito poteva fuggire e non è fuggito, reagendo invece contro l'aggressore, si può dire che vi sia legittima difesa? Si potrebbe obiettare, invero, che in un simile caso la difesa non era **necessaria**. In materia, tradizionalmente, si dice che escluderebbe la legittimità della difesa il c.d. ***commodus discessus*** (= fuga comoda). Facciamo un esempio: se il centometrista olimpionico Tizio, aggredito con un pugnale dal paralitico Caio, non fugge e uccide Caio con un colpo di mazza ferrata, la difesa non sarebbe **necessaria**, perché Tizio potrebbe fuggire «comodamente». Diversamente avverrebbe se lo stesso Tizio fosse aggredito da Caio, ma ad es. in mezzo al traffico di una grande città: la fuga tra decine di autoveicoli potrebbe costare assai cara persino ad un atleta come Tizio.

Situazioni così semplici non pongono problemi. E un primo criterio interpretativo è facilmente desumibile da simili esempi:

se la fuga non espone l'aggredito **a pericoli** o **difficoltà** di alcuna entità, egli **sarà «obbligato» a fuggire**, e **non potrà accampare la legittima difesa** in caso di reazione.

Vi sono però situazioni **più difficili** da giudicarsi. Un criterio in voga in passato era quello legato alla fuga **ignominiosa** o meno: se la fuga avesse **leso l'onore o la reputazione** dell'aggredito, egli avrebbe ben potuto difendersi, e l'ordinamento non avrebbe mai potuto imporgli una tale vile scappatoia. Oggi – in un clima di «crisi» del sentimento dell'onore – una tale tesi, così crudamente configurata, si esporrebbe (e si espone) a qualche obiezione critica. Tuttavia, a nostro giudizio, va tenuto presente che **la legittima difesa entra in gioco quando lo Stato non è capace di intervenire a protezione della sicurezza del cittadino**. Ciò comporta due cose: primo, che quando un cittadino è aggredito e può agevolmente ricorrere alle forze dell'ordine, lo deve fare, anche se ciò lo costringe, ad es., ad una breve fuga (esempio: Tizio, in automobile, che viene inseguito da un'automobilista minaccioso a cento metri da una caserma dei carabinieri nota al minacciato); secondo, che, laddove una simile, rara ipotesi non ricorre, **l'interesse dell'aggredito deve essere valutato come preminente rispetto a quello dell'aggressore e salvaguardato il più possibile**. Tutto sommato, non si può pensare di punire un povero disgraziato aggredito proditoriamente da un delinquente, solo perché non è fuggito quando poteva fuggire. Si dovrà dunque **limitare l'obbligo della fuga a casi eccezionali**, e soprattutto **quando l'aggredito può, con una facile fuga, ottenere l'immediato ed efficace aiuto delle forze dell'ordine**.

Proporzione

Infine, resta il problema della **proporzione fra difesa ed offesa**. Qui si sviluppano naturalmente notevoli problemi di applicazione pratica dell'istituto, e nei processi questo è il punto spesso maggiormente controverso.

Teoria dei mezzi a disposizione

Sino a qualche tempo fa, la stessa giurisprudenza si affidava in particolare al **criterio dei mezzi**. In base a tale criterio, più che alla proporzione fra gli «interessi in gioco» (es.: vita, incolumità, patrimonio, ecc.), si doveva porre attenzione ai **mezzi a disposizione dell'aggredito**. Si faccia un esempio. Il ladro Caio sta cercando di rubare la bicicletta di Tizio; Tizio, impossibilitato a ricorrere ad altri mezzi, si trova in tasca una pistola; la estrae e spara, uccidendo Caio: ebbene, in base ad una estremistica applicazione della teoria dei mezzi, in un simile caso Tizio dovrebbe essere assolto per legittima difesa. Ma non pare che questo sia un risultato conforme al «buon senso», cui le interpretazioni degli istituti penalistici dovrebbero comunque tendere.

Teoria della proporzione tra i beni giuridici in gioco

Parte della più recente dottrina (es.: FIANDACA-MUSCO) pare decisamente critica nei confronti di una simile soluzione esegetica, evidenziando che si dovrebbe guardare solo ad un criterio di **proporzione fra beni giuridici**. Probabilmente, si può (e si deve) far ricorso alla comparazione fra i beni giuridici in gioco, ma **anche i mezzi** a disposizione (come evidenzia la giurisprudenza maggioritaria e parte della stessa dottrina) **possono avere un rilievo nel valutare la complessiva vicenda del «rapporto» aggressore-difensore**.

Quanto alla **proporzione fra i beni o diritti**, qui **occorre valutare tale proporzione *cum granu salis*.** E ciò soprattutto quando **non vi è «omogeneità»** fra i beni in gioco. Si pensi, ad esempio, alla ragazza Tizia che sta per essere stuprata da Caio: qui, se Tizia uccide Caio, non la si può condannare per omicidio, asserendo che non vi era proporzione fra i beni (la libertà sessuale da un lato; la **vita** dall'altro). Si deve, tra l'altro, aver riguardo al fatto che, in situazioni di legittima difesa, **la vittima è in sostanza abbandonata a sé stessa**, né si può ritenere che in tali frangenti essa abbia – come argutamente sottolineavano gli antichi nostri criminalisti – «la bilancia in mano» (v. ora lo stesso ANTOLISEI/CONTI).

Più in generale, dunque, bisogna avere comprensione per le vittime di aggressioni; e non stupisce che la giurisprudenza talora ecceda in benevolenza verso chi si trova, suo malgrado, costretto a difendersi; magari attraverso la valvola della c.d. legittima difesa putativa, che si verifica – come già osservato più in generale più sopra (Sez. II, Cap. I) – quando il difensore crede erroneamente, per un errore sulla situazione di fatto, di trovarsi nella necessità di difendersi da un pericolo attuale di un offesa, in realtà insussistente (sulla tematica v. *amplius infra*, Sez. III, Cap. II, par. 2, e Cap. III, par. 10).

I c.d. *offendicula*

Sotto questa prospettiva va risolta anche la questione dei c.d. ***offendicula***, ovvero di quei meccanismi, ordigni, e più in generale **mezzi di difesa apprestati a protezione di una proprietà**. Si pensi al filo spinato sulle recinzioni; al cane da guardia addestrato; e così via (si tratta di tematica talora trattata nell'ambito dell'esercizio del diritto).

Qui, una stretta osservanza del principio di proporzione fra i beni porta certa dottrina a valutare in modo assai rigoroso tali sistemi di difesa «preventiva» della proprietà, escludendone talora la rilevanza scriminante, se il malcapitato ladro venga leso nella sua incolumità personale. A nostro parere, il criterio per valutare questi ostacoli alle incursioni ladresche **non** dovrebbe essere tanto legato alla **rigida proporzione** fra i beni in gioco, quanto alla **«non insidiosità»** ed alla **«non visibilità»** degli *offendicula*.

Così, non sussisterà la legittima difesa, ad es., nel caso della «botola», della «trappola per ladri», della tagliola, ecc., in cui incappa lo sfortunato delinquente, ferendosi; mentre sussisterà la legittima difesa nel caso del feroce rottweiler che azzanna il povero ladro, se il pericolo è ben segnalato da un cartello all'ingresso della proprietà.

Si segnalano da ultimo alcune proposte di legge miranti ad estendere l'operatività della legittima difesa; e lo stesso recente progetto Nordio pare orientato in tal senso.

A nostro avviso, *de lege ferenda* sarebbe comunque auspicabile l'inserzione di una «scusante» *ad hoc*, da applicarsi in caso di obiettiva sproporzione fra offesa e difesa, ma di «non esigibilità» di una condotta diversa da parte dell'aggredito.

3. La legittima difesa domiciliare (c.d. «allargata»).

La legge n. 59 del 2006

A seguito dei menzionati conati di riforma, con la **l. 13 febbraio 2006, n. 59**, sono stati **aggiunti due commi all'art. 52 c.p.**

Il secondo ed il terzo comma dell'articolo oggi dispongono: «Nei casi previsti dall'articolo 614, primo e secondo comma, sussiste il rapporto di proporzione di cui al primo comma del presente articolo se taluno legittimamente presente in uno dei luoghi ivi indicati usa un'arma legittimamente detenuta o altro mezzo idoneo al fine di difendere:

a) la propria o altrui incolumità;

b) i beni propri o altrui, quando non vi è desistenza e vi è pericolo di aggressione.

La disposizione di cui al secondo comma si applica anche al caso in cui il fatto sia avvenuto all'interno di ogni altro luogo ove venga esercitata un'attività commerciale, professionale o imprenditoriale».

La riforma è stata suscitata, tra l'altro, da vari episodi di cronaca che hanno visto sul banco degli imputati padroni di casa ed esercenti di negozi e simili che si sono difesi talora ai limiti, se non oltre ai limiti della capacità scriminante di cui all'art. 52, comma 1, c.p. L'intento dei proponenti la legge era quello di dare a tali soggetti – in quanto **«cittadini onesti»** – **più ampie possibilità di difesa**, e meno rischi di finire sotto processo per reazioni consimili. Ecco spiegato il riferimento ai casi di cui all'art. 614 c.p.: quando si verifica una «violazione di domicilio», si ritiene più comprensibile che la vittima, aggredita in casa o nel proprio luogo di lavoro, possa reagire con maggiore veemenza del solito al pericolo di lesione di un diritto proprio o altrui.

Il **problema interpretativo** più rilevante della novella legislativa è il seguente: la legittima difesa domiciliare (o «allargata») di cui al comma 2 dell'art. 52 c.p. devia grandemente dagli schemi validi per la legittima difesa «normale» (di cui al comma 1), oppure tra la legittima difesa allargata e quella tradizionale vi è, in fondo, e il più delle volte, poca differenza?

Di fronte alle variegate opinioni sul punto espresse finora, noi propendiamo per una **lettura «moderata» della nuova disposizione**.

Proporzione e necessità

Invero, va detto che il comma 2 non deroga a tutti i requisiti di cui al comma 1 dell'art. 52, ma solo (a certe condizioni specificate dalla legge) a quello della **proporzione**, che viene presunta *iuris et de iure* (diversamente F. MANTOVANI, per cui si tratterebbe di una presunzione relativa).

Ciò significa che tutti gli altri requisiti (e di cui abbiamo detto più sopra) debbono sussistere: tra questi, in particolare, la **necessità**. Di conseguenza, fra le varie reazioni difensive, il difensore dovrà attuare quella meno lesiva dei diritti dell'offensore (conf., fra gli altri, MARINUCCI-DOLCINI; *contra* FIANDACA-MUSCO). Ciò significa che potrà sì far uso di un'arma legittimamente detenuta o di un altro mezzo idoneo laddove si verifichino le ipotesi specificate al comma 2, lettere *a*) e *b*), ma solo quell'uso che sarà il meno lesivo nei confronti dell'aggressore. L'interpretazione più corretta della nuova disposizione, insomma, deve seguire sostanzialmente gli schemi interpretativi già comunemente impiegati a commento dell'art. 53 c.p. (v. *infra*), laddove, a fronte di una scriminante che rinuncia al requisito della proporzione, l'elemento della «necessità» è da solo in grado di costringere chi fa uso legittimo delle armi a limitarsi a produrre il danno minore nei confronti del soggetto nei cui confronti l'uso delle armi è ammesso.

Differenze tra legittima difesa tradizionale e legittima difesa domiciliare

Dunque, se così stanno le cose, **in cosa si sostanzia la differenza fra le ipotesi di legittima difesa domiciliare di cui al comma 2, rispetto a quella tradizionale di cui al comma 1**?

Ebbene: su di una cosa la legge indubbiamente interviene: e cioè sulla **proporzione**. Ovvero: in effetti, in molti casi il requisito della necessità è da solo in grado di contenere la veemenza della difesa. Ciò è tanto vero, che in certi ordinamenti si fa *tout court* a meno della **proporzione** (es.: in Germania), incentrando i limiti della difesa sulla sola necessità. Ma vi sono dei casi in cui la necessità da sola non basta a risolvere il problema dei limiti della reazione difensiva. Il caso paradigmatico proposto da quasi tutti i manuali è quello **dell'uccisione del semplice ladro** da parte del difensore, quando questa si mostri in concreto «necessaria» per impedire il furto. In queste ipotesi, entra in scena, in modo determinante, il requisito della **proporzione**: in un episodio consimile, invero, *ex* art. 52, comma 1 non si avrebbe legittima difesa, proprio per carenza di **proporzione**.

Bene: si potrebbe applicare la legittima difesa «allargata» di cui al comma 2, or ora introdotto, relativamente a quell'esempio di scuola? Certamente no. Non per l'ipotesi di cui alla lettera *a*), perché l'esempio allude al «semplice ladro» (es.: il ragazzino che sta rubando il grappolo d'uva dalla vigna), e non al ladro che si mostra in concreto pericoloso per «la propria o altrui incolumità». Ma neppure per l'ipotesi di cui alla lettera *b*), perché qui è vero che, inizialmente, vi è un'aggressione diretta esclusivamente al bene **patrimonio** («beni propri o altrui»); ma si richiede che vi sia stato un invito a desistere da parte del padrone di casa; una mancata desistenza da parte del ladro; e in più un (sopravvenuto) **pericolo d'aggressione**, aggressione che non può – com'è chiaro dal senso della norma – riferirsi che a **beni personali** (e non meramente patrimoniali) del difensore stesso (o di altri). Dunque, nell'esempio di scuola, pur avendosi necessità, non si avrebbe comunque legittima difesa, perché il comma 2 dell'art. 52 non sarebbe applicabile.

a) Legittima difesa a tutela della propria o altrui incolumità

Ma allora? Che ruolo può avere la legittima difesa «allargata»?

Cominciamo dall'ipotesi di cui alla lettera *a*). Occorre, sul punto, ipotizzare esempi diversi da quello di scuola, più difficilmente verificabili, e meno facili da immaginare, ma pur sempre configurabili (la realtà, del resto, supera sempre anche la più fervida fantasia!). Si pensi al caso seguente. Tizio si trova in casa; Caio ne viola il domicilio, entrando di soppiatto da una finestra aperta. Caio è un esile ragazzino evidentemente disarmato. Si getta contro Tizio, ben più robusto di lui. Tizio, potrebbe benissimo affrontare la colluttazione, sapendo di uscirne con qualche ferita, ma di avere agevolmente la meglio sul ragazzino. Per evitare di subire anche un minimo danno all'incolumità fisica, Tizio prende la pistola, e minaccia Caio di spararrgli; Caio non scappa e procede; a questo punto Tizio gli spara alle gambe, e Caio cade a terra. Forse, intendendo con rigore il requisito della proporzione di cui al comma 1 dell'art. 52, in un caso consimile si potrebbe anche ritenere non sussistente la legittima difesa. Infatti, in base ad una considerazione del rapporto fra i beni in conflitto, si potrebbe ritenere comunque sproporzionata una ferita di arma da fuoco alle gambe (sempre dannosa) rispetto a qualche ferita riportata in una colluttazione dall'esito così scontato. Ciò vale soprattutto per chi ritiene che il giudizio di proporzione di cui all'art. 52, comma 1, c.p. vada riferito quasi esclusivamente ai beni in conflitto ed al grado e intensità della loro offesa. Infatti, chi aderisse all'opinione cui accede la giurisprudenza maggioritaria, in base alla quale si dovrebbe guardare sia ai mezzi a disposizione che ai beni in gioco, in un caso simile riterrebbe forse sussistente la stessa proporzione.

Comunque, in un caso siffatto, il comma 1 dell'art. 52 sarebbe di incerta applicabilità, nel senso che ciò dipenderebbe dalla interpretazione del requisito della proporzione, ancor oggi, come si è visto, in discussione; ma sarebbe sicuramente applicabile il comma 2: ovvero la legittima difesa «allargata».

Si possono forse formulare altri casi simili a questo; ma non crediamo che si possa andare molto più in là. Rispetto al passato, in definitiva, la nuova ipotesi di legittima difesa allargata sembra portare qualche cambiamento soprattutto per i sostenitori della tesi che incentra il giudizio di proporzionalità sulla comparazione fra i soli beni in conflitto; viceversa, per chi sosteneva che la proporzione dovesse ricavarsi sia attraverso una considerazione dei beni, che a seguito di una valutazione dei mezzi disponibili all'aggredito, le eventuali innovazioni apportate dalla legge del 2006 appaiono ridotte al minimo. In fondo, la introduzione del comma 2 dell'art. 52 potrebbe leggersi come una sorta di riconoscimento legislativo di questa seconda linea interpretativa.

b) Legittima difesa a tutela dei beni: condizioni

Passiamo ora all'ipotesi di cui alla lettera *b*). Qui la prospettiva non è molto differente. È in primo luogo da ribadire che non basta il pericolo di aggressione ad un bene patrimoniale. Il pericolo per tale bene rappresenta l'*incipit* dell'episodio (in modo esplicito o implicito). La norma postula che non vi sia «desistenza» da parte del ladro; a nostro giudizio (*contra* FIANDACA-MUSCO), questo significa che il difensore avrà l'onere di «intimare» in qualche forma (anche solo implicitamente) al ladro di desistere in modo che a questi sia data la possibilità di scegliere fra la rinuncia all'azione illecita ed una *escalation* criminosa. Occorre, a questo punto, che il ladro non si dia per vinto, trasmodando dal (pericolo di) offesa verso il patrimonio al (pericolo di) offesa verso la **persona**. È a questo che allude il legislatore quando parla di «pericolo di aggressione». Ad interpretare diversamente la locuzione – a credere cioè che basti qui una prospettiva di aggressione del bene patrimonio (così ad es. MARINUCCI-DOLCINI) – osta sia il criterio letterale che quello sistematico. Quanto al primo, appare semanticamente molto più appropriato parlare di «aggressione» nei confronti dell'incolumità fisica (o di altri beni personali), piuttosto che nei confronti del patrimonio. Quanto al secondo, da un lato, non si capisce che **progressione** ci sia dal pericolo di un'offesa al bene patrimonio ad un pericolo di «aggressione» allo stesso bene: dunque, tanto valeva che il legislatore permettesse sin da subito la difesa allargata; dall'altro, ammettendo qui la legittima difesa allargata a tutela del bene patrimonio, si finirebbe per creare due ipotesi – l'*a*) e la *b*) – troppo eterogenee fra loro per dar adito ai medesimi risultati. Dunque, l'interpretazione più corretta è quella secondo cui per aggressione si intende qui un'**aggressione fisica** (conf. per es. FIANDACA-MUSCO). D'altra parte, ammesso e non concesso che resti qualche minimo dubbio, riteniamo che si dovrebbe comunque optare per l'interpretazione più in sintonia con la Costituzione: e l'ammettere una difesa armata del mero patrimonio (pur con le limitazioni sopradette derivanti dal requisito della necessità) sarebbe di difficile compatibilità con quanto prescrive la nostra Costituzione (l'uccisione del semplice ladro confliggerebbe poi direttamente con l'art. 2 CEDU).

Ma allora, anche relativamente a questa ipotesi, ci si può domandare cosa cambia realmente rispetto al passato. Si sostiene da taluno (VIGANÒ) che la legge, qui, richiede solo un «pericolo» di aggressione; dunque tale pericolo non dovrebbe essere necessariamente «attuale»; in realtà nutriamo alcuni dubbi su questa soluzione interpretativa, visto che il secondo comma deroga al solo requisito della proporzione, e non agli altri di cui al comma 1. Perciò riteniamo che anche qui il pericolo debba essere attuale (conf. FIANDACA-MUSCO), anche se riconosciamo che pure l'opposta opzione esegetica non manca di una sua plausibilità. L'ipotesi in questione, nella nostra ottica, può forse avere un solo compito (che ne legittima la previsione autonoma rispetto a quella di cui alla lettera *a*): quello di chiarire che, in caso di presenza di un ladro all'interno del domicilio, il «padrone di casa» non è «obbligato a subire» il furto; potrà legittimamente intimare al malvivente di andarsene, anche se, fin dall'inizio, egli si renda conto che l'intimazione al ladro potrà suscitare una reazione violenta di questo. Secondo alcune opinioni «estreme», in questi casi, il derubando si dovrebbe astenere dall'agire in tal modo, in quanto subire il furto sarebbe per lui un ottimo *commodus discessus*. Ebbene: la nuova norma chiarisce che in casi consimili il padrone di casa può legittimamente reagire; ma non utilizzando mezzi violenti *d'emblée*; prima, dovrà intimare al ladro di desistere; e solo se questi insisterà, e si mostrerà addirittura pericoloso per la sua incolumità, potrà far uso (con il limite della necessità come sopra detto) dell'arma.

«Molto fumo e poco arrosto»

Come è stato scritto, insomma, la legittima difesa domiciliare si risolve in «molto fumo e poco arrosto» (CADOPPI). Ma tutto sommato è meglio così. Se davvero si fossero seguite le istanze di riforma più «estreme», si sarebbe scritta una norma da «*far west*», difficilmente accettabile nel nostro ordinamento, e potenzialmente confliggente con la Costituzione e con l'art. 2 CEDU.

Piuttosto – lo si ripete – meglio sarebbe stato introdurre una scusante in caso di eccesso di difesa causato da panico o terrore, il che avrebbe maggiormente avvicinato la nostra legislazione sul tema a quella più diffusa a livello europeo. Inoltre, sarebbe stato opportuno (così anche VIGANÒ) prevedere un'ipotesi di eccesso doloso di legittima difesa punito assai meno gravemente rispetto al reato *tout court* non scriminato.

Note bibliografiche

ALTAVILLA E., voce *Legittima difesa*, in *Noviss. dig. it.*, Vol. V, 1960, p. 61 ss.; GROSSO C. F., *Difesa legittima e stato di necessità*, Milano, 1964; MANTOVANI F., voce *Offendicula*, in *Noviss. dig. it.*, Vol. XI, 1965, p. 758 ss.; GROSSO C. F., voce *Legittima difesa (dir. pen.)*, in *Enc. dir.*, Vol. XXIV, 1974, p. 27 ss.; GROSSO C. F., voce *Offendicula*, in *Enc. dir.*, Vol. XXIX, 1979, p. 750 ss.; MAFFEI C., voce *Difesa legittima nel diritto penale militare*, in *Dig. disc. pen.*, Vol. III, 1989, p. 515 ss.; PADOVANI T., voce *Difesa legittima*, in *Dig. disc. pen.*, Vol. III, 1989, p. 496 ss.; BOSCARELLI M., voce *Legittima difesa (diritto penale)*, in *Enc. giur. Treccani*, Vol. XVIII, 1990; RISTORI R., voce *Offendicula*, in *Dig. disc. pen.*, Vol. VIII, 1994, p. 444 ss.; BROCCA G.-MINGRONE M., *La legittima difesa*, Padova, 2003; SZEGO A., *Ai confini della legittima difesa. Un'analisi comparata*, Padova, 2003; FALCINELLI D., voce *Legittima difesa*, in *Enc. giur.*, Agg. XV, 2006; RONCO M., voce *Legittima difesa*, in *Dig. disc. pen.*, Agg. IV, 2008; SARNO F.-SARNO M., *L'evoluzione della legittima difesa*, Milano, 2008.

Capitolo III

LO STATO DI NECESSITÀ

1. Premessa.

L'art. 54, comma 1 c.p. recita: «Non è punibile chi ha commesso il fatto per esservi stato costretto dalla necessità di salvare sé od altri dal pericolo attuale di un danno grave alla persona, pericolo da lui non volontariamente causato, né altrimenti evitabile, sempre che il fatto sia proporzionato al pericolo». Si tratta del c.d. **stato di necessità**, esimente da secoli elaborata dai criminalisti, che risponde al brocardo latino *necessitas non habet legem* (= la necessità non è soggetta alla legge).

Tipico esempio «di scuola»: il naufrago che butta giù il compagno di sventura dalla zattera ormai distrutta, per l'impossibilità della zattera di reggere entrambi.

Stato di necessità e legittima difesa: differenze

Lo **stato di necessità** assomiglia alla **legittima difesa**, ma se ne **differenzia** per vari tratti salienti: **in primo luogo**, per il fatto che nello **stato di necessità** il soggetto non reagisce contro l'aggressore, ma contro un **terzo innocente**: si pensi, ad esempio, all'ipotesi di Tizia che, inseguita dallo stupratore Caio, ruba l'automobile di Mevio e scappa. Spesso, fra l'altro, nello stato di necessità un aggressore non è neppure esistente: si pensi all'ipotesi dell'alpinista che taglia la corda che lo lega al suo compagno, caduto a causa del franare di una roccia, per evitare di cadere con lui nel burrone. **Seconda differenza con** la legittima difesa: il diritto in pericolo che fa scattare i presupposti per l'esimente può essere, nello **stato di necessità**, solo un **danno grave alla persona**; mentre, come sappiamo, nella legittima difesa può essere un **qualsiasi diritto. In terzo luogo**, stato di necessità e legittima difesa differiscono per le **conseguenze di carattere civilistico**: chi agisce in stato di legittima difesa non è tenuto a dare alcunché al danneggiato; viceversa, chi agisce in **stato di necessità** è tenuto a corrispondere al danneggiato un'equa **indennità** (art. 2045 c.c.).

Ratio

Quale la ***ratio*** dello stato di necessità? Secondo **opinioni risalenti**, si tratterebbe di una sorta di «pietà» che l'ordinamento mostra nei confronti di chi si trova in una situazione di necessità (si pensi al caso del naufrago), da cui non si potrebbe **esigere** un comportamento diverso. Da questo punto di vista, lo stato di necessità andrebbe in ogni caso sistemato fra le **scusanti**, e non fra le giustificanti. Parte della dottrina più recente (es.: M. ROMANO) propende, sulla scorta della dottrina e del codice tedesco, a distinguere **due ipotesi** di stato di necessità. Laddove l'**interesse** salvato sia **prevalente** su quello **sacrificato** (si pensi ancora all'esempio della stupranda che scappa rubando la prima automobile che trova), si ritiene che vi sia uno **stato di necessità «giustificante»**, appunto in base al criterio della **prevalenza dell'interesse**. Laddove invece vi sia sostanziale **equivalenza fra gli interessi** (si pensi al caso già proposto del naufrago e della zattera), o venga **sacrificato** addirittura l'**interesse prevalente**, si avrebbe uno **stato di necessità «scusante»**, in base al criterio dell'**inesigibilità**. Analogamente, sarebbe scusante lo stato di necessità nel caso in cui venisse salvato un prossimo congiunto.

L'art. 54 c.p., in questa prospettiva, conterrebbe – a seconda dei casi – ipotesi di giustificanti ed ipotesi di scusanti.

2. I requisiti.

Veniamo ora ai **requisiti** della scriminante in parola.

2.1. *I presupposti necessitanti.*

Cominciamo dai **presupposti necessitanti**.

Pericolo attuale

In primo luogo, occorre la minaccia del **pericolo attuale di un danno grave alla persona**. Sull'attualità del pericolo, si può rinviare a quanto detto in tema di legittima difesa. Quanto al **danno grave alla persona**, qui parte della dottrina tendeva, soprattutto in passato, a limitare i beni «personali» rilevanti per la configurazione della esimente. La più recente dottrina maggioritaria propende viceversa per **allargare il ventaglio dei beni** tutelabili: tra questi, dunque, non si deve solo includere **la vita**, o **l'incolumità fisica**; ma anche **l'onore**, **la libertà sessuale**, **la libertà personale**, ecc.; e più ampiamente **ogni diritto della personalità**. Si pensi, ad es., a colui che rivela un segreto professionale per scagionarsi da un'accusa infamante.

Danno grave alla persona

Il danno che rischia di prodursi deve però essere **grave**. Non potrebbe dunque Tizio, per evitare di prendersi un raffreddore a causa di un improvviso acquazzone, violare il domicilio dello sconosciuto Caio, commettendo il fatto di cui all'art. 614 c.p.; diverso sarebbe naturalmente il caso di un vero e proprio «tornado»: qui, la gravità del danno prospettabile sarebbe ben maggiore, e dunque potrebbe profilarsi lo stato di necessità.

Pericolo non volontariamente causato

Il pericolo **non deve essere volontariamente causato dall'agente**. Si pensi, ad esempio, a Tizio, che si catapulta nel centro storico di una città, in automobile, ai 100 Km/orari: un tale «pirata della strada» non potrebbe certo invocare lo stato di necessità, se si trovasse costretto, per evitare di investire il pedone Caio, a sfasciare il carretto di gelati di Sempronio. L'esempio dà già una risposta anche su come si debba intendere l'avverbio **«volontariamente»**: non occorre che il soggetto abbia **voluto**, *stricto sensu*, il pericolo. Basta che la sua azione, per così dire, **cagioni «per colpa» il pericolo** necessitante. Anche in questo caso, la scriminante non agisce, perché il pericolo si deve ritenere «volontariamente causato». La volontarietà è dunque sinonimo di **«non accidentalità»**, come avviene rispetto ad altri istituti della parte generale (es.: ubriachezza). Peraltro, **oggetto della causazione «volontaria»** non deve essere un antecedente remoto del pericolo attuale per il bene personale, **ma lo stesso pericolo** (anche se non necessariamente nella sua esatta configurazione). Si pensi all'ipotesi di scuola di Tizio, giocatore d'azzardo, che finisce sul lastrico; il figlio Caio si ammala gravemente: ebbene, se Tizio ruba una medicina indispensabile per salvarlo, non avendo i soldi per comprarla, potrà essere scriminato dallo stato di necessità. Il suo vizio del gioco ha certamente causato «volontariamente» (nel senso anzidetto) la miseria della famiglia; ma non ha causato la malattia di Caio, che concretizza il pericolo necessitante.

Particolare dovere di esporsi al pericolo

Inoltre, **non** può invocare lo stato di necessità chi ha **un particolare dovere di esporsi al pericolo**. Qui si fanno le ipotesi tipiche dei vigili del fuoco, dei poliziotti, e di ogni altra persona i cui obblighi la espongano al pericolo. Si deve trattare peraltro di obblighi **giuridici**, e non semplicemente morali, o di altra natura.

2.2. *L'azione necessitata.*

Azione necessitata da pericolo non altrimenti evitabile

Esauriti i presupposti, veniamo all'**azione necessitata**. Essa deve essere **necessaria** per salvare sé od altri dal pericolo. Questa **necessità**, nell'ambito dell'esimente in parola, va interpretata ancor **più rigorosamente** rispetto a quella di cui alla **legittima difesa**. Si deve tenere presente, infatti, che mentre nella **legittima difesa** colui contro cui si commette il fatto è un aggressore, qui è un **terzo innocente**. Questa differenza è evidenziata dallo stesso legislatore, che specifica nell'art. 54 (e non nell'art. 52) che il pericolo **non deve essere altrimenti evitabile**. Ciò comporta, ad esempio, che, mentre solo raramente si potrà imporre la fuga al «difensore», chi si trova in stato di necessità, se ha possibilità di fuga, deve tendenzialmente sfruttare tale possibilità.

Inoltre, se è possibile trovare **un'alternativa** alla realizzazione del fatto-reato, la si deve comunque percorrere. In questa prospettiva, va inquadrata quella giurisprudenza che non accorda lo stato di necessità, ad esempio, a chi – sfrattato da casa e senza soldi – occupa una casa altrui. Non che, in simili ipotesi, manchi il pericolo grave di un danno alla persona: ché infatti anche la mancanza di un tetto può considerarsi rilevante a tal fine, riverberandosi su beni personali della famiglia. Piuttosto, qui il poveretto potrebbe – nell'opinione di tale giurisprudenza – far ricorso ai servizi apprestati dallo «Stato sociale», e dunque risolvere così i problemi della famiglia. In realtà, ciò non è sempre facile; e spesso le difficoltà burocratiche sono tali, da richiedere molto tempo per essere superate, con possibile, grave pregiudizio per la famiglia sfrattata. Il fatto è che la **possibilità di un'alternativa** andrebbe, come ha rilevato autorevole dottrina (es.: F. MANTOVANI), valutata **in concreto**, e **non in astratto**, come invece mostra di fare talora la giurisprudenza.

Fatto proporzionato al pericolo

Infine, per potersi applicare l'esimente, il fatto commesso deve essere **proporzionato al pericolo**. Anche il criterio della proporzione andrà valutato con **maggiore rigore** nello stato di necessità rispetto alla legittima difesa. Nell'ambito della legittima difesa, ad es., anche un maggiore «peso specifico» del bene sacrificato rispetto al bene difeso può far sussistere la scriminante: ad esempio, Tizio si può difendere sferrando un pugno allo scippatore Caio. Diversamente si deve concludere con riferimento allo stato di necessità: qui, in linea di massima, il bene in pericolo deve essere superiore, o tutt'al più equivalente a quello minacciato.

3. Lo stato di necessità «scusante».

Tuttavia, ***de iure condendo***, in casi di **sproporzione tra il pericolo corso ed il fatto commesso**, si potrebbe tutt'al più pensare all'utilizzo di una forma di **stato di necessità «scusante»**. Verosimilmente un tale istituto – sulla scia di quanto prevede il codice tedesco – potrebbe entrare in gioco anche in casi di **perfetta equivalenza fra i beni in gioco**, come nel classico caso dei due naufraghi.

Più idonea ad essere trattata come scusante – già *de iure condito* – è anche, come si accennava, l'ipotesi di chi salva un **prossimo congiunto** da un danno grave alla persona. Quanto all'ipotesi del danno grave ad **un terzo non prossimo congiunto**, in realtà, la dottrina è propensa a non ritenere opportuna una tale soluzione legislativa adottata dal nostro codice nel 1930: sicché se ne propone l'eliminazione.

Coazione morale

L'art. 54, ult. co., infine, recita: «La disposizione della prima parte di questo articolo si applica anche se lo stato di necessità è determinato dall'altrui minaccia; ma, in tal caso, del fatto commesso dalla persona minacciata risponde chi l'ha costretta a commetterlo». È questa l'ipotesi di c.d. **coazione morale o costringimento psichico**. La norma non appare abbisognevole di commento, estendendo sostanzialmente la rilevanza esimente dello stato di necessità ai casi in cui il pericolo è cagionato da una **minaccia da parte di un terzo**. Anche qui, comunque, si può ritenere, già de *iure condito*, che si tratti non già di scriminante, ma di **causa di esclusione della colpevolezza** (v. *infra*, P. III, Sez. III, Cap. VII).

In questo caso, peraltro, a differenza che nel comune stato di necessità, e proprio per il rilievo appena svolto, qualcuno sarà **punito: il terzo minacciante**.

Note bibliografiche

CONTIERI E., *Lo stato di necessità*, Milano, 1939; SCARANO L., *La non esigibilità nel diritto penale*, Napoli, 1948; GROSSO C.F., *Difesa legittima e stato di necessità*, Milano, 1964; MOLARI A., *Profili dello stato di necessità*, Padova, 1964; GIULIANI U., *Dovere di soccorso e stato di necessità*, Milano, 1970; AZZALI G., voce *Stato di necessità*, in *Noviss. dig. it.*, Vol. XVII, 1971, p. 356 ss.; GROSSO C. F., voce *Necessità (dir. pen.)*, in *Enc. dir.*, Vol. XXVII, 1977, p. 883 ss.; DE FRANCESCO G. V., *La proporzione nello stato di necessità*, Napoli, 1978; FORNASARI G., *Il principio di inesigibilità nel diritto penale*, Padova, 1990; AIELLO C., voce *Stato di necessità* (dir. pen.), in *Enc. giur. Treccani*, Vol. XXX, 1993; MEZZETTI E., voce *Stato di necessità*, in *Dig. disc. pen.*, Vol. XIII, 1997, p. 670 ss.; VIGANÒ F., *Stato di necessità e conflitto di doveri*, Milano, 2000; MEZZETTI E., *«Necessitas non habet legem»?*, Torino, 2000; FORNASARI G., voce *Inesigibilità*, in *Dig. disc. pen.*, agg. 2018, p. 362 ss.

Capitolo IV

IL CONSENSO DELL'AVENTE DIRITTO

Sommario: 1. Il consenso dell'avente diritto come causa di giustificazione (art. 50 c.p.) ed il dissenso come elemento costitutivo di taluni fatti di reato: distinzione. – 2. *Ratio* e natura giuridica della causa di giustificazione del consenso dell'avente diritto. Riflessi in tema di applicabilità dell'art. 50 c.p ai reati colposi. – 3. La disponibilità del diritto. – 4. La validità del consenso. Consenso espresso e tacito, consenso putativo, consenso presunto. 5. Il c.d. consenso informato nel settore dell'attività medico-chirurgica. Il problema della rilevanza penale del trattamento medico arbitrario.

1. Il consenso dell'avente diritto come causa di giustificazione (art. 50 c.p.) ed il dissenso come elemento costitutivo di taluni fatti di reato: distinzione.

La **causa di giustificazione** del **consenso dell'avente diritto** è prevista dall'art. 50 c.p.: «Non è punibile chi lede o pone in pericolo un diritto, col consenso della persona che può validamente disporne».

Preliminarmente, occorre chiarire che in **alcune ipotesi** in cui rileva il consenso della vittima, solo in apparenza si pone un problema legato all'applicabilità dell'art. 50 c.p., mentre in realtà è certo che si discute di **altra cosa** rispetto alla sussistenza o meno del consenso dell'avente diritto quale **scriminante**.

Dissenso come elemento costitutivo del fatto di reato

In particolare, bisogna tenere presente che, in taluni reati, il **dissenso** dell'avente diritto è un **elemento essenziale del fatto di reato**. Pertanto, in relazione a queste fattispecie, se nel caso concreto sussiste il consenso dell'avente diritto, **viene a mancare in radice il fatto tipico**, sicché non si effettua neppure il passaggio logico successivo in sede di analisi sistematica del reato, ossia non ci si domanda se quel fatto (che non c'è!) sia antigiuridico.

L'esempio classico è offerto dal delitto di **violazione di domicilio**. L'art. 614 c.p. prevede (fra l'altro) il fatto di chi «s'introduce nell'abitazione altrui, o in un altro luogo di privata dimora, o nelle appartenenze di essi, contro la volontà espressa o tacita di chi ha il diritto di escluderlo».

Orbene, se taluno entra nell'altrui abitazione non contro la volontà del titolare del diritto di esclusione, ma al contrario con il **consenso** di quest'ultimo, sarebbe scorretto dire che vi è un fatto di violazione di domicilio «scriminato» e quindi non punibile *ex* art. 50 c.p., stante il consenso dell'avente diritto. Nel caso di specie, infatti, il consenso del titolare dello *ius excludendi* preclude già in prima battuta all'interprete di ritenere la sussistenza del fatto tipico contemplato dall'art. 614 c.p.

2. *Ratio* e natura giuridica della causa di giustificazione del consenso dell'avente diritto. Riflessi in tema di applicabilità dell'art. 50 c.p. ai reati colposi.

Quando si parla di consenso dell'avente diritto in funzione di scriminante, l'ottica è dunque ristretta ad ipotesi nelle quali la «non punibilità» discende dal **rilievo accordato dall'ordinamento alla volontà del soggetto titolare dell'interesse protetto**, il quale, in tali casi, può **«consentire» la lesione del bene giuridico**, così rendendo lecito un fatto che pure si presenta come tipico, ossia conforme all'astratto modello descritto dalla fattispecie incriminatrice.

Ratio La ***ratio*** della causa di giustificazione *de qua* è in genere ravvisata nella **mancanza di interesse alla repressione del fatto «consentito», sia in capo al titolare individuale** (che ha prestato il consenso), **sia in capo allo Stato**. In mancanza, invero, di un danno sociale, ovvero di un pregiudizio di interessi superindividuali, che si aggiungano alla lesione o messa in pericolo di interessi del singolo soggetto consenziente, si reputa venir meno il necessario fondamento di un intervento punitivo. Tuttavia, il **fatto tipico**, nell'ambito di non poche fattispecie, mantiene una carica offensiva nei riguardi della collettività, nonostante il consenso di singoli soggetti; in relazione ad altre fattispecie, un consenso di titolari determinati non è neppure astrattamente ipotizzabile: ciò spiega i penetranti vincoli e **limiti** alla sfera di operatività dell'art. 50 c.p., sui quali occorrerà soffermarsi fra poco.

Natura giuridica: riflessi pratici

Circa la **natura giuridica** del consenso dell'avente diritto, sembrano ormai definitivamente tramontate le teorie secondo le quali il consenso andrebbe inquadrato nella categoria del negozio giuridico, vuoi di diritto privato, vuoi di diritto pubblico.

L'opinione oggi di gran lunga prevalente (es. FIANDACA-MUSCO) reputa piuttosto il consenso alla stregua di un **atto giuridico in senso stretto**, ossia quale atto dotato di una sua efficacia, tale da escludere l'illiceità del fatto.

Capacità di agire richiesta per esprimere un valido consenso

La conclusione maturata in punto di natura giuridica del consenso non è priva di riflessi pratici. Essa incide, innanzitutto, sulla individuazione della **capacità di agire** che deve essere posseduta dal soggetto, perché questi possa **efficacemente** esprimere il consenso. Proprio dalla natura **non negoziale** del consenso stesso, si argomenta per individuare la suddetta capacità di agire in una **capacità di intendere e di volere da accertare caso per caso**: è quindi il giudice a dovere verificare, tenuto conto delle peculiarità della vicenda concreta in esame, se il soggetto che ha dato il proprio consenso fosse in grado di rendersi conto del significato di tale atto dispositivo. Se ciò è vero in linea di massima, si ravvisano però ipotesi nelle quali per legge il soggetto consenziente deve avere superato una **certa soglia di età** per poter consentire validamente alla lesione di beni giuridici di cui è titolare. Ad esempio, si richiede che il soggetto sia **maggiorenne** perché possa rendere lecita, con il suo consenso, la lesione tipica di propri **diritti patrimoniali**, e ciò in conformità alla regola civilistica secondo cui l'infradiciottenne non ha facoltà di disporre autonomamente dei diritti *de quibus*. Improprio parrebbe invece richiamare la soglia dei quattordici anni in rapporto a fattispecie di **reati sessuali**, quali il compimento di atti sessuali con soggetto **infraquattordicenne** (art. 609-*quater*, comma 1, n. 1, c.p.): qui infatti il legislatore non fissa l'età minima di quattordici anni ai fini di una valutazione della validità del consenso del minore, da effettuare nell'ottica dell'art. 50 c.p. (consenso dell'avente diritto quale scriminante). Piuttosto, ci si trova al cospetto di una presunzione assoluta di inefficacia del consenso, che incide sulla stessa **tipicità del fatto**: fatto che, correlativamente, non è tipico qualora il minore abbia compiuto il quattordicesimo anno e sia consenziente all'atto (salve ipotesi particolari).

Ancora, dalla natura non negoziale del consenso dell'avente diritto si può trarre argomento per **negare** che – secondo uno schema *lato sensu* «contrattualistico» – debba necessariamente formarsi una sorta di **«accordo»** tra soggetto agente e potenziale vittima del reato, avente ad oggetto la lesione del bene di cui quest'ultima è titolare.

Consenso dell'avente diritto e reati colposi

L'osservazione si collega alla delicata tematica della rilevanza del **consenso dell'avente diritto nei reati colposi**. In proposito, secondo certe massime giurisprudenziali, si dovrebbe **escludere l'operatività dell'art. 50 c.p.** in rapporto ai fatti **colposi**. Vi sarebbe, in questa prospettiva, un'incompatibilità logica tra il consenso-accettazione **volontaria** della lesione del bene e reato colposo, caratterizzato in negativo dall'assenza di dolo, e quindi dalla **non volontarietà** della lesione stessa. L'esempio è quello di Tizio che accetta di salire sulla vecchia bicicletta arrugginita di Caio, conoscendone la fragilità, e dunque acconsentendo ad un'eventuale caduta con conseguenti danni fisici; la bicicletta, puntualmente, di lì a poco cede, Tizio e Caio cadono a terra, e Tizio si procura lievi escoriazioni. Secondo questa opinione, in questa ipotesi, le lesioni colpose di Caio non sarebbero scriminate dal consenso di Tizio, vista la colposità del fatto.

A ben vedere, una siffatta prospettiva non convince, ed in contrario è orientata la dottrina più attenta: non vi è nessun motivo, infatti, per negare in assoluto l'operatività del consenso in relazione ai delitti colposi, ogniqualvolta l'evento che si realizza in concreto sia proprio quell'evento cui l'avente diritto aveva acconsentito. Né vale richiamare l'attenzione sul fatto che l'evento verificatosi, in questi casi, non sia **voluto** dal reo: invero, come si diceva, il consenso dell'avente diritto non deve essere inquadrato in un rapporto negoziale fra l'agente e la vittima.

D'altronde, va detto che pure quella giurisprudenza che in apparenza sembrerebbe negare *tout court* la rilevanza scriminante del consenso nei reati colposi, in realtà, si è pronunciata al cospetto di casi concreti in cui veniva in gioco la lesione di **beni indisponibili**, quali la vita, in relazione ai quali, pacificamente, il consenso non opera, a prescindere dalla natura dolosa o colposa del reato. Ed è su questo punto che ci intratteremo al prossimo paragrafo.

3. La disponibilità del diritto.

Affinché il consenso abbia effetto scriminante ai sensi dell'art. 50 c.p., è necessario che sia manifestato da colui che, in modo valido, può disporre del diritto, leso o posto in pericolo.

La **legge penale**, peraltro, **non precisa quali sono i diritti disponibili**, e quindi, sotto questo profilo, il compito di stabilire i limiti entro i quali il consenso può operare come causa di giustificazione sono demandati all'interprete.

Beni indisponibili

Si riconosce generalmente che **indisponibili** sono gli **interessi statuali**, il che rende inefficace il consenso nell'ambito dei **delitti contro la personalità dello Stato**, dei **delitti contro la pubblica amministrazione**, e dei **delitti contro l'amministrazione della giustizia**. Ciò vale per i reati **privi di un soggetto passivo determinato**, quali i **reati contro l'ordine pubblico** o **contro la pubblica incolumità**. Così, ancora, sono considerati insuscettibili di consenso i **reati contro la famiglia.**

Diritto alla vita

Si considera poi paradigmaticamente **indisponibile il diritto alla vita**. A riprova dell'assunto viene richiamato il disposto **dell'art. 579 c.p.**, che punisce il fatto di «chiunque cagiona la morte di un uomo, con il consenso di lui» (**omicidio del consenziente**). Peraltro, va evidenziato che questa figura comporta pene di gran lunga inferiori a quelle previste per l'omicidio doloso comune: nel primo caso, la pena va da un minimo di 6 anni ad un massimo di 15 anni; nel secondo caso, la pena minima è di 21 anni. Il che significa che il bene vita venne considerato dal legislatore del 1930 certamente indisponibile; ma che il consenso della vittima fu reputato non privo di rilevanza in relazione alla commisurazione della gravità del fatto.

Nondimeno, in rapporto alla differente figura **dell'omicidio colposo**, parte della dottrina (es.: FIANDACA-MUSCO) ammette la **possibilità di esporre a pericolo lo stesso bene-vita**, con efficacia scriminante, e ciò in base al principio della c.d. **autodeterminazione responsabile**. Si cita, in proposito, il caso di alcuni pescatori che decidono di seguire il capo-equipaggio, nonostante che le pessime condizioni atmosferiche consiglino di non prendere il mare: si ritiene che, ove si verifichi la morte di un membro dell'equipaggio, il comandante non debba rispondere di omicidio colposo, qualora abbia adottato tutte le misure idonee a ridurre al minimo il rischio, e qualora risulti che la vittima, perfettamente edotta del pericolo, lo abbia accettato con piena libertà ed autoresponsabilità.

Diritto all'integrità personale nella sfera fisica

Tradizionalmente **oggetto di controversie** è il **diritto all'integrità personale** nella sfera **fisica**.

Un importante punto di riferimento normativo per valutare i limiti di operatività del consenso dell'avente diritto in tema di integrità personale fisica viene individuato nell'art. 5 c.c.: «Gli atti di disposizione del proprio corpo sono vietati quando cagionino una diminuzione permanente della integrità fisica, o quando siano altrimenti contrari alla legge, all'ordine pubblico o al buon costume».

In tale prospettiva, gli atti di disposizione del proprio corpo sarebbero ammessi solo in parte, e solo per tale parte potrebbe quindi trovare applicazione l'art. 50 c.p. Ciascuno potrebbe liberamente consentire ad un **taglio di capelli o della barba**, o **all'asportazione di pezzi di pelle**: **non potrebbe invece farlo in relazione ad uno sfregio permanente o ad una mutilazione**. Sempre soggette al limite di cui all'art. 5 c.c. (norma generale cui si affiancano comunque varie previsioni contenute in leggi speciali, che qui non è possibile ricapitolare) sarebbero anche le **donazioni di parti del proprio corpo** a scopo di trapianto o di sperimentazione medica: si potrebbe validamente consentire, così, al prelievo di tessuti e di sangue; non invece di un occhio o di un polmone. L'ammissibilità di **trapianti omoplastici** (**ghiandole sessuali**) fu ritenuta da una celebre e criticatissima sentenza della Cassazione del '34, che anzi diede occasione al legislatore del 1942 per inserire l'art. 5 menzionato.

Se la dottrina penalistica dominante fa riferimento in effetti all'art. 5 c.c. per individuare i limiti della disponibilità dei beni in relazione alla integrità fisica, da parte di alcuni recenti Autori si obietta che il disposto di cui al menzionato articolo varrebbe senza dubbio per il diritto civile, ma **non necessariamente sarebbe trasferibile *de plano* nel diritto penale**. E comunque, sotto certi aspetti, la rigida disciplina di cui all'art. 5 potrebbe persino **cozzare con alcuni princìpi costituzionali**, tra cui quello della **autodeterminazione**. In tale prospettiva, alcune ipotesi in cui, *ex* art. 5 c.c., parrebbe inefficace il consenso, sarebbero invece da scriminare in applicazione dell'art. 50 c.p., per la riconosciuta disponibilità del bene sotto il profilo penale-costituzionale. Anche se poi a seconda delle diverse opinioni varia l'estensione di queste «deroghe» al disposto dell'art. 5 c.c. (sino alle idee più estreme, che giustificherebbero *in toto*, quantomeno *de lege ferenda*, lo stesso omicidio del consenziente).

Diritti parzialmente disponibili

Tra i **diritti solo parzialmente disponibili** si annoverano, altresì, i **diritti all'onore ed alla dignità personale**.

Diritti disponibili

Tra i diritti disponibili si suole invece comprendere i diritti patrimoniali, sicché il consenso può risultare efficace nei **reati**

contro il patrimonio, ma con significative eccezioni. Ad esempio, nel delitto di usura (art. 644, comma 1, c.p.), l'usuraio viene punito proprio per il fatto di farsi dare o promettere denaro o altri vantaggi usurari, in corrispettivo di una prestazione di denaro o altra utilità: sicché il consenso che si manifesta in quella volontaria dazione o promessa resta attratto negli elementi essenziali della fattispecie, senza rivestire alcun ruolo scriminante. Non sono invece punibili un furto, o un'appropriazione indebita, se i titolari del bene protetto sono consenzienti rispetto al fatto che lede il loro diritto.

Ampiamente **disponibili** paiono i **diritti alla c.d. inviolabilità dei segreti privati**, nelle caratterizzazioni più varie (segretezza della corrispondenza, segreto professionale, segreto scientifico ed industriale).

4. La validità del consenso. Consenso espresso e tacito, consenso putativo, consenso presunto.

Condizioni di validità del consenso

Il consenso, perché possa risultare scriminante *ex* art. 50 c.p., non solo deve avere ad oggetto diritti disponibili, ma deve altresì essere **valido**, ossia validamente prestato: del resto, lo stesso art. 50 c.p. fa testuale riferimento al consenso della persona che può «validamente» disporre del diritto.

Innanzitutto, quindi, il consenso deve provenire dal soggetto effettivamente legittimato ad esprimerlo, ossia dal **titolare dell'interesse tutelato** dalla norma penale; in altri termini, da colui che potrebbe essere considerato **vittima** del reato, qualora il fatto non fosse giustificato dal consenso stesso.

Nel caso in cui la titolarità dell'interesse faccia capo a più soggetti, occorre il **consenso di tutti** affinché il fatto possa dirsi scriminato.

Occorre, inoltre, che il titolare dell'interesse abbia la **capacità di agire** (c.d. **capacità naturale**): sul punto si richiama quanto anticipato poc'anzi, illustrando la natura giuridica del consenso quale **atto giuridico in senso stretto**.

Limiti alla validità del consenso espresso dal rappresentante

Si ammette in genere che il consenso possa essere manifestato non solo dal titolare, ma anche da un suo **rappresentante** (legale o volontario), ancorché si **discuta sui limiti** entro i quali ciò possa validamente avvenire. Secondo una tesi, le uniche restrizioni sarebbero costituite da un'intrinseca **incompatibi-**

lità della rappresentanza con la natura del diritto e dell'atto da consentire; secondo una soluzione più restrittiva, la rappresentanza potrebbe solo **in via eccezionale** risultare conciliabile con il carattere personale dell'interesse penalisticamente protetto, e cioè laddove dalla prestazione del consenso, da parte del rappresentante, il rappresentato incapace possa derivare un **vantaggio certo** (esempio: consenso ad un'operazione chirurgica indispensabile; peraltro, sulla natura del c.d. consenso informato nel settore dell'attività medico-chirurgica, vedasi meglio *infra*, par. 5).

È necessario, inoltre, che il consenso venga **manifestato** dal titolare dell'interesse protetto.

È pacifico, in proposito, che il **consenso** possa essere **espresso**, **ovvero anche tacito**, ossia desumibile – purché in maniera certa e univoca – dal comportamento del soggetto legittimato a manifestarlo.

Consenso presunto

Si parla poi di **consenso presunto**, ad indicare l'ipotesi in cui in effetti il titolare dell'interesse non ha in realtà manifestato consenso alcuno, ma si possa fondatamente ritenere che il titolare medesimo **avrebbe senz'altro consentito, qualora fosse stato interpellato**. In caso di consenso presunto, si postula, dunque, che il soggetto agente sappia che il consenso non è stato materialmente dato.

Consenso putativo

Diversa è la situazione in caso di **consenso putativo**: in quest'ultima ipotesi, colui che realizza un fatto materiale di reato **agisce nel convincimento erroneo che il titolare del bene protetto abbia prestato il consenso alla condotta lesiva**, mentre in realtà così non è. Laddove si abbia un consenso putativo, si ricade nella tematica della supposizione erronea di una causa di giustificazione, disciplinata dall'art. 59, ultimo comma, c.p. (sul significato e la portata di questa disposizione, vedasi *supra*, Cap. I di questa Sez. II).

Qualora invece il consenso sia **presunto**, le soluzioni **oscillano** tra la **negazione** di ogni rilevanza del medesimo, ed il **riconoscimento** di un'efficacia scriminante di un siffatto consenso. Si pensi al fatto di chi, nella prospettiva di una *negotiorum gestio* (= gestione di affari altrui), prenda conoscenza del contenuto di una lettera diretta ad un amico, in assenza dello stesso e nell'impossibilità di contattarlo preventivamente, confidando in maniera ragionevole che l'amico acconsentirebbe alla violazione del segreto epistolare – si confronti l'art. 616 c.p. – stante il carattere di estrema urgenza della comunicazione.

Il consenso, ancora, dev'essere **libero, spontaneo e «informato»**: invalido, quindi, un consenso inficiato da dolo, violenza o errore, o dalla conoscenza imperfetta dell'entità o della qualità del danno cui il consenziente si espone. **Non occorrono**, invece, **particolari requisiti formali**: ciò coerentemente alla natura non negoziale del consenso stesso.

Dal punto di vista cronologico, il consenso deve intervenire **prima della realizzazione del fatto tipico** che esso vale a scriminare, o al più **contestualmente** al fatto. Un **consenso successivo, o ratifica**, non può viceversa giustificare il pregresso illecito, in quanto la causa di giustificazione non può spiegare effetti *post crimen patratum* (= dopo che il delitto è stato commesso).

Occorre tenere presente che il consenso può essere sottoposto a particolari condizioni e modalità, e che è **revocabile** dal titolare: non basta quindi che esso sia stato prestato, occorrendo verificare anche che perduri nel momento in cui viene realizzata la condotta lesiva del bene.

5. Il c.d. consenso informato nel settore dell'attività medico-chirurgica. Il problema della rilevanza penale del trattamento medico arbitrario.

Trattamento medico legittimo

Secondo un'**opinione ampiamente condivisa**, il trattamento medico può essere reputato **legittimo** se ed in quanto il paziente abbia **validamente consentito al trattamento** medesimo. Affinché il paziente possa effettuare una scelta consapevole, decidendo se prestare il consenso o meno, è necessario che egli venga **correttamente informato** dal medico sui **possibili effetti** della terapia, o più in generale di quanto verrà praticato: e quindi, sui **risultati ipotizzabili**, sui **rischi** e sugli **effetti collaterali**, sul rapporto tra «costi» e «benefici» del trattamento.

Consenso informato

Il **consenso informato** rappresenta dunque il presupposto di fatto affinché possa estrinsecarsi la **libertà di autodeterminazione terapeutica** del paziente, che trova fondamento (seppure indiretto) a **livello costituzionale** (artt. 13 e 32, comma 2, Cost.). Tale libertà ha un contenuto che va oltre il significato minimo, rappresentato dal diritto del paziente di rifiutare il trattamento terapeutico (principio di incoercibilità del trattamento medico). Essa implica il **diritto**, ben più pregnante, **di decidere**

consapevolmente, entro dati limiti, **la terapia** cui sottoporsi, senza subire in modo acritico l'iniziativa del sanitario: il quale è anzi gravato del corrispondente **dovere di informazione**, funzionale a che il paziente possa validamente autodeterminarsi.

Distinzione dal consenso dell'avente diritto previsto dall'art. 50 c.p.

Il consenso informato *de quo* non è del tutto riconducibile al concetto di **consenso dell'avente diritto *ex* art. 50 c.p.**: basti pensare che quest'ultima scriminante non può avere ad oggetto diritti indisponibili, mentre il paziente può senz'altro consentire a trattamenti medici (ad esempio, una delicata operazione chirurgica) rischiosi per la sua stessa vita, ancorché eseguiti nel pieno rispetto delle *leges artis* (= leggi dell'arte) mediche.

Requisiti del consenso

Nel nostro ordinamento, **una disciplina organica** dell'istituto del consenso informato è stata introdotta con la **l. 22 dicembre 2017, n. 219**, che ha previsto, appunto «Norme in materia di consenso informato e di disposizioni anticipate di trattamento». Quanto ai **requisiti** del medesimo, si richiede – in linea di massima (per minori e incapaci dispone l'art. 3, l. n. 219/2017) – che il consenso sia **personale**, ossia che provenga dal soggetto destinatario del trattamento medico. In base alla recente disciplina, il consenso informato «**acquisito nei modi e con gli strumenti più consoni alle condizioni del paziente**, è **documentato in forma scritta** o attraverso **videoregistrazioni** o, per la persona con disabilità, attraverso dispositivi che le consentano di comunicare. Il consenso informato, in qualunque forma espresso, è **inserito nella cartella clinica e nel fascicolo sanitario elettronico**» (art. 1, comma 4, l. n. 219/2017).

Caratteri dell'informazione

Quanto all'informazione che deve precedere la manifestazione del consenso, essa si deve caratterizzare in termini di adeguatezza e di veridicità: «Ogni persona ha il diritto di conoscere le proprie condizioni di salute e di essere informata in modo **completo**, **aggiornato** e **a lei comprensibile** riguardo alla diagnosi, alla prognosi, ai **benefici** e ai **rischi** degli accertamenti diagnostici e dei trattamenti sanitari indicati, nonché riguardo alle **possibili alternative** e alle **conseguenze dell'eventuale rifiuto** del trattamento sanitario e dell'accertamento diagnostico o **della rinuncia** ai medesimi» (art. 1, comma 3, l. n. 219/2017).

Rifiuto e rinuncia, anche con riferimento a trattamenti sanitari necessari alla sopravvivenza

In coerenza con l'intento di dare pieno riconoscimento alla libertà di autodeterminazione in ambito sanitario, la riforma del 2017 ha espressamente riconosciuto il diritto del paziente di **«rifiutare»**, in tutto o in parte, «qualsiasi accertamento diagnostico o trattamento sanitario indicato dal medico per la sua patologia o singoli atti del trattamento stesso», **compresi i «trattamenti sanitari necessari alla propria sopravvivenza»**; così come al paziente è riconosciuto il diritto di **«rinunciare»** ai medesimi trattamenti, revocando il consenso precedentemente espresso (art. 1, comma 5, l. n. 219/2017).

Disposizioni anticipate di trattamento

La disciplina del 2017 ha espressamente previsto anche la possibilità, per ogni persona maggiorenne e capace di intendere e di volere, «in previsione di un'eventuale futura incapacità di autodeterminarsi e dopo avere acquisito adeguate informazioni mediche sulle conseguenze delle sue scelte», di ricorrere a **«disposizioni anticipate di trattamento»**, per «esprimere le proprie volontà in materia di trattamenti sanitari, nonché il consenso o il rifiuto rispetto ad accertamenti diagnostici o scelte terapeutiche e a singoli trattamenti sanitari», indicando per la loro messa in pratica un **«fiduciario»** (art. 4, l. n. 219/2017).

Esclusione della responsabilità del sanitario

Tra le disposizioni più rilevanti della l. n. 219/2017 vi è quella che tende a colmare il precedente (e assai problematico) vuoto normativo in tema di responsabilità (civile e) penale del sanitario per aver assecondato le manifestazioni di volontà del paziente: «Il medico è tenuto a rispettare la volontà espressa dal paziente di rifiutare il trattamento sanitario o di rinunciare al medesimo e, in conseguenza di ciò, è esente da responsabilità civile o penale» (art. 1, comma 6, l. n. 219/2017).

Rilevanza penale del trattamento medico c.d. «arbitrario»

Quali siano le possibili conseguenze penali del **trattamento medico-chirurgico c.d. «arbitrario»**, ossia effettuato **senza il consenso** del paziente, oppure in difetto di un consenso validamente espresso, è assai **controverso**.

In **dottrina**, secondo un'opinione, il consenso informato sarebbe richiesto a tutela dell'intangibilità corporale del paziente, mentre, in una differente ottica, esso andrebbe rapportato al diritto di autodeterminazione terapeutica. Chi muove dal convincimento che il consenso informato garantisca l'intangibilità corporale del paziente, a fronte di atti medici «arbitrari», apre la possibilità di chiamare a rispondere il medico per fatti di natura dolosa, e segnatamente per il **delitto di lesioni personali** e, **in caso di morte** (come conseguenza non voluta delle lesioni), per il delitto di **omicidio preterintenzionale**. Viceversa, chi colloca l'intervento medico effettuato in carenza di (valido) consenso nella prospettiva delle offese alla libertà morale, tende a giungere a **conseguenze opposte**. E cioè, in luogo di una responsabilità penale addirittura a titolo doloso o preterintenzionale (*ex* artt. 582 oppure 584 c.p.), si profilerebbe, nella maggior parte dei casi, addirittura l'**irrilevanza penale del fatto**, stante, da un lato, la **mancanza di una fattispecie incriminatrice *ad hoc*** che consenta di punire il trattamento medico arbitrario e, d'altro lato, le difficoltà spesso insormontabili che si frappongono all'applicabilità di altri reati contro la persona: si pensi, ad esempio, al delitto di violenza privata, che richiede gli estremi della violenza o minaccia, difficilmente riscontrabili in ipotesi di trattamento medico senza previo consenso informato.

Sul punto, sono intervenute le Sezioni Unite della Cassazione, confermando che l'attività medico-chirurgica, per essere considerata legittima, necessita dell'acquisizione del consenso informato rilasciato dal paziente, salve le eccezioni previste dalla legge, ma precisando – ed è proprio questo l'aspetto più interessante – che **non ricorre alcuna fattispecie penale** nel caso in cui il medico, pur in assenza di un valido consenso del paziente, abbia agito secondo le *leges artis* e l'intervento si sia concluso con esito benefico per la salute del paziente, da intendersi come miglioramento della patologia da cui lo stesso era affetto (Sent. n. 2437 del 2008).

Note bibliografiche

GRISPIGNI F., *Il consenso dell'offeso*, Roma, 1924; DELOGU T., *Teoria del consenso dell'avente diritto*, Milano, 1936; LOGUERCIO L., *Teoria generale del consenso dell'avente diritto*, Milano, 1955; ALTAVILLA E., voce *Consenso dell'avente diritto*, in *Noviss. dig. it.*, Vol. IV, 1960, p. 115 ss.; PEDRAZZI C., voce *Consenso dell'avente diritto*, in *Enc. dir.*, Vol. IX, 1961, p. 140 ss.; RIZ R., *Il consenso dell'avente diritto*, Padova, 1979; MARINI G., voce *Consenso dell'avente diritto*, in *Noviss. dig. it.*, *Appendice*, Vol. II, 1980, p. 402 ss.; GROSSO C. F., voce *Consenso dell'avente diritto*, in *Enc. giur. Treccani*, Vol. VIII, 1988; GALLISAI PILO M. G., voce *Consenso dell'avente diritto*, in *Dig. disc. pen.*, Vol. III, 1989, p. 71 ss.; STORTONI L. (a cura di), *Vivere: diritto o dovere?*, Trento, 1992; ALBEGGIANI F., *Profili problematici del consenso dell'avente diritto*, Milano, 1995; MAGRO M.B., *Eutanasia e diritto penale*, Torino, 2001; CANESTRARI S.-CIMBALO G.-PAPPALARDO G. (a cura di), *Eutanasia e diritto. Confronto tra discipline*, Torino, 2003; RISICATO L., *Dal «diritto di vivere» al «diritto di morire». Riflessioni sul ruolo della laicità nell'esperienza penalistica*, Torino, 2008; TORDINI CAGLI S., *Principio di autodeterminazione e consenso dell'avente diritto*, Bologna, 2008; LEOTTA C.D., voce *Consenso informato*, in *Dig. disc. pen.*, Agg. V, 2010; PINDINELLO I.-DOKO A., *Aspetti medico-legali del consenso dell'avente diritto quale causa di giustificazione*, Roma, 2011.

Capitolo V

L'ESERCIZIO DI UN DIRITTO

Sommario: 1. Il principio di non contraddizione. – 2. La nozione di diritto *ex* art. 51 c.p. – 3. Esercizio del diritto o violazione di un precetto penale? Il problema del conflitto apparente di norme. – 4. I limiti scriminanti. – 5. Un esempio di conflitto tra diritti di rango costituzionale: diritto di cronaca e diritto all'onore. Il diritto di critica.

1. Il principio di non contraddizione.

L'art. 51 c.p. prevede che «L'esercizio di un diritto (...) esclude la punibilità».

Ratio

Questa regola riproduce il contenuto di un elementare principio logico: *qui suo iure utitur, neminem laedit* (= chi esercita il proprio diritto, non danneggia nessuno). L'ordinamento non può entrare in contraddizione con se stesso, attribuendo per un verso un diritto ad un consociato, e però punendolo per il fatto di avere esercitato il diritto medesimo (**principio di non contraddizione**, ovvero di coerenza). La *ratio* della scriminante in oggetto viene ravvisata, **inoltre**, nella **prevalenza dell'interesse** di colui che agisce nel corretto esercizio di un diritto (*lato sensu* inteso), rispetto ad altri interessi contrapposti, che si pongano in eventuale conflitto.

Esercizio del diritto e abuso del diritto

Il vero problema che si pone è peraltro legato alla esatta individuazione dei limiti entro i quali il **diritto viene esercitato**: solo se il titolare del diritto si mantiene **entro tali limiti**, il fatto di reato realizzato esercitando correttamente quel diritto può dirsi **scriminato**, e quindi lecito. Viceversa, se detti limiti vengono superati, la causa di giustificazione prevista dall'art. 51

c.p. non può operare; più che un esercizio del diritto, ricorre infatti un **abuso del diritto**, che non esclude l'illiceità del fatto.

2. La nozione di diritto *ex* art. 51 c.p.

Diritti soggettivi in senso stretto

Che cosa si deve intendere per «diritto», nella prospettiva dell'art. 51 c.p.?

Di sicuro rientrano nella **nozione di diritto**, **il cui esercizio rileva quale causa di giustificazione**, i **diritti soggettivi in senso stretto**, comunque facenti capo all'agente (ad esempio, il **diritto di proprietà**, o il **diritto di libera manifestazione del pensiero**).

Facoltà legittime

Prevale, in ogni caso, un'interpretazione estensiva del concetto di diritto *ex* art. 51 c.p., nel senso di ricomprendervi anche le **facoltà legittime** riconosciute al soggetto dall'ordinamento (es. facoltà riconosciuta ad ogni persona di procedere ad arresto in flagranza nei casi in cui questo sia obbligatorio e si tratti di reato procedibile d'ufficio: art. 383 c.p.p., «Facoltà di arresto da parte dei privati»); ciò che conta, insomma, è che sia configurabile un **potere giuridico di agire, comunque denominato**, e che il fatto – pur corrispondente in astratto ad un modello «tipico» – risulti lecito (e dunque non punibile), in quanto realizzato attraverso una **corretta esplicazione** del potere suddetto.

Fonti del diritto o della facoltà

Anche riguardo alle **fonti** da cui può nascere il diritto o la facoltà (o potere), si tende a delineare un quadro assai ampio, nel quale rientrano le **leggi statali** (sia la Costituzione, che le leggi ordinarie), i **regolamenti**, i **provvedimenti giurisdizionali** (es. una sentenza), gli **atti amministrativi**, i **negozi giuridici di diritto privato** e, come già visto (*supra*, P. I, Cap. II), anche **le norme di produzione europea**.

Legge regionale

È discusso se il diritto, cui fa riferimento l'art. 51 c.p., possa promanare anche da una **legge regionale**: alla soluzione **negativa**, basata sulla considerazione che l'operatività della norma incriminatrice dettata dallo Stato non può essere limitata da un diritto riconosciuto da una fonte regionale, si obietta da taluno che le scriminanti non sarebbero «coperte» dal principio della riserva di legge (statale).

Consuetudine

Taluno include la **consuetudine** tra le fonti dalle quali può derivare il diritto, il cui esercizio «scrimina», nella prospettiva dell'art. 51 c.p.; sul punto abbiamo peraltro già evidenziato la nostra posizione critica *supra*, P. I, Cap. II.

3. Esercizio del diritto o violazione di un precetto penale? Il problema del conflitto apparente di norme.

Il contesto giuridico in cui l'art. 51 c.p. è destinato ad operare è quello di un **conflitto (apparente) di norme**, facenti parte tutte dello stesso ordinamento, e che **sembrano** contemporaneamente applicabili allo stesso fatto: una norma **sembra accordare al soggetto il diritto** di realizzare quel fatto; altra norma, invece (quella penale incriminatrice), **sembra vietare** quello stesso fatto.

In realtà, proprio per il principio di non contraddizione, **queste norme** – tra loro incompatibili – **non possono trovare applicazione entrambe**. È l'interprete che deve decidere quale di esse debba prevalere sull'altra, per stabilire se il fatto sia lecito (in caso di prevalenza della norma che riconosce il diritto *lato sensu* inteso), o illecito (in caso di prevalenza della norma incriminatrice).

È evidente che, ai fini di questa operazione interpretativa, l'art. 51 c.p. non offre alcuna indicazione valida, ed anzi presuppone come già risolto il conflitto di norme a favore di quella attributiva del potere di agire.

Ma allora, come si fa a stabilire quali sono i casi in cui è la norma attributiva del diritto a limitare la sfera di applicabilità della norma penale, e – viceversa – quali sono i casi in cui è la norma penale a limitare la sfera di operatività della norma attributiva del diritto? Quali sono, in altre parole, i **criteri** ai quali l'interprete deve fare riferimento, allo scopo di risolvere il problema del conflitto tra norma che riconosce il diritto e norma incriminatrice?

Criteri atti a risolvere un conflitto apparente di norme

In genere, si suggerisce di ricorrere ai **criteri** seguenti:

a) criterio **gerarchico** (*lex superior derogat legi inferiori*=la legge superiore deroga alla legge inferiore);

b) criterio **cronologico** (*lex posterior derogat legi anteriori*=la legge posteriore deroga alla legge anteriore);

c) criterio di **specialità** (*lex specialis derogat legi generali*=la legge speciale deroga alla legge generale).

Ad esempio: in generale, è penalmente vietato distruggere o deteriorare cose altrui (art. 635 c.p., che prevede il delitto di danneggiamento). Peraltro, l'art. 896, comma 1 c.c. riconosce al proprietario di un fondo la facoltà di tagliare le radici degli alberi del vicino, che si addentrano nel suo fondo. Quindi, se Tizio taglia nel suo fondo le radici provenienti dal fondo del vicino Caio, realizza un fatto al quale sembrano ad un tempo applicabili sia la norma civilistica, che quella penalistica: è chiaro però che una condotta siffatta **è lecita**, perché deve **prevalere la norma del codice civile, in quanto detta una regola particolare che deroga al più generale divieto** di danneggiare cose altrui.

Ancora: in linea di massima, nel contenuto del diritto di proprietà è senz'altro compresa la facoltà di distruggere la cosa propria (si veda l'art. 832 del codice civile). Ma se il proprietario effettua la distruzione incendiando la cosa, e dall'incendio deriva pericolo per la pubblica incolumità, a prevalere è la norma penale di cui all'art. 423 c.p., sempre in applicazione del criterio di specialità.

4. I limiti scriminanti.

Oggetto di analisi debbono essere sia **i limiti del diritto**, sia **i limiti che si pongono all'esercizio del diritto**.

È ovvio, infatti, che il diritto può scriminare **solo entro i confini in cui esso è giuridicamente riconosciuto**, e sempre che venga esercitato correttamente, perché solo così vi sono i presupposti per l'operatività della causa di giustificazione di cui all'art. 51 c.p.

Limiti del diritto

In dottrina si suole distinguere tra **limiti interni** e **limiti esterni** del diritto scriminante (A. LANZI).

Limiti interni

I **limiti interni** non sono altro che i limiti del diritto scriminante **promananti dalla norma che lo configura**. Essi coincidono con la portata e l'ambito del **diritto considerato «in sé e per sé», ossia al di fuori del rapporto con altre norme**. Talora, è la stessa norma attributiva del diritto a descrivere le condotte che il titolare è facoltizzato a porre in essere; in difetto di specifiche indicazioni normative, lo spinoso compito di tracciare l'esatta estensione dei limiti interni è demandata all'interprete.

Limiti esterni

I **limiti esterni** promanano invece da **norme diverse da quella attributiva del diritto, e che tutelano interessi differenti**.

Quanto ai diritti previsti dalla **legge ordinaria**, si evidenzia che i limiti *de quibus* vanno ricavati non soltanto dalla legge che li attribuisce, ma **anche dall'ordinamento complessivamente inteso, compresa la legge penale**. Si citano, in proposito, gli esempi offerti dall'art. 392 c.p., che punisce il fatto di colui che, al fine di esercitare un preteso diritto, potendo ricorrere al giudice, si fa arbitrariamente ragione da sé medesimo, mediante violenza sulle cose, e dall'art. 393 c.p., che contempla una fattispecie dalla struttura simile alla precedente, con la differenza che la violenza o minaccia debbono essere rivolte verso persone.

Che però gli artt. 392 e 393 c.p. rappresentino **limiti esterni** all'esercizio del diritto è **tutt'altro che pacifico**: di regola, infatti, usando violenza o minaccia per esercitare un diritto, **si oltrepassano già i limiti interni** di esso. Se ciò è vero, le fattispecie incriminatrici in tema di esercizio arbitrario delle proprie ragioni introducono non già dei limiti esterni, quanto piuttosto una disciplina più favorevole in rapporto a condotte di **non corretto esercizio del diritto**, che – in mancanza di quella disciplina *ad hoc* – potrebbero essere sanzionate con maggiore severità (ad esempio, a titolo di violenza privata: art. 610 c.p.).

Quanto invece ai diritti che trovano un diretto riconoscimento nella **Costituzione**, non è possibile che norme di rango inferiore nella gerarchia delle fonti ne vengano a limitare l'operatività, ovvero che ne restringano le modalità di esercizio. Un limite in tal senso può derivare **soltanto da altra norma costituzionale**: in tal caso, per stabilire ciò che rappresenta esercizio del diritto, e ciò che invece travalica i confini del lecito, è indispensabile operare un **delicato giudizio di bilanciamento tra i contrapposti interessi** (costituzionalmente rilevanti) in gioco.

5. Un esempio di conflitto tra diritti di rango costituzionale: diritto di cronaca e diritto all'onore. Il diritto di critica.

Diritto di libera manifestazione del pensiero

La **Costituzione** garantisce a tutti il «diritto di manifestare liberamente il proprio pensiero con la parola, lo scritto e ogni altro mezzo di diffusione» (art. 21, comma 1).

Esercizio del diritto di cronaca

Tale diritto di **libera manifestazione del pensiero** si può estrinsecare in vari modi: oggetto di particolare approfondimento, sia nella prassi giurisprudenziale, che in letteratura, risulta essere l'**esercizio del diritto di cronaca** da parte dei giornalisti.

Spesso, i mezzi di informazione diffondono notizie ed espongono fatti che, per il loro contenuto, risultano di certo lesivi dell'onore e della reputazione dei soggetti che ne sono protagonisti. Ebbene, chi offende l'altrui reputazione, comunicando con più persone, realizza un fatto che è previsto dalla legge come reato (si confronti, in particolare, il disposto dell'art. 595 c.p., che contempla il delitto di **diffamazione**).

Diritto all'onore

Si tenga presente, inoltre, che anche il **bene dell'onore individuale** è riconducibile nell'ambito dei **diritti inviolabili della persona**, che nella **Costituzione** trovano riconoscimento (art. 2 Cost.).

Necessità di bilanciamento tra interessi confliggenti

Si profila, dunque, un emblematico **contrasto tra norme confliggenti**, da risolvere in base ad un delicato **giudizio di bilanciamento** tra gli interessi implicati.

Quando si può ritenere che il **giornalista** abbia **correttamente esercitato** il diritto di cronaca, riconosciuto dalla Costituzione (art. 21), e che quindi il fatto – pur se oggettivamente lesivo dell'altrui reputazione – sia da considerare **lecito**, *ex* art. 51 c.p.?

E quando, all'opposto, si deve ritenere che il giornalista risponda per diffamazione (art. 595 c.p.), avendo offeso l'altrui reputazione (bene anch'esso di rango costituzionale), senza che l'offesa possa dirsi giustificata dall'esercizio del diritto di cronaca?

La legge **non dice** quale sia il confine tra diffamazione e lecito esercizio del diritto di cronaca: l'individuazione del limite reciproco tra le alternative in gioco è rimessa, dunque, **all'interprete**.

Condizioni per un lecito esercizio del diritto di cronaca

Secondo un **consolidato orientamento della giurisprudenza**, sulle cui linee essenziali si registra ampio consenso, ci si mantiene nella sfera del **lecito esercizio del diritto di cronaca** quando, innanzitutto, la notizia narrata – pur ledendo l'altrui reputazione – è **vera, o quantomeno verosimile**. Ciò peraltro non è ancora sufficiente: è necessario, inoltre, che sussista un **interesse pubblico-sociale alla conoscenza della notizia** stessa, tale da giustificarne la divulgazione attraverso i mezzi di informazione. Infine, accanto alla verità della notizia e all'interesse pubblico-sociale suddetto, bisogna che il fatto sia esposto **in maniera corretta dal punto di vista formale**, ossia secondo canoni di obiettività e serenità, ovvero evitando degenerazioni espressive, che si traducano in un'offesa gratutita. Entro questi limiti, il giudizio di bilanciamento tra i contrapposti interessi implicati vede prevalere il diritto di cronaca del giornalista; oltrepassati questi limiti, prevale il diritto all'onore ed alla reputazione del soggetto offeso, e può quindi trovare applicazione la fattispecie di diffamazione, qualora ovviamente ne sussistano anche i requisiti soggettivi (il dolo).

Note bibliografiche

CAVALLO V., *L'esercizio del diritto nella teoria generale del reato*, Napoli, 1939; SANTORO A., voce *Esercizio di un diritto, adempimento di un dovere*, in *Noviss. dig. it.*, Vol. VI, Torino, 1960, p. 825 ss.; CARACCIOLI I., *L'esercizio del diritto*, Milano, 1965; MANTOVANI F., voce *Esercizio del diritto (dir. pen.)*, in *Enc. dir.*, Vol. XV, Milano, 1966, p. 627 ss.; FIORE C., *Cronaca giornalistica e delitti contro l'onore*, Napoli, 1967; LEONE M., *L'esimente dell'esercizio di un diritto*, Napoli, 1970; NUVOLONE P., *Il diritto penale della stampa*, Milano, 1971; FIORE C., *I reati di opinione*, Padova, 1972; AA.VV., *Tutela dell'onore e mezzi di comunicazione di massa*, Milano, 1979; LANZI A., *La scriminante dell'art. 51 c.p. e le libertà costituzionali*, Milano, 1983; AA.VV., *Diritto d'informazione, libertà di stampa e diritti della persona*, Roma, 1987; REGINA A., voce *Esercizio di un diritto e adempimento di un dovere*, in *Enc. giur. Treccani*, Vol. XIII, Roma, 1989; MANNA A., *Beni della personalità e limiti della protezione penale*, Padova, 1989; MUSCO E., voce *Stampa (dir. pen.)*, in *Enc. dir.*, Vol. XLIII, Milano, 1990, p. 633 ss.; PULITANÒ D., voce *Esercizio di un diritto e adempimento di un dovere*, in *Dig. disc. pen.*, Vol. IV, Torino, 1990, p. 320 ss.; GARINO V., voce *Esercizio di un diritto e adempimento di un dovere nel diritto penale militare*, in *Dig. disc. pen.*, Vol. IV, Torino, 1990, p. 331 ss.; SIRACUSANO P., voce *Ingiuria e diffamazione*, in *Dig. disc. pen.*, Vol. VII, Torino, 1993, p. 43 ss.; SEMERARO P., *L'esercizio di un diritto*, Milano, 2009; TASSINARI D., Nemo tenetur se detegere. *La libertà dalla autoincriminazioni nella struttura del reato*, Bologna, 2012.

Capitolo VI

L'ADEMPIMENTO DI UN DOVERE

Sommario: 1. La *ratio* della scriminante. – 2. La fonte del dovere: *A*) la norma giuridica. – 3. La fonte del dovere: *B*) l'ordine dell'Autorità. – 4. L'ordine illegittimo. – 5. Il c.d. ordine illegittimo insindacabile.

1. La *ratio* della scriminante.

L'art. 51 c.p., accanto alla scriminante dell'esercizio di un diritto, prevede altresì quella dell'adempimento di un dovere: «(...) l'adempimento di un dovere imposto da una norma giuridica o da un ordine legittimo della pubblica Autorità, esclude la punibilità» (art. 51, comma 1, c.p.).

Ratio

Anche questa causa di giustificazione, così come quella dell'esercizio di un diritto, poggia sul **principio di non contraddizione**: non avrebbe senso, per un verso, attribuire ad un soggetto un dovere giuridico e, d'altro verso, punirlo per avere adempiuto al dovere medesimo.

Anche qui, inoltre, si postula l'esistenza di una situazione di conflitto, e precisamente di **conflitto tra doveri**: al dovere di osservare il precetto penale si contrappone un dovere dal contenuto incompatibile rispetto al precedente, sicché il rispetto dell'uno comporta necessariamente l'inadempimento dell'altro, e viceversa.

L'interprete è quindi chiamato a stabilire **quale sia il dovere prevalente**, nel contesto concreto; l'art. 51 c.p. non offre neppure in questa prospettiva (così come non le suggerisce in tema di esercizio del diritto) indicazioni utili alla soluzione di tale quesito, presupponendolo già risolto nel senso della prevalenza del dovere confliggente con il contenuto di una norma incriminatrice.

2. La fonte del dovere: *A*) la norma giuridica.

L'art. 51 c.p. distingue il dovere giuridico, il cui adempimento scrimina, a seconda che esso trovi la propria **fonte** in una **norma giuridica**, oppure in un **ordine (legittimo) della pubblica Autorità**.

Quanto al **dovere che promana da una norma giuridica**, si cita ad esempio il caso del testimone che, nel corso della deposizione, risponde in maniera veridica e pertinente ad una domanda, riferendo fatti lesivi dell'onore di un terzo: è chiaro che il testimone *de quo* adempie ad un dovere (impostogli dall'art. 198, comma 1, c.p.p.: «il testimone ha l'obbligo (...) di rispondere secondo verità alle domande che gli sono rivolte»), la cui violazione è oltretutto sanzionata penalmente (art. 372 c.p.: falsa testimonianza). A nessuno verrebbe in mente, perciò, di chiamare a rispondere quel teste di diffamazione in pregiudizio del terzo, il cui onore risulta sì leso, ma in modo lecito.

Allo stesso modo, non avrebbe senso punire per sequestro di persona (art. 605 c.p.) un ufficiale di polizia giudiziaria che, adempiendo al dovere di procedere ad arresto in flagranza di reato (art. 380 c.p.p.), privi taluno della libertà personale.

Il concetto di «norma giuridica» all'interno dell'art. 51 c.p.

La locuzione «dovere imposto da una norma giuridica», che compare nel testo dell'art. 51 c.p., viene in genere intesa dalla giurisprudenza, e dalla prevalente dottrina, **in senso ampio**, e tale da comprendere **qualsiasi precetto giuridico, emanato vuoi dal potere legislativo, vuoi da quello esecutivo**. In particolare, secondo questa impostazione, anche i **regolamenti** potrebbero essere annoverati tra le fonti del dovere scriminante.

3. La fonte del dovere: *B*) l'ordine dell'Autorità.

Nozione di «ordine»

Quanto all'adempimento del **dovere imposto da un ordine dell'Autorità**, va precisato innanzitutto che cosa si intende per **«ordine»**. Sul punto, la definizione corrente descrive l'ordine come una **manifestazione di volontà, che proviene da un superiore, e che si rivolge ad un soggetto gerarchicamente subordinato, diretta a che quest'ultimo tenga una determinata condotta**.

Provenienza dalla pubblica autorità

Pacifica è la circostanza che il **rapporto gerarchico** tra colui che impartisce l'ordine e colui che ha il dovere di eseguirlo sia un **rapporto di diritto pubblico**: del resto, è lo stesso tenore letterale dell'art. 51, comma 1, c.p., a fare riferimento ad un ordine della «pubblica Autorità».

È **privo di efficacia scriminante**, viceversa, **l'ordine privato**, che viene impartito ed eseguito pur sempre nel contesto di un rapporto di subordinazione, ma di natura giuridica privatistica. Ciò non esclude, peraltro, che in certi casi l'esecutore dell'ordine privato possa andare esente da penale responsabilità, anche qualora abbia eseguito l'ordine medesimo: non però per la presenza della causa di giustificazione in esame, ma per esempio per difetto di dolo (o di colpa, in relazione a fattispecie colpose). Si pensi, ad esempio, ad un datore di lavoro privato che, con dolo, decida di rimuovere un apparecchio destinato a prevenire infortuni, e che ordini ad un proprio operaio di effettuare un intervento, idoneo allo scopo. Senza che possa essere invocata la scriminante dell'adempimento di un dovere, in capo all'operaio che esegua tale ordine senza rendersi conto, a causa delle sue limitate competenze, del fatto che sta eliminando una cautela, difetta il dolo del delitto di cui all'art. 437 c.p. In quest'ultimo esempio, peraltro, mancherebbe a ben vedere un altro requisito dell'ordine scriminante: esso infatti non solo deve provenire da un soggetto sovraordinato nell'ambito di un rapporto gerarchico pubblicistico, ma deve anche essere un ordine **legittimo**: al contrario, l'ordine del datore di lavoro che prescrivesse la rimozione di una cautela antinfortunistica sarebbe chiaramente un ordine illegittimo, ed anzi **criminoso**.

Legittimità dell'ordine

Anche il requisito della **legittimità dell'ordine** è espressamente evidenziato dal testo dell'art. 51, comma 1, c.p.: questo è il **limite fondamentale** della scriminante, che rende lecita **sia la condotta del superiore** che impartisce l'ordine (in base ad un potere-dovere che gli deriva pur sempre da una norma giuridica), **sia la condotta del soggetto gerarchicamente subordinato** che lo esegue.

Si suole distinguere tra **legittimità formale** e **legittimità sostanziale**.

Legittimità formale

I requisiti di **legittimità formale** dell'ordine si identificano nella **competenza del soggetto gerarchicamente sovraordinato ad emanarlo**, nella **competenza del soggetto subordinato ad eseguirlo**, e nel **rispetto dei requisiti di forma** previsti dalla legge.

Legittimità sostanziale

I requisiti di **legittimità sostanziale** dell'ordine attengono viceversa ai profili di merito del medesimo, e segnatamente alla presenza dei **presupposti di legge per l'emanazione dell'ordine**.

In linea di massima, quindi, si può dire che non è punibile, ai sensi dell'art. 51 c.p., chi adempie (= il soggetto subordinato che adempie) un dovere imposto da un ordine della pubblica Autorità, che risulti legittimo, sia sotto il profilo formale, che sotto il profilo sostanziale.

4. L'ordine illegittimo.

Mentre l'ordine legittimo della pubblica Autorità va eseguito, **l'ordine illegittimo non deve essere eseguito** dal subordinato che ne è destinatario.

Se l'inferiore gerarchico esegue l'ordine illegittimo, e l'esecuzione comporta la realizzazione di un fatto di reato, tale fatto **non può ritenersi giustificato**. Sul piano della disciplina, la conseguenza è che di quel fatto illecito **debbono rispondere sia il superiore** che ha dato l'ordine (art. 51, comma 2, c.p.), **sia il subordinato** che lo ha eseguito.

Casi in cui l'esecutore dell'ordine illegittimo non risponde del reato

In relazione a quest'ultima regola, si pongono peraltro **due eccezioni**; e cioè, **chi ha eseguito l'ordine illegittimo non risponde del reato**:

a) qualora, **per errore di fatto**, abbia ritenuto di obbedire ad un ordine **legittimo** (art. 51, comma 3, c.p., in fine); interpretativamente, si è giunti ad attribuire la stessa rilevanza all'**errore su legge extrapenale** (su questi concetti, si deve rinviare alla trattazione in tema di errore);

b) quando la legge non gli consenta **alcun sindacato sulla legittimità** dell'ordine (art. 51, u.c., c.p.; ma vedasi *infra* per un'eccezione all'eccezione, il caso dell'ordine illegittimo insindacabile, che risulti però, al tempo stesso, «manifestamente criminoso»).

5. Il c.d. ordine illegittimo insindacabile.

In linea generale, l'ordine del superiore è sempre sindacabile, mentre **la c.d. insindacabilità può sussistere solo nell'ambito di determinati rapporti** (di tipo **militare**, o assimilati), caratterizzati da un **vincolo di subordinazione molto forte**.

È diffuso, inoltre, il convincimento che sia **sempre possibile**, ed anzi doveroso, **sindacare la legittimità formale** dell'ordine, ovvero l'esecutorietà dello stesso, e che il subordinato debba comunque **rifiutare** l'esecuzione di un ordine che si palesi quale **manifestamente criminoso**.

Ciò premesso, è assai discussa la **natura giuridica** della **non punibilità** sancita dall'ultimo comma dell'art. 51 c.p. **Natura giuridica**

Secondo un'opinione da più parti condivisa, la non punibilità del subordinato discenderebbe proprio dalla **norma che gli impone l'obbligo dell'obbedienza**: l'esecutore del c.d. ordine legittimo vincolante «ha fatto il proprio dovere», e dunque l'azione da lui compiuta non può essere considerata antigiuridica. In questa prospettiva, anche il comma 4 dell'art. 51 c.p. prevederebbe quindi una **causa di giustificazione**. In presenza di una causa di giustificazione, peraltro, il fatto realizzato è da considerare un fatto **lecito**: invece, nel caso in esame, è pacifico che – ad onta della non punibilità dell'esecutore – **ben può rispondere penalmente colui che ha impartito l'ordine criminoso**. Si dovrebbe riconoscere, allora, che le cause di giustificazione possono essere «personali», non comunicandosi, allora, a tutti coloro che concorrono alla realizzazione del fatto (cfr. art. 119, comma 1, c.p.): sicché, chi è vincolato da un ordine illegittimo e lo esegue, realizza un fatto conforme all'ordinamento, mentre il fatto resta antigiuridico per il superiore gerarchico che ha dato l'ordine. Questa tesi appare peraltro, come si vede, piuttosto «macchinosa», e contrasterebbe con quanto abbiamo rilevato in più luoghi in tema di rilevanza delle cause di giustificazione. Invero, è assai diffusa anche la differente opinione, a nostro parere maggiormente condivisibile, secondo la quale l'art. 51 comma 4, c.p., prevede non già una causa di giustificazione, bensì una **causa di esclusione della colpevolezza, o scusante** (es. PADOVANI, M. ROMANO).

Tale conclusione risulta variamente argomentata.

Per un verso, si sostiene che **non è possibile in realtà scindere l'oggettiva illiceità del fatto**: il fatto di reato è **unitario**, e risulta realizzato in concorso (in tema di concorso di persone nel reato, vedasi *infra*, P. IV, Cap. IV) da chi ha impartito l'ordine e da chi lo ha eseguito; inoltre, l'ordine, in quanto illegittimo, **non può essere considerato quale un'esplicazione**

dell'ordinamento, e quindi la non punibilità dell'esecutore **non discende da un bilanciamento dei beni** in gioco. A questa stregua, l'esecutore non viene punito in quanto risulta **«scusato»**, in considerazione della **situazione personale** in cui si trova ad agire.

Per altro verso, si evidenzia che non vi potrebbero essere ordini criminosi e al tempo stesso giuridicamente vincolanti. Piuttosto, se l'esecutore sia privo di poteri di verifica e di controllo che gli consentano di percepire la criminosità dell'ordine, **non si può esigere** che egli opponga un rifiuto di eseguirlo (ossia: il dovere di rifiutarsi sussiste comunque, ma è reputato **inesigibile**). Peraltro, se la criminosità assurge al livello di «manifesta», il subordinato ha sempre il **dovere esigibile di disobbedire: se invece esegue l'ordine criminoso, risponde del reato** commesso. Ad identica conclusione si dovrebbe pervenire, secondo questa tesi (PADOVANI), anche nelle ipotesi in cui la criminosità dell'ordine sia **evidente per l'esecutore**, in forza delle **particolari conoscenze concrete del medesimo**, tali da consentirgli di rendersi conto perfettamente che il superiore agisce in modo criminoso.

Criminosità dell'ordine manifesta

Note bibliografiche

BETTIOL G., *L'ordine dell'autorità nel diritto penale*, Milano, 1934; MESSINA S., *L'ordine insindacabile dell'autorità come causa di esclusione del reato*, Roma, 1942; NUVOLONE P., *La punizione dei crimini di guerra*, Roma, 1945; SANTORO A., *L'ordine del superiore nel diritto penale*, Torino, 1957; DELITALA G., voce *Adempimento di un dovere*, in *Enc. dir.*, Vol. I, 1958, p. 567 ss.; SANTORO A., voce *Esercizio di un diritto, adempimento di un dovere*, in *Noviss. Dig. it.*, Vol. VI, 1960, p. 825 ss.; VINCIGUERRA S., *Profili sistematici dell'adempimento del dovere imposto da una norma giuridica*, Milano, 1971; PADOVANI T., *Le ipotesi speciali di concorso nel reato*, Milano, 1973; REGINA A., voce *Esercizio di un diritto e adempimento di un dovere*, in *Enc. Giur. Treccani*, Vol. XIII, 1989; PULITANÒ D., voce *Esercizio di un diritto e adempimento di un dovere*, in *Dig. disc. pen.*, Vol. IV, 1990, p. 320 ss.; GARINO V., voce *Esercizio di un diritto e adempimento di un dovere nel diritto penale militare*, in *Dig. disc. pen.*, Vol. IV, 1990, p. 331 ss.; PROVOLO D., *Esecuzione dell'ordine del superiore e responsabilità penale*, Padova, 2011.

Capitolo VII

L'USO LEGITTIMO DELLE ARMI

Sommario: 1. Sussidiarietà e limiti soggettivi della scriminante. – 2. I presupposti oggettivi.

1. Sussidiarietà e limiti soggettivi della scriminante.

L'art. 53, comma 1, c.p. prevede che «Ferme le disposizioni contenute nei due articoli precedenti, non è punibile il pubblico ufficiale che, al fine di adempiere a un dovere del proprio ufficio, fa uso ovvero ordina di fare uso delle armi o di un altro mezzo di coazione fisica, quando vi è costretto dalla necessità di respingere una violenza o di vincere una resistenza all'Autorità, e comunque impedire la consumazione dei delitti di strage, di naufragio, sommersione, disastro aviatorio, disastro ferroviario, omicidio volontario, rapina a mano armata e sequestro di persona».

Sussidiarietà della scriminante

La **clausola di riserva** iniziale («ferme le disposizioni contenute nei due articoli precedenti», e cioè quelle in tema di esercizio del diritto/adempimento del dovere e di legittima difesa) rivela il **carattere sussidiario** della causa di giustificazione in esame: essa si applica solo se mancano i presupposti della legittima difesa o dell'adempimento di un dovere. Al tempo stesso, quindi, **amplia la sfera** entro cui è lecito fare uso delle armi o di altri mezzi di coazione fisica, anche **oltre i limiti propri delle scriminanti di cui agli artt. 51 e 52 c.p.**

Soggetti a favore dei quali opera la scriminante

Quanto ai **soggetti** la cui condotta può dirsi giustificata *ex* art. 53 c.p., essi vengono espressamente individuati dalla norma *de qua* nei **pubblici ufficiali**; anzi, il novero dei possibili beneficiari della scriminante viene in sede interpretativa ristretto ai soli pubblici ufficiali **appartenenti alla c.d. forza pubblica**, in quanto dotati istituzionalmente di armi ovvero di altri mezzi di coazione fisica (agenti/ufficiali di pubblica sicurezza ovvero di polizia giudiziaria, militari in servizio di pubblica sicurezza). A questi pubblici ufficiali l'art. 53, comma 2, c.p. equipara «qualsiasi persona che, legalmente richiesta dal pubblico ufficiale, gli presti assistenza».

Strumentalità rispetto all'adempimento di un dovere d'ufficio

Perché sia applicabile la causa di giustificazione in esame, occorre che il pubblico ufficiale agisca (usando le armi o ordinandone l'uso) al fine di adempiere un dovere del proprio ufficio. L'obiettivo avuto di mira deve dunque essere uno **scopo lecito**: l'uso delle armi deve risultare **strumentale** al corretto adempimento del dovere che fa capo al pubblico ufficiale.

Non potrebbe dirsi giustificato *ex* art. 53 c.p. il fatto posto in essere per raggiungere **scopi estranei** rispetto all'adempimento di un dovere d'ufficio, ad esempio per motivi personali (vendicarsi nei confronti di una persona verso cui si nutre rancore, o altro).

Si discute, peraltro, se il fine di adempiere il proprio dovere vada interpretato in chiave **soggettiva** (così, ad es., GROSSO), oppure in chiave **oggettiva**. Secondo una non isolata opinione, prevarrebbe questa seconda prospettiva (ALIBRANDI, M. ROMANO): laddove il fatto sia obiettivamente funzionale e strumentale alla realizzazione dello scopo legale, la eventuale presenza di motivi personali concorrenti resterebbe in sostanza irrilevante. Ad esempio, se il pubblico ufficiale fa uso delle armi in un contesto **oggettivo** di fatto tale per cui il ricorso al mezzo di coazione appare funzionale alla rimozione di ostacoli che impediscono il corretto adempimento del dovere d'ufficio, egli non sarebbe punibile *ex* art. 53 c.p., ancorché in cuor suo avesse agito anche per motivi di risentimento personale nei confronti del soggetto verso il quale la coazione è stata esercitata.

2. I presupposti oggettivi.

Il contesto necessitato entro il quale si deve inscrivere il fatto del pubblico ufficiale può assumere fisionomie diverse, e segnatamente:

a) **necessità di respingere una violenza all'Autorità**;

b) **necessità di vincere una resistenza all'Autorità**;

c) **necessità di impedire la consumazione dei delitti di strage, di naufragio, sommersione, disastro aviatorio, disa-**

stro ferroviario, omicidio volontario, rapina a mano armata e sequestro di persona (il riferimento «e comunque» alla necessità di impedire la consumazione di questi reati è stato inserito nel testo originario dell'art. 53 c.p. dall'art. 14, l. n. 152 del 1975).

Concetto di violenza

Quanto all'estremo della **violenza**, si discute se essa comprenda anche la violenza (latamente intesa) quale coercizione psichica, ossia – in definitiva – la **minaccia**.

La risposta a tale quesito è, in linea di massima, affermativa; nondimeno, nello spirito di una **lettura restrittiva** della scriminante in esame, giustificata dalla formulazione letterale della medesima che ne tradisce l'origine e la *ratio* **autoritaria**, si ha cura di precisare come la **minaccia** debba essere **seria e particolarmente grave**, per poter essere equiparata alla violenza vera e propria nell'economia complessiva dell'art. 53 c.p. (FIANDACA-MUSCO).

Resistenza attiva e passiva

Quanto alla **resistenza**, si distingue tra resistenza **attiva** e **passiva** (in quest'ultima si fa in genere rientrare anche la **fuga**). In caso di resistenza meramente passiva, pare oggi più diffusa l'opinione secondo la quale sarebbe comunque legittimo l'uso delle armi.

Coloro che ritengono sufficiente anche la resistenza passiva utilizzano i seguenti argomenti: *in primis*, si fa leva sul tenore letterale dell'art. 53 c.p., che **parla in generale** di resistenza; inoltre, si reputano inaccettabili i risultati cui porterebbe l'applicazione della tesi più restrittiva (ad esempio: non sarebbe possibile sparare alle gomme dell'auto dell'omicida in fuga). In questa prospettiva critica rispetto all'assunto tradizionale, la resistenza passiva non può pertanto escludere sempre – e di per sé – l'applicabilità dell'art. 53 c.p.: è necessario, piuttosto, che sussista in concreto **un rapporto di proporzione** sia tra i mezzi di coazione utilizzati e la forma di resistenza da vincere (attiva o passiva), sia tra i beni giuridici in conflitto (ma sul requisito della proporzione, si veda anche tra poco, nel prosieguo).

Attualità della violenza o della resistenza e necessità dell'uso del mezzo di coazione fisica

In presenza di una violenza o di una resistenza all'Autorità, che siano **attuali** (se così non fosse, difetterebbe la necessità dell'uso della coazione), il pubblico ufficiale può fare ricorso alle armi **solo come *extrema ratio***: ossia solo quando l'utilizzazione del mezzo di coazione fisica sia **necessario** per respingere la violenza o vincere la resistenza che si frappongono al corretto adempimento del dovere d'ufficio. In altri termini, la scriminante si applica in presenza di situazioni in cui, se il pubblico ufficiale non usasse le armi (o non ordinasse di farne uso), sarebbe **impossibile vincere altrimenti** (con mezzi più blandi) l'ostruzione frapposta: in questi casi, tra la «resa» della forza pubblica dinnanzi all'altrui violenza/resistenza con conseguente inadempimento del dovere del pubblico ufficiale, e il perseguimento del dovere medesimo, anche a costo dell'uso delle armi, l'ordinamento avalla quest'ultima alternativa.

È sotto questo aspetto che si coglie con evidenza la poc'anzi ricordata connotazione autoritaria della causa di giustificazione in esame, e l'opportunità **di circoscriverne** opportunamente **l'ambito applicativo**, in sede di interpretazione.

Già si è accennato al requisito implicito della c.d. **«inevitabilità altrimenti»** dell'ostacolo, ossia dell'insuperabilità con strumenti meno forti rispetto all'uso delle armi/di altro mezzo di coazione fisica.

In altri termini, il pubblico ufficiale, nella situazione presupposta dall'art. 53 c.p., «non ha altra scelta», e ciò sotto un duplice profilo:

a) innanzitutto, come si diceva, si trova nella necessità di fare uso/di ordinare di fare uso delle armi/di altro mezzo di coazione fisica, perché non è possibile ricorrere a mezzi più blandi (es. **persuasione verbale**);

b) in secondo luogo, l'*extrema ratio* va rapportata al **tipo di mezzo di coazione fisica** da utilizzare: fra i vari mezzi utilizzabili e idonei allo scopo, il pubblico ufficiale deve optare per quello **meno offensivo**.

Requisito implicito: la proporzione

A ciò si aggiunge, almeno secondo una parte della dottrina, un ulteriore requisito **implicito**: quello della **proporzione** tra l'interesse leso ed il bene che l'adempimento dell'ufficio è diretto a soddisfare. L'aggiunta in sede esegetica di tale limite per l'applicabilità dell'art. 53 c.p. è ispirata dallo scopo di rimodellare la scriminante, in modo da renderla meglio **compatibile con l'attuale sistema costituzionale**.

Se infatti, nell'ottica del legislatore del '30, si poteva presumere senz'altro una prevalenza dell'interesse sotteso all'adempimento del dovere da parte del pubblico ufficiale, e quindi giustificare a priori il ricorso alle armi che fosse a ciò strumentale, oggi non pare invece accettabile prescindere da un giudizio di bilanciamento tra gli interessi in concreto implicati e confliggenti, da effettuare caso per caso.

Più precisamente, si ritiene che sussista **proporzione**, e che quindi il fatto sia giustificato ai sensi dell'art. 53 c.p., qualora l'uso delle armi **non leda un interesse di rango superiore rispetto al diverso interesse tutelato** attraverso l'adempimento del dovere del pubblico ufficiale.

Modifiche introdotte dalla l. n. 152 del 1975: questioni interpretative

È dubbia, infine, l'esatta portata della già descritta aggiunta introdotta nel testo dell'art. 53, comma 1, c.p., con la l. n. 152 del 1975 («...e comunque di impedire la consumazione dei delitti di strage, di naufragio...», ecc.).

Da un lato, si ritiene che il comportamento esecutivo di ciascuno dei gravi delitti ivi elencati **implichi in ogni caso una «violenza»** che è necessario respingere: in questa prospettiva, la modifica del '75 non introdurrebbe alcun elemento di effettiva novità rispetto alla precedente formulazione della norma, in quanto il fatto sarebbe stato comunque scriminato, anche applicando l'art. 53 c.p. nella dizione originaria.

D'altro lato, tuttavia, ci si chiede se l'innovazione sia suscettibile di una interpretazione che **non la renda del tutto pleonastica**, e che quindi davvero estenda la sfera di operatività della causa di giustificazione in oggetto.

In particolare, si discute se la novità consista nell'autorizzazione dell'uso delle armi, o di altro mezzo di coazione fisica, per impedire la realizzazione dei delitti *de quibus*, anche in una **fase antecedente a quella del tentativo**. Sul punto, peraltro, si registrano le **perplessità** di parte della dottrina, poiché un'interpretazione così ampia consentirebbe l'uso delle armi anche in assenza di un effettivo pericolo per i beni giuridici tutelati dalle norme incriminatrici suddette.

Note bibliografiche

MARINI G., voce *Uso legittimo delle armi*, in *Noviss. dig. it.*, Vol. XX, 1975, p. 269 ss.; ALIBRANDI L., *L'uso legittimo delle armi*, Milano, 1979; GARINO V., voce *Uso legittimo delle armi (diritto penale militare)*, in *Noviss. dig. it.*, App. VII, 1987, p. 1035 ss.; ARDIZZONE S., voce *Uso legittimo delle armi*, in *Enc. dir.*, Vol. XLV, 1992, p. 976 ss.; LAURO F., *L'uso legittimo delle armi e degli altri mezzi di coazione fisica nell'ordinamento italiano*, Roma, 1994 (e ediz. successive); PULITANÒ D., voce *Uso legittimo delle armi*, in *Enc. giur. Treccani*, Vol. XXII, 1994; MEZZETTI E., voce *Uso legittimo delle armi*, in *Dig. disc. pen.*, Vol. XV, 1999, p. 124 ss.; POLIDORI C. M., voce *Uso legittimo delle armi nel diritto penale militare*, in *Dig. disc. pen.*, Vol. XV, 1999, p. 142 ss.; MUSACCHIO V., *L'uso legittimo delle armi*, Milano, 2006.

SEZIONE III

LA COLPEVOLEZZA

CAPITOLO I

PREMESSA

1. La colpevolezza come categoria dogmatica.

Il termine «colpevolezza» viene utilizzato non soltanto in rapporto al principio di colpevolezza, che – come si è visto – si trova sancito dall'art. 27 Cost.

La **«colpevolezza»** è infatti anche una **categoria dogmatica**, ed in particolare rappresenta – come pure si è detto – **uno degli elementi in cui si suole «scomporre» il reato** in sede di analisi sistematica.

Qui si è accolta la c.d. **concezione tripartita del reato**, in base alla quale il reato consta di tre elementi fondamentali: **il fatto tipico**, **l'antigiuridicità** e, infine, **la colpevolezza**.

Quest'ultima **non va intesa come** sinonimo di **«elemento soggettivo»** del reato, ossia di dolo e colpa. Infatti, da un lato, si è visto come il dolo e la colpa vadano innanzitutto «inseriti», nei loro aspetti **«impersonali»**, nella stessa **tipicità** del fatto. Inoltre, e dall'altro lato, occorre precisare che la categoria della «colpevolezza» si presta a contenere non soltanto le componenti **«personalistiche»** del dolo e della colpa, ma anche elementi ulteriori. Essa va intesa, invero, come **l'insieme di tutti i fattori dai quali dipende la possibilità di muovere un rimprovero (giuridico-penale) al soggetto agente**, in rapporto al fatto antigiuridico realizzato.

Non basta, quindi, che sia commesso un fatto illecito (conforme al «tipo» legale e non giustificato), e che in relazione a quel fatto il soggetto versi in dolo, oppure in colpa (allorché il fatto stesso sia punibile a titolo di reato colposo). Per potere imputare quel fatto all'autore, occorre verificare, altresì:

– se il soggetto fosse o meno **capace di intendere e di volere** nel momento in cui lo ha realizzato (ossia se fosse o meno imputabile);

– se la norma penale violata fosse o meno conosciuta o comunque **riconoscibile** dell'agente;

– più in generale, se il soggetto fosse o meno in grado di **motivarsi secondo le norme giuridiche**, oppure se **circostanze anomale**, concomitanti alla commissione del fatto, rendessero **inesigibile** una condotta osservante del precetto (valutazione di **esigibilità/inesigibilità**), nei limiti di specifiche previsioni legali che vi diano ingresso.

In sintesi, quindi, perché l'illecito sia **«colpevole»**, **nel senso di «rimproverabile»** dal punto di vista giuridico-penale all'autore, è necessario non solo che sussista il dolo o la colpa (ossia il c.d. elemento soggettivo del reato), ma anche che il soggetto agente risulti imputabile, che il precetto penale sia quantomeno riconoscibile, e che – nei casi in cui sia consentito effettuare una specifica ed ulteriore valutazione sul punto – la condotta osservante del precetto sia in concreto esigibile.

2. Concezione psicologica e concezione normativa della colpevolezza.

Il codice penale **non contiene una definizione di «colpevolezza», né utilizza questo termine**.

Il legislatore certo non ignorava, tuttavia, il dibattito tra fautori di una **concezione psicologica** della colpevolezza, e fautori di una **concezione normativa** della stessa.

Concezione psicologica della colpevolezza

Le concezioni **psicologiche**, diffuse specialmente nel passato, finiscono per identificare la colpevolezza **nell'elemento soggettivo del reato**, e sono caratterizzate da una tendenziale **fissità** (o **non graduabilità**): ciò che rileva è quindi la sussistenza o meno dell'elemento psicologico (del dolo o della colpa), quindi l'accertamento della colpevolezza così intesa attiene soltanto al profilo dell'*an* della responsabilità penale.

Concezione normativa della colpevolezza

Viceversa, le concezioni **normative**, che allargano l'orizzonte alla tematica della **rimproverabilità** del soggetto agente (anche oltre i confini del dolo e della colpa), si prestano ad una **graduazione** della colpevolezza: non solo, cioè, ad una valutazione in termini di rimproverabilità o non-rimproverabilità dell'autore, ma anche ad una **graduazione del rimprovero**, in misura maggiore o minore.

Per chiarire il concetto, si può prendere spunto da un celebre esempio formulato da FRANK nel 1907, in uno scritto che segna un passaggio fondamentale nella nascita della concezione normativa della colpevolezza, intesa come entità graduabile.

Un cassiere ed un portavalori commettono ciascuno, ed indipendentemente l'uno dall'altro, un'appropriazione indebita di una certa somma di denaro; il cassiere per finanziare i suoi costosi svaghi, il portavalori per pagare le cure della moglie malata e per mantenere i figli in tenera età. Rilevava FRANK: in una situazione del genere, a parità di dolo (di elemento psicologico del reato), il cassiere è in realtà **più colpevole** (più rimproverabile) del portavalori, alla luce delle diverse circostanze concomitanti.

In definitiva, il diverso contesto in cui si colloca la pur identica azione tipica, sorretta da omologo dolo di appropriazione, impone sì l'affermazione della colpevolezza in capo ad entrambi i soggetti, ma in **misura diversa**: meno rimproverabile il portavalori, perché motivato da considerazioni che – seppure non tali da renderlo «scusabile» – possono essere apprezzate in termini di ridotta esigibilità del comportamento doveroso.

Codice penale e concezione psicologica della colpevolezza

L'impianto del **codice penale del 1930** non pare essere stato ispirato da una concezione di tipo normativo della colpevolezza. Gli artt. 42 e 43 sono tutti incentrati sulle nozioni di dolo, colpa e preterintenzione: il che pare abbastanza eloquente, nel senso di indicare che – nelle intenzioni del legislatore – tali nozioni dovevano fornire un quadro esaustivo della disciplina della colpevolezza, intesa in chiave **psicologica**. Le stesse rubriche di tali disposizioni paiono significative (art. 42: «Responsabilità per dolo o colpa o delitto preterintenzionale»; art. 43: «Elemento psicologico del reato»).

Colpevolezza normativa e principio costituzionale di colpevolezza

Pare di poter osservare, tuttavia, che una **categoria dogmatica** di colpevolezza di stampo **normativo** risulti, oggi, più funzionale a dare attuazione al **principio costituzionale di colpevolezza**.

Le possibili sinergie tra colpevolezza normativa e principio costituzionale di colpevolezza si apprezzano soprattutto in **due** diverse direzioni:

– da un lato, nella prospettiva di valutare la presenza – pur in rapporto ad un fatto tipico di reato, senz'altro doloso o colposo – di **cause di esclusione della colpevolezza, o scusanti**, che **precludono la rimproverabilità di quel fatto all'agente**. Nessun rimprovero giuridico-penale si può muovere, per esempio, a colui che ha realizzato con dolo un fatto di reato, ma che ignorava incolpevolmente di violare la legge penale: l'ignoranza scusa se inevitabile, in base all'art. 5 c.p. come «riformulato» dalla Corte costituzionale: questa è la prospettiva del **«se» rimproverare**;

– d'altro lato, alla luce di una lettura del precetto *ex* art. 27 Cost. che ne valorizzi al massimo la portata di garanzia per il singolo destinato a subire la sanzione penale. Sotto questo profilo, viene in considerazione la **personalità** della responsabilità penale, intesa come **effettiva «personalizzazione» del rimprovero**, che tenga conto della colpevolezza per il fatto commesso, **in relazione all'autore**, e che rappresenti una sorta di **«argine»** di fronte a possibili **«strumentalizzazioni»** della persona da punire, in funzione di (contrapposte) esigenze della collettività (ed in particolare, di esigenze di natura preventiva): questa è la prospettiva del **«quanto» rimproverare**.

3. (Segue) La colpevolezza con riguardo al «se» rimproverare. Le cause di esclusione della colpevolezza, o scusanti.

Oggetto di crescente considerazione nell'ambito del nostro panorama dottrinario, soprattutto a partire dall'ultimo decennio del secolo scorso, sono le **cause di esclusione della colpevolezza, o scusanti**. Esse sono da tenere ben distinte sia rispetto alle **cause di giustificazione**, sia rispetto alle **cause di non punibilità in senso stretto**.

In presenza di una scusante, il soggetto non è punito, ma occorre capire il perché di questa «non punibilità» (espressione generica, che in senso lato si presta ad abbracciare le ipotesi più disparate: non punibilità stante la presenza di una causa di giustificazione, non punibilità in virtù di una causa di non punibilità in senso stretto, ecc.).

La non punibilità che discende da una causa di esclusione della colpevolezza (o scusante) presuppone un fatto «tipico» (doloso o colposo) e antigiuridico. In altre parole, **il fatto non è giustificato, ossia non è lecito**. L'autore di quel fatto è però **scusato** dall'ordinamento, tenuto conto dei riflessi psicologici della situazione esistenziale che il soggetto agente si trova a vivere (in relazione al fatto medesimo).

Come è stato efficacemente detto, in questi casi l'ordinamento «non se la sente» (M. ROMANO) di elevare un rimprovero penale. In presenza di una scusante, non si configura quell'elemento costitutivo essenziale di ogni reato, che è rappresentato dalla **colpevolezza** (intesa in senso normativo, ossia come **rimproverabilità**). Quindi, se vi è una causa che esclude la colpevolezza, **non vi è neppure reato**, potendo peraltro residuare una responsabilità extrapenale, in ragione del fatto antigiuridico posto in essere.

Concetto di inesigibilità

Le cause di esclusione della colpevolezza fanno leva sul concetto di **inesigibilità**: una condotta è inesigibile quando il soggetto astrattamente potrebbe realizzarla, ma ad un «costo» che lo stesso ordinamento reputa essere troppo elevato ed in definitiva inaccettabile nella prospettiva di quel soggetto. Il che spiega la non rimproverabilità dell'autore in casi del genere.

Numero chiuso delle ipotesi di inesigibilità

La nostra dottrina maggioritaria ritiene che le ipotesi in cui può rilevare **l'inesigibilità**, sotto forma di previsione legale di una causa di esclusione della colpevolezza, rappresentino un **numero chiuso**, dovendosi escludere che esse siano suscettibili di estensione analogica. In questo senso, le esigenze legate alla attribuzione del rimprovero trovano un limite nella previa valutazione legale del tipo di situazione cui riconoscere efficacia scusante, così come dei soggetti e dei reati in rapporto ai quali può trovare ingresso il giudizio di inesigibilità.

Al **legislatore** risulta inoltre rimessa la **tecnica di tipizzazione** della singola causa di esclusione della colpevolezza, potendo spaziare da regole presuntive non suscettibili di prova contraria (ad esempio: è sempre non imputabile il minore di quattordici anni, e dunque mai colpevole-rimproverabile), fino a previsioni di scusa che comportano la necessità di una penetrante indagine circa i dati psichico-motivazionali effettivi, sottesi alla realizzazione dolosa del fatto antigiuridico (si veda, ad esempio, lo «stato d'ira» nella provocazione, come scusante in rapporto al delitto di diffamazione: art. 599 c.p.).

4. (Segue) La colpevolezza con riguardo al «quanto» rimproverare: rinvio.

Si è detto come, storicamente, l'esigenza di superare le concezioni psicologiche della colpevolezza sia maturata attraverso la presa d'atto dell'insufficienza delle medesime a consentire un'opportuna **«graduazione» del rimprovero**, possibile invece in un'ottica di **colpevolezza normativa**: un soggetto è **più o meno rimproverabile** (non dal punto di vista morale, ma giuridico, ed ancorché il rapporto tra etica e diritto penale sia più di implicazione che non di estraneità), a seconda dei motivi che lo hanno spinto ad agire in un certo modo, dei condizionamenti sociali o psicologici che si trovano riflessi nel fatto materiale commesso, dell'intensità del dolo e del grado della colpa, ecc.

Occorre a questo punto chiarire che **«quantificare» la colpevolezza** non è operazione solo teorica: il *quantum* della colpevolezza incide, infatti, sulla **misura della pena** in concreto irrogabile dal giudice.

In questa prospettiva, la tematica della colpevolezza appare direttamente correlata a quella della **commisurazione della pena**, che verrà affrontata più avanti (P. V, Cap. IV). Sicché appare opportuno rinviare a quella sede l'analisi su come concretamente la colpevolezza venga ad incidere sulla quantificazione della pena.

5. Colpevolezza d'autore e colpevolezza per il fatto.

Colpevolezza per il fatto

Con l'espressione **«colpevolezza per il fatto»** si allude al concetto che il reo deve essere rimproverato **per ciò che ha fatto**, ossia in **relazione al singolo fatto** tipico concretamente commesso. Non è invece ammissibile, nel quadro degli attuali principi costituzionali, e segnatamente del principio di legalità, una c.d. **colpevolezza d'autore**, in base alla quale il rimprovero giuridico-penale venga elevato nei confronti del soggetto per il suo **modo di essere**, per il suo **carattere** o la sua **condotta di vita**.

Colpevolezza d'autore

In particolare, sono da tempo ormai superate le dottrine che ruotano intorno alla figura del **tipo d'autore**: in base ad esse, la legge penale mirerebbe a sanzionare l'autore «per quello che è». Questo tipo d'autore è stato definito **«normativo»** (tipo normativo di autore) proprio perché andrebbe desunto dalle singole norme incriminatrici. A tale stregua la fattispecie di cui all'art. 640 c.p. sarebbe diretta a sanzionare **il truffatore** più che la truffa, l'art. 624 c.p. **il ladro** più che il furto, eccetera. Ma ciò si traduce o in un vuoto nominalismo, o (peggio) in un possibile «sganciamento» della responsabilità dell'individuo dal fatto realizzato, attraverso un'eccessiva apertura a fonti extra-legali (quali la coscienza sociale o popolare). Così, ad esempio, Tizio, pur non avendo realizzato tutti gli estremi tipici di una truffa, potrebbe essere ugualmente ritenuto responsabile di tale reato, perché le sue caratteristiche personali corrispondono al tipo normativo «truffatore»; o, all'opposto, Caio, pur avendo commesso un fatto che corrisponde perfettamente agli estremi tipici del furto, potrebbe andare esente da responsabilità penale qualora non lo si reputasse comunque un «ladro». Il che è ovviamente incompatibile – a tacer d'altro – con il principio di legalità.

Note bibliografiche

BELLAVISTA G., *Il problema della colpevolezza*, Palermo, 1942; SCARANO L., *La non esigibilità nel diritto penale*, Napoli, 1948; GALLO M., *Il concetto unitario di colpevolezza*, Milano, 1951; PETTOELLO-MANTOVANI L., *Il concetto ontologico del reato*, Milano, 1954; PETROCELLI B., *La colpevolezza*[3], Padova, 1955; DOLCE R., *Lineamenti di una teoria generale delle scusanti nel diritto penale*, Milano, 1957; VENDITTI R., voce *Colpevolezza*, in *Noviss. Dig. It.*, Vol. II, 1959, p. 554 ss.; SANTAMARIA B., voce *Colpevolezza*, in *Enc. dir.*, Vol. VII, 1961, p. 646 ss.; BRICOLA F., voce *Teoria generale del reato*, in *Noviss. dig. it.*, Vol. XIX, 1973, p. 7 ss.; RONCO M., *L'azione «personale»*, Torino, 1984; MARINI G., voce *Colpevolezza*, in *Dig. disc. pen.*, Vol. II, 1988, p. 314 ss.; STILE A.M. (a cura di), *Responsabilità oggettiva e giudizio di colpevolezza*, Napoli, 1989; MORSELLI E., *Il ruolo dell'atteggiamento interiore nella struttura del reato*, Padova, 1989; FORNASARI G., *Il principio di inesigibilità nel diritto penale*, Padova, 1990; DONINI M., *Illecito e colpevolezza nell'imputazione del reato*, Milano, 1991; AA.VV., *Prospettive di riforma del codice penale e valori costituzionali*, Milano, 1996; DONINI M., *Teoria del reato*, Padova, 1996; SCHIAFFO F., *Le situazioni «quasi scriminanti» nella siste-*

matica teleologica del reato, Napoli, 1998; CAVALIERE A., *L'errore sulle scriminanti nella teoria dell'illlecito penale. Contributo ad una sistematica teleologica*, Napoli, 2000; MEZZETTI E., *«Necessitas non habet legem»?*, Torino, 2000; VENEZIANI P., *Motivi e colpevolezza*, Torino, 2000; VIGANÒ F., *Stato di necessità e conflitto di doveri*, Milano, 2000; CADOPPI A. (a cura di), *Offensività e colpevolezza. Verso un codice penale modello per l'Europa*, Padova, 2002; VENAFRO E., *Le scusanti*, Torino, 2002; CURI F., Tertium datur: *dal* common law *al* civil law *per una scomposizione tripartita dell'elemento soggettivo*, Milano, 2003; VALLINI A., *Antiche e nuove tensioni tra colpevolezza e diritto penale artificiale*, Torino, 2003; BARTOLI R., *Colpevolezza: tra personalismo e prevenzione*, Torino, 2005; WENIN R., *La* mens rea *nello Statuto di Roma: un'analisi esegetico-sistematica dell'art. 30 in chiave comparata*, Torino, 2012; GROTTO M., *Principio di colpevolezza, rimproverabilità soggettiva e colpa specifica*, Torino, 2012.

Capitolo II

IL DOLO E L'ERRORE

Sommario: 1. Il dolo: nozione. – 1.1. La struttura del dolo. – 1.2. L'oggetto del dolo. – 1.3. L'accertamento del dolo. – 1.4. Le forme del dolo. – 1.5. L'intensità del dolo. – 2. L'errore sul fatto.

1. Il dolo: nozione.

Il **dolo** è la forma più **classica** di **imputazione soggettiva** del reato. Un tempo, si riteneva che solo i reati dolosi fossero punibili. Solo lentamente, si affermò nella criminalistica e nella prassi legislativa e giurisprudenziale la colpa come forma di imputazione.

Delitti

Del resto, anche oggi – quantomeno nell'ambito dei **delitti** – la **regola** è nel senso della **punibilità ad esclusivo titolo di dolo** (art. 42, comma 2, c.p.); solo se il legislatore **deroga espressamente** a questa regola (come avviene ad es. in relazione all'omicidio colposo: art. 589 c.p.), è configurabile la punibilità per colpa. Diversamente avviene – come già sappiamo – nell'ambito delle **contravvenzioni**, in linea generale **punibili indifferentemente a titolo di dolo o di colpa** (art. 42, comma 2, c.p.).

Contravvenzioni

Si comprende dunque per quale motivo il dolo sia stato uno dei temi più trattati dagli studiosi del diritto penale sin dagli albori della dogmatica criminalistica, ed anche oggi sia oggetto di continui studi e dibattiti, nonché, talora, di importanti prese di posizione giurisprudenziali.

Definizione codicistica

Il nostro codice prevede una **definizione di dolo**, all'**art. 43**, per cui il delitto «è doloso, o secondo l'intenzione, quando l'evento dannoso o pericoloso, che è il risultato dell'azione od omissione e da cui la legge fa dipendere l'esistenza del delitto, è dall'agente preveduto e voluto come conseguenza della propria azione od omissione».

Una tale **definizione**, peraltro, viene giudicata da pressoché unanime dottrina come **incompleta** ed **inesatta**. Basti pensare al fatto che, quale **oggetto del dolo**, la norma predetta contempla **solo l'evento**, quando è viceversa fuori di ogni dubbio che ad essere investito dal dolo deve essere **l'intero fatto oggettivo del reato**, e non solo l'evento (v. meglio *infra*, par. 1.2).

Nella ricostruzione interpretativa della nozione di dolo, si dovrà dunque certamente tenere presente il dettato dell'art. 43, ma lo si dovrà integrare, sia pur con spirito di sintesi, alla luce delle migliori e più moderne acquisizioni giurisprudenziali e dottrinali.

Varie sono le tematiche da sviluppare in materia di dolo: esse concernono soprattutto la **struttura**, l'**oggetto**, e l'**accertamento del dolo**; e, da ultimo, il problema della c.d. **intensità del dolo**.

1.1. *La struttura del dolo.*

Il dolo è essenzialmente **rappresentazione e volontà**. L'art. 43 c.p. anche sul punto potrebbe essere fuorviante, con l'espressione **«secondo l'intenzione»**. In realtà, l'intenzione – come vedremo – è caratteristica di **una sola delle forme** del dolo (quello **intenzionale**). Il riferimento alla previsione e alla volizione, viceversa, pur imperfetto, è utile per ricostruire appunto i **due poli** attorno a cui ruota il dolo: **la rappresentazione e la volontà**.

In passato, si sono succedute **varie teorie**, che talora facevano perno essenzialmente sulla volontà (o sull'intenzione), e talaltra sulla rappresentazione. Oggi, è di gran lunga prevalente, viceversa, l'opinione che considera **entrambe le componenti assolutamente necessarie** (v. *infra*, per precisazioni sull'atteggiarsi dell'una e dell'altra in relazione ai vari elementi del fatto).

D'altra parte, che la sola rappresentazione non possa bastare, è dimostrato dal fatto che **almeno una forma della colpa** (la **colpa cosciente**) **esige la rappresentazione del fatto**: dunque il solo riferimento alla rappresentazione non sarebbe in grado di permettere la distinzione fra dolo e colpa. E che la sola volontà non sia sufficiente, è dimostrato dal fatto che, senza un substrato di rappresentazione, una «pura intenzione» non avrebbe senso alcuno (*nihil volitum nisi praecognitum* = niente è voluto se non è prima conosciuto).

La rappresentazione: oggetto

La **rappresentazione** si riferisce in particolare, dal punto di vista dell'**oggetto**, ai **presupposti della condotta** e agli **elementi c.d. «concomitanti»** ad essa, o alle **caratteristiche del soggetto passivo** del reato. Così rispettivamente: nella ricettazione (art. 648 c.p.), il ricettatore dovrà sapere (= rappresentarsi) che ciò che riceve è merce rubata; nel furto (art. 624 c.p.), il ladro dovrà sapere (= rappresentarsi) che ciò che ruba è cosa appartenente ad altri; e nel maltrattamento di animali (art. 544-*ter* c.p.), dovrà sapere (= rappresentarsi) che la sua vittima è un «animale».

Elementi normativi

A questo proposito, un problema si pone se **l'elemento** non è di carattere «naturalistico», ma è di carattere **normativo**. Si pensi proprio all'esempio del **furto**. Qui, l'oggetto rubato deve essere la «cosa mobile altrui», ma **l'altruità della cosa** è problema di carattere **normativo**: sono le **norme del diritto civile** che ci dicono se la refurtiva è una cosa mobile altrui oppure no. In questi casi, il soggetto deve anche rappresentarsi tale elemento, ma non nei suoi caratteri *stricto sensu* normativi; bensì, come si usa dire, ne deve avere una **conoscenza «nella sfera parallela laica»**, ossia, «in soldoni», deve rendersi conto di impossessarsi di qualcosa che non gli appartiene, cosa del resto che i ladri sanno spesso molto meglio dei giuristi.

Il dubbio

Altro punto problematico in tema di **rappresentazione**: il **dubbio** su di un qualche elemento del fatto esclude l'estremo della rappresentazione? Si faccia l'esempio seguente: Tizio vede una bicicletta; non sa se appartiene al fratello (che gli aveva dato il permesso di prenderla) oppure ad un terzo; nel dubbio, se ne impossessa comunque. Sul punto, in linea di massima la risposta deve essere, come rileva la migliore dottrina, **negativa**. E cioè: nel caso menzionato, Tizio commetterebbe furto, avendo, nel dubbio, scelto di prendere comunque la bicicletta.

Ma naturalmente si tratta di valutazioni da effettuarsi alla luce del caso concreto oggetto del giudizio. E comunque il punto è da considerarsi in collegamento con quanto diremo fra breve in tema di dolo eventuale.

La volontà: oggetto

La **volontà** – che anche per parte della dottrina più recente tende a rappresentare il **vero «fulcro»** della nozione di dolo – è indubbiamente il carattere più rilevante di distinzione fra il dolo e la colpa. Oggetto di volizione da parte del reo deve essere innanzitutto la **condotta**; e poi – anche se taluno attribuirebbe questo elemento del fatto alla «rappresentazione in quanto previsione» – **l'evento**.

Dunque, ad esempio, perché si abbia un omicidio volontario (art. 575 c.p.), occorre che il soggetto attivo del reato abbia voluto, ad es., sparare alla vittima; e occorre altresì che ne abbia voluto la morte.

A seconda della **intensità della volizione**, si distinguono **due specie di dolo**: il **dolo intenzionale (o diretto)** e il **dolo eventuale (o indiretto)** (anche se non mancano Autori che operano ulteriori, e talora condivisibili distinzioni).

Dolo intenzionale

Nel **dolo intenzionale** la volontà è, per così dire, **piena, completa**. Si pensi, ad esempio, a Tizio che, spinto da un odio irrefrenabile, desidera uccidere a tutti i costi Caio: qui l'omicidio sarà sorretto da dolo **intenzionale**. Naturalmente, questa specie di dolo è quella che crea i problemi minori, sia quanto a definizione che, di norma, quanto ad accertamento.

Dolo eventuale

Il **dolo eventuale** è invece da tempo al **centro del dibattito** penalistico. Infatti, si tratta di nozione di per sé sfuggente, e soprattutto segna il **confine tra il dolo e la colpa**. **Al di sotto** del dolo eventuale, non vi sono altre forme «inferiori» di dolo: vi è solo la **colpa**. Ciò significa che, in certi casi, il dolo eventuale segnerà addirittura **la soglia al di sotto della quale non vi è affatto punibilità**: ciò accade con riferimento ai casi in cui ad una fattispecie dolosa non ne corrisponde una minore colposa (es.: danneggiamento, art. 635 c.p.). Altre volte, tra la fattispecie dolosa e quella colposa vi è un tale **divario di pena**, che optare per l'una o per l'altra può comportare, per l'imputato, differenze abissali in termini di esiti processuali: si pensi alla differenza fra omicidio doloso (art. 575 c.p.: pena minima di 21 anni) ed omicidio colposo (art. 589 c.p.: pena minima di 6 mesi; e massima di 5 anni).

Il problema del confine tra dolo eventuale e colpa cosciente

In particolare si pone in termini di grossa difficoltà il problema del **confine tra dolo eventuale e colpa cosciente**.

La **colpa cosciente**, o **«con previsione»**, è una forma della colpa che dà luogo ad **un'aggravante comune** (art. 61, n. 3, c.p.), e che dunque determina un aumento fino ad un terzo della pena prevista per l'ipotesi di reato colposo semplice: il che comunque, nel caso dell'omicidio, ad es., lascia sussistere un divario di pena enorme fra le due ipotesi, quella con dolo eventuale, e quella con colpa cosciente.

La colpa cosciente postula che il soggetto abbia agito «nonostante la previsione dell'evento». Questo requisito avvicina la colpa cosciente al dolo eventuale. Infatti, **sia nell'uno che nell'altro caso, l'evento è preveduto**. E d'altra parte l'opacità della «volontà» che contrassegna il dolo eventuale rende difficile cogliere una distinzione «afferrabile» fra le due nozioni.

La dottrina penalistica – in ciò affiancata da una giurisprudenza, purtroppo, non sempre rigorosa nell'enucleare massime chiare e coerenti sul punto – si è affaticata per lungo tempo alla ricerca di criteri distintivi appaganti. **Varie teorie** sono state proposte.

Criterio della possibilità o probabilità del verificarsi dell'evento

Alcune teorie erano (e sono) impostate sul **criterio della possibilità o probabilità del verificarsi dell'evento**. Ma tali teorie lasciano **perplessi**, dal momento che sembrano cercare la distinzione fra le due nozioni (di dolo eventuale e di colpa cosciente) proprio laddove i due concetti sembrano maggiormente «imparentati» fra loro: infatti, se il soggetto, in entrambi i casi, deve aver preveduto l'evento, vuol dire che in entrambe le ipotesi questo si presentava come ben possibile o probabile. E d'altra parte siffatte tesi **lasciano in ombra il requisito della volontà**, che pare viceversa decisivo – anche in base al **dettato del nostro codice** – per operare la distinzione.

Teoria dell'accettazione del rischio

Altre teorie hanno fatto leva sul **criterio del consenso** nei confronti dell'evento, che sarebbe caratteristico del solo dolo eventuale. Tra queste teorie, quella che ha raccolto i **maggiori consensi** nella dottrina più recente è stata quella della c.d. **accettazione del rischio**. Secondo tale prospettiva, si dovrebbe guardare al tipo di atteggiamento che il soggetto ha mostrato nei confronti dell'evento. Se ha **accettato il rischio** di esso, e cioè ha agito **al costo di cagionare quell'evento**, allora si avrà **dolo eventuale**. Se invece, pur prevedendolo, **non ne ha accettato il rischio**, si avrà **colpa cosciente**. Spesso, ciò deriva dal fatto che l'agente ha preveduto sì l'evento, ma ha ritenuto che esso non si sarebbe poi verificato in concreto, magari a causa delle **particolari abilità** dello stesso agente nell'evitarlo.

Si fanno, in proposito, due esempi di scuola, che pare opportuno riproporre anche in questa sede: Tizio, **terrorista**, mette una **bomba in una piazza** al fine di perseguire le sue mire; prevede altresì la possibilità che qualcuno muoia, pur non desiderando ciò come oggetto «diretto» della propria condotta; se **alcuni passanti rimangono uccisi**, si avrà **dolo eventuale**, e dunque omicidio doloso, e non colposo. Tizio, infatti, deve necessariamente aver **accettato il rischio** dell'evento. Diverso il caso di Caio, **lanciatore di coltelli in un circo**, che una sera, ad uno spettacolo, **si sbaglia**, e **colpisce a morte la propria partner** Sempronia. Anche qui vi è la previsione dell'evento, ma Caio **non accetta il rischio** che esso si verifichi, confidando sulle sue abilità e sul suo assiduo allenamento: si avrà dunque **colpa con previsione**, e dunque omicidio colposo.

Se questo è il criterio più diffuso, non si può dire che esso dia al giudice limpidissime indicazioni su come risolvere gli innumerevoli casi concreti che la vita reale, spesso più estrosa della stessa fantasia, propone quotidianamente. Sicché, non stupisce che la dottrina continui a sforzarsi di proporre criteri più idonei ad indirizzare le decisioni dei magistrati.

La c.d. formula di Frank

Un criterio che da tempo fu enunciato in Germania è ad es. quello della c.d. **prima formula di Frank**. Al fine di appurare se l'agente è in dolo eventuale o meno, in base a questa «formula», ci si dovrebbe porre la seguente domanda: **avrebbe il soggetto agito ugualmente, se avesse saputo con certezza, prima di agire, che la sua condotta avrebbe portato alla produzione dell'evento**? Se la risposta fosse **positiva**, allora si avrebbe **dolo eventuale**; se la risposta fosse negativa, allora si avrebbe colpa cosciente. La formula, che ha indubbiamente notevoli pregi, funzionerebbe senza dubbio con riferimento ai due esempi sopra riportati, del terrorista e del lanciatore di coltelli. Essa ha peraltro il difetto di agire a **livello ipotetico**. Il che la rende difficilmente applicabile in numerosi casi concreti, laddove il giudice non sia in grado di ricostruire ciò che il soggetto **avrebbe fatto**. Inoltre, la teoria in questione ha l'ulteriore limite di prestarsi ad incongrue esclusioni del dolo in casi in cui l'agente decida di tenere una certa condotta perseguendo uno scopo antitetico rispetto al verificarsi di un evento dannoso, che però egli si rappresenta come concretamente possibile.

Emblematico il celebre «caso del tiro a segno»: un giovanotto scommette 20 euro sul fatto di essere in grado di colpire (sparando) un boccale di vetro, nella mano della ragazza del baraccone del tiro a segno. In caso di mancata riuscita (possibilità che dunque egli si rappresenta come concreta) confida di riuscire a sparire senza pericolo nella confusione del mercato. In effetti, colpisce la mano della ragazza. In un caso siffatto sembra preferibile ravvisare il dolo eventuale, contrariamente alla conclusione cui si dovrebbe pervenire in base alla suddetta formula di Frank.

Merita segnalarsi che, in tempi recenti, la prima formula di Frank è stata accolta in alcune pronunce della Cassazione, a partire da un caso in cui – dopo aver precisato che il dolo eventuale può avere ad oggetto tanto l'evento tipico del reato, quanto un presupposto della condotta – le Sezioni Unite hanno affermato che, rispetto al delitto di ricettazione (art. 648 c.p.), il dolo eventuale è ravvisabile quando l'agente, rappresentandosi l'eventualità della provenienza delittuosa della cosa, non avrebbe agito diversamente anche se di tale provenienza avesse avuto la certezza (Sent. n. 12433 del 2009).

In generale, si può dire che le **più recenti teorizzazioni** svolte dalla dottrina italiana (es. PROSDOCIMI, EUSEBI, DONINI) mirino a rivalutare la componente volontaristica del dolo eventuale, rispetto alla colpa cosciente.

Teoria del rischio doloso

Più articolata la posizione di chi (CANESTRARI) propone una ricostruzione della nozione di dolo eventuale strutturata – oltre che sui due tradizionali livelli soggettivi (rappresentazione e volizione) – sul dato **oggettivo** della **diversa qualità del rischio doloso rispetto a quello colposo**. Il rischio doloso sarebbe un **tipo di rischio che un agente modello non potrebbe neppure seriamente prendere in considerazione**. Si pensi ad esempio a Tizio, che corre ai 200 km/h. in pieno centro storico! Nessun automobilista si sognerebbe mai di fare una cosa simile, se non spogliandosi delle sue «vesti», appunto, di automobilista, e fuoriuscendo così dal **modello sociale di riferimento**.

La tesi appare di grande interesse, anche se dovrà confrontarsi col difficile banco di prova della prassi, dove spesso decidono esigenze di giustizia sostanziale più che di pura congruità dogmatica.

In giurisprudenza, si è registrato peraltro un incremento del ricorso al dolo eventuale per punire più severamente ipotesi di produzione di eventi dannosi in un contesto di base lecito; ipotesi tradizionalmente concepite come colpose e disciplinate al più con la colpa cosciente: ciò è avvenuto significativamente nell'ambito della **circolazione stradale** e dell'**attività lavorativa a contatto con fonti di pericolo**.

Proprio rispetto ad un caso di grave incidente mortale sul luogo di lavoro, ad esempio, si è avuta una sentenza di condanna a titolo di dolo eventuale, in primo grado, dell'amministratore delegato di una multinazionale produttrice di acciaio (**caso *ThyssenKrupp***). Sulla vicenda, peraltro, si sono pronunciate le Sezioni Unite della Cassazione, valorizzando nuovamente la prima formula di Frank, anche se come criterio non esclusivo di accertamento del dolo eventuale, dettando anzi un «catalogo aperto» di indicatori di tale forma di colpevolezza (Sent. n. 38343 del 2014).

Rispetto, invece, al settore della **circolazione stradale**, il legislatore è intervenuto con la **l. 23 marzo 2016, n. 41**, riportando tendenzialmente nell'ambito della responsabilità colposa la casistica che aveva indotto la giurisprudenza a ricorrere al dolo eventuale. Quest'operazione si è concretizzata prevedendo fattispecie *ad hoc* di **«omicidio stradale»** (art. 589-*bis* c.p.) e di **«lesioni personali stradali gravi o gravissime»** (art. 590-*bis* c.p.), accompagnate da livelli sanzionatori di particolare severità.

Quanto alla distinzione fra **dolo eventuale** e **dolo diretto** (o, se del caso, intenzionale), essa ha rilievo soprattutto al fine dell'applicabilità del **tentativo**. In giurisprudenza, sul punto, si contrappongono due tesi, l'una favorevole e l'altra contraria alla compatibilità fra tentativo e dolo eventuale. Sulla tematica – concernente, in sostanza, l'elemento soggettivo del tentativo – rinviamo alla trattazione in tema di tentativo. Qui, va comunque rilevato il fatto che, non di rado, la giurisprudenza, di fronte a casi concreti dubbi, ravvisa il dolo diretto e non il mero dolo eventuale, al fine di rendere applicabile il tentativo, senza bisogno di ribaltare quelle decisioni che negherebbero il tentativo in caso di dolo eventuale.

1.2. *L'oggetto del dolo.*

Come si accennava, l'**oggetto del dolo** di cui all'art. 43 c.p. non è completo. Tale articolo parla di **evento** come unico oggetto del dolo, ma è opinione comune che sia **l'intero fatto tipico** del reato a dover essere investito dal dolo. Dal momento, peraltro, che noi abbiamo inserito sistematicamente il **dolo** stesso nel fatto tipico, si può precisare che l'oggetto del dolo deve essere il **fatto tipico** limitatamente al suo **elemento oggettivo**. Così, ad esempio, nella **violenza sessuale** (art. 609-*bis* c.p.), **oggetto del dolo** sarà il **costringere altri a compiere o**

subire atti sessuali, mediante violenza, minaccia, o abuso di autorità. Ciascuno di questi elementi dovrà essere oggetto del dolo. Basta che rispetto ad uno di questi elementi non vi sia rappresentazione e/o volontà (a seconda degli elementi), che non si ha dolo. Si pensi al caso seguente: se Tizio, sadico, con violenza compie atti sessuali su Caia, credendola masochista, e dunque non accorgendosi, nonostante le urla e la reazione di questa, di «costringerla» al rapporto sessuale, non si avrà dolo; ciò, anche se Tizio si è rappresentato ed ha voluto tutti gli altri elementi dello stupro (la violenza; gli atti sessuali, ecc.).

Nel caso che precede, come si vede, il soggetto compie un **errore**. Ciò non deve stupire: **l'errore esclude infatti per definizione il dolo**. Ma all'errore dedicheremo apposite considerazioni di qui a poco (*infra*, par. 2).

Quanto all'oggetto del dolo, nel dibattito penalistico, un problema ha più di ogni altro impegnato gli studiosi.

Il problema dell'illiceità del fatto quale oggetto di volizione

Si tratta della **questione se il dolo debba dirigersi anche verso l'illiceità del fatto, od altri obiettivi che vadano oltre il nudo elemento oggettivo del fatto tipico**. Che il dolo non debba limitarsi alla rappresentazione e volontà del nudo fatto tipico, è del resto un'idea che ricorre nello scibile penalistico, e ciò si spiega per il fatto che il dolo è la forma più grave di imputazione soggettiva, e gli studiosi spesso fanno fatica ad accontentarsi di una nozione di dolo così spoglia e «neutra».

Per rendere più chiara la tematica, si faccia un esempio. Tizio ha una pistola in casa regolarmente denunciata. Decide di portare la pistola con sé nella roulotte di famiglia durante una vacanza estiva, non pensando di fare del male a nessuno, ma di potersi difendere in caso di aggressione. Il fatto però integra un porto illegale di armi (artt. 4 e 7 l. n. 895 del 1967). Si può dire che egli sia in dolo rispetto a tale fatto?

Opinioni più risalenti

Ebbene. Secondo opinioni talora diffuse fra gli antichi criminalisti, il dolo implicava la **volontaria trasgressione delle legge penale**, e dunque la conoscenza della legge penale. Un caso quale quello dell'esempio si sarebbe risolto con un'assoluzione per mancanza di dolo.

Peraltro, nel nostro sistema, il problema dell'**ignoranza della legge penale** è risolto espressamente **dall'art. 5 c.p.** (v. *infra*, Sez. III, Cap. V), che, salvi casi di ignoranza inevitabile, considera **irrilevante una tale ignoranza**: ovvero, la ritiene inidonea a fornire una scusa al reo. Dunque, di fronte al nostro diritto positivo, una simile tesi – che vedrebbe nella conoscenza della legge penale un ingrediente fondamentale del dolo – non sarebbe proponibile. Lo stesso art. 5, tra l'altro, prevedendo oggi la non punibilità dell'ignoranza inevitabile, agisce come **scusante**, e **non produce la mancanza di dolo** in capo all'agente. Sicché non si può neppure sostenere che il dolo implichi la conoscenza della legge penale o alternativamente l'ignoranza inevitabile di essa.

Teoria della coscienza dell'immoralità del fatto

Altri, hanno sostenuto che il dolo richiederebbe la **coscienza dell'immoralità** e/o **dell'antisocialità** del fatto. Ma tali requisiti non sembrano richiesti da alcuna norma. D'altra parte, se si tratta di ***mala in se***, ovvero di reati che implicano un forte disvalore morale/sociale (si pensi allo stupro, all'omicidio), la coscienza dell'immoralità e/o dell'antisocialità del fatto sarebbe *in re ipsa*, e dunque **inutile** come requisito autonomo del dolo. Se si verte in ipotesi di ***mala quia vetita***, ossia di reati «neutri» sotto il profilo morale/sociale, la coscienza della immoralità e/o antisocialità **si confonderebbe**, per definizione, con la **conoscenza della legge**. Infatti, a prescindere dalla legge penale, tali fatti sarebbero appunto «neutri». Dunque si riproporrebbe il problema della compatibilità di una simile tesi con l'art. 5 c.p.; e anche in questo caso non si potrebbe che concludere per la insuperabilità di tale articolo.

Tesi della volizione della lesione del bene giuridico

Last but not least, va considerata la tesi secondo cui il dolo dovrebbe abbracciare la **lesione del bene giuridico** protetto dalla norma.

È questo un altro dei punti focali del dibattito italiano sul dolo, almeno dalla seconda metà del Novecento, da quando alcuni Autori (su tutti, M. GALLO, BRICOLA), sostennero una tale opinione partendo dal dato testuale dell'art. 43 c.p.: la norma richiede in capo al soggetto la volontà dell'evento. E specifica che l'evento «dannoso o pericoloso [...] è il risultato dell'azione o dell'omissione da cui la legge fa dipendere l'esistenza del delitto». In base alla sottolineatura di queste parole del legislatore, ed in base ad un coordinamento con la disposizione di cui all'art. 49, comma 2, c.p. in tema di reato impossibile (su questo punto v. P. IV, Cap. III), si è asserito che **ogni reato dovrebbe avere un evento dannoso o pericoloso**; questo evento non sarebbe dunque il c.d. evento naturalistico, ma **l'evento giuridico**, ossia la lesione (o la concreta messa in pericolo) dell'interesse protetto dalla norma. In quest'ottica, il dolo dovrebbe insistere, oltre sul fatto «nudo e crudo», anche sulla **lesione del bene protetto**.

La tesi, che fece discutere generazioni di studiosi, è oggi minoritaria. Essa ha però certamente il pregio di collegare il concetto di dolo al bene giuridico, e dunque di legarlo all'offensività, che in fondo è la caratteristica saliente del reato.

Oggi, una **nuova versione** della medesima tesi (es. FIANDACA-MUSCO) poggia non tanto sulla c.d. «concezione realistica del reato», e dunque sui rapporti con il reato impossibile e sui possibili scarti fra tipicità e offesa, ma sul rilievo che la stessa **tipicità** includerebbe un giudizio di **offensività del fatto**. In una tale prospettiva, il dolo si dovrebbe comunque dirigere anche verso l'offesa, in quanto elemento essa stessa della tipicità.

Ma, a ben vedere, nonostante entrambe le versioni di questa concezione trovino un qualche sostegno nel diritto positivo, si prestano a censure simili a quelle cui va incontro la tesi, già esposta, che fa leva sulla coscienza della immoralità e/o antisocialità. Infatti, anche qui, delle due l'una. O ci si trova di fronte ad un **reato «di offesa»**, e allora **non occorre** pensare alla coscienza dell'offesa come ad un **elemento ulteriore del dolo**; infatti, in tali ipotesi il dolo del fatto sarà di per sé stesso dolo di lesione. Basti pensare all'omicidio: qui, si ha un delitto certamente lesivo di un bene giuridico, e infatti il dolo, che implica la volontà di uccidere, ha come oggetto l'offesa. Oppure, ci si trova al cospetto di un **reato «di mera creazione legislativa»**, che non poggia sulla lesione o sulla messa in pericolo di alcun bene giuridico. Si pensi all'ipotesi sopra fatta della detenzione di un'arma nella roulotte. In una tale fattispecie, il dolo, per insistere sull'offesa, **dovrebbe necessariamente includere nel suo oggetto la conoscenza del precetto**: ma l'art. 5 si oppone ad una tale soluzione.

L'opinione maggioritaria

Resta dunque una sola conclusione, la più diffusa in dottrina ed in giurisprudenza: **oggetto del dolo è solo il fatto tipico, limitatamente all'elemento oggettivo** (quanto al problema della c.d. «scriminante putativa», v. quanto diremo più oltre, al par. 2).

Se è vero in linea generale che il dolo non implica la **conoscenza della legge penale**, è anche vero che talora la struttura del precetto può comportare **deroghe** a questa regola: ciò accade ad es. nelle ipotesi denominate in dottrina di **«illiceità speciale»**. Sul punto, si veda la seguente sentenza: «Il principio secondo il quale il momento intellettivo del dolo (previsione, consapevolezza) non può riguardare l'antigiuridicità del fatto – che è conseguenza dell'inescusabilità dell'ignoranza della legge penale – non ha validità assoluta. E invero la previsione, nel dolo, deve riguardare tutti gli elementi del "fatto tipico", inteso quale descrizione che fa la singola fattispecie incriminatrice della condotta vietata oppure imposta e costituente, quindi, la necessaria linea di confine tra ciò che è penalmente lecito e ciò che non lo è. Ne consegue che, laddove l'antigiuridicità si pone come elemento normativo della fattispecie criminosa – ciò che avviene allorché si prevede in modo espresso che il fatto sia commesso illegittimamente, arbitrariamente (senza autorizzazione), senza giustificato motivo – la consapevolezza dell'agente non può non concernere anche il valore di tale elemento» (Cass. pen., sez. I, 4/12/1995, n. 11848).

Oggetto del dolo nei reati omissivi

Vi è un ultimo punto da trattare sul tema. Nell'ambito dei **reati omissivi**, l'**oggetto del dolo** assume (o potrebbe assumere) connotati **peculiari**.

Nei **reati omissivi propri**, esso è costituito da: *a*) la **situazione tipica**, che deve essere conosciuta; *b*) la condotta, ossia l'**omissione**.

Ad esempio, nell'omissione di soccorso (art. 593 c.p.), il soggetto deve accorgersi che vi è una persona in pericolo; e deve volontariamente astenersi dall'azione soccorritrice.

Reati omissivi propri

Tuttavia, vi sono **alcuni reati omissivi puri nell'ambito dei quali il soggetto difficilmente, senza la conoscenza del comando penale, si accorge di aver compiuto un'omissione**. Si pensi alla norma che impone a chi si trasferisce da un comune all'altro (anche a poca distanza) di rinotificare all'autorità il possesso di armi da fuoco. Qui, il soggetto, se non conosce la norma, neppure potrà sapere di avere omesso alcunché. È questa una conseguenza della c.d. **natura normativa dell'omissione**. La dottrina – di fronte ad una giurisprudenza non chiaramente orientata – si è spinta talora (BRICOLA, NUVOLONE) in questi casi di reati omissivi propri (detti **a «struttura semplice»**, o **a «situazione tipica neutra»**) a richiedere, per il dolo, la **conoscenza del precetto**, in deroga al disposto dell'art. 5 c.p. A questa tesi si è controbattuto (CADOPPI) che quest'ultima norma **non pare permettere deroghe** di alcun genere. In queste ipotesi, dunque, l'unica scappatoia per l'imputato sarà l'allegazione dell'ignoranza **inevitabile della legge penale**. Ma ciò interferirebbe con la colpevolezza, non con il dolo.

Reati omissivi impropri

Quanto ai **reati commissivi mediante omissione, od omissivi impropri**, qui l'oggetto del dolo, dalla dottrina, viene individuato negli elementi seguenti: *a*) **l'obbligo giuridico di garanzia**, o, secondo altri, la situazione ad esso sottostante (es.: l'essere un casellante addetto ad un passaggio a livello, ecc.); *b*) **la situazione tipica** che «attiva» nel caso concreto l'obbligo di agire, quella cioè che evidenzia l'insorgere del pericolo per il bene protetto (es.: l'imminente passaggio del treno al passaggio a livello);*c*) **l'omissione dell'azione impeditiva** dell'evento (es.: l'omissione di abbassare le sbarre prima del passaggio del treno); d) **l'evento** (la morte di chi sta per attraversare i binari). Il punto *sub a*), peraltro, pone alcuni problemi interpretativi, in parte coincidenti con quelli che si pongono in relazione all'errore sulla qualifica del soggetto attivo nel reato proprio.

Non sembra da accogliersi quella dottrina minoritaria secondo cui, nei reati omissivi impropri, il **dolo eventuale non** sarebbe **configurabile**.

Possiamo riportare il convincente esempio in proposito formulato da un autorevole studioso (F. MANTOVANI): perché non dovrebbe rispondere di lesioni dolose la madre che, per accorrere all'appuntamento con l'amante, lascia incustodito il figlioletto accettando il rischio di siffatto evento?

1.3. *L'accertamento del dolo.*

Il tema dell'**accertamento del dolo** è certamente fra i più spinosi. Esso, pur collocandosi sul piano per così dire della **teoria della prova**, sembra di diretta pertinenza del **diritto penale sostanziale**. È chiaro infatti che la semplificazione dei meccanismi probatori del dolo potrebbe portare ad uno svuotamento dello stesso contenuto sostanziale del medesimo. Così, se ci si accontentasse, ad es., per la ricostruzione probatoria del dolo eventuale, del riscontro della sola probabilità dell'evento, si finirebbe per far «rientrare dalla finestra» quelle teorie impostate sulla possibilità/probabilità dell'evento che, come si ricorderà, si erano fatte «uscire dalla porta».

L'accertamento del dolo è particolarmente **difficile** perché il dolo, essendo rappresentazione e volontà del fatto, è costituito in sostanza da **atteggiamenti psicologici** del soggetto. E gli «stati mentali» sono più difficilmente riscontrabili dei fatti materiali.

Così, mentre è facile accertare, ad esempio, che si è avuta la morte di un uomo e che essa è stata causata da una malattia mal curata, più difficile sarà appurare se, in ipotesi, tale malattia era stata curata male **dolosamente** dal medico.

A tal proposito, non potendo penetrare **nell'intimo** dell'animo umano, il giudice potrà conoscere soltanto le **circostanze esteriori** del fatto. Partendo da tali dati obiettivi, dovrà ricorrere a **massime d'esperienza**, basate sull'*id quod plerumque accidit* (= ciò che si verifica solitamente), per ricollegare a tali dati di fatto l'atteggiamento psicologico che il soggetto verosimilmente ha avuto.

Per esempio, se Tizio ha sparato all'altezza del petto di Caio, la massima d'esperienza indica come verosimilmente presente il dolo. Naturalmente, il giudice dovrà altresì tenere in considerazione gli eventuali fattori che, nel caso concreto, possono far pensare all'inoperatività della massima d'esperienza: nel caso proposto, ad es., Tizio poteva aver ricevuto una spinta da Sempronio nel momento di sparare.

Importante, al fine della ricostruzione del dolo, appare anche la ricostruzione del **movente**, e cioè di ciò che ha spinto l'agente a compiere quel fatto. Si pensi al caso di Tizio che spara a Caio. Se, per come sono andati i fatti, si ha qualche dubbio sulle intenzioni di Tizio, può essere d'aiuto al giudice il riscontro del profondo odio che Tizio nutriva nei confronti di Caio; o del desiderio di Tizio di sposarsi con la bellissima moglie di Caio, amante di Tizio.

Ciò, si badi, ai soli fini dell'**accertamento** del dolo; ché infatti, come è noto, i **motivi** non sono di per sé un ingrediente essenziale della nozione sostanziale di dolo (per una qualche rilevanza dei motivi in materia di colpevolezza, v. peraltro *supra*, Sez. III, Cap. I).

Accertamento del dolo eventuale

L'accertamento del dolo, già difficoltoso in generale, si mostra spesso particolarmente arduo nell'ambito del **dolo eventuale**. Pur adottando la formula dell'**accettazione del rischio** – già peraltro vaga di per sé – spesso non è facile riscontrare probatoriamente tale accettazione. Certo, può essere d'aiuto, in questi casi, al fine di escludere il dolo eventuale, il riscontro del fatto che il soggetto aveva posto in essere **una serie**

di contromisure atte ad impedire il verificarsi dell'evento. Si pensi, ad esempio, al terrorista «buono», che si era accertato che la bomba esplodesse in una zona interdetta al pubblico, dove peraltro si era abusivamente introdotto un ragazzino per rubare. Oppure, si pensi ai casi di c.d. **rischio schermato** dalle **capacità speciali del soggetto** o dalla sua esperienza. L'esempio è quello, classico, del lanciatore di coltelli che per anni aveva fatto lo stesso «numero» con la medesima partner.

Le Sezioni Unite della Cassazione (Sent. n. 38343 del 2014) si sono pronunciate in argomento, fornendo una serie (un «catalogo aperto») di **indicatori** del dolo eventuale, con l'ambizione di guidare il giudice verso una più sicura distinzione tra le forme di colpevolezza ai confini di dolo e colpa. Tra gli indicatori menzionati, alcuni dei quali invero controversi, ad esempio, il comportamento successivo al fatto, la liceità (o meno) del contesto di base e il tasso di razionalità delle scelte alla base della condotta. L'indicatore «più importante» è esplicitamente individuato nella prima formula di Frank.

1.4. *Le forme del dolo.*

Già si è detto della distinzione fra **dolo intenzionale** (o **diretto**), e **dolo eventuale** (o **indiretto**), e del fatto che parte della dottrina all'interno di tale distinzione opera ulteriori precisazioni (ad es. distinguendo il dolo intenzionale da quello diretto: su ciò v. anche *infra*, par. 1.5).

Vi è poi un'altra classica distinzione: quella fra **dolo generico** e **dolo specifico**. Essa dipende da come il legislatore configura la **fattispecie legale**, dunque agisce già a livello di **diversa tipicità astratta**, non di modo concreto di realizzazione del fatto (cosa che invece di norma avviene con riferimento al binomio dolo diretto/dolo eventuale). Ecco perché si parla, qui, di **reati a dolo specifico**, e li si distingue dai **reati a dolo generico**.

Reati a dolo generico

Reati a dolo specifico

I **reati a dolo generico** sono quelli in cui **l'oggetto del dolo coincide con il fatto tipico oggettivo**. Diversamente avviene con riferimento aireati a **dolo specifico**, nell'ambito dei quali **l'oggetto del dolo** investe elementi (di solito un elemento) che **non appartiene al fatto oggettivo tipico**. Si pensi, quale esempio, alla truffa (art. 640 c.p.): qui, il fatto tipico include, nell'elemento oggettivo, **il conseguimento del profitto**; non così avviene nel furto (art. 624 c.p.), che prevede che il fatto avvenga **al fine di trarne profitto**. Nella **truffa**, insomma, il conseguimento del profitto è **elemento essenziale del fatto tipico oggettivo**; nel **furto**, invece, il conseguimento del profitto **non è un elemento essenziale del fatto tipico oggettivo**, ed è invece elemento che appartiene alla sola **tipicità soggettiva del fatto**, e cioè arricchisce il dolo configurandosi come **dolo specifico**.

Di solito, il legislatore evidenzia l'impiego del dolo specifico attraverso locuzioni del tipo: **«al fine di...»**, **«allo scopo di...»**, ecc., anche se simili formule possono talora **trarre in inganno**: ad es., quando l'elemento cui la finalità dell'agente deve tendere è già stato previsto anche come elemento oggettivo costitutivo del reato. Si pensi a come era formulata, ad esempio, la fattispecie dell'omicidio volontario nel codice Zanardelli, dove il legislatore richiedeva il **fine di uccidere**. Siccome la morte era in ogni caso, come è intuibile, elemento oggettivo costitutivo della tipicità del delitto di omicidio, l'utilizzo di quella formula era sostanzialmente un pleonasmo: l'omicidio, dunque, era anche allora un reato a dolo generico, non specifico.

I problemi scaturenti dal dolo specifico sono di varia natura.

Da un punto di vista esegetico, si pone la questione della **compatibilità** fra **dolo specifico** e **dolo eventuale**, da risolvere però, presumibilmente, non in astratto, ma in relazione alla singola fattispecie.

Problemi politico-criminali

Da un punto di vista politico-criminale (ma anche **costituzionale**), i reati a dolo specifico rappresentano da tempo una **categoria «sospetta»**. Infatti, nei reati a **dolo generico**, la **finalità dell'agente si «obiettivizza»**, per così dire, nel fatto tipico, trovando perfetto riscontro in esso. Nei reati a **dolo specifico**, invece, la finalità non trova riscontro in un elemento oggettivo del fatto, e dunque resta nel **limbo delle intenzioni**. Come sappiamo, il nostro è un **diritto penale del fatto**, e un **diritto penale dell'offesa**. Il reato a dolo specifico rischia invece di inquadrarsi in modo più acconcio in un **diritto penale dell'autore o dell'intenzione**. Ciò, con ogni possibile ripercussione di carattere costituzionale. Si pensi a due esempi: da un lato l'omicidio (art. 575 c.p.), e dall'altro la strage (art. 422 c.p.). Nell'omicidio, la morte di un uomo non solo deve essere nelle intenzioni del soggetto, ma si obiettivizza nel fatto tipico oggettivo; nella strage (al di là del nome), la morte (di una o più persone) resta nel «limbo delle intenzioni» del soggetto, dal momento che non occorre, per la realizzazione del fatto tipico oggettivo, che essa si produca; la tipicità oggettiva della strage si «accontenta» del compimento di «atti tali da porre in pericolo la pubblica incolumità» (cfr. il comma 2, II ipotesi, di tale articolo).

«Rilettura» dei reati a dolo specifico

Ora, la dottrina più recente (tra gli altri: PICOTTI) ha peraltro proposto una **«rilettura» dei reati a dolo specifico** maggiormente in sintonia con il **principio di offensività**. Il fine descritto dal legislatore non dovrebbe, insomma, restare nel limbo delle intenzioni del soggetto, ma dovrebbe in qualche modo contribuire a fornire una chiave interpretativa della stessa **fattispecie tipica oggettiva** atta a riconsegnare ad essa la «offensività perduta».

Così, nell'esempio proposto della **strage**, il **fine di uccidere** richiesto dalla norma dovrebbe, oltre che caratterizzare la volontà dell'agente, anche **colorare l'intero fatto tipico** di una **idoneità a produrre la morte**, che il nudo dettato legislativo non sembrerebbe richiedere.

De iure condendo, peraltro, si propone la riformulazione di non pochi reati a dolo specifico, con la riconversione degli stessi in reati a dolo generico.

Il c.d. «dolo generale»

La nozione di dolo generico non va confusa con quella, ben distinta, di **«dolo generale»** (c.d. *dolus generalis*), di cui talora ci si serve per ascrivere a titolo di dolo un fatto che in realtà non può dirsi pienamente voluto dal soggetto agente.

Si prendano le mosse dal seguente esempio: la madre Tizia colpisce ripetutamente alla testa con un martello il figlio Caio, con l'intenzione di ucciderlo. Convinta di averlo ucciso, occulta quello che ritiene essere il cadavere in un sacco di plastica, che abbandona in un cassonetto. Caio, in realtà sopravvissuto ai colpi infertigli, muore per soffocamento. In ipotesi siffatte, si pone il problema di valutare la congruenza tra il momento della rappresentazione e della volizione del fatto tipico, e quello della realizzazione materiale del fatto stesso. Il dolo, invero, non può essere **né antecedente**, **né susseguente** rispetto al fatto, dovendo piuttosto risultare **concomitante** al medesimo, ovverosia – nei reati a forma libera – sorreggere **l'ultimo atto** diretto a cagionare l'evento. Nell'esempio citato, è vero che Tizia vuole uccidere Caio, e che questi muore in conseguenza della condotta della madre: limitandosi a constatare ciò, si opta talora per la qualificazione del fatto alla stregua di un omicidio doloso. Tuttavia, la condotta che cagiona la morte viene posta in essere in un momento in cui l'agente ritiene **per errore** che la vittima sia già deceduta. In tale fase, quindi, dovrebbe escludersi il dolo dell'omicidio (consumato), a meno di ipotizzare una sorta di «dolo generale», appunto, e di concludere che la rappresentazione e la volontà del fatto di omicidio, presenti nella fase precedente, bastino ad integrare l'elemento psicologico del delitto di cui all'art. 575 c.p. Non sono di questo avviso la prevalente dottrina e la più recente giurisprudenza di legittimità, che – in ipotesi strutturate sulla falsariga dell'esempio qui prospettato – tendono a ravvisare i distinti delitti di tentato omicidio (artt. 56, 575 c.p.) e di omicidio colposo (art. 589 c.p.).

Altra distinzione che spesso si fa nella manualistica è quella **dolo di danno** e **dolo di pericolo**. Ma si tratta di una distinzione che non appare degna di trattazione autonoma, discendendo direttamente dalle ripercussioni in tema di dolo della distinzione, già menzionata in altra sede, fra reati di danno e reati di pericolo.

Su altre distinzioni rilevanti in materia si tornerà di qui a pochissimo in tema di intensità del dolo.

1.5. *L'intensità del dolo.*

Nonostante una vecchia opinione, secondo la quale il dolo sarebbe un *quid* non graduabile, la dottrina unanimemente ritiene che vi siano **diversi livelli di intensità del dolo**. Ciò è confermato **dall'art. 133 c.p.**, che, nel dettare al giudice i criteri di commisurazione della pena, menziona, nell'ambito della **gravità del reato**, **l'intensità del dolo**.

Adesione alla realizzazione del fatto

Innanzitutto, essa può essere desunta dal livello di adesione alla realizzazione del fatto da parte dell'agente. Tale adesione si riscontra ovviamente nella prospettiva dei due elementi della struttura del dolo, ossia **la rappresentazione e la volontà**.

Sotto il primo profilo, **più la rappresentazione del fatto è chiara e netta**, più si può dire che sia **intensa la rappresentazione**. Ciò ha portato alcuni Autori a considerare forma autonoma di dolo il dolo c.d. **diretto**, ossia quello in cui vi sarebbe da parte dell'agente la **massima certezza dell'evento**.

Sotto il secondo profilo, **più la volontà del fatto è univoca**, più si può dire che sia **intensa la volontà**. Da questo punto di vista, si può distinguere, come si è visto, lo stesso dolo **eventuale** dal dolo **intenzionale**.

Ma un altro, tradizionale indice di valutazione dell'intensità del dolo si ricollega alla **durata della risoluzione criminosa** nel soggetto.

Durata della risoluzione criminosa

Facciamo l'esempio di Tizio che uccide Caio. Ebbene, qui si possono verificare almeno tre diverse ipotesi. La prima ipotesi è quella di Tizio che, amico di Caio, lo trova inaspettatamente a letto con la moglie; infiammato dall'ira e dalla gelosia, lo uccide. La seconda ipotesi è quella di Tizio che odia da tempo Caio, ma non aveva mai pensato di ucciderlo; dopo una discussione all'osteria, decide di ucciderlo, ma non lo fa immediatamente, attendendo l'uscita di Caio dal locale. La terza ipotesi è quella di Tizio che, per assicurarsene l'eredità, per lungo tempo programma l'uccisione del ricco zio Caio, e la attua secondo programma.

Dolo d'impeto

Nella **prima ipotesi**, in cui il soggetto agisce d'impulso, nel «calore di una subitanea passione», si ha il c.d. **dolo d'impeto**: delle tre è certamente l'ipotesi **meno intensa** di dolo.

Dolo di proposito

Nella **seconda ipotesi**, in cui il soggetto agisce dopo aver meditato sul da farsi, si ha il c.d. **dolo di proposito**: dal punto di vista dell'intensità del dolo, è questa **un'ipotesi intermedia**.

Dolo premeditato

Nella terza ipotesi, in cui il soggetto agisce dopo lunga preparazione del misfatto, si ha il c.d. **dolo premeditato** (o **premeditazione**): questa è senza dubbio l'ipotesi in cui **massima è l'intensità del dolo**, ed integra nel nostro sistema una **circostanza aggravante**, nell'ambito di alcuni reati contro la persona (artt. 577 e 585 c.p.).

Queste distinzioni, oltre che su di una lunga tradizione storica, poggiano sul diverso impatto che tali forme di dolo hanno sul **sentimento di sicurezza dei cittadini**, che si sentono maggiormente minacciati da delinquenti che cinicamente (*frigido pacatoque animo* = con animo freddo e pacato) programmano le loro azioni criminali, piuttosto che da poveri disgraziati che, talvolta spinti da eventi drammatici, agiscono sull'onda delle emozioni, per poi pentirsi, magari subito dopo, di ciò che hanno fatto.

2. L'errore sul fatto.

Errore sul fatto ed errore sul precetto

L'errore sul fatto consiste nella **mancata o falsa rappresentazione di uno o più elementi del reato**. Esso si **distingue**

dall'errore sul precetto, che si verifica viceversa quando il soggetto non erra sul fatto da lui commesso, ma sulla **qualificazione giuridico-penale** di quel fatto.

Facciamo due esempi chiarificatori: se Tizio, cacciatore, durante una battuta di caccia scambia il suo amico Caio per un fagiano, gli spara e l'uccide, si ha un **errore sul fatto**. Infatti, Tizio compie **un'azione diversa** da quella che voleva compiere: voleva uccidere un fagiano, e viceversa uccide un uomo. Se Tizio, cacciatore, caccia senza licenza, non sapendo che la legge penale vieta la caccia senza licenza, si ha un **errore sul precetto**. Infatti, Tizio **compie esattamente l'azione che voleva compiere** (cioè caccia); ma, per **ignoranza della legge** che comanda ai cacciatori di munirsi di licenza, non sa che la sua condotta è punita dal diritto penale.

Conseguenze applicative

La differenza delle **conseguenze** sul reo dei due diversi tipi di errori è abissale: **l'errore di fatto esclude sempre il dolo**, dunque esclude comunque la sussistenza di un delitto doloso. **L'errore sul precetto**, viceversa, in linea di massima **non rileva a beneficio del reo**, dal momento che si risolve in una **ignoranza della legge penale** che, in base all'art. 5 c.p., non scusa. Solo se si tratti di **ignoranza c.d. inevitabile** (il che ricorre assai raramente), essa porterà alla **esclusione** (non del dolo ma) **della colpevolezza**.

Quale il **motivo** della differenza fra le discipline dell'errore sul fatto e dell'errore sul precetto? L'errore **sul fatto non manifesta alcuna volontà di lesione dei beni giuridici** che le leggi dello Stato mirano a proteggere. Esso deriva piuttosto da una **falsa rappresentazione della realtà**, che induce il soggetto, in definitiva, a fare qualcosa che non avrebbe mai fatto. L'errore **sul precetto**, viceversa, evidenzia che il soggetto, volendo realizzare esattamente il fatto che ha realizzato, **vuole per ciò stesso anche ledere quel bene giuridico** che la norma mira a proteggere; solo che, non rendendosi conto dell'importanza di quel bene giuridico, non percepisce **l'illiceità** del suo comportamento.

Vedremo comunque che, in non poche ipotesi, la distinzione fra errore sul fatto ed errore sul precetto è assai sottile, sino a porre inestricabili «sciarade dogmatiche» rimaste ancora senza risposte pienamente convincenti da parte della dottrina.

Comuni alle due figure dell'errore sul fatto e sul precetto sono comunque alcune **nozioni preliminari** da dedicare al tema dell'**errore in generale**.

Errore e ignoranza

All'errore, *in criminalibus*, è da **parificare l'ignoranza**. Infatti, ignorare un elemento del fatto-reato (ma anche ignorare un aspetto della norma) significa errare sul fatto (o sulla norma).

Errore e dubbio

Ancora, si pone in materia la questione della rilevanza del dubbio: il **dubbio equivale ad errore**? La risposta deve essere **negativa**, sia con riferimento all'errore sul fatto che con riferimento all'errore sul precetto (con qualche precisazione che faremo in seguito a quest'ultimo proposito). Infatti, il dubbio lascia sussistere nell'agente un'incertezza sulla sua stessa conoscenza del fatto (o del precetto), e **l'incertezza non può considerarsi equivalente ad una falsa rappresentazione della realtà**. Ma già qualcosa si era detto sul punto in tema di dolo eventuale.

L'errore sul fatto, si diceva, **esclude il dolo**. Il dolo è infatti, come si notava, **rappresentazione e volontà di tutti gli elementi essenziali del reato**. Dunque, se il soggetto si rappresenta falsamente o ignora uno di questi elementi, tale falsa rappresentazione o ignoranza escluderà *ipso facto* il dolo.

Errore sul fatto

L'art. 47, comma 1, c.p. disciplina l'errore **sul fatto** – pur parlando in rubrica, secondo una superata terminologia, di «errore di fatto» – nel modo seguente: «L'errore sul fatto che costituisce il reato esclude la punibilità dell'agente. Nondimeno, se si tratta di errore determinato da colpa, la punibilità non è esclusa, quando il fatto è preveduto dalla legge come delitto colposo».

L'errore, come si dice in dottrina, deve essere **essenziale**, deve cioè insistere su elementi che caratterizzano **la stessa sussistenza** del fatto del reato. Per tornare ad un esempio già fatto, se Tizio, cacciatore, scambia il suo amico Caio per un fagiano, e lo uccide, si avrà certamente un errore essenziale. Esso escluderà dunque il dolo.

Diversamente avviene, ad esempio, nel caso di Tizio che, volendo uccidere il suo peggior nemico Caio, uccide viceversa per l'oscurità, al suo posto, suo fratello Sempronio. Qui, l'errore è **irrilevante**, dal momento che la fattispecie dell'omicidio punisce il cagionare la morte **di un uomo**, ed anche Caio è un uomo (v. comunque per precisazioni *infra*, Sez. III, Cap. IV).

Errore incolpevole ed errore determinato da colpa

L'errore può essere **incolpevole** o può essere **determinato da colpa**. Un esempio di errore colposo può ricavarsi dallo stesso menzionato caso di Tizio che nella battuta di caccia scambia Caio per un fagiano. Qui, non ci sarà colpa se Caio – compagno di caccia – imprudentemente e all'insaputa di Tizio, e al crepuscolo, si va a nascondere tra le frasche dove abitualmente si rifugiano i fagiani; l'errore sarebbe viceversa sicuramente colposo nel caso in cui Tizio sparasse a Caio, scambiandolo per un fagiano, ma solo per la precipitazione dovuta alla «foga venatoria»: Caio infatti si trovava in piedi in un luogo abitualmente non frequentato dalla selvaggina, sicché un cacciatore avveduto non sarebbe certamente incorso nel tragico errore.

Come si diceva, anche **l'errore dovuto a colpa**, nel nostro sistema, **esclude il dolo**. **L'errore colposo**, peraltro, **lascia sussistere una responsabilità colposa**. Non tutti i reati, come sappiamo, sono tuttavia punibili a titolo di colpa. Anzi, la maggior parte dei delitti sono punibili esclusivamente a titolo di dolo. **Solo se un delitto è previsto anche, dalla legge, nella forma di realizzazione colposa, l'errore colposo porterà alla punibilità del soggetto, che risponderà appunto della fattispecie colposa**. Così, ad esempio, il cacciatore che in base ad un errore dovuto a colpa uccide il compagno Caio, non risponderà di omicidio doloso, ma risponderà della fattispecie di omicidio colposo prevista dalla legge (art. 589 c.p.). Viceversa, se Tizio si impossessasse per distrazione (e dunque per colpa) del cappotto altrui, scambiandolo per il proprio, non vi sarebbe punibilità alcuna, visto che il furto (art. 624 c.p.) è delitto previsto unicamente nella forma dolosa.

Ipotesi eccezionali in cui l'errore sul fatto non esclude il dolo

Vi sono **limitatissime, eccezionali ipotesi**, nel nostro sistema, che lasciano **sussistere il dolo anche in caso di errore su di un elemento essenziale del fatto**. Tra queste rarissime ipotesi, si poteva menzionare, fino a poco tempo fa, quella di cui **all'art. 609-*sexies*** (un tempo art. 539) c.p.: esso sanciva **l'irrilevanza dell'errore sull'età nell'ambito del delitto di atti sessuali con minori**, quando il minore ha **meno di 14 anni**.

Si pensi al seguente caso: Tizio ha un appuntamento con Caia, ragazzina tredicenne che però dimostra, per il suo precoce sviluppo, almeno 16 anni. Al termine della serata, col consenso di Caia, Tizio, che è seriamente convinto che Caia abbia sedici anni, intrattiene rapporti sessuali con la minore. Dal momento che i rapporti sessuali con minori di quattordici anni sono vietati dalla legge a prescindere dal consenso prestato dal minore, in questo caso vi sarebbe il delitto di cui all'art. 609-*quater*. Né avrebbe rilevato l'errore di Tizio, per l'espresso disposto dell'art. 609-*sexies*. Si trattava, a ben vedere, di un'ipotesi di

responsabilità oggettiva, tema sul quale torneremo trattando di quella tematica (*infra*, Sez. III, Cap. IV).

Va peraltro qui segnalato che la l. n. 172 del 2012 ha riformulato l'art. 609-*sexies* c.p., che prevede ora: «Quando i delitti di cui agli articoli 609-*bis*, 609-*ter*, 609-*quater*, 609-*octies* e 609-*undecies* sono commessi in danno di persona minore degli anni diciotto, e quando è commesso il delitto di cui all'art. 609-*quinquies*, il colpevole non può invocare a propria scusa l'ignoranza dell'età della persona offesa, salvo che si tratti di ignoranza inevitabile».

Come si vede, l'errore su un elemento essenziale del fatto, in effetti, porta ancora oggi alla punibilità, ma solo quando si tratta di errore dovuto a colpa (vedi *amplius infra*, Sez. III, Cap. IV, par. 12).

Integrazione del dolo di altra fattispecie

Altro problema in tema di errore. *Quid* se l'errore fa venire meno il dolo in relazione **ad una fattispecie**, ma lo fa sussistere in relazione ad un'altra? Si faccia l'ipotesi di Tizio che commette una resistenza contro Caio, pubblico ufficiale, ma non conoscendo la qualifica pubblicistica di Caio. Qui, come dispone l'art. 47, comma 2, c.p., Tizio sarà punibile non per resistenza (art. 337 c.p.), ma per semplice violenza privata (art. 610 c.p.).

Errore sugli elementi di fatto di una causa di giustificazione

L'errore, poi, può vertere sugli **elementi di fatto di una causa di giustificazione**. Si ha in questo caso la c.d. *scriminante putativa* (art. 59, comma 4, c.p.), che esclude comunque la punibilità a titolo di dolo (si parla in dottrina, talora, di mancanza della «colpevolezza dolosa», o di mancanza del «dolo di illecito»). Se l'errore è dovuto a colpa, peraltro, potrà residuare una responsabilità a titolo di colpa, appunto, ma solo se il delitto è previsto come delitto colposo (v. *supra*, Sez. II, Cap. I; ed *infra*, Sez. III, Cap. III, par. 10).

Errore sugli elementi degradanti del fatto

Diverso, ma collegato, è il problema dell'**errore sugli elementi c.d. degradanti** del fatto. Un esempio chiarirà il concetto apparentemente astruso. L'omicidio del consenziente (art. 579 c.p.) non è altro che un omicidio «comune» (art. 575 c.p.), caratterizzato dal consenso del morituro ad essere ucciso. Questo elemento del fatto (il consenso) determina il **«degradare»** della fattispecie dell'omicidio comune in quella meno grave dell'omicidio del consenziente. Ecco perché si parla in dottrina, in relazione al requisito del consenso, in questa ipotesi, di elemento **degradante** del reato.

Analogamente può avvenire in relazione ad altre fattispecie. L'errore può vertere su tali elementi degradanti.

Quid iuris? Faremo in proposito due esempi, tra loro contrapposti, tornando al caso dell'omicidio del consenziente. Primo esempio: Tizio crede che Caio gli abbia chiesto seriamente di essere ucciso; invece, Caio non voleva affatto morire, e aveva semplicemente fatto uno scherzo a Tizio. Secondo esempio: Tizio uccide Caio credendo di agire contro il consenso di quest'ultimo; e viceversa Caio aveva scritto una lettera, proprio quel giorno, a Tizio, esprimendogli il desiderio di essere ucciso (lettera non ancora aperta da Tizio).

Tizio dovrà essere ritenuto responsabile di omicidio comune o del meno grave delitto di omicidio del consenziente? Varie sono in proposito le soluzioni offerte – spesso problematicamente – dalla dottrina. In questa sede, non riteniamo di approfondire ulteriormente la tematica, tra le più ardue. Un unico rilievo: la soluzione del problema potrebbe essere **condizionata** dalla **funzione** svolta dall'elemento degradante all'interno della singola fattispecie di parte speciale. Talora, l'elemento degradante riduce la stessa **offensività** del fatto; sicché l'elemento si risolverebbe in una sorta di **causa di giustificazione parziale**. Altre volte, l'elemento degradante attiene alla (minore) **rimproverabilità** del fatto; sicché l'elemento stesso si risolverebbe in una sorta di **scusante parziale**. La soluzione, nell'una e nell'altra ipotesi, potrebbe variare.

Errore sugli elementi descrittivi

L'errore può poi riguardare elementi **descrittivi** del fatto, o elementi **normativi**. Nel primo caso, l'errore sarà di solito errore di **«percezione»**, e non di «valutazione».

Si pensi al caso più volte menzionato del cacciatore che scambia l'amico per un fagiano: qui l'errore verte su di un **elemento descrittivo** della fattispecie, l'**uomo**. E infatti, l'errore non è di valutazione di quell'elemento, ma di **percezione** di esso.

Errore sugli elementi normativi

Nell'ambito degli **elementi normativi**, può più frequentemente configurarsi un **errore di valutazione**. Un classico esempio di elemento normativo è l'altruità della cosa nel delitto di furto. Ebbene: in relazione a tale elemento, l'errore può ben essere di valutazione. Ad es., Tizio, in base ad un'errata interpretazione delle regole del diritto privato, ritiene che una certa cosa appartenga (ancora) a lui, mentre per il codice civile è già da considerarsi appartenente a Caio.

Il c.d. errore su legge extrapenale

Quid iuris in un tale caso? Soccorre l'art. 47, comma 3, c.p., in base al quale «l'errore su legge diversa dalla legge penale esclude la punibilità, quando ha cagionato un errore sul fatto che costituisce il reato». È il problema del c.d. **errore su legge extrapenale**.

Questa norma ha creato notevolissimi guai sia alla dottrina che alla giurisprudenza.

Infatti, il problema è che **non sempre** l'errore sulla legge diversa da quella penale cagiona un **errore sul fatto**; **talvolta** l'errore su legge extrapenale produce infatti un **errore sul precetto**. La questione sta proprio in questa **distinzione**: quando si può dire che l'errore su legge extrapenale produce un errore sul fatto? e quando invece si può dire che un tale errore produce un errore sul precetto? È chiaro che, a seconda che la soluzione sia la prima o la seconda, si hanno gravi ripercussioni applicative: nel primo caso (**errore sul fatto**), si avrà un errore che, *ex* art. 47, comma 3, **esclude il dolo**; nel secondo caso (**errore sul precetto**), si avrà un errore che rifluisce a tutti gli effetti nella disciplina di cui all'art. 5 c.p., e dunque **non farà venir meno il dolo**.

Difficoltà di distinzione dall'errore sul precetto

È di tutta evidenza che è proprio qui (dunque, con riferimento all'errore sulla legge extrapenale) che si pone il problema della **distinzione fra errore sul fatto ed errore sul precetto**.

La **giurisprudenza**, al fine di risolvere il dilemma, ha distinto da tempo fra elementi che **integrano** il precetto, ed elementi che **non integrano** il precetto. I primi produrrebbero una **incorporazione** dell'elemento normativo extrapenale nell'ambito del **precetto**; i secondi **non produrrebbero** una simile incorporazione nel precetto, e dunque l'elemento normativo resterebbe **mero elemento di fatto**. Nella prima ipotesi, l'errore sarebbe sul **precetto**, e dunque si applicherebbe l'art. 5 c.p.; nella seconda ipotesi, l'errore sarebbe **sul fatto**, e dunque si applicherebbe l'art. 47, comma 3, c.p. Il problema è che poi, in pratica, la giurisprudenza finiva per considerare sempre (o quasi) l'elemento normativo come integrante la norma penale, sicché riteneva (quasi) sempre applicabile l'art. 5, con sostanziale **interpretazione abrogatrice** dell'art. 47, comma 3 (A. LANZI).

La dottrina ha sempre criticato tale atteggiamento troppo rigoristico della giurisprudenza, cercando di elaborare **criteri alternativi**, capaci di orientare l'interprete a soluzioni equilibrate e dogmaticamente corrette.

Purtroppo, peraltro, bisogna prendere atto del **fallimento** delle tesi enunciate in dottrina, non perché non siano (almeno alcune di esse) teoricamente fondate (es. PALAZZO, PULITANÒ), ma per il fatto che sono spesso scarsamente capaci di offrire soluzioni applicative concrete ai giudici.

Dunque, non pare valga la pena, in questa sede, di diffondersi in una rassegna di siffatte pur interessanti tesi dottrinali. Si può dire certamente che vi sono **casi semplici**, la cui soluzione è accolta da tutti: si pensi al caso dell'errore **sull'altruità della cosa nel furto**, da tutti ritenuto **errore sul fatto**; e al caso opposto dell'errore di chi ritiene di poter portare **un'arma senza licenza**, generalmente ritenuto **errore sul precetto**.

Criterio-guida proposto

Tra questi due estremi, vi sono **miriadi di ipotesi intermedie**, in cui si dovrà cercare di trovare la soluzione **caso per caso**, tenendo presente peraltro un **criterio-guida generalissimo** (non espresso in questi termini sinora, a quanto sembra, in dottrina), capace forse, quantomeno, di dare un orientamento di massima all'interprete. **L'errore è sul fatto, quando il soggetto agisce ritenendo di fare qualcosa di diverso da quello che fa, e quando il suo comportamento mostra sensibilità per il bene giuridico protetto dalla norma; l'errore è sul precetto, quando il soggetto agisce ritenendo di fare esattamente ciò che fa, e quando il suo comportamento mostra insensibilità nei confronti del bene giuridico tutelato. In questo secondo caso, entrerà in scena l'art. 5 c.p., che permetterà comunque, in casi estremi, una scusa: ciò, quando l'ignoranza della legge penale si rivelerà inevitabile** (v. *infra*, Sez. III, Cap. V).

Va aggiunto che l'errore è da considerarsi **sul precetto** anche quando cade sugli **aspetti normativi di una causa di giustificazione.** Si pensi all'ipotesi di Tizio che subisce un furto da parte di Caio, e che il giorno dopo si vendica malmenando il ladro; ciò in base all'erroneo convincimento che la legittima difesa, nel nostro ordinamento, si estenda a giustificare la vendetta privata.

Questo sarebbe un caso di errore sul precetto, disciplinato dunque dall'art. 5 c.p.

Va ancora ricordato che nei casi di c.d. «illiceità speciale» l'errore – pur concernente l'illegalità stessa del fatto – si deve ritenere rilevante *ex* art. 47 c.p., e non cade dunque sotto la disciplina più ferrea di cui all'art. 5 c.p.

Un ultimo cenno merita sul tema l'art. 48 c.p., che disciplina il c.d. **errore determinato dall'altrui inganno**. Recita la norma: «Le disposizioni dell'articolo precedente si applicano anche se l'errore sul fatto che costituisce il reato è determinato dall'altrui inganno; ma, in tal caso, del fatto commesso dalla persona ingannata risponde chi l'ha determinata a commetterlo». Un esempio, tanto per chiarire: Tizio, che vuole uccidere la vecchia incapace Caia, dà alla cameriera Sempronia un bicchiere d'acqua avvelenata, dicendole che si tratta di una medicina, e di darla da bere alla vecchia, che muore avvelenata. Sempronia naturalmente non risponderà del fatto, avendo errato sul contenuto del bicchiere; chi sarà punito per omicidio doloso è senza dubbio Tizio, in applicazione, appunto, della norma menzionata.

Errore determinato dall'altrui inganno

Note bibliografiche

De Marsico A., *Coscienza e volontà nella nozione del dolo*, Napoli, 1930; Frosali R. A., *L'errore nella teoria del diritto penale*, Roma, 1933; Musotto G., *Colpevolezza, dolo e colpa*, Palermo, 1939; Riccio S., *Il dolo eventuale*, Napoli, 1940; Piacenza S., *Saggio di un'indagine sul dolo specifico*, Torino, 1943; Gallo M., *La teoria dell'azione finalistica*, Milano, 1951; Gallo M., *Il dolo. Oggetto e accertamento*, Milano, 1953; Pecoraro-Albani A., *Il dolo*, Napoli, 1955; Malinverni A., *Scopo e movente nel diritto penale*, Torino, 1955; Bricola F., Dolus in re ipsa, Milano, 1960; Piacenza S., *Errore e ignoranza di diritto in materia penale*, Torino, 1960; Frosali R.A., voce *Errore,* in *Noviss. dig. it.,* Vol. VI, 1960, p. 672 ss.; Santamaria B., *Interpretazione e dogmatica nella dottrina del dolo*, Napoli, 1961; Gallo M., *Dolo (dir. pen.)*, in *Enc. dir.*, Vol. XIII, 1964, p. 750 ss.; Santucci G., voce *Errore* (dir. pen.), in *Enc. dir.*, Vol. XV, 1966, p. 280 ss.; Pulitanò D., voce *Ignoranza* (dir. pen.), in *Enc. dir.*, Vol. XX, 1970, p. 43 ss.; Bricola F., voce *Teoria generale del reato*, in *Noviss. dig. it.*, Vol. XIX, 1973, p. 7 ss.; Palazzo F., *L'errore sulla legge extrapenale*, Milano, 1974; Palazzo F.C., *L'errore sulla legge extrapenale*, Milano, 1974; Pulitanò D., *L'errore di diritto nella teoria del reato*, Milano, 1976; Grosso C. F., voce *Errore*, in *Enc. giur. Treccani*, Vol. XIII, 1988; Stile A. (a cura di), *Responsabilità oggettiva e giudizio di colpevolezza*, Napoli, 1989; Morselli E., *Il ruolo dell'atteggiamento interiore nella struttura del reato*, Padova, 1989; Flora G., voce *Errore*, in *Dig. disc. pen.*, Vol. IV, 1990, p. 255 ss.; Donini M., *Illecito e colpevolezza nell'imputazione del reato*, Milano, 1991; Tassi S., *Il dolo*, Padova, 1992; Prosdocimi S., Dolus eventualis, Milano, 1993; Eusebi L., *Il dolo come volontà*[2], Brescia, 1993; Picotti L., *Il dolo specifico*, Milano, 1993; Cadoppi A., voce Mens Rea, in *Dig. disc. pen.*, Vol. VII, 1993, p. 26 ss.; Donini M., *Teoria del reato*, Padova, 1996; Gelardi M., *Il dolo specifico*, Padova, 1996; Prosdocimi S., voce *Reato doloso,* in *Dig. disc. pen.*, Vol. XI, 1996, p. 235 ss.; Donini M., voce *Teoria del reato*, in *Dig. disc. pen.*, Vol. XIV, Torino, 1998,

p. 221 ss.; Belfiore E., *Contributo alla teoria dell'errore in diritto penale*, Torino, 1997; Canestrari S., *Dolo eventuale e colpa cosciente*, Milano, 1999; Cavaliere A., *Errore sulle scriminanti nella teoria dell'illecito penale*, Napoli, 2000; Morgante G., *L'illiceità speciale nella teoria generale del reato*, Torino, 2002; Curi F., Tertium datur. *Dal* common law *al* civil law *per una scomposizione tripartita dell'elemento soggettivo del reato*, Milano, 2003; Spasari T., *L'efficacia scriminante del valore di malattia sui profili penalistici del dolo nel vizio totale e parziale di mente*, Roma, 2003; Mantovani M., *L'esercizio di un'attività non autorizzata. Profili penali*, Torino, 2003; Risicato L., *Gli elementi normativi della fattispecie penale*, Milano, 2004; D'Orazi M., Error nominis et error personae *nel processo penale*, Padova, 2004; Masucci M., *"Fatto" e "valore" nella definizione del dolo*, Torino, 2004; Cerquetti G., *La rappresentazione e la volontà dell'evento nel dolo*, Torino, 2004; Demuro G., *Il dolo*, Milano, 2007; Caterini M., *Il reato eccessivo. La preterintenzione dal* versari in re illicita *al dolo eventuale*, Napoli, 2008; Cerquetti G., voce *Reato doloso*, in *Dig. disc. pen.*, Agg. IV, 2008; Demuro G.P., *Il dolo, II, L'accertamento*, Milano, 2010; Cerquetti G., *Il dolo*, Torino, 2010; Pierdonati M., *Dolo e accertamento nelle fattispecie penali c.d. pregnanti*, Napoli, 2012; Brunelli D. (a cura di), *Il "mistero" del dolo eventuale. Scritti dal dibattito svoltosi a Perugia, 27 gennaio 2012*, Torino, 2014; Bonini S., *Elemento normativo nella fattispecie penale. Questioni sistematiche e costituzionali*, Napoli, 2016; Salcuni G., *Il "silenzio" del rischio, la "loquacità" del fine. Per una ricostruzione finalistico-volontaristica del dolo eventuale*, Pisa, 2017; Astorina Marino P., *L'accertamento del dolo. Determinatezza, normatività e individualizzazione*, Torino, 2018.

CAPITOLO III

LA COLPA

1. Il reato colposo: delitti e contravvenzioni.

Il delitto «è colposo, o contro l'intenzione, quando l'evento, anche se preveduto, non è voluto dall'agente, e si verifica a causa di negligenza o imprudenza o imperizia, ovvero per inosservanza di leggi, regolamenti, ordini o discipline» (art. 43, comma 1, c.p.).

Imputazione colposa e delitti

Perché un **delitto** sia punibile a titolo di colpa occorre una **espressa previsione legislativa** (art. 42, comma 2, c.p.). L'imputazione colposa per i delitti è dunque l'eccezione, e non la regola (per quanto vi siano delitti colposi la cui ricorrenza statistica è notevole: si pensi, ad esempio, all'omicidio colposo e, ancor più, alle lesioni personali colpose).

Imputazione colposa e contravvenzioni

Le **contravvenzioni**, viceversa, sono **di regola** punite indifferentemente a titolo di **dolo o** di **colpa** (art. 42, ultimo comma, c.p.), salvi i casi di contravvenzioni che, per loro intrinseca struttura, non ammettono che la realizzazione dolosa, ovvero quella colposa.

Come esempio di contravvenzione (solo) dolosa si può citare l'art. 660 c.p. (molestia o disturbo alle persone: il fatto dev'essere realizzato «per petulanza o per altro biasimevole motivo», il che pare inconciliabile con un atteggiamento di mera colpa). Viceversa, come ipotesi contravvenzionale (solo) colposa, si può richiamare l'art. 676 c.p. (rovina di edifici o di altre costruzioni, ove si fa esplicito riferimento alla «colpa» del soggetto agente, e per quanto sia discusso che tale dato letterale sia effettivamente idoneo ad escludere la possibilità di un'imputazione dolosa). Il fatto-base di cui al comma 1 del suddetto articolo è stato peraltro decriminalizzato con il d.lgs. n. 507 del 1999, sicché la punibilità residua unicamente laddove dal fatto sia derivato pericolo per le persone (comma 2).

2. I requisiti della colpa: generalità.

Requisiti negativi

Perché vi sia colpa occorre, innanzitutto, **in negativo**, che il soggetto agente non versi in dolo (**assenza di dolo**; se si preferisce: **colpa come simmetrico negativo del dolo**).

L'art. 43 c.p. richiede che **non sia voluto l'evento** del reato. La dottrina maggioritaria, peraltro, evidenzia l'**imprecisione della definizione legale** di colpa. Innanzitutto, essa risulta pensata con riguardo ai soli delitti colposi d'evento, e non tiene conto dei reati colposi di **mera condotta**, che pure esistono. In secondo luogo, anche in rapporto ai reati di evento, ciò che non deve essere voluto non è necessariamente l'evento, ma può anche essere **un altro elemento del fatto materiale tipico**. Tale puntualizzazione ha dei riflessi, come si vedrà, in tema di colpa c.d. impropria.

Requisiti positivi

Quanto ai **requisiti positivi** della colpa, essa è costituita:

– dalla **inosservanza di regole di condotta** (o, se si preferisce: dalla **violazione di un dovere obiettivo di diligenza**);

– dalla **rimproverabilità** della suddetta inosservanza al soggetto agente, in base ad un giudizio «personalizzato».

3. La violazione del dovere obiettivo di diligenza.

Nella vita di tutti i giorni, sono innumerevoli le condotte che possono mettere in pericolo la vita altrui, o l'altrui incolumità personale, o comunque beni giuridici «presidiati» mediante incriminazioni che si fondano sulla colpa: guidare un'autovettura, prescrivere una terapia, costruire una casa, ecc.

Ciascuno di noi, quando svolge una certa **attività**, è tenuto a svolgerla rispettando determinate **regole precauzionali**. **Scopo** di queste regole è quello di **prevenire** ed **evitare** che venga arrecato un pregiudizio ad interessi meritevoli di tutela, o – perlomeno – di **ridurre il rischio** entro margini tali da renderlo accettabile, ovvero **«consentito»**, in base ai parametri sociali di riferimento.

Addirittura, in certi casi, occorre **astenersi** del tutto dall'agire, e precisamente laddove non sia possibile per il soggetto realizzare una condotta osservante della regola cautelare. Un **obbligo di astensione** scatta, in particolare, qualora il soggetto non disponga delle necessarie competenze tecniche (c.d. **colpa per assunzione**, p. es., del medico ancora inesperto che accetti di effettuare una delicata operazione in luogo di chirurghi specialisti ai quali meglio il paziente potrebbe essere affidato), ovvero quando agire significherebbe comunque correre un rischio eccessivo.

Regole cautelari

Le **«regole di diligenza»**, ovvero **«di esperienza»**, ovvero **«cautelari»**, che debbono essere osservate, altro non sono che **la cristallizzazione di giudizi di prevedibilità ed evitabilità ripetuti nel tempo**.

La regola cautelare nasce cioè dall'esperienza. L'analisi dell'esperienza pratica porta alla formazione di conoscenze, in una duplice direzione: da un lato, ci dice quali sono le possibili conseguenze dannose che dall'esercizio di un'attività (più o meno pericolosa) possono derivare (conseguenze che possono pertanto dirsi **prevedibili**); dall'altro, ci dice quali sono (sempre che esistano) le cautele necessarie ad **evitare** tali conseguenze (o perlomeno a **ridurre le probabilità** di lesione del bene giuridico entro limiti accettabili, in rapporto ad attività socialmente utili il cui svolgimento si reputi necessario, pure a fronte di un ineliminabile margine di rischio).

In questo senso, i concetti di **prevedibilità ed evitabilità** rappresentano il «nocciolo» della struttura concettuale della colpa.

4. Colpa generica e colpa specifica.

Colpa generica

Le **regole cautelari** possono essere **«non scritte»**: in tal caso, la «cristallizzazione» del giudizio di prevedibilità ed evitabilità non è sancita in una precisa disposizione (non importa di che rango), ma va desunta direttamente dall'esperienza della vita sociale, nel singolo «settore» di riferimento. Si parla, in tal caso, di **colpa generica**: ad essa si riferisce l'art. 43 c.p., laddove fa riferimento alla **negligenza**, all'**imprudenza** ed all'**imperizia**.

Negligenza

Per **negligenza** si intende una trascuratezza in rapporto ad una regola di condotta che prescrive di attivarsi in qualche modo (es.: il genitore che dimentica il proprio neonato nell'automobile parcheggiata sotto il sole); l'**imprudenza** si ha, viceversa, quando la regola cautelare richiede di astenersi dall'agire, ovvero di agire osservando determinati accorgimenti, mentre in realtà il soggetto agisce in luogo di astenersi, ovvero agisce senza le debite cautele (es.: l'automobilista che si mette alla guida in precarie condizioni fisiche); l'**imperizia** racchiude in sé sia la negligenza che l'imprudenza, ma con riguardo ad attività c.d. «qualificate», che richiedono cioè particolari cognizioni tecnico-professionali (es.: il medico che, violando le *leges artis*, sbaglia una diagnosi o una terapia).

Imprudenza

Imperizia

Colpa specifica

In altri casi, invece, la **regola cautelare** non solo si è formata (si è cristallizzata), ma risulta addirittura «messa **per iscritto**». È questa la **colpa specifica**, basata sulla **inosservanza di leggi, regolamenti, ordini e discipline** (art. 43 c.p.).

Leggi

Nella nozione di **leggi** rientrano, a questo proposito, sia le leggi in senso formale, sia gli atti equiparati (per esempio, il d.P.R. n. 547 del 1955, in tema di prevenzione degli infortuni sul lavoro, peraltro superato dal d.lgs. n. 81 del 2008).

Regolamenti

Per **regolamenti** si intendono atti amministrativi aventi carattere normativo (si cita, in genere, l'esempio del regolamento di esecuzione del codice della strada).

Ordini

Gli **ordini** sono, invece, prescrizioni più specifiche, nel senso di rivolte ad un destinatario individuato, o comunque ad una cerchia di soggetti determinati.

Discipline

Le **discipline**, infine, rappresentano norme generali, emanate sia da autorità pubbliche che private, dirette a regolamentare l'esercizio di date attività, per lo più all'interno di una certa struttura (es. regolamenti aziendali, o di fabbrica).

Il progresso delle conoscenze umane consente, ovviamente, una crescente positivizzazione delle regole di prudenza, sicché nei più svariati settori è dato di rinvenire una quantità imponente di norme scritte, alle quali si deve attenere chi vi opera.

Tuttavia, ciò **non** significa che il soggetto che si adegui a tali prescrizioni risulti **automaticamente** immune da un rimprovero a titolo di colpa. Al contrario, occorre verificare, con un'indagine caso per caso, se residuino spazi per la configurabilità di una **colpa generica**, nella misura in cui le regole cautelari scritte non possano dirsi esaustive.

5. Il giudizio di prevedibilità ed evitabilità: la «misura oggettiva» della colpa.

Un problema assai delicato è quello di stabilire **quale sia lo *standard* alla luce del quale si deve formare il giudizio di prevedibilità ed evitabilità**, che a sua volta «condiziona» la **struttura** stessa della regola cautelare oggettiva.

Criteri per l'individuazione della regola cautelare oggettiva

A questo proposito, **due** sono gli **orientamenti** fondamentali che si contrappongono.

Da un lato, vi è chi afferma che le regole di condotta, di qualsivoglia natura, debbano essere individuate mediante il criterio oggettivo della prevedibilità ed evitabilità **secondo la miglior scienza ed esperienza** del momento storico, in quello specifico settore.

Criterio della miglior scienza ed esperienza

Secondo una diversa impostazione, il parametro oggettivo in base al quale formulare il giudizio di prevedibilità ed evitabilità è quello del c.d. ***homo eiusdem professionis et condicionis*** (= uomo della stessa professione e condizione): si fa riferimento, cioè, ad una **astratta figura di agente-modello**, esperto ed accorto, che ipoteticamente svolga quello stesso tipo di attività posta in essere dall'agente «in carne ed ossa».

Criterio dell'agente modello

In ogni caso, è importante sottolineare che la **regola cautelare oggettiva** (ricostruita secondo la formula della prevedibilità ed evitabilità secondo la miglior scienza ed esperienza; oppure secondo il parametro dell'*homo eiusdem professionis et condicionis*) consente di individuare le stesse **condotte «colpose»** (= inosservanti della regola stessa): **si può qualificare, infatti, una certa condotta come colposa, ogniqualvolta essa non rispetti la regola precauzionale**. In questa prospettiva, la colpa attiene direttamente alla **tipicità** del fatto di reato, ed il giudizio di prevedibilità/evitabilità serve a forgiare la struttura ed il contenuto del comando o del divieto penale.

6. La rimproverabilità del fatto a titolo di colpa. La «misura soggettiva» della colpa.

Non è peraltro sufficiente la violazione della regola cautelare **oggettiva** perché il fatto sia rimproverabile al soggetto a titolo di colpa.

Chi ricostruisce la **regola cautelare oggettiva** in base al parametro della **miglior scienza ed esperienza**, impiega il criterio **dell'agente-modello**, ossia dell'uomo giudizioso *eiusdem professionis et condicionis*, per determinare **in concreto la prevedibilità ed evitabilità**, ossia con specifico riguardo alla situazione in cui agisce **il soggetto in carne ed ossa**: ciò allo scopo di giungere ad una **adeguata personalizzazione del rimprovero** giuridico-penale.

Chi viceversa utilizza il criterio **dell'agente-modello** già «a monte», e cioè per stabilire ciò che **oggettivamente** ed a **livello di tipicità** è «colposo», fa dipendere il **rimprovero di colpevolezza** dall'accertamento della capacità, da parte del soggetto agente, di uniformare il proprio comportamento alla regola cautelare violata, tenendo conto del livello individuale di esperienza dell'autore concreto (c.d. **misura soggettiva della colpa**).

In realtà, le due differenti impostazioni possono risultare meno divergenti, sul piano dei risultati concreti, di quanto non si direbbe a prima vista.

È chiaro che – oggettivamente – la **regola cautelare** va ricostruita con **rigore**, dovendosi pretendere dai consociati che si comportino con tutta la diligenza possibile, per evitare di ledere beni giuridici protetti (anche) attraverso incriminazioni colpose. Al tempo stesso, nel momento in cui risulti che quel dovere oggettivo di diligenza è stato violato, è altrettanto naturale rivolgere l'attenzione **all'agente concreto**, per stabilire se fosse **effettivamente in grado di uniformarsi** a quel rigoroso *standard* oggettivo.

Limiti alla «personalizzazione» del rimprovero a titolo di colpa

Il **problema centrale**, allora, è di vedere fino a che punto possa e debba essere **«personalizzato» il rimprovero** di colpa.

La personalizzazione sarebbe di certo **eccessiva**, se si volesse tener conto di **tutte le caratteristiche** dell'agente concreto, finendo per giudicare il suo comportamento in base alla sua stessa ottica: seguendo questa via, infatti, si arriverebbe in pratica a scusare ogni comportamento colposo.

In effetti, quindi, occorre pur sempre – anche quando si parla di **misura soggettiva** della colpa – ricorrere ad **un'astrazione e ad una generalizzazione**, seppure non così marcate come quelle sottese alla ricostruzione di parametri oggettivi di prevedibilità ed evitabilità.

In quest'ottica, è possibile procedere sia nel senso di ricavare **una pluralità di figure di agenti-modello più specifiche ed analitiche, che si prestino a meglio valorizzare caratteristiche peculiari del soggetto agente in carne ed ossa** (es.: non il medico-modello, ma più figure differenziate di riferimento, a seconda che si tratti di medico generico, ovvero di medico specialista, o di medico che si dedica alla sperimentazione, ecc.), sia nel senso di **valorizzare determinate caratteristiche fisiche o intellettuali, in modo da non elevare un rimprovero penale a chi abbia violato una regola cautelare di fatto inesigibile a causa di limiti di quello stesso soggetto, al medesimo non imputabili**.

Ad esempio: se un automobilista **principiante** cagiona l'investimento di un uomo, pur avendo posto in essere una manovra d'emergenza diretta ad evitare l'impatto, ma non sufficientemente abile, si può ritenere che vi sia una **violazione dello *standard* oggettivo di diligenza** (sia secondo il parametro della miglior scienza ed esperienza, sia facendo riferimento ad una generica figura di automobilista modello, prudente ed accorto); si potrebbe tuttavia escludere la **rimproverabilità** a titolo di colpa, ritenendo che il soggetto si sia uniformato a quanto esigibile da un automobilista che – per quanto prudente ed accorto – abbia però i limiti «normali» di un **principiante**, dal quale non si può esigere un'abile e perfetta manovra d'emergenza.

Soggetto dotato di conoscenze e capacità superiori

Quanto poi al **soggetto dotato di conoscenze e capacità superiori**, si ritiene in genere che di queste debba **tenersi conto**: diversamente – si argomenta – si verrebbero a privilegiare coloro che risultano dotati di conoscenze particolari. Per altro verso, tuttavia, si ammette che il diritto penale non possa esigere sempre e comunque, da coloro che si collocano al di sopra del livello «normale», l'integrale sfruttamento di siffatte doti eccezionali. Ad esempio, il corridore automobilistico di «Formula uno» non sarebbe tenuto ad usare, nella guida di tutti i giorni, tutta la concentrazione, i riflessi e, in sintesi, la perizia che pure sa mettere in atto in un «gran premio», e potrebbe essere rimproverato solo se la sua condotta risultasse censurabile all'esito del consueto confronto con quella (ipotetica) di un «normale» guidatore-modello, «calato» nella situazione concreta.

7. Il contenuto della regola cautelare.

Come già si è accennato, la **regola cautelare** può imporre addirittura di **astenersi** dallo svolgere un certo tipo di attività. Il più delle volte, peraltro, il contenuto delle regole di condotta non è così drastico.

Spesso, il soggetto può tenere comportamenti che di per sé comportano un margine – più o meno consistente – di rischio, adottando però le misure precauzionali necessarie. In tale prospettiva, si distingue nella più recente dottrina tra **regole cautelari «proprie»** ed **«improprie»** (VENEZIANI), a seconda della differente **efficacia** delle medesime.

Regole cautelari proprie

In sintesi, per regole cautelari **«proprie»** si intendono quelle basate su un giudizio di prevedibilità dell'evento e di **evitabilità** del medesimo **con probabilità confinante con la certezza**, laddove il soggetto si comporti osservando le regole *de quibus* (c.d. **comportamento alternativo lecito**, che si contrappone alla condotta colposa tipica).

Regole cautelari improprie

Si qualificano invece come **«improprie»** le regole cautelari che, a fronte della prevedibilità dell'evento, impongono di adottare precauzioni che **non garantiscono un azzeramento (o quasi) del rischio**, ma soltanto una **riduzione** del medesimo: cosicché il comportamento alternativo lecito consente di prevenire l'evento soltanto con un certo livello di probabilità, variabile a seconda dell'efficacia della regola, ma senza che sia possibile nutrire alcuna ragionevole certezza in merito.

Obblighi di informazione

A fini di prevenzione, risultano assai diffusi, altresì, gli **obblighi di informazione**: sia l'obbligo di informarsi, prima di intraprendere un tipo di attività che richiede conoscenze *ad hoc*, e sia l'obbligo di informare terzi (ad esempio, i lavoratori circa i pericoli connessi a una data lavorazione).

Delega di funzioni: *culpa in eligendo* e *culpa in vigilando*

Laddove poi, per l'adempimento di particolari obblighi giuridici, un soggetto debba, o comunque intenda avvalersi dell'operato di altri (c.d. **delega di funzioni**: v. *supra*, P. III, Sez. I, Cap. II), egli dovrà scegliere persone effettivamente idonee, e svolgere un adeguato controllo: in difetto, potrebbero insorgere in capo al medesimo profili di responsabilità colposa, sotto il profilo – rispettivamente – della *culpa* ***in eligendo*** (= colpa nello scegliere) e della *culpa* ***in vigilando*** (= colpa nel controllare).

8. Il comportamento alternativo lecito e lo scopo di protezione della regola cautelare violata.

Evitabilità dell'evento mediante il comportamento alternativo lecito

A fronte di una condotta (attiva) indiziata di colpa, che ha cagionato un certo evento, occorre effettuare una verifica ulteriore, e cioè chiedersi se, in caso di c.d. **comportamento alternativo lecito**, ossia qualora il soggetto si fosse comportato in maniera osservante della regola cautelare, l'evento stesso si sarebbe verificato ugualmente, oppure no.

Per **ascrivere l'evento** cagionato al soggetto attivo, **non basta** infatti la sussistenza del mero **nesso causale**, ma – a livello di **colpa** – si reputa necessario che il **comportamento alternativo corretto** sia **in concreto idoneo ad evitare l'evento** dannoso. In altri termini, difetta **l'evitabilità** (e quindi la colpa) quando l'evento si sarebbe verificato anche qualora il soggetto avesse agito con diligenza.

Si fa l'esempio del medico che usa per errore cocaina anziché novocaina cagionando la morte del paziente, che però sarebbe deceduto ugualmente anche qualora la somministrazione fosse stata fatta in maniera corretta, stante una particolare ipersensibilità ad entrambi i narcotici.

Più in specifico, e secondo l'interpretazione che pare prevalente, in caso di condotta attiva che abbia cagionato un determinato evento (decorso causale reale, attivato dall'inosservanza della regola cautelare), **la responsabilità colposa** va **esclusa** soltanto se, in base ad un giudizio ipotetico, si possa dire **con certezza** (o **con una probabilità confinante con la certezza**) che l'evento non sarebbe stato comunque evitato (anche in caso di comportamento alternativo lecito). Quindi, nell'esempio sopra riferito, non vi sarebbe colpa del medico per difetto di evitabilità dell'evento, laddove si possa affermare con certezza (o con una probabilità confinante con la certezza) che il paziente sarebbe morto comunque, e cioè anche in caso di somministrazione corretta di novocaina.

Evento come concretizzazione del rischio che la regola cautelare mirava ad evitare

In presenza dell'oggettiva violazione di una regola cautelare, occorre inoltre domandarsi se l'evento che ne è derivato rappresenti o meno la **concretizzazione del rischio che la regola stessa mirava a prevenire**: l'inosservanza delle norme cautelari, infatti, può dare luogo ad una responsabilità colposa non in maniera indistinta, per tutti gli eventi cagionati, ma soltanto per quelli che appartengono ad una certa tipologia, che le norme stesse mirano ad evitare.

Facciamo un esempio: Tizio, automobilista, non osserva la regola che obbliga a tenere la destra, e investe ed uccide il ciclista Caio che pedala al centro della strada, invece di tenere la destra a sua volta. Qui, la violazione della predetta regola cautelare non comporta di per sé stessa la colpa; infatti, tale regola non ha come scopo di tutela quello di evitare che si investano ciclisti. Anzi, casomai, la regola cautelare rilevante a tal fine sarebbe quella opposta di non marciare troppo a destra. Ciò non toglie che la colpa, in una simile ipotesi, possa se del caso sussistere; ma deriverebbe dall'inosservanza di **diversa regola cautelare**.

9. Il principio di affidamento.

Il **principio di affidamento** è stato elaborato, in particolare, dalla dottrina tedesca, nel periodo nazionalsocialista, con specifico riferimento al settore della circolazione stradale: nel contesto di tale origine storica, esso ruota intorno all'idea che l'automobilista (e in generale chi «partecipa al traffico») non può essere gravato dell'obbligo di mettere sempre in conto le possibili altrui trasgressioni alle regole della circolazione.

Limiti del principio di affidamento

Più in generale, il problema è quello di stabilire se e fino a che punto il destinatario di un obbligo di diligenza possa **«fare affidamento»**, ossia confidare nel fatto che **altri soggetti**, con i quali egli interagisce, **si comportino in maniera osservante** delle regole cautelari.

Entro quali limiti l'agente deve prestare attenzione e controllare l'operato altrui (potendo versare in colpa se non lo fa in maniera adeguata), e quando invece può «fidarsi degli altri», senza che questa «fiducia» si traduca in una colpevole leggerezza?

Il principio di affidamento, in sé considerato, non contiene una risposta a questo fondamentale interrogativo: non ci dice, per esempio, quando Tizio debba andare esente da responsabilità colposa per aver nutrito una legittima aspettativa circa il fatto che Caio si sarebbe comportato con diligenza, o – al contrario – quando Tizio debba essere considerato responsabile insieme a Caio, per non averne controllato l'operato.

L'indagine sui limiti del principio di affidamento non può dunque prescindere da una considerazione del **contenuto e dei limiti degli specifici obblighi di cautela**, legati alle peculiarità dei singoli casi concreti, anche se dalla elaborazione dottrinale e giurisprudenziale sono ricavabili alcune **indicazioni di ordine generale**.

Per esempio, nell'**attività medico-chirurgica svolta in *équipe***, si riconosce che il capo-chirurgo possa confidare nel fatto che l'anestesista, l'urologo, l'ostetrico, ecc. svolgano correttamente i propri compiti (anche perché proprio la corretta ripartizione dei compiti è funzionale a che i medesimi siano espletati con la dovuta perizia): ciò comporta che una colpa dell'anestesista, o di altro medico chirurgo facente parte dell'*équipe*, resti tendenzialmente circoscritta a quest'ultimo, salvo che intervengano elementi eccezionali e riconoscibili, tali da richiedere al capo-*équipe* di attivarsi anche oltre l'ambito «normale» delle proprie competenze.

10. Colpa propria e colpa impropria.

Si parla di **colpa impropria**, ad indicare ipotesi in cui il soggetto agente risponde a titolo di colpa, **pur avendo voluto l'evento del reato**. **Colpa impropria**

Nell'ambito del nostro codice penale, si avrebbe colpa impropria nei seguenti casi:

a) **errore colposo sul fatto di reato** (art. 47, comma 1, c.p.: «L'errore sul fatto che costituisce il reato esclude la punibilità dell'agente. **Nondimeno, se si tratta di errore determinato da colpa, la punibilità non è esclusa, quando il fatto è preveduto dalla legge come delitto colposo**»);

b) **eccesso colposo nelle cause di giustificazione** (art. 55 c.p.: «Quando, nel commettere alcuni dei fatti preveduti dagli articoli 51, 52, 53 e 54 c.p., si eccedono colposamente i limiti stabiliti dalla legge o dall'ordine dell'Autorità, ovvero imposti dalla necessità, **si applicano le disposizioni concernenti i delitti colposi, se il fatto è preveduto dalla legge come delitto colposo**»);

c) **erronea supposizione colposa di una causa di giustificazione**, in realtà inesistente (art. 59, ultimo comma, c.p.: «Se l'agente ritiene per errore che esistano circostanze di esclusione della pena, queste sono sempre valutate a favore di lui. Tuttavia, **se si tratta di errore determinato da colpa, la punibilità non è esclusa, quando il fatto è preveduto dalla legge come delitto colposo**»).

Colpa propria

In realtà, ha perduto terreno la tesi secondo la quale, nelle ipotesi sopra descritte, si avrebbe un **reato doloso, trattato come se fosse colposo** (di qui, appunto, la denominazione di **colpa impropria**, in contrapposizione alla **colpa propria**, ossia quelli che si vorrebbero rappresentare come i «veri» casi di colpa, sia nella essenza della fattispecie, sia nella disciplina della medesima).

Secondo l'impostazione oggi prevalente, **in tutti questi casi ricorre l'elemento negativo che funge da presupposto della colpa**, dato dall'assenza di **volontà** (di almeno un elemento) del **fatto** (e non dell'evento: impropria, dunque, la definizione di delitto colposo che si legge nell'art. 43 c.p.). In altri termini, il soggetto **vuole**, qui, **l'evento**, ma **si rappresenta/vuole un fatto diverso** rispetto al fatto tipico (o comunque, nell'ipotesi di cui all'art. 59, ult. comma, rispetto ad elementi fattuali dell'antigiuridicità). Di conseguenza, si ha un **vero e proprio delitto colposo**, e non un delitto doloso equiparato al corrispondente modello colposo soltanto *quoad poenam* (= quanto alla pena); al soggetto agente si rimprovera non la volizione dell'evento, bensì di avere agito con leggerezza.

Si pensi ad esempio a Tizio, gioielliere, che scambia il cliente Caio che entra nel suo negozio per un pericoloso rapinatore; Caio sta per estrarre il proprio telefonino, e Tizio crede invece che Caio lo voglia uccidere; Tizio, quindi, estrae la pistola e fa fuoco, uccidendo Caio.

In un caso del genere, Tizio agisce con la volontà di cagionare l'evento (morte di Caio); egli tuttavia si rappresenta l'esistenza di una causa di giustificazione, ossia crede di agire in stato di legittima difesa. Pertanto, difetta, in capo a Tizio, il dolo del delitto di omicidio (qualcuno parla in dottrina, in questi casi, di mancanza del dolo «di illecito», dal momento che vi sarebbe il dolo rispetto al fatto tipico, ma non rispetto all'antigiuridicità dello stesso; altri, di mancanza di una colpevolezza dolosa). È comunque possibile muovere al gioielliere un rimprovero per

colpa, e cioè per avere agito troppo precipitosamente, senza osservare la **regola di prudenza** che impone di meglio **accertarsi dell'identità e delle reali intenzioni** di coloro che entrano in negozio, prima di porre in essere una forma di difesa così estrema. In ultima analisi, Tizio risponderà, conformemente al disposto di cui all'art. 59, ultimo comma, c.p., non già del delitto di omicidio doloso (art. 575 c.p.), bensì del delitto di omicidio colposo (art. 589 c.p.), ricorrendo nel caso di specie tutti gli estremi strutturali della responsabilità colposa: volendo, si può denominare la colpa in questione come «**impropria**», ma soltanto con un **valore puramente convenzionale**, senza cioè che il termine evochi una qualche differenza ontologica rispetto ad una pretesa, distinta colpa «propria».

11. Colpa incosciente e colpa cosciente (colpa con previsione).

Nell'ambito della colpa, occorre distinguere tra **colpa incosciente e colpa cosciente (o con previsione)**.

Colpa incosciente

La **colpa incosciente** – che rappresenta la forma ordinaria e statisticamente più frequente di colpa – **si ha quando l'evento non solo non è voluto, ma nemmeno previsto dal soggetto agente**, ovvero – più in generale – allorquando chi agisce non si rende conto di esporre a pericolo o di ledere beni giuridici.

Colpa cosciente

La **colpa cosciente** si ha, viceversa, **allorquando l'agente non voglia commettere il reato, ovvero realizzare l'evento, ma tuttavia se lo rappresenti, lo preveda come possibile conseguenza della sua condotta** (di qui la denominazione, alternativa ed utilizzata come del tutto equivalente, di **colpa con previsione**). Questa forma di colpa realizza una circostanza aggravante: l'art. 61, n. 3, c.p., che prevede come circostanza aggravante comune «l'avere, nei delitti colposi, agito nonostante la previsione dell'evento».

Che la colpa non sia incompatibile rispetto alla previsione dell'evento, è d'altra parte confermato dallo stesso art. 43, comma 1, c.p. («...quando l'evento, anche se preveduto, non è voluto...»).

Abbiamo già visto come la colpa con previsione ponga delicati problemi in sede di individuazione della linea di confine tra la medesima ed il dolo eventuale (v. *supra*, P. III, Sez. III, Cap. II).

12. Il «grado» della colpa.

Ai sensi dell'**art. 133 c.p.**, il giudice, nel procedere alla commisurazione della pena, deve tenere conto, fra l'altro, della **gravità del reato**, desunta da una pluralità di indici, tra i quali è compreso quello del **«grado della colpa»**.

Graduabilità della colpa: criteri

La **graduabilità della colpa** si apprezza in sede di **colpevolezza colposa**: un fatto realizzato in violazione di una regola cautelare è rimproverabile all'agente in misura **maggiore o minore**, a seconda di una pluralità di fattori.

Innanzitutto, si tratta di stabilire **quanto la condotta** imprudente, negligente, ecc. (effettivamente tenuta) **diverga da quella osservante della regola cautelare** (che avrebbe dovuto essere tenuta, ma non lo è stata): tanto maggiore risulti la divergenza, tanto più deve ritenersi elevato il grado della colpa.

Questo criterio però va correlato ad un ulteriore ordine di considerazioni. Si è visto che il giudizio di colpevolezza-rimproverabilità si prefigge una **personalizzazione del rimprovero** giuridico-penale. Ebbene, occorre allora tenere presenti le **cause soggettive** per le quali l'agente concreto non ha rispettato – in maniera più o meno consistente – il dovere oggettivo di diligenza.

Nel diritto penale non paiono automaticamente trasferibili partizioni civilistiche della colpa (colpa grave, colpa lieve, ecc.).

Talora, peraltro, la graduazione della colpa può avvenire in funzione non già della quantificazione della risposta sanzionatoria, ma dell'affermazione o meno dell'***an* della responsabilità penale**. In questa direzione, ad esempio, andava l'art. 3, comma 1, della l. n. 189 del 2012 (c.d. riforma «Balduzzi»), in materia sanitaria, prevedendo: «L'esercente la professione sanitaria che nello svolgimento della propria attività si attiene a linee guida e buone pratiche accreditate dalla comunità scientifica non risponde penalmente per colpa lieve».

Tale disciplina è stata superata da un'ulteriore riforma della responsabilità del sanitario. Tramite l'art. 6 della l. 8 marzo 2017, n. 24 (c.d. riforma «Gelli-Bianco»), è stato inserito nel codice penale un nuovo **art. 590-*sexies*** (**«Responsabilità colposa per morte o lesioni personali in ambito sanitario»**): «Se i fatti di cui agli articoli 589 e 590 sono commessi nell'esercizio della professione sanitaria, si applicano le pene ivi previste salvo quanto disposto dal secondo comma» (comma 1). «Qualora l'evento si sia verificato a causa di imperizia, la punibilità è esclusa quando sono rispettate le raccomandazioni previste dalle linee guida come definite e pubblicate ai sensi di legge ovvero, in mancanza di queste, le buone pratiche clinico-assistenziali, sempre che le raccomandazioni previste dalle predette linee guida risultino adeguate alle specificità del caso concreto» (comma 2).

La disciplina attuale non ripropone un riferimento esplicito al grado della colpa, anche se un'autorevole presa di posizione della Corte di Cassazione, espressasi a Sezioni Unite, ha ritenuto che la nuova causa di esclusione della responsabilità penale operi solo nelle ipotesi in cui si tratti di **colpa lieve**, qualificabile in termini di **imperizia**, e comunque in fase di **esecuzione di linee guida adeguate** alle particolarità del caso concreto (Sent. n. 8770 del 2017).

Più in generale, si discute – in una prospettiva *de iure condendo* – se la responsabilità penale per colpa non possa essere circoscritta ai soli casi di **colpa grave**. In tale ottica, forse condivisibile, i criteri sopra riferiti assumerebbero innanzitutto la funzione di tracciare una linea di confine tra lecito ed illecito penale, ed eventualmente, in un secondo momento (ove ci si convinca che la colpa è grave), di «graduare» la stessa colpa grave.

Inoltre, sul **grado della colpa** può incidere **l'effettivo atteggiamento psicologico del soggetto agente**: addirittura, come si è visto, la colpa con previsione è contemplata quale circostanza aggravante comune.

Note bibliografiche

Del Giudice A., *Il delitto colposo*, Ferrara, 1918; Musotto G., *Colpevolezza, dolo e colpa*, Palermo, 1939; Alimena F., *La colpa nella teoria generale del reato*, Palermo, 1947; Cecchi O., *Il delitto colposo*, Milano, 1950; Riccio S., *Il reato colposo*, Milano, 1952; Pettoello-Mantovani L., *La colpa*, Milano, 1954; Altavilla E., *La colpa*, Voll. I-II, Torino, 1957; Altavilla E., voce *Colpa penale*, in *Noviss. dig. it.*, Vol. III, 1959, p. 545 ss.; Pagliaro A., *Il fatto di reato*, Palermo, 1960; Gallo M., voce *Colpa penale*, in *Enc. dir.*, Vol. VII, 1960, p. 624 ss.; Marinucci G., *La colpa per inosservanza di leggi*, Milano, 1965; Marini G., voce *Colpa*, in *Enc. giur. Treccani,* Vol. VI, 1988; Mantovani F., voce *Colpa*, in *Dig. disc. pen.*, Vol. II, 1988, p. 299 ss.; Forti G., *Colpa ed evento nel diritto penale*, Milano, 1990; Pioletti U., *Contributo allo studio del delitto colposo*, Padova, 1990; Donini M., *Illecito e colpevolezza nell'imputazione del reato*, Milano, 1991; Giunta F., *Illiceità e colpevolezza nella responsabilità colposa*, Padova, 1993; Donini M., *Il delitto contravvenzionale*, Milano, 1993; DONINI M., *Teoria del reato*, Padova, 1996; MANTOVANI M., *Il principio di affidamento nella teoria del reato colposo*, Milano, 1997; DONINI M., voce *Teoria del reato*, in *Dig. disc. pen.*, Vol. XIV, Torino, 1998, p. 221 ss.; CANESTRARI S., *Dolo eventuale e colpa cosciente*, Milano, 1999; BELLOLI P. G., *Fenomenologia della colpa*, Milano, 2001; CURI F., Tertium datur. *Dal* common law *al* civil law *per una scomposizione tripartita dell'elemento soggettivo del reato*, Milano, 2003; DI GIOVINE O., *Il contributo della vittima nel delitto colposo*, Torino, 2003; VENEZIANI P., *Regole cautelari «proprie» ed «improprie». Nella prospettiva delle fattispecie colpose causalmente orientate*, Padova, 2003; VENEZIANI P., *I delitti contro la vita e l'incolumità individuale. Delitti colposi*, tomo II, in MARINUCCI G.-DOLCINI E. (diretto da), *Trattato di diritto penale. Parte speciale*, Vol. III, Padova, 2003; CORNACCHIA L., *Concorso di colpe e principio di responsabilità penale per fatto proprio*, Torino, 2004; BONAFEDE M., *L'accertamento della colpa specifica*, Padova, 2005; BASILE F., *La colpa in attività illecita. Un'indagine di diritto comparato sul superamento della responsabilità oggettiva*, Milano, 2005; MINNITI G., *Violazione delle regole cautelari e responsabilità per colpa nel sistema del diritto penale*, Roma, 2007; FRESA R., *La colpa professionale in ambito sanitario. Responsabilità civile e penale, consenso informato, colpa e nesso causale, casistica e giurisprudenza*, Torino, 2008; CASTRONUOVO D., *La colpa penale*, Milano, 2009; DI LANDRO A.R., *La colpa medica negli Stati Uniti e in Italia. Il ruolo del diritto penale e il confronto col sistema civile*, Torino, 2009; PERINI C., *Il concetto di rischio nel diritto penale moderno*, Milano, 2010; CANEPA A., *L'imputazione soggettiva della colpa: il reato colposo come punto cruciale nel rapporto tra illecito e colpevolezza*, Torino, 2011; MASSARO A., *La colpa nei reati omissivi impropri*, Roma, 2011; GROTTO M., *Principio di colpevolezza, rimproverabilità soggettiva e colpa specifica*, Torino, 2012; CIVELLO G., *La "colpa eventuale" nella società del rischio. Epistemologia dell'incertezza e "verità soggettiva" della colpa*, Torino, 2013; MARINUCCI G., *La colpa. Studi*, Milano, 2013; PAVICH G., *La colpa penale*, Milano, 2013; DONINI M.-ORLANDI R. (a cura di), *Reato colposo e modelli di responsabilità. Le forme attuali di un paradigma classico*, Bologna, 2013; MENGHINI A., *L'omicidio stradale. Scelte di politica criminale e frammentazione del sistema*, Napoli, 2016; PALMA A., *Paradigmi ascrittivi della responsabilità penale nell'attività medica plurisoggettiva: tra principio di affidamento e dovere di controllo*, Napoli, 2016; BRUSCO C., la *COLPA penale* e *civile*, Milano, 2017; CAPUTO M., *Colpa penale del medico e sicurezza delle cure*, Torino, 2017; PIERGALLINI C., voce *Colpa (diritto penale)*, in *Enc. dir.*, Annali, X, 2017, p. 222 ss.; CIVELLO G., voce *Responsabilità colposa per morte o lesioni personali in ambito sanitario*, in *Dig. disc. pen.*, agg. 2018, p. 700 ss.; SCHIRÒ M., *Omicidio e lesioni personali stradali*, in *Dig. disc. pen.*, agg. 2018, p. 497 ss.; DI LANDRO A.R., *La responsabilità per l'attività autorizzata nei settori dell'ambiente e del territorio. Strumenti penali ed extra penali di tutela*, Torino, 2018.

Capitolo IV

LA PRETERINTENZIONE E LA RESPONSABILITÀ OGGETTIVA

1. La responsabilità oggettiva ed il principio costituzionale di colpevolezza.

Come si è visto (*supra*, P. I, Cap. IV), l'art. 27 Cost. sancisce il **principio di colpevolezza**. Secondo la giurisprudenza della Corte costituzionale, tale principio impone che debba sussistere **quantomeno la colpa** in rapporto agli **elementi più significativi** della fattispecie tipica (Sentenza n. 364 del 1988).

Tale principio impone – e l'opera non è a tutt'oggi conclusa – di **rivedere e di ripensare**, alla luce del *nullum crimen sine culpa* tutta una serie di **previsioni legali e di istituti** giuridico-penali che con esso contrastano, in quanto fondati sulla regola della c.d. responsabilità oggettiva: la **responsabilità oggettiva**, in quanto **responsabilità senza né dolo, né colpa**, è infatti per sua stessa natura **antitetica** rispetto alla **responsabilità colpevole** (che presuppone una rimproverabilità a titolo di dolo o almeno di colpa).

Il compito non è agevole, in quanto – nella citata pronuncia n. 364/1988 – la Consulta non si è spinta a ritenere che tutte le ipotesi di responsabilità oggettiva contrastino in quanto tali con il principio di colpevolezza: la Corte ha infatti distinto tra casi di **responsabilità oggettiva «pura», o «propria»** (da ricondurre senz'altro nell'alveo della colpevolezza) e casi di **responsabilità oggettiva «spuria», o «impropria»**, che sembrerebbero poter «convivere» con il principio di colpevolezza.

Peraltro, nella successiva Sentenza n. 1085 del 1988, in tema di furto d'uso (vedasi *infra*, par. 9), la Corte costituzionale ha preso posizione in modo ancor più netto contro la responsabilità oggettiva. Ad avviso della Consulta, il principio su cui si basa la responsabilità oggettiva, il c.d. ***versari in re illicita*** (secondo il quale **chi si pone in una situazione di illiceità deve rispondere anche delle conseguenze casuali della propria condotta**: *qui in re illicita versatur respondit etiam pro casu*) **contrasta con l'art. 27, comma 1, Cost.**: «Perché l'art. 27, primo comma, Cost., sia pienamente rispettato e la responsabilità penale sia autenticamente personale, è indispensabile che **tutti e ciascuno degli elementi che concorrono a contrassegnare il disvalore della fattispecie siano soggettivamente collegati all'agente** (siano, cioè, investiti dal dolo o dalla colpa) ed è altresì indispensabile che tutti e ciascuno dei predetti elementi siano allo stesso agente rimproverabili e cioè anche soggettivamente disapprovati» (Corte cost., Sent. n. 1085/1988).

A questo punto, occorre esaminare nel dettaglio la disciplina dettata dal codice penale, allo scopo di:

– riepilogare le principali ipotesi di responsabilità oggettiva, secondo l'impostazione originaria del codice del '30;

– riscontrare gli interventi del legislatore ovvero della Corte costituzionale intesi a ricondurre alcune di dette ipotesi di responsabilità oggettiva nell'alveo della responsabilità colpevole;

– verificare quali ipotesi di responsabilità oggettiva incompatibili con il dettato dell'art. 27 Cost. residuino nell'ambito del sistema penale (limitandoci perlomeno ai casi più evidenti);

– individuare il modo in cui le suddette ipotesi di responsabilità oggettiva possano essere espunte dal sistema, ed in particolare se occorra una declaratoria di illegittimità costituzionale, oppure se sia consentita direttamente una «rilettura» correttiva delle medesime da parte dell'interprete, tale da risultare conforme al principio di colpevolezza.

2. La preterintenzione.

Nell'impianto del codice penale, la **responsabilità preterintenzionale** rappresenta una **figura a sé**, distinta sia dalla responsabilità per dolo, sia da quella per colpa, sia infine dalla responsabilità oggettiva.

Che il delitto preterintenzionale sia stato concepito dal legislatore del '30 come figura distinta rispetto al delitto doloso o colposo, si ricava chiaramente dalla rubrica dell'art. 42 c.p., che recita: «Responsabilità per dolo o per colpa o per delitto preterintenzionale».

Di ciò si trae conferma dal comma 2 del medesimo art. 42: «Nessuno può essere punito per un fatto preveduto dalla legge come delitto, se non l'ha commesso con dolo, salvi i casi di delitto preterintenzionale o colposo espressamente preveduti dalla legge».

Accanto alle ipotesi dolose, colpose o preterintenzionali, «la legge determina i casi nei quali l'evento è posto altrimenti a carico dell'agente come conseguenza della sua azione od omissione» (art. 42, comma 3, c.p.): si tratta dei casi di responsabilità oggettiva, che – come anticipato nel precedente paragrafo – ruotano intorno al principio del *versari in re illicita*.

Definizione

Il codice offre, inoltre, una vera e propria **definizione** del **delitto preterintenzionale**.

Ai sensi dell'art. 43 c.p. (Elemento psicologico del reato), il delitto «è preterintenzionale, o oltre la intenzione, quando dall'azione od omissione deriva un evento dannoso o pericoloso più grave di quello voluto dall'agente».

Il delitto preterintenzionale ha dunque un rilievo non trascurabile in sede di parte generale. Poche sono invece le specifiche previsioni legali di tali delitti.

Omicidio e aborto preterintenzionali

Nell'ambito della parte speciale del **codice penale**, va segnalato l'art. 584 c.p. (Omicidio preterintenzionale): «Chiunque, con atti diretti a commettere uno dei delitti di cui agli articoli 581 e 582, cagiona la morte di un uomo, è punito con la reclusione da dieci a diciotto anni».

Quanto alla **legislazione speciale**, si era soliti richiamare il delitto di **aborto preterintenzionale** (art. 18, l. n. 194 del 1978), consistente nel fatto di chiunque provochi l'interruzione della gravidanza con azioni dirette a cagionare lesioni alla donna (punito con la reclusione da quattro ad otto anni). Ora tale fattispecie è stata trasferita nel codice penale, in attuazione della c.d. riserva di codice, nel nuovo art. 593-*ter*.

Struttura soggettiva del reato preterintenzionale

La **struttura soggettiva** del delitto preterintenzionale è assai discussa.

Su un punto sembra esservi concordia: la preterintenzione non è – come il legislatore del '30 ha preteso che fosse – una forma di responsabilità **intermedia** tra dolo e colpa.

Basti considerare le due ipotesi suddette di omicidio e di aborto preterintenzionali: esse sottendono un coefficiente psicologico di **dolo**, ed in particolare la volontà di percuotere la vittima o di cagionarle lesioni, e, al tempo stesso, **la mancanza del dolo rispetto all'evento ulteriore**, ossia rispetto alla morte ovvero all'interruzione della gravidanza.

Il problema dell'ascrizione dell'ulteriore evento non voluto

Il problema è di stabilire **se quell'evento ulteriore** debba essere ascritto al soggetto agente a titolo di **colpa** oppure in base ad una mera **responsabilità oggettiva**.

Ascrizione in base a responsabilità oggettiva

ART. 42-3 c.p.

Secondo una **diffusa opinione**, l'evento preterintenzionale, ossia il risultato che è andato oltre il volere, verrebbe imputato – nell'ottica del codice penale – a titolo di **responsabilità oggettiva**: basterebbe il mero nesso di causalità materiale tra la condotta dell'agente e l'evento finale.

È questa probabilmente la soluzione che più si avvicina allo «spirito» originario del codice, ma che in modo evidente **stride con il principio di colpevolezza**.

Ascrizione a titolo di colpa

Secondo una **diversa lettura**, l'evento preterintenzionale deve essere invece «coperto» da **colpa**.

Peraltro, il riferimento alla colpa viene fatto in **due prospettive** completamente diverse, che occorre tenere ben distinte.

Colpa per inosservanza di leggi

Secondo taluno, infatti, si tratterebbe di una **colpa per inosservanza di leggi**. Più precisamente, le leggi non osservate vengono individuate nelle **norme incriminatrici in tema di (tentativo di) percosse o lesioni**. È chiaro che questa interpretazione conduce a **risultati oggi non accettabili** nell'ottica costituzionale, poiché del tutto **sovrapponibili** a quelli cui si giunge ascrivendo l'evento preterintenzionale a titolo di **responsabilità oggettiva**. **Questa colpa** per inosservanza di leggi, infatti, non andrebbe riscontrata caso per caso, **ma sarebbe *in re ipsa***, ricorrendo in ogni ipotesi di realizzazione dolosa del reato-base (es.: delle percosse o lesioni nel caso dell'omicidio preterintenzionale). A questa ricostruzione, inoltre, si obietta che ha un senso parlare di colpa per inosservanza di leggi soltanto in rapporto a leggi che impongono certi comportamenti proprio con lo scopo di prevenire il verificarsi di eventi lesivi: al contrario, l'unica funzione delle norme incriminatrici che puniscono il tentativo di percosse o di lesioni è quella di reprimere la messa in pericolo dell'integrità fisica, senza che esse abbiano l'obiettivo di evitare eventi ulteriori, quali la morte della vittima, o l'aborto.

Colpa come elemento soggettivo da accertare in concreto

Ben diverso è richiedere la **colpa in rapporto all'evento preterintenzionale, quale elemento soggettivo da accertare in concreto, e non presunto**.

Secondo questa seconda soluzione, la struttura del delitto preterintenzionale si caratterizza per un **dolo misto a colpa**, dovendosi riscontrare:

– la **volontà di un fatto-base «minore»** (es. dolo in rapporto alle percosse/lesioni, almeno tentate);

– la **mancanza di volontà dell'evento ulteriore**, in uno con la **prevedibilità ed evitabilità in concreto dell'evento ulteriore** (es. colpa in rapporto all'evento morte).

Pertanto, non realizza un omicidio preterintenzionale chi cagiona a taluno con dolo lesioni personali, qualora ne derivi la morte come conseguenza non prevedibile da un «agente modello» calato nella situazione concreta, in cui ha agito l'autore «in carne ed ossa». (es.: la vittima, colpita con un pugno, muore per infarto a causa di un vizio cardiaco di cui il reo non poteva essere a conoscenza).

Difettando la colpa in rapporto all'evento morte, l'autore può rispondere soltanto del fatto base doloso (percosse o lesioni personali, rispettivamente artt. 581 e 582 c.p.).

È questa la soluzione in linea con il principio di colpevolezza, cui con ogni probabilità può pervenire il **giudice in sede di interpretazione** dell'art. 584 c.p., come più in generale di ogni fattispecie preterintenzionale, senza che sia necessario sollevare una questione di legittimità costituzionale della norma incriminatrice per violazione dell'art. 27 Cost. La giurisprudenza, pronunciatasi in senso analogo con riferimento all'art. 586 c.p. (vedasi *infra*, par. 5), stenta a recepire le stesse logiche di garanzia con riferimento all'omicidio preterintenzionale.

3. Delitti aggravati dall'evento e circostanze aggravanti.

Per **delitti aggravati dall'evento** (o **qualificati** dall'evento) si intendono i delitti per i quali è previsto un aumento di pena, qualora si verifichi un **evento ulteriore** rispetto ad un fatto-base, che già di per sé costituisce reato.

In dottrina, si suole distinguere tra le seguenti ipotesi:

Fattispecie in cui è indifferente che l'evento sia o meno voluto

a) è **indifferente che l'evento aggravante sia voluto o non voluto** dal soggetto agente; ad esempio, la calunnia (fatto che consiste nell'incolpare di un reato taluno che si sa essere innocente: si veda l'art. 368 c.p.) può essere aggravata dall'evento ulteriore, rappresentato dalla condanna dell'innocente ad una pena superiore ad una certa misura (art. 368, u.c., c.p.). Orbene, l'atteggiamento psichico dell'autore della calunnia in rapporto a tale evento ulteriore è irrilevante: in particolare, il reo può anche aver voluto che si giungesse a quella condanna, senza che questa volontà faccia mutare il titolo di reato di cui deve rispondere;

Fattispecie in cui l'evento non deve essere voluto

b) **l'evento aggravante non deve essere voluto dal soggetto agente**, neppure come conseguenza collaterale della sua condotta. Si pensi, ad esempio, al delitto di abuso di mezzi di correzione o di disciplina aggravato dall'evento morte (o lesioni) del soggetto sottoposto o affidato (art. 571 c.p.); o al delitto di maltrattamenti contro familiari e conviventi aggravato dalla morte (o lesioni) della persona offesa (art. 572 c.p.). In questi casi, se l'evento ulteriore fosse voluto dal reo (e sarebbe sufficiente anche un mero dolo eventuale), questi dovrebbe rispondere non già del delitto-base aggravato dall'evento, bensì di altra ipotesi delittuosa: negli esempi fatti, in caso di morte, dovrebbe rispondere di **omicidio volontario** (art. 575 c.p.).

In generale, tutte le ipotesi di **delitti aggravati dall'evento** (sia quelle *sub «a»*, che quelle *sub «b»*) sono state considerate come la maggiore e la più tipica applicazione della **responsabilità oggettiva**, in quanto – secondo l'impianto originario del codice penale – l'evento aggravante viene posto a carico dell'agente previa verifica del mero nesso di causalità materiale, e sulla base del già ricordato principio del *versari in re illicita*.

Delitti aggravati dall'evento e modello preterintenzionale

Con specifico riguardo alle ipotesi *sub «b»* – di delitto aggravato dall'evento in cui è necessario che l'evento aggravante ulteriore **non** sia voluto dall'agente – si è sottolineato come esse presentino evidenti **analogie di struttura con lo schema del delitto preterintenzionale**.

Si ripropongono dunque le questioni alle quali già si è accennato in tema di preterintenzione, «intrecciate» con il problema della **natura giuridica dell'evento aggravante** nei reati qualificati dall'evento. Alcuni Autori hanno sottolineato la stretta somiglianza tra, da un lato, delitti aggravati da un evento che non deve essere voluto dal soggetto agente, e, dall'altro lato, delitto preterintenzionale, per concludere che tutti questi reati rientrano in una comune categoria di **delitto preterintenzionale in senso ampio**. L'evento aggravante, più che mera «circostanza», andrebbe considerato vero e proprio **evento** della **fattispecie autonom a di reato** *lato sensu* **preterintenzionale**, caratterizzata da una struttura soggettiva mista di dolo (in rapporto al fatto-base) e colpa (in rapporto all'evento ulteriore).

Con tale interpretazione si è cercato di sottrarre almeno parte dei delitti aggravati dall'evento dall'area della responsabilità oggettiva per ricondurli nell'alveo della responsabilità colpevole, quando ancora vigeva la regola codicistica **dell'imputazione oggettiva delle circostanze aggravanti**.

Delitti aggravati dall'evento e regime di imputazione delle circostanze aggravanti

Secondo il **testo originario** dell'art. 59, comma 1, c.p., **le circostanze aggravanti** (v. *infra*, P. IV, Cap. II) **dovevano essere valutate a carico dell'agente anche se da lui non conosciute, o se da lui per errore ritenute inesistenti**.

Questa disciplina, chiaramente improntata al canone del *versari in re illicita*, è stata **riformata nel 1990**: a seguito delle modifiche introdotte con l. n. 19 del 1990, «le circostanze che aggravano la pena sono valutate a carico dell'agente soltanto se da lui conosciute, ovvero ignorate per colpa o ritenute inesistenti per errore determinato da colpa» (art. 59, comma 2, c.p., nuovo testo). Il legislatore del 1990 si è dunque mosso nella direzione indicata dalla Corte costituzionale, **eliminando la regola generale dell'imputazione per mera responsabilità oggettiva delle circostanze aggravanti e sostituendovi quella della imputazione per colpa.**

Alla luce di tale fondamentale modifica, è possibile **rileggere i delitti aggravati dall'evento in un'ottica conforme al principio di colpevolezza**, anche qualificando l'evento aggravante come **circostanza del reato**, anziché quale evento di un'autonoma fattispecie *lato sensu* preterintenzionale. Si faccia il seguente esempio (art. 572 c.p.): Tizio sottopone a maltrattamenti la moglie Caia, che in conseguenza di essi muore per infarto; per ascrivere l'evento morte a Tizio, occorrerà valutare in concreto se la morte di Caia era o meno prevedibile dal marito. A soluzione affermativa si potrebbe giungere qualora si accertasse che Tizio era a conoscenza della gravissima cardiopatia della moglie.

Risolto in tal modo il problema dei delitti aggravati dall'evento, oggi è proprio in relazione al delitto espressamente qualificato come preterintenzionale dalla legge (omicidio preterintenzionale) che occorre uno sforzo interpretativo maggiore (rispetto al delitto circostanziato/aggravato dall'evento), per giungere a ritenere la necessità della colpa in rapporto all'evento preterintenzionale, dal momento che né il legislatore né la Consulta sono intervenuti sulla formulazione dell'art. 584 c.p.

4. *Aberratio ictus.*

Art. 82-1 c.p.

Secondo il disposto dell'art. 82, comma 1, c.p. (Offesa di persona diversa da quella alla quale l'offesa era diretta), «Quando, per errore nell'uso dei mezzi di esecuzione del reato, o per un'altra causa, è cagionata offesa a persona diversa da quella alla quale l'offesa era diretta, il colpevole risponde come se avesse commesso il reato in danno della persona che voleva offendere, salve, per quanto riguarda le circostanze aggravanti e attenuanti, le disposizioni dell'articolo 60».

Aberratio ictus **monolesiva**

È questa l'ipotesi della c.d. *aberratio ictus* monolesiva.

La prima parte dell'art. 82, comma 1, c.p., descrive il caso che poi, nella seconda parte, la norma interviene a disciplinare.

Si deve immaginare un soggetto (Tizio) che vuole «cagionare offesa» a una certa persona (Caio), ma che, di fatto, offende una persona diversa (Sempronio). Ad esempio, Tizio vuole uccidere Caio: gli spara, ma per un errore di mira («per errore nell'uso dei mezzi di esecuzione del reato»), o perché all'improvviso Caio si scansa («o per un'altra causa»), colpisce ed uccide Sempronio.

Qual è la disciplina legale applicabile? Come si è appena detto, la disciplina è dettata dalla seconda parte dell'art. 82, comma 1, c.p.: la regola generale è che **«il colpevole risponde come se avesse commesso il reato in danno della persona che voleva offendere»**. Nell'esempio fatto, Tizio risponde di omicidio volontario in pregiudizio di Sempronio, come se fosse riuscito nel suo intento di colpire ed uccidere una persona diversa (Caio). Vi è quindi una **divergenza tra ciò che il soggetto attivo**

ha voluto (la morte di Caio) **e ciò che egli ha effettivamente realizzato** (la morte di Sempronio).

Dinnanzi a tale difformità, la giurisprudenza e la dottrina (forse ancora) prevalente ritengono che l'imputazione al soggetto agente dell'offesa a persona diversa (= l'imputazione a Tizio della morte di Sempronio) possa avvenire in piena sintonia con le regole generali in tema di **dolo**: nell'esempio fatto, ciò che conta è che Tizio si rappresenti e voglia la morte di **un uomo**, e materialmente è la morte di un uomo che si concretizza (l'offesa è pur sempre identica, dal punto di vista normativo); **non rileva**, invece, **l'identità della vittima**, che resta **fuori dall'oggetto del dolo**.

Altri Autori, invece, sono dell'opinione che qui ricorra un'ipotesi di **responsabilità oggettiva**, poiché un **elemento del fatto** – e precisamente la **persona offesa** – **non** è affatto lambito **in concreto** dal dolo, ma soltanto «coperto» da una **finzione di dolo**: tant'è che la legge ricorre all'espressione «il colpevole risponde come se avesse commesso il reato in danno della persona che voleva offendere». Il «come se» manifesterebbe il ricorso ad una *fictio iuris*. In questa prospettiva, si ritiene doveroso accertare se l'offesa a persona diversa sia dovuta o meno a **colpa**, e quindi se fosse o no prevedibile, nella situazione concreta, che l'offesa potesse verificarsi nei confronti di persona diversa dalla vittima designata (MARINUCCI-DOLCINI). Nell'esempio, **in difetto di una colpa** siffatta, Tizio risponderebbe unicamente di **tentato omicidio** nei confronti di Caio; **in presenza di colpa** rispetto alla morte di Sempronio, Tizio risponderebbe ad un tempo (concorso formale: v. *infra*, P. IV, Cap. V) di **tentato omicidio** doloso nei confronti di Caio e di **omicidio colposo** nei confronti di Sempronio.

Come detto, in caso di ***aberratio ictus*** **monolesiva**, il colpevole risponde come se avesse commesso il reato in danno della persona che voleva offendere, ma – aggiunge l'art. 82, comma 1, c.p. – «salve, per quanto riguarda le circostanze, aggravanti e attenuanti, le disposizioni dell'art. 60»: al testo di tale disposizione sia consentito, per brevità, fare rinvio (*infra*, P. IV, Cap. II).

Aberratio ictus plurilesiva

Il **comma 2 dell'art. 82 c.p. prevede, invece, la c.d. *aberratio ictus* plurilesiva**: «Qualora, oltre alla persona diversa, sia offesa anche quella alla quale l'offesa era diretta, il colpevole soggiace alla pena stabilita per il reato più grave, aumentata fino alla metà».

Ritornando all'esempio fatto poc'anzi, se Tizio, oltre a uccidere Caio, ferisce anche Sempronio, procurandogli lesioni volontarie, risponde di omicidio volontario, e la pena per l'omicidio deve essere aumentata, in ragione dell'offesa arrecata a Sempronio.

In questo caso, la responsabilità per il **fatto voluto e realizzato** è senza dubbio una responsabilità a titolo di **dolo**; viceversa, l'offesa arrecata a **soggetto diverso** rispetto alla vittima designata è imputata all'agente a titolo di **responsabilità oggettiva**, poiché l'art. 82, comma 2, c.p., nel disporre l'aumento di pena in conseguenza dell'offesa «collaterale» non voluta, prescinde dalla necessità di un addebito della medesima a titolo di colpa.

Se questa è la disciplina che si desume dall'art. 82, comma 2, c.p., **la colpa è, nondimeno, da ritenere necessaria, ai fini di una imputazione conforme al principio di colpevolezza dell'offesa cagionata alla persona diversa** (in aggiunta all'offesa arrecata alla persona presa di mira). E a questo risultato pare possibile giungere interpretativamente, senza bisogno di una declaratoria di incostituzionalità.

5. *Aberratio delicti* e morte come conseguenza di altro delitto.

Aberratio delicti **monolesiva**

L'art. 83, comma 1, c.p. stabilisce che «Fuori dei casi preveduti dall'articolo precedente, se, per errore nell'uso dei mezzi di esecuzione del reato, o per un'altra causa, si cagiona un evento diverso da quello voluto, il colpevole risponde, a titolo di colpa, dell'evento non voluto, quando il fatto è preveduto dalla legge come delitto colposo».

Si tratta della c.d. ***aberratio delicti* monolesiva**.

Ad esempio, Tizio scaglia un sasso con l'intento di danneggiare una vetrina nell'ambito di una manifestazione in luogo pubblico, ma – per errore di mira o perché improvvisamente sopraggiunge di corsa il passante Caio – non la colpisce, e attinge invece al volto il passante Caio, cagionandogli lesioni personali.

Si verifica, in tal caso, una **ipotesi di divergenza tra il voluto ed il realizzato**, che ha in comune con l'*aberratio ictus* il c.d. **errore-inabilità** (ossia **l'errore nell'uso dei mezzi di esecuzione**

del reato ovvero per un'altra causa), ma che **dall'*aberratio ictus* diverge** in quanto non riguarda la persona offesa, ma **il tipo di offesa** e, in definitiva, **il tipo di reato** posto in essere. Nell'esempio proposto, il reo intende commettere un danneggiamento (reato che offende un interesse patrimoniale), mentre in realtà realizza un fatto di lesioni (offensivo dell'incolumità personale).

La **disciplina legale** è nel senso che il soggetto agente **deve rispondere del diverso reato realizzato, e non voluto, sempre che tale fatto diverso sia previsto dalla legge come reato colposo**.

Quindi, nell'esempio, Tizio, che scaglia il sasso, potrebbe rispondere di lesioni colpose, perché il reato di lesioni è espressamente previsto anche nella forma colposa (art. 590 c.p.); se viceversa il soggetto agisse per cagionare lesioni, e per errore nell'uso dei mezzi di esecuzione del reato non colpisse la persona presa di mira, danneggiando invece una vetrina, egli non potrebbe rispondere di danneggiamento, perché tale delitto è previsto dalla legge solo nella forma dolosa.

È discusso, peraltro, se la responsabilità in rapporto all'evento diverso da quello voluto (e perciò di sicuro non dolosa) rappresenti una ipotesi di **responsabilità oggettiva**, oppure se si tratti di vera responsabilità per **colpa**.

Secondo una **diffusa opinione**, l'inciso «a titolo di colpa» non subordina la punibilità all'accertata violazione di regole precauzionali, bensì detta una mera equiparazione ai fini della disciplina applicabile, e segnatamente *quoad poenam* (agli effetti della pena), stabilendo che il fatto viene punito **come se fosse colposo**. In questa prospettiva, in realtà non lo sarebbe: si tratterebbe, invero, di **responsabilità oggettiva**.

Per altri, invece, si avrebbe una **vera e propria responsabilità per colpa, conforme al principio costituzionale di colpevolezza**, sicché occorre accertare in concreto se un agente modello, nel contesto in cui si è trovato ad agire Tizio, avrebbe potuto prevedere il ferimento del passante.

Aberratio delicti **plurilesiva**

Il comma 2 dell'art. 83 c.p. prevede, infine, la c.d. *aberratio delicti* plurilesiva: «Se il colpevole ha cagionato altresì l'evento voluto, si applicano le regole sul concorso di reati».

Così, se Tizio, lanciando il sasso con lo scopo di danneggiare, colpisce la vetrina nell'ambito di una manifestazione in luogo pubblico e cagiona altresì l'evento diverso da quello voluto, consistente nelle lesioni arrecate al passante, l'autore risponde al tempo stesso di due reati: il danneggiamento (doloso) e le lesioni (colpose).

Anche in ipotesi di *aberratio delicti* plurilesiva, si ripropone il quesito già descritto trattando della corrispondente ipotesi monolesiva, e cioè se l'evento diverso vada ascritto **a pieno titolo per colpa**, da accertare in concreto, o se in base a **mera responsabilità oggettiva** (ritenendo che il richiamo alla colpa attenga ai soli effetti sanzionatori).

La soluzione del problema incide anche sull'interpretazione dell'art. 586 c.p. (*Morte o lesioni come conseguenza di altro delitto*), secondo il quale «Quando da un fatto preveduto come delitto doloso deriva, quale conseguenza non voluta dal colpevole, la morte o la lesione di una persona, si applicano le disposizioni dell'articolo 83, ma le pene stabilite negli articoli 589 e 590 sono aumentate».

Anche su questo punto, **un'interpretazione conforme al principio costituzionale di colpevolezza** non può prescindere dalla verifica della **colpa**, e nella specie della **prevedibilità in concreto dell'evento ulteriore**: evento ulteriore (morte, lesioni) che non deve essere quindi solo conseguenza del reato-base, bensì **conseguenza prevedibile** (da una persona ragionevole calata in quella situazione di fatto) del medesimo.

Si faccia un esempio: Tizio, spacciatore, cede a Caio, tossicodipendente, una dose di eroina; Caio muore in conseguenza dell'assunzione della droga. In questo caso, Tizio risponderà del delitto di cessione di sostanza stupefacente (art. 73, comma 1, d.P.R. n. 309 del 1990); e altresì del delitto di omicidio colposo aggravato (artt. 586 e 589 c.p.), ma solo qualora la morte del tossicodipendente fosse stata da lui prevedibile in concreto (ad es. per il quantitativo di principio attivo particolarmente elevato anche in considerazione delle precarie condizioni fisiche della vittima).

Proprio in questo senso si sono pronunciate le Sezioni Unite della Cassazione, precisando che la disposizione contenuta nell'art. 586 c.p. richiede che sia accertato non solo il nesso di causalità tra cessione e morte, non interrotto da cause eccezionali sopravvenute, ma anche che la morte sia in concreto rimproverabile allo spacciatore e che quindi sia accertata in capo allo stesso la presenza dell'elemento soggettivo della **colpa in concreto**, ancorata alla violazione di una regola precauzionale (diversa dalla norma che incrimina il reato base) e ad un coefficiente di prevedibilità ed evitabilità in concreto del rischio per il bene della vita del soggetto che assume la sostanza, valutate dal punto di vista di un razionale agente modello che si trovi nella concreta situazione dell'agente reale ed alla stregua di tutte le circostanze del caso concreto, conosciute o conoscibili dall'agente reale (Sent. n. 22676 del 2009).

6. I reati a mezzo stampa.

L'espressione «a titolo di colpa», oltre che nel già ricordato art. 83, comma 1, c.p. (*aberratio delicti*), ricorre anche nell'art. 57 c.p., per come riformulato con la l. n. 127 del 1958: «Salva la responsabilità dell'autore della pubblicazione e fuori dei casi di concorso, il direttore o il vice-direttore responsabile, il quale omette di esercitare sul contenuto del periodico da lui diretto il controllo necessario ad impedire che col mezzo della pubblicazione siano commessi reati è punito, a titolo di colpa, se un reato è commesso, con la pena stabilita per tale reato, diminuita in misura non eccedente un terzo».

Anche in questo caso si ripropone il quesito relativo alla effettiva portata dell'inciso «a titolo di colpa».

Secondo **parte della dottrina**, si tratterebbe di un'ipotesi di **responsabilità oggettiva**: il fatto è disciplinato come se fosse colposo, ma la struttura resterebbe quella della responsabilità oggettiva.

L'opinione **prevalente**, che trova seguito anche nella prassi applicativa, ritiene invece necessario che il soggetto abbia violato con vera e propria **colpa** i doveri di controllo che gli competono, e che a causa di tale **negligente omissione** egli non abbia impedito la commissione di un reato col mezzo della pubblicazione.

Quest'ultimo assunto si basa innanzitutto sulla genesi storica dell'art. 57 c.p.: nella sua formulazione originaria, l'incriminazione si basava unicamente («per ciò solo») sul fatto oggettivo dell'omesso controllo da parte del direttore o vicedirettore, che senza dubbio rispondevano del reato non impedito a titolo di mera responsabilità oggettiva, se non per fatto altrui. La Corte costituzionale, pur respingendo la questione di legittimità della norma, auspicava che l'incriminazione *de qua* fosse riformulata. Riformulazione avvenuta, appunto, con la l.

n. 127 del 1958, sicché a molti è parso opportuno valorizzare il riferimento alla colpa contenuto nel nuovo art. 57 c.p., evitando un'interpretazione tale da fondare su basi solo oggettive la responsabilità del direttore.

L'argomento che attiene alla genesi dell'art. 57 c.p. si inserisce oggi nella più ampia «svolta», che ha portato ad un generale ripensamento delle forme di responsabilità oggettiva, verso una tendenziale imputazione almeno per colpa, ed in conformità dunque col principio *nullum crimen sine culpa*.

7. La scusabilità dell'ignoranza inevitabile della legge penale. Rinvio.

Come si è accennato, una vera e propria **svolta storica** in tema di **colpevolezza** (e di correlativo «ripensamento» delle forme di responsabilità oggettiva) è stata segnata dalla **Sentenza n. 364 del 1988**, con la quale la Corte costituzionale ha dichiarato **l'incostituzionalità dell'art. 5 c.p.**, laddove non esclude dall'inescusabilità dell'ignoranza della legge penale i casi di ignoranza inevitabile, e quindi «incolpevole». La tematica dell'errore sul precetto, e dei limiti entro i quali tale errore può escludere la colpevolezza del soggetto agente, è in questa sede oggetto di una trattazione *ad hoc*, alla quale si rinvia (*infra*, Cap. seguente).

8. Le condizioni obiettive di punibilità. Cenni e rinvio.

Le **condizioni obiettive di punibilità** costituiscono una categoria dogmatica assai controversa. Esse sono espressamente previste nella parte generale del codice penale. L'art. 44 c.p. dispone che «Quando, per la punibilità del reato, la legge richiede il verificarsi di una condizione, il colpevole risponde del reato, anche se l'evento, da cui dipende il verificarsi della condizione, non è da lui voluto».

Evento-condizione di punibilità ed evento del reato

Nondimeno, vi è notevole **incertezza**, in rapporto a singole fattispecie, nel qualificare un certo elemento come **evento-condizione di punibilità** o come **evento** vero e proprio del reato. La differenza non è di poco conto, perché **l'evento soggiace alle regole consuete in materia di imputazione soggettiva** (e va imputato all'agente per dolo, ovvero per colpa quando il fatto è punibile anche a titolo di colpa). **Viceversa, le condizioni di punibilità, alla stregua dell'art. 44 c.p.** (e salva interpretazione adeguatrice), **determinano con il loro realizzarsi la punibilità del fatto, a prescindere dalla sussistenza di un legame soggettivo tra la condizione stessa ed il soggetto agente.**

Condizioni intrinseche ed estrinseche

Peraltro, si suole distinguere tra condizioni **estrinseche** ed **intrinseche**: queste ultime, attinenti al **profilo offensivo dell'illecito**, sono ritenute da più parti ipotesi di **responsabilità oggettiva, non compatibili con il principio di colpevolezza** (questa è anche l'opinione della Corte costituzionale, Sent. n. 1085 del 1988): anche in questo caso, il «rimedio» che viene suggerito è quello di imputare la condizione intrinseca all'autore dell'illecito sulla base di un coefficiente soggettivo modellato sulla falsariga della **colpa**; in difetto della colpa, il fatto dovrebbe ritenersi non punibile. Per ulteriori indicazioni ed esemplificazioni sul punto, si rinvia alla trattazione dedicata alle condizioni di punibilità (P. V, Cap. V, par. 2).

9. La mancata restituzione per caso fortuito o forza maggiore della cosa sottratta nel furto d'uso.

Un'ipotesi di **responsabilità oggettiva** è stata ravvisata dalla Corte costituzionale nella norma che incrimina il **furto d'uso** (come autonoma fattispecie sanzionata meno gravemente rispetto al furto comune). L'art. 626, comma 1, n. 1, c.p. prevede il fatto di chi si impossessa della cosa mobile altrui, sottraendola a chi la detiene, «al solo scopo di fare uso momentaneo della cosa sottratta», se «questa, dopo l'uso momentaneo, è stata immediatamente restituita». La Consulta, con la più volte citata Sentenza n. 1085 del 1988, ha stabilito che si deve applicare la norma più favorevole del **furto d'uso**, anziché quella di furto comune (art. 624 c.p.), qualora la cosa sottratta **non sia stata restituita** non per volontà del ladro, ma **per caso fortuito o forza maggiore**.

Un esempio può essere tratto dalla concreta vicenda che ha dato luogo all'eccezione di incostituzionalità, risolta affermativamente dalla Corte. Tizio si impossessa dell'autovettura di Caio, con l'intenzione di fare un giro e di restituirla nell'immediatezza. Mentre si accinge a restituire l'autovettura, parcheggiandola nel luogo ove la stessa è stata poco prima sottratta, viene sorpreso dalla polizia. Tizio, quindi, non può realizzare quello che è l'elemento ultimo della fattispecie di furto d'uso (che gli varrebbe un trattamento di favore: egli infatti ha già realizzato anche gli estremi di un furto comune, e di questo deve rispondere se la fattispecie di furto d'uso non si completa). Ma in questo caso, dice la Consulta, punire Tizio *ex* art. 624 anziché *ex* art. 626 c.p. significherebbe «addebitargli» le conseguenze negative della mancata restituzione per mera **responsabilità oggettiva**, anche quando il colpevole è, in realtà, seriamente intenzionato a restituire quanto sottratto. Di qui l'intervento della Corte costituzionale, che – per conciliare la norma sul furto d'uso con il principio di colpevolezza – ha in sostanza equiparato alla volontaria restituzione della cosa mobile altrui la mancata restituzione dovuta al caso fortuito o alla forza maggiore.

10. Responsabilità oggettiva e concorso di persone nel reato: rinvio.

Anche alcune norme di parte generale in tema di **concorso di persone** nel reato debbono essere tenute in considerazione nella prospettiva del tema della responsabilità oggettiva. Si tratta per la precisione dell'**art. 116 c.p.** (responsabilità del concorrente per reato diverso e più grave di quello voluto), in relazione al quale è peraltro da tempo intervenuta la Corte costituzionale, con Sentenza n. 42 del 1965, e dell'**art. 117 c.p.**, in base al quale un soggetto (il c.d. *extraneus*) può rispondere di un reato diverso e più grave di quello da lui voluto (es. peculato anziché appropriazione indebita) in dipendenza di una peculiare qualifica soggettiva del c.d. *intraneus*, a lui sconosciuta. Per una disamina di queste tematiche sembra più opportuno rinviare alla trattazione del concorso di persone nel reato (P. IV, Cap. IV).

11. La «rilettura» delle ipotesi di responsabilità oggettiva come ipotesi di responsabilità colpevole: aspetti problematici.

Si è visto come varie ipotesi di responsabilità oggettiva presenti nel nostro sistema siano state in vario modo ricondotte nell'alveo della responsabilità colpevole, e come altre ipotesi residue possano essere interpretate in modo da inserirvi il requisito della colpa (salvo sollevare questione di legittimità costituzionale quando l'interpretazione correttiva non paia possibile). Una simile rilettura del sistema non è peraltro scevra di **problemi**.

Come ha evidenziato la dottrina più attenta, addebitando a titolo di **colpa** elementi che in precedenza venivano addossati all'autore per mera responsabilità oggettiva si può creare in non pochi casi una **sproporzione tra misura della pena e grado della colpevolezza**, che a sua volta desta fondate perplessità sul piano dei principi costituzionali (nella prospettiva del **principio di proporzione** – art. 3 Cost. – e dello stesso **principio di colpevolezza**).

Inoltre, l'affidarsi ad una «**reinterpetazione costituzionalmente orientata**» delle ipotesi di responsabilità oggettiva, nell'ottica del principio di colpevolezza, comporta il non trascurabile **rischio** – già ampiamente concretizzatosi nella prassi applicativa – **che la giurisprudenza non percorra tale via interpretativa**, restando ancorata a schemi di **responsabilità oggettiva**, spesso mascherati dal concetto di colpa presunta (che vera colpa non è); oppure che la percorra solo episodicamente, con decisioni tra loro contraddittorie.

Come si vede, si tratta di questioni di fondo, che non possono gravare solo sul singolo interprete della legge, e che sottolineano la necessità di affrontare una riforma organica del sistema.

12. L'ignoranza dell'età della persona offesa nei reati sessuali.

Il rischio di «ritorni al passato», verso forme di responsabilità oggettiva, in luogo di un progredire in direzione di una sempre più compiuta affermazione del principio di colpevolezza, è presente talvolta anche negli **interventi del legislatore**.

Paradigmatica, in proposito, è la riproposizione, in occasione della riforma dei reati sessuali attuata con la l. n. 66 del 1996, della norma già contenuta nell'abrogato art. 539 c.p.: «<u>Età della persona offesa. Quando i delitti previsti in questo titolo sono commessi in danno di un minore degli anni quattor-</u>

dici, il colpevole non può invocare a propria scusa l'ignoranza dell'età dell'offeso».

In luogo di tale disposizione, è stato introdotto l'art. 609-*sexies* c.p., prevedendo che «Quando i delitti di cui agli articoli 609-*bis*, 609-*ter*, 609-*quater*, e 609-*octies* sono commessi in danno di persona minore degli anni quattordici, nonché nel caso del delitto di cui all'art. 609-*quinquies*, il colpevole non può invocare, a propria scusa, l'ignoranza dell'età della persona offesa».

Il legislatore del 1996 ha **riconfermato una norma palesemente incostituzionale per violazione del principio di colpevolezza**, non dichiarando scusabile l'ignoranza circa l'età (inferiore a quattordici anni) della persona offesa, neppure quando si tratti di **ignoranza non dovuta a colpa**: ciò in palese violazione dell'art. 27 Cost.

Si prenda come riferimento l'ipotesi di cui all'art. 609-*quater*, comma 1, n. 1 c.p., in forza della quale è punito chiunque compia atti sessuali con persona (pur consenziente) che non ha compiuto gli anni quattordici, e si pensi ad esempio a Tizio, diciottenne, che ha rapporti sessuali con Caia, tredicenne, ritenendo erroneamente che la ragazza sia sedicenne: orbene, stante il disposto dell'art. 609-*sexies* c.p., nella sua formulazione del 1996, tale errore sarebbe comunque irrilevante, anche in ipotesi-limite di errore incolpevole (es.: Caia, che fisicamente dimostra un'età più matura di quella effettiva, mostra a Tizio un documento d'identità abilmente contraffatto, in cui la data di nascita è antecedente a quella reale); pertanto, Tizio dovrebbe rispondere del grave delitto *de quo*, pur non essendo né in dolo, né in colpa rispetto ad un **elemento essenziale** della fattispecie incriminatrice, quale l'età della persona offesa.

La Corte costituzionale, più volte investita della questione di legittimità dell'abrogato art. 539 c.p., in relazione all'art. 27 Cost., in passato non ha mai rilevato un effettivo contrasto di tale disposizione codicistica con la Costituzione. Si tratta però di sentenze emesse prima della storica svolta che la stessa Corte ha segnato nell'interpretazione del principio di colpevolezza, con le già citate pronunce sull'ignoranza della legge penale e sul furto d'uso del 1988 (rispettivamente, Sent. n. 364 e n. 1085). Non a caso, al primo vaglio di costituzionalità dell'art. 609-*sexies* c.p., la Consulta – pur non dichiarando l'illegittimità di tale norma, a causa di un'inadeguata formulazione del *petitum* sottopostole – ha affermato che lo stesso deve essere interpretato nel senso di non scusare esclusivamente l'ignoranza e l'errore **evitabili**, cioè quelli **contrassegnati da colpa**. Ciò in quanto il **principio di colpevolezza** «si pone non soltanto quale vincolo per il legislatore nella conformazione degli istituti penalistici e delle singole norme incriminatrici; ma anche come **canone ermeneutico per il giudice, nella lettura e nell'applicazione delle disposizioni vigenti**» (Sent. n. 322 del 2007).

Questa presa di posizione ha rappresentato un monito davvero non più eludibile per il legislatore, il quale, in occasione della riforma attuata con la l. n. 172 del 2012, ha finalmente adeguato il testo della norma al principio di colpevolezza, nel senso auspicato sopra, pur aumentando la soglia di età considerata, ora di diciotto anni. Nella sua attuale versione, il testo dell'art. 609-*sexies* c.p. prevede dunque: «Quando i delitti di cui agli articoli 609-*bis*, 609-*ter*, 609-*quater*, 609-*octies* e 609-*undecies* sono commessi in danno di persona minore degli anni diciotto, e quando è commesso il delitto di cui all'art. 609-*quinquies*, il colpevole non può invocare a propria scusa l'ignoranza dell'età della persona offesa, salvo che si tratti di ignoranza inevitabile».

L'ipotesi di responsabilità oggettiva prevista dalla l. n. 66 del 1996, in questo modo, è stata definitivamente superata.

Note bibliografiche

FINZI M., *Il «delitto preterintenzionale»*, Torino, 1925; RICCIO S., *I delitti aggravati dall'evento*, Napoli, 1936; CAVALLO V., *La responsabilità oggettiva nel diritto penale*, Napoli, 1937; LEONE G., *Il reato aberrante*, Napoli, 1940; ZUCCALÀ G., *Il delitto preterintenzionale*, Palermo, 1952; NAPOLITANO T., *Il delitto preterintenzionale*, Viterbo, 1957; CONTI L., voce *Aberratio* (*ictus, delicti, causae*), in *Noviss. dig. it.*, Vol. I, 1957, p. 39 ss.; GALLO M., voce *Aberratio ictus*, in *Enc. dir.*, Vol. I, 1958, p. 68 ss.; ALTAVILLA E., voce *Preterintenzionalità*, in *Noviss. dig. it.*, Vol. XIII, 1966, p. 798 ss.; DA COSTA P.J., *Riflessioni sulla «aberratio ictus»*, Padova, 1967; GROSSO F. C., voce *Responsabilità penale*, in *Noviss. dig. it.*, Vol. XV, 1968, p. 713 ss.; GROSSO F. C., *Responsabilità penale per i reati commessi col mezzo della stampa*, Milano, 1969; REGINA A., *Il reato aberrante*, Milano, 1970; ROMANO M., *Contributo alla analisi della «aberratio ictus»*, Milano, 1970; NUVOLONE P., *Il diritto penale della stampa*, Padova, 1971; STILE A.M., voce *Morte o lesioni come conseguenza di altro delitto*, in *Enc. dir.*, Vol. XXVII, 1977, p. 142 ss.; PATERNITI C., *La responsabilità obiettiva nel diritto penale*, Milano, 1978; TAGLIARINI F., *I delitti aggravati dall'evento. Profili storici e prospettive di riforma*, Padova, 1979; ARDIZZONE S., *I reati aggravati dall'evento. Profili di teoria generale*, Milano, 1984; Scordamaglia V., *I reati commessi col mezzo della stampa*, Milano, 1984; Patalano V., voce *Preterintenzione*, in *Enc. dir.*, Vol. XXXV, 1986, p. 351 ss.; Fiorella A., voce *Responsabilità penale*, in *Enc. dir.*, Vol. XXXIX, 1988, p. 1289 ss.; Canestrari S., *L'illecito penale preterintenzionale*, Padova, 1989; Stile A.M. (a cura di), *Responsabilità oggettiva e giudizio di colpevolezza*, Napoli, 1989; Giannelli F., *La figura del delitto preterintenzionale*, Napoli, 1990; Musco E., voce *Stampa (reati di)*, in *Enc. dir.*, Vol. XLIII, 1990, p. 577 ss.; Paterniti C., voce *Responsabilità oggettiva*, in *Enc. giur. Treccani*, Vol. XXVII, 1991; Regina A., voce *Reato aberrante*, in *Enc. giur. Treccani*, Vol. XXVI, 1991; Ruggiero G., voce *Reati di stampa*, in *Enc. giur. Treccani*, Vol. XXVI, 1991; Trapani M., *La divergenza tra il «voluto» e il «realizzato»*, Milano, 1992; Militello V., voce *Morte o lesioni come conseguenza di altro delitto*, in *Dig. disc. pen.*, Vol. VIII, 1994, p. 198 ss.; Canestrari S., voce *Preterintenzione*, in *Dig. disc. pen.*, Vol. IX, 1995, p. 694 ss.; Canestrari S., voce *Responsabilità oggettiva*, in *Dig. disc. pen.*, Vol. XI, 1996, p. 119 ss.; Cornacchia L., voce *Reato aberrante*, in *Dig. disc. pen.*, Vol. XI, 1996, p. 166 ss.; De Francesco G.A., *Aberratio. Teleologismo e dommatica nella ricostruzione delle figure di divergenza nell'esecuzione del reato*, Torino, 1998; Bondi A., *I reati aggravati dall'evento tra ieri e domani*, Napoli, 1999; Basile F., *La colpa in attività illecita. Un'indagine di diritto comparato sul superamento della responsabilità oggettiva*, Milano, 2005; Caterini M., *Il reato eccessivo. La preterintenzione dal* versari in re illecita *al dolo eventuale*, Napoli, 2008; Paterniti C., voce *Responsabilità oggettiva*, in *Enc. giur.*, Agg. XVII, 2008; Dacquì G., *Il reato aberrante. Causalità e concorsualità*, Assago, 2014; Plantamura V., *L'omicidio preterintenzionale. Pure come* species *del* genus *"omicidio improvviso"*, Pisa, 2016.

Capitolo V

L'ERRORE SUL PRECETTO

Sommario: 1. Premessa. – 2. L'intervento della Corte costituzionale. – 3. I criteri di scusabilità dell'ignoranza.

1. Premessa.

Nell'impianto originale del codice Rocco, il principio «***ignorantia legis non excusat***» (= l'ignoranza della legge non scusa) non ammetteva deroghe. L'art. 5 c.p., infatti, laconicamente ma altrettanto decisamente recitava: «**Nessuno può invocare a propria scusa l'ignoranza della legge penale**».

L'art. 5 c.p.

L'art. 5 sanciva del resto un principio che per secoli aveva connotato – salve rare eccezioni – il diritto penale. Tale principio trovava giustificazione nel rilievo che una legge importante come la **legge penale** deve **obbligare necessariamente tutti i cittadini** (v. anche art. 3 c.p.); ché infatti, se conoscesse deroghe nella sua applicazione, rischierebbe di perdere (quantomeno parte del)la sua capacità deterrente, e di orientamento delle azioni dei consociati.

Teoria della c.d. buona fede

Peraltro, la **giurisprudenza**, da decenni, aveva cominciato ad aprire alcune «falle» nella nave dell'art. 5, soprattutto attraverso l'elaborazione della teorica della c.d. **buona fede**. Secondo questa teoria, in certi casi si poteva derogare all'art. 5. Tali deroghe erano ammissibili, tra l'altro, in caso di **errate informazioni date al cittadino dall'autorità** competente circa la liceità di un certo comportamento, che poi veniva reputato illecito successivamente dal giudice.

Facciamo un esempio. Tizio vuole costruire un garage annesso all'abitazione di cui è proprietario. Prende informazioni in merito dal sindaco del comune competente. Il sindaco gli risponde che, nel suo caso, la concessione edilizia non occorre.

Tizio a quel punto, senza concessione, costruisce il garage. Ne nasce un processo, ed il giudice conclude per la necessità della concessione e dunque per la sussistenza del reato di costruzione senza concessione edilizia. In casi consimili, la giurisprudenza perveniva, nondimeno, all'assoluzione dell'imputato, in base appunto alla teoria della buona fede. Questa scusante di conio giurisprudenziale, peraltro, – salve eccezioni – veniva limitata al settore delle **contravvenzioni**.

Già la elaborazione giurisprudenziale di una simile deroga all'art. 5 evidenziava che tale norma era **troppo rigida** per poter durare a lungo inalterata, specie di fronte ad un diritto penale sempre più popolato da reati «di mera creazione legislativa» (*mala quia prohibita*).

2. L'intervento della Corte costituzionale.

La sentenza n. 364 del 1988

Sulla scia di quanto era avvenuto da tempo in altre nazioni europee, anche in Italia si pervenne ad una espressa configurazione di eccezioni alla regola *ignorantia legis non excusat*. Ciò non si verificò, peraltro – come forse sarebbe stato più «fisiologico» – attraverso una legge, ma a seguito di una **Sentenza della Corte costituzionale**, la già più volte citata Sentenza **n. 364 del 1988**.

Con tale pronuncia, il cui estensore fu il penalista Renato Dell'Andro, venne dichiarato **«parzialmente incostituzionale»** l'art. 5 c.p. Parzialmente, nel senso che la norma non veniva *tout court* «cancellata» dalla Corte, ma veniva integrata da una clausola di deroga alla generale irrilevanza dell'ignoranza della legge, nei casi di ignoranza c.d. «inevitabile». L'art. 5 c.p., a seguito dell'intervento della Consulta, veniva dunque a suonare nel modo seguente: «Nessuno può invocare a propria scusa l'ignoranza della legge penale, ***salvo che si tratti di ignoranza inevitabile***».

Naturalmente, la Corte costituzionale può dichiarare incostituzionale una norma solo se ravvisa una incompatibilità fra la stessa e uno o più articoli della Costituzione. In questo caso, gli **articoli violati erano soprattutto l'art. 27, comma 1, e l'art. 27, comma 3, Cost.**; ma la Corte costituzionale richiamava, in Sentenza, anche altre norme della Costituzione, e, sotto certi profili, **l'intero assetto della Carta costituzionale**. In particolare, comunque, il **«principio» violato** era quello di **colpevolezza**. Di tale principio abbiamo già parlato (P. I, Cap. IV). Esso era violato dall'art. 5, perché – rilevava la Corte – vi sono ipotesi, pur eccezionali, nell'ambito delle quali il cittadino è sostanzialmente **impossibilitato a conoscere la norma penale**. In questi casi, egli **non può essere «rimproverabile»** per aver commesso il fatto, perché la mancata conoscibilità del precetto penale ha impedito al precetto stesso di svolgere, nei confronti del cittadino, **quell'efficacia motivante del comportamento che il precetto stesso dovrebbe avere**. In sostanza, il cittadino, in questi casi, non può essere motivato dalla conoscenza della legge penale ad astenersi dal comportamento illecito, perché non gli è possibile *tout court* la conoscenza della legge penale.

Torniamo all'esempio della costruzione del garage e della erronea informazione da parte del sindaco. Quale colpevolezza, in quanto rimproverabilità, si può imputare a Tizio, il quale si è anche informato dall'autorità competente, e si è adeguato al parere «ufficiale» da essa promanante?

Insomma: si vede che vi sono ipotesi in cui lo «sbarramento» di cui all'art. 5 doveva trovare un limite, perché senza questo limite si sarebbero punite persone non colpevoli, in quanto non rimproverabili.

Dal marzo 1988, dunque, il brocardo *ignorantia legis non excusat* – cui corrispondono altre massime latine, come *error iuris nocet* (= l'errore di diritto non giova), o *nemo censetur ignorare legem* (= a nessuno è permesso di ignorare la legge) – non è più privo di eccezioni.

3. I criteri di scusabilità dell'ignoranza.

Ma quali sono i casi in cui l'ignoranza della legge deve considerarsi **«inevitabile»**?

La Corte, nella «storica» Sentenza menzionata, ha suggerito alcuni **criteri**. A prescindere peraltro da tali criteri, che paiono meramente esemplificativi e comunque non vincolanti per l'interprete, si può brevemente riassumere lo stato della questione come segue.

L'ignoranza inevitabile della legge penale

Una premessa è d'obbligo. La Corte parla, nella Sentenza, di ignoranza «inevitabile». Ma l'ignoranza **ben difficilmente è davvero inevitabile** *stricto sensu*. Sarebbe inevitabile solo in casi estremi: si pensi alla mancata o ritardata pubblicazione della Gazzetta Ufficiale; o a casi simili. Dunque, per ignoranza (o errore) inevitabile si deve piuttosto intendere ignoranza (o errore) **scusabile**. Ma naturalmente lo standard della scusabilità, per così dire, deve essere in questo settore particolarmente **elevato**, visto che le ipotesi di deroga ad una regola così radicata come quella di cui all'art. 5 debbono comunque essere davvero **eccezionali**; se così non fosse, il sistema penale intero rischierebbe di perdere credibilità e capacità deterrente.

Tuttavia, la **prassi giurisprudenziale** di questi anni ha mostrato che le ipotesi di applicazione della «scusante» in questione **non** sono poi così **rare** (anche, se specie negli ultimi tempi, la giurisprudenza in materia sembra stia irrigidendosi). Vediamo, anche alla luce di tale giurisprudenza, di dare alcune indicazioni sui **criteri** attraverso cui riconoscere l'errore inevitabile (o scusabile).

Mala in se* e *mala quia vetita

Innanzitutto, i reati nell'ambito dei quali si può verificare un'ipotesi di ignoranza inevitabile sono i c.d. ***mala quia vetita***, ossia i **reati di creazione legislativa, non** i ***mala in se***, o **delitti naturali**. Mai si potrebbe verificare una ignoranza inevitabile, ad es., nell'ambito di delitti come lo stupro.

Diversamente si può dire con riguardo a reati urbanistici, alcuni reati ambientali, a certi reati fiscali, e più in generale alle miriadi di illeciti sparsi soprattutto nelle leggi complementari.

Nell'ambito dei reati artificiali (o «di mera creazione legislativa»), un ruolo particolare rivestono i reati **omissivi puri**: è in relazione ad essi che si sono avute la maggior parte delle decisioni giurisprudenziali che hanno ravvisato errori inevitabili sul precetto.

Restano validi inoltre, anche ai fini del giudizio di inevitabilità dell'errore, i **parametri** elaborati dalla giurisprudenza previgente in tema di **buona fede** nelle contravvenzioni. Peraltro, anche in relazione a certi **delitti** è ben possibile che si verifichino errori scusabili sul precetto, dal momento che appaiono sempre più diffusi, nel diritto penale moderno, delitti che nonostante questo nome appartengono a tutti gli effetti ai *mala quia vetita*. Si pensi allo stesso illecito di pubblicazioni e spettacoli osceni di cui all'art. 528 c.p., in relazione al quale (prima della recente depenalizzazione, avvenuta ad opera del d.lgs. n. 8/2016) era stata, ad es., applicata la scusante dell'art. 5, in un caso di vendita di videocassette pornografiche da parte di un rivenditore, che deteneva tali video in una sala il cui accesso era riservato ai soli adulti.

Oltre al classico caso del parere fuorviante della pubblica amministrazione, si può anche menzionare, fra i casi di possibile errore inevitabile, quello di **precedenti assoluzioni** del soggetto per il medesimo fatto; o ancora quello **dell'estremamente caotico atteggiamento degli organi giudiziari**. In entrambi i casi, a ben vedere, è la stessa **magistratura** che «induce in errore» il cittadino, sicché in questi casi è ben possibile che l'errore sia davvero scusabile.

Ma anche la condizione di **scarsa socializzazione del singolo** individuo può essere rilevante ai fini del giudizio di inevitabilità dell'errore: si pensi all'aborigeno Uru, proiettato improvvisamente in un mondo burocratico come il nostro, e costretto a denunciare all'autorità la detenzione del suo boomerang. In un caso simile, si potrebbe ben immaginare un errore inevitabile sul precetto, dovuto a fattori (quasi) esclusivamente legati al singolo reo. In questi casi, si coglie ancor meglio la dimensione «scusante» dell'art. 5, visto che qui mancherebbe proprio quella **rimproverabilità individuale** in cui si sostanzia il giudizio di colpevolezza, quale terzo elemento del reato.

Lo stato di dubbio ai fini della scusabilità dell'errore

Un ultimo punto concerne l'ipotesi in cui il soggetto, dopo aver ottenuto informazioni sulla liceità o meno della condotta che sta per intraprendere, si trovi ancora in uno stato di **dubbio**, ad es. perché il fatto parrebbe illecito per talune fonti di informazione, e lecito per altre. *Quid iuris*? La Corte costituzionale, in questi casi, mostra di ritenere in linea di massima evitabile l'errore. Va peraltro detto che, specie nell'ambito dei reati omissivi, in caso di dubbio **si costringerebbe sostanzialmente i cittadini ad agire pur nell'incertezza della sussistenza dell'obbligo, il che sembrerebbe imporre un peso troppo grande alla libertà dei cittadini**. Sicché, in questo ambito, parte della dottrina ritiene che, anche in caso di dubbio, l'errore possa essere ritenuto **inevitabile**.

L'introduzione della scusante di cui all'art. 5 da parte della Corte costituzionale, in un giudizio complessivo – svolto anche alla luce di una giurisprudenza ormai ultradecennale – va valutata favorevolmente. L'autorità della legge non sembra essere venuta meno (quantomeno: non a causa dell'art. 5!), e, nello stesso tempo, a molte persone «non colpevoli», in quanto non rimproverabili, è stata evitata una inutile e vessatoria condanna.

Note bibliografiche

FROSALI R.A., *L'errore nella teoria del diritto penale*, Roma, 1933; FROSALI R.A., voce *Errore,* in *Noviss. dig. it.*, Vol. VI, 1960, p. 672 ss.; SANTUCCI G., voce *Errore* (dir. pen.), in *Enc. dir.*, Vol. XV, 1966, p. 280 ss.; PULITANÒ D., voce *Ignoranza* (dir. pen.), in *Enc. dir.*, Vol. XX, 1970, p. 43 ss.; BRICOLA F., voce *Teoria generale del reato*, in *Noviss. dig. it.*, Vol. XIX, 1973, p. 9 ss.; PALAZZO F.C., *L'errore sulla legge extrapenale*, Milano, 1974; PULITANÒ D., *L'errore di diritto nella teoria del reato*, Milano, 1976; GROSSO C.F., voce *Errore*, in *Enc. giur. Treccani*, Vol. XIII, 1989; RONCO M., voce *Ignoranza della legge* (dir. pen.), in *Enc. giur. Treccani*, Vol. XV, 1989; FLORA G., voce *Errore*, in *Dig. disc. pen.*, Vol. IV, 1990, p. 255 ss.; PALAZZO F., voce *Ignoranza della legge penale*, in *Dig. disc. pen.*, Vol. VI, 1992, p. 222 ss.; DONINI M., *Il delitto contravvenzionale*, Milano, 1993; BELFIORE E., *Contributo alla teoria dell'errore in diritto penale*, Torino, 1997; PULITANÒ D., voce *Ignoranza della legge (dir. pen.)*, in *Enc. dir.*, agg., Vol. I, 1997, p. 615 ss.; VALLINI A., *Antiche e nuove tensioni tra colpevolezza e diritto penale artificiale*, Torino, 2003; ASARO C., *Ingegneria della conoscenza giuridica applicata al diritto penale*, Roma, 2012; LANZI M., Error Iuris *e sistema penale. Attualità e prospettive*, Torino, 2018.

Capitolo VI

L'IMPUTABILITÀ

Sommario: 1. L'imputabilità nella sistematica del codice penale. – 2. La capacità d'intendere e la capacità di volere. – 3. Imputabilità e soggetti minorenni. – 4. Il vizio totale di mente. – 5. L'ubriachezza. – 6. L'azione di sostanze stupefacenti. – 7. Il sordomutismo. – 8. La volontaria determinazione dello stato di incapacità di intendere e di volere allo scopo di commettere un reato.

1. L'imputabilità nella sistematica del codice penale.

Secondo il disposto dell'art. 85 c.p. («**Capacità d'intendere e di volere**»), «Nessuno può essere punito per un fatto preveduto dalla legge come reato, se, al momento in cui lo ha commesso, non era imputabile» (comma 1). «È imputabile» – prosegue il comma 2 – «chi ha la capacità d'intendere e di volere».

Secondo la *Relazione al Re* del vigente codice penale, l'art. 85 «regola la **generica** capacità di agire nel campo penale, **senza riferimento ad un determinato fatto concreto**; la capacità, cioè, dell'individuo di volere, di discernere e di selezionare coscientemente i motivi, di inibirsi; dà, in altre parole, la nozione della personalità di diritto penale, definendo la persona **normale**, alla quale la legge penale può essere applicata».

Imputabilità come causa personale di esenzione da pena

Nelle intenzioni del legislatore, dunque, l'imputabilità, che l'art. 85 identifica appunto nella capacità di intendere e di volere, doveva rappresentare una **mera caratteristica soggettiva del reo**, come del resto testimoniato anche dalla **collocazione sistematica** delle norme che ne dettano la disciplina, poste all'inizio del Titolo IV (del Libro I), «Del reo e della persona offesa dal reato».

Ciò spiega il credito che ha riscosso nella nostra letteratura l'opinione secondo la quale **l'imputabilità** non sarebbe altro che una **qualifica personale**, necessaria perché si possa assoggettare alla sanzione penale il colpevole, e, correlativamente, la **mancanza di imputabilità** costituirebbe una semplice **causa personale di esenzione da pena** (es. ANTOLISEI).

Secondo tale impostazione, **il reato potrebbe senz'altro perfezionarsi in tutti i suoi elementi** (compresi dolo o colpa), **anche in difetto di capacità di intendere e di volere del reo**: è il **reo** che risulta **non punibile**, se ed in quanto **non imputabile** (pur avendo commesso, come si è appena detto, un **reato**).

A sostegno della tesi, si richiamano gli artt. 222 e 224 c.p. (al cui testo si rinvia), che in effetti ammettono la possibilità di **distinguere tra fattispecie dolose e fattispecie colpose** anche in rapporto a fatti realizzati dal non-imputabile.

Imputabilità come presupposto della colpevolezza

Il concetto di imputabilità viene ricostruito in modo **differente** dalla dottrina che intende la **colpevolezza** non in senso psicologico, bensì **normativo**, quale **rimproverabilità giuridico-penale**. In quest'ottica, **l'imputabilità** è più di una mera qualifica soggettiva del reo (punibile in quanto imputabile); essa rappresenta infatti la **condizione dell'autore che rende possibile la rimproverabilità del suo fatto**. In altri termini, l'imputabilità è **«capacità di colpevolezza»**, ovvero **«presupposto della colpevolezza»**, **non essendovi colpevolezza senza imputabilità** (es. BERTOLINO, M. ROMANO).

Sembra di poter dire che è proprio lo sviluppo e l'affinamento del concetto di **colpevolezza**, tutt'altro che giunto all'epilogo, nel nostro sistema penale, ad aver dato un impulso per un ripensamento critico dell'impostazione codicistica del tema dell'imputabilità.

Ripensamento che già in un'ottica *de lege lata*, sulla base di un'interpretazione consona al superiore principio costituzionale di colpevolezza, si traduce nella significativa conclusione secondo cui **in difetto di imputabilità non c'è neppure reato**.

2. La capacità d'intendere e la capacità di volere.

Come si è visto, in base all'art. 85 c.p. è imputabile colui che ha **sia** la capacità di intendere, **sia** la capacità di volere. In sostanza: basterebbe l'assenza di **uno dei due requisiti**, per determinare l'insussistenza dell'imputabilità.

Capacità d'intendere

La **capacità d'intendere** consiste **nella idoneità del soggetto a rendersi conto del significato sociale della propria condotta.**

Capacità di volere

La **capacità di volere** si identifica **nell'attitudine della persona a determinarsi in modo autonomo, in conformità del proprio giudizio.**

Queste qualità possono mancare in individui che non hanno raggiunto una sufficiente maturità psichica, o che non sono sani di mente.

Il codice penale contiene una serie di disposizioni, che disciplinano le **cause di esclusione ovvero di diminuzione dell'imputabilità.**

3. Imputabilità e soggetti minorenni.

Minori infraquattordicenni

Ai sensi dell'art. 97 c.p., «Non è imputabile chi, nel momento in cui ha commesso il fatto, non aveva compiuto i quattordici anni».

Per l'**infraquattordicenne**, dunque, vige una **presunzione assoluta** (*iuris et de iure*), non suscettibile di prova contraria, **di incapacità di intendere e di volere**, la cui *ratio* si fonda sulla considerazione dell'**immaturità psichica** del minore.

Minori che hanno compiuto i quattordici anni

Per quanto attiene invece ai **minori che hanno compiuto i quattordici anni** (ma non ancora i diciotto, soglia della maggiore età), la legge non pone alcuna presunzione in tema di imputabilità: si tratta di accertare **in concreto**, caso per caso, se il soggetto abbia o meno la capacità di intendere e di volere, con riferimento all'epoca della realizzazione del fatto; peraltro, qualora il minore compreso in questa fascia di età risulti imputabile, è prevista una diminuzione di pena (art. 98, comma 1, c.p.: «È imputabile chi, nel momento in cui ha commesso il fatto, aveva compiuto gli anni quattordici, ma non ancora i diciotto, se aveva la capacità d'intendere e di volere; ma la pena è diminuita»).

Maggiorenni

Con il compimento del diciottesimo anno di età, e quindi con il raggiungimento della **maggiore età**, il soggetto si considera **tendenzialmente imputabile**, ossia capace di intendere e di volere, in quanto ormai sufficientemente maturo dal punto di vista psichico; l'imputabilità del maggiorenne può peraltro venire meno per altre cause, tali da escludere la capacità di intendere, o quella di volere, o entrambe.

4. Il vizio totale di mente.

Vizio totale di mente

L'imputabilità è **esclusa** in presenza di un **vizio totale di mente (infermità mentale)**: «Non è imputabile chi, nel momento in cui ha commesso il fatto, era, per infermità, in tale stato di mente da escludere la capacità d'intendere o di volere» (art. 88 c.p.: «Vizio totale di mente»).

Vizio parziale di mente

Se il **vizio di mente** è, invece, **soltanto parziale**, l'imputabilità non è esclusa, bensì solo **diminuita**, e ciò si traduce in una riduzione della pena **(semi-infermità mentale)**: «Chi, nel momento in cui ha commesso il fatto, era, per infermità, in tale stato di mente da scemare grandemente, senza escluderla, la capacità d'intendere o di volere, risponde del reato commesso; ma la pena è diminuita» (art. 89 c.p.: «Vizio parziale di mente»).

Il problema del «nesso causale» tra infermità e fatto commesso

Ampiamente dibattuto è il problema, se occorra la verifica di una sorta di **«nesso causale» tra l'infermità ed il fatto commesso**.

Dal tenore letterale dell'art. 88 c.p., che sancisce la non imputabilità di chi, nel momento in cui ha commesso il fatto, era, per infermità, in uno stato di mente tale da escludere la capacità di intendere e di volere, taluno ritiene sufficiente, ad escludere l'imputabilità, una infermità che abbia generato lo stato di mente in questione, e l'esistenza dello stesso all'epoca del *tempus commissi delicti*; non sarebbe invece necessaria anche la sussistenza di un preciso rapporto eziologico fra la causa del vizio di mente ed il fatto commesso.

Questa conclusione è del tutto coerente rispetto ad una concezione dell'imputabilità come mera capacità di pena (o presupposto della capacità giuridica penale), nonché dell'assenza di imputabilità come causa personale di esenzione da pena.

Viceversa, se si intende l'imputabilità come un presupposto, o comunque come un elemento della **colpevolezza**, e segnatamente se si muove da un **concetto normativo di colpevolezza-rimproverabilità**, sembra necessario rapportare **tutti gli elementi della colpevolezza al fatto di reato** di volta in volta concretamente realizzato, e dunque anche l'imputabilità: ad una più ampia nozione di **colpevolezza per il fatto**, si deve accompagnare, in altri termini, anche un'**imputabilità per il fatto**, ossia affermata come sussistente, o negata, a seconda che vi sia o meno la «capacità di intendere e di volere» **in rapporto al singolo fatto di reato**. In questa seconda prospettiva, sarebbe dunque necessario individuare un **nesso causale** tra il difetto di imputabilità ed il fatto commesso.

C.d. imputabilità settoriale

Nel quadro di questa concezione, si è elaborato il concetto della c.d. **imputabilità settoriale**, che può essere **affermata** in relazione **a un dato fatto**, e negata, invece, in rapporto ad **altro e diverso fatto**, e quello della c.d. **divisibilità della capacità di intendere e di volere**. Tali concetti muovono dal fondamentale postulato secondo cui, appunto, non solo la capacità di intendere e di volere deve essere presente nel soggetto **al momento del fatto** (come richiede espressamente il codice), ma anche **con riferimento al singolo fatto concreto** posto in essere.

Per spiegare l'affermazione secondo cui occorre un **rapporto eziologico** tra causa del vizio di mente e fatto realizzato, si è detto che quando **l'infermità** colpisca soltanto **un settore** della personalità psichica dell'individuo, **lasciando inalterati tutti gli altri, l'imputabilità è esclusa quando l'atto criminoso rappresenti la conseguenza del disturbo mentale**. Ad esempio, Tizio, affetto da delirio persecutorio, esplode un colpo di arma da fuoco contro il presunto persecutore: l'atto criminoso rappresenta chiaramente la conseguenza dell'anomalia psichica, e quindi l'imputabilità è esclusa. **L'imputabilità non sarebbe esclusa**, viceversa, quando il delitto venga compiuto in un campo **del tutto diverso** da quello che interessa il settore psichico alterato. Es.: Tizio, affetto da delirio persecutorio, commette un furto od una violenza carnale, ovverosia un delitto senza alcun rapporto con la malattia.

Ampiezza della nozione di «infermità di mente»

Sotto altro profilo, taluno intende la nozione di **infermità** quale sinonimo di uno **stato patologico** (morboso), che abbia le caratteristiche della **malattia**.

Secondo questo tradizionale orientamento, i disturbi psichici di carattere non strettamente patologico non dovrebbero rientrare nel concetto di infermità.

Altra parte della dottrina (es. BERTOLINO, MANNA) attribuisce un maggiore spazio alla rilevanza giuridica di **disturbi psichici** che **non** si prestano ad essere ricondotti ad un **preciso inquadramento clinico**, ma che effettivamente abbiano inciso sulla capacità di intendere e di volere del soggetto, escludendola (es.: **nevrosi** e **psicopatie**).

Questo orientamento è stato accolto dalle Sezioni Unite della Cassazione, che hanno affermato che, ai fini del riconoscimento del vizio totale o parziale di mente, anche **i disturbi della**

personalità, che non sempre sono inquadrabili nel ristretto novero delle malattie mentali, possono rientrare nel concetto di «infermità», purché siano di consistenza, intensità e gravità tali da **incidere concretamente** sulla capacità di intendere o di volere, escludendola o scemandola grandemente, e a condizione che sussista un **nesso eziologico** con la specifica condotta criminosa, per effetto del quale il fatto di reato sia ritenuto causalmente determinato dal disturbo mentale (Sent. n. 9163 del 2005).

De lege ferenda, la tendenza sembra quella di un espresso riconoscimento normativo di questo secondo orientamento interpretativo (v. progetti Pagliaro, Grosso e Pisapia).

Stati emotivi o passionali

Per espressa disposizione di legge, sono invece irrilevanti nella prospettiva delle valutazioni di esclusione o di riduzione dell'imputabilità i c.d. **stati emotivi o passionali** (art. 90 c.p.): essi potranno semmai avere rilevanza nell'ambito della commisurazione della pena in senso stretto (art. 133 c.p.: v. *infra*, P. IV, Cap. IV).

5. L'ubriachezza.

Si verifica di frequente la realizzazione di reati da parte di soggetti ubriachi.

Il codice penale detta in proposito una disciplina assai analitica, ed improntata a criteri di **notevole severità**.

Ubriachezza derivata da caso fortuito o forza maggiore

Secondo l'art. 91 c.p. («Ubriachezza derivata da caso fortuito o da forza maggiore»), «Non è imputabile chi, nel momento in cui ha commesso il fatto, non aveva la capacità d'intendere e di volere, a cagione di piena ubriachezza derivata da caso fortuito o da forza maggiore» (comma 1). È prevista una mera diminuzione della pena, invece, «se l'ubriachezza non era piena, ma era tuttavia tale da scemare grandemente, senza escluderla, la capacità d'intendere o di volere» (art. 91, comma 2, c.p.).

In entrambe le ipotesi, si presuppone la c.d. ubriachezza **accidentale, o incolpevole**, in cui il soggetto si è ubriacato **senza averne colpa**, ovvero senza che lo stato di ubriachezza gli possa essere **in alcun modo rimproverato**.

Si suole citare, in proposito, l'esempio dell'operaio di una distilleria che inala vapori di alcool improvvisamente sprigionatisi, ed in conseguenza di ciò si ubriaca; ovvero del soggetto assolutamente astemio al quale vengono somministrati cibi e bevande contenenti alcool, senza che egli lo sappia, né riesca ad avvertirne il sapore, ecc.

Si tratta di casi «limite», e molto rari: quando si verificano, l'art. 91 c.p. impone di verificare se l'ubriachezza accidentale sia **piena**, con **esclusione della imputabilità** dell'agente; oppure se faccia **diminuire grandemente** la capacità di intendere, o quella di volere, o ambedue, beneficiando allora il reo di una **diminuzione di pena**, nei limiti di cui all'art. 65 c.p. (sino ad un terzo).

Di solito, una persona si ubriaca non per accadimenti fortuiti, o per forza maggiore, ma perché **non si controlla adeguatamente** e beve troppo (colpa), oppure perché addirittura vuole ubriacarsi.

Ubriachezza volontaria, colposa e preordinata

Fondamentale nella disciplina dell'ubriachezza è dunque la norma dettata dal comma 1 dell'art. 92: «L'ubriachezza non derivata da caso fortuito o da forza maggiore non esclude né diminuisce l'imputabilità» (sia essa **volontaria** o **colposa**, per riprendere la terminologia adottata nella rubrica dello stesso art. 92 c.p.).

Se poi non solo il soggetto ha voluto ubriacarsi, ma lo ha fatto proprio in **funzione della realizzazione di un reato, o di precostituirsi una scusa**, la legge individua una categoria ulteriore e distinta dall'ubriachezza dolosa, che va sotto il nome di ubriachezza **preordinata**: dal punto di vista della disciplina applicabile, anche l'ubriachezza preordinata non esclude né diminuisce l'imputabilità, ed anzi comporta un inasprimento della pena (art. 92, comma 2, c.p.).

Ubriachezza abituale

L'ubriachezza può, inoltre, essere **abituale**: «Agli effetti della legge penale, è considerato ubriaco abituale chi è dedito all'uso di bevande alcooliche e in stato frequente di ubriachezza» (art. 94, comma 2, c.p.). Anche per il reato commesso in stato di ubriachezza abituale il codice prevede una disciplina assai rigorosa: non solo l'imputabilità non è né esclusa, né diminuita, ma anzi **la pena è aumentata** (art. 94, comma 1, c.p.).

Intossicazione cronica da alcool

Concettualmente ben **diverso dall'ubriachezza abituale** è lo **stato di intossicazione cronica**, **prodotto dall'alcool** (ancorché possano determinarsi, nella pratica, non lievi difficoltà quando si tratti di distinguere tra l'una e l'altro). In genere, si ritiene di essere in presenza di **un'ubriachezza abituale** quando il soggetto abbia la consuetudine di abusare di sostanze alcooliche, ma ciò determini unicamente **un'intossicazione acuta**, destinata a venir meno qualora il soggetto smetta di bere. **L'intossicazione cronica** da alcool comporta invece una **alterazione mentale pressoché irreversibile**, tale da rendere il soggetto **alcoolizzato** un vero e proprio **malato di mente**. Si comprende, dunque, la peculiare disciplina dettata dal codice penale, all'art. 95: «Per i fatti commessi in stato di cronica intossicazione prodotta da alcool (...), si applicano le disposizioni contenute negli articoli 88 e 89», e cioè le norme in tema di vizio di mente (totale o parziale): in sostanza, l'imputabilità è esclusa totalmente o parzialmente.

Ubriachezza non accidentale: aspetti problematici

Si ponga il caso di Tizio che si ubriaca (non accidentalmente, ossia né per caso fortuito, né per forza maggiore) e che, a causa dello stato di ubriachezza, cagiona la morte di Caio, esplodendo un colpo di pistola.

Come si è visto, in base all'art. 92, comma 1, c.p. **l'ubriachezza non accidentale non esclude né diminuisce l'imputabilità**, ossia la legge considera l'ubriaco capace di intendere e di volere (ancorché, in concreto, egli abbia agito in uno stato di totale confusione di mente).

Occorre domandarsi, allora, di quale reato debba rispondere Tizio: omicidio doloso o omicidio colposo? La risposta a tale quesito può variare, a seconda che si ritenga di dovere individuare il titolo di responsabilità (dolosa o colposa) valutando l'atteggiamento psicologico dell'agente nel **momento in cui si è ubriacato**, oppure al **momento del fatto di reato** (della condotta, consistente nello sparare).

Secondo alcuni, infatti, non ha senso distinguere tra dolo e colpa in capo ad un soggetto in condizioni di ubriachezza piena: l'omicidio sarebbe pertanto da ritenere **colposo** se l'autore si è ubriacato **per imprudenza o negligenza**, e **doloso** se lo stato di ebrietà deriva da un **atto volontario** del reo.

Secondo altri Autori, ed una consolidata giurisprudenza, la responsabilità è **dolosa** se l'uccisione è stata **voluta** dal soggetto al momento del fatto (es.: Tizio spara e uccide una persona con cui ha avuto un diverbio), e **colposa** se viceversa **non è voluta**, ma è dipesa dalla **violazione di una regola cautelare** (es.: Tizio maneggia in modo maldestro l'arma, e fa partire il colpo mortale).

Nell'ambito della letteratura più recente, si sono criticate entrambe le tesi, per i seguenti motivi.

Con riferimento alla prima tesi, prendere a riferimento (per valutare la sussistenza sia del dolo o della colpa, che della capacità di intendere e di volere) il **momento dell'assunzione della sostanza alcolica**, significherebbe rapportare dolo, colpa ed imputabilità **non al fatto di reato** (es.: il fatto di cagionare la morte di Caio), bensì **al fatto di ingerire l'alcool**. Assurde sarebbero le conseguenze pratiche cui tale criterio condurrebbe, quando si tratti di distinguere tra responsabilità dolosa oppure colposa. Si pensi a Tizio, che volontariamente si ubriachi, e si ponga ebbro alla guida, investendo in conseguenza di una manovra imprudente il pedone Caio: ebbene, in questo caso Tizio dovrebbe rispondere di **omicidio doloso** *ex* art. 575 c.p., perché si è **volontariamente ubriacato**, ancorché sia chiaro che la morte di Caio sia stata cagionata attraverso un comportamento **intrinsecamente colposo**. Ma si può anche riprendere l'esempio fatto poc'anzi, di Tizio che spara ed uccide volontariamente Caio, con cui ha avuto un diverbio: egli dovrebbe rispondere di **omicidio colposo**, se si considerasse il suo atteggiamento psicologico non al momento della condotta criminosa, ma al **momento dell'assunzione della sostanza alcolica**, e si ritenesse appunto che l'assunzione sia avvenuta **per colpa**.

Con riferimento alla seconda tesi, si obietta il fatto che, valutando la sussistenza del dolo o della colpa dell'ubriaco in relazione **al fatto tipico** descritto dalla norma incriminatrice, e nel **momento in cui quel fatto viene posto in essere**, ci si imbatte in una **presunzione legale assoluta** (*iuris et de iure*) che vi sia una capacità di intendere e di volere: capacità che, invero, **manca nei casi di ubriachezza piena**.

Sotto questo profilo, si ravvisa un **contrasto** dell'art. 92, comma 1, c.p. (analoghe considerazioni valgono per gli artt. 92, comma 2, 93 e 94 c.p.) con il **principio di colpevolezza** (art. 27 Cost.): pure ammesso che in rapporto al fatto dell'ubriaco si riesca in concreto a distinguere se esso sia stato realizzato con dolo o con colpa (in dubbio, si deve optare per la soluzione più favorevole al reo: colpa), **non si vede infatti come quel fatto doloso o colposo possa essere rimproverato al soggetto agente**, che lo ha realizzato in uno stato di totale alterazione psichica.

In base a tali argomenti, tale dottrina ritiene incostituzionali tutte le norme che prevedono l'assoggettamento a pena di una persona incapace di intendere e di volere al momento della commissione del fatto di reato.

6. L'azione di sostanze stupefacenti.

Le norme del codice penale non si limitano a regolare i riflessi sull'imputabilità dell'ubriachezza: specifica attenzione è dedicata, altresì, all'uso di **sostanze stupefacenti**.

Rinvio alle norme in tema di ubriachezza

Il fatto realizzato sotto l'influenza di stupefacenti risulta disciplinato in maniera affatto **analoga** a quello commesso in stato di ubriachezza, per ciò che attiene all'imputabilità dell'autore.

Secondo l'art. 93 c.p. («Fatto commesso sotto l'azione di sostanze stupefacenti»), «Le disposizioni dei due articoli precedenti...» (e cioè le disposizioni in tema di ubriachezza accidentale, volontaria, colposa e preordinata: sulle rispettive nozioni, si veda *supra*) «...si applicano anche quando il fatto è stato commesso sotto l'azione di sostanze stupefacenti».

Intossicazione abituale

Ed ancora, l'aggravamento di pena previsto in relazione al fatto dell'ubriaco abituale è ribadito per il reato commesso sotto l'azione di sostanze stupefacenti, da chi è **dedito** all'uso di tali sostanze (art. 94, comma 3, c.p.).

Intossicazione cronica

Infine, anche per i fatti commessi da colui che si trova in stato di **cronica intossicazione prodotta da sostanze stupefacenti** (così come per quelli realizzati da chi versa in condizioni di ubriachezza cronica) si applicano le norme in tema di vizio totale o parziale di mente, a seconda che la capacità di intendere o di volere risulti esclusa, ovvero grandemente scemata, in conseguenza dell'intossicazione stessa.

7. Il sordomutismo.

L'art. 96 c.p. detta una disciplina *ad hoc* dell'imputabilità, con riguardo alla persona affetta da sordomutismo: «Non è imputabile il sordomuto che, nel momento in cui ha commesso il fatto, non aveva, per causa della sua infermità, la capacità d'intendere o di volere» (comma 1). Il comma 2 del medesimo articolo così prosegue: «Se la capacità d'intendere o di volere era grandemente scemata, ma non esclusa, la pena è diminuita».

La legge, dunque, **non prevede alcuna presunzione** di inferiorità psichica del **sordomuto**: la capacità di intendere e di volere va verificata **in concreto, caso per caso**.

Assenza di presunzioni legali

Se si accerta che il soggetto sordomuto era, all'epoca del fatto, pienamente capace sia di intendere che di volere, ai fini del giudizio di imputabilità è come se l'*handicap* non esistesse. Se invece la menomazione comporta un'incapacità così grave, da essere assimilabile ad un vizio totale di mente, il soggetto è reputato non imputabile. Infine, se la capacità di intendere o di volere non è esclusa dall'infermità, ma soltanto gravemente compromessa, il sordomuto è punibile, ma la pena è diminuita (così come avviene in caso di riconosciuta semi-infermità mentale).

Si segnala che, per effetto dell'art. 1 della l. n. 95 del 2006, in tutte le disposizioni legislative vigenti, e quindi anche nell'art. 96 c.p., il termine «sordomuto» è sostituito con l'espressione «sordo».

8. La volontaria determinazione dello stato di incapacità di intendere e di volere, allo scopo di commettere un reato.

La legge prende espressamente in considerazione l'eventualità che un soggetto ponga altri, o sé stesso, nello stato di incapacità di intendere e di volere, proprio **allo scopo di commettere un reato.**

La disciplina di queste ipotesi è dettata in via generale dagli artt. 86 c.p. («Determinazione in altri dello stato d'incapacità, allo scopo di far commettere un reato») e 87 c.p. («Stato preordinato d'incapacità d'intendere o di volere»).

Determinazione in altri dello stato di incapacità allo scopo di far commettere un reato

Più precisamente, l'art. 86 c.p. prevede che «Se taluno mette altri nello stato d'incapacità d'intendere o di volere, al fine di fargli commettere un reato, del reato commesso dalla persona resa incapace **risponde chi ha cagionato lo stato d'incapacità**».

Questa disposizione viene reputata **superflua**: se anche non vi fosse, sarebbe comunque indubitabile la responsabilità di chi, a mezzo di sostanze alcooliche, o stupefacenti, eccetera, cagioni l'altrui incapacità, in modo che la persona resa incapace commetta un reato. Quest'ultima non dovrebbe essere punibile per difetto di imputabilità, mentre sarebbe penalmente responsabile colui che si serve della persona resa incapace, come **strumento per delinquere**.

La situazione è simile a quella disciplinata **dall'art. 111, comma 1, c.p.**: la differenza è che in questo articolo la persona che viene determinata a commettere il reato è **già non imputabile** (es.: Tizio induce un minore di quattordici anni a realizzare un furto), mentre nel caso dell'art. 86 c.p. è il soggetto ritenuto responsabile a **provocare nel terzo lo stato di incapacità**; inoltre, l'art. 111 c.p. prevede un aumento di pena, di cui non si fa menzione nell'art. 86 c.p. (lacuna ben poco ragionevole, e che però non pare superabile).

Stato preordinato di incapacità di intendere e di volere (c.d. *actio libera in causa*)

L'art. 87 c.p. stabilisce che la regola della non punibilità per difetto di imputabilità non si applica, allorché il soggetto si sia volutamente «messo in stato d'incapacità d'intendere o di volere al fine di commettere il reato, o di prepararsi una scusa» (norma analoga in tema di ubriachezza preordinata è contenuta nell'art. 92, comma 2, c.p., là con la previsione, altresì, di un aumento di pena; la stessa disciplina vale anche per lo stato di incapacità derivante dall'assunzione di stupefacenti, in virtù del rinvio all'art. 92 c.p. operato dal successivo art. 93).

Si tratta di un'ipotesi di c.d. ***actio libera in causa***. Il fatto, ovvero l'azione (*actio*) per cui il soggetto viene punito, è realizzato in uno stato di non imputabilità, ma si considera ugualmente punibile, perché l'agente con una sua libera scelta si è posto nell'incapacità di intendere e di volere, così innescando il meccanismo causale che sfocia nel reato (**obiettivo perseguito dal soggetto**, fin dal momento in cui si è posto in stato di piena incapacità).

Per quanto ciò sia contestato da molti Autori, parte della dottrina ravvisa nell'art. 87 c.p. un'eccezione alla regola generale, di cui all'art. 85 c.p. L'agente, infatti, non comincia a commettere il reato a partire da quando si mette in stato di incapacità, ma dal momento (successivo), in cui realizza gli estremi tipici della fattispecie (quantomeno nello stadio del tentativo): da un momento, cioè, in cui non ha più la capacità di intendere o di volere. È qui che si coglie la deroga al principio di cui all'art. 85, secondo cui è necessario che l'imputabilità sussista al momento del fatto, perché il soggetto sia punibile.

Tale deroga è **compatibile con il principio costituzionale di colpevolezza**?

La risposta affermativa si basa sull'osservazione che il fatto viene pur sempre ad essere imputato a titolo di dolo, presente allorché l'autore volutamente si pone in stato di incapacità.

Note bibliografiche

RUGGIERO G., *La rilevanza giuridico-penale degli stati emotivi e passionali*, Napoli, 1958; VENDITTI R., voce *Actio libera in causa*, in *Enc. dir.*, Vol. I, 1958, p. 534 ss.; BRICOLA F., *Fatto del non imputabile e pericolosità*, Milano, 1961; BATTAGLINI G.-GRIFÒ E., voce *Imputabilità*, in *Noviss. dig. it.*, Vol. VIII, 1962, p. 451 ss.; BATTAGLINI G., voce *Intossicazione cronica da alcool o da sostanze stupefacenti*, in *Noviss. dig. it.*, Vol. VIII, 1962, p. 978 ss.; BRUNO F., voce *Cronica intossicazione da alcool o da sostanze stupefacenti*, in *Enc. dir.*, Vol. XI, 1962, p. 432 ss.; PORTIGLIATTI BARBOS M.-MARINI G., *La capacità di intendere e di volere nel sistema penale italiano*, Milano, 1964; CRESPI A., voce *Imputabilità* (*dir. pen.*), in *Enc.dir.*, Vol. XX, 1970, p. 764 ss.; MAZZANTI M., voce *Sordo, muto e sordomuto*, in *Noviss. dig. it.*, Vol. XVII, 1970, p. 915 ss.; MARINI G., voce *Vizio di mente*, in *Noviss. dig. it.*, Vol. XX, 1975, p. 1038 ss.; CERQUETTI G., *L'imputabilità nella sistematica del diritto penale*, Perugia, 1979; MARINI G., voce *Alcoolismo* (*disciplina legislativa*), in *Noviss. dig. it.*, App. I, 1980, p. 223 ss.; MARINI G., voce *Intossicazione cronica da alcool o da sostanze stupefacenti*, in *Noviss. dig. it.*, App. IV, 1983, p. 399 ss.; MUCCIARELLI F., voce *Alcoolismo* (*contravvenzioni concernenti la prevenzione dell'*), in *Dig. disc. pen.*, Vol. I, 1987, p. 71 ss.; AA.VV., *Curare e punire. Problemi e innovazioni nei rapporti tra psichiatria e giustizia penale*, Milano, 1988; FIORAVANTI L., *Le infermità psichiche nella giurisprudenza penale*, Padova, 1988; DI RAIMONDO M., voce *Bevande alcooliche*, in *Enc. giur. Treccani*, Vol. V, 1988; MARINI G., voce *Imputabilità*, in *Enc. giur. Treccani*, Vol. XVI, 1989; BERTOLINO M., *L'imputabilità e il vizio di mente nel sistema penale*, Milano, 1990; FERRACUTI F.-GIARRIZZO C., voce *Stati emotivi e passionali*, in *Enc. dir.*, Vol. XLIII, 1990, p. 661 ss.; BRICOLA F.-INSOLERA G. (a cura di), *La riforma della legislazione penale in materia di stupefacenti*, Padova, 1991; FORTUNA E., voce *Ubriachezza*, in *Enc. dir.*, Vol. XLV, 1992, p. 465 ss.; FORTUNA E., voce *Tossicodipendenza* (*dir. pen.*), in *Enc. dir.*, Vol. XLIV, 1992, p. 742 ss.; LEONI M.-MARCHETTI M.-FATICANTE G., *L'imputabilità del tossicodipendente*, Milano, 1992; MARINI G., voce *Imputabilità*, in *Dig. disc. pen.*, Vol. VI, 1992, p. 243 ss.; PEPINO L., voce *Imputato minorenne*, in *Dig. disc. pen.*, Vol. VI, 1992, p. 287 ss.; PONTI G.-GALLINA FIORENTINI P., voce *Immaturità*, in *Dig. disc. pen.*, Vol. VI, 1992, p. 145 ss.; BARDUSCO A., voce *Sordomuti*, in *Enc. giur. Treccani*, Vol. XXIX, 1993; CERETTI A.-MERZAGORA I. (a cura di), *Questioni sulla imputabilità*, Padova, 1994; CANEPA G.-MARUGO M.I. (a cura di), *Imputabilità e trattamento del malato di mente autore del reato*, Padova, 1995; MANNA A., *L'imputabilità e i nuovi modelli di sanzione. Dalle «finzioni giuridiche» alla «terapia sociale»*, Torino, 1997; MARINI G., voce *Reo*, in *Dig. disc. pen.*, Vol. XII, 1997, p. 53 ss.; VISINTINI G., *I fatti illeciti. 2. L'imputabilità e la colpa in rapporto agli altri criteri di imputazione della responsabilità*, Padova, 1998; PACE G., *Il discernimento dei fanciulli. Ricerche sulla imputabilità dei minori nella cultura giuridica moderna*, Torino, 2000; MANNA A. (a cura di),

Verso un Codice penale modello per l'Europa. Imputabilità e misure di sicurezza, Padova, 2002; Grassi L.-Nunziata C., *Infermità di mente e disagio psichico nel sistema penale*, Padova, 2003; Pocaterra R.-Savoldelli A.-Rivera N., *Minori e sostanze psicotrope: analisi e prospettive dei processi riabilitativi. La* Total Quality *negli interventi sulle tossicodipendenze in ambito penale minorile*, Milano, 2003; Spasari T., *L'efficacia scriminante del valore di malattia sui profili penalistici del dolo nel vizio totale e parziale di mente*, Roma, 2003; Visintini G.-Ferrando G. (a cura di), *Follia e diritto*, Milano, 2003; Amisano M., *Incapacità per vizio totale di mente ed elemento psicologico del fatto*, Torino, 2005; Dawan D., *I nuovi confini dell'imputabilità nel processo penale*, Milano, 2006; Collica M.T., *Vizio di mente. Nozione, accertamento e prospettive*, Torino, 2007; Aleo S.-Di Nuovo S., *Responsabilità penale e complessità: il diritto penale di fronte alle altre scienze sociali: colpevolezza, imputabilità, pericolosità sociale*, Milano, 2011; Anceschi A., *Il minore autore e vittima di reato: aspetti sostanziali, processuali e criminologici*, Torino, 2011; Picozza E.-Capraro L.-Cuzzocrea V.-Terracina D., *Neurodiritto. Una introduzione*, Torino, 2011; Pasculli M.A., *Neuroscienze e giustizia penale*, I, *Profili sostanziali*, Roma, 2012; Di Giovine O. (a cura di), *Diritto penale e neuroetica*, Atti di convegno (Foggia, 21-22 maggio 2012), Padova, 2013; Merzagora Betsos I., *Colpevoli si nasce? Criminologia, determinismo, neuroscienze*, Milano, 2013; Di Giovine O., voce *Neuroscienze*, in *Enc. dir.*, Annali, VII, 2014, p. 711 ss.; Grandi C., *Neuroscienze e responsabilità penale. Nuove soluzioni per problemi antichi?*, Torino, 2016; Ingino N.-Scarfato R. (a cura di), *Colpevolezza, imputabilità e neuroscienze cognitive. Criteri giuridici e conoscenze scientifiche nella valutazione della responsabilità penale*, Padova, 2016; Vigoni D., *Il difetto d'imputabilità del minorenne*, Torino, 2016; Martini A., *Essere pericolosi. Giudizi soggettivi e misure personali*, Torino, 2017.

Capitolo VII

LE ALTRE CAUSE DI ESCLUSIONE DELLA COLPEVOLEZZA

1. Osservazioni preliminari.

Si è visto come le **cause di esclusione della colpevolezza**, o **scusanti** (certa dottrina distingue fra le due terminologie: noi le consideriamo in questa sede e ai nostri fini come equivalenti), rappresentino fattori in presenza dei quali l'ordinamento si **astiene dal muovere un rimprovero giuridico-penale** all'autore dell'illecito: quel **reato**, dunque, **non si configura**, per **difetto di colpevolezza**.

Concetto di «inesigibilità»

Il fondamento delle cause di esclusione della colpevolezza ruota intorno al concetto di **inesigibilità**: l'autore è **scusato**, in presenza di una delle cause *de quibus*, perché la legge considera **non esigibile** (**non pretendibile**) l'osservanza del precetto. Come già evidenziato, secondo l'opinione maggioritaria, le scusanti rappresentano, *de iure condito*, un **numero chiuso, e non sono suscettibili di applicazione analogica**. Si tratta dunque ora di dedicare un breve cenno alle cause di esclusione della colpevolezza ulteriori rispetto all'errore inevitabile (e quindi scusabile) sul precetto penale e al difetto di imputabilità (su cui vedasi *supra*, Capp. V e VI di questa Sez. III). Si deve avvertire, comunque, che la trattazione che segue non vuole certo, da un lato, esaurire tutte le ipotesi di scusanti rinvenibili nel nostro sistema, né, d'altro lato, ignorare che la qualificazione in chiave di cause di esclusione della colpevolezza degli istituti in rassegna appare tutt'altro che incontroversa.

2. Il costringimento psichico.

L'ipotesi del **c.d. costringimento psichico** è prevista dall'art. 54, comma 3, c.p., secondo cui «la disposizione della prima parte di questo articolo» – ossia la non punibilità derivante da stato di necessità – «si applica anche se lo stato di necessità è determinato dall'altrui minaccia».

Per quanto, come si è visto, lo stato di necessità appaia contemplato nel nostro codice penale quale causa di giustificazione, **la non punibilità in caso di costringimento psichico** è stata interpretata, da una parte della dottrina più recente (es. M. ROMANO) quale ipotesi di **causa scusante**.

Coactus tamen voluit

Si deve qui immaginare una **minaccia non tale da annullare del tutto la volontà della vittima** (ché in tal caso **non si avrebbe neppure una condotta umana** riferibile al soggetto coartato), ma da lasciare un **margine di scelta** (ancorché minimo): come si usa dire in proposito con formula latina, *coactus tamen voluit* (= costretto, tuttavia volle). Ebbene, pure in presenza di un tale margine di possibilità di autodeterminazione, l'ordinamento **«non se la sente» di rimproverare** sempre e comunque (e quindi di punire) la vittima della minaccia, che in conseguenza di essa abbia realizzato un fatto di reato. In altri termini, l'ordinamento non si spinge sino ad esigere in ogni caso che quel soggetto agisca rispettando il precetto penale, anche a rischio della propria incolumità personale. Si pensi ad esempio a Tizio, pubblico ufficiale, che, sottoposto ad assai grave minaccia da Caio, riveli a quest'ultimo un segreto d'ufficio.

In definitiva, dunque, la nozione di scusante può essere ritenuta fondamento della non punibilità di chi sia stato costretto da terzi a porre in essere un fatto di reato in presenza di determinate condizioni, dinnanzi alle quali la legge reputa inesigibile (per quanto astrattamente possibile) resistere alla costrizione, e ciò tenuto conto della alterazione del processo motivazionale del soggetto agente.

Del resto, trattando più in generale dello stato di necessità (*supra*, Sez. II, Cap. III), abbiamo rilevato come non solo si possa qualificare come scusante l'ipotesi di cui al comma 3 dell'art. 54, ma anche, in certi casi, lo stesso stato di necessità non derivante da minaccia di terzi, disciplinato dal comma 1 dello stesso articolo.

3. Il c.d. ordine criminoso insindacabile.

Come si è visto trattando della tematica dell'adempimento del dovere, è diffusa la tesi secondo cui una peculiare **causa di esclusione della colpevolezza, o scusante** sarebbe prevista dall'art. 51, comma 4, c.p. Beneficiario di tale scusante può essere il soggetto che abbia realizzato un fatto di reato, agendo **nell'adempimento di un ordine (criminoso) c.d. insindacabile del superiore gerarchico**.

Sul punto si può rinviare a quanto esposto in precedenza (vedasi *supra*, Sez. II, Cap. VI).

4. La provocazione in rapporto al delitto di diffamazione.

Quale esempio di causa di esclusione della colpevolezza prevista nella parte speciale del codice penale si può citare la **provocazione**, in rapporto al delitto di **diffamazione (e, in passato, anche a quello di ingiuria, ora depenalizzato)**.

Essa è contemplata dall'unico comma rimasto attualmente vigente dell'art. 599, c.p.: «Non è punibile chi ha commesso alcuno dei fatti preveduti dall'articolo 595 nello stato d'ira determinato da un fatto ingiusto altrui, e subito dopo di esso».

Quindi, se ad esempio Tizio, mosso da profonda antipatia nei confronti di Caio, lo colpisse con un pugno, cagionandogli lesioni personali (fatto ingiusto di Tizio), e Caio, arrabbiatissimo, lo apostrofasse, comunicando con altre persone, con un insulto pochissimo dopo essere stato colpito (diffamazione), Caio non sarebbe punibile, in quanto non rimproverabile (non colpevole). Ciò ancorché Caio abbia realizzato dolosamente tutti gli estremi della tipicità del delitto di diffamazione, in mancanza di una qualsivoglia causa di giustificazione. Caio, in sostanza, è **scusato** perché la legge considera **non esigibile** un autocontrollo tale da evitare, in quel contesto, persino un mero sfogo verbale.

Note bibliografiche

V. *supra*, Sez. III, Cap. I, in fine.

PARTE QUARTA

LE FORME DI MANIFESTAZIONE DEL REATO

Capitolo I

LE FORME DI MANIFESTAZIONE DEL REATO: PREMESSA

Sino ad ora, nella Parte Terza, si è preso in considerazione il **reato**, nei suoi **tre elementi** essenziali: la **tipicità**, l'**antigiuridicità**, la **colpevolezza**.

Il reato, peraltro, non sempre si «manifesta» nella forma descritta dalla fattispecie di parte speciale. Vi sono, insomma, **forme di manifestazione del reato** diverse da quella «normale». Esse si sostanziano, nella tradizione penalistica italiana, nelle figure delle **circostanze del reato**, del **tentativo**, del **concorso di persone nel reato**.

La fattispecie di reato cui accede una circostanza si dice **«fattispecie circostanziata»**; la fattispecie di reato che si realizza nella forma del tentativo si dice **«fattispecie tentata»**; la fattispecie che si realizza nella forma concorsuale si dice **«fattispecie concorsuale»** (v. comunque, i Capitoli seguenti per precisazioni).

Queste forme di manifestazione del reato non sono così denominate espressamente nel codice penale, anche se gli istituti che danno loro vita sono tutti e tre contemplati nel codice stesso. Esse sono piuttosto il prodotto di una **tradizione dottrinale** che le ha così etichettate, forse più per **comodità espositivo-didattica** che per ragioni di dogmatica pura. Ché anzi, sotto il profilo strettamente dogmatico, si può dubitare della esattezza di una simile definizione. Infatti, i tre istituti in esame hanno **funzioni ben diverse** fra loro: si pensi solo, esemplificativamente, alla differenza abissale ravvisabile fra le circostanze del reato – il cui fine è costituito dall'esigenza di meglio adattare la pena al fatto concretamente commesso dal reo – e il tentativo – il cui fine è di rendere punibile fatti non ancora consumati che, in difetto della disciplina di cui all'art. 56 c.p., resterebbero privi di rilevanza penale.

Ma in questa sede seguiremo la tradizione, e comunque essa, come si accennava, rispecchia obiettive esigenze didattiche, che soprattutto in questo volume debbono essere tenute in gran conto.

Nei capitoli che seguono, dunque, prenderemo in considerazione le tre tematiche menzionate, e cioè, nell'ordine:

1) le **circostanze del reato** (Cap. II);
2) il **tentativo** (Cap. III);
3) il **concorso di persone nel reato** (Cap. IV).

Sarà inoltre considerata, in questa Parte Quarta, la tematica dell'**unità e pluralità di reati**, nell'ambito della quale rifluiscono gli istituti del **concorso di norme** e del **concorso di reati**. Tematica anch'essa tradizionalmente trattata nella sede delle forme di manifestazione del reato, nonostante, in questo caso, si possa dubitare ancor più della congruità dogmatica di una siffatta scelta classificatoria. Il concorso di norme, ad es., non dà vita ad una particolare forma di manifestazione del reato, risolvendosi semplicemente nella selezione, di fronte all'apparente coesistenza di più fattispecie criminose, della fattispecie astratta applicabile al caso concreto. Più attinente al *genus* «forme di manifestazione del reato» appare invece il c.d. «reato continuato» (v. *infra*).

Comunque sia, anche in questo caso si è percorsa la via più seguita dalla tradizione espositiva della manualistica italiana.

Capitolo II

LE CIRCOSTANZE DEL REATO

1. La nozione di circostanza.

Il codice penale contiene una serie di disposizioni di parte generale (art. 59 ss.) che dettano un'analitica **disciplina** in materia di circostanze del reato, senza però dare una definizione di «circostanza».

Prima di esaminare la disciplina codicistica in argomento, è dunque opportuno chiarire **che cosa si intenda** per «circostanza del reato».

Elementi essenziali ed elementi accidentali del reato

Già dall'**etimologia** della parola (circostanza = qualcosa che *circum stat*, ossia che «sta intorno»), si ricava che la **circostanza** è un **elemento accessorio**: accessorio rispetto ad una struttura principale, che è data dal reato compiuto in tutti i suoi elementi essenziali. Quindi, mentre gli **elementi costitutivi** del reato sono **necessari ed indispensabili** perché il reato stesso si realizzi (*essentialia delicti*), le circostanze rappresentano elementi **accidentali ed eventuali** (*accidentalia delicti*). Se ricorrono, il reato assume quella particolare **forma di manifestazione** che va sotto il nome di **reato circostanziato**; se viceversa non ricorrono, il reato non viene certo meno (ed è un reato, ovviamente, non cir-

"Reato CIRCOSTANZIATO"

costanziato, o semplice, ossia non caratterizzato da particolari circostanze).

Effetti delle circostanze

La caratteristica fondamentale delle circostanze si coglie sul piano degli **effetti giuridici**: esse incidono, in maniera **quantitativa** o **qualitativa**, sulla pena (più precisamente: sulla pena edittale relativa al reato semplice), comportandone una modificazione: e cioè, un **aggravamento** (circostanze **aggravanti**), oppure un'**attenuazione** (circostanze **attenuanti**).

2. La *ratio* delle circostanze.

Cornice edittale di pena

Ogni previsione di una fattispecie di reato contempla un fatto descritto in termini astratti e una pena (principale), che va – di regola – da un minimo ad un massimo (c.d. **cornice edittale di pena**). Ad esempio, l'omicidio volontario è punito con la pena della reclusione non inferiore ad anni ventuno (art. 575 c.p.) e fino ad un massimo di anni ventiquattro (estensione massima della pena della reclusione, come disposto dall'art. 23, comma 1, c.p.). Ciò significa che il giudice, per un fatto di omicidio doloso non circostanziato, può infliggere una pena che va da ventuno a ventiquattro anni di reclusione, a sua discrezione, e comunque tenendo conto dei criteri indicati dall'art. 133 c.p., che attengono alla gravità del reato ed alla capacità a delinquere del colpevole (criteri di **commisurazione della pena in senso stretto**: *infra*, P. V, Cap. IV).

Ratio delle circostanze

Tuttavia, le particolarità del caso concreto possono fare sì che la pena minima edittale appaia troppo elevata rispetto al fatto commesso, o, al contrario, che la pena massima edittale appaia ancora insufficiente.

La previsione legale di **circostanze del reato** trae origine proprio da questa esigenza: esse mirano a consentire di **adeguare la pena all'effettivo disvalore del fatto** concreto, valutato anche in rapporto alle caratteristiche soggettive del reo e ad un contesto più ampio, che può tenere conto di vari fattori anche estranei al fatto di reato in senso stretto, vuoi antecedenti, vuoi concomitanti, vuoi successivi.

Circostanze e principio di legalità

Tale esigenza di adeguamento della risposta sanzionatoria deve comunque passare, in un sistema improntato al **principio di legalità**, attraverso **apposite previsioni dettate dalla legge**, che determinino le situazioni ed i fattori «accessori» (accidentali, eventuali, contingenti), capaci di incidere sulla pena edittale, così «incanalando» e **circoscrivendo il potere discrezionale del giudice**.

Tornando all'esempio di poc'anzi, il giudice potrebbe riconoscere all'omicida, per ipotesi, l'attenuante della provocazione (art. 62, n. 2 c.p.: l'avere reagito in stato d'ira, determinato da un fatto ingiusto altrui), e così scendere da una pena-base di anni ventuno, fino a quella di anni quattordici di reclusione (diminuzione «in misura non eccedente un terzo», come dispone l'art. 65 c.p. per il caso in cui ricorra una circostanza attenuante e non sia dalla legge determinata una diminuzione di pena *ad hoc*). O, al contrario, potrebbe ravvisare la sussistenza dell'aggravante della premeditazione (per es.), ed applicare l'ergastolo anziché la reclusione (art. 577, comma 1, n. 3, c.p.).

Il discorso si complica quando in relazione ad uno stesso reato ricorrano più circostanze, tutte attenuanti, o tutte aggravanti, ovvero sia di un segno che dell'altro: il tema verrà toccato fra poco, trattando del concorso di circostanze e del giudizio di prevalenza ovvero di equivalenza tra le stesse.

3. I criteri di identificazione delle circostanze.

Come si fa a capire se un certo elemento è una **circostanza** oppure rappresenta un **elemento essenziale del reato**?

Spesso, invero, il problema non si pone neppure: si pensi ad esempio alle c.d. **circostanze estrinseche**, basate su fatti **successivi** alla consumazione del reato, e che quindi per loro stessa essenza risultano meramente **eventuali** rispetto al reato stesso (es. art. 61, n. 8, c.p.: l'avere aggravato o tentato di aggravare le conseguenze del delitto commesso; art. 62, n. 6, c.p.: attenuante della riparazione del danno). Qui, si tratterà certamente di **circostanze** (e d'altra parte ciò è confermato dal fatto che quelle menzionate sono collocate dal legislatore fra le «circostanze comuni»: v. *infra*).

Circostanze estrinseche

Talora, invece, la natura intrinseca di un elemento si presta indifferentemente ad una tipizzazione, da parte del legislatore, come elemento essenziale di una data fattispecie criminosa oppure come circostanza. Di quali strumenti dispone allora l'interprete per stabilire se la legge abbia inteso prevedere l'uno o l'altra?

Criterio della funzione

Vari sono i **criteri** elaborati in dottrina. Si dice, innanzitutto, che occorre distinguere a seconda della **funzione** attribuita all'elemento della cui qualificazione si tratta: se la funzione è quella di contraddistinguere un reato da un fatto lecito, o da un altro reato, si tratterebbe di elemento essenziale, mentre si sarebbe dinnanzi ad una circostanza quando l'elemento ha la mera funzione di aggravare o di attenuare la pena edittale.

Tuttavia, la distinzione basata sul criterio funzionale non fa altro che riproporre in una differente prospettiva l'interrogativo iniziale: quando, infatti, è possibile concludere nel senso che il fatto ha una mera funzione aggravante o attenuante, e quando, invece, esso ha la funzione di caratterizzare un titolo autonomo di reato?

Criterio del rapporto di specie a genere

Un passo avanti sulla via di una corretta qualificazione si può tentare, affermando che le circostanze debbono porsi necessariamente in **rapporto di specie a genere** rispetto ai corrispondenti elementi della fattispecie semplice, mentre gli elementi essenziali si aggiungono o si sostituiscono ad essi.

Ma anche dando per acquisito che siano qualificabili come circostanze solo gli elementi «specializzanti» della fattispecie semplice, occorre dire che detto rapporto di specialità (v. *infra*, P. IV, Cap. V) è **condizione necessaria ma non sufficiente** ai fini dell'individuazione di una circostanza, giacché anche una figura autonoma di reato può risultare speciale rispetto ad un'altra, proprio in virtù della specialità di un suo elemento essenziale.

Mancanza di un criterio risolutore

Si deve ammettere, in ultima analisi, che ad oggi **manca un vero criterio risolutore**, e che pertanto la qualificazione di un elemento come circostanza oppure come elemento essenziale rappresenta non di rado un **delicato problema interpretativo**, da risolvere **caso per caso**, tenendo conto di quanto sopra esposto e di ulteriori indici (quali il *nomen iuris*, la rubrica legislativa, i precedenti, il bene giuridico, il nesso di imputazione soggettiva, ecc.), i quali però sono ben lungi dall'avere una portata decisiva. Si pensi alla controversa qualificazione delle lesioni personali gravi o gravissime, le quali – ad onta della rubrica dell'art. 583 c.p., che recita espressamente «*Circostanze aggravanti*» – sono da parte di autorevole dottrina (ANTOLISEI) ricondotte al novero di elementi essenziali, e non già di mere aggravanti del delitto di lesioni personali di cui al precedente art. 582 c.p.

Conseguenze pratiche della qualificazione di un elemento quale circostanza o elemento costitutivo

La qualificazione come circostanza o come elemento costitutivo della fattispecie – come bene emerge dalla lettura della sentenza sopra riportata – è dunque ben lungi dal rappresentare una sterile disputa teorica: al contrario, ne discendono **conseguenze pratiche** di grande rilievo, nella prospettiva della **disciplina giuridica applicabile**.

In particolare, se un elemento è **circostanza**, va **imputato** al soggetto agente secondo le regole dettate dagli **artt. 59 e 60** c.p., mentre si seguono ovviamente le regole consuete di imputazione degli elementi costitutivi del reato in presenza di questi ultimi (ancorché la riforma del '90 in tema di imputazione delle circostanze aggravanti abbia in parte ridimensionato le distanze fra le une e le altre).

Inoltre, se un certo elemento viene considerato **circostanza** del reato, è oggetto del **giudizio di comparazione** con circostanze di segno opposto, entrando quindi nella valutazione in chiave di prevalenza o di equivalenza (di cui si dirà fra breve): operazione preclusa, invece, qualora si tratti di elemento essenziale.

Esempio: per le lesioni gravissime la pena è della reclusione da sei a dodici anni (art. 583 c.p.). Laddove si ritenga che l'art. 583 c.p. contempli circostanze aggravanti, queste possono essere valutate non solo prevalenti, ma anche, all'opposto, minusvalenti o equivalenti rispetto a concomitanti circostanze attenuanti. Per ipotesi, una lesione gravissima potrebbe in concreto essere ritenuta equivalente alle attenuanti generiche (art. 62-*bis* c.p.), con il risultato che la pena andrebbe calcolata tra il minimo ed il massimo della cornice edittale della fattispecie non circostanziata di lesioni personali (art. 582 c.p.: reclusione da sei mesi a tre anni). Viceversa, considerando le lesioni gravissime elemento essenziale (di un'autonoma fattispecie di lesioni gravissime), attraverso l'applicazione delle generiche si dovrebbe diminuire fino a un terzo la cornice edittale di cui all'art. 583, c. 2, c.p. (non potendosi così scendere al di sotto di un minimo di anni quattro di reclusione).

4. I delitti aggravati dall'evento: la natura dell'evento aggravante.

Trattando della tematica della responsabilità oggettiva, già ci si è soffermati sulla controversa categoria dei delitti aggravati dall'evento: si può pertanto rinviare alle considerazioni esposte in precedenza (v. *supra*, P. III, Sez. III, Cap. IV). Qualora, in particolare, si riconosca all'evento aggravante la natura di circostanza, la disciplina applicabile è quella dettata dagli artt. 59 ss. c.p. (in tema di regole di imputazione subiettiva, di «bilanciamento» con eventuali circostanze attenuanti, ecc.).

5. Le «circostanze»: precisazioni terminologiche.

«Circostanze che escludono la pena»

Nell'ambito **dell'art. 59 c.p.**, oltre che di circostanze che attenuano o aggravano la pena, si fa menzione di **circostanze che escludono la pena**.

Queste «circostanze di esclusione della pena» sono, in realtà, vere e proprie **cause di giustificazione** (es. legittima difesa), e quindi, nonostante l'equivoca terminologia codicistica, vanno tenute **ben distinte** dalle circostanze del reato propriamente dette.

«Circostanze improprie»

Né vanno confuse le circostanze («proprie») di cui si sta parlando con quelle che talora vengono denominate **«circostanze improprie»**, e che altro non sono che gli **indici dettati dall'art. 133 c.p.** per la **commisurazione della pena in senso stretto**, all'interno della cornice edittale; mentre per **commisurazione in senso ampio** si intende la determinazione della pena da infliggere nel caso concreto, anche alla luce delle circostanze del reato.

6. La disciplina di imputazione delle circostanze.

La disciplina di imputazione delle circostanze è dettata dagli artt. 59 e 60 c.p.

Circostanze attenuanti

Stabilisce innanzitutto l'art. 59, comma 1, c.p. che «le circostanze che attenuano (...) *la pena sono valutate a favore dell'agente anche se da lui non conosciute, o da lui per errore ritenute inesistenti*».

La regola è, dunque, nel senso che delle attenuanti si tiene conto in base alla loro **effettiva** sussistenza; non importa che il reo se le rappresenti (c.d. **criterio obiettivo**, od **operatività oggettiva**). In altri termini, qualora il soggetto agisca ignorando che esista l'attenuante, ovvero ritenendola erroneamente inesistente, detta attenuante gli giova comunque, se ed in quanto **oggettivamente** ne sussistano gli estremi.

Circostanze "di NATURA SOGGETTIVA"

Peraltro, **alcune circostanze** sono strutturate in modo tale da **richiedere necessariamente un certo atteggiamento psicologico** in capo al soggetto agente (circostanze c.d. di **natura soggettiva**).

Si pensi, ad esempio, all'attenuante di avere agito per motivi di particolare valore morale o sociale (art. 62, n. 1, c.p.): è logico che l'agente deve avere la consapevolezza del **motivo** per cui agisce. Quel motivo, dunque, non può per definizione essere ignorato dal reo, o ritenuto per errore inesistente. Il soggetto può, al più, ritenere erroneamente che quel motivo, in base alla valutazione legale, non si configuri come «di particolare valore morale o sociale», il che non gli preclude comunque la possibilità di beneficiare dell'attenuante. Diverso il caso in cui l'autore creda erroneamente che il motivo per cui agisce sia di particolare valore morale o sociale, mentre in realtà non lo è, in base ai parametri oggettivi di giudizio: il particolare valore morale o sociale, in tale ipotesi, esiste soltanto nella (erronea) valutazione del reo, e non costituisce un dato effettivamente presente; pertanto, l'art. 62, n. 1 c.p. non si applica (cfr. *infra*, a proposito dell'erronea supposizione di circostanze attenuanti).

Circostanze aggravanti

L'art. 59, comma 2, c.p., prosegue dettando la regola secondo cui le circostanze **aggravanti** sono valutate a carico dell'agente soltanto se da lui **conosciute** ovvero **ignorate per colpa** o **ritenute inesistenti per errore determinato da colpa**.

Si tratta di una notevole **innovazione** rispetto all'impianto codicistico originario, introdotta dall'art. 1 l. n. 19 del 1990.

Prima di tale riforma, valeva anche per le **circostanze aggravanti** la **regola dell'operatività oggettiva**. Così, ad esempio, se Tizio avesse rubato un quadro ritenendolo di scarso valore, mentre in effetti si trattava di un dipinto preziosissimo, sarebbe stata senz'altro applicabile al furto l'aggravante di aver cagionato un danno patrimoniale di rilevante gravità (art. 61, n. 7, c.p.).

Tale disciplina, però, si poneva presumibilmente **in conflitto con il principio costituzionale di colpevolezza**. Con la riforma del 1990, quindi, il legislatore è intervenuto ad adeguare il regime di imputazione delle circostanze aggravanti ai canoni costituzionali, eliminando una consistente area di non più accettabile responsabilità oggettiva.

L'interpretazione che sembra essere definitivamente prevalsa in rapporto alla nuova norma contenuta nell'art. 59, comma 2, c.p., è nel senso che l'imputazione dell'aggravante debba avvenire **quantomeno per colpa** (e ciò a prescindere dal fatto che il reato semplice, o reato-base, cui essa accede, sia doloso o colposo).

Quindi, per tornare all'esempio di poc'anzi, perché venga imputata a Tizio l'aggravante del danno di rilevante gravità, è necessario che Tizio o addirittura **conosca** il valore del quadro, o che lo ignori **per colpa**, ovvero che **per errore colpevole** lo ritenga di valore scarso.

Laddove l'elemento circostanziale sia **cronologicamente successivo** rispetto alla condotta, si richiede, ai fini dell'imputazione al soggetto agente, **la previsione o la prevedibilità** dell'aggravante: dal punto di vista logico, infatti, la conoscenza, o la conoscibilità, sono destinate a proiettarsi non su circostanze future, ma solo su circostanze passate o concomitanti rispetto alla condotta del reo; mentre le circostanze future possono essere, appunto, previste o prevedibili. Ed è questa un'interpretazione della norma cui accede la dottrina prevalente.

Circostanze meramente putative

Sono IRRILEVANTI

Stabilisce infine l'art. 59, comma 3, c.p., che «se l'agente ritiene per errore che esistano circostanze aggravanti o attenuanti, queste non sono valutate contro o a favore di lui».

Il principio è quello della **irrilevanza delle circostanze** (sia aggravanti che attenuanti) **meramente putative**, ossia erroneamente supposte dal soggetto, ma in realtà inesistenti.

Quanto alle aggravanti, la regola rappresenta una elementare ricaduta del **principio di materialità**, e di un sistema ancorato a fatti concretamente offensivi, che non può certo addebitare al reo qualcosa che è rimasto strettamente confinato alla sfera del suo atteggiamento interiore.

Quanto alle attenuanti, la disciplina dettata dall'art. 59, comma 3, c.p., non è altro che il riflesso della già illustrata **operatività oggettiva delle attenuanti**: così come si calcola a favore del reo un'attenuante che egli non si prefigura, per il semplice fatto che in effetti essa esiste, altrettanto (e all'inverso) non si tiene conto di un'attenuante che il reo ritiene per errore che sia realizzata, ma che invece non c'è.

Sarebbe forse opportuna *de iure condendo* la rimozione di questo limite: sarebbe infatti in sintonia con una **maggiore personalizzazione del rimprovero** giuridico-penale una disciplina che attribuisse efficacia attenuante anche a dati di valore positivo, per quanto soltanto putativi: oggi tale disciplina è prevista solo come **eccezione** (art. 60, c. 2, c.p., su cui vedasi il paragrafo successivo).

7. L'errore sulla persona dell'offeso.

L'art. 60 c.p. si sofferma sulla disciplina dell'errore sulla persona dell'offeso.

È utile chiarire preliminarmente che tale norma presuppone un contesto con «tre protagonisti»: il soggetto agente; la «vittima designata»; la «vittima reale» (ossia colui che in concreto assume la veste di persona offesa, in luogo di chi avrebbe dovuto esserlo nei piani del soggetto agente, che quindi è necessariamente autore di un fatto **doloso**).

Errore sulla persona offesa e circostanze: peculiarità

Orbene, «nel caso di errore sulla persona offesa da un reato, non sono poste a carico dell'agente le circostanze aggravanti, che riguardino le condizioni o qualità della persona offesa, o i rapporti tra offeso e colpevole» (art. 60, comma 1, c.p.).

L'esempio ricorrente è quello di Tizio che crede di sparare a Caio, suo nemico, ma in realtà spara a suo padre Sempronio e lo uccide, scambiando erroneamente nell'oscurità l'uno per l'altro; in tal caso Tizio risponde per omicidio (si legga l'art. 82, comma 1, c.p. e si vedano comunque i problemi esposti in sede di trattazione dell'*aberratio ictus*), ma **senza l'aggravante del parricidio**, che attiene appunto ai rapporti tra il colpevole e l'offeso, e comporta l'ergastolo (art. 577, comma 1, n. 1, c.p.: fatto commesso contro l'ascendente o il discendente).

Qualora, invece, il soggetto abbia **erroneamente supposto l'esistenza di circostanze attenuanti concernenti le condizioni o qualità della persona offesa, o i rapporti tra offeso e colpevole**, queste sono **valutate a favore del reo** (art. 60, comma 2, c.p.), con una deroga, quindi, del principio generale di operatività oggettiva delle circostanze attenuanti e della connessa regola di non-rilevanza a favore dell'autore delle attenuanti (solo) putative.

deroga ad oggettività attenuanti

Così, ad esempio, se Tizio reagisce in stato d'ira e spara a Caio uccidendolo, avendolo scambiato per Sempronio, che poco prima lo aveva percosso ed ingiuriato, Tizio risponde di omicidio, ma può ugualmente beneficiare dell'attenuante della provocazione, anche se la «vittima reale», diversa dalla «vittima designata», non è, in realtà, il provocatore.

Errore sull'età

Le disposizioni dei primi due commi dell'art. 60 c.p., fin qui esaminate, non si applicano infine (e si ritorna pertanto alla disciplina generale di cui all'art. 59 c.p.) «se si tratta di circostanze che riguardano l'età o altre condizioni o qualità, fisiche o psichiche, della persona offesa» (art. 60, ult. comma, c.p.).

8. L'applicazione delle circostanze. Il concorso di circostanze. Circostanze ad efficacia comune e ad effetto speciale.

Nel codice penale si rinviene una disciplina minuziosa di come debba farsi applicazione delle circostanze, ossia di come operativamente esse vadano ad incidere sulla pena.

Concorso omogeneo ed eterogeneo

Varie sono le possibilità che nel caso concreto possono ricorrere: ci può essere una sola circostanza (aggravante o attenuante), ed è questa ovviamente l'ipotesi più facile da immaginare di reato circostanziato; ci possono essere **due o più circostanze** tutte **dello stesso segno**, o specie (tutte aggravanti o tutte attenuanti: c.d. **concorso omogeneo** di circostanze); ci possono essere **una o più attenuanti contemporaneamente alla presenza di una o più aggravanti** (**concorso** c.d. **eterogeneo**).

Circostanze ad efficacia comune

Altro fattore da non trascurare: esistono circostanze (attenuanti e aggravanti) c.d. **ad efficacia comune**, che si hanno quando la legge stabilisce la misura della pena (in rapporto alla fattispecie circostanziata) facendola dipendere da un calcolo frazionario in aumento o in diminuzione, e **non oltre un terzo**, operato sulla pena-base del reato semplice (nella norma si prevede quindi un **aumento fino a un terzo**, ovvero una **diminuzione fino a un terzo**; ricorrono talora espressioni del tutto equivalenti: es. «in misura non eccedente» in luogo di «fino a»).

Per esempio, sono circostanze ad efficacia comune quelle enumerate dagli artt. 61 e 62 c.p., e le c.d. attenuanti generiche *ex* art. 62-*bis* c.p.: in tali articoli non compare, infatti, una specificazione di quanto debba essere aumentata o diminuita la pena in virtù della circostanza, e quindi, di regola, si fa luogo ad un aumento o ad una diminuzione della pena-base **fino a un terzo** (cfr. artt. 64 e 65 c.p.).

Circostanze ad effetto speciale

Viceversa, sono circostanze **ad effetto speciale**, per espressa definizione legale, «quelle che importano un aumento o una diminuzione della pena superiore a un terzo» (art. 63, comma 3, c.p.). Queste ultime, come si vedrà fra poco, hanno una disciplina sostanzialmente parificata a quella delle circostanze per le quali la legge stabilisce una **pena di specie diversa** da quella ordinaria del reato (es. si prevede in caso di aggravante la reclusione anziché la multa).

Circostanze comuni e speciali

Per inciso, va sottolineato che la distinzione tra circostanze ad effetto comune e ad effetto speciale **non va confusa** con quella (che pure presenta una qualche assonanza terminologica) tra circostanze **comuni** e **speciali**: **comuni** si dicono le circostanze applicabili **tendenzialmente a tutti i reati** (salvo specifiche incompatibilità in relazione a certe ipotesi criminose); **speciali**, invece, sono le circostanze previste in rapporto **a uno o più reati determinati**. Vi è tuttavia un collegamento tra le due distinzioni, poiché le circostanze comuni sono anche ad effetto comune, mentre le speciali possono essere sia ad effetto comune che ad effetto speciale, o comportare una pena di specie diversa da quella del reato semplice.

Queste preliminari distinzioni vanno tenute presenti per meglio orientarsi nella comprensione del meccanismo di operatività delle circostanze, che ora occorre illustrare nei suoi tratti essenziali.

Recita l'art. 63, comma 1, c.p.: «Quando la legge dispone che la pena sia aumentata o diminuita entro limiti determinati, l'aumento o la diminuzione si opera sulla quantità di essa, che il giudice applicherebbe al colpevole, qualora non concorresse la circostanza che la fa aumentare o diminuire».

Per chiarire come si traduca in pratica tale regola, si può prendere come riferimento il delitto di calunnia (art. 368 c.p.), fatto punito con la reclusione da un minimo edittale di due anni di reclusione, fino ad un massimo di sei. Si ponga che siano concedibili le attenuanti generiche, e che quindi la fattispecie sia circostanziata.

Ebbene, il giudice che ritenga la penale responsabilità in relazione a tale delitto, deve innanzitutto (e provvisoriamente, nell'*iter* logico che porta alla determinazione della pena da irrogare in concreto) stabilire la pena all'interno della cornice edittale base, spaziando quindi da due anni a sei anni (**primo momento di discrezionalità**). Si immagini che, tenuto conto dei parametri di cui all'art. 133 c.p., egli ritenga congrua una pena pari al minimo, ossia due anni di reclusione. Partendo da detta pena-base (anni due), deve essere calcolata la diminuzione per l'art. 62-*bis* c.p. (**secondo momento di discrezionalità**). In forza delle attenuanti generiche, si crea un nuovo limite massimo di pena (anni uno, mesi undici, giorni ventinove di reclusione), pari alla diminuzione minima che dev'essere operata per le generiche, ed altresì un nuovo limite minimo (anni uno, mesi quattro), pari alla diminuzione massima (fino a un terzo: un terzo di due anni sono infatti otto mesi; due anni, detratti otto mesi = anni uno mesi quattro). La pena finale deve pertanto essere quantificata entro tali spazi.

Discorso analogo vale ovviamente in caso vi sia una circostanza aggravante: se una fattispecie di calunnia per cui si ritenga applicabile in concreto una pena (per esempio) di anni tre di reclusione risulti aggravata *ex* art. 61, n. 10, c.p. (fatto commesso, in ipotesi, contro un pubblico ufficiale a causa dell'adempimento delle sue funzioni), occorre aumentare quella pena-base come minimo di un giorno (arrivando così ad una pena finale di anni tre, giorni uno) e come massimo di un anno (aumento pari ad un terzo, quindi fino al massimo consentito: pena finale, anni quattro di reclusione).

In caso di **concorso omogeneo** di più circostanze, «l'aumento o la diminuzione di pena si opera sulla quantità di essa risultante dall'aumento o dalla diminuzione precedente» (art. 63, c. 2, c.p.).

Esempio. Si ipotizzi una calunnia, cui accedano due attenuanti a efficacia comune: l'attenuante speciale di cui all'art. 370 (calunnia per un fatto costituente contravvenzione) e le attenuanti generiche. Partendo da una pena-base di anni due di reclusione, si può scendere sino ad anni uno e mesi quattro in applicazione dell'attenuante speciale, ed ancora operare una diminuzione fino a un terzo per le attenuanti generiche, calcolata sulla quantità risultante dalla diminuzione precedente, arrivando così ad una pena in concreto di mesi dieci e giorni venti di reclusione (che si ricava sottraendo, ad anni uno e mesi quattro, un terzo, ossia mesi cinque e giorni dieci).

In caso, poi, di **concorso omogeneo tra circostanze a effetto comune e circostanze che comportano una pena di specie diversa** (ovverosia c.d. pena autonoma), ovvero di circostanze ad effetto speciale, il codice prevede una regola apposita: «Quando per una circostanza la legge stabilisce una pena di specie diversa da quella ordinaria del reato, o si tratta di circostanza ad effetto speciale, l'aumento o la diminuzione per le altre circostanze non opera sulla pena ordinaria del reato, ma sulla pena stabilita per la circostanza anzidetta» (art. 63, comma 3, c.p.).

Infine, se vi sono più circostanze tutte attenuanti o tutte aggravanti (sempre, dunque, concorso omogeneo), ma **ciascuna** determinante una pena di specie diversa, ovvero **ad effetto speciale**, si applica soltanto – rispettivamente – la pena meno grave stabilita per le attenuanti (ma il giudice può ulteriormente diminuirla fino a un terzo), ovvero la pena stabilita per la più grave delle aggravanti (ma il giudice può ulteriormente aumentarla fino a un terzo) (art. 63, commi 4 e 5, c.p.; c.d. **concorso a cumulo giuridico**, in luogo del c.d. **concorso a cumulo materiale** disciplinato dai commi 2 e 3).

9. Il concorso eterogeneo di circostanze: i giudizi di prevalenza o di equivalenza.

In caso di concorso **eterogeneo** di circostanze (il ricorrere, in un caso concreto, allo stesso tempo, di **una o più aggravanti ed una o più attenuanti**), si pone il problema di stabilire come risolvere il **«conflitto»** che si viene a creare, in quanto taluni fattori spingono verso un inasprimento della sanzione penale, altri in direzione esattamente opposta.

La disciplina legale di questo «conflitto» impone di **soppesare e di mettere a confronto (bilanciare)** da un lato l'attenuante, o le attenuanti, e, dall'altro lato, l'aggravante, o le aggravanti.

Questo confronto può sfociare in **tre** tipi di risultato.

Giudizio di equivalenza

I **due piatti della bilancia** (quelli sui quali idealmente vengono poste, rispettivamente, le attenuanti e le aggravanti) rimangono **orizzontali**, perché, in sostanza, secondo la valutazione discrezionale del giudice, le circostanze aggravanti e quelle attenuanti **si equivalgono** (c.d. **giudizio di equivalenza**): in tal caso, «*si applica la pena che sarebbe inflitta se non concorresse alcuna di dette circostanze*» (art. 69, comma 3 c.p.). Si noti che questo giudizio di equivalenza **non** è necessariamente ancorato al **numero** delle circostanze presenti: per esempio, su un piatto della bilancia può, in teoria, esservi soltanto l'attenuante di cui all'art. 62-*bis* c.p., mentre sull'altro possono «pesare» tante aggravanti quante se ne vogliono. Piuttosto, conta il **valore** delle circostanze attenuanti in gioco, paragonato al **disvalore** delle circostanze aggravanti in gioco.

Giudizio di prevalenza delle attenuanti

Una **seconda possibilità** è che le attenuanti vengano considerate **prevalenti** sulle aggravanti, ed allora «*non si tien conto degli aumenti di pena stabiliti per queste ultime, e si fa luogo soltanto alle diminuzioni di pena stabilite per le circostanze attenuanti*» (c.d. **giudizio di prevalenza**, in questo caso delle attenuanti sulle aggravanti: art. 69, comma 2, c.p.). Anche in questo caso va chiarito che il dato numerico non è affatto decisivo (pur potendo in concreto ovviamente influenzare l'esercizio del potere discrezionale riservato al giudice): una sola attenuante può essere ritenuta prevalente non solo rispetto ad un'aggravante, ma anche rispetto a più aggravanti. Nell'ipotesi in cui sul piatto ritenuto «più pesante» (ossia prevalente) vi siano più attenuanti, è come se l'aggravante o le aggravanti poste sull'altro piatto della bilancia scomparissero in sede di computo della pena.

Esempio: rapina aggravata perché commessa da più persone riunite (art. 628, commi 1 e 3, n. 1, c.p.), in rapporto alla quale siano peraltro concedibili le attenuanti generiche ed altresì l'attenuante di cui all'art. 62, n. 4, c.p. (danno patrimoniale di speciale tenuità); ritenute prevalenti le attenuanti sull'aggravante (ad effetto speciale), si va a determinare in un primo momento la pena all'interno della cornice edittale prevista per il reato-base, quantificandola per esempio in anni quattro e mesi sei di reclusione (oltre alla multa); dopodiché va calcolata una prima diminuzione fino a un terzo (art. 62, n. 4 c.p., ma l'ordine è in questo caso indifferente, potendosi calcolare prima le generiche), giungendo per es. ad anni tre di reclusione, oltre alla multa (diminuzione massima consentita); ed infine va applicata l'ulteriore diminuzione fino ad un terzo (*ex* art. 62-*bis* c.p.), con una pena finale – p. es. – di anni due di reclusione, oltre alla multa, per ciascun rapinatore.

Giudizio di prevalenza delle aggravanti

La **terza possibilità** è che risultino le **aggravanti** ad essere ritenute **prevalenti** sulle attenuanti: se così è, «non si tien conto delle diminuzioni di pena stabilite per le circostanze attenuanti, e si fa luogo soltanto agli aumenti di pena stabiliti per le circostanze aggravanti» (art. 69, comma 1, c.p.).

Il meccanismo, ancorché in direzione inversa, è del tutto analogo a quello appena illustrato a proposito delle attenuanti.

Divieti di prevalenza delle circostanze attenuanti introdotti con la legge n. 251 del 2005

Occorre infine evidenziare come con la legge n. 251 del 2005 si sia provveduto a modificare il quarto comma dell'art. 69 c.p., che ora recita: «Le disposizioni del presente articolo si applicano anche alle circostanze inerenti alla persona del colpevole, esclusi i casi previsti dall'articolo 99, quarto comma, nonché dagli articoli 111 e 112, primo comma, numero 4), per cui vi è divieto di prevalenza delle circostanze attenuanti sulle ritenute circostanze aggravanti, ed a qualsiasi altra circostanza per la quale la legge stabilisca una pena di specie diversa o determini la misura della pena in modo indipendente da quella ordinaria del reato».

Questa nuova disciplina introdotta nel 2005 in tema di **concorso eterogeneo di circostanze**, quale corollario della **riforma della recidiva**, è chiaramente volta ad **arginare la discrezionalità del giudice**. In sede di comparazione fra circostanze, infatti, il magistrato incontra ora il **limite del divieto di prevalenza delle circostanze attenuanti sulle aggravanti**, sia nelle ipotesi di recidiva reiterata *ex* art. 99, quarto comma, c.p. (nel testo riformulato dalla stessa l. n. 251 del 2005), sia laddove l'aggravante consista nell'avere determinato al reato persona non imputabile o non punibile (art. 111 c.p.), sia infine qualora ricorra l'aggravante dell'avere determinato a commettere il reato un minore degli anni diciotto ovvero una persona in stato di infermità o deficienza psichica (art. 112, primo comma, n. 4, c.p.).

Ciò non esclude peraltro la possibilità di addivenire ad un giudizio di equivalenza tra le attenuanti e le aggravanti *de quibus*.

Peraltro, si segnala che, rispetto ad alcune specifiche ipotesi, il menzionato divieto di prevalenza delle circostanze attenuanti è stato censurato dalla Corte costituzionale. In particolare, è stato giudicato irragionevole il divieto di prevalenza rispetto alla recidiva reiterata di cui all'art. 99, comma 4, c.p. delle attenuanti speciali per fatti di minore gravità in materia di stupefacenti (Sent. n. 251 del 2012), di ricettazione (Sent. n. 105 del 2014) e di violenza sessuale (Sent. n. 106 del 2014).

10. Le singole circostanze aggravanti e attenuanti comuni.

Circostanze aggravanti comuni

L'art. 61 c.p. (recentemente modificato dal d.l. n. 92 del 2008, conv. in l. n. 125 del 2008, dalla l. n. 94 del 2009, dalla l. n. 199 del 2010 e dal d.l. n. 93 del 2013 conv. in l. n. 119 del

2013, nonché dalla l. n. 3 del 2018) detta un **catalogo** di singole **circostanze aggravanti comuni**, ossia applicabili in linea di massima in relazione a qualsiasi tipo di reato (salvo che lo stesso elemento sia previsto quale elemento costitutivo della fattispecie, ovvero quale circostanza aggravante speciale), enumerate come segue:

«1) l'avere agito per motivi abietti o futili;

2) l'aver commesso il reato per eseguirne od occultarne un altro, ovvero per conseguire o assicurare a sé o ad altri il prodotto o il profitto o il prezzo ovvero la impunità di un altro reato;

3) l'avere, nei delitti colposi, agito nonostante la previsione dell'evento;

4) l'avere adoperato sevizie, o l'aver agito con crudeltà verso le persone;

5) l'avere profittato di circostanze di tempo, di luogo o di persona, anche in riferimento all'età, tali da ostacolare la pubblica o privata difesa;

6) l'avere il colpevole commesso il reato durante il tempo, in cui si è sottratto volontariamente alla esecuzione di un mandato o di un ordine di arresto o di cattura o di carcerazione, spedito per un precedente reato;

7) l'avere, nei delitti contro il patrimonio, o che comunque offendono il patrimonio, ovvero nei delitti determinati da motivi di lucro, cagionato alla persona offesa dal reato un danno patrimoniale di rilevante gravità;

8) l'avere aggravato o tentato di aggravare le conseguenze del delitto commesso;

9) l'avere commesso il fatto con abuso dei poteri, o con violazione dei doveri inerenti a una pubblica funzione o a un pubblico servizio, ovvero alla qualità di ministro di un culto;

10) l'avere commesso il fatto contro un pubblico ufficiale o una persona incaricata di un pubblico servizio, o rivestita della qualità di ministro del culto cattolico o di un culto ammesso nello Stato, ovvero contro un agente diplomatico o consolare di uno Stato estero, nell'atto o a causa dell'adempimento delle funzioni o del servizio;

11) l'avere commesso il fatto con abuso di autorità o di relazioni domestiche, ovvero con abuso di relazioni d'ufficio, di prestazione di opera, di coabitazione, o di ospitalità;

11-*bis*) l'avere il colpevole commesso il fatto mentre si trova illegalmente sul territorio nazionale (ipotesi, peraltro, già dichiarata costituzionalmente illegittima; cfr. Corte cost., Sent. n. 249 del 2010);

11-*ter*) l'aver commesso un delitto contro la persona ai danni di un soggetto minore all'interno o nelle adiacenze di istituti di istruzione o di formazione;

11-quater) l'avere il colpevole commesso un delitto non colposo durante il periodo in cui era ammesso ad una misura alternativa alla detenzione in carcere;

11-quinquies) l'avere, nei delitti non colposi contro la vita e l'incolumità individuale, contro la libertà personale nonché nel delitto di cui all'articolo 572, commesso il fatto in presenza o in danno di un minore di anni diciotto ovvero in danno di persona in stato di gravidanza;

11-sexies) l'avere, nei delitti non colposi, commesso il fatto in danno di persone ricoverate presso strutture sanitarie o presso strutture sociosanitarie residenziali o semiresidenziali, pubbliche o private, ovvero presso strutture socio-educative».

Circostanze attenuanti comuni

Specularmente, l'art. 62 c.p. prevede una serie di **circostanze attenuanti comuni**:

«1) l'avere agito per motivi di particolare valore morale o sociale;

2) l'aver reagito in stato d'ira, determinato da un fatto ingiusto altrui;

3) l'avere agito per suggestione di una folla in tumulto, quando non si tratta di riunioni o assembramenti vietati dalla legge o dall'Autorità, e il colpevole non è delinquente o contravventore abituale o professionale, o delinquente per tendenza;

4) l'avere, nei delitti contro il patrimonio, o che comunque offendono il patrimonio, cagionato alla persona offesa dal reato un danno patrimoniale di speciale tenuità, ovvero, nei delitti determinati da motivi di lucro, l'avere agito per conseguire o l'avere comunque conseguito un lucro di speciale tenuità, quando anche l'evento dannoso o pericoloso sia di speciale tenuità;

5) l'essere concorso a determinare l'evento, insieme con l'azione od omissione del colpevole, il fatto doloso della persona offesa;

6) l'avere, prima del giudizio, riparato interamente il danno, mediante il risarcimento di esso, e, quando sia possibile, mediante le restituzioni; o l'essersi, prima del giudizio e fuori del caso preveduto nell'ultimo capoverso dell'articolo 56, adoperato spontaneamente ed efficacemente per elidere o attenuare le conseguenze dannose o pericolose del reato».

11. Circostanze definite e circostanze indefinite.

Circostanze definite

Le circostanze (attenuanti e aggravanti) si dicono **definite** quando la legge **descrive il contenuto** della circostanza stessa, ossia gli elementi oggetto di valutazione positiva (nel caso delle attenuanti) ovvero negativa (nel caso delle aggravanti). Si dicono, all'opposto, **indefinite** quando il contenuto del dato circostanziale **non è precisato**: in questo caso, il legislatore concede il massimo spazio alla **discrezionalità del giudice**.

Circostanze indefinite

Quali esempi di circostanze definite si possono citare quelle contemplate dagli artt. 61 e 62 c.p.

La principale ipotesi di circostanza attenuante indefinita è rappresentata dalle c.d. attenuanti generiche, di cui all'art. 62-*bis* c.p., di cui diremo fra breve.

Le rare ipotesi di **circostanze aggravanti indefinite** (es.: art. 171-*octies*, comma 2, l. n. 633 del 1941, aggiunto dall'art. 17 l. n. 248 del 2000, che, in tema di tutela del diritto d'autore, prevede l'aggravante del fatto di «rilevante gravità» in rapporto al delitto di cui al comma 1, stesso art.) sono considerate dalla prevalente dottrina **costituzionalmente illegittime**, per **violazione del principio di determinatezza** (art. 25, comma 2, Cost.); il problema non si pone, invece, per le attenuanti indefinite, stante che il trattamento che discende dall'applicazione di queste ultime è comunque più favorevole al reo.

12. Le c.d. attenuanti generiche.

Art. 62-bis c.p.

L'art. 62-*bis* c.p. stabilisce che «il giudice, indipendentemente dalle circostanze prevedute nell'articolo 62, può prendere in considerazione altre circostanze diverse, qualora le ritenga tali da giustificare una diminuzione della pena. Esse sono considerate in ogni caso, ai fini dell'applicazione di questo capo, come una sola circostanza, la quale può anche concorrere con una o più delle circostanze indicate nel predetto articolo 62».

Si tratta delle c.d. **attenuanti generiche**, introdotte dal decreto luogotenenziale n. 288 del **1944**, allo scopo di mitigare il rigore sanzionatorio del codice Rocco.

Le «generiche», ad onta del plurale, sono considerate come **una sola circostanza attenuante**, ad effetto comune, e cioè tale da determinare una riduzione della pena **fino a un terzo**. La disciplina applicabile, segnatamente in punto di bilanciamento con eventuali circostanze aggravanti, è quella generale già illustrata.

Prassi applicativa

L'attenuante *ex* art. 62-*bis* c.p. rappresenta, con ogni evidenza, una **circostanza indefinita**, caratterizzata dall'indeterminatezza del contenuto, il che lascia al **giudice ampia discrezionalità** applicativa: di fatto, nella prassi giudiziaria le attenuanti generiche vengono riconosciute e «concesse» con grande ampiezza.

Esse possono risultare sia da elementi di natura oggettiva, che soggettiva, attenendo vuoi al reato, vuoi all'autore; l'oggetto della valutazione è assai elastico, comprendendo anche la condotta del reo successiva alla realizzazione del fatto, non escluso il c.d. comportamento processuale; talora, nella prassi, i motivi della concessione dell'attenuante risultano «genericamente» compendiati nella necessità di adeguare la pena alle particolarità del caso concreto.

Nuovi limiti alla concessione delle attenuanti generiche introdotti con la l. n. 251 del 2005

Con la **legge n. 251 del 2005**, al testo dell'art. 62-*bis* c.p. è stato aggiunto un secondo comma, che così dispone: «Ai fini dell'applicazione del primo comma non si tiene conto dei criteri di cui all'articolo 133, primo comma, numero 3), e secondo comma, nei casi previsti dall'art. 99, quarto comma, in relazione ai delitti previsti dall'articolo 407, comma 2, lettera a), del codice di procedura penale, nel caso in cui siano puniti con la pena della reclusione non inferiore nel minimo a cinque anni».

Tale modifica **preclude la possibilità di diminuire la pena** in virtù della concessione delle attenuanti generiche in particolari ipotesi di **recidiva**, e quindi va collocata fra i «corollari» della riforma di quest'ultimo istituto.

La norma risulta formulata con una tecnica di rinvio ad altre disposizioni che di certo non ne facilita la lettura.

In sintesi, in caso di recidiva reiterata (sul relativo concetto, vedasi *infra*, nel paragrafo successivo) e con riguardo ad una serie di gravi reati che si trovano elencati nell'art. 407, comma 2, lettera *a*), c.p.p., laddove puniti con la reclusione non inferiore nel minimo a cinque anni, **il giudice «non deve tenere conto»**, ai fini del riconoscimento delle «generiche», **di taluni dei criteri dettati dall'art. 133 c.p.** Tali criteri riguardano l'**intensità del dolo** (la recidiva è ora applicabile soltanto nelle ipotesi di delitto non colposo) e la **capacità a delinquere** del colpevole.

Ciò significa che quei criteri non possono essere oggetto di valutazione positiva: ad esempio, nelle ipotesi in questione il giudice non potrà concedere l'attenuante di cui all'art. 62-*bis* c.p. motivando in base alla scarsa intensità del dolo. Viceversa, possono essere valutati positivamente soltanto gli altri parametri di cui all'art. 133 c.p., aventi carattere oggettivo (gravità del danno o del pericolo, ecc.).

Se questi elementi di natura oggettiva, in concreto **favorevoli al reo**, saranno ritenuti **preponderanti rispetto a quelli di natura soggettiva** («coperti» da una sorta di presunzione legale sfavorevole nei confronti del recidivo), **le attenuanti generiche potranno essere applicate, ma mai essere considerate prevalenti sulla recidiva reiterata**, a ciò ostando il disposto dell'art. 69, comma 4, c.p. Al più, sarà possibile effettuare un giudizio di equivalenza tra attenuanti e recidiva reiterata.

La Corte costituzionale (Sent. n. 183 del 2011) ha però, nel frattempo, dichiarato l'illegittimità di questo nuovo secondo comma, nella parte in cui stabilisce che, ai fini dell'applicazione del primo comma dello stesso art. 62-*bis* c.p., non si possa tenere conto della condotta del reo susseguente al reato.

Infine, si segnala che, ad opera del d.l. n. 92 del 2008 (conv. in l. n. 125 del 2008), al testo dell'art. 62-*bis* c.p. è stato aggiunto anche un terzo comma, così formulato: «In ogni caso, l'assenza di precedenti condanne per altri reati a carico del condannato non può essere, per ciò solo, posta a fondamento della concessione delle circostanze di cui al primo comma».

13. La recidiva.

La **recidiva** è la **«ricaduta» nel reato**.

L'istituto è stato oggetto di una profonda riforma, attuata con la legge 5 dicembre 2005, n. 251 (c.d. legge «*ex*-Cirielli»). Già si è detto delle novità dalla medesima introdotte in tema di circostanze; più avanti si vedranno le ulteriori modifiche apportate dal legislatore del 2005, segnatamente alla disciplina del concorso di reati e della prescrizione.

Prima della riforma del 2005

Prima di riferire delle novità introdotte nel 2005, occorre brevemente ricapitolare la disciplina della recidiva antecedente a quest'ultima modifica, quale risultava a sua volta dalla riforma attuata con il d.l. n. 99 del 1974, conv. in l. n. 220 del 1974, che aveva decisamente mitigato il rigore dell'originario impianto codicistico.

Il c.p. forniva questa espressa definizione del **recidivo**: colui il quale, «dopo essere stato condannato per un reato, ne commette un altro» (art. 99, comma 1, c.p.).

È ovvio che la commissione dell'ulteriore reato deve essere successiva al **passaggio in giudicato** della sentenza di condanna (mentre è irrilevante che la pena sia stata o meno scontata).

Recidiva semplice

Si aveva recidiva c.d. semplice nel caso contemplato dal comma 1 dell'art. 99: il recidivo «può essere sottoposto a un aumento **fino a un sesto** della pena da infliggere per il nuovo reato».

Recidiva aggravata

Si parlava, invece di **recidiva c.d. aggravata** in relazione alle ipotesi descritte dal comma 2 dell'art. 99, ossia «se il nuovo reato è **della stessa indole**» di quello precedentemente commesso (n. 1; recidiva specifica), oppure «se il nuovo reato è stato commesso nei cinque anni dalla condanna precedente» (n. 2; **recidiva infraquinquennale**), o ancora «se il nuovo reato è stato commesso durante o dopo l'esecuzione della pena, ovvero durante il tempo in cui il condannato si sottrae volontariamente all'esecuzione della pena» (n. 3). Qualora si fosse verificata una di queste tre ipotesi, la pena poteva essere aumentata **fino a un terzo**. L'aumento della pena poteva avvenire **sino alla metà**, quando concorressero più circostanze fra quelle indicate dai nn. 1-2-3 (art. 99, commi 2 e 3).

Recidiva reiterata

Infine, la recidiva era **reiterata** «se il **recidivo** commette **un altro reato**» (art. 99, comma 4, c.p.).

Facoltatività

Va sottolineato che l'applicazione della disciplina della recidiva (e quindi degli aumenti di pena poc'anzi descritti) era sempre **facoltativa**. Il più rigoroso impianto originario del codice Rocco – che prevedeva di regola **l'obbligatorietà** – era stato modificato nel senso della facoltatività dal già citato d.l. n. 99 del 1974, conv. in l. n. 220 del 1974. Il giudice **poteva** infatti aumentare la pena in caso di recidiva – comunque non oltre il limite massimo di cui all'art. 99, ultimo comma, c.p. – ma non ne aveva l'obbligo. Ciò aveva determinato un netto ridimensionamento della rilevanza di questo istituto nella prassi applicativa.

Dopo la riforma del 2005

Ferma rimanendo la distinzione tra recidiva semplice, aggravata e reiterata, il legislatore del **2005** ha significativamente **mutato la disciplina della materia**.

Presupposto

Innanzitutto, il **presupposto** della recidiva non è più la precedente condanna per un qualsiasi «reato», ma **la condanna per un «delitto non colposo»**.

Così recita infatti il nuovo primo comma dell'art. 99 c.p.: «Chi, dopo essere stato condannato per un delitto non colposo, ne commette un altro, può essere sottoposto ad un aumento di un terzo della pena da infliggere per il nuovo delitto non colposo».

In questa prospettiva, la sfera di operatività dell'istituto in esame risulta ridotta in maniera cospicua: non rilevano più, infatti, né la condanna per un delitto colposo, né la condanna per una contravvenzione, ma soltanto la condanna per un delitto doloso, o preterintenzionale.

Ma per il resto, si registra un **inasprimento della disciplina**, sotto una pluralità di aspetti.

Recidiva semplice

In primis, nel caso anzidetto di recidiva semplice il soggetto (che è già stato condannato per un delitto non colposo) «può essere sottoposto ad un aumento di un terzo della pena da infliggere per il nuovo delitto non colposo». Si noti come l'aumento sia «di un terzo», in luogo di «fino a un sesto» (misura prevista nel testo precedente alla riforma del 2005). Due le differenze: da «un sesto» si è passati a «un terzo». Inoltre, l'aumento «di un terzo» è stabilito in maniera «fissa» dal legislatore, senza che il giudice possa quantificare discrezionalmente la misura dell'aumento (discrezionalità di cui gode laddove venga adoperata l'espressione «fino a», o altra equivalente).

È vero, invece, che **la recidiva semplice è rimasta facoltativa**, nel senso che il giudice «può» – e non «deve» – sottoporre il reo all'aumento di pena di un terzo, esercitando il proprio potere discrezionale in rapporto al caso concreto (salvo quanto si preciserà fra poco, a proposito del quinto comma dell'art. 99 c.p.).

Recidiva aggravata

In base al secondo comma del «nuovo» art. 99 c.p., inoltre, la pena può essere aumentata fino alla metà (c.d. **recidiva aggravata**):

1) se il nuovo delitto non colposo è della stessa indole (c.d. recidiva specifica);

2) se il nuovo delitto non colposo è stato commesso nei cinque anni dalla condanna precedente (c.d. **recidiva infraquinquennale**);

3) se il nuovo delitto non colposo è stato commesso durante o dopo l'esecuzione della pena (c.d. **recidiva vera**), ovvero durante il tempo in cui il condannato si sottrae volontariamente all'esecuzione della pena (c.d. **recidiva finta**).

Salva dunque la sostituzione dell'espressione «delitto non colposo» alla precedente («reato»), i presupposti della recidiva aggravata non sono mutati. La pena può però essere aumentata non già fino a un terzo, ma fino alla metà.

Si tratta comunque di ipotesi in cui l'aumento resta facoltativo (salvo quanto si preciserà fra poco, a proposito del quinto comma dell'art. 99 c.p.). Qualora tale facoltà venga discrezionalmente esercitata, l'aumento risulta graduabile dal giudice entro il suddetto limite legale (fino alla metà).

Secondo una lettura che valorizza il coordinamento sistematico tra primo e secondo comma dell'art. 99 c.p., e tenuto conto del fatto che le ipotesi di recidiva aggravata integrano figure speciali rispetto alla recidiva semplice, è plausibile ritenere che in caso di recidiva aggravata l'aumento di pena debba essere calcolato tra il limite minimo di un terzo (art. 99, primo comma) e quello massimo della metà (art. 99, secondo comma). Questa interpretazione ha il pregio di evitare che, in caso di recidiva aggravata, al recidivo possa essere riservato un trattamento sanzionatorio più favorevole rispetto a quello previsto in caso di recidiva semplice.

Recidiva specifica

Quanto alla recidiva specifica, la nozione di **delitto** «della stessa indole» rispetto ad un altro continua a ricavarsi dall'art. 101 c.p., laddove si precisa, con più generale riferimento ai reati della stessa indole, che agli effetti della legge penale sono considerati tali «non soltanto quelli che violano una stessa disposizione di legge, ma anche quelli che, pur essendo preveduti da disposizioni diverse di questo codice, ovvero da leggi diverse, nondimeno, per la natura dei fatti che li costituiscono o dei motivi che li determinarono, presentano, nei casi concreti, **caratteri fondamentali comuni**».

Recidiva pluriaggravata

In forza del terzo comma dell'art. 99 c.p., «qualora concorrano più circostanze fra quelle indicate al secondo comma, l'aumento della pena è della metà» (c.d. **recidiva pluriaggravata**: si pensi ad esempio al caso della recidiva che sia al tempo stesso specifica, in quanto il delitto colposo è della stessa indole, e infraquinquennale, in quanto è stato commesso nei cinque anni dalla precedente condanna).

In caso di recidiva pluriaggravata, la legge impone quindi l'aumento di pena in misura fissa (pari alla metà, in luogo di «fino alla metà», come invece avveniva in precedenza).

Sembra preferibile ritenere che **anche la recidiva pluriaggravata** abbia mantenuto **carattere facoltativo**, e che la legge si limiti ad imporre in misura fissa l'aumento di pena. Del resto, la perentorietà del dato letterale (l'aumento «è» della metà) si riferisce alla misura dell'aumento, e non al «se» l'aumento debba o meno avvenire. Inoltre, laddove il legislatore ha voluto rendere obbligatorio l'aumento della pena per la recidiva, lo ha disposto espressamente: si veda il quinto comma dell'art. 99 c.p. (applicabile anche in ipotesi di recidiva pluriaggravata, con l'effetto allora di renderla obbligatoria). In tal senso, peraltro, si è espressa di recente la Corte di Cassazione che ha affermato che, anche a seguito della riforma del 2005, in queste ipotesi l'applicazione dell'aggravante della recidiva ha carattere facoltativo.

Recidiva reiterata

Più severa è anche la disciplina della **recidiva reiterata** (ossia, quella che riguarda chi, essendo già recidivo, realizzi un ulteriore delitto non colposo).

In base al quarto comma dell'art. 99 c.p., «Se il recidivo commette un altro delitto non colposo, l'aumento della pena, nel caso di cui al primo comma, è della metà e, nei casi previsti dal secondo comma, è di due terzi».

Di nuovo, ci troviamo dinnanzi ad un aumento «fisso», rispettivamente della metà (in caso di recidiva reiterata semplice) o di due terzi (in caso di recidiva reiterata aggravata), ancorché facoltativo e discrezionale nella prospettiva dell'*an*: ciò sostanzialmente per le stesse ragioni esposte poc'anzi con riferimento alla recidiva pluriaggravata (e sempre salvo quanto si preciserà nell'immediato prosieguo, a proposito del quinto comma dell'art. 99 c.p.).

Ipotesi di recidiva obbligatoria

Una delle novità più rilevanti è contemplata dal comma successivo, il quinto dell'art. 99: «Se si tratta di uno dei **delitti**

indicati all'articolo 407, comma 2, lettera a) del codice di procedura penale, l'aumento della pena per la recidiva è obbligatorio e, nei casi indicati al secondo comma, non può essere inferiore ad un terzo della pena da infliggere per il nuovo delitto».

Tale disposizione introduce un'eccezione alla regola generale della facoltatività della recidiva, rendendola obbligatoria, laddove il nuovo delitto non colposo rientri in un certo catalogo di fattispecie (oltre a incidere sul *quantum* di aumento di pena nei casi di recidiva aggravata di cui al secondo comma).

Il giudice non «può», ma «deve» aumentare la pena per la recidiva (salvo il giudizio in base al novellato art. 69 c.p.: vedasi *supra*), qualora il recidivo commetta uno dei delitti non colposi compresi nell'elenco dettato dall'articolo 407, comma 2, lettera *a)* c.p.p., in tema di durata massima delle indagini preliminari (es. associazione a delinquere di stampo mafioso, strage, omicidio, rapina aggravata, estorsione aggravata, ecc.). In sostanza, tale disposizione, che in passato serviva solo a differenziare il regime processuale in rapporto alla categoria di reati ivi prevista, è venuta ad assumere una funzione che caratterizza la disciplina di un istituto di diritto sostanziale, quale è appunto la recidiva.

In dottrina, la scelta legislativa di reintrodurre ipotesi di **recidiva obbligatoria** è stata **oggetto di critiche**, soprattutto in quanto viene a fondare l'aumento di pena su di una presunzione *iuris et de iure*, e non su di una valutazione in concreto della rimproverabilità e della pericolosità sociale del reo: il che solleva dubbi circa la legittimità costituzionale della norma in esame, che potrebbe confliggere con il disposto dell'**art. 3 Cost.**

Limite all'aumento di pena per la recidiva

Resta fermo che «in nessun caso l'aumento di pena per effetto della recidiva può superare il cumulo delle pene risultante dalle condanne precedenti alla commissione del nuovo delitto non colposo» (art. 99, ultimo comma, c.p.).

L'inasprimento della disciplina della recidiva non si esaurisce nella riformulazione dell'art. 99 c.p. Invero, già si è dato conto delle modifiche introdotte in tema di circostanze: ciò sia a proposito delle attenuanti generiche, ora più difficilmente concedibili nelle ipotesi di recidiva richiamate dal nuovo secondo comma dell'art. 62-*bis* c.p., sia con riguardo al divieto di prevalenza delle circostanze attenuanti sulla recidiva reiterata, *ex* art. 69, ultimo comma, c.p. A quest'ultimo riguardo, occorre tenere presente come la recidiva sia stata considerata dalla giurisprudenza alla stregua di una circostanza aggravante (per quanto *sui generis*), e pertanto soggetta ai giudizi di prevalenza e di equivalenza fra circostanze.

Si vedranno più avanti le ulteriori disposizioni toccate dalla recente novella, e segnatamente l'art. 81 c.p., nella prospettiva del concorso formale di reati e del reato continuato, e l'art. 161 c.p., in rapporto alla riforma della prescrizione.

Note bibliografiche

SANTORO A., *Teoria delle circostanze del reato*, Torino, 1933; PANNAIN R., *Gli elementi essenziali e accidentali del reato*, Roma, 1936; DELL'ANDRO R., *La recidiva nella teoria della norma penale*, Palermo, 1950; MALINVERNI A., *Scopo e movente nel diritto penale*, Torino, 1955; LATAGLIATA A. R., *Contributo allo studio della recidiva*, Napoli, 1958; RUGGIERO G., *I reati della stessa indole*, Milano, 1958; MASSA M., *Le attenuanti generiche*, Napoli, 1959; SANTORO A., voce *Circostanze del reato*, in *Noviss. dig. it.*, Vol. II, 1959, p. 264 ss.; MALINVERNI A., voce *Circostanze del reato*, in *Enc. dir.*, Vol. VII, 1961, p. 966 ss.; CONTENTO G., *Introduzione allo studio delle circostanze del reato*, Napoli, 1963; MARINI G., *Le circostanze del reato. Parte generale*, Milano, 1965; MALINVERNI A., voce *Motivi (dir. pen.)*, in *Enc. dir.*, Vol. XXIV, 1977, p. 287 ss.; MARINI G., voce *Circostanze del reato*, in *Noviss. dig. it.*, App. I, 1980, p. 1254 ss.; LATAGLIATA A. R., *Circostanze discrezionali e prescrizione del reato*, Napoli, 1967; STILE A. M., *Il giudizio di prevalenza o di equivalenza tra le circostanze*, Napoli, 1971; DASSANO F., *Recidiva e potere discrezionale del giudice*, Torino, 1981; DE VERO G., *Circostanze del reato e commisurazione della pena*, Milano, 1983; DOLCINI E., voce *Potere discrezionale del giudice*, in *Enc. dir.*, Vol. XXXIII, 1983, p. 24 ss.; SERIANNI V., voce *Recidiva*, in *Noviss. dig. it.*, App. VI, 1986, p. 370 ss.; MAZZA L., voce *Recidiva*, in *Enc. dir.*, Vol. XXXIX, 1988, p. 68 ss.; PADOVANI T., voce *Circostanze del reato*, in *Dig. disc. pen.*, Vol. II, 1988, p. 188 ss.; GUERRINI R., *Elementi costitutivi e circostanze del reato. I. Profili dogmatici*, Milano, 1989; MARTINA T., voce *Recidiva*, in *Enc. giur. Treccani*, Vol. XXVI, 1991; MARCONI G., *Il nuovo regime d'imputazione delle circostanze aggravanti*, Milano, 1993; MANNA A., voce *Circostanze del reato*, in *Enc. giur. Treccani*, Vol. VI, 1994; PITTARO P., voce *Recidiva*, in *Dig. disc. pen.*, Vol. XI, 1996, p. 359 ss.; AMBROSETTI E. M., *Recidiva e recidivismo*, Padova, 1997; MELCHIONDA AL., *Le circostanze del reato. Origine, sviluppo e prospettive di una controversa categoria penalistica*, Padova, 2000; PREZIOSI S., *La fattispecie qualificata*, Padova, 2000; VENEZIANI P., *Motivi e colpevolezza*, Torino, 2000; ZAZA C., *Le circostanze del reato. Elementi generali e circostanze comuni*, Vol. I, Padova, 2002; ZAZA C., *Le circostanze del reato. le circostanze speciali*, Vol. II, Padova, 2007; COSTA T.M., voce *Recidiva*, in *Enc. giur.*, Agg. XVI, 2007; CARUSO G., voce *Recidiva*, in *Dig. disc. pen.*, Agg. IV, 2008; MUSCATIELLO V.B., *La recidiva*, Torino, 2008; PUTINATI S., *Responsabilità dolosa e colposa per le circostanze aggravanti*, Torino, 2008; LOMBARDO M., voce *Circostanze*, *Dig. disc. pen.*, Agg. V, 2010; ZANIOLO D., *Le circostanze del reato*, Torino, 2013, BARTOLI R., voce *Recidiva*, in *Enc. dir.*, Annali, VII, 2014, p. 885 ss.

Capitolo III

IL TENTATIVO

Sommario: 1. Generalità: l'art. 56 c.p. – 2. L'inizio del tentativo punibile. L'idoneità degli atti. – 3. L'univocità degli atti. – 4. Limiti di configurabilità del delitto tentato. – 5. Tentativo e circostanze. – 6. Delitto tentato e dolo. Il problema della compatibilità tra tentativo e dolo eventuale. – 7. La pena prevista per il tentativo. – 8. Desistenza volontaria e recesso attivo. – 9. Il reato impossibile. – 10. Il reato putativo.

1. Generalità: l'art. 56 c.p.

Il punto di riferimento normativo in tema di delitto tentato è costituito dall'art. 56 c.p.

Il comma 1 di tale disposizione sancisce che «Chi compie atti idonei, diretti in modo non equivoco a commettere un delitto, risponde di delitto tentato, se l'azione non si compie o l'evento non si verifica».

Il soggetto agente **vuole** realizzare un delitto, e pone in essere un **comportamento materiale** a ciò finalizzato: ma il delitto **non giunge a consumazione**, ossia **non si completano tutti gli elementi costitutivi** della fattispecie (giacché, se così fosse, il delitto sarebbe appunto **consumato**, e non tentato).

Il **problema fondamentale** sollevato dal tentativo è quello di tracciare il **confine tra il penalmente irrilevante e l'inizio di un tentativo punibile**; in genere meno complessa è, dall'altro lato, l'operazione volta a stabilire quando non si è più al cospetto del tentativo, poiché il delitto è già consumato (individuazione del c.d. **momento consumativo** del reato).

Brocardo latino

2. L'inizio del tentativo punibile. L'idoneità degli atti.

Cogitationis poenam nemo patitur

La mera **ideazione**, ovvero il concepimento del proposito di commettere un reato, è di certo **penalmente irrilevante**: come già ampiamente detto, il diritto penale non punisce le mere intenzioni (*cogitationis poenam nemo patitur*).

La fase ideativa può peraltro avere seguito materiale: può svilupparsi e progredire in fasi ulteriori, quali la **preparazione** e l'**esecuzione** del reato stesso.

Es.: Tizio concepisce il proposito di uccidere la zia. Detto proposito spinge Tizio ad acquistare un potente sonnifero, da somministrare all'ignara parente, opportunamente invitata a cena, in modo tale da poterla poi strangolare nel sonno. Le fasi del disegno criminoso sono, in questo caso, scomponibili nella decisione di uccidere, nel compimento di atti preparatori (l'assunzione di informazioni circa l'efficacia dei sonniferi in commercio, l'acquisto del sonnifero, la scelta del mezzo per operare lo strangolamento, l'invito a cena della vittima), e nella realizzazione dei passaggi conclusivi del piano (l'effettiva somministrazione del sonnifero e l'azione di strangolamento, causale rispetto alla morte per soffocamento della zia).

Orbene, è chiaro che se l'evento-morte si verifica, il nipote risponde del delitto di omicidio consumato (art. 575 c.p., aggravato dall'uso di un mezzo insidioso – il sonnifero – e dalla c.d. premeditazione: art. 577, comma 1, nn. 2 e 3, c.p.).

La soglia di punibilità del tentativo

Ma, se l'evento non si verifica, e la zia non muore, **a partire da quale momento** potrà Tizio essere chiamato a rispondere di **omicidio tentato**, ai sensi degli **artt. 56 e 575 c.p.**, per aver compiuto «atti idonei diretti in modo non equivoco» a cagionare la morte della zia?

I **criteri** stabiliti dalla legge per rispondere a questo quesito possono essere vari.

Codice Zanardelli

Nel **codice Zanardelli** del 1889, aveva una rilevanza decisiva proprio la distinzione tra **atti preparatori** e **atti esecutivi**: per aversi punibilità a titolo di tentativo, non bastava il compimento di meri atti preparatori, ma occorreva il **«cominciamento dell'esecuzione»**.

L'interrogativo iniziale veniva peraltro a riproporsi, ancorché sotto «sembianze» diverse: quando, infatti, poteva dirsi che un determinato atto fosse solo «preparatorio» (e quindi ancora irrilevante penalmente), e quando invece si doveva ritenere che l'atto fosse esecutivo (e pertanto punibile a titolo di tentativo)?

Nel caso dell'omicidio della zia, per esempio, l'invitare a cena la vittima (fatto poc'anzi provvisoriamente collocato nella fase preparatoria) potrebbe essere compreso tra gli atti in effetti già esecutivi, o viceversa la somministrazione di un semplice sonnifero (fatto sopra inserito nella fase esecutiva) potrebbe essere reputata ancora una modalità preparatoria della successiva fase omicidiaria vera e propria (lo strangolamento).

Codice Rocco

Il **codice penale vigente**, con l'art. 56, ha **abbandonato** il criterio distintivo basato sulla **partizione tra atti preparatori ed atti esecutivi**, sostituendolo con il riferimento alla **idoneità** ed alla **univocità** degli **atti** (con il termine «atti», si badi, si fa riferimento ad un concetto più ampio rispetto a quello di **«mezzi»** adoperati dall'agente).

Idoneità degli atti

Per **idoneità degli atti** si deve intendere, innanzitutto, un **requisito di natura oggettiva**, il cui contenuto deve essere spiegato senza trascurare il fondamento politico-criminale dell'incriminazione del tentativo: la *ratio* è quella di **prevenire l'esposizione a pericolo** del **bene giuridico** tutelato (c.d. **teoria oggettiva**).

Atti idonei sono dunque quegli atti dotati di una **potenzialità lesiva**, ovvero che determinano una esposizione a pericolo dell'interesse protetto. Ma qual è il **livello** del pericolo che deve essere raggiunto perché sia integrato l'estremo dell'idoneità degli atti? Ovvero, qual è la **misura dell'idoneità** (**= dell'attitudine offensiva**) richiesta?

La legge non offre sul punto alcuna indicazione. Secondo l'interpretazione che maggiormente circoscrive, in materia di idoneità degli atti, l'area del tentativo punibile, **non** ci si può accontentare di una **semplice possibilità** (per quanto ragionevole) degli atti stessi di cagionare l'evento; occorrono, viceversa, comportamenti che abbiano una **significativa potenzialità di danno**, ovvero una **rilevante attitudine** a conseguire l'obiettivo.

C.d. prognosi postuma

Si registra una sostanziale convergenza di vedute, invece, sul fatto che l'idoneità debba essere valutata secondo un **giudizio *ex ante* ed in concreto**, ossia in base ad un criterio di c.d. **prognosi postuma**, od **obiettivo-postuma**.

Il giudizio prognostico viene detto «postumo», in quanto necessariamente deve essere formulato **dopo** la realizzazione degli atti, ma ponendosi idealmente nella posizione in cui si trovava l'agente **all'inizio** dell'attività criminosa. Il giudice, chiamato ad operare una siffatta valutazione, deve in sostanza accertare se gli atti realizzati avessero o no quella rilevante potenzialità offensiva di cui si è appena detto: ciò ancorando il giudizio non alla mera percezione soggettiva dell'agente, bensì a quella che sarebbe stata la percezione e la valutazione di una **figura astratta di uomo medio, calato nelle stesse circostanze di tempo e di luogo** in cui ha agito il soggetto «in carne ed ossa»; con la precisazione ulteriore che le conoscenze dell'uomo medio debbono intendersi integrate ed arricchite in base alle **eventuali maggiori conoscenze dell'agente concreto**.

Ad es., per stabilire se vi siano o meno gli estremi di un tentato omicidio, occorre tenere presente se il soggetto che ha sferrato una coltellata al braccio della vittima (azione che secondo una valutazione *ex ante* ed in concreto, in base alla percezione di un uomo medio, non pare raggiungere un livello di pericolosità rispetto al bene vita tale da integrare la fattispecie di cui agli artt. 56 e 575 c.p.) sapesse oppure no che la persona offesa era emofiliaca: qualora l'agente fosse concretamente in possesso di questa superiore conoscenza, potrebbe rispondere di tentato omicidio, perché la ferita al braccio di un emofiliaco ha con ogni evidenza tutt'altre e ben maggiori probabilità di cagionarne la morte rispetto ad identica ferita inferta a persona non emofiliaca.

Ci si potrebbe domandare il perché **non** si valuti l'idoneità degli atti ***ex post***, ovvero prendendo come punto di osservazione temporale il momento in cui viene operato il giudizio stesso di idoneità. La risposta è semplice: se si operasse in questo modo, gli atti apparirebbero **sempre inidonei**, per il solo fatto che il reato non è mai giunto a consumazione. E dunque il tentativo non sarebbe **mai ravvisabile**. Facciamo un esempio: Tizio spara mirando alla testa di Caio; non lo colpisce perché Caio starnutisce in quell'istante. Se si valutasse *ex post* il fatto realizzato da Tizio, si dovrebbe concludere per l'insussistenza del tentativo, per il solo fatto che l'evento-morte non si è verificato: cosa manifestamente assurda.

3. L'univocità degli atti.

Come si è visto, gli atti – perché si abbia delitto tentato – non solo debbono essere idonei, ma anche «diretti in modo non equivoco a commettere un delitto».

L'ulteriore requisito della **non-equivocità** (o **univocità**) degli atti può essere interpretato in due differenti significati, corrispondenti alla c.d. **teoria soggettiva** ed alla c.d. **teoria oggettiva**.

Teoria soggettiva

Secondo la **teoria soggettiva**, si avrebbe univocità quando, **in sede processuale**, sia **provato** che gli atti concretamente realizzati sono stati sorretti dal **proposito criminoso** di commettere il delitto «progettato».

Se si seguisse questa strada, quindi, l'univocità non sarebbe più – a ben vedere – un elemento strutturale della fattispecie di delitto tentato: si trasformerebbe, in realtà, in un criterio probatorio circa la sussistenza del dolo del tentativo; ovvero, in altri termini, si confonderebbe l'**univocità degli atti** con la **prova in giudizio dell'intenzione** dell'agente.

Tale impostazione si espone ad obiezioni ben difficilmente superabili.

Innanzitutto, si verrebbe a reputare in buona sostanza pleonastico il riferimento normativo contenuto nell'art. 56 c.p., a che gli atti siano diretti in modo non equivoco a commettere un delitto (con una specie di *interpretatio abrogans* dell'univocità): se infatti questo riferimento dovesse significare soltanto che, nel processo, si dia **rigorosa prova del proposito dell'agente**, esso non farebbe che ripetere (in modo sovrabbondante) ciò che pacificamente e in generale è richiesto per la **prova del dolo**.

Inoltre, la teoria soggettiva, laddove sposta il ragionamento sul piano della mera prova di un atteggiamento psicologico, trascura il fatto che **l'univocità rappresenta un preciso requisito strutturale del delitto tentato**. Questo requisito è di natura sostanziale (e non processuale), e consente di **selezionare ulteriormente**, fra gli atti «idonei», quelli effettivamente punibili *ex* art. 56 c.p.

Teoria oggettiva

Ciò spiega il **prevalente** favore che incontra la **teoria oggettiva**: non è sufficiente che gli **atti** compiuti siano idonei, ma occorre anche che essi **presentino particolari connotazioni obiettive**.

Tanto premesso, occorre peraltro fornire **parametri** di riferimento più precisi, alla luce dei quali sia possibile concludere nel senso che, nel caso concreto, gli atti presentino il crisma dell'univocità.

Ulteriori parametri

In una certa prospettiva, e sviluppando un'indicazione contenuta nella *Relazione* al c.p., si è sostenuto che l'univocità degli atti ricorra quando gli atti stessi **per sé soli rivelino l'intenzione dell'agente**; ovvero quando tale intenzione sia resa palese dall'azione in sé e nel suo complesso, tenuto conto delle circostanze di tempo e di luogo in cui si è svolta. Qualora l'azione giunga ad un livello di sviluppo tale da evidenziare chiaramente il fine cui è diretta, e da escludere un'apprezzabile probabilità che il reo desista dal portarla a termine, ricorrerebbe appunto il requisito della univocità obiettiva.

Nella menzionata prospettiva, si separa giustamente il problema **processuale dell'accertamento del dolo nel tentativo**, dal problema **sostanziale** di **individuare i criteri alla luce dei quali gli atti possano qualificarsi univoci**.

Peraltro, desumere una pretesa univocità oggettiva degli atti dall'attitudine dei medesimi a rivelare l'intenzione dell'agente è operazione che rischia di far ricadere nell'obiezione già mossa alla teoria soggettiva: se il dolo del tentativo dev'essere accertato secondo i canoni consueti, è pleonastico richiedere un requisito (l'univocità) che non fa che ribadire la sussistenza di un proposito soggettivo che deve comunque essere oggetto di apposita ed autonoma verifica (distinta e successiva rispetto a quella che riguarda gli estremi materiali del fatto). E, d'altra parte, l'univocità degli atti come caratteristica dei medesimi, idonea a rivelare l'intenzione del soggetto, non assolverebbe affatto alla funzione di circoscrivere l'ambito dei fatti di tentativo punibili, perché non aggiungerebbe alcun fattore selettivo in più rispetto alla «normale» selezione che comunque si opera, in sede di verifica circa la sussistenza o meno del dolo.

Occorre piuttosto volgere lo sguardo a **caratteristiche degli atti sganciate da uno stretto collegamento con il dolo** di fattispecie, e semmai **inserite in un contesto soggettivo più ampio**, quale può essere **il piano criminoso del reo**.

Contiguità rispetto agli atti esecutivi

Laddove sia possibile ricostruire in concreto tale piano, vengono in genere considerati **atti univoci**, nell'ambito degli atti idonei, quelli che, nel contesto del «progetto concreto», appunto, si collocano in una **fase prossima** (di stretta anticipazione), o **contigua**, rispetto agli **atti esecutivi** conclusivi.

In tale prospettiva, è possibile convenire sul fatto che non integrano gli estremi del tentativo, per difetto di univocità, comportamenti – quali ad esempio la raccolta di informazioni, l'effettuazione di sopralluoghi, la mera predisposizione di mezzi, la rimozione di ostacoli – che risultino logicamente e cronologicamente separati dalla fase finale della condotta esecutiva, destinata ad essere realizzata in un secondo tempo del piano criminoso. Ciò, perlomeno, in linea generale, e fermo restando che, comunque, la valutazione circa l'univocità o meno degli atti deve tener conto di tutte le peculiarità del caso concreto. Si consideri, peraltro, che in base ad un orientamento affiorato di recente nella giurisprudenza della Corte di Cassazione (ma tuttora minoritario) gli atti punibili sarebbero da circoscrivere ai soli atti esecutivi, con conseguente esclusione di quelli aventi natura preparatoria (riproponendo così la soluzione accolta nel codice Zanardelli e oggi sostenuta anche da autorevole dottrina).

4. Limiti di configurabilità del delitto tentato.

Il delitto tentato è una **fattispecie autonoma di reato**, che scaturisce dalla **combinazione** dell'art. 56 c.p. con la singola previsione, contenuta nella parte speciale del c.p., o in altra legge, che contempla la corrispondente figura consumata.

Funzione estensiva dell'art. 56 c.p.

L'art. 56 c.p. esercita una **funzione estensiva** della sfera del penalmente rilevante, attraverso la criminalizzazione di fatti che non raggiungono il momento della consumazione.

Così, ad esempio, è punito non soltanto il furto, che si realizza allorquando il reo si impossessa della cosa mobile altrui (art. 624 c.p.), ma anche il tentato furto, ossia il fatto di chi compie atti idonei diretti in modo non equivoco ad impossessarsi della cosa mobile altrui (artt. 56, 624 c.p.); è punito non solo il fatto di chi cagiona la morte di un uomo (omicidio: art. 575 c.p.), ma anche il fatto consistente nel compimento di atti idonei diretti in modo non equivoco a cagionare la morte di un uomo (tentato omicidio: artt. 56, 575 c.p.).

Questo «incontro» dell'art. 56 c.p. con una specifica norma incriminatrice, tale da far nascere una ulteriore ed autonoma fattispecie di reato tentato, non avviene tuttavia sempre.

Limiti alla configurabilità del tentativo

Esistono, in altre parole, una serie di **limiti alla configurabilità del tentativo**, vuoi di ordine logico, vuoi legati a scelte politico-criminali del legislatore.

Limiti legati alle scelte politico-criminali: tentativo e contravvenzioni

Nel nostro sistema, già dalla semplice lettura dell'art. 56 c.p. appare evidente che **solo i delitti, e mai le contravvenzioni**, possono assumere la forma di manifestazione del tentativo: la legge parla infatti **non** già di **reato** tentato, **ma di** «**delitto** tentato».

Ciò rappresenta un tipico esempio di non configurabilità del tentativo riconducibile ad una **scelta politico-criminale** del legislatore: dal punto di vista logico, infatti, una contravvenzione (purché sorretta da dolo) ben potrebbe prestarsi ad essere punita nella sua forma tentata; la punibilità anche a titolo di tentativo di una contravvenzione è però parsa al legislatore eccessiva ed inopportuna, tenuto conto da un lato della minore gravità intrinseca delle contravvenzioni rispetto ai delitti; e dall'altro della particolare «struttura» che connota, o dovrebbe connotare, le contravvenzioni (v. *supra*, P. III, Cap. I).

Limiti di ordine logico Tentativo e delitti colposi

Non è di certo configurabile, inoltre, il tentativo in rapporto ai delitti **colposi**. Questa non configurabilità dipende – all'opposto della precedente – da un **limite logico**: l'essenza del tentativo ruota intorno al compimento di atti idonei diretti in modo non equivoco a commettere un delitto, e pertanto è essenziale – dal punto di vista soggettivo – che il reo versi in dolo. Se da un lato, quindi, **la punibilità a titolo di tentativo presuppone il dolo**, e, d'altro lato, la struttura della colpa si caratterizza in negativo per l'assenza del dolo, è chiaro che un tentativo colposo sarebbe una contraddizione in termini.

Tentativo e delitti di attentato

Il tentativo **non** è configurabile neppure in rapporto ai c.d. **delitti di attentato**.

In base all'interpretazione oggi prevalente, il delitto di attentato presenta infatti caratteristiche strutturali affatto analoghe a quelle del delitto tentato. In particolare, anche nelle fattispecie di attentato si puniscono atti idonei diretti in modo non equivoco a realizzare la lesione di un dato bene giuridico. In presenza degli estremi dell'idoneità e dell'univocità, e dunque della semplice messa in pericolo dell'interesse protetto, il delitto di attentato è perfetto, con un'**anticipazione della soglia di tutela penale**, non dissimile da quella che viene realizzata dalla previsione generale in tema di tentativo.

La differenza tra tentativo ed attentato, dunque, resta per lo più confinata alla **tecnica normativa** di descrizione del fatto punibile. Nel tentativo, come si è visto, l'incriminazione di atti contraddistinti dall'idoneità e dall'univocità scaturisce dalla combinazione dell'art. 56 c.p. con la norma che detta la corrispondente ipotesi di delitto consumato; nel reato di attentato, la punibilità di atti – pure caratterizzati in termini di idoneità ed univocità – discende da **un'unica ed apposita previsione, completa di una cornice edittale di pena *ad hoc***.

Tentativo e reati di pericolo

Più in generale, si asserisce la **non** punibilità a titolo di delitto tentato dei **reati di pericolo**: essendo il tentativo esso stesso un reato di pericolo, si finirebbe infatti diversamente per punire **«il pericolo di un pericolo»**, con un'eccessiva anticipazione della soglia di tutela penale.

In proposito, occorre peraltro tenere presente che la qualificazione di un certo reato come di pericolo (nelle sue varie forme: presunto, astratto, concreto) oppure di danno presenta ampi margini di opinabilità, dipendendo dal tipo di bene giuridico che interpretativamente si assuma essere oggetto di tutela. Per esempio, la falsificazione di un documento può essere reputata un delitto di danno, se si ritiene che l'interesse tutelato sia di natura strumentale e coincida con la c.d. pubblica fede; ma può anche essere reputata, in base ad una differente chiave di lettura, un reato di pericolo, che anticipa la tutela penale in funzione di una tutela «avanzata» del bene «finale», individuato nella sicurezza del traffico commerciale. Ebbene, in quest'ultimo caso la qualificazione del delitto come di pericolo non pare comunque potere incidere, escludendola, sulla configurabilità del tentativo.

Tentativo e reati preterintenzionali

Il tentativo **non** è ammissibile, poi, in relazione ai **delitti preterintenzionali**, giacché in essi deve per definizione mancare il proposito di realizzare quell'evento più grave che ne segna la perfezione.

Tentativo e reati unisussistenti

Altrettanto **non** configurabile appare il tentativo nei c.d. **reati unisussistenti**, in relazione ai quali cioè è sufficiente porre in essere un **unico atto** perché la fattispecie si consumi; infatti, qualora tale atto non venga compiuto, si versa ovviamente nell'ambito del penalmente irrilevante. Qualora, invece, il soggetto riesca a realizzare l'atto stesso, il reato è già giunto a consumazione, senza che possa residuare uno spazio intermedio fra l'una e l'altra eventualità, in cui immaginare un tentativo.

Tentativo e reati omissivi propri

Nel **reato omissivo proprio**, a sostegno dell'ammissibilità del tentativo, si fa da taluno l'esempio del soggetto obbligato ad un *facere* il quale, prima della scadenza del termine, entro cui va compiuta l'attività doverosa, compia atti tali da rendere **impossibile** l'adempimento. Peraltro, secondo l'opinione tradizionale (es.: ANTOLISEI), ed ancora oggi prevalente (cfr. CADOPPI), il tentativo di un reato omissivo proprio **non è configurabile**. Dalla norma incriminatrice che prevede un reato omissivo proprio, infatti, promana un comando di agire. Il destinatario di detto comando deve porre in essere un certo comportamento. Coessenziale ad ogni comando, è l'esistenza di un **termine** (esplicito, o da ricavare interpretativamente) entro il quale è necessario che il soggetto vi ottemperi. Ebbene, **prima della scadenza del termine, si versa nella sfera del penalmente irrilevante; scaduto il termine senza che l'azione comandata sia stata posta in essere, la fattispecie omissiva è già irrimediabilmente consumata**. Pacifica, invece, risulta l'ammissibilità del tentativo in rapporto ai **delitti omissivi impropri**.

5. Tentativo e circostanze.

È certamente possibile che ad una fattispecie (come si è detto, autonoma) di delitto tentato accedano delle **circostanze**: ma questa affermazione è corretta entro certi limiti.

Tentativo circostanziato di delitto

Il (semplice) delitto tentato, più precisamente, può assumere la (ulteriore) forma di manifestazione «circostanziata» **allorquando le circostanze** (non solo **comuni**, ma anche **speciali**) **si siano già compiutamente realizzate**, a prescindere dal fatto che, appunto, il reato non sia giunto a consumazione (c.d. **tentativo circostanziato di delitto**, o **delitto tentato circostanziato**). In altre parole, la circostanza dev'essere presente, in tutti i suoi elementi strutturali, e porsi quale elemento accessorio rispetto al fatto del compimento di atti idonei diretti in modo non equivoco a commettere un delitto.

Così, per esempio, un motivo di particolare valore morale o sociale, ovvero la provocazione (attenuanti), o un motivo abietto o futile (aggravante), si prestano ad attenuare ovvero, rispettivamente, ad aggravare sia un omicidio consumato, sia un omicidio solo tentato, perché comunque il reo agisce in presenza di quei fattori, di cui ricorrono in concreto tutti gli estremi.

Diverso è il caso in cui la **circostanza non si sia integralmente realizzata**, ovvero **non si sia affatto realizzata** (neppure in parte), essendo però possibile ipotizzare la compiuta integrazione della stessa, qualora il delitto fosse giunto a consumazione.

Tentativo di delitto circostanziato

Il concetto di circostanza «non integralmente realizzata» suscita non poche **perplessità**. Il c.p. prevede infatti il compimento di atti idonei diretti in modo non equivoco a commettere un delitto, ma nulla dice circa la rilevanza di atti idonei diretti in modo non equivoco a realizzare gli estremi di una circostanza (es. atti idonei diretti in modo non equivoco ad adoperare sevizie: art. 61, n. 4, c.p.): ossia, la legge contempla un delitto tentato (cui possono accedere circostanze), ma nulla dice in ordine a circostanze soltanto «tentate».

Né tantomeno può applicarsi una circostanza i cui estremi in realtà non si sono verificati neppure parzialmente, ancorché si possa dire che di sicuro essa si sarebbe realizzata ove il delitto fosse giunto a consumazione: in conformità al tendenziale principio di rilevanza obiettiva delle circostanze, non si può riconoscere giuridica efficacia a circostanze meramente ipotetiche. Si deve concludere, pertanto, nel senso dell'**inammissibilità del c.d. delitto circostanziato tentato** (o **tentativo di delitto circostanziato**), in quanto – in ultima analisi – collidente con il **principio di legalità**. Tuttavia si registra un orientamento giurisprudenziale prevalente di segno contrario, ad es. con riferimento alla compatibilità fra il tentativo e le circostanze di cui agli artt. 61 n. 7 e 62 n. 4 c.p., ammessa senza richiedere la effettiva produzione di un danno patrimoniale, rispettivamente, di rilevante gravità o di speciale tenuità (in tal senso si sono espresse le stesse Sezioni Unite della Corte di Cassazione: Sent. n. 28243 del 2013).

6. Delitto tentato e dolo. Il problema della compatibilità tra tentativo e dolo eventuale.

Già si è detto come il delitto tentato debba necessariamente essere una fattispecie dolosa; resta però da verificare se il dolo del tentativo assuma o meno caratteristiche particolari.

Teoria della compatibilità

Secondo un'opinione, **il dolo del delitto tentato non differisce dal dolo del delitto consumato**. Si dice: il soggetto vuole realizzare la fattispecie consumata, non quella tentata; quindi – dal punto di vista psichico – ciò che si rappresenta e ciò che vuole non cambia, sia che il delitto giunga alla consumazione, sia che resti allo stadio del tentativo. Ne discenderebbe, in particolare, la **compatibilità** del tentativo con il **dolo eventuale**.

Teoria dell'incompatibilità

Cospicua dottrina, unitamente alla giurisprudenza forse maggioritaria, peraltro, ritiene che il **dolo eventuale** sia **incom-**

patibile col tentativo. Tra le motivazioni addotte a supporto della tesi, si rileva che il delitto tentato, rispetto al delitto consumato, manifesta un minore disvalore di evento, o comunque oggettivo; per controbilanciare questa carenza di offensività della fattispecie tentata, si ritiene opportuno limitare il dolo al solo dolo diretto (o intenzionale), capace di mostrare un **maggiore disvalore della condotta sotto il profilo soggettivo**.

Ancora, si fa leva talora sul requisito della «**non equivocità**» degli atti, che di per sé sembrerebbe implicare la insufficienza di un mero dolo eventuale.

Attraverso tale soluzione, viene ad essere tra l'altro valorizzata l'**autonomia** di struttura della fattispecie di tentativo rispetto al corrispondente modello di reato consumato: autonomia di struttura che poggia – soggettivamente – proprio sull'**intenzione** (sul fine) del reo di arrivare alla consumazione, il che appare **incompatibile** con un atteggiamento di mera «accettazione del rischio», tipico del dolo eventuale.

7. La pena prevista per il tentativo.

La fattispecie tentata, come già accennato, rappresenta un titolo autonomo di reato, con una sua propria cornice edittale. A norma dell'art. 56, comma 3, c.p., «Il colpevole di delitto tentato è punito: con la reclusione non inferiore a dodici anni, se la pena stabilita è l'ergastolo; e, negli altri casi, con la pena stabilita per il delitto, diminuita da un terzo a due terzi».

Per esempio, la corruzione di minorenne consumata è punita con la reclusione da uno a cinque anni (art. 609-*quinquies* c.p.); il corrispondente delitto tentato, in forza della combinazione tra art. 56 ed art. 609-*quinquies* c.p., risulta punito con la reclusione da un minimo di mesi quattro (diminuzione massima per il tentativo, pari a due terzi, calcolata sul minimo edittale del delitto consumato) sino ad un massimo di anni tre e mesi quattro di reclusione (diminuzione minima per il tentativo, calcolata sul massimo edittale del delitto consumato).

È dunque partendo da tale nuova ed autonoma cornice edittale del delitto tentato che vanno computati gli aumenti ovvero le diminuzioni in dipendenza di eventuali circostanze aggravanti od attenuanti, inclusa la riduzione da un terzo alla metà stabilita per il caso di recesso attivo.

8. Desistenza volontaria e recesso attivo.

«Se il colpevole volontariamente desiste dall'azione, soggiace soltanto alla pena per gli atti compiuti, qualora questi costituiscano per sé un reato diverso» (art. 56, comma 3, c.p.: c.d. **desistenza volontaria**). «Se volontariamente impedisce l'evento, soggiace alla pena stabilita per il delitto tentato, diminuita da un terzo alla metà» (art. 56, comma 4, c.p.: c.d. **recesso attivo**, o **pentimento operoso**, o **ravvedimento attuoso**).

Per dirla col CARRARA, «al nemico che fugge, ponti d'oro!»: tradizionalmente, la *ratio* politico-criminale di tale disciplina di favore viene ravvisata nella opportunità di **incentivare** il reo, affinché non porti a termine il suo piano criminoso (c.d. «**teoria del ponte d'oro**»).

Essenziale è che sia la desistenza, che il recesso, avvengano «volontariamente».

Volontarietà

La **volontarietà** presuppone una decisione **autonoma e spontanea** del soggetto agente.

Per «**autonoma e spontanea**» si intende qui una **decisione presa di propria libera iniziativa, non imposta da fattori esterni**. La precisazione terminologica è necessaria, perché spesso invece si legge che la volontarietà non va confusa con la spontaneità: il che è vero, se si usa il termine spontaneità in modo affatto diverso, e cioè per alludere a motivi interiori di sincero pentimento; v. anche *infra*.

Per esempio, se Tizio cerca di strappare di mano la borsetta a Caia, e questa non molla subito la presa, si deve ravvisare una desistenza o vi è comunque un furto tentato, qualora Tizio si dia immediatamente dopo alla fuga?

In linea di massima, in un caso del genere non dovrebbero ricorrere gli estremi della desistenza, ancorché per una soluzione corretta si debba rendere l'esempio più analitico, aggiungendo alcune varianti in fatto.

Impossibilità assoluta di prosecuzione

Si immagini che Caia non solo non molli la presa, ma dimostri di possedere una forza insospettata, ovvero che ponga in essere una resistenza così energica da fare apparire impossibile la riuscita del furto. Qui Tizio non ha alcuna *chance* di «successo», e quindi la sua fuga non può certo essere letta quale desistenza (non volontarietà della desistenza stante una impossibilità assoluta, o pressoché tale, di prosecuzione); dunque, tentativo.

Impossibilità di ragionevole prosecuzione

Ma a conclusione analoga si deve giungere anche qualora Tizio si renda conto che con un secondo «strappo» potrebbe facilmente avere il sopravvento, ma fugga in quanto accortosi che altre persone presenti stanno per intervenire. Non si ha desistenza volontaria, insomma, neppure quando l'alternativa consistente nel proseguire la condotta criminosa presenti svantaggi o rischi, che la rendano obiettivamente irragionevole (non volontarietà della desistenza stante l'impossibilità di una prosecuzione ragionevole).

Certo che, invece, se il fatto avvenisse in un luogo isolato, senza quindi ragionevole possibilità di un intervento soccorritore di terzi, e Tizio fuggisse pur rendendosi conto di poter facilmente avere il sopravvento insistendo nel tentativo di sottrazione, egli – avendo volontariamente interrotto l'azione – dovrebbe beneficiare della non punibilità prevista dall'art. 56, comma 3, c.p.

Irrilevanza dei motivi determinanti la desistenza

Il requisito della volontarietà **non** ha nulla a che fare, invece, con un **effettivo pentimento morale**, o con una **valutazione positiva** che l'ordinamento riserva ai **motivi** in forza dei quali il soggetto si sia determinato a desistere o a recedere; questi elementi sono ai fini in esame irrilevanti, potendo l'agente beneficiare del trattamento di cui all'art. 56, commi 3 e 4, c.p., ancorché mosso da mero calcolo, ovvero da ragioni di convenienza; e addirittura – secondo la prevalente opinione – anche allorquando si sia riservato di «riprovarci» in un momento successivo più favorevole.

Desistenza volontaria e recesso attivo: diversa natura giuridica

È assai importante, poi, stabilire quando vi sia **desistenza** e quando invece **recesso attivo**, proprio in quanto – come già detto – solo nel primo caso si è dinnanzi ad una **causa di non punibilità** (personale e sopravvenuta), mentre nel secondo il reo beneficia soltanto di una **riduzione di pena** (diminuzione da un terzo alla metà della pena stabilita per il delitto tentato), e pertanto di una **circostanza attenuante** (con applicabilità della relativa disciplina: p. es., rientra nel giudizio di prevalenza/equivalenza tra circostanze).

Presupposti comuni

Ebbene, **sia la desistenza che il recesso attivo** presuppongono che vi sia un contesto materiale e psicologico tale da fare ritenere **già integrato il delitto tentato** (non avrebbe senso, altrimenti, introdurre né una causa di non punibilità, né un'attenuante). Questo tentativo, inoltre, **non dev'essere «fallito» per fattori esterni**, o comunque **indipendenti dalla volontà del reo** (sennò non si potrebbe parlare di **volontarietà** della desistenza e del recesso). Infine, è evidente che deve sussistere un requisito negativo, ossia l'assenza della consumazione del delitto avuto di mira.

Criterio di distinzione

All'interno di queste coordinate di massima, la distinzione tra desistenza e recesso tende a ricalcare i confini tra **tentativo compiuto** ed **incompiuto**. Il tentativo si dice compiuto (*alias* **delitto mancato**), se il soggetto ha realizzato **tutti gli estremi della condotta tipica, mancando soltanto l'evento** perché si abbia la consumazione. Ad esempio, Tizio getta il bimbo Caio in un fiume, e Caio sopravvive. Il tentativo si dice **incompiuto**, se il soggetto ha realizzato solo **parte della condotta tipica**. Ad esempio, Tizio sta per accoltellare Caio, ma il pugnale viene fermato prima che attinga il corpo di Caio. Nel primo caso, se l'evento viene impedito volontariamente (nel senso sopra spiegato) dal reo, si avrà **recesso attivo**; nel secondo caso, se la condotta viene interrotta volontariamente (nel senso sopra spiegato) dal reo, si avrà **desistenza volontaria**.

A parte le possibili difficoltà di applicare in concreto tale criterio distintivo, si osserva giustamente che la differenza di trattamento penale del recesso rispetto alla desistenza può risultare poco plausibile (es.: FIANDACA-MUSCO). Un discrimine (tra la non punibilità ed una mera attenuante) basato sul fatto che il reo «fugga», rispettivamente, prima o dopo aver perfezionato l'*iter* esecutivo del delitto, risulta infatti ancorato ad un fattore spesso meramente formale, che non incide sul disvalore complessivo della vicenda: tant'è che talora, nella prassi applicativa, si sono registrate applicazioni late della disciplina della desistenza, in rapporto a casi concreti che avrebbero dovuto essere considerati di recesso, ma che non apparivano meritevoli di sanzione penale.

Punibilità del differente reato già integrato dagli atti

Occorre infine richiamare l'attenzione sul fatto che – ai sensi dell'art. 56, comma 3, c.p. – **la non punibilità del tentativo in caso di desistenza lascia intatta la penale responsabilità, qualora gli atti già compiuti integrino di per sé un differente reato**. Ad esempio, se un soggetto, per effettuare un furto, si introduce in un'abitazione deteriorandone la porta d'ingresso, e, una volta all'interno, decide di allontanarsi senza nulla sottrarre, gli atti idonei diretti in modo non equivoco a realizzare il furto non sono punibili stante la desistenza; ma quegli stessi atti concretizzano altresì una violazione di domicilio (art. 614 c.p.)

consumato, in rapporto ai quali la desistenza non può operare effetto alcuno.

9. Il reato impossibile.

La punibilità è esclusa «quando, per la inidoneità dell'azione o per la inesistenza dell'oggetto di essa, è impossibile l'evento dannoso o pericoloso» (art. 49, comma 2, c.p.).

La reale portata di questa disposizione è piuttosto controversa, e qualcosa in proposito si è già detto più sopra (P. III, Sez. III, Cap. II).

Art. 49, comma 2, c.p.: lettura riduttiva

Secondo la lettura più **«riduttiva»**, la norma sul c.d. «reato impossibile» sarebbe **inutile**: essa non rappresenterebbe altro, infatti, che un **«doppione»** rispetto alla disciplina del tentativo.

In buona sostanza, l'art. 49, comma 2, c.p. non farebbe altro che ripetere in negativo ciò che l'art. 56, comma 1, c.p. afferma in positivo. Dire che la punibilità è esclusa quando è impossibile l'evento per l'inidoneità dell'azione, equivarrebbe a dire che non c'è un tentativo punibile quando gli atti realizzati non sono idonei (nel senso sopra illustrato).

In questa prospettiva, sarebbe **pleonastica** (ovvero sancita *ad abundantiam*, per fugare in radice ogni dubbio) anche l'esclusione della punibilità quando l'evento è impossibile per l'**inesistenza dell'oggetto** (= oggetto materiale, ossia persona o cosa nei cui confronti è diretta l'attività fisica del reo) dell'azione.

Anche in questo caso, infatti, si avrebbe null'altro che un'ipotesi di inidoneità dell'azione, dovendo l'idoneità/inidoneità essere ritenuta non in astratto, bensì in concreto, tenuto conto di tutto il contesto in cui il fatto si realizza.

Art. 49, comma 2, c.p.: concezione realistica del reato

All'opposto, proprio muovendo dall'art. 49, comma 2, c.p., è stata elaborata una teoria (c.d. **concezione realistica del reato**), che tende a farne uno dei **punti centrali del sistema penale** (per tutti: M. GALLO).

L'art. 49, comma 2, c.p. – secondo questa concezione – è un qualcosa di diverso rispetto ad una mera affermazione, in termini rovesciati, della non punibilità del tentativo inidoneo. A sostegno dell'assunto, si adducono vari argomenti, sia letterali, sia sistematici.

Dal punto di vista **letterale**, per esempio, l'art. 49, comma 2, c.p. parla di inidoneità dell'**«azione»**, mentre nel tentativo l'idoneità ha per oggetto gli **«atti»**. Dal punto di vista **sistematico**, inoltre, l'art. 49, u.c., c.p. prevede, in caso di reato impossibile, l'applicabilità di una **misura di sicurezza**: e allora come mai gli atti idonei diretti in modo non equivoco a commettere una contravvenzione sono irrilevanti *ex* art. 56 c.p. (riferito solo ai delitti), mentre atti inidonei diretti allo stesso scopo giustificano la sottoposizione ad una misura di sicurezza (stante che l'art. 49 c.p. si riferisce al reato in genere, quindi non solo ai delitti ma anche alle contravvenzioni)?

Secondo la concezione realistica, la punibilità andrebbe esclusa, *ex* art. 49, comma 2, c.p., non solo in caso di tentativo inidoneo, ma anche e più in generale ogniqualvolta, pur essendosi realizzati integralmente gli elementi che compongono la fattispecie criminosa (ovvero: pur in presenza di un fatto tipico, giunto a consumazione), **non** sia in concreto riscontrabile una **effettiva lesione del bene giuridico** protetto.

Tale teoria comporta dunque la necessità di una **doppia verifica**: innanzitutto, ci si dovrebbe chiedere se vi è un **fatto tipico** (ossia un fatto inquadrabile in un'astratta fattispecie incriminatrice, di cui presenta tutte le caratteristiche); risolto affermativamente detto quesito, si dovrebbe stabilire, caso per caso, se quel **fatto conforme al tipo** abbia cagionato in concreto **un'effettiva lesione/messa in pericolo del bene giuridico protetto**. Laddove questa seconda verifica dovesse sortire esito negativo, si avrebbe un fatto **tipico**, ma al tempo stesso **inoffensivo**, e dunque **non punibile**, in omaggio al **principio di necessaria lesività dell'illecito penale**, in forza del quale la lesione dell'interesse protetto deve sempre essere **effettiva**.

La concezione realistica dell'illecito penale è stata sottoposta a **critiche** che paiono convincenti e decisive.

In estrema sintesi: come si fa a stabilire quando un fatto, pur essendo tipico, risulti tuttavia inoffensivo? L'art. 49, comma 2, c.p. non fornisce, in proposito, alcuna indicazione. E del resto la tipicità dovrebbe comportare di per sé l'offesa: **non dovrebbero esistere fatti inoffensivi e ad un tempo conformi al «tipo»**. Il problema è semmai «a monte», ossia in sede di formulazione della fattispecie incriminatrice da parte del legislatore, il quale dovrebbe criminalizzare (solo) fatti offensivi, ossia fatti che – già a livello di fattispecie astratta – si presentino come lesivi o quantomeno pericolosi rispetto ad un bene giuridico meritevole di tutela penale.

La concezione realistica, viceversa, finisce con il mettere in dubbio la stessa separazione tra potere legislativo e potere giudiziario, nella misura in cui consente al giudice, pure a fronte dell'assodata realizzazione di un fatto tipico, una valutazione di effettiva lesività o meno, non prevista dal sistema e del tutto svincolata da parametri legali di riferimento.

Art. 49, comma 2, c.p.: lettura «intermedia»

Secondo una **lettura «intermedia»** dell'art. 49, comma 2, c.p., infine, tale disposizione – non prestandosi a fondare la concezione realistica del reato, ma nemmeno risultando essere una mera riaffermazione della non punibilità del tentativo inidoneo – è utile a chiarire che **non rileva penalmente un tentativo del tutto inidoneo in concreto al raggiungimento dell'obiettivo criminoso**.

Già si è visto come, *ex* art. 56 c.p., la valutazione dell'idoneità degli atti vada effettuata *ex ante* ed in concreto, in base ad un giudizio di prognosi postuma, che impone al giudice di collocarsi idealmente nella situazione in cui versava il soggetto agente all'epoca della condotta: ebbene, questa valutazione, in base a tale tesi intermedia, in virtù dell'art. 49, comma 2, c.p., deve essere completata, tenendo presenti anche tutti quei fattori, tali da impedire oggettivamente il conseguimento dell'obiettivo perseguito; la verifica dell'idoneità, a questa stregua, non è limitata all'ottica del soggetto agente, ma deve essere completata con una **verifica ulteriore**, questa volta nell'ottica della stessa vittima quale titolare del bene giuridico (c.d. **verifica su base totale**: MARINUCCI, FIANDACA-MUSCO).

Come «banco di prova» delle varie soluzioni sostenibili, si può richiamare il classico caso del borsaiolo che introduce una mano nella tasca della persona presa di mira, con l'intenzione di impossessarsi di denaro, ma senza esito in quanto la vittima non ne è provvista. Tentativo punibile o reato impossibile?

Chi volesse limitarsi ad una valutazione *ex ante* ed in concreto, nell'ottica del solo soggetto agente, dovrebbe affermare la responsabilità del borsaiolo per tentato furto.

Questa conclusione si imporrebbe anche muovendo dalla distinzione tra **inesistenza assoluta** (*in rerum natura*) ed **inesistenza solo relativa** (mancanza nel luogo ove avviene la condotta criminosa) **dell'oggetto materiale**: mentre infatti è ovvio che il reato è impossibile in caso di inesistenza assoluta, in caso di inesistenza solo relativa un tentativo punibile sarebbe configurabile, ogniqualvolta l'esistenza dell'oggetto materiale possa apparire (*ex ante* ed in concreto) verosimile.

Viceversa, nel caso ipotizzato si dovrebbe ravvisare un **reato impossibile** (sotto il profilo dell'inesistenza dell'oggetto materiale della condotta), qualora si allargasse il giudizio anche **all'ottica della vittima** e si valutassero **tutte le circostanze presenti nella situazione data** (e quindi anche il dato oggettivo della mancanza di denaro da sottrarre).

10. Il reato putativo.

Da non confondere col reato impossibile è il **reato putativo**. Si ha reato putativo (o reato supposto erroneamente) quando **un soggetto agisce nella convinzione (erronea) di commettere un reato, mentre in realtà il suo comportamento è penalmente irrilevante**.

Il fenomeno è contemplato dall'art. 49, comma 1, c.p.: «Non è punibile chi commette un fatto non costituente reato, nella supposizione erronea che esso costituisca reato»: e ciò sia che derivi da un errore sul fatto, che da un errore sul precetto.

Ad esempio: non è punibile Tizio che crede erroneamente di impossessarsi del cappotto appartenente a Caio, mentre in realtà il cappotto asportato, pur identico a quello di Caio, appartiene allo stesso Tizio (erronea valutazione del fatto). Ovvero: non è punibile Tizio il quale sia convinto di aver commesso un reato essendosi congiunto con la sedicenne Caia, consenziente, perché in realtà la soglia di età al di sotto della quale «scatta» la penale rilevanza del compimento di atti sessuali è inferiore (erronea valutazione del precetto).

Tale soluzione è in linea con i **principi di materialità e di offensività**, e più in generale si inserisce perfettamente nel quadro di un sistema penale che si disinteressa dei meri atteggiamenti interiori dei consociati, riservando la punizione a **fatti effettivamente lesivi** di beni giuridici.

Note bibliografiche

ALIMENA F., *La questione dei mezzi inidonei nel tentativo*, Roma, 1930; CAVALLO V., *Il delitto tentato*, Napoli, 1934; VANNINI O., *Il problema giuridico del tentativo*, Milano, 1952; FIORE C., *Il reato impossibile*, Napoli, 1959; SINISCALCO M., *La struttura del delitto tentato*, Milano, 1959; SCARANO L., *Il tentativo*, Napoli, 1960; LATAGLIATA A. R., *La desistenza volontaria*, Napoli, 1963; GALLO

M., voce *Dolo*, in *Enc. dir.*, Vol. XIII, 1964, p. 750 ss.; Contento G., *La condotta susseguente al reato*, Bari, 1965; Neppi Modona G., *Il reato impossibile*, Milano, 1965; Gallo E., *Il delitto di attentato nella teoria generale del reato*, Padova, 1966; Petrocelli B., *Il delitto tentato. Studi*, Napoli, 1966; Serianni V., *La desistenza volontaria e il ravvedimento attivo*, Milano, 1966; Neppi Modona G., voce *Reato impossibile*, in *Noviss. dig. it.*, Vol. XIV, 1967, p. 974 ss.; Piacenza S., voce *Reato putativo*, in *Noviss. dig. it.*, Vol. XIV, 1967, p. 1003 ss.; Santoro A., voce *Tentativo (dir. pen.)*, in *Noviss. dig. it.*, Vol. XVIII, 1971, p. 1133 ss.; Caraccioli I., *Il tentativo nei delitti omissivi*, Milano, 1975; Gallo E., voce *Attentato (delitto di)*, in *Noviss. dig. it.*, App. I, 1978, p. 560 ss.; Prosdocimi S., *Profili penali del postfatto*, Milano, 1982; Flora G., *Il ravvedimento del concorrente*, Padova, 1984; Gallo E., voce *Attentato (delitti di)*, in *Dig. disc. pen.*, Vol. I, 1987, p. 333 ss.; Maddalena M., voce *Ravvedimento operoso*, in *Enc. dir.*, Vol. XXXVIII, 1987, p. 750 ss.; Vassalli G., voce *Quasi reato*, in *Enc. dir.*, Vol. XXXVIII, 1987, p. 35 ss.; Cadoppi A., *Il reato omissivo proprio*, Vol. II, Padova, 1988; Serianni V., voce *Reato impossibile e reato putativo*, in *Enc. giur. Treccani*, Vol. XXVI, 1991; Montanara V., voce *Tentativo (diritto vigente)*, in *Enc. dir.*, Vol. XLIV, 1992, p. 117 ss.; Siniscalco M., voce *Tentativo*, in *Enc. giur. Treccani*, Vol. XXX, 1993; Neppi Modona G., voce *Reato impossibile*, in *Dig. disc. pen.*, Vol. XI, 1996, p. 259 ss.; Petrini D., voce *Reato putativo*, in *Dig. disc. pen.*, Vol. XI, 1996, p. 348 ss.; Morselli E., voce *Tentativo*, in *Dig. disc. pen.*, Vol. XIV, 1999, p. 182 ss.; Giacona I., *Il concetto d'idoneità nella struttura del delitto tentato*, Torino, 2000, Risicato L., *Combinazione e interferenza di forme di manifestazione del reato*, Milano, 2001; Giuliani-Ballestrino U., *Il delitto tentato*, Milano, 2002; Beltrani S., *Il delitto tentato*, Padova, 2003; Caterini M., *Reato impossibile e offensività*, Napoli, 2004; Isotton R., Crimen in itinere. *Profili della disciplina del tentativo dal diritto comune alle codificazioni penali*, Napoli, 2006; Arciuli F.R., *Il delitto tentato*, Torino, 2007; Serianni V., *La desistenza volontaria e il ravvedimento attivo*, Milano, 2008; Falcinelli D., *L'attualità dell'offesa. Desistenza volontaria e genesi del disvalore penale*, Torino, 2009; La Scala A.M., *Il tentativo punibile nel vigente ordinamento giuridico*, Bari, 2011; Seminara S., *Il delitto tentato*, Milano, 2012; Guidi D., *Contributo alla riforma del delitto tentato*, Milano, 2013; Lo Monte E., *Il delitto tentato. Contributo all'individuazione della condotta punibile*[2], Torino, 2013.

CAPITOLO IV

IL CONCORSO DI PERSONE NEL REATO

1. La fattispecie concorsuale.

La maggior parte delle singole fattispecie incriminatrici (es. furto, omicidio, ecc.) è «pensata» e strutturata tenendo presente un solo soggetto agente. Tali fattispecie, dunque, risultano applicabili – di per sé – al c.d. **autore individuale**.

È un dato di comune esperienza, peraltro, che spesso un furto, un omicidio, ecc. non vengono realizzati da una persona sola, ma da **due o più** individui.

Nel nostro codice penale, tale eventualità si trova disciplinata negli artt. 110 e seguenti.

Funzione estensiva dell'art. 110 c.p.

Dispone l'art. 110 c.p.: «Quando più persone concorrono nel medesimo reato, ciascuna di esse soggiace alla pena per questo stabilita, salve le disposizioni degli articoli seguenti».

Anche l'art. 110 c.p. è una disposizione destinata non a «vivere» isolatamente, bensì a «combinarsi», di volta in volta, con la singola fattispecie incriminatrice che prevede la realizzazione monosoggettiva del fatto, dando luogo ad una **nuova ed autonoma fattispecie tipica di reato concorsuale** (es. artt. 110, 575 c.p.: concorso di persone nel delitto di omicidio; artt. 110, 624 c.p.: concorso di persone nel delitto di furto, ecc.; per un meccanismo simile, di incontro tra norma di parte generale e singola incriminazione, in modo da dare luogo a nuova fattispecie, vedasi *supra*, Cap. III, in tema di delitto tentato).

In base a tale meccanismo, si determina una **estensione della sfera del penalmente rilevante**, in quanto questa nuova **fattispecie concorsuale**, come meglio si vedrà tra poco, consente di ritenere punibili comportamenti che non potrebbero, invece, essere ricondotti alla corrispondente **fattispecie monosoggettiva** (**perché atipici rispetto a quest'ultima**, e tipici, invece, rispetto alla fattispecie concorsuale).

2. Il modello unitario.

Codice Rocco: modello unitario

Il nostro legislatore, dal punto di vista della tecnica normativa, ha adottato un **modello unitario** di disciplina del concorso di persone nel reato. Ai fini dell'affermazione della responsabilità a titolo di concorso, infatti, **si prescinde** dallo specifico **ruolo** rivestito da ciascuno dei concorrenti, i quali soggiacciono indistintamente alla pena edittale stabilita dalla fattispecie monosoggettiva di riferimento.

La **differenza di ruolo e di apporto**, psichico o materiale, alla realizzazione del reato può incidere sulla **pena** da infliggere a ciascun concorrente solo attraverso la **commisurazione in senso stretto** (art. 133 c.p.) ovvero l'applicazione di circostanze (e segnatamente delle circostanze espressamente dettate dal c.p. con riguardo alla fattispecie concorsuale).

Codice Zanardelli: modello differenziato

Sotto questo aspetto, il legislatore del '30 ha innovato rispetto al previgente codice Zanardelli, che viceversa si basava su di un **modello differenziato**, ed in particolare su di una tipizzazione autonoma di diverse forme di partecipazione.

In particolare, gli artt. 63 e 64 del codice del 1889 distinguevano tra chi avesse eseguito il reato, tra chi vi avesse cooperato, tra chi avesse eccitato o rafforzato l'intenzione di commetterlo, tra chi ne avesse facilitato l'esecuzione prestando assistenza o aiuto, così espressamente tipizzando ciascuno di questi ruoli.

Ragioni dell'abbandono del modello differenziato

L'abbandono di questa tecnica nella **codificazione del 1930** si deve ad una pluralità di ragioni.

Da un lato, il **modello unitario** si prestava a meglio assecondare **esigenze preventive**: dal punto di vista **sostanziale**, infatti, ne derivava un **ampliamento dell'area dei fatti di concorso punibili**, ed un livellamento verso l'alto della pena prevista per i concorrenti; dal punto di vista **processuale**, inoltre, si potevano **superare le difficoltà di accertamento** cui aveva dato luogo il modello differenziato.

Dall'altro lato, il modello unitario, e quindi il criterio di una eguale responsabilità per tutte le persone che sono concorse nel reato, appariva in sintonia con il principio in forza del quale tutte le condizioni che concorrono a produrre l'evento rappresentano altrettante cause dell'evento stesso. Così come, nella prospettiva monosoggettiva, non si distingue tra tali condizioni, altrettanto non è possibile differenziare, a livello di astratta fattispecie concorsuale, tra correi, complici, ecc.

In realtà, ciascuno dei due modelli (quello unitario e quello differenziato) presenta fisiologicamente, e al di là delle tante possibili varianti nel *ius positum*, sia pregi che difetti, oltre che aspetti che possono essere valutati in maniera opposta (quali positivi o negativi), a seconda del punto di vista politico-criminale che si intende adottare.

Costi dell'abbandono del modello differenziato

In particolare, l'abbandono del modello differenziato ha fra i suoi «costi» quello della rinuncia a priori ad un elevato grado di determinatezza nella tipizzazione della fattispecie concorsuale e ad una esatta proporzione della cornice edittale di pena rispetto al ruolo di ciascun concorrente (es. SEMINARA). Quale riflesso della minor determinatezza, il modello unitario comporta la necessità, in buona sostanza, di rimettere in maniera ampia al giudice il compito di definire i contorni della partecipazione penalmente rilevante.

Anche in un sistema improntato, come quello attuale, al modello unitario, non si può inoltre prescindere da una verifica del **ruolo dei singoli concorrenti**, sia pure «in seconda battuta» rispetto alla preliminare verifica della tipicità.

Emblematico a tale proposito è **l'art. 114, comma 1, c.p.**: «Il giudice, qualora ritenga che l'opera prestata da taluna delle persone che sono concorse nel reato a norma degli articoli 110 e 113 abbia avuto minima importanza nella preparazione o nell'esecuzione del reato, può diminuire la pena».

Il giudice, quindi, è pur sempre tenuto ad una valutazione del **singolo apporto** di ciascuno dei concorrenti nel reato, e non si può accontentare di un accertamento dell'*an* della responsabilità concorsuale, in virtù del mero contributo del correo in termini di causalità.

3. La fattispecie plurisoggettiva eventuale e quella necessaria.

Fattispecie plurisoggettiva eventuale

Già si è accennato al meccanismo della combinazione tra art. 110 c.p. e singola norma incriminatrice, in modo tale da dar vita ad una **nuova ed autonoma fattispecie**. Secondo l'opinione oggi prevalente, questa nuova fattispecie che ne deriva rappresenta una **fattispecie plurisoggettiva eventuale**, la quale consente – come pure già accennato – di sanzionare (a titolo **concorsuale**) come **tipiche** anche condotte che risulterebbero atipiche, se rapportate alla forma di incriminazione **monosoggettiva**.

Perché si parla di **«fattispecie plurisoggettiva eventuale»**?

La locuzione **«fattispecie plurisoggettiva»** sta a significare che le persone che concorrono nel reato debbono essere **almeno due**, e pone in evidenza che **la fattispecie è unica**, mentre **i concorrenti debbono essere più d'uno**.

L'attributo **«eventuale»** serve invece a distinguere queste ipotesi che si fondano sulla combinazione (solo eventuale, appunto, perché il reato ben può ordinariamente essere commesso da un solo soggetto) tra art. 110 c.p. e singola norma incriminatrice monosoggettiva, dalle ipotesi di **reato c.d. a concorso necessario**.

Fattispecie plurisoggettiva necessaria

Si ha **reato a concorso necessario** (ovvero **fattispecie plurisoggettiva necessaria**), quando, a prescindere dal disposto dell'art. 110 c.p. (che regola il concorso eventuale), è la **singola fattispecie incriminatrice** ad essere strutturata in maniera tale da non potersi configurare se non in presenza di una pluralità di soggetti.

Si distingue, in proposito, tra **fattispecie plurisoggettive necessarie proprie** ed **improprie**.

Propria

In **quelle proprie**, **tutte le persone «necessarie»** alla configurabilità del fatto tipico sono **penalmente responsabili**. Per esempio, perché vi sia associazione a delinquere, occorre che vi siano tre o più persone che si associno allo scopo di commettere più delitti (art. 416 c.p.), e tutti gli «associati» soggiacciono alla pena stabilita dalla legge.

Impropria

Viceversa, nella fattispecie plurisoggettiva necessaria **impropria** occorre operare una distinzione tra **soggetti «necessari» punibili** e **soggetti** altrettanto **«necessari» non punibili**, o perlomeno non punibili nella normalità dei casi.

Si prenda ad esempio l'art. 323, comma 1, c.p., che prevede il fatto del pubblico ufficiale, ovvero dell'incaricato di un pubblico servizio, che «nello svolgimento delle funzioni o del servizio, in violazione di norme di legge o di regolamento, ovvero omettendo di astenersi in presenza di un interesse proprio o di un prossimo congiunto o negli altri casi prescritti, intenzionalmente procura a sé o ad altri un ingiusto vantaggio patrimoniale ovvero arreca ad altri un danno ingiusto» (abuso d'ufficio).

Si immagini che il pubblico ufficiale (o l'incaricato di un pubblico servizio) ponga in essere l'abuso, così da procurare **ad altri** un ingiusto vantaggio patrimoniale: in questa ipotesi, il reato di cui all'art. 323 c.p. presuppone almeno **due soggetti**, ossia la persona che riveste la qualifica pubblicistica, ed il terzo beneficiario dell'ingiusto vantaggio patrimoniale. Orbene, quest'ultimo non è punibile *ex* art. 323 c.p.: nel silenzio della norma circa una responsabilità del terzo «favorito», si deve infatti ritenere che il legislatore abbia inteso escluderne la punibilità (in base alla fattispecie plurisoggettiva necessaria impropria). Ciò non esclude, tuttavia, che il terzo possa essere ritenuto partecipe del delitto di abuso d'ufficio, in forza delle regole generali in materia di concorso eventuale (art. 110 ss. c.p.), qualora per esempio abbia determinato o indotto il pubblico ufficiale a realizzare l'abuso.

Chiarita la nozione di fattispecie plurisoggettiva eventuale, anche in rapporto a quella di fattispecie plurisoggettiva necessaria (propria e impropria), occorre ancora brevemente ricordare come tale costruzione teorica riscuota oggi maggior favore rispetto ad altre spiegazioni della disciplina concorsuale, e segnatamente rispetto alla **teoria dell'accessorietà**, che viceversa aveva goduto di ampio credito in passato.

Teoria dell'accessorietà

Secondo la teoria dell'accessorietà, nell'ambito del concorso di persone andrebbe individuata, da un lato, la **condotta principale tipica**, ascrivibile a uno o più soggetti (autore/

autori), che sarebbe comunque punibile in base alla norma di parte speciale, e, dall'altro, la **condotta atipica** di uno o più concorrenti ulteriori (partecipe/partecipi), che viene ad essere penalmente rilevante proprio *ex* art. 110 c.p., se e nella misura in cui possa dirsi **accessoria** rispetto alla condotta principale.

Alla teoria dell'accessorietà si muove l'obiezione secondo cui essa non si presta a spiegare in maniera convincente né le ipotesi di concorso in cui si abbia una **esecuzione frazionata** (in cui cioè nessuno degli autori realizza l'intero fatto tipico, bensì ciascuno soltanto una parte), né le ipotesi di **concorso in reato proprio in cui il soggetto «legittimato» (*intraneus*) si limita a fornire un contributo atipico, mentre è l'*extraneus* a realizzare la condotta tipica**. In queste ipotesi, infatti, viene meno la possibilità di individuare condotte atipiche che possano dirsi accessorie rispetto a condotte principali tipiche.

Si deve ricordare, infine, come autorevole dottrina (es. BOSCARELLI, PAGLIARO) sia contraria alla concezione definita «monistica» del concorso di persone (secondo cui più persone concorrono in un unico reato). Se il reato – si dice – si incentra su di una condotta umana, questa è indefettibilmente individuale, e quindi autore di un reato non può che essere il singolo soggetto che realizzi la condotta prevista quale reato, mentre sarebbe contraddittorio postulare che più soggetti siano, ciascuno, autore di un reato unico. Non di fattispecie plurisoggettiva eventuale si dovrebbe parlare, quindi, bensì di tante **fattispecie plurisoggettive differenziate** quanti sono i concorrenti.

4. La struttura della fattispecie di concorso di persone nel reato.

A questo punto è possibile schematizzare la struttura della fattispecie di concorso di persone nel reato, i cui **requisiti** sono:

a) due o più soggetti attivi (pluralità di concorrenti);

b) la realizzazione di un fatto di reato, completo di tutti i suoi elementi (materiali);

c) la presenza di un contributo rilevante, da parte di ciascuno dei concorrenti, alla realizzazione del fatto;

d) l'elemento soggettivo, rappresentato – nella sua forma minima – dalla consapevolezza, in capo ad almeno uno dei soggetti *sub a*), di cooperare con altri nella realizzazione del fatto di reato (fatto tipico).

4.1. *La pluralità di concorrenti. In particolare: il c.d. autore mediato.*

Concorrenti non punibili

Un soggetto può essere considerato **«concorrente»** nel reato, e, nello stesso tempo, **non** risultare **punibile**, per le ragioni più varie: una cosa è, infatti, il carattere plurisoggettivo della fattispecie di concorso, ed altra è, invece, il problema di stabilire **quale o quali dei concorrenti siano in concreto penalmente responsabili** in relazione al fatto tipico posto in essere.

Si confronti, a riprova, innanzitutto **l'art. 112, ultimo comma, c.p.**: «Gli aggravamenti di pena stabiliti nei numeri 1), 2) e 3) di questo articolo si applicano anche se taluno dei partecipi al fatto non è imputabile o non è punibile»: da questa disposizione si ricava chiaramente come un soggetto, pur essendo **«partecipe al fatto»** (= concorrente), possa risultare **non imputabile** ovvero **non punibile**.

Analoga indicazione proviene **dall'art. 119, comma 1, c.p.**, il quale stabilisce che «Le circostanze soggettive le quali escludono la pena per taluno di coloro che sono concorsi nel reato hanno effetto soltanto riguardo alla persona a cui si riferiscono»: ciò implica infatti che la punibilità, in presenza di particolari «circostanze» (per inciso: non si tratta di circostanze in senso proprio, ma di cause soggettive di non punibilità), è esclusa, in rapporto a soggetti che pure vengono considerati dalla legge quali **«concorrenti** nel reato».

Teoria dell'autore mediato

Da tali disposizioni, la dottrina senz'altro maggioritaria trae solidi argomenti per escludere che, nel nostro sistema penale, possa trovare ingresso la **teoria del c.d. autore mediato**.

Per autore mediato si suole intendere un soggetto che non pone in essere direttamente il fatto tipico, ma **«si serve» di altri per realizzarlo**.

Questa «strumentalizzazione» può avvenire in vario modo: si pensi ad esempio a chi determina al reato una persona incapace, ovvero a chi trae in inganno un altro soggetto, facendogli commettere un reato senza che questi se ne renda conto, o ancora a chi costringe altri con violenza o minaccia a realizzare un reato.

Il concetto di autore mediato è stato elaborato in Germania, allo scopo di colmare possibili vuoti di tutela determinati dalla tassatività delle forme di concorso previste dalla legge, ed accentuati dalla versione c.d. **estrema** della **teoria dell'accessorietà**, la quale presuppone che vi sia un **fatto principale concretamente punibile**. In effetti, muovendo da simili premesse, il vero «protagonista» della vicenda criminosa finirebbe per essere sottratto alla responsabilità a titolo di concorso, in quanto il fatto principale non sarebbe praticamente mai punibile (proprio perché chi lo ha materialmente realizzato non è imputabile, o difetta di dolo, ecc.). Di qui l'espediente di considerare il soggetto che si serve di altri **non quale concorrente**, ma quale **autore (mediato)**, e quindi responsabile in base alla sola norma incriminatrice di parte speciale, e dunque senza bisogno della combinazione di essa con una norma di parte generale quale il nostro art. 110.

Queste esigenze, peraltro, **non** si pongono nel **nostro sistema**. La legge, innanzitutto, **non recepisce un modello differenziato**, in cui il «determinatore» abbia un ruolo di rilievo minore rispetto all'autore. Anzi, in base alla normativa vigente, riservare al vero «protagonista» della vicenda criminosa la qualifica di autore mediato comporterebbe l'applicazione diretta della norma incriminatrice di parte speciale, e così la non applicabilità nei suoi confronti della più rigorosa disciplina dettata in tema di concorso di persone nel reato, che meglio sembra rispecchiare il disvalore connesso al ruolo del medesimo (cfr. artt. 111, 112).

È soprattutto alla luce di tali considerazioni che l'opinione prevalente considera alla stregua di **ipotesi speciali di concorso di persone nel reato** (e non di autoria mediata) casi quali quelli disciplinati dagli artt. 46, 48, 54, u. comma, 86 e 111 c.p.

4.2. *La realizzazione di un fatto di reato.*

Oltre al requisito della pluralità di agenti, e sempre quale requisito oggettivo, è necessario, perché si realizzi una fattispecie di concorso di persone in un determinato reato, che **tutti gli estremi materiali tipici del reato** stesso vengano posti in essere.

Più precisamente, è certo che debba essere realizzato un **fatto** (materiale) **tipico**. L'opinione prevalente va oltre, e richiede la presenza di un **fatto non solo tipico, ma anche antigiuridico**: qualora ricorra una **causa di giustificazione**, sarebbe **esclusa la possibilità di configurare un concorso di persone nel reato** (argomento *ex* art. 119, comma 2, c.p.).

Concorso di persone nel delitto tentato

Questo fatto tipico può sicuramente essere **anche un fatto di tentativo**: si ha, in tal caso, un **concorso di persone nel delitto tentato** (es. delitto di tentata rapina in concorso tra più persone: la fattispecie plurisoggettiva eventuale nasce qui dalla combinazione degli artt. 110, 56 e 628 c.p.).

Tentativo di partecipazione

Il concorso nel delitto tentato non va confuso con il c.d. **tentativo di partecipazione**, inteso quale atto di partecipazione non seguito dalla effettiva commissione del reato, né consumato, né meramente tentato.

Nel nostro sistema, il tentativo di partecipazione non è punibile, difettando proprio il requisito della **realizzazione di un fatto tipico** (anche solo tentato). A conferma di ciò, si suole richiamare l'art. 115 c.p.: «Salvo che la legge disponga altrimenti, qualora due o più persone si accordino allo scopo di commettere un reato, e questo non sia commesso, nessuna di esse è punibile per il solo fatto dell'accordo» (comma 1); «Le stesse disposizioni si applicano nel caso di istigazione a commettere un reato, se la istigazione è stata accolta, ma il reato non è stato commesso» (comma 3). Sulla possibilità di applicare una misura di sicurezza, v. *infra*, Parte V, Cap. VI, par. 5.

4.3. *Il contributo rilevante.*

L'elemento di struttura della fattispecie di concorso che solleva i problemi più delicati è rappresentato dal **contributo di ciascun concorrente** alla realizzazione del fatto tipico.

Quando si può dire che un soggetto abbia fornito un **contributo penalmente rilevante** alla realizzazione concorsuale di un reato?

Criteri di individuazione della soglia minima

Al fine di individuare la **soglia minima**, oltrepassata la quale si entra nell'ambito di applicabilità dell'art. 110 c.p., sono stati elaborati vari **criteri**.

Tali criteri valorizzano il ruolo di ciascun concorrente e sono costruiti sul presupposto di una differenziazione concettuale delle possibili forme di partecipazione: ciò ad ulteriore riprova di come anche in un sistema normativo che accoglie il modello unitario di tipicizzazione della fattispecie concorsuale non si possa comunque prescindere da un distinguo, tra **diverse figure astratte di concorrenti** e tra **diverse forme di concorso**.

4.4. *Concorso materiale e concorso morale.*

La *summa divisio* viene in genere operata tra **concorso materiale** e **concorso morale** (o **psichico**), proprio a seconda del tipo di contributo, materiale o morale, fornito da ciascun concorrente.

Concorso materiale

Concorre materialmente nel reato **colui che personalmente compie uno o più atti tipici del reato** stesso, ovvero che apporta un **contributo materiale**, vuoi nella fase di preparazione, vuoi nella fase di esecuzione del reato.

Concorso morale

Concorre moralmente nel reato **colui che dà una spinta psicologica alla realizzazione di un reato, che materialmente viene posto in essere da altri soggetti**.

Nella prospettiva del **concorso materiale**, si suole distinguere, a seconda dei ruoli dei compartecipi, tra:

Autore

– l'**autore** (o **esecutore**), ossia chi realizza l'intera azione esecutiva del reato, con una condotta che sarebbe comunque già tipica in rapporto alla fattispecie monosoggettiva;

Coautore

– il **coautore**, o **correo**, e cioè colui che realizza insieme ad altro soggetto (o ad altri soggetti) l'azione suddetta;

Complice

– il **complice**, o **ausiliatore**, ovverosia il concorrente la cui condotta di per sé non integrerebbe gli estremi della fattispecie monosoggettiva, ma che rientra nella tipicità della fattispecie plurisoggettiva attraverso la funzione incriminatrice dell'art. 110 c.p., in quanto rappresenti un aiuto materiale nella fase preparatoria o nella fase esecutiva del reato.

Nell'ambito del **concorso morale**, invece, si individuano (pur con terminologia non sempre univoca) le figure:

Determinatore

– del **determinatore**, cioè colui che fa insorgere in altri un proposito criminoso prima inesistente;

Istigatore

– dell'**istigatore**, definito come colui che si limita a rafforzare o eccitare in altri un proposito criminoso già esistente, e talora inteso anche come colui che, più in generale, svolge opera di sostegno psicologico all'attività altrui.

A questo punto, è chiaro che il problema dell'individuazione della soglia minima di rilevanza del contributo punibile a titolo di concorso tende ad essere circoscritto ai casi in cui la condotta del soggetto non integri già di per sé gli estremi, o una parte degli estremi materiali della fattispecie monosoggettiva (compimento dell'azione tipica, partecipazione alla realizzazione dell'azione tipica, ovvero anche c.d. esecuzione frazionata di una parte dell'azione tipica), né abbia fatto insorgere in altri un proposito criminoso prima inesistente.

In altri termini, la **linea di confine** tra la partecipazione a titolo di concorso ad un fatto penalmente rilevante, e l'ambito di penale liceità, risulta difficile da tracciare soprattutto in tema di **complicità** (per quanto attiene al concorso **materiale**) e di **istigazione** (per quanto attiene al concorso **morale o psichico**).

Criterio condizionalistico e causalità c.d. di rinforzo

Secondo una **prima impostazione**, per rilevare *ex* art. 110 c.p., la condotta di ciascun compartecipe dovrebbe essere una **condizione necessaria del fatto punibile**, in applicazione del più generale criterio causale sul quale si fonda la disciplina codicistica del concorso di persone nel reato.

Il criterio rigidamente **causale-condizionalistico** è parso tuttavia ai più troppo ristretto. Certo, in presenza di un contributo atipico, ma in concreto necessario, vi sono i presupposti per una responsabilità concorsuale di colui che lo ha fornito; ma alla stessa soluzione si deve giungere anche in presenza di un **contributo che abbia anche solo facilitato (agevolato) la commissione del reato**.

In ipotesi di concorso materiale, per esempio, può essere chiamato a rispondere di concorso Tizio che ha fornito una chiave falsa a Caio, autore materiale del furto in un appartamento, anche se, eliminando mentalmente l'apporto di Tizio (fornitura della chiave), si possa ritenere che il furto stesso sarebbe stato comunque perpetrato da Caio, mediante scasso della porta d'ingresso. In un caso del genere, il contributo di Tizio non rappresenta una vera e propria *condicio sine qua non* rispetto alla consumazione del delitto di furto, ma rientra senz'altro nel concetto di **causalità c.d. agevolatrice o di rinforzo**, al quale si è appena fatto cenno.

Contributo rivelatosi ex post ininfluente o controproducente

Più discussa e problematica è l'ipotesi in cui un soggetto apporta un **contributo** che, in una prospettiva ***ex ante* e di «pronostico», può definirsi un aiuto** rispetto alla (futura) realizzazione del reato, ma che, in un'ottica ***ex post*** e di «consuntivo», si rivela assolutamente **ininfluente** (in rapporto all'illecito per come concretamente realizzatosi), o addirittura di ostacolo. Si pensi, ad esempio, alla condotta del «palo» Tizio (*ex ante* idonea a facilitare il compito di chi materialmente compie l'azione di furto), il quale si distragga, o addirittura insospettisca la polizia cagionandone l'intervento (sicché *ex post* il contributo di Tizio finisce con il rivelarsi addirittura controproducente).

In casi del genere, la **giurisprudenza** è in linea di massima orientata nel senso dell'affermazione della **responsabilità del complice**, financo «maldestro», limitandosi appunto ad una valutazione del contributo concorsuale in termini di mera prognosi. La prassi, cioè, sembra seguire **la c.d. teoria della prognosi postuma**, per cui è **irrilevante** che la condotta del partecipe si riveli successivamente **inutile** o addirittura **dannosa**.

Tale soluzione è però tutt'altro che incontroversa: parte della dottrina, infatti, è incline ad accostare ipotesi siffatte al **tentativo di partecipazione non punibile**, proprio in quanto si tratterebbe di forme di complicità soltanto **potenziali**, e prive di effettiva incidenza sulla concreta dinamica di realizzazione del fatto di reato.

Soglia minima del contributo morale

Sul versante della **partecipazione morale**, o psichica, **la soglia minima** di rilevanza del contributo del partecipe presuppone che l'opera dell'istigatore venga ad **incidere concretamente sulla psiche** del concorrente-autore materiale, anche solo **rinsaldando** il (preesistente) proposito criminoso di quest'ultimo. Anche il c.d. **consiglio tecnico** può tradursi in una forma di partecipazione punibile.

Si fa, in proposito, l'esempio di Tizio che fornisce agli esecutori materiali notizie sul sistema d'allarme installato a protezione delle cose oggetto del progettato furto, nonché suggerimenti per disinserirlo.

5. L'elemento soggettivo nel concorso doloso.

L'**elemento soggettivo** della fattispecie di concorso doloso non si esaurisce nella rappresentazione e nella volizione del fatto: occorre, altresì, la **consapevolezza di concorrere con altri**, nella prospettiva della realizzazione del fatto stesso.

C.d. previo concerto

Non è necessario

Nella maggior parte dei casi, vi è un vero e proprio **accordo** fra i concorrenti, **antecedente** alla commissione del reato. Il c.d. **previo concerto**, tuttavia, **non è necessario**. Un concorso si può configurare anche quando, mentre un solo soggetto sta realizzando il reato, altri intervengano a dargli man forte. Addirittura, si ammette che la consapevolezza di concorrere con altri possa sussistere **soltanto in capo a un unico soggetto**. Ad esempio, potrebbe essere chiamato a rispondere di concorso in omicidio Tizio, che faccia rinvenire a Caio, esecutore materiale, un'arma con cui commettere il delitto: ciò anche qualora Caio non si renda conto di essere stato aiutato da altri. Minoritaria è, sul punto, l'opinione di chi richiede invece la consapevolezza, in capo a **ciascuno** dei correi, circa l'interazione fra i vari contributi dei medesimi, in funzione della commissione del reato.

Concorso a titoli soggettivi diversi

Quanto all'ammissibilità di ipotesi di concorso con momenti soggettivi differenziati (ossia di concorso doloso in delitto colposo e di concorso colposo in delitto doloso), la dottrina appare piuttosto divisa. In primo luogo, infatti, vi è chi sostiene una concezione unitaria della partecipazione criminosa e, conseguentemente, esclude radicalmente la configurabilità del concorso a titoli soggettivi diversi. Nondimeno, occorre considerare che appare maggiormente diffuso l'orientamento contrario secondo il quale, sulla base di ragioni sistematiche (visto che gli artt. 111 e 112 c.p., ammettono la responsabilità concorsuale aggravata a carico di chi determina un soggetto non imputabile a commettere un reato, *a fortiori* non potrebbe essere escluso il concorso consapevole e volontario in una realizzazione colposa) e di politica criminale, sarebbe configurabile, in particolare, il concorso doloso nel delitto colposo. Più complessa, invece, appare la problematica inerente il concorso colposo nel delitto doloso, poiché un'interpretazione fedele ai canoni della legalità penale degli artt. 42 e 113 c.p. sembrerebbe ostacolare un siffatto ampliamento dell'area penalmente rilevante. Inoltre, si osserva comunemente come lo spazio operativo di tali ipotesi sarebbe considerevolmente ridotto dalla difficile configurabilità di obblighi di diligenza rispetto alla neutralizzazione dei fatti delittuosi altrui e dall'incompatibilità del momento soggettivo colposo con la consapevolezza di cooperare con altri nella realizzazione di un fatto delittuoso. La Corte di Cassazione, tuttavia, è approdata di recente a soluzione opposta, ammettendo la corresponsabilità a titolo di colpa in determinate ipotesi di delitto doloso: ciò è avvenuto, ad esempio, in ipotesi in cui il medico-psichiatrica aveva ridotto e poi sospeso in maniera imprudente il trattamento farmacologico cui era sottoposto un paziente così determinando l'aggravamento della patologia e non impedendo (per colpa) la realizzazione di un omicidio (volontario) da parte di quest'ultimo. Si consideri, peraltro, che la contestazione del concorso in omicidio a titoli soggettivi diversi (dolo e colpa) ha caratterizzato anche recenti e noti procedimenti penali in ipotesi di responsabilità del datore di lavoro per lesioni o morte dei dipendenti derivanti dall'inosservanza delle disposizioni antinfortunistiche.

6. La cooperazione colposa ed il concorso di persone nelle contravvenzioni.

Secondo l'art. 113, comma 1, c.p., «Nel delitto colposo, quando l'evento è stato cagionato dalla cooperazione di più persone, ciascuna di queste soggiace alle pene stabilite per il delitto stesso».

Concorso colposo nelle contravvenzioni

La disposizione in esame, dunque, riguarda la **c.d. cooperazione nel delitto colposo** (così si intitola anche la rubrica dell'art. 113), e fuga ogni dubbio circa l'ammissibilità di un **concorso colposo nel delitto**. Nulla dice, invece, circa la configurabilità di un concorso di persone a titolo di colpa nelle **contravvenzioni**.

Tale silenzio induce parte della dottrina a ritenere che il concorso colposo nelle contravvenzioni sia da **escludere** (es. FIANDACA-MUSCO).

Di opinione **opposta** sono la dottrina maggioritaria e la giurisprudenza.

Concorso colposo nei delitti

In rapporto ai delitti, una previsione espressa della punibilità della cooperazione colposa è resa necessaria dall'art. 42, comma 2, c.p.: «Nessuno può essere punito per un fatto preveduto dalla legge come delitto, se non l'ha commesso con dolo, **salvi i casi di delitto preterintenzionale o colposo espressamente preveduti dalla legge**».

Concorso colposo nelle contravvenzioni

Viceversa, la regola per le contravvenzioni (art. 42, ultimo comma, c.p.) è che queste sono punite **indifferentemente a titolo di dolo o colpa** (in linea di massima, e salvo alcune contravvenzioni intrinsecamente solo dolose, o solo colpose): sicché **il concorso di persone nella contravvenzione colposa può dirsi penalmente sanzionato già sulla base dell'art. 110 c.p.**, senza che occorra un'ulteriore previsione normativa *ad hoc*.

Pertanto, il concorso di persone nel reato è configurabile **sia nei delitti che nelle contravvenzioni, e sia a titolo di dolo, che di colpa**. Il concorso colposo di persone **nei delitti**, seguendo la terminologia codicistica, può denominarsi altresì **cooperazione nel delitto colposo** (**cooperazione colposa**).

Ciò premesso, ci si domanda che cosa occorra perché vi sia **cooperazione colposa**.

Requisiti

Secondo la tesi più tradizionale, ci deve essere un **coefficiente psicologico** che **«leghi» le singole condotte dei soggetti che «cooperano»**, ossia che concorrono nel delitto colposo. Questo coefficiente psicologico viene in genere identificato nella **consapevolezza** (in almeno uno dei partecipi) **della convergenza della propria condotta con la condotta altrui**; ovvero nella **consapevolezza dell'altrui comportamento concorrente con il proprio**.

Concorso di cause colpose indipendenti

Questa consapevolezza, oltre a contraddistinguere la cooperazione colposa, sarebbe anche l'elemento idoneo a differenziarla dal **concorso di condotte, o cause, colpose indipendenti**. In caso di **cooperazione** di più soggetti nel delitto colposo, vi è **unitarietà del reato con pluralità di soggetti**. In caso di **concorso di cause indipendenti**, invece, si profila una **pluralità di reati** – tanti quanti sono le cause indipendenti – ancorché con un **unico evento** (ciò è peraltro discusso: secondo taluno, infatti, l'unicità dell'evento non può che presupporre l'unitarietà del reato).

L'impostazione tradizionale risulta, tuttavia, tutt'altro che incontroversa.

Il nodo fondamentale è sintetizzabile nella **difficoltà logica** di conciliare la struttura normativa dell'illecito colposo, che prescinde dalla sussistenza di dati psichici reali (solo eventuali: es. colpa cosciente o con previsione), con la pretesa di introdurre un fattore psicologico effettivo nel delitto colposo concorsuale.

Quel che pare indubitabile è che **ciascuna condotta** – sia che la si voglia ricondurre alla cooperazione, sia che la si voglia assumere quale causa indipendente – **deve possedere** già in sé i **«crismi»** che – in base ad una valutazione squisitamente normativa – consentano di qualificarla come **«colposa»**.

Se si accetta questo punto fermo, sembra che la rilevanza della distinzione tra cooperazione e cause indipendenti sia destinata a diminuire sensibilmente, nel settore dei delitti causalmente orientati.

Funzioni dell'art. 113 c.p.

Anche ove non si voglia accedere alla conclusione dell'impossibilità, ovvero dell'irrilevanza *tout court* della distinzione in oggetto, ne risulta comunque che la norma dettata **dall'art. 113, primo comma**, c.p. **non ha una funzione incriminatrice** (nel suddetto settore): non dovrebbe quindi prestarsi ad operare una dilatazione della responsabilità penale. Tale norma ha semmai (e più limitatamente) una **funzione di disciplina**, nel senso che ove ricorrano gli estremi della cooperazione – impregiudicati nella sostanza i confini della punibilità (latamente intesa) – ne discenderà l'applicabilità di talune disposizioni peculiari. Si confronti soprattutto il disposto dell'art. 113, comma 2, c.p.: «La pena è aumentata per chi ha determinato altri a cooperare nel delitto, quando concorrono le condizioni stabilite nell'art. 111 e nei numeri 3) e 4) dell'articolo 112».

In altri termini, la risposta alla domanda, se occorra un certo requisito psicologico che «cementi» le singole condotte ai fini della configurabilità della cooperazione nel delitto colposo, non sposta praticamente nulla in punto di affermazione o negazione dell'*an* della responsabilità colposa del singolo autore (o concorrente), incidendo piuttosto (e soltanto) sulla disciplina applicabile.

7. L'agente provocatore.

Il **c.d. agente provocatore** è – in genere – **colui che in qualche misura contribuisce (materialmente o psichicamente) alla realizzazione di uno o più reati, insieme ad altro soggetto, o ad altri soggetti: con il proposito, tuttavia, di assicurare questi ultimi alla giustizia**. Dato che, almeno in apparenza, potrebbero sussistere gli estremi di una partecipazione criminosa, tale da coinvolgere nella responsabilità penale *ex* art. 110 c.p. lo stesso agente provocatore, si tratta di stabilire entro quali **limiti** il comportamento di quest'ultimo possa invece essere considerato **lecito**.

Talora, peraltro, chi agisce in veste di «provocatore» riveste la qualifica di **soggetto passivo** del reato. Si pensi per esempio al caso del privato che «stimola» il pubblico ufficiale a realizzare una concussione (art. 317 c.p.) nei suoi confronti, per poi denunciarlo, o farlo arrestare in flagranza.

Intromissione in un reato già pianificato o in corso di esecuzione

Qualora l'agente provocatore sia – come normalmente accade – un **ufficiale o un agente di polizia giudiziaria**, ed agisca d'iniziativa nell'adempimento dei propri **doveri istituzionali**, o in esecuzione **dell'ordine di un superiore**, per giustificare il suo operato, una parte della dottrina richiama la **scriminante di cui all'art. 51 c.p.** Ciò, in particolare, quando l'agente si intrometta, sotto mentite spoglie, nell'esecuzione di un reato che altri abbiano già pianificato, o addirittura già iniziato ad eseguire. Per esempio, il carabiniere Tizio si offre come autista a Caio e a Sempronio, che vogliono rapinare una banca; mentre la rapina è in corso, Tizio avverte i propri colleghi, che arrestano i due criminali.

Istigazione ad un reato che altrimenti non sarebbe stato commesso

Più delicata è la situazione quando il pubblico ufficiale **istighi** una o più persone, affinché queste commettano un reato, che in mancanza di quella sollecitazione non sarebbe stato commesso (perlomeno, non in quella specifica occasione e con quelle modalità). Proprio per evitare in radice che l'agente provocatore vada incontro al rischio di un coinvolgimento penale a titolo di concorso con i delinquenti, il legislatore ha dettato – in relazione a specifici settori – **norme *ad hoc***. Così, ad es., in tema di stupefacenti, l'art. 97 del d.P.R. n. 309 del 1990 ha previsto la possibilità, per gli ufficiali di polizia giudiziaria, di procedere al c.d. acquisto simulato di sostanza stupefacente, purché al solo fine di acquisire elementi di prova in ordine ai delitti in tema di stupefacenti e nell'ambito di specifiche operazioni antidroga. Entro tali limiti, non è punibile – per esempio – il poliziotto Tizio che, insieme al noto spacciatore Caio, si reca ad acquistare cocaina dal trafficante Sempronio.

Al di fuori dei casi espressamente disciplinati dalla legge (come quello appena esemplificato), un diverso strumento per risolvere la problematica dell'agente provocatore può essere rintracciato nella prospettiva dell'**elemento soggettivo**: e più precisamente, nell'assenza del **dolo** in capo al medesimo.

8. Il concorso mediante omissione.

Si può concorrere nel reato anche con una **condotta omissiva**: ciò purché in capo all'omittente sussista un preciso **obbligo di garanzia**, diretto **all'impedimento del reato** (più precisamente: all'impedimento di un reato del tipo di quello in concreto verificatosi).

Ad esempio, Tizio, agente di polizia addetto alla tutela del giudice Caio, nutrendo rancore nei confronti del magistrato, volutamente rimane inattivo mentre Sempronio colpisce più volte Caio, cagionandogli lesioni personali. In un caso del genere, Tizio può essere chiamato a rispondere per la sua condotta omissiva di partecipazione rilevante al fatto di lesioni (art. 582 c.p.), unitamente a Sempronio. E ciò sulla base del disposto degli artt. 110 c.p., e 40 cpv. c.p., in forza del quale – come già visto – non impedire un evento (qui: un reato) che si ha l'obbligo giuridico di impedire, equivale a cagionarlo.

9. Concorso doloso nel delitto colposo e concorso colposo nel delitto doloso.

Concorso doloso nel delitto colposo

Si discute se un soggetto possa partecipare **con dolo** all'altrui **fatto colposo**. In proposito, è stato discusso il caso di Tizio che, volendo avvelenare le acque, induca Caio a versarvi una sostanza, della quale Caio già in precedenza ignorava per colpa l'efficacia venefica. *Quid iuris* nel caso in cui l'avvelenamento si verifichi?

In un caso del genere, non può trovare applicazione il disposto dell'art. 48 c.p., perché stiamo immaginando non che Tizio tragga in inganno Caio, ma che Caio già si trovi in una situazione di errore inescusabile circa la vera natura della sostanza.

Inoltre, il comportamento di Tizio è senz'altro atipico rispetto alla fattispecie dolosa di cui all'art. 439 c.p. (avvelenamento di acque): Tizio non realizza affatto la condotta di avvelenamento (la quale viene materialmente posta in essere da Caio).

Infine, non si può nemmeno dire che Tizio versi in colpa rispetto all'avvelenamento, avendo agito – al contrario – con l'intenzione (dolo) di cagionarlo.

A questo punto, delle due l'una: o si ammette che nel sistema vi è una lacuna, e non da poco. Oppure si conclude per la responsabilità a titolo doloso di Tizio, attraverso il ragionamento che segue. Il contributo di Tizio è sì **atipico** nella prospettiva **monosoggettiva**, ma può essere considerato **tipico** se rapportato alla fattispecie **plurisoggettiva eventuale** di **concorso di persone del reato**, che scaturisce dalla combinazione degli artt. 110 e 439 c.p. In quest'ottica, Tizio e Caio realizzano agendo in concorso tra loro la fattispecie di cui all'art. 439 c.p., ma il solo Tizio è punibile per l'avvelenamento doloso, proprio perché il solo Tizio è in dolo. Caio può essere punito, viceversa, ai sensi dell'art. 452 c.p., che punisce l'avvelenamento colposo.

Concorso colposo nel delitto doloso

Viceversa, la limitazione dell'art. 113 c.p. alla sola prospettiva della cooperazione **colposa** induce – secondo la prevalente opinione in dottrina; mentre la giurisprudenza è di recente orientata su posizioni di apertura – a **negare la configurabilità di un concorso colposo in un delitto doloso**.

NON è CONFIGURABILE

Ad esempio Tizio, ben sapendo che Caia è alla ricerca di uno strumento per uccidere il marito Sempronio, le consegna un potente topicida, non immaginando che la donna possa usarlo per attuare il suo proposito criminoso, cosa che puntualmente avviene. In un caso del genere, Caia risponderà ovviamente a titolo di omicidio volontario aggravato, mentre la condotta di Tizio sarà da ritenere penalmente irrilevante (ossia, Tizio non può essere chiamato a rispondere della morte di Sempronio neppure a titolo di omicidio colposo).

Infatti, oltre a non esservi alcuna norma di parte generale che preveda la cooperazione colposa all'altrui fatto doloso, non si può addirittura ritenere in radice «colposa» la condotta che si limita a fornire ad altri una mera «occasione» per delinquere.

10. Reato diverso da quello voluto da taluno dei concorrenti.

Dispone **l'art. 116, comma 1, c.p.** che «Qualora il reato commesso sia diverso da quello voluto da taluno dei concorrenti, anche questi ne risponde, se l'evento è conseguenza della sua azione od omissione».

La norma si riferisce espressamente a situazioni in cui si verifica una divergenza tra «reato **commesso**» e «reato **voluto**» (da **almeno uno** dei correi): si tratta, quindi, di una ipotesi particolare di *aberratio*, nell'ambito del concorso di persone nel reato.

Ad esempio: Tizio si accorda con Caio per commettere un furto, ma Caio realizza una rapina; Mevio e Sempronio decidono di ferire Filano, ma Sempronio addirittura lo uccide, ecc.

Disciplina codicistica originaria

Secondo la **disciplina codicistica originaria**, e seguendo il tenore letterale dell'art. 116 c.p., il reato diverso dovrebbe essere addebitato anche al concorrente che non lo ha voluto sulla base di un **mero nesso di causalità materiale**. Sarebbe sufficiente accertare, infatti, che l'evento non voluto (= il reato diverso da quello voluto) sia **conseguenza** della condotta (attiva od omissiva) del concorrente che voleva un reato diverso.

In realtà, una soluzione del genere si tradurrebbe in una forma di **responsabilità oggettiva**, tendente a sconfinare addirittura nella responsabilità **per fatto altrui**, con una palese **violazione del principio di colpevolezza**, se non addirittura di **personalità** della responsabilità penale.

Sentenza n. 42 del 1965 della Corte costituzionale

La **Corte Costituzionale**, investita della questione di costituzionalità dell'art. 116, comma 1, c.p., in rapporto all'art. 27 Cost., ha invero chiarito, con una Sentenza interpretativa di rigetto, come la norma codicistica in oggetto possa dirsi costituzionalmente legittima solo se intesa nel senso che **non è sufficiente un rapporto di causalità materiale**, bensì **occorre anche un rapporto di causalità psichica** per rimproverare l'evento realizzato al concorrente che non lo ha voluto. Più precisamente, il reato diverso (e più grave), commesso e voluto da un concorrente, può essere addebitato ad altro concorrente che non lo ha voluto, soltanto qualora questi abbia potuto rappresentarselo psichicamente, «nell'ordinario svolgersi e concatenarsi dei fatti umani, come uno sviluppo logicamente prevedibile di quello voluto, affermandosi in tal modo anche la necessaria presenza di un coefficiente di colpevolezza» (Corte cost., Sent. n. 42 del 1965).

Prevedibilità in concreto

L'interpretazione della Corte costituzionale ha lasciato tuttavia aperto il problema, se la prevedibilità del reato diverso vada giudicata **in astratto** oppure **in concreto**: la seconda alternativa pare più idonea a garantire una migliore personalizzazione del rimprovero giuridico-penale.

Attenuante

Va tenuto presente, inoltre, che «Se il reato commesso è più grave di quello voluto, la pena è diminuita riguardo a chi volle il reato meno grave» (art. 116, comma 2, c.p.).

11. Mutamento del titolo del reato per taluno dei concorrenti.

«Se, per le condizioni o le qualità personali del colpevole, o per i rapporti fra il colpevole e l'offeso, muta il titolo del reato per taluno di coloro che vi sono concorsi, anche gli altri rispondono dello stesso reato. Nondimeno, se questo è più grave, il giudice può, rispetto a coloro per i quali non sussistano le condizioni, le qualità o i rapporti predetti, diminuire la pena» (art. 117 c.p.).

Per comprendere il significato di questa disposizione, occorre tenere presente che un soggetto, che realizzi un certo fatto, può essere chiamato a rispondere di un reato piuttosto che di un altro, a seconda di **particolari condizioni o qualità personali** che egli riveste, ovvero di un determinato tipo di **rapporto** che lo lega alla persona offesa.

Ad esempio, il fatto di appropriarsi di denaro o della cosa mobile altrui di cui si abbia il possesso integra il **reato comune** (realizzabile **da chiunque**) di **appropriazione indebita** (art. 646, comma 1, c.p.); ma se il fatto di appropriazione è commesso da chi rivesta la qualifica soggettiva di pubblico ufficiale, o di incaricato di un pubblico servizio, risulta applicabile non l'art. 646 c.p., bensì l'art. 314 c.p., che prevede il più grave **reato proprio** di **peculato** (realizzabile **solo da chi possiede la qualifica soggettiva prevista dalla norma incriminatrice** di parte speciale: c.d. *intraneus*).

Ebbene, si ipotizzi che Tizio determini il pubblico ufficiale Caio ad appropriarsi di denaro altrui, di cui Caio ha il possesso (per ragione del suo ufficio). Qualora Tizio sappia che Caio, con cui concorre, riveste la qualifica di pubblico ufficiale, non si pone alcun problema particolare: entrambi rispondono *ex* artt. 110, 314 c.p., di concorso in peculato. Ma quali sono le conseguenze giuridiche nel caso in cui Tizio ignori che Caio è pubblico ufficiale? È proprio in situazioni del genere che dovrebbe trovare applicazione l'art. 117 c.p.: **il titolo del reato muta a causa della qualità personale di uno dei colpevoli** (Caio, pubblico ufficiale, *intraneus*), da appropriazione indebita a peculato; e dunque **anche l'altro concorrente** (Tizio, c.d. *extraneus*) **risponde dello stesso reato**, salvo poter beneficiare di una diminuzione di pena.

L'art. 117 c.p., in definitiva, fa sì che i soggetti, qualificati e non, rispondano tutti del medesimo reato, così parificando – per ciò che attiene all'*an* della responsabilità – la consapevolezza dell'altrui qualifica soggettiva all'ignoranza della stessa, e, in quest'ultimo caso, l'ignoranza colpevole rispetto a quella incolpevole. Introduce così una forma di **responsabilità ogget-**

tiva, che – salva interpretazione adeguatrice (v. *supra*, P. III, Sez. III, Cap. IV) – contrasta con i normali principi dell'imputazione dolosa e che pone seri problemi sotto il profilo del mancato rispetto del **principio costituzionale di colpevolezza**.

12. Le circostanze aggravanti.

L'art. 112, comma 1, c.p. enumera una serie di **circostanze aggravanti** destinate ad accedere alla **fattispecie di concorso di persone**; la pena, in presenza di una di tali circostanze, è soggetta ad un aumento fino ad un terzo (si tratta di circostanze **ad effetto comune**).

Il reato è aggravato:

Numero delle persone

1) «se il **numero delle persone**, che sono concorse nel reato, è di **cinque o più**, salvo che la legge disponga altrimenti»; l'aggravamento della pena si giustifica alla luce della ritenuta maggiore pericolosità e capacità a delinquere di coloro che agiscano in gruppi di siffatta consistenza numerica, e nel numero dei concorrenti si computano anche i soggetti non punibili (es. i non imputabili); ciò viene del resto ribadito espressamente dall'ultimo comma dell'art. 112 («Gli aggravamenti di pena stabiliti nei numeri 1), 2) e 3) di questo articolo si applicano anche se taluno dei partecipi al fatto non è imputabile o non è punibile»).

Promotori, organizzatori, dirigenti

2) «per chi, anche fuori dei casi preveduti dai due numeri seguenti, **ha promosso od organizzato la cooperazione** nel reato, ovvero diretto l'attività delle persone che sono concorse nel reato medesimo»; si tratta, cioè, dei c.d. **promotori, organizzatori e dirigenti**, che risultano punibili più severamente, attraverso la previsione in esame, proprio in virtù del ruolo di particolare spicco nell'impresa criminosa;

Rapporto di subordinazione

3) «per chi, nell'esercizio della sua autorità, **direzione o vigilanza**, ha **determinato** a commettere il reato persone ad esso **soggette**»; rilevano, in proposito, non soltanto i rapporti gerarchici di natura pubblica, ma anche le prerogative rivestite in ambito familiare, o comunque in genere nella prospettiva privatistica, tali da estrinsecarsi in un **rapporto interpersonale di subordinazione** di un soggetto rispetto ad un altro;

Determinazione di minori o di persone in stato di deficienza psichica

4) «per chi, fuori del caso preveduto dall'art. 111, ha **determinato** a commettere il reato un **minore di anni 18 o una per-**

sona in stato di infermità o di deficienza psichica, ovvero si è comunque **avvalso** degli stessi o con gli stessi ha **partecipato** nella commissione di un delitto per il quale è previsto l'arresto in flagranza». Il minore di diciotto anni, ovvero la persona in stato di infermità o di deficienza psichica, debbono in ogni caso risultare **capaci di intendere e di volere**, o quantomeno essere affetti da **vizio di mente** solo **parziale**; s'intende, inoltre, che il minore di diciotto anni deve aver però **compiuto i quattordici anni**; diversamente, troverebbe applicazione il disposto dell'art. 111 c.p.

Art. 112, commi 2 e 3, c.p.

I commi 2 e 3 dell'art. 112 completano il panorama della disciplina sul punto: la pena è aumentata fino alla metà per chi si è **avvalso di persona non imputabile o non punibile, a cagione di una condizione o qualità personale o con la stessa ha partecipato**, nella commissione di un delitto per il quale è previsto l'arresto in flagranza; inoltre, se chi ha **determinato** altri a commettere il reato o si è avvalso di altri o con questi ha partecipato nella commissione del delitto ne è il **genitore esercente la responsabilità genitoriale**, nel caso previsto dal numero 4 del primo comma la pena è aumentata fino alla metà e in quello previsto dal secondo comma la pena è aumentata fino a due terzi (circostanze aggravanti, dunque, ad effetto speciale).

13. Le circostanze attenuanti.

C.d. minima partecipazione

L'**attenuante della c.d. minima partecipazione** si trova disciplinata **dall'art. 114, comma 1, c.p.**: «Il giudice, qualora ritenga che l'opera prestata da talune delle persone che sono concorse nel reato a norma degli articoli 110 e 113 abbia avuto minima importanza nella preparazione o nell'esecuzione del reato, può diminuire la pena».

Concetto di «minima importanza»

Secondo l'impostazione predominante, il concetto di **«minima importanza»** deve essere inteso in senso **oggettivo-quantitativo**. Nella **prassi giurisprudenziale**, in particolare, si è andato consolidando un orientamento assai rigoroso e restrittivo, in base al quale l'attenuante in parola è concedibile soltanto qualora il contributo del concorrente risulti caratterizzato da **minima efficacia causale**, ovvero possa dirsi **del tutto marginale, o pressoché trascurabile**, nel contesto complessivo della realizzazione del fatto criminoso in concorso.

Tale orientamento giurisprudenziale – si osserva da più parti, in dottrina – comporta una sorta di ***interpretatio abrogans*** dell'art. 114, comma 1, c.p.: oltretutto, nei rari casi in cui l'attenuante della minima partecipazione viene applicata, si potrebbe talora dubitare che il soggetto «beneficiario» della stessa possa essere davvero ritenuto concorrente nel reato.

Casi di non applicabilità dell'attenuante

L'attenuante della minima partecipazione **non è applicabile**, per espressa disposizione dettata dall'art. 114, comma 2, c.p., qualora ricorra una delle **aggravanti** di cui all'art. 112 c.p. L'esclusione si comprende in rapporto ad aggravanti la cui sussistenza sia logicamente **incompatibile** con un contributo di minima importanza. Si confrontino i nn. 2), 3) e 4), art. 112, comma 1, c.p.: per esempio, se un soggetto ha «promosso od organizzato la cooperazione nel reato», è escluso in radice che l'opera del medesimo possa dirsi di «minima importanza». L'art. 114, comma 2, c.p. invece, pare irrazionale laddove sancisce l'inapplicabilità dell'attenuante in rapporto a reati nei quali sono concorse cinque o più persone (art. 112, comma 1, n. 1, c.p.).

L'art. 114, ultimo comma, c.p., prevede infine che «La pena può altresì essere diminuita per chi è stato determinato a commettere il reato o a cooperare nel reato, quando concorrono le condizioni stabilite nei numeri 3 e 4 del primo comma e nel terzo comma dell'articolo 112». Si nota immediatamente che l'attenuante trova corrispondenza nelle opposte aggravanti previste dall'art. 112 c.p., ai numeri 3) e 4).

Carattere facoltativo delle attenuanti de quibus

Conclusivamente sul tema, va richiamata l'attenzione sul fatto che le attenuanti *de quibus* (art. 114 c.p.) rappresentano altrettante «attenuanti **facoltative**»: il potere discrezionale del giudice, cioè, si estende sino all'*an* dell'applicabilità delle attenuanti in parola, ed egli può quindi, in concreto, non ritenerle applicabili (cfr. art. 114, comma 1, c.p.: «Il giudice ... **può** diminuire la pena»; art. 114, comma 3, c.p.: «La pena **può** altresì essere diminuita...»).

14. Valutazione delle circostanze aggravanti e attenuanti.

Problema della estensibilità delle circostanze

Si è visto che le circostanze accedono ad un reato completo di tutti i suoi elementi costitutivi. Ma se nel **reato-base** concorrono **più soggetti**, si pone il problema di stabilire, in rapporto ad **ogni singolo concorrente**, **quali** siano le **circostanze** di cui si deve **tenere conto**, per quella specifica posizione soggettiva: è il problema della c.d. **comunicabilità o estensibilità delle circostanze**, sia attenuanti che aggravanti.

Il codice penale detta in proposito l'art. 118, che è stato oggetto di **riformulazione**, operata con la **l. n. 19 del 1990** (cui si è fatto cenno *supra*, al Cap. I, in tema di imputazione delle circostanze).

Circostanze strettamente personali

Secondo l'art. 118 c.p., «Le circostanze che aggravano o diminuiscono le pene concernenti i motivi a delinquere, l'intensità del dolo, il grado della colpa e le circostanze inerenti alla persona del colpevole sono valutate soltanto riguardo alla persona a cui si riferiscono».

Queste circostanze **strettamente personali**, dunque, non giocano **né a favore degli altri** concorrenti (cui non risultino direttamente riferibili), nel caso delle **attenuanti**, **né contro**, nel caso delle **aggravanti** (ancorché conosciute o conoscibili dai correi). La regola per queste circostanze è, quindi, quella della **inestensibilità** agli altri compartecipi.

Altre circostanze

Quid iuris per **tutte le altre circostanze** che non rientrano fra quelle prese in considerazione dall'art. 118 c.p.?

La soluzione conforme al **principio di colpevolezza** comporta che non ci si possa discostare dalle regole dettate dall'art. 59, commi 1 e 2, c.p.: per le circostanze attenuanti, vale il principio della loro **operatività oggettiva**, e quindi **tutti i concorrenti debbono poterne beneficiare**, laddove sussistano. Viceversa, le **aggravanti** possono essere poste a carico del singolo concorrente **solo se dal medesimo conosciute, ovvero ignorate per colpa**, o ritenute inesistenti per errore determinato da colpa.

15. Le cause «soggettive» ed «oggettive» di esclusione della pena.

Dispone l'art. 119 c.p. che «Le circostanze **soggettive** le quali escludono la pena per taluno di coloro che sono concorsi nel reato hanno effetto soltanto riguardo alla persona a cui si riferiscono» (comma 1); viceversa, «Le circostanze oggettive che escludono la pena hanno effetto per tutti coloro che sono concorsi nel reato» (comma 2).

Art. 119 c.p.

Queste «circostanze», innanzitutto, **non** sono **vere e proprie circostanze** del reato, poiché appunto non aggravano né attenuano la pena, bensì la **escludono**.

Inoltre, la norma in oggetto afferma una sorta di tautologia. Il problema è infatti quello di stabilire **quali fattori** che escludono la punibilità (*lato sensu* intesa) operino a favore di **tutti** i concorrenti nel reato, e **quali** invece soltanto a favore di **taluno**.

L'art. 119 c.p., in proposito, non fornisce affatto chiarimenti decisivi: si limita invero ad affermare che una «circostanza soggettiva» ha effetto solo nei confronti della persona cui si riferisce, mentre una «circostanza oggettiva» ha effetto nei confronti di tutti i correi. Ma **quando** una «circostanza» è **«soggettiva»** (= è tale da escludere la pena soltanto per taluno di coloro che sono concorsi nel reato), e **quando** è **«oggettiva»**?

Per trovare una soluzione, non si può che analizzare la **causa** dalla quale deriva il risultato finale della (generica) non punibilità.

Cause di giustificazione: natura oggettiva

Hanno natura **oggettiva**, e si inquadrano nel comma 2 dell'art. 119 c.p., le **cause di giustificazione**: il fatto commesso in presenza di una di esse (es. consenso dell'avente diritto, legittima difesa, ecc.) è un fatto lecito, ed è logico, dunque, che **nessun** «concorrente» (ma a ben vedere questi non sarebbe neppure tale, perché vien meno in radice la stessa possibilità di ipotizzare un illecito penale) **sia punibile**.

Scusanti: natura soggettiva

Viceversa, hanno natura **soggettiva** le **cause di esclusione della colpevolezza, o scusanti**: queste presuppongono un fatto **illecito**, realizzato con dolo o colpa, ma l'ordinamento considera **non rimproverabile l'autore** in ragione di una anomalia del processo motivazionale del medesimo, tale da rendere in sostanza **inesigibile** il rispetto della norma penale. È chiaro che questa valutazione di inesigibilità **è personale**, e non si presta ad essere estesa ai compartecipi che non versino nella stessa situazione.

Così, ha natura certamente **soggettiva** (art. 119, comma 1, c.p.) **il difetto di imputabilità**, sia che lo si voglia ricondurre alle cause di esclusione della colpevolezza, sia che lo si qualifichi come causa personale di esenzione da pena.

Cause di non punibilità in senso stretto

Più complesso si fa il discorso con riguardo alle c.d. **cause di non punibilità in senso stretto**, che elidono cioè la **mera punibilità** di un reato completo di tutti i suoi elementi costitutivi (fatto tipico, antigiuridico, colpevole) in funzione di esigenze di

opportunità politico-criminale. Problematica è anche la distinzione tra cause di non punibilità in senso stretto sopravvenute, e **cause estintive** del reato, le quali hanno effetto soltanto per coloro ai quali la causa di estinzione si riferisce (art. 182 c.p.).

Il discorso in proposito **non** è suscettibile di essere **generalizzato**, dovendosi piuttosto esaminare la **singola previsione di non punibilità**. Per esempio, l'art. 649 c.p., laddove sancisce la non punibilità di determinati delitti contro il patrimonio se commessi in danno del coniuge non legalmente separato, dell'ascendente/discendente, ecc., introduce una causa di non punibilità in senso stretto destinata ad operare soltanto a favore del reo che abbia con la vittima uno dei rapporti menzionati dallo stesso art. 649 c.p., lasciando intatta la responsabilità di eventuali concorrenti nel reato (circostanza soggettiva *ex* art. 119, comma 1 c.p.). Così, se Tizio deruba il proprio genitore e Caio lo aiuta, il solo Tizio non è punibile *ex* art. 649 c.p.

Un'ulteriore esemplificazione: colui che abbia reso una falsa testimonianza risponde del reato previsto dall'art. 372 c.p., ma «il colpevole non è punibile» (art. 376 c.p.) se ritratta entro un certo termine. Ebbene, gli effetti della ritrattazione si estendono, oltre al testimone, a chi sia concorso moralmente nella falsa testimonianza, avendo istigato il teste a mentire? La questione è stata a lungo dibattuta, anche nella prassi giudiziaria, e nel 1985 le Sezioni unite della Cassazione hanno deciso che la ritrattazione va inquadrata nella prospettiva dell'art. 119, comma 2, c.p.: secondo questo orientamento, la **ritrattazione** ha natura **oggettiva**, e **si estende a tutti** i concorrenti nel reato di falsa testimonianza: l'istigatore, in particolare, ne beneficia comunque (a prescindere dal fatto che egli si sia o meno adoperato perché il testimone ritrattasse).

Peraltro, in una più recente pronunzia delle stesse Sezioni unite (2002), la causa sopravvenuta di non punibilità *ex* art. 376 c.p. è stata ritenuta circostanza di carattere **soggettivo** (art. 119, comma 1, c.p.), che può operare nei confronti dell'**istigatore**, concorrente nel reato di falsa testimonianza, **esclusivamente qualora** questi abbia fornito un **decisivo contributo causale** alla **neutralizzazione del fatto lesivo** dell'interesse alla realizzazione del giusto processo. In pratica, l'istigatore potrebbe beneficiare della non punibilità solo nel caso in cui la ritrattazione sia **il risultato del comportamento dell'istigatore stesso**, che si sia attivato per sollecitarla, allo scopo di annullare gli effetti del falso commesso dall'autore materiale. Solo in tale ipotesi – secondo quest'ultimo orientamento giurisprudenziale – si legittima l'estensione ad entrambi i soggetti dell'esenzione dalla punibilità. Viceversa, laddove la ritrattazione sia estranea alla condotta dell'istigatore, o addirittura risulti con essa confliggente, non potrebbe riverberare effetti sul concorrente morale, proprio perché sarebbe ingiusto che il fatto del terzo (ossia, del testimone che ritratta) apportasse vantaggi a chi nulla abbia fatto per suscitarlo, o si sia addirittura adoperato per scongiurare la ritrattazione medesima.

16. Il problema del c.d. concorso esterno nel reato associativo.

Si è visto poc'anzi come esistano fattispecie **a concorso necessario**, in relazione alle quali occorre la partecipazione di più soggetti perché possa configurarsi la tipicità del fatto.

Si è anche accennato a come il delitto di associazione a delinquere rappresenti l'esempio paradigmatico del reato a concorso necessario (c.d. proprio, in cui cioè tutti i soggetti attivi sono previsti quali responsabili dalla norma incriminatrice).

Concorso esterno nei reati associativi: questioni

Ebbene, con particolare riguardo ai **reati associativi**, e soprattutto al delitto di associazione a delinquere di stampo mafioso (art. 416-*bis* c.p.), ci si chiede se e fino a che punto sia configurabile un **concorso «esterno»** in tali reati. Ossia, se Tizio, Caio e Sempronio (ci si limita al numero minimo di tre persone per ovvie ragioni di sintesi) formano e fanno parte dell'associazione a delinquere di stampo mafioso, è possibile che Mevio, che di quella associazione non fa parte, possa essere ugualmente chiamato a rispondere del delitto di cui all'art. 416-*bis* c.p., laddove egli abbia fornito un contributo concorsuale (di natura psichica o materiale) all'associazione medesima? Ossia, in altri termini: è possibile che Mevio possa concorrere a titolo di **concorso eventuale** (qui detto **«concorso esterno»**, proprio in quanto il partecipe è per definizione estraneo alla cerchia dei concorrenti necessari), ossia ai **sensi dell'art. 110 c.p.**, nel delitto di associazione a delinquere di stampo mafioso?

Per meglio comprendere come potrebbe di fatto prospettarsi una condotta di concorso esterno, si pensi ad esempio al medico che sia disponibile a fornire prestazioni sanitarie ai membri latitanti dell'organizzazione, o al giudice che si presti ad «aggiustare» i processi in cui si trovino imputati gli associati, ecc.

In argomento, una dottrina che si è interessata a fondo del problema (FIANDACA-MUSCO) ritiene che non si possa concorrere nel reato associativo, se non facendo parte *tout court* dell'associazione. In altre parole: il delitto associativo ammetterebbe, fra i soggetti attivi, **unicamente i concorrenti necessari**, e non anche concorrenti esterni e (solo) eventuali (salve ipotesi di concorso morale).

Ma, nell'esempio fatto, il medico o il giudice sono da considerare soggetti che fanno parte dell'organizzazione, o soggetti estranei ad essa? A prima vista, si direbbe che essi siano soggetti estranei, in relazione ai quali il concorso esterno nel delitto *ex* art. 416-*bis* c.p. non si potrebbe configurare.

Ma occorre precisare che un soggetto può senz'altro essere considerato **partecipe** dell'organizzazione criminale anche **a prescindere da una formale affiliazione** alla medesima. Dunque, anche chi fornisca un contributo senza essere membro a tutti gli effetti del sodalizio potrebbe essere reputato non già concorrente esterno ed eventuale, bensì concorrente interno e necessario. Diventa decisiva, quindi, la **valutazione in concreto** di tale contributo, per stabilire se il soggetto possa essere ritenuto responsabile del delitto **direttamente ai sensi della fattispecie associativa**, e non attraverso lo schema del concorso esterno *ex* art. 110 c.p.

In giurisprudenza, nonostante alcuni contrasti, non mancano cospicue pronunce (anche a Sezioni unite) che tendono viceversa ad ammettere il vero e proprio «concorso esterno» nel reato associativo. D'altra parte, in un'importante pronuncia (*Contrada c. Italia*) la Corte europea dei diritti dell'uomo ha ritenuto che tale soluzione interpretativa non potrebbe fondare condanne per fatti antecedenti alla prima pronuncia delle Sezioni Unite in cui veniva affermata tale soluzione (ossia commessi prima del 1994), nel solco della già segnalata valorizzazione del diritto giurisprudenziale sul piano del concetto di «legge», con una conseguente applicazione del principio di irretroattività ai mutamenti giurisprudenziali.

Note bibliografiche

RANIERI S., *Il concorso di più persone nel reato*[2], Milano, 1952; PEDRAZZI C., *Il concorso di persone nel reato*, Palermo, 1952; DELL'ANDRO R., *La fattispecie plurisoggettiva in diritto penale*, Milano, 1956; SPASARI M., *Profili di teoria generale del reato in relazione al concorso di persone nel reato colposo*, Milano, 1956; GALLO M., *Lineamenti di una teoria sul concorso di persone nel reato*, Milano, 1957; DELL'ANDRO R., *Agente provocatore*, in *Enc. dir.*, Vol. I, 1958, p. 864 ss.; BOSCARELLI M., *Contributo alla teoria del concorso di persone nel reato*, Padova, 1958; SINISCALCO M., *Autore mediato*, in *Enc. dir.*, Vol. IV, 1959, p. 443 ss.; PECORARO-ALBANI A., *Il concorso di più persone nel reato*, Milano, 1961; LATAGLIATA R., voce *Concorso di persone nel reato* (dir. pen.), in *Enc. dir.*, Vol. VIII, Milano, 1961, p. 568 ss.; LATAGLIATA R., voce *Cooperazione nel delitto colposo*, in *Enc. dir.*, Vol. X, Milano, 1962, p. 615 ss.; CERTO C., *Sulla consapevolezza del concorso nella cooperazione colposa*, Messina, 1963; LATAGLIATA R., *I principi del concorso di persone nel reato*, Napoli, 1964; PAGLIARO A., *La responsabilità del partecipe per il reato diverso da quello voluto*, Milano, 1966; DELLA TERZA E., *Struttura del reato a concorso necessario*, Milano, 1971; VIOLANTE L., *Istigazione (nozioni generali)*, in *Enc. dir.*, Vol. XXII, 1972, p. 896 ss.; PADOVANI T., *Le ipotesi speciali di concorso nel reato*, Milano, 1973; TONINI P., *Istigazione, tentativo e partecipazione*, S. Giovanni Valdarno, 1979; STORTONI L., *Agevolazione e concorso di persone nel reato*, Padova, 1981; ARDIZZONE S., *Responsabilità del partecipe per il reato diverso da quello voluto*, Palermo, 1983; INSOLERA G., *L'associazione per delinquere*, Padova, 1983; FLORA G., *Il ravvedimento del concorrente*, Padova, 1984; INSOLERA G., *Problemi di struttura del concorso di persone nel reato*, Milano, 1986; SEMERARO P., *Concorso di persone nel reato e commisurazione della pena*, Padova, 1986; SEMINARA S., *Tecniche normative e concorso di persone nel reato*, Milano, 1987; INSOLERA G., voce *Concorso di persone nel reato*, in *Dig. disc. pen.*, Vol. II, 1988, p. 439 ss.; VALIANTE M., *La criminalità collettiva*, Milano, 1988; MONTANARA G., voce *Reato plurisoggettivo*, in *Enc. dir.*, Vol. XXXVIII, 1988, p. 868 ss.; PATERNITI C., voce *Concorso di persone nel reato*, in *Enc. giur. Treccani*, Vol. VII, Roma, 1988; SEVERINO-DI BENEDETTO P., *La cooperazione nel delitto colposo*, Milano, 1988; DE MAGLIE C., *L'agente provocatore*, Milano, 1991; MUSCATIELLO V.B., *Il concorso esterno nelle fattispecie associative*, Padova, 1995; ZANOTTI M., *Reato plurisoggettivo*, in *Dig. disc. pen.*, Vol. XI, 1996, p. 327 ss.; GUERRINI R., *Il contributo concorsuale di minima importanza*, Milano, 1997; ALDROVANDI P., *Concorso nel reato colposo e diritto penale dell'impresa*, Milano, 1999; RISICATO L., *Combinazione e interferenza di forme di manifestazione del reato*, Milano, 2001; BATTIPEDE P.-BATALONI D.-AMORESE A., *Associazione a delinquere. Associazione a delinquere di stampo mafioso*, Bari, 2003; CAVALIERE A., *Il concorso eventuale nel reato associativo*, Napoli, 2003; VISCONTI C., *Contiguità alla mafia e responsabilità penale*, Torino, 2003; AMATI E., voce *Concorso di persone nel diritto penale internazionale*, in *Dig. disc. pen.*, Agg. II, 2004, p. 126 ss.; BARILLARO M. (a cura di), *Criminalità organizzata e sfruttamento delle risorse territoriali*, Milano, 2004; CORNACCHIA L., *Concorso di colpe e principio di responsabilità penale per fatto proprio*, Torino, 2004; PELISSERO M., *Il concorso nel reato proprio*, Milano, 2004; GOLDONI D., *Complicity e concorso morale*, Padova, 2004; DENORA G., *Condotta di agevolazione e sistema penale*, Napoli, 2006; RISICATO L., *La causalità psichica tra determinazione e partecipazione*, Torino, 2007; Coco P., *L'imputazione del contributo concorsuale atipico*, Napoli, 2008; Camaioni S., *Il concorso di persone nel reato*, Milano, 2009; De Flammineis S., *Forme e specie della partecipazione nel medesimo reato*, Napoli, 2011; Argirò F., *Le fattispecie tipiche di partecipazione*, Napoli, 2012; Carnuccio P., *Il concorso di persone nel reato*, Milano, 2012; Bianchi M., *Concorso di persone e reati accessori*, Torino, 2013; Sorice R. (a cura di), *Concorso di persone nel reato e pratiche discorsive dei giuristi. Un contributo interdisciplinare*, Bologna, 2013; Helfer M., *Il concorso di più persone nel reato. Problemi aperti nel sistema unitario italiano*, Torino, 2013; Piva D., *Premesse ad un'indagine sull'"induzione". Come forma di concorso e condotta-evento del reato*, Napoli, 2013; Maiello V., *Il concorso esterno tra indeterminatezza legislativa e tipizzazione giurisprudenziale. Raccolta di scritti*, Torino, 2014; I. Merenda, *I reati a concorso necessario tra coautoria e partecipazione*, Roma, 2016; E. Basile, *Consiglio tecnico e responsabilità penale. Il concorso del professionista tramite azioni "neutrali"*, Torino, 2018.

Capitolo V

UNITÀ E PLURALITÀ DI REATI

Sommario: 1. Concorso formale e concorso materiale di reati. Concorso omogeneo e concorso eterogeneo. – 2. La disciplina. Cumulo giuridico e cumulo materiale. Il reato continuato. – 3. Il concorso apparente di norme. – 4. Il reato complesso. – 5. Reato progressivo e progressione criminosa. Antefatto e postfatto non punibili. – 6. Norme a più fattispecie e disposizioni a più norme.

1. Concorso formale e concorso materiale di reati. Concorso omogeneo e concorso eterogeneo.

Sinora si è ragionato tenendo presente l'ipotesi in cui un soggetto realizzi con il proprio comportamento **un** reato, ovvero il caso in cui più persone commettano **un** reato in concorso fra loro.

È ovvio, peraltro, che un individuo può, attraverso una **pluralità di condotte**, che si susseguono nel tempo, violare **ripetutamente** la legge penale. Inoltre, pur in un unico contesto, è possibile che **una condotta** sostanzialmente **unitaria** si presti ad essere inquadrata in **più fattispecie** incriminatrici. Si pone allora il problema di stabilire di **quali e quanti reati** debba rispondere l'autore, e quale sia il trattamento sanzionatorio.

In linea di massima, qualora un soggetto realizzi **plurime violazioni** della legge penale, è chiamato a rispondere di **altrettanti reati**: si verifica, cioè, il **c.d. concorso di reati** (**più reati** risultano ascrivibili ad una determinata persona). **Concorso di reati**

Dal punto di vista dogmatico, si distingue innanzitutto tra **concorso formale** e **concorso materiale** di reati.

Concorso formale

Si ha **concorso formale** quando gli estremi di due o più reati vengono integrati dall'agente mediante **una sola condotta** (di azione o di omissione).

Concorso materiale

Si ha, viceversa, **concorso materiale** di reati quando le plurime violazioni vengono realizzate dall'agente attraverso altrettante, **plurime condotte** (sia attive che omissive).

Si capisce, dunque, che per distinguere tra concorso formale e concorso materiale è fondamentale (e pregiudiziale) chiarire quando la condotta sia **unitaria**, e quando al contrario ci si trovi dinnanzi ad una **pluralità di condotte**. L'operazione non è sempre agevole: in genere, comunque, si ritiene di ravvisare l'**unicità della condotta** in presenza dei requisiti congiunti del **legame finalistico** che deve avvincere singoli atti esecutivi, e della **contestualità** dei medesimi, che debbono cioè susseguirsi senza apprezzabili soluzioni di continuità temporale.

Da un differente punto di vista, il concorso di reati viene distinto in **concorso omogeneo** da un lato, e **concorso eterogeneo**, dall'altro.

Concorso omogeneo

In ipotesi di **concorso omogeneo**, è sempre **un'unica disposizione incriminatrice a risultare violata**.

Concorso eterogeneo

Nel **concorso eterogeneo**, invece, vengono ad essere integrate **fattispecie criminose fra loro diverse**.

Quindi, schematizzando e riassumendo, si ha:

– **concorso formale omogeneo** quando, con una sola azione od omissione, risultano integrati più reati dello stesso tipo (ad esempio, Tizio, alla guida della propria autovettura, procedendo a velocità eccessiva in un centro abitato, investe ed uccide due pedoni: duplice omicidio colposo);

– **concorso formale eterogeneo** quando, con una sola azione od omissione, risultano integrate differenti fattispecie criminose (ad esempio, un soggetto, nel realizzare una violenza sessuale, compie altresì atti osceni in luogo pubblico);

– **concorso materiale omogeneo** quando, con una pluralità di distinte azioni od omissioni, viene violato ripetutamente ed in tempi diversi lo stesso precetto penale (ad esempio, Tizio commette una rapina a Milano, poi una rapina a Torino, ecc.);

– **concorso materiale eterogeneo** quando, con una pluralità di distinte azioni od omissioni, vengono integrate in tempi diversi (altrettante) fattispecie incriminatrici, fra loro differenti (ad esempio, Caio ruba un'autovettura e successivamente la utilizza per commettere una rapina).

2. La disciplina. Cumulo giuridico e cumulo materiale. Il reato continuato.

L'art. 81, comma 1, c.p. detta la disciplina normativa del **concorso formale di reati**, tanto **eterogeneo** quanto **omogeneo**: «È punito con la pena che dovrebbe infliggersi per la violazione più grave aumentata sino al triplo chi con una sola azione od omissione viola diverse disposizioni di legge ovvero commette più violazioni della medesima disposizione di legge». Art. 81.1 c.p.

Cumulo giuridico

Tale disciplina è informata al sistema del c.d. **cumulo giuridico**: si applica infatti una pena calcolata sulla base della pena da irrogare per il reato (in concreto) più grave, e con un aumento che non deriva dalla sommatoria aritmetica delle pene relative alle ulteriori fattispecie, bensì da una commisurazione effettuata nell'ambito di una quota prefissata dalla legge: «sino al triplo» della pena da infliggersi per il reato più grave, e comunque non oltre il limite massimo stabilito dall'ultimo comma dell'art. 81 c.p.: («Nei casi preveduti da quest'articolo, la pena non può essere superiore a quella che sarebbe applicabile a norma degli articoli precedenti»).

La formulazione sopra riportata dell'art. 81, comma 1, c.p., è frutto di una **modifica** apportata dall'art. 8, d.l. n. 99 del **1974**, conv. nella l. n. 220 del 1974. **In precedenza**, il testo originario del c.p. era improntato al ben più rigoroso criterio del c.d. **cumulo materiale** (*tot crimina, tot poenae* = tante le pene quanti i reati): il colpevole era soggetto alla sommatoria aritmetica delle pene irrogabili in rapporto a ciascuna delle singole fattispecie di reato integrate nel caso concreto.

Cumulo materiale

Con la «novella» del 1974, dunque, il legislatore ha decisamente smorzato il rigore repressivo che contraddistingueva, sul punto, la disciplina dettata dal codice Rocco, riavvicinandosi al sistema in precedenza dettato dal **codice Zanardelli** del 1889.

Quest'ultimo, infatti, recepiva proprio il criterio del **cumulo giuridico** in ordine al **concorso formale omogeneo**, e addirittura prevedeva la regola del c.d. **assorbimento** (in base alla quale si applica la sola pena prevista per il reato più grave, senza far luogo ad aumenti di sorta) in ipotesi di **concorso formale eterogeneo**. "ASSORBIMENTO"

In caso di **concorso materiale di reati**, sia **omogeneo** che **eterogeneo**, la disciplina è in linea di principio rappresentata dal **cumulo materiale** (sul relativo concetto, vedasi appena *supra*).

Peraltro, si ritorna alla più mite regola del **cumulo giuridico**, qualora i vari reati risultino uniti dal c.d. vincolo della **continuazione**.

Dispone l'art. 81 cpv. c.p.: «Alla stessa pena soggiace...» (e cioè alla pena che dovrebbe infliggersi per la violazione più grave, aumentata sino al triplo) «...chi con più azioni od omissioni, esecutive di un medesimo disegno criminoso, commette anche in tempi diversi più violazioni della stessa o di diverse disposizioni di legge».

Anche questa formulazione dell'attuale testo dell'art. 81 cpv. c.p. è frutto di una **modifica** introdotta con la «novella» del **1974**. Il **codice Rocco**, invero, limitava l'istituto della continuazione ai casi di concorso materiale **omogeneo**.

Laddove, pertanto, con una pluralità di azioni od omissioni, vengano realizzate plurime violazioni vuoi della stessa norma incriminatrice (concorso materiale **omogeneo**), vuoi di norme incriminatrici differenti (concorso materiale **eterogeneo**), si ha il c.d. **reato continuato**, qualora il soggetto abbia agito **in esecuzione di un medesimo disegno criminoso**.

Unicità del disegno criminoso

In altri termini, **l'unicità del disegno criminoso** è il dato fondamentale, che caratterizza oggi l'istituto e la struttura del reato continuato.

Si discute in dottrina se per medesimo disegno criminoso debba intendersi una **semplice rappresentazione mentale anticipata dei singoli reati** poi effettivamente realizzati, oppure se occorra altresì un **particolare requisito finalistico**, dato **dall'unicità dello scopo perseguito** dal soggetto agente; di fatto, nella prassi giudiziaria si riscontra una notevole **larghezza** nel ravvisare gli estremi della continuazione.

È certo, comunque, che il nesso rappresentato dal medesimo disegno criminoso risulta ipotizzabile logicamente soltanto fra **reati** commessi con **dolo**. Quindi, mentre il concorso **formale** (tanto omogeneo, quanto eterogeneo) riguarda sia le fattispecie **dolose** che quelle **colpose**, il **reato continuato** è istituto ristretto, per sua stessa essenza, alla prospettiva dei soli reati realizzati in forma **dolosa**.

Principale riflesso pratico di quanto appena precisato: in caso di concorso materiale (omogeneo od eterogeneo), che comprenda (anche) fatti commessi con colpa, non si avrà continuazione, e dunque non si avrà cumulo giuridico.

Determinazione della pena del reato continuato: criteri

La **determinazione della pena prevista per il reato continuato** solleva alcuni problemi, ai quali conviene sia pure per sommi capi accennare.

Innanzitutto, ci si è chiesti se per determinare quale sia la violazione più grave si debba avere riguardo **in astratto** alle pene stabilite dalla legge per ciascuno dei reati uniti dal vincolo della continuazione, oppure se occorra fare riferimento alla pena **in concreto** irrogabile per ciascuna violazione. In ipotesi di concorso omogeneo, il riferimento alla violazione **in concreto** più grave sembra pressoché **pacifico**: quindi, la pena commisurata in rapporto al reato concretamente più grave fungerà da pena-base, sulla quale calcolare l'aumento fino al triplo per la continuazione (salvo sempre il limite di cui all'art. 81, comma 3, c.p.). Si tende invece a ritenere più grave il reato punito più severamente in astratto, nella prospettiva del concorso eterogeneo.

Oggetto di **lunghe dispute** è stata inoltre la questione relativa all'ammissibilità del cumulo giuridico, laddove il medesimo disegno criminoso «leghi» reati puniti con **pene eterogenee** (es.: delitti e contravvenzioni). L'orientamento giurisprudenziale oggi prevalente è nel senso che non vi siano, in sostanza, limiti all'applicabilità del cumulo giuridico, ancorché l'aumento per la continuazione debba applicarsi in rapporto a pene **di specie** o **di genere** differente. In questa prospettiva, si accetta ormai l'idea che l'aumento da operare sulla c.d. pena-base, in caso di reati puniti con pene eterogenee, finisca per determinare la perdita dell'autonomia sanzionatoria dei reati meno gravi, nella misura in cui detto aumento consista in una pena dello stesso genere e specie di quella prevista per la violazione più grave.

Continuazione e giudicato

Il *favor* nei riguardi dell'applicazione del meccanismo del reato continuato emerge anche in altra prospettiva: l'art. 81 cpv. c.p. si reputa applicabile anche quando in ordine a uno o più reati sia **già intervenuta sentenza passata in giudicato**, mentre uno o più reati ulteriori, legati ai precedenti dall'identità del disegno criminoso, siano ancora da giudicare; ciò anche qualora la violazione più grave sia stata accertata dopo il giudicato stesso, essendo comunque possibile procedere ad una rideterminazione della pena inflitta nella pronuncia divenuta irrevocabile. Del resto, la possibilità di applicare la disciplina del concorso formale e del reato continuato (addirittura) nella fase esecutiva è stata **espressamente riconosciuta al giudice dell'esecuzione** dall'art. 671 c.p.p.

Modifiche introdotte dalla l. n. 251 del 2005

L'art. 5 della l. n. 251 del 2005 (**c.d. «*ex*-Cirielli**) ha inserito nell'art. 81 c.p., un nuovo ultimo comma, che così recita: «Fermi restando i limiti indicati al terzo comma, se i reati in concorso formale o in continuazione con quello più grave sono commessi da soggetti ai quali sia stata applicata la recidiva prevista dall'art. 99, quarto comma, l'aumento della quantità di pena non può essere comunque inferiore ad un terzo della pena stabilita per il reato più grave».

Rimane dunque intangibile il limite massimo all'aumento di pena che può essere inflitto in forza dell'aumento per il concorso formale di reati e per la continuazione, già sancito dall'art. 81, terzo comma, c.p.: «la pena non può essere superiore a quella che sarebbe applicabile a norma degli articoli precedenti», ossia il cumulo giuridico non può comunque portare a conseguenze sanzionatorie più severe rispetto a quelle che discenderebbero dall'applicazione del cumulo materiale (ossia dalla somma delle singole pene dei reati concorrenti).

La novità è data dall'introduzione di un minimo non derogabile, in caso di recidiva reiterata (salvo il suddetto limite del terzo comma). A conferma dell'estremo rigore repressivo che ha ispirato il legislatore del 2005 nei confronti di questo «tipo d'autore», l'aumento della pena nei confronti del recidivo reiterato non può essere inferiore a un terzo della pena stabilita per il reato più grave.

3. Il concorso apparente di norme.

Unicità o pluralità di reati?

Come si è detto in apertura di questo capitolo, è possibile che **una condotta** sostanzialmente **unitaria** si presti ad essere inquadrata in **più fattispecie** incriminatrici: si pone, allora, il problema di stabilire di quali reati debba rispondere l'autore. Occorre tuttavia chiarire che **non sempre**, in casi siffatti, si verifica un **concorso di reati**. E nemmeno vi è sempre concorso di reati quando più condotte che seguono l'una all'altra paiano dare luogo ad una pluralità di violazioni penalmente rilevanti. Talora, infatti, **solo apparentemente** sembrano trovare applicazione tutti i modelli delittuosi che in prima battuta si direbbero integrati in rapporto all'episodio criminoso che viene in considerazione.

In realtà, può non esservi affatto una pluralità di reati, e risultare invece applicabile **una sola fattispecie incriminatrice**. Quando il reato è unico, nonostante che in astratto il comportamento del soggetto agente sia riconducibile a due o più fattispecie, ricorre il **c.d. concorso apparente di norme** (o **conflitto apparente di norme**).

Ma quando si deve ritenere che sussista una pluralità di reati, e quando all'opposto il reato è unico? Ed ancora, in questa seconda ipotesi, quale delle fattispecie incriminatrici in astratto invocabili risulta, in concreto, veramente da applicare?

Clausole di riserva

Talora è la stessa disposizione incriminatrice di parte speciale a contenere una **«clausola di riserva»** (o di **sussidiarietà**), la quale chiarisce come quella stessa norma non debba trovare applicazione, qualora ricorrano gli estremi di un altro reato. Per esempio, l'art. 600-*bis*, comma 2, c.p. punisce con la reclusione da uno a sei anni e con la multa da euro 1.500 a euro 6.000 il fatto di chi compia atti sessuali con un minore di età compresa tra i quattordici ed i diciotto anni in cambio di denaro o di altra utilità, anche solo promessi, «salvo che il fatto costituisca più grave reato». Si pensi, in proposito, al compimento di atti sessuali con soggetto quindicenne da parte dell'ascendente, o del tutore, o di persona cui il minore sia affidato per ragioni di cura, educazione, istruzione, ecc., e che avvenga al tempo stesso in cambio di un'utilità. Tale fatto è di per sé inquadrabile sia nel citato art. 600-*bis*, comma 2, c.p., sia nell'art. 609-*quater*, comma 1, n. 2 c.p. (quest'ultima fattispecie prevede, invero, il fatto dell'ascendente, ecc. che compia atti sessuali con minore di anni sedici): ma proprio in virtù dell'espressa indicazione contenuta nell'art. 600-*bis*, comma 2, c.p. («salvo che il fatto costituisca più grave reato»), in un caso del genere si applica solo l'art. 609-*quater*, comma 1, n. 2 c.p. (reato punito molto più severamente).

La clausola di riserva, peraltro, **non** è sovente idonea a **risolvere tutti i problemi** che si possono prospettare in tema di concorso di norme ovvero di reati (cfr. PAPA). Tornando all'esempio testé citato, si immagini che il compimento dell'atto sessuale con il minore quindicenne avvenga in base ad un corrispettivo rappresentato dalla cessione di stupefacenti. In tal caso, ben può configurarsi un concorso di reati tra il delitto di cui all'art. 600-*bis*, comma 2, c.p., ed il delitto di illecita cessione di sostanza stupefacente (art. 73 Testo unico stupefacenti). Si ritiene infatti che la sopra menzionata clausola di sussidiarietà escluda l'applicazione dell'art. 600-*bis*, comma 2, c.p. solo quando ci si trovi dinnanzi ad altro più grave reato, che però sottenda anche, ed al tempo stesso, il **medesimo bene giuridico**, ovvero che comunque ruoti intorno al concetto di tutela della libertà sessuale del minore e del suo corretto sviluppo nella sfera individuale (fisica e psichica) e sociale.

Talora, poi, la clausola di sussidiarietà è strutturata in maniera tale da fare salva l'applicazione non già, in generale, di altra e più grave fattispecie di cui ricorrano gli estremi, bensì di **una specifica disposizione incriminatrice**.

Per esempio, il già citato art. 609-*quater*, comma 1, c.p., contiene a sua volta un inciso, secondo cui la norma si applica al di fuori delle ipotesi previste nell'art. 609-*bis* c.p. (violenza sessuale). Ciò a ben vedere si riflette sulla stessa tipicità delle condotte rilevanti ai sensi dell'art. 609-*quater* c.p.: dette condotte risultano infatti connotate in negativo, dalla mancanza degli estremi della violenza, della minaccia, dell'abuso di autorità, dell'abuso delle condizioni di inferiorità fisica o psichica della persona al momento del fatto e dell'inganno mediante sostituzione di persona. La presenza anche di uno solo di detti elementi comporterebbe, invero, la sussunzione del fatto nell'ipotesi di violenza sessuale.

Al di là delle clausole di sussidiarietà, che spesso non sono contemplate, e che anche quando ricorrono non sempre chiariscono ogni dubbio, la disciplina di portata generale espressamente dedicata alla soluzione del problema del conflitto apparente di norme è dettata **dall'art. 15 c.p.**

Principio di specialità

Dispone l'art. 15 c.p.: «Quando più leggi penali o più disposizioni della medesima legge penale regolano la stessa materia, la legge o la disposizione di legge speciale deroga alla legge o alla disposizione di legge generale, salvo che sia altrimenti stabilito».

L'art. 15 c.p. attribuisce dunque esplicita rilevanza normativa al **principio di specialità**. In linea generale, vi è **concorso apparente di norme** quando le fattispecie cui è riconducibile il fatto si pongono fra loro in un **rapporto di genere a specie**: in tal caso, trova applicazione **soltanto la norma speciale**, e non invece quella generale.

Elementi specializzanti

Norma speciale è quella che presenta tutti gli elementi che pure si rinvengono nella norma generale, e, in più, dati caratterizzanti ulteriori: i c.d. elementi «specializzanti».

Un classico esempio di rapporto di specialità è offerto dal confronto tra l'art. 610 c.p. (violenza privata, delitto consistente nel fatto di chi, con violenza o minaccia, costringe altri a fare, tollerare od omettere qualche cosa) e l'art. 611 c.p. (violenza o minaccia per costringere a commettere un reato, delitto consistente nel fatto di chi usa violenza o minaccia per costringere o determinare altri a commettere un reato). Ebbene, è evidente che l'art. 611 c.p. è norma speciale rispetto all'art. 610 c.p., in quanto mentre in quest'ultima ipotesi il soggetto passivo è costretto a fare (ecc.) «qualche cosa», nella prospettiva dell'art. 611 c.p. in luogo del (più generale) **«qualche cosa»** si prevede che la violenza o minaccia sia finalizzata alla commissione di **un reato** da parte della persona offesa. Quindi, se Tizio usa violenza nei confronti di Caio per costringerlo a commettere un furto, Tizio deve rispondere soltanto ai sensi dell'art. 611 c.p., e non anche dell'art. 610 c.p., proprio in virtù dell'art. 15 c.p. (e salva altresì la responsabilità di Tizio in relazione al furto, anche *ex* art. 46 c.p.).

Talora il principio di specialità viene sviluppato **oltre il suo significato originario**, che presuppone un rapporto da *genus ad speciem* tra **fattispecie astratte** di reato.

Specialità in concreto

In tale prospettiva, di specialità ampiamente intesa, si parla innanzitutto di **specialità in concreto**: tale figura ricorrerebbe allorché un **medesimo fatto concreto** rientri in **più modelli di reato**, i quali tuttavia non si pongono astrattamente in un rapporto di specialità; al tempo stesso, peraltro, non sarebbe ravvisabile un concorso formale eterogeneo, bensì un concorso apparente di norme, con applicabilità della sola disposizione incriminatrice che – appunto, **in concreto** – possa dirsi **speciale**.

Ad esempio, una truffa (art. 640 c.p.) può in astratto essere commessa attraverso i più vari artifici o raggiri; ma qualora, nel caso concreto, il soggetto agente abbia indotto in errore la vittima attraverso un millantato credito (art. 346 c.p.), la più grave fattispecie di millantato credito potrebbe dirsi speciale (in concreto) rispetto alla truffa. Dunque, in un caso del genere, applicando il principio della specialità in concreto, si potrebbe concludere nel senso che sussistano gli estremi del solo millantato credito.

Concetto di «stessa materia»

A sostegno della nozione di specialità in concreto viene richiamato il dato testuale dell'art. 15 c.p., laddove la norma fa riferimento a più leggi o disposizioni penali che regolano **«la stessa materia»**.

La locuzione «stessa materia», che compare nell'art. 15 c.p., è peraltro oggetto **di interpretazioni divergenti**: basti richiamare l'orientamento, che ha trovato ampio credito in giurisprudenza, secondo cui il riferimento alla stessa materia starebbe a significare che vi è un concorso apparente di norme da risolvere mediante il principio di specialità **solo qualora ricorra una sostanziale identità di bene giuridico** tutelato dalle fattispecie ipotizzabili.

Tale orientamento è, nondimeno, criticato da alcuni Autori. A tal proposito, si richiama l'attenzione sul fatto che esso sovrappone valutazioni di valore (quelle sull'interesse protetto) alla elaborazione di un criterio come quello della specialità, di natura logico-formale. Ciò portando a conseguenze ritenute assurde: ad es. l'affermazione del concorso di reati tra violenza privata (art. 610 c.p.) e violenza a pubblico ufficiale (art. 336 c.p.), stante che il primo è reato a tutela della libertà individuale ed il secondo è posto a protezione del buon andamento della pubblica amministrazione. Va peraltro precisato che, in casi del genere, la tesi che poggia sul bene giuridico non necessariamente porta a simili aberranti conseguenze: con riferimento all'esempio appena svolto del possibile concorso fra l'art. 610 e l'art. 336 c.p., si potrebbe comunque ritenere speciale quest'ultima norma, in virtù del fatto che essa, oltre che tutelare la pubblica amministrazione, tutelerebbe anche il bene libertà personale (come l'art. 610 c.p.), trattandosi di reato plurioffensivo. La questione resta in ogni caso aperta.

Per i fautori della specialità in concreto, infine, la locuzione «stessa materia» significherebbe che il principio di specialità deve operare anche quando **un medesimo fatto concreto** sia riconducibile in tutti i suoi elementi a più figure di reato, a prescindere dalla sussistenza di un rapporto di specialità tra i reati stessi, considerati nella loro astratta formulazione.

Specialità reciproca

La specialità può anche essere **reciproca, o bilaterale**.

Mentre nel rapporto di specialità unilaterale è per definizione sempre possibile individuare **una norma generale** ed *una norma speciale*, confrontando le fattispecie astratte di reato, in caso di **specialità reciproca** tale confronto rivela che per alcuni aspetti una norma è speciale rispetto all'altra, ma che al tempo stesso il rapporto tra le fattispecie astratte si presenta in termini rovesciati, qualora si considerino altri elementi. In altri termini, **ciascuna delle norme in astratto applicabili è contemporanea-**

mente «speciale», sotto certi profili, e «generale», sotto certi altri. In relazione a questa ipotesi, la dottrina ha formulato varie soluzioni, tese ad individuare, se del caso, quale delle due norme a seconda dei casi si debba ritenere applicabile.

Al fine di risolvere tale problema – ed altri problemi di difficile soluzione posti dal principio di specialità – parte della dottrina integra tale principio (l'unico espressamente considerato dal codice), con altri criteri: tra gli altri, quello di sussidiarietà, e quello di assorbimento.

Principio di sussidiarietà

Secondo il **principio di sussidiarietà**, laddove più norme incriminatrici risultino astrattamente applicabili al caso di specie, non vi sarebbe concorso di reati, ma **conflitto apparente**, qualora le fattispecie ipotizzabili sottendano **stadi o gradi diversi di offesa del medesimo bene giuridico tutelato**. In tale prospettiva, **sussidiaria** è la norma che prevede la **lesione meno significativa**, e che quindi è destinata a non trovare applicazione, sussistendo solo il fatto «principale», descritto dalla norma che prevede – in definitiva – il trattamento sanzionatorio più severo.

Si distingue, in proposito, tra sussidiarietà **espressa** e **tacita**.

Sussidiarietà espressa

Vi è **sussidiarietà espressa** quando è la **stessa norma incriminatrice** a contemplare una «**clausola di riserva**», mediante espressioni quali «salvo che il fatto non costituisca un più grave reato» (vedasi appena *supra*).

Sussidiarietà tacita

Vi è **sussidiarietà tacita** quando manca una previsione del genere, ed il rapporto di sussidiarietà tra norme (e quindi la presenza di un conflitto apparente di norme) va desunto **interpretativamente**, tenendo conto della *ratio* della tutela. Si cita ad esempio il rapporto tra il delitto di atti osceni (art. 527 c.p.) e la contravvenzione di atti contrari alla pubblica decenza (art. 726 c.p.): è irragionevole chiamare a rispondere anche di atti contrari alla pubblica decenza colui che, nel medesimo contesto di fatto, abbia realizzato una condotta tale da integrare il più grave reato di atti osceni.

Principio di assorbimento o del ne bis in idem sostanziale

Almeno in parte sembra sovrapporsi al criterio della sussidiarietà il principio di assorbimento (ovvero di **consunzione**, o ancora del ***ne bis in idem* sostanziale**).

In base non ad una valutazione formale del rapporto tra le fattispecie astratte, bensì di una considerazione **sostanziale** del **disvalore** implicato nelle violazioni in confronto, si può giungere, in applicazione del principio *de quo*, a considerare un reato **«assorbito» da altro e più grave reato**, con conseguente applicazione delle sole sanzioni previste per quest'ultimo. Si parla, in proposito, di *ne bis in idem* sostanziale, proprio perché – in base ad una valutazione da operare alla luce dei parametri normativi ed etico-sociali di riferimento – la cornice edittale prevista per il **reato «assorbente»** appare **proporzionata** al **disvalore complessivo** dell'episodio criminoso, pur se la concreta articolazione dello stesso finisce per integrare anche fattispecie minori. Ciò può accedere, per esempio, quando la realizzazione di un reato implica normalmente l'integrazione di altro reato, che finisce per essere assorbito dal primo, tanto più facilmente quanto più è indefettibile il rapporto di dipendenza dell'uno rispetto all'altro, e quanto più è ampio il divario in termini di gravità tra l'una e l'altra fattispecie: si pensi ad un omicidio realizzato esplodendo un colpo di arma da fuoco al cuore della vittima, dove l'imputazione per omicidio volontario (art. 575 c.p.) ben può assorbire quella di danneggiamento dell'abito indossato dalla vittima (art. 635 c.p.). Ed ancora, più in generale, il criterio dell'assorbimento è fatto oggetto di considerazione positiva, da parte di chi vi individua un utile strumento per arginare l'eccessiva proliferazione delle fattispecie penali. La recente valorizzazione del principio di proporzione come autonomo principio costituzionale da parte della Corte costituzionale, peraltro, comporta riflessi proprio sul rango del principio del *ne bis in idem* sostanziale tanto che, ad esempio, proprio quest'ultimo è stato invocato da alcuni settori della dottrina per sostenere l'illegittimità costituzionale dell'introduzione del reato di autoriciclaggio (ossia del fatto di chi cerchi di ostacolare l'identificazione dei proventi dei reati da lui commessi: art. 648.*ter*.1 c.p.), poiché il disvalore di tale condotta sarebbe in realtà assorbito dal precedente delitto, di cui sarebbe la naturale prosecuzione.

4. Il reato complesso.

Reato complesso in senso stretto

Il **c.d. reato complesso** (talora si parla in proposito di **reato composto**, o di **reato complesso in senso stretto**) è previsto e disciplinato dall'art. 84 c.p., ove – al comma 1 – si afferma che «Le disposizioni degli articoli precedenti» (ossia quelle in tema di concorso di reati) «non si applicano quando la legge considera come **elementi costitutivi**, o come **circostanze aggravanti** di **un solo reato**, fatti che costituirebbero, per se stessi, reato».

Per comprendere il significato di tale norma, occorre tenere presente che, in alcuni casi, la legge **unifica in una sola fattispecie di reato più fatti**, i quali – se presi uno per uno – integrerebbero a loro volta un **reato**; tali fatti, all'interno della fattispecie unificata, ne rappresentano **elementi costitutivi**. Oppure, la legge **prevede come circostanza aggravante di un reato** un *quid* che, considerato di per sé, integrerebbe comunque un **reato**.

Un esempio classico della prima eventualità è offerto dal delitto di rapina. La rapina (art. 628, comma 1, c.p.) consiste nel fatto di chi (per procurare a sé o ad altri un ingiusto profitto) mediante violenza alla persona o minaccia, si impossessa della cosa mobile altrui, sottraendola a chi la detiene. Orbene, è facile constatare come la fattispecie di rapina sia composta dal reato di furto (art. 624 c.p.), «più» il reato di violenza privata (art. 610 c.p.).

Un esempio della seconda eventualità è dato dal sequestro di persona a scopo di estorsione (art. 630, comma 1, c.p.), aggravato dalla circostanza che il sequestratore abbia (con dolo) cagionato la morte del sequestrato (art. 630, comma 3, c.p.). In questo caso, l'uccisione dell'ostaggio, che di per sé integra il delitto di omicidio volontario (art. 575 c.p.) entra a comporre il reato complesso quale circostanza aggravante.

In questi casi, la regola è che **deve trovare applicazione soltanto la disposizione che prevede il reato complesso**.

Ossia, in relazione agli esempi sopra prospettati, solo la rapina, e non anche il furto e la violenza privata; solo il sequestro di persona aggravato dall'omicidio, e non anche l'omicidio volontario.

Il reato complesso, ai sensi dell'art. 84 c.p., non è altro, dunque, che un'ipotesi di **concorso apparente di norme**: più norme, cioè, parrebbero a prima vista adattarsi al caso concreto, ma **una soltanto** è, in realtà, destinata a trovare applicazione.

Reato complesso in senso ampio

Parte della dottrina, accanto al reato complesso (in senso stretto), individua la categoria del **reato complesso in senso ampio, o lato**, che si avrebbe quando un reato, in tutte o talune delle ipotesi contemplate dalla norma incriminatrice, comprenderebbe necessariamente un altro reato meno grave (ANTOLISEI). Perché si abbia reato complesso *lato sensu* inteso, non sarebbe necessaria l'unificazione di due (o più) reati in una sola fattispecie incriminatrice: basterebbe **un solo reato**, con l'aggiunta di un **elemento ulteriore** (di per sé penalmente irrilevante).

Si fa l'esempio della violenza sessuale (art. 609-*bis* c.p.), che contiene in sé la violenza privata (art. 610 c.p.) e l'ulteriore elemento rappresentato dall'atto sessuale. In casi del genere, nessuno dubita che si debba punire solo il reato «maggiore» (la violenza sessuale), e non anche il reato «minore» (la violenza privata). Questa conclusione, peraltro, deriva dall'applicazione del già illustrato principio di specialità (art. 15 c.p.), sicché la categoria del reato complesso in senso lato risulta, in ultima analisi, pleonastica.

5. Reato progressivo e progressione criminosa. Antefatto e postfatto non punibili.

Reato progressivo

Una parte della dottrina ha elaborato la nozione di **reato progressivo**. Nel **reato progressivo** si verificherebbe necessariamente una sorta di **passaggio da un *minus* ad un *maius***, ossia da un'offesa meno grave ad un'offesa più grave dello stesso bene giuridico (oppure, il passaggio dall'offesa di un bene meno importante all'offesa di un bene più importante). Ad esempio, Tizio non può compiere un fatto di devastazione (art. 419 c.p.) senza danneggiare cose mobili o immobili (art. 635 c.p.): ma è chiaro che Tizio deve essere chiamato a rispondere della sola fattispecie di devastazione, che è speciale rispetto a quella di danneggiamento.

In realtà, in casi del genere ci si trova davanti a **reati c.d. complessi in senso lato**, cosicché valgono le osservazioni svolte poc'anzi in argomento: anche la categoria del reato progressivo appare, in buona sostanza, **pleonastica**, perché i problemi di conflitto apparente di norme, ad essa sottesi, possono essere risolti facendo applicazione del **principio di specialità**.

Progressione criminosa

Taluno, inoltre, ha proposto il concetto di **progressione criminosa**, che si differenzierebbe dal reato progressivo in quanto, mentre quest'ultimo presupporrebbe la realizzazione di un solo fatto, la progressione consterebbe di una **pluralità di fatti distinti** succedutisi nel tempo, seppure in modo continuativo ed in un contesto sostanzialmente unitario.

Ad esempio, prima Tizio percuote Caio con uno schiaffo (delitto di percosse: art. 581 c.p.), e se ne va; ma immediatamente dopo, non soddisfatto, ritorna sui suoi passi e colpisce nuovamente Caio con un pugno, cagionandogli lesioni personali (art. 582 c.p.).

In una prospettiva assai simile, si collocano le nozioni di **antefatto** e di **postfatto non punibile**.

Antefatto non punibile

Più precisamente, si avrebbe un **antefatto non punibile** ogniqualvolta un reato **meno grave** rappresenti, nella normalità dei casi, il **mezzo** per commettere un reato **più grave**. Il reato meno grave, dunque, viene realizzato **prima** del reato più grave (per questo si parla di **antefatto**). Ad esempio, Tizio si procura, e quindi detiene, un grimaldello (così realizzando gli estremi della contravvenzione di cui all'art. 707 c.p.), dopodiché in effetti commette un furto nell'appartamento di Caio (ossia il ben più grave delitto di cui all'art. 624-*bis* c.p.). Si osservi, in proposito, come il bene giuridico leso debba risultare sostanzialmente lo stesso in tutte le fattispecie a confronto. Ossia: nessuno parlerebbe di antefatto non punibile con riguardo alla detenzione ed al porto illegale di una pistola da parte di Tizio, che in effetti la utilizzi per commettere una rapina. I delitti in tema di armi e il delitto di rapina sottendono, infatti, la protezione di interessi diversi; inoltre, in un caso del genere, non sarebbe comunque possibile operare alcun giudizio sostanziale di assorbimento nel disvalore della rapina del disvalore proprio dei fatti di detenzione e porto illegale di arma comune da sparo.

Postfatto non punibile

Viceversa, si avrebbe un **postfatto non punibile** quando il reato più grave, commesso prima, reca in sé un disvalore tale da **assorbire** il disvalore di un fatto successivo (per questo si parla di postfatto), anch'esso penalmente rilevante (ma nell'ottica di una fattispecie meno severa). Ad esempio, Tizio prima procede alla contraffazione di monete (delitto *ex* art. 453 c.p.), e poi le spende (delitto meno grave del precedente: art. 455 c.p.).

Nei casi appena ipotizzati di progressione criminosa e di antefatto/postfatto dovrebbe ravvisarsi, a rigore, una pluralità di reati, legati fra loro dal vincolo della continuazione (art. 81 cpv. c.p.). Tuttavia, alla luce di argomentazioni di vario genere (ed in particolare della considerazione che la pluralità naturalistica delle azioni può essere «riletta» in chiave sostanzialmente unitaria in base a un giudizio normativo-sociale), è diffuso il convincimento che – nelle ipotesi *de quibus* – debba trovare applicazione soltanto la norma penale che prevede il **trattamento più severo**. In questa prospettiva, si tratta dunque di un **conflitto apparente di norme**, da risolvere facendo applicazione di un criterio sostanziale di valore, quale è appunto il **principio dell'assorbimento**. In definitiva, anche le nozioni di progressione criminosa e di antefatto/postfatto non punibili possono quindi essere considerate sovrabbondanti, quantomeno ai fini della soluzione dei problemi che si pongono in tema di rapporto fra norme incriminatrici.

6. Norme a più fattispecie e disposizioni a più norme.

Non di rado può capitare all'interprete di imbattersi in disposizioni incriminatrici strutturate in modo tale da non rendere immediatamente chiaro se si tratti di una **c.d. norma a più fattispecie** (o **legge mista alternativa**) oppure di una **c.d. disposizione a più norme** (o **legge mista cumulativa**). Che cosa si vuole significare con tali ermetiche «etichette»?

Norme a più fattispecie

In caso di **norma a più fattispecie**, il reato è – in sostanza – **uno solo**, anche se può essere realizzato attraverso una **pluralità di condotte**, fra loro alternative. Dato che la norma penale incriminatrice è una, e una sola, non si pone neppure un problema di conflitto apparente di norme: infatti, perché vi sia conflitto, è necessaria una pluralità di norme (almeno due) applicabili al caso concreto.

Disposizione a più norme

In caso, viceversa, di **disposizione a più norme** (incriminatrici), è possibile individuare una **pluralità di fattispecie astratte di reato**, promananti da quell'unica disposizione. Il rapporto tra tali autonome e distinte fattispecie di reato è disciplinato secondo le regole generali già esaminate *supra* in questo stesso Capitolo.

Esempio di disposizione a più nome è l'art. 3 della c.d. Legge Merlin (l. n. 75 del 1958), con riferimento a ciascuno degli otto numeri da questo contemplati. Viceversa, nell'ambito di ciascun numero di tale articolo si può ravvisare una norma a più fattispecie, configurandosi un solo reato realizzabile attraverso le condotte ivi rispettivamente previste.

Note bibliografiche

LEONE G., *Del reato abituale, continuato e permanente*, Napoli, 1933; FROSALI R. A., *Concorso di norme e concorso di reati*, Città di Castello, 1937; PISAPIA G. D., *Il reato continuato*, Napoli, 1938; RANIERI S., *Il reato complesso*, Milano,

1940; Ranieri S., *Reato progressivo e progressione criminosa*, Milano, 1942; Moro A., *Unità e pluralità di reati*, Padova, 1951; Pagliaro A., *I reati connessi*, Palermo, 1956; Conti L., *Concorso apparente di norme*, in *Noviss. Dig. it.*, Vol. I, 1958, p. 1007; Siniscalco M., *Il concorso apparente di norme nell'ordinamento italiano*, Milano, 1961; Pagliaro A., *Concorso di norme*, in *Enc. dir.*, Vol. VIII, 1961, p. 545 ss.; Pagliaro A., voce *Concorso di reati*, in *Enc. dir.*, Vol. VIII, 1961, p. 660 ss.; Mantovani F., *Concorso e conflitto di norme nel diritto penale*, Bologna, 1966; Coppi F., *Reato continuato e cosa giudicata*, Napoli, 1969; Lozzi G., *Profili di un'indagine sui rapporti tra* ne bis in idem *e concorso formale di reati*, Milano, 1974; Zagrebelsky V., *Reato continuato*, Milano, 1976; Messina R., *Concorso formale di reati*, Milano, 1979; De Francesco G., *Lex specialis*, Milano, 1980; Prosdocimi S., *Profili penali del postfatto*, Milano, 1982; Prosdocimi S., *Contributo alla teoria del concorso formale di reati*, Padova, 1984; Guerrini R., *L'art. 68 c.p. e la disciplina del concorso apparente di norme*, Siena, 1986;Vassalli G., *Progressione criminosa e reato progressivo*, in *Enc. dir.*, Vol. XXXVI, 1987, p. 1150 ss.; Vassalli G., *Reato in generale: reato complesso*, in *Enc. dir.*, Vol. XXXVIII, 1987, p. 816 ss.; De Francesco G., *Concorso apparente di norme*, in *Dig. disc. pen.*, Vol. II, 1988, p. 416 ss.; Prosdocimi S., *Concorso di reati e di pene*, in *Dig. disc. pen.*, Vol. II, 1988, p. 508 ss.; Ristori R., *Il reato continuato*, Padova, 1988; Ambrosetti E., *Problemi attuali in tema di reato continuato*, Padova, 1991; Prosdocimi S., *Il reato complesso*, in *Dig. disc. pen.*, Vol. XI, 1996, p. 212 ss.; Coppi F., *Reato continuato*, in *Dig. disc. pen.*, Vol. XI, 1996, p. 222 ss.; Romano B., *Il rapporto tra norme penali*, Milano, 1996; Papa M., *Le qualificazioni giuridiche multiple nel diritto penale*, Torino, 1997; Brunelli D., *Il reato portato a conseguenze ulteriori*, Torino, 2000; Muscatiello V.B., *Pluralità e unità di reati. Per una microfisica del molteplice*, Padova, 2002; Varraso G., *Reato continuato tra processo ed esecuzione penale*, Padova, 2003; Brunelli D., *Azione unica e concorso di reati nell'esperienza italiana*, Torino, 2004; Capello P., *Il concorso di reati e di norme*, Torino, 2005; Mazzon R., *Il concorso di reati e il concorso di persone nel reato*, Padova, 2011; Napoleoni V., voce *Reato continuato e quantificazione della pena*, in *Libro dell'anno del diritto Treccani 2014*, 2014, p. 135 ss.; Silva C., voce *Ne bis in idem (sostanziale)*, in *Dig. disc. pen.*, agg. 2018, p. 443 ss.; Silva C., *Sistema punitivo e concorso apparente di illeciti*, Torino, 2018.

Parte Quinta

PENE, PUNIBILITÀ E MISURE DI SICUREZZA

Capitolo I

NOZIONI INTRODUTTIVE

1. Premessa.

Diritto penale e pena sono un binomio irriducibile. Anche se si optasse, come da antica tradizione, per ridenominare il diritto penale «diritto criminale» – il che sarebbe, sotto certi aspetti, certamente appropriato – resterebbe comunque centrale, nel *ius criminale*, l'aspetto «penale», e dunque il profilo sanzionatorio, legato alle conseguenze del reato. Insomma, quale che sia l'importanza che, nel baricentro criminale, si voglia assegnare al **reato**, la **pena** resterà sempre uno dei due poli imprescindibili della nostra branca del diritto. Che non a caso – per parafrasare Beccaria – è il diritto **«dei delitti e delle pene»**.

Della pena si è già anticipato il carattere **tendenzialmente afflittivo e privativo della libertà personale**. La stessa parola «pena» sottolinea il profilo del **castigo**, che dovrebbe connotare la sanzione più classica del diritto penale.

Il problema della pena, nel corso di **secoli** di evoluzione del diritto penale, è stato sempre tra i più drammatici. Per lungo tempo, innanzitutto, l'apparato sanzionatorio è stato connotato **dall'atrocità e dalla crudeltà**. La **pena di morte**, per secoli, è stata la pena *par excellence*. D'altra parte, come ben sappiamo, la pena di morte è ancora applicata anche in sistemi penali di Stati democratici ed ispirati, per altri versi, al massimo rispetto dei diritti umani fondamentali. Anche le pene **corporali** hanno caratterizzato a lungo il diritto penale, come del resto le pene

infamanti (quali la berlina, il marchio, ecc.). La stessa pena **detentiva**, oggi comunemente praticata dai sistemi penali che conosciamo, era un tempo connotata da modi di esecuzione ispirati alla massima severità e durezza.

Ma anche **oggi**, la pena non è certo una sanzione «leggera». La pena più utilizzata – come si vedrà tra breve – resta ancora il **carcere**, misura che priva il condannato di un diritto fondamentale: la **libertà**.

In questo quadro, non deve stupire che da lungo tempo i criminalisti si siano impegnati alla ricerca di **giustificazioni** della pena. Soprattutto dall'Illuminismo in avanti (si pensi, in Italia, a Beccaria e Romagnosi; in Inghilterra a Eden e Bentham; in Germania a Feuerbach e tanti altri), innumerevoli scrittori si sono dedicati al problema di come giustificare la potestà punitiva dello Stato. Un tale dibattito è oggi, per certi versi, superato. Che la pena sia giustificata viene attualmente assunto come un dato di fatto acquisito. D'altra parte, una tale giustificazione coincide con la giustificazione stessa del **diritto penale**. Né viene oggi messo in discussione il rilievo – un tempo decisamente innovativo – che la pena deve coincidere con la **minima misura necessaria per combattere il delitto** (per tutti, Romagnosi). Invero, nessuno penserebbe oggi di ricorrere a pene spropositate per ragioni di difesa sociale. Anzi, come vedremo, l'**umanità** della pena è attualmente un criterio evidenziato dalla stessa Costituzione.

Piuttosto, ciò che è maggiormente discusso di questi tempi, concerne la (o le) **finalità della pena**. Deve essa tendere a prevenire il crimine? Deve «retribuire» il male inflitto con la commissione del delitto? Deve impedire a chi ha commesso un delitto di commetterne ancora? Il primo scopo è quello **general-preventivo (di prevenzione generale)**; il secondo scopo è quello di retribuzione; il terzo scopo è quello **special-preventivo (o di prevenzione speciale)**. Torneremo fra breve su questa fondamentale tematica. Preliminarmente, però, cercheremo di dare un'occhiata all'evoluzione dell'approccio alla pena del nostro legislatore dal codice Rocco alla emanazione della Costituzione.

2. La pena nel codice Rocco e nella Costituzione.

Il codice Rocco

Il **codice Rocco**, nella sua impostazione originaria, aveva predisposto l'arsenale sanzionatorio tipico di uno Stato autoritario. La **pena di morte** era stata reintrodotta, tornando indietro rispetto alla scelta «abolizionista» del codice Zanardelli.

Lo scopo di deterrenza

Il sistema delle pene era in generale ispirato all'idea della **deterrenza**: a tal fine, da un lato, si erano previste pene particolarmente severe, anche nei limiti edittali (in ciò fraintendendo lo schema della capacità deterrente della pena, che non necessita tanto di severità, quanto di proporzione); e, dall'altro, il motivo ispiratore era stato quello della **certezza e indefettibilità della pena**. Da quest'ultimo punto di vista, si erano seguiti sostanzialmente gli insegnamenti di BECCARIA, che, come si ricorderà, aveva evidenziato la fondamentale importanza della certezza della pena a scopi preventivi.

Le misure di sicurezza e il sistema del «doppio binario»

Ma i compilatori del codice Rocco, oltre alle pene, avevano fatto ricorso ad un «nuovo» tipo di sanzioni: le **misure di sicurezza**. Senza anticipare qui quanto sarà detto più oltre (v. *infra*, Cap. VI), va sottolineato che l'utilizzo delle misure di sicurezza era il frutto dell'influenza che soprattutto nei decenni precedenti all'emanazione del codice aveva esercitato sul pensiero penale la **Scuola positiva**. In particolare, come si ricorderà, la Scuola positiva riteneva i delinquenti, come tali, non responsabili del loro crimine. Si trattava di soggetti che, per motivi biologici, antropologici, sociologici, psicologici, ecc., commettevano delitti senza aver effettuato una libera scelta; e in ciò manifestavano non tanto una responsabilità, ma una **pericolosità sociale**. In questa prospettiva, la pena come castigo non aveva senso. L'unica sanzione penale adeguata era la misura di sicurezza, ossia una misura capace, da un lato, di eliminare la pericolosità, e dall'altro, ove possibile, di «trattare» medicalmente il soggetto, nel tentativo di recuperarlo.

I compilatori del **codice Rocco**, al fine di **mediare** fra le istanze della **Scuola classica** (per cui l'unica sanzione penale era la pena) e quelle della **Scuola positiva**, previdero un sistema impostato sia sulle pene che sulle misure di sicurezza: due sanzioni fra loro drasticamente contrapposte, e rispondenti a logiche diverse. In certi casi, tuttavia, la pena si cumulava, in relazione allo stesso soggetto ed allo stesso fatto commesso, alla misura di sicurezza. Era questo il sistema del c.d. **doppio binario**, oggi edulcorato ma ancora sostanzialmente sussistente.

"DOPPIO BINARIO"

L'approccio dei compilatori alle funzioni delle sanzioni penali era il seguente: la **pena** doveva svolgere una funzione di

prevenzione generale e di retribuzione; le **misure di sicurezza** avevano invece finalità di **prevenzione speciale**.

La Costituzione

La **Costituzione** intervenne a cambiare le carte in tavola. Essa dedica alla **pena** due sole disposizioni, i commi 3 e 4 dell'art. 27: «Le pene non possono consistere in trattamenti contrari al senso di umanità e devono tendere alla rieducazione del condannato.

Non è ammessa la pena di morte».

Come vanno intese le disposizioni costituzionali?

Umanità della pena

Quanto **all'umanità**, si tratta di quel requisito che soprattutto gli illuministi avevano sottolineato come fondamentale obiettivo di riforma del barbaro diritto penale dell'*ancien régime*. Da questa disposizione discende che sarebbero presumibilmente vietate pene «crudeli» come le pene corporali o certe pene infamanti. Ma all'umanità della pena è anche collegato il **divieto della pena di morte**, di cui al comma 4 menzionato.

Divieto della pena di morte

Funzione rieducativa della pena

Quanto al fatto che le pene debbano **tendere alla rieducazione del condannato**, è questo un principio assai importante, che peraltro ha fatto molto discutere la dottrina.

Taluno ha invero sottolineato che la norma imporrebbe solo che le pene debbano, appunto, **tendere** alla rieducazione del condannato. Da ciò se ne deriverebbe che questo sarebbe solo un **fine tendenziale** e dunque **eventuale** della pena: in sostanza, non si tratterebbe di uno scopo che il sistema dovrebbe davvero realizzare, né sarebbe un fine informatore dell'intero apparato sanzionatorio del diritto penale. Sul tema, parte della dottrina ha altresì evidenziato il carattere sostanzialmente **utopistico** di un simile «proclama» da parte della Costituzione. Inoltre, vi è chi, sulla base dell'esperienza di questi ultimi decenni, ha osservato che il fine della rieducazione spesso non è raggiungibile attraverso misure terapeutiche o sociali, sicché la **rieducazione** sarebbe nulla più che un **«mito»**.

Tuttavia, la **dottrina maggioritaria e più moderna** pare assegnare alla disposizione in parola un significato di **grande importanza**. In primo luogo, la stessa Costituzione pare smentire i compilatori del codice Rocco, che assegnavano alla sola misura di sicurezza finalità di ordine special-preventivo. La Carta costituzionale mostra invece come non solo le misure di sicurezza, ma **anche le pene** debbano avere di mira la rieducazione del reo, e dunque debbano e possano perseguire finalità di carattere **specialpreventivo**. Ancora, per rieducazione, non si deve intendere **emenda** nel vecchio significato del termine, e cioè nel senso di «**riconversione etica**» del condannato. Un diritto penale laico, ispirato ai diritti di libertà e al principio di autonomia personale, non può concepire in modo siffatto la rieducazione. La rieducazione, allora, più che emenda, significa «**risocializzazione**», e cioè reinserimento del condannato nella società. Proprio in ossequio al **principio di autodeterminazione**, il sistema punitivo deve «**dare una *chance***» al condannato di reinserirsi nella società. Questo non significa che il condannato debba essere costretto ad accettare di seguire programmi di riabilitazione o di rieducazione. Sarà pur sempre **libero** di decidere secondo coscienza, ma avrà la possibilità di usufruire dell'appoggio di un sistema che gli deve offrire concrete possibilità di reinserimento sociale.

Dunque, così concepita la rieducazione, essa sembra divenire obiettivo maggiormente perseguibile. Naturalmente, ciò non deve portare a inutili ottimismi o facili trionfalismi. Come vedremo, infatti, in pratica, i sistemi di trattamento ed i percorsi risocializzativi, sinora, non hanno dato grandi esiti.

La finalità rieducativa, costituzionalmente sancita, non deve comunque essere trascurata dai penalisti. E, d'altra parte, essa informa non solo istituti direttamente connessi alla tematica della pena, ma anche l'**intera fisionomia del sistema penale** e lo stesso **concetto di reato** (si pensi, per tutti, alla tematica della colpevolezza e dell'*ignorantia legis*).

3. Le funzioni della pena.

Come si diceva, le **funzioni** tradizionalmente assegnate alla pena sono **tre**: la funzione di **prevenzione generale**, la funzione **retributiva**, e la funzione di **prevenzione speciale**.

Consideriamole partitamente.

3.1. *La funzione di prevenzione generale.*

Sin dall'antichità, famosi filosofi quali PROTAGORA e SENECA hanno evidenziato la funzione di **prevenzione generale** del diritto penale. Come scrisse quest'ultimo, *Nemo prudens punit*

Finalità di «RISOCIALIZZAZIONE» del CONDANNATO

quia peccatum est, sed ***ne peccetur*** (= nessun uomo prudente punisce perché si è peccato [in passato], ma perché non si pecchi [in futuro]).

Una tale funzione fu al centro dell'attenzione degli illuministi utilitaristi come BECCARIA e soprattutto BENTHAM, e da noi fu teorizzata con particolare approfondimento dal ROMAGNOSI, che elaborò la teoria della **spinta** e **contro-spinta criminosa**.

Anche oggi, una tale funzione della pena è da tutti considerata assai importante, anche se si discute dei **limiti** di essa e delle sue esatte **implicazioni**.

Concezione relativa e concezione assoluta della pena

In primo luogo, va detto in proposito che la funzione general-preventiva è collegata ad una concezione per così dire **relativa** della pena. Relativa in quanto si contrappone alle concezioni c.d. **assolute**. Per le concezioni **relative**, la pena si giustifica **in rapporto ad uno scopo** (che qui è appunto la prevenzione generale); per le concezioni **assolute**, la pena si giustifica **in sé**, come **castigo** per un male inflitto.

Prevenzione generale

La prevenzione generale si sostanzia nel fine della pena di **impedire alla generalità dei consociati la commissione dei reati, o di ridurne il numero**: da qui il nome di prevenzione **generale**. In ciò si contrappone alla prevenzione speciale, il cui fine, come meglio vedremo, è di impedire che il singolo delinquente ricada nel delitto.

Naturalmente, la prevenzione generale è una finalità determinante per il diritto penale, soprattutto per il diritto penale moderno, che si prefigge come **scopo** centrale la **tutela dei beni giuridici**, ovvero degli interessi e dei diritti più rilevanti della collettività (detto altrimenti, come si avvertiva, della **sicurezza sociale**).

Esistono **due tipi** di prevenzione generale: la prevenzione generale **negativa**, e la prevenzione generale **positiva**.

Prevenzione generale negativa

La **prevenzione generale negativa** si sostanzia in ciò: essa mira ad impedire o a ridurre la commissione di reati da parte della generalità dei consociati tramite la **deterrenza**, ossia la **paura della pena**.

In sostanza, la pena rappresenterebbe una **minaccia di inflizione di un male** a chi commette un reato. Chi ha buoni motivi per commettere un reato, dunque, dovrebbe, prima di mettersi all'opera, calcolare se i **benefici** che gli arreca l'azione illecita superano gli **svantaggi** derivanti dalla pena. A questo scopo, la pena deve consistere in uno **svantaggio** che deve essere **maggiore** rispetto ai **vantaggi** che il delinquente si può prefigurare. Facciamo un esempio. Nel furto, la pena dovrebbe essere comunque – se pecuniaria – superiore al vantaggio economico che il ladro mira ad ottenere col furto. Naturalmente, talora il calcolo è più complicato, anche per la disomogeneità che, specie nel sistema attuale, si riscontra fra la natura delle pene previste e la natura dei benefici che il reo può conseguire (ad es., oggi, per i reati contro il patrimonio, la pena più diffusa è quella detentiva, e la pena pecuniaria è solo in aggiunta).

Ovviamente, un simile congegno presuppone che il **delinquente** sia un **essere razionale** che agisce in base a **precisi calcoli**: era questa ad es. la concezione che aveva il ROMAGNOSI del delinquente-tipo. In realtà, sappiamo che non tutti, ma molti criminali agiscono non perché spinti da precisi calcoli, ma in base a sentimenti ed emozioni, o spinte psicologiche di altro genere, **non** riconducibili comunque a schemi di **razionalità** «matematica». Dunque, la pena può agire come deterrente, nell'ambito della prevenzione generale negativa, solo o comunque in maggior misura nei confronti di quella fetta di delinquenti che agiscono **razionalmente**.

Comunque sia, l'effetto deterrente della pena non deve essere trascurato, e da esso discendono vari corollari (ad es.: la **prontezza** e **certezza** della pena; e, come insegnava BECCARIA, la stessa **proporzione** fra delitto e pena).

Prevenzione generale positiva

Quanto alla **prevenzione generale positiva (o «allargata»)**, essa fa leva sul fatto che la previsione di sanzioni penali in relazione a determinati fatti (i reati), contribuisce a **confermare nei consociati il giudizio di disapprovazione** di quei comportamenti (i reati).

Qui non entra in gioco dunque la deterrenza, ma un meccanismo più complesso. Rafforzandosi attraverso le sanzioni penali le norme sociali che definiscono come reati certi fatti, si crea una maggiore tendenza naturale dei consociati a non commettere quei fatti, per la disapprovazione morale/sociale che essi suscitano.

In sostanza, la prevenzione generale positiva fa leva sul fatto che, di norma, i cittadini non si trattengono dal commettere reati solo perché vi sono sanzioni penali; essi di solito si astengono dal delinquere per la **disapprovazione sociale** che si accompagna alla realizzazione di un crimine. Se la predisposizione di **sanzioni penali** contribuisce a **rafforzare** tali norme

"DISAPPROVAZIONE SOCIALE"

sociali retrostanti, è ovvio che essa contribuirà anche, indirettamente, a **prevenire la commissione dei reati**.

La dottrina annette a questa dimensione della prevenzione generale una grande importanza, e d'altra parte essa svolge un compito forse ancor più rilevante: contribuisce ad **evitare che la gente perda fiducia nel sistema del diritto penale e, gradualmente, nelle stesse istituzioni**: il che si verificherebbe quasi certamente se le sanzioni penali non colpissero comportamenti degni di essere puniti, e dunque se il diritto penale si allontanasse troppo drasticamente dalle norme di cultura diffuse nella società.

In che fase è più opportuno utilizzare la funzione di prevenzione generale? Certamente, il legislatore ne deve tener conto nella redazione delle fattispecie e nella predisposizione della forbice edittale delle pene previste, in astratto, per ogni fattispecie. Insomma: essa deve agire come **minaccia** nell'ambito delle sanzioni **previste dalla legge**. Più **discutibile**, e da taluni recisamente negato, un ruolo della prevenzione generale nell'ambito della c.d. **commisurazione della pena**, perché in quella fase si rischierebbe di **«strumentalizzare»** il singolo imputato a fini, appunto, di prevenzione generale, con possibile sacrificio della proporzione fra gravità del delitto commesso e pena inflitta.

3.2. *La funzione retributiva.*

La **funzione retributiva** della pena ha avuto forse il suo massimo fulgore da noi all'epoca della **Scuola classica**. È funzione che ha vissuto alti e bassi, e che tende a riproporsi ciclicamente nella storia: si pensi alle recenti tendenze c.d. **«neo-retribuzionistiche»**, particolarmente diffuse soprattutto nel mondo anglosassone.

La pena, nella prospettiva della **retribuzione**, serve a **castigare** una persona **per ciò che ha commesso**. In sostanza, si tratta di infliggere un male ad un uomo per il fatto che lui ha inflitto del male ad altri. Agisce non al fine di evitare reati futuri, dunque, ma al fine di **punire reati già commessi** (*quia peccatum est*, per tornare a Seneca). È chiaro che una simile concezione si ricollega da vicino alla stessa **vendetta**, se non addirittura alla **legge del taglione** («occhio per occhio, dente per dente»).

Non stupisce dunque che i penalisti diffidino talora di una tale concezione, che naturalmente nasconde anche non poche insidie e spettrali scenari retrostanti.

Funzione retributiva e vendetta privata

Tuttavia, in primo luogo, non si può negare che la stessa **genesi storica della pena, e del diritto penale**, evidenzia uno stretto nesso fra tale branca del diritto e la **vendetta privata**. Il diritto penale nasce storicamente proprio per **sostituire la vendetta privata**. È vero che l'ha sostituita, ma non ne ha eliminato totalmente **l'atavica permanenza**, quantomeno, per così dire, a livello «subliminale». D'altronde, è lo stesso **sentimento di giustizia diffuso fra la gente** che richiede – specie per certi fatti – **l'inflizione di un male per compensare il male** che il delinquente ha arrecato alla società. È chiaro, come tutti sanno, che non è castigando il delinquente, che si riparano i danni della vittima. Ma le stesse vittime, quasi per desiderio istintuale, desiderano generalmente il male dei loro assalitori.

In definitiva, la retribuzione appare un ineliminabile «retroscena» del diritto penale. Si tratta di vedere sino a che punto e in che modo essa debba anche, per così dire, calcare il «palcoscenico ufficiale» della nostra materia.

Ebbene, qui nascono ovviamente le discussioni.

Parte della dottrina tende a ritenere che la retribuzione abbia comunque un notevole ruolo da giocare nel calcolo della **pena giusta**, ovvero nella **commisurazione della pena** (v. *amplius infra*, Cap. IV, par. 3). La **proporzione** fra reato e pena, insomma, troverebbe nella retribuzione una guida importante. Ma anche nel momento della **determinazione edittale** della pena, il legislatore dovrebbe adeguarla alle esigenze retributive. Egli, peraltro, dovrebbe fare attenzione a non prendere per buone tutte le istanze, anche quelle più emotive, scaturenti dalla collettività. Dovrebbe piuttosto **filtrarle**, nel rispetto dei migliori canoni di scienza della legislazione.

Funzione retributiva e principio di proporzione

In sostanza, la retribuzione sarebbe il veicolo attraverso il quale attuare il **principio di proporzione** nell'ambito del sistema penale. Vista in questo modo, la retribuzione non parrebbe porsi in modo così problematico e suscitare insidie particolari.

Il dimenticare – da parte del legislatore e del giudice – l'aspetto retributivo della pena sarebbe comunque da evitare, perché correrebbe il rischio di ravvivare sopite scintille di vendetta privata. E di contrastare negativamente l'effetto di prevenzione generale positiva, e dunque di stabilizzazione sociale, di cui si parlava al paragrafo precedente.

3.3. *La funzione di prevenzione speciale.*

Altra funzione della pena tradizionalmente condivisa: quella di **prevenzione speciale**.

La prevenzione speciale mira ad **impedire la recidiva nel singolo delinquente**, ovvero mira ad impedire che chi ha commesso un reato ne commetta di nuovi. È anch'essa, come la prevenzione generale, e a differenza della retribuzione, concezione **relativa** della pena, in quanto mira ad un ben preciso **scopo**.

Prevenzione speciale negativa

La prevenzione speciale si distingue in prevenzione speciale **negativa** e prevenzione speciale **positiva**. La prima consiste nella **neutralizzazione del condannato**, o comunque nella eliminazione della possibilità **materiale** che il condannato possa commettere nuovi reati. Il carcere, ad es., serve (anche) a questo scopo: il detenuto non può – o comunque non dovrebbe potere – delinquere di nuovo sino a che si trova in galera, perché gli è (o gli dovrebbe essere) materialmente impossibile.

Una concezione estrema della prevenzione speciale negativa giustificherebbe anche la pena di morte, dal momento che nessuna pena come la pena di morte garantisce che il reo non cada in recidiva. Da ciò, l'estrema **cautela** nei confronti di una prevenzione speciale negativa **senza limiti**.

Prevenzione speciale positiva

La **prevenzione speciale positiva**, viceversa, poggia sulla **rieducazione/risocializzazione del condannato**. In sostanza, il punto è questo: se il condannato, nello scontare la pena, viene pian piano aiutato a condividere i valori fondamentali della società, e dunque a reinserirsi in essa, più difficilmente sarà costretto a delinquere nuovamente. È chiaro come questo fine della pena sia direttamente collegato con l'**istanza costituzionale di rieducazione** di cui si è detto poco sopra. Essa va dunque intesa in quel modo, ovvero come risocializzazione non forzata, e non come emenda eticamente orientata.

La prevenzione speciale positiva entra in gioco non soltanto **nella fase esecutiva**, dove trova il suo ambiente più naturale; ma, a giudizio di cospicua dottrina, **anche in quella della commisurazione della pena**, proprio in applicazione dell'art. 27, comma 3, Cost.

Il **problema** della prevenzione speciale positiva non sta tanto nei suoi fondamenti teorici, tutti condivisibili (specie se inserito nella prospettiva della Costituzione). Quanto nei suoi **risvolti applicativi**. E cioè. Si parlava più sopra del **«mito» della rieducazione**. Ebbene, quale che sia il livello di scetticismo/ottimismo sul tema, è pur vero che sinora gli sforzi per l'istanza risocializzativa della pena **non** hanno portato a **grandi risultati**. Tuttavia, **non** si deve neppure pensare che tali sforzi siano **inutili**. Numerose riforme sia del sistema penale, che del sistema penitenziario (di cui si dirà) sono d'altra parte frutti diretti della concezione della prevenzione speciale positiva.

4. La crisi del sistema sanzionatorio.

Dal 1930, il nostro sistema sanzionatorio ha subito numerose **modifiche**. Si pensi, fra le tante (e a parte la notoria abolizione della pena di morte sin dal 1944), alle riforme della **sospensione condizionale** della pena, che hanno aumentato le possibilità di utilizzo di tale istituto mirante alla specialprevenzione positiva. Lo stesso sistema penitenziario ha subito una serie di innovazioni, sino all'emanazione, nel **1975**, del c.d. **ordinamento penitenziario** (in relazione al quale va segnalato che il Parlamento, con legge 103 del 2017, ha conferito al Governo una delega, allo stato non attuata, per una sua riforma).

Ma anche in seguito, una serie di leggi ha inciso profondamente sul sistema, rendendo **sempre più flessibile il regime di detenzione della pena** (si pensi all'ergastolo, oggi «rimediabile» in certi casi e dopo un certo periodo di detenzione), ed offrendo ai delinquenti varie alternative alla detenzione (si pensi alla c.d. **«legge Gozzini»**, tra le tante).

Non sono mancate tuttavia – soprattutto in epoche di grave allarme sociale, per l'emergere di fenomeni quali il terrorismo o la mafia – riforme talora orientate in senso contrario a quelle appena citate.

Il **codice di procedura penale del 1988**, poi, ha inserito nel sistema una serie di **meccanismi «negoziali»** (patteggiamento e rito abbreviato), i quali hanno la prerogativa di rendere **meno certa la pena** e di mettere potenzialmente in **crisi** il **principio di proporzione** e la stessa **funzione di prevenzione generale**.

Più ampiamente, si può dire che, oggi, dei caratteri che BECCARIA assegnava alla pena perché essa si dimostrasse capace di svolgere la sua funzione generalpreventiva, molti hanno subito gravi menomazioni.

La pena, per BECCARIA, doveva essere soprattutto **certa e pronta**. **Oggi**, essa spesso **non è più né certa né pronta**. Non è certa, perché in fase esecutiva trova forse troppi meccanismi di attenuazione, trasformazione, e snaturamento (si pensi, ancora, all'indulto approvato con la l. n. 241 del 2006); non è pronta, perché, come sappiamo, la lentezza dei processi penali in Italia è proverbiale.

Tutto ciò rischia di **compromettere gravemente la funzione di prevenzione generale** cui la pena deve tendere. E una simile negativa conseguenza può avere effetti anche più generali, sino a compromettere la stessa **fiducia nel sistema** da parte dei consociati, e dunque **destabilizzare la compagine sociale**.

Il clima di **allarme sociale** per nuove forme di criminalità – *last but not least*, l'emergere di un micidiale e scioccante terrorismo internazionale – destano **apprensione tra la gente**, che domanda che il sistema della giustizia penale **funzioni**.

Il diritto penale deve filtrare con il setaccio della ragione tali istanze emotive, ma non può trascurarle. E, pur nel rispetto delle esigenze risocializzative consacrate dalla stessa Costituzione, deve impegnarsi a costruire un **nuovo sistema penale** in cui la pena ritrovi quantomeno i caratteri che già BECCARIA aveva nitidamente scolpito: **la certezza e la prontezza**. La dottrina più moderna è d'altronde orientata in questo senso, e così i progetti di riforma del codice penale (Progetto Pagliaro, Progetto Grosso, Progetto Nordio e Progetto Pisapia).

Note bibliografiche

VASSALLI G., *La potestà punitiva*, Milano, 1942; BRICOLA F., voce *Teoria generale del reato*, in *Noviss. dig. it.*, Vol. XIX, 1973, p. 7 ss.; DOLCINI E., *La commisurazione della pena*, Padova, 1979; CAVALLA F., *La pena come problema*, Milano, 1980; ROMANO M-STELLA F. (a cura di), *Teoria e prassi della prevenzione generale dei reati*, Bologna, 1980; PADOVANI T., *L'utopia punitiva*, Milano, 1981; NUVOLONE P., voce *Pena*, in *Enc. dir.*, Vol. XXXII, 1982, p. 787 ss.; MILITELLO V., *Prevenzione generale e commisurazione della pena*, Milano, 1982; MONACO L., *Prospettive dell'idea dello «scopo» nella teoria della pena*, Napoli, 1984; BUSNELLI F.D.-SCALFI G. (a cura di), *Le pene private*, Milano, 1985; DOLCINI E.-PALIERO C.E., *Il carcere ha alternative?*, Milano, 1989; EUSEBI L., *La pena «in crisi»*, Brescia, 1989;

EUSEBI L. (a cura di), *La funzione della pena: il commiato da Kant e da Hegel*, Milano, 1989; MOCCIA S., *Il diritto penale tra essere e valore. Funzione della pena e sistematica teleologica*, Napoli, 1992; MANNOZZI G., *Razionalità e «giustizia» nella commisurazione della pena: il* just desert model *e la riforma del* sentencing *nordamericano*, Padova, 1996; RONCO M., *Il problema della pena*, Torino, 1996; PAVARINI M., *Lo scambio penitenziario. Manifesto e latente nella flessibilità della pena in fase esecutiva*², Bologna, 1996; AA.VV., *L'effettività della sanzione penale*, Milano, 1998; DI MARTINO A., *La sequenza infranta. Profili della dissociazione tra reato e pena*, Milano, 1998; CASTALDO M., *La rieducazione tra realtà penitenziaria e misure alternative alla detenzione*, Napoli, 2001; CAVARA P., *La civiltà del delitto. Il liberalismo della pena di morte*, Napoli, 2002; MARCHETTI I.-MAZZUCATO C., *La pena in castigo. Un'analisi critica su regole e sanzioni*, Milano, 2006; PAVARINI M. (a cura di), Silete poenologi in munere alieno! *Teoria della pena e scienza penalistica, oggi*, Bologna, 2006; MEREU I., *La morte come pena. Saggio sulla violenza legale*, Roma, 2007; PALAZZO F.-BARTOLI R. (diretto da), *Certezza o flessibilità della pena? Verso la riforma della sospensione condizionale*, Torino, 2007; NAPPI A., *La crisi del sistema delle sanzioni penali*, Napoli, 2010; CALORE A.-SCIUMÈ A. (a cura di), *La funzione della pena in prospettiva storica e attuale*, Atti di convegno (Brescia, 16-17 ottobre 2009), Milano, 2013; PIFFERI M., *L'individualizzazione della pena. Difesa sociale e crisi della legalità penale tra Otto e Novecento*, Milano, 2013; LEO G., voce *Automatismi sanzionatori e principi costituzionali*, in *Libro dell'anno del diritto Treccani 2014*, 2014, p. 121 ss.; VENEZIANI P. (con il contributo di CRISTILLO A.), *La punibilità. Le conseguenze giuridiche del reato*, in GROSSO C.F.-PADOVANI T.-PAGLIARO T. (diretto da), *Trattato di diritto penale. Parte generale*, Milano, 2014; ALEO S., *Dal carcere: autoriflessione sulla pena*, Ospedaletto, 2016; DELLA BELLA A., *Il carcere duro tra esigenze di prevenzione e tutela dei diritti fondamentali. Presente e futuro del regime detentivo speciale* ex *art. 41* bis *o.p.*, Milano, 2016; PROSPERI A., *Delitto e perdono. La pena di morte nell'orizzonte mentale dell'Europa cristiana: XIV-XVIII secolo*, Torino, 2016; DOVA M., *Pena prescrittiva e condotta reintegratoria*, Torino, 2017; MAZZACUVA F., *Le pene nascoste. Topografia delle sanzioni punitive e modulazione dello statuto garantistico*, Torino, 2017; VECCHIO F., *L'Europa e la pena di morte. Comparazione giuridica e strategie abolizioniste*, Milano-Padova, 2017; BERNARDI A.-VENTUROLI M. (a cura di), *La lotta al sovraffollamento carcerario in Europa. Modelli di pena e di esecuzione nell'esperienza comparata*, Atti di Convegno (Ferrara, 14-15 aprile 2016), Napoli, 2018; IERMANO A., *La nozione di pena tra forma e sostanza nel sistema di tutela europeo*, Bari, 2018; PALIERO C.E. (a cura di), *La pena, ancora: fra attualità e tradizione*, *Studi in onore di Emilio Dolcini*, 2 Voll., Milano, 2018; TRAVAGLIA CICIRELLO T., *La pena carceraria tra storia, legittimità e ricerca di alternative*, Milano, 2018; CORNACCHIA L., voce *Funzione della pena nel diritto penale internazionale*, in *Dig. disc. pen.*, agg. 2018, p. 232 ss.; T. TRAVAGLIA CICIRELLO, *La pena carceraria tra storia, legittimità e ricarca di alternative*, Milano, 2018.

CAPITOLO II

LE PENE PRINCIPALI

SOMMARIO: 1. La pena di morte. – 2. L'ergastolo. – 3. La reclusione. – 4. La multa. – 5. L'arresto. – 6. L'ammenda. – 7. L'applicazione delle sanzioni sostitutive delle pene detentive brevi. – 8. Le sanzioni penali applicabili dal giudice di pace.

1. La pena di morte.

La **pena di morte** era prevista nel codice Rocco (art. 21). Fu **abolita** dal d.lgs. n. 224 del **1944**.

La Costituzione, poi, come si è visto, l'aveva espressamente **bandita** dal nostro sistema, salve le leggi militari di guerra (art. 27, comma 4). Il **legislatore ordinario**, di recente, ha comunque **abolito la pena di morte anche per le leggi militari di guerra** (l. n. 589 del 1994).

Questo ripudio della pena di morte per le leggi militari di guerra ha assunto anche rilevanza costituzionale a seguito della l. cost. n. 1 del 2007.

2. L'ergastolo.

L'ergastolo, previsto dall'art. 22 c.p., è la **pena detentiva perpetua**.

Vari interventi legislativi hanno peraltro **attenuato** la apparentemente ferrea regola di cui all'art. 22. Infatti, oggi il condannato può essere ammesso alla **liberazione condizionale** dopo aver scontato **26 anni** di pena (art. 176, comma 3, c.p.); beneficio dovuto in caso di accertato ravvedimento (Sent. n. 204/1974 della Corte cost.).

La l. n. 663 del 1986 ha poi esteso agli ergastolani l'applicabilità della **semilibertà** (una volta scontati **20 anni** di pena), e della **liberazione anticipata**. In sostanza, in applicazione di queste talora intricate normative, può anche succedere che dopo 15 anni l'ergastolano sia rimesso in libertà.

3. La reclusione.

La **reclusione** è la **pena detentiva temporanea** prevista per i delitti.

L'art. 23 del codice recita in argomento: «La pena della reclusione si estende dai quindici giorni a ventiquattro anni [...]».

I **limiti** predetti **valgono per il giudice**, ma **non per il legislatore**, il quale può ben derogarvi, stabilendo ad es. un massimo della pena di trenta anni, come è successo talvolta (es. art. 630, commi 1 e 3, c.p.).

La reclusione è oggi disciplinata dall'ordinamento penitenziario.

4. La multa.

L'art. 24 stabilisce che «la pena della **multa** consiste nel pagamento allo Stato di una somma non inferiore a euro 50, né superiore a euro 50.000.

Per i **delitti** determinati da **motivi di lucro**, se la legge stabilisce soltanto la pena della reclusione, il giudice può **aggiungere la multa** da euro 50 a euro 25.000».

Si tratta della **pena pecuniaria** prevista per i **delitti**. Sulla possibile rateizzazione del pagamento, si veda l'art. 133-*ter* c.p.

Un tempo, il mancato pagamento della multa provocava la **conversione in pena detentiva**, meccanismo peraltro dichiarato **incostituzionale** per ovvi motivi di lesione del principio di uguaglianza nel 1979 (Sent. n. 131). Oggi, in caso di mancato pagamento, le sanzioni previste sono la **libertà controllata e il lavoro sostitutivo** (l. n. 689 del 1981).

5. L'arresto.

L'art. 25 c.p. recita: «La pena dell'arresto si estende da cinque giorni a tre anni [...]».

L'**arresto** è la **pena detentiva temporanea per le contravvenzioni**. Valgono per esso gli stessi principi della reclusione, salve deroghe.

Con l'art. 1 della l. n. 67 del 2014, il Parlamento aveva conferito una delega al Governo affinché, con decreto legislativo, fossero (tra l'altro) aggiunti al catalogo delle pene principali la reclusione domiciliare e l'arresto domiciliare, da eseguirsi «presso l'abitazione del condannato o altro luogo pubblico o privato di cura, assistenza e accoglienza» e «con durata continuativa o per singoli giorni della settimana o per fasce orarie».

Reclusione domiciliare e arresto domiciliare avrebbero dovuto prendere il posto, rispettivamente, di reclusione e arresto, ogni volta che il legislatore attualmente commini queste ultime in misura non superiore nel massimo a tre anni.

Il Governo non ha comunque esercitato il potere delegato.

6. L'ammenda.

«La pena dell'ammenda consiste nel pagamento allo Stato di una somma non inferiore a euro 20 né superiore a euro 10.000» (art. 26 c.p.).

L'**ammenda** è la **pena pecuniaria** prevista per le **contravvenzioni**.

Quanto alla regolamentazione giuridica, si rinvia a quanto detto in ordine alla multa. Sulla commisurazione, si veda *infra*, Cap. IV.

7. L'applicazione delle sanzioni sostitutive delle pene detentive brevi.

Quanto detto sinora esaurisce la trattazione delle pene principali (salvo quanto si dirà *infra*, al par. 8). L'art. 53 della l. 689 del 1981 prevede peraltro il potere discrezionale del giudice, in caso di condanna (ma stessa soluzione vale in caso di applicazione della pena su richiesta, ai sensi dell'art. 444 c.p.p.), di **sostituire** la pena detentiva con altra sanzione, meno afflittiva, ed entro certi limiti.

Semidetenzione

In particolare, qualora il giudice ritenga di dover determinare la durata della pena detentiva entro il limite di due anni, egli può sostituirla con la **semidetenzione** (art. 53, comma 1, l. n. 689 del 1981, modificato dalla l. n. 134 del 2003). Quest'ultima comporta l'obbligo per il condannato di trascorrere almeno dieci ore al giorno in appositi istituti, oltre al divieto di detenere armi, munizioni ed esplosivi, alla sospensione della patente di guida, al ritiro del passaporto e all'obbligo di presentare agli organi di polizia, su richiesta dei medesimi, il provvedimento che stabilisce le modalità di esecuzione della sanzione *de qua* (art. 55 l. n. 689 del 1981). Un giorno di pena detentiva equivale ad un giorno di semidetenzione (art. 57, comma 3, l. n. 689 del 1981)

Libertà controllata

Qualora la pena detentiva non superi il limite di un anno, essa può essere sostituita dal giudice con la **libertà controllata** (art. 53, comma 1, l. n. 689 del 1981). Il condannato in libertà controllata è soggetto ad una serie di obblighi e di divieti, descritti dall'art. 56 l. n. 689 del 1981 (al cui testo si rinvia). Un giorno di pena detentiva equivale a due giorni di libertà controllata (art. 57, comma 3, l. n. 689 del 1981)

Pena pecuniaria di specie corrispondente

Se, infine, il giudice reputa di determinare la pena detentiva entro il limite di sei mesi, tale pena può essere sostituita con la **pena pecuniaria della specie corrispondente** (art. 53, comma 1, l. n. 689 del 1981). Quindi, la reclusione si sostituisce con la multa; l'arresto con l'ammenda.

La sostituzione, nei modi suddetti, delle pene detentive brevi non è peraltro sempre possibile: esistono, infatti, alcune limitazioni in rapporto ai soggetti che ne possono beneficiare (vedasi l'art. 59 l. n. 689 del 1981).

8. Le sanzioni penali applicabili dal giudice di pace.

Con il d.lgs. n. 274 del 2000, numerose fattispecie di reato – sia delitti, che contravvenzioni – sono state demandate alla **competenza del giudice di pace**. La riforma non ha, peraltro, una valenza soltanto processuale, ma numerose e complesse implicazioni sul piano del diritto penale sostanziale.

Basti menzionare, nella prospettiva delle pene, il Titolo II del d.lgs. cit. («Sanzioni applicabili dal giudice di pace»), che esordisce con il dettato dell'art. 52, in tema appunto di **sanzioni**. Ebbene, mentre per ciò che concerne i reati di competenza del giudice di pace puniti con la sola pena pecuniaria (multa o ammenda) non si registrano innovazioni (art. 52, comma 1: «continuano ad applicarsi le pene pecuniarie vigenti»), profondi cambiamenti riguardano le altre ipotesi. In particolare (art. 52, comma 2):

«Per gli altri reati di competenza del giudice di pace le pene sono così modificate:

a) quando il reato è punito con la pena della reclusione o dell'arresto alternativa a quella della multa o dell'ammenda, si applica la **pena pecuniaria della specie corrispondente** da euro 258 a 2582; se la pena detentiva è superiore nel massimo a sei mesi, si applica la predetta pena pecuniaria o la pena della **permanenza domiciliare** da sei giorni a trenta giorni ovvero la pena del **lavoro di pubblica utilità** per un periodo da dieci giorni a tre mesi;

b) quando il reato è punito con la sola pena della reclusione o dell'arresto, si applica la **pena pecuniaria della specie corrispondente** da euro 516 a 2582 o la pena della **permanenza domiciliare** da quindici giorni a quarantacinque giorni ovvero la pena del **lavoro di pubblica utilità** da venti giorni a sei mesi;

c) quando il reato è punito con la pena della reclusione o dell'arresto congiunta a quella della multa o dell'ammenda, si applica la **pena pecuniaria della specie corrispondente** da euro 774 a 2582 o la pena della **permanenza domiciliare** da venti giorni a quarantacinque giorni ovvero la pena del **lavoro di pubblica utilità** da un mese a sei mesi».

Per ciò che attiene al contenuto delle sanzioni dell'obbligo di permanenza domiciliare e del lavoro di pubblica utilità, si rinvia – rispettivamente – al testo degli artt. 53 e 54 del d.lgs. n. 274 del 2000 (per quanto riguarda il lavoro di pubblica utilità, v. anche il Regolamento di esecuzione di cui al d.m. n. 204 del 2001).

Sia la permanenza domiciliare che il lavoro di pubblica utilità vanno considerati non già alla stregua di sanzioni sostitutive, bensì di vere e proprie **pene principali**.

Note bibliografiche

PEDIO T., voce *Ammenda*, in *Enc. dir.*, Vol. II, 1958, p. 127 ss.; FROSALI R. A., voce *Morte (pena di)*, in *Noviss. dig. it.*, Vol. X, 1964, p. 941 ss.; PEDIO T., voce *Ergastolo (dir. pen.), in Enc. dir.*, Vol. XV, 1966, p. 225 ss.; FROSALI R. A., voce *Reclusione*, in *Noviss. dig. it.*, Vol. XIV, 1967, p. 1070 ss.; FROSALI R. A., voce *Pena pecuniaria (dir. pen.)*, in *Noviss. dig. it.*, Vol. XII, 1968, p. 848 ss.; ZAPPALÀ E., voce *Multa*, in *Enc. dir.*, Vol. XXVII, 1977, p. 349 ss.; ROSSI P., *La pena di morte*, Milano, 1978; FASSONE E., *La pena detentiva in Italia dall'800 alla riforma penitenziaria*, Bologna, 1980; MARINI G., voce *Arresto*, in *Noviss. dig. it.*, App. I, 1980, p. 424 ss.; AA.VV., *Commentario delle Modifiche al sistema penale*, Milano, 1982; AA.VV., *Modifiche al sistema penale. Vol. III. Sanzioni sostitutive*, Milano, 1982; CONCAS L., *Appunti sulla legge 24 novembre 1981 n. 689: modifiche al sistema penale*, Cagliari, 1982; MARINI G., voce *Ergastolo*, in *Noviss. dig. it.*, App. III, 1982, p. 449 ss.; NUVOLONE P., voce *Pena (in generale)*, in *Enc. dir.*, Vol. XXXII, 1982, p. 787 ss.; MUSCO E., *La pena pecuniaria*, Catania, 1984; PIOLETTI G., voce *Pena pecuniaria (dir. pen.)*, in *Noviss. dig. it.*, App. V, 1984, p. 802 ss.; TRAPANI M., *Le sanzioni penali sostitutive*, Padova, 1985; FASSONE E., voce *Reclusione*, in *Enc. dir.*, Vol. XXXIX, 1988, p. 142 ss.; AA.VV., *La competenza penale del giudice di pace*, Milano, 2000; GIOSTRA G.-ILLUMINATI G. (a cura di), *Il giudice di pace nella giurisdizione penale*, Torino, 2001; CAVARA P., *La civiltà del delitto. Il liberalismo della pena di morte*, Napoli, 2002; SCALFATI A., *Il giudice penale di pace*, Padova, 2002; CHITI BATELLI A., *Perplessità sulla pena di morte. È davvero inutile?*, Milano, 2003; PICOTTI L.-SPANGHER G. (a cura di), *Competenza penale del giudice di pace e «nuove» pene non detentive*, Milano, 2003; CHITI-BATELLI A., *Perplessità sulla pena di morte*, Milano, 2003; D'ONOFRIO M.-SARTORI M., *Le misure alternative alla detenzione*, Milano, 2004; PICOTTI L. e SPANGHER (a cura di), *Contenuti e limiti della discrezionalità del Giudice di pace in materia penale*, Milano, 2005; APRILE E., *La competenza penale del giudice di pace*[2], Milano, 2007; MIEDICO M., *La pena pecuniaria. Disciplina, prassi e prospettive di riforma*, Milano, 2008; GOISIS L., *La pena pecuniaria un'indagine storica e comparata. Profili di effettività della sanzione*, Milano, 2009; CORLEONE F.-PUGIOTTO A. (a cura di), *Il delitto della pena. Pena di morte ed ergastolo, vittime del reato e del carcere*, Roma, 2012; TRONCONE P., *Il diritto dello Stato di punire con la morte. Un caso di contaminazione politica della scienza della legislazione penale*, Roma, 2012; PAVICH G., *Il calcolo della pena. Modalità pratiche*, Milano, 2013; GARLAND D., *La pena di morte in America. Un'anomalia nell'era dell'abolizionismo*, Milano, 2013; MUSUMECI C.-PUGIOTTO A., *Gli ergastolani senza scampo. Fenomenologia e criticità istituzionali dell'ergastolo ostativo*, Napoli, 2016.

Capitolo III

LE PENE ACCESSORIE

Sommario: 1. I caratteri generali delle pene accessorie. – 2. Le singole pene accessorie.

1. I caratteri generali delle pene accessorie.

Accanto alle pene principali, possono trovare applicazione, in caso di condanna, le **pene accessorie**.

Natura e funzione

Si tratta di misure a carattere prevalentemente **interdittivo**, con una **duplice funzione**, **punitiva** e **preventiva**. Esse, infatti, da un lato **accrescono l'afflittività** della pena principale cui accedono, e, dall'altro lato, **mirano a impedire la reiterazione** del reato, proprio mediante l'oggettiva eliminazione delle condizioni che potrebbero indurre al recidivismo.

In tale prospettiva, dunque, le sanzioni in oggetto rispondono precipuamente ad esigenze di **prevenzione negativa**, sia **generale** (di dissuasione nei confronti della generalità dei consociati, attraverso la minaccia dell'interdizione), che **speciale** (neutralizzazione del reo, attraverso l'estromissione del medesimo da un certo contesto).

Astratta complementarità

Secondo quanto dispone l'art. 20 c.p., le pene accessorie «conseguono di diritto alla condanna, come effetti penali di essa».

Le pene accessorie sono quindi contraddistinte dalla caratteristica fondamentale del c.d. **automatismo**: esse conseguono, cioè, *ipso iure* alla condanna, e dunque prescindono, quantomeno tendenzialmente, da una espressa menzione del giudice in sentenza.

Ciò, peraltro, è valido soltanto di **regola**: il meccanismo dell'automatica consequenzialità della sanzione accessoria entra infatti in crisi, ogniqualvolta sussista, in capo al giudice, un **potere discrezionale** circa l'*an*, o il *quantum*, o il *quomodo* della sua applicazione, cosicché sembra più esatto parlare di una **«astratta complementarità»** (PISA) rispetto ad una pena principale, quale vero **denominatore comune** di tutte le pene accessorie.

Indefettibilità: superamento

Con la riforma attuata dalla l. n. 19 del 1990, il cui art. 4 ha sostituito l'art. 166 c.p., è stato invece **cancellato** quello che rappresentava un ulteriore profilo caratterizzante delle pene accessorie, ossia la c.d. **indefettibilità**.

Secondo il **sistema originario** delineato dal codice Rocco, le sanzioni accessorie erano disciplinate come **indefettibili**, intendendosi con tale attributo il fatto che esse **non potevano essere sospese condizionalmente**, e dovevano quindi essere eseguite, come conseguenza inevitabile (indefettibile, appunto) del passaggio in giudicato della sentenza di condanna.

Oggi invece, in base alla nuova formulazione dell'art. 166, comma 1, c.p., la **sospensione condizionale** (della pena principale) **si estende anche alle pene accessorie**.

Più precisamente, laddove la pena principale sia condizionalmente sospesa, la regola dell'automatismo fa sì che **la sospensione medesima si estenda *ipso iure* anche alle pene accessorie**, senza cioè che il giudice debba disporlo espressamente.

Patteggiamento

Ai sensi dell'art. 445, comma 1, c.p.p., inoltre, la sentenza di applicazione della pena su richiesta delle parti (c.d. **«patteggiamento»**) comporta (fra l'altro) la **non irrogazione delle pene accessorie** previste per il reato oggetto di patteggiamento, quando la pena irrogata non superi i due anni.

2. Le singole pene accessorie.

Le **singole pene accessorie** sono enumerate dall'art. 19 c.p., che distingue tra pene accessorie per i **delitti** e per le **contravvenzioni**. Occorre comunque tenere presente che ulteriori pene accessorie sono previste nella **legislazione speciale** (tesi del **numero aperto delle pene accessorie**, del tutto prevalente rispetto a quella del *numerus clausus*).

Pene accessorie per i delitti

Ai sensi dunque dell'art. 19, comma 1, c.p., le pene accessorie per i **delitti** sono:

1) l'interdizione dai pubblici uffici;
2) l'interdizione da una professione o da un'arte;
3) l'interdizione legale;
4) l'interdizione dagli uffici direttivi delle persone giuridiche e delle imprese;
5) l'incapacità di contrattare con la pubblica amministrazione;
5-*bis*) l'estinzione del rapporto di impiego o di lavoro;
6) la decadenza o la sospensione dall'esercizio della responsabilità genitoriale.

Pene accessorie per le contravvenzioni

In rapporto alle **contravvenzioni**, sono invece previste le seguenti pene accessorie (art. 19, comma 2, c.p.):
1) la sospensione dall'esercizio di una professione o di un'arte;
2) la sospensione dagli uffici direttivi delle persone giuridiche e delle imprese.

Pena accessoria comune

Comune ai delitti ed alle contravvenzioni è la pena accessoria della pubblicazione della sentenza di condanna (art. 19, comma 3, c.p.).

Interdizione dai pubblici uffici

L'**interdizione dai pubblici uffici** può essere o perpetua, o temporanea; quest'ultima non può avere una durata inferiore ad un anno, né superiore a cinque (art. 28, comma 1 e comma 4, c.p.).

Perpetua

L'interdizione **perpetua** dai pubblici uffici è sanzione accessoria alla condanna all'ergastolo, ovvero alla reclusione per un tempo non inferiore a cinque anni (per delitto non colposo: art. 33, comma 1, c.p.); discende inoltre dalla dichiarazione di abitualità o di professionalità nel delitto, ovvero di tendenza a delinquere.

Temporanea

La condanna alla reclusione in relazione a delitto non colposo e per un tempo non inferiore a tre anni (e inferiore a cinque) importa l'interdizione (**temporanea**) dai pubblici uffici per la durata di anni cinque (art. 29 c.p.). Ai sensi dell'art. 31 c.p., l'interdizione **temporanea** dai pubblici uffici consegue altresì alla condanna per un delitto realizzato con abuso dei poteri o con violazione dei doveri inerenti alla pubblica funzione o al pubblico servizio.

Contenuto interdittivo della sanzione

Il contenuto interdittivo della sanzione in oggetto si sostanzia in una serie di **privazioni**, ed in particolare:
– del diritto di elettorato, attivo e passivo, e dei diritti politici in genere;

– di ogni pubblico ufficio o servizio, nonché delle relative qualità soggettive, di pubblico ufficiale ovvero di incaricato di un pubblico servizio;

– dell'ufficio di tutore o di curatore, e di ogni altro ufficio attinente alla tutela o alla cura;

– di gradi e dignità accademiche, e dei diritti onorifici in genere, ecc. (cfr. art. 28, comma 2, c.p.).

Interdizione da una professione o da un'arte

L'**interdizione da una professione o da un'arte** preclude al condannato la possibilità di esercitare, per tutta la durata della pena accessoria, una professione, arte, industria, ovvero un commercio o mestiere, per cui siano richiesti speciali permessi, abilitazioni, autorizzazioni o licenze; essa comporta altresì la decadenza dal provvedimento di autorizzazione ottenuto (art. 30 c.p.).

Essa consegue ad ogni condanna per delitti commessi con l'abuso di una professione, ecc., ovvero con la violazione dei doveri ad essa inerenti (art. 31 c.p.; si veda peraltro anche l'art. 33, comma 2, c.p.).

Interdizione legale

L'**interdizione legale** comporta, in linea di massima, le stesse incapacità disposte dalla legge civile quanto all'interdizione giudiziale. Si tratta di pena accessoria che scatta in caso di condanna all'ergastolo, ovvero a pena della reclusione non inferiore a cinque anni, per delitto non colposo. L'interdizione legale si protrae per tutta la durata della pena principale inflitta; è quindi **perpetua** in ipotesi di ergastolo, **temporanea** in ogni altro caso (art. 32 c.p.).

Interdizione dagli uffici direttivi delle persone giuridiche e delle imprese

L'**interdizione temporanea dagli uffici direttivi delle persone giuridiche e delle imprese** è stata introdotta nel codice con la l. n. 689 del 1981. Si tratta di pena accessoria che priva il condannato della capacità di esercitare, durante l'interdizione, l'ufficio di amministratore, sindaco, liquidatore, direttore generale e dirigente preposto alla redazione dei documenti contabili societari, nonché ogni altro ufficio con potere di rappresentanza della persona giuridica o dell'imprenditore, e consegue alla condanna alla reclusione non inferiore a sei mesi per delitti commessi con abuso dei poteri o violazione dei doveri inerenti all'ufficio (art. 32-*bis* c.p., modificato con l. n. 262 del 2005).

Incapacità di contrattare con la pubblica amministrazione

L'**incapacità di contrattare con la pubblica amministrazione** (art. 32-*ter* c.p., pure inserito dalla l. n. 689 del 1981 e recentemente modificato dalla l. n. 69 del 2015) importa il divieto di concludere contratti con la pubblica amministrazione, salvo che per ottenere le prestazioni di un pubblico servizio, e può avere durata compresa fra uno e cinque anni. Tale sanzione accessoria si applica in ipotesi di condanna per uno dei delitti enumerati dall'art. 32-*quater* c.p. (malversazione a danno dello Stato, concussione, corruzione, ecc.), commessi in danno o in vantaggio di un'attività imprenditoriale, o comunque in relazione ad essa.

Estinzione del rapporto di impiego o di lavoro

In base all'art. 32-*quinquies* c.p. (come pure modificato dalla l. n. 69 del 2015), la condanna alla reclusione non inferiore a due anni per determinati delitti contro la P.A. (peculato *ex* art. 314, comma 1, concussione, corruzione, induzione indebita a dare o promettere utilità) «importa altresì l'estinzione del rapporto di lavoro o di impiego nei confronti del dipendente di amministrazioni o enti pubblici ovvero di enti a prevalente partecipazione pubblica» (salvo quanto previsto dagli artt. 29 e 31).

Decadenza e sospensione della responsabilità genitoriale

La **decadenza dalla responsabilità genitoriale** e la **sospensione dal suo esercizio** sono disciplinate dall'art. 34 c.p. Il condannato che sia genitore perde la relativa responsabilità, nei casi stabiliti dalla legge (es.: art. 32, comma 2, c.p., in caso di condanna all'ergastolo; art. 609-*nonies* c.p.); la più blanda sospensione dall'esercizio della responsabilità genitoriale si ha allorché il genitore riporti condanna per delitti commessi con abuso della responsabilità stessa. La sospensione *de qua* ha durata pari al doppio della pena detentiva principale inflitta.

La decadenza e la sospensione dalla responsabilità dei genitori comportano, rispettivamente, la privazione di ogni diritto che al genitore spetti sui beni del figlio ai sensi delle norme civilistiche (di cui al titolo IX del libro I c.c.), ovvero l'incapacità di esercitare tali diritti, per tutta la durata della sanzione accessoria.

Sospensione dall'esercizio di una professione o di un'arte o dagli uffici direttivi delle persone giuridiche e delle imprese

La **sospensione dall'esercizio di una professione o di un'arte** (art. 35 c.p.) e la **sospensione dall'esercizio degli uffici direttivi delle persone giuridiche e delle imprese** (art. 35-*bis* c.p.), in rapporto a date condanne per contravvenzione, ricalcano nella sostanza i contenuti interdittivi delle corrispondenti pene accessorie stabilite per i delitti, in tono ovviamente più blando (per quanto la l. n. 69/2015 ne abbia innalzato considerevolmente, rispetto alla precedente versione, i termini minimo e massimo di durata).

Pubblicazione della sentenza di condanna

La **pubblicazione della sentenza penale di condanna** consegue, per previsione generale, alla condanna all'ergastolo. La pubblicazione deve avvenire mediante affissione nel Comune ove è stata pronunciata, in quello ove il delitto fu commesso, ed in quello ove il condannato aveva l'ultima residenza; è altresì disposta la pubblicazione per estratto per una sola volta in uno o più giornali, designati dal giudice (il quale può peraltro disporre che la pubblicazione avvenga per intero) e nel sito internet del Ministero della giustizia. La durata della pubblicazione nel sito è stabilita in misura non superiore a trenta giorni; in mancanza, la durata è di quindici giorni. Ulteriori ipotesi di pubblicazione della sentenza penale di condanna sono previste da apposite norme di legge (art. 36 c.p.).

Note bibliografiche

PANNAIN R., *Le incapacità giuridiche quali effetti – penali o non – delle sentenze penali*, Napoli, 1938; FROSALI R.A., voce *Pena accessoria*, in *Noviss. dig. it.*, Vol. XII, 1965, p. 836 ss.; PISA P., *Pene accessorie e principio di tassatività*, Milano, 1979; SCORDAMAGLIA V., *L'applicazione provvisoria di pene accessorie*, Napoli, 1980; CERQUETTI G., voce *Pene accessorie*, in *Enc. dir.*, Vol. XXXII, 1982, p. 819 ss.; PISA P., *Le pene accessorie. Problemi e prospettive*, Milano, 1984; LARIZZA S., *Le pene accessorie*, Padova, 1986; DE FELICE P., *Natura e funzione delle pene accessorie*, Milano, 1988; DOLCINI E.-PALIERO C.E., *Il carcere ha alternative?*, Milano, 1989; CERQUETTI G., *Gli effetti penali della condanna*, Padova, 1990; PISA P., voce *Pene accessorie*, in *Enc. giur. Treccani*, Vol. XXII, 1990; VIRGILIO A., *Le pene accessorie nel momento attuale*, Napoli, 1991; PERONI F., *Le misure interdittive nel sistema delle cautele penali*, Milano, 1992; LARIZZA S., voce *Pene accessorie*, in *Dig. disc. pen.*, Vol. IX, 1995, p. 421 ss.; MENGHINI A., *Le sanzioni penali a contenuto interdittivo*, Torino, 2008.

Capitolo IV

LA COMMISURAZIONE DELLA PENA

1. Nozioni introduttive.

Quando debba essere **irrogata** una pena, si pone il problema di come essa vada **commisurata**.

Commisurazione in senso stretto

Già si è visto come, in relazione alle singole figure di reato, sia (normalmente) previsto **un minimo ed un massimo** di pena. Il giudice deve commisurare, e cioè **quantificare**, la pena entro quel minimo e quel massimo, ossia **nei limiti della c.d. cornice edittale**. Ad esempio, il delitto di rifiuto di atti d'ufficio (art. 328, comma 1, c.p.) è punito con la reclusione da sei mesi a due anni. In caso di condanna del pubblico ufficiale, dunque, il giudice dovrà commisurare la pena della reclusione tali limiti.

Di commisurazione si parla anche in rapporto al **tipo di sanzione** da applicare per il reato realizzato.

Per esempio, in caso di delitto punito alternativamente con la reclusione o con la multa, il giudice deve innanzitutto decidere se irrogare la pena **detentiva** oppure quella **pecuniaria**, e solo in un momento logico successivo quantificare l'una o l'altra.

Commisurazione in senso ampio

Occorre precisare, inoltre, che qui si esamina la tematica della c.d. **commisurazione della pena in senso stretto**; per **commisurazione in senso ampio** si intende, viceversa, l'opera di quantificazione della pena che tiene conto, altresì, delle circostanze del reato, sia aggravanti che attenuanti (cfr. *supra*, P. IV, Cap. II).

2. I parametri normativi e la prassi applicativa.

Discrezionalità del giudice in sede di commisurazione della pena

In sede di commisurazione della pena, il giudice agisce **discrezionalmente**; peraltro, egli **deve dar conto** di come e perché abbia inteso irrogare quella certa pena. Ciò si desume dall'art. 132, comma 1, c.p.: «(Potere discrezionale del giudice nell'applicazione della pena: limiti). Nei limiti fissati dalla legge, il giudice applica la pena discrezionalmente; esso deve indicare i motivi che giustificano l'uso di tale potere discrezionale».

Parametri legali

La legge, inoltre, fornisce al giudice una serie di **parametri**, ai quali egli deve uniformarsi nell'esercizio del potere discrezionale in oggetto. Si parla, non a caso, di discrezionalità avente natura **giuridicamente vincolata** (DOLCINI).

Fondamentale è, in proposito, **l'art. 133 c.p.**, in forza del quale il giudice deve tenere presente, in sede di commisurazione della pena, sia la **gravità del reato**, sia la **capacità a delinquere** del colpevole.

Gravità del reato

In particolare, *ex* art. 133, comma 1, c. p., la gravità del reato va desunta:

«1) dalla natura, dalla specie, dai mezzi, dall'oggetto, dal tempo, dal luogo e da ogni altra modalità dell'azione;

2) dalla gravità del danno o del pericolo cagionato alla persona offesa dal reato;

3) dalla intensità del dolo o dal grado della colpa».

Capacità a delinquere

La **capacità a delinquere del colpevole**, viceversa, deve essere desunta (art. 133, comma 2, c.p.):

«1) dai motivi a delinquere e dal carattere del reo;

2) dai precedenti giudiziari e, in genere, dalla condotta e dalla vita del reo, antecedenti al reato;

3) dalla condotta contemporanea o susseguente al reato;

4) dalle condizioni di vita individuale, familiare e sociale del reo».

In realtà, quando il giudice deve determinare la misura della pena, spesso non dispone affatto delle informazioni e dei dati, che pure sarebbero necessari per applicare concretamente i parametri suddetti; per esempio, lo stesso certificato del casellario giudiziale, dal quale «**nulla**» risulti nei confronti dell'imputato Tizio, non dà conto di eventuali altri procedimenti pendenti nei confronti del medesimo (che potrebbero anche essere numerosissimi), né delle condanne non ancora passate in giudicato (cfr. CONTENTO).

Quanto alla più comune **prassi giudiziaria**, inoltre, si osserva che – salvo in processi per reati di particolare gravità – il divario rispetto alle attese della teoria della commisurazione della pena si dimostra sovente «abissale»: il disposto degli artt. 132 e 133 c.p. è, nella pratica, largamente eluso, risultando preferite tecniche di commisurazione standardizzate, ovvero valutazioni equitative (o addirittura intuitive), del tutto incontrollabili (DOLCINI). Ciò comporta, in linea di massima, un **appiattimento** della commisurazione in corrispondenza o in prossimità dei **minimi edittali** di pena.

Prassi giudiziaria

Tornando ai parametri normativi di riferimento, il quadro si completa con il disposto dell'art. 133-*bis* c.p. (introdotto dalla l. n. 689 del 1981): «Condizioni economiche del reo; valutazione agli effetti della pena pecuniaria. Nella determinazione dell'ammontare della multa o dell'ammenda il giudice deve tenere conto, oltre che dei criteri indicati dall'articolo precedente, anche delle condizioni economiche del reo. Il giudice può aumentare la multa o l'ammenda stabilite dalla legge sino al triplo o diminuirle sino a un terzo quando, per le condizioni economiche del reo, ritenga che la misura massima sia inefficace ovvero che la misura minima sia eccessivamente gravosa».

Valutazione delle condizioni economiche del reo ai fini della commisurazione della pena pecuniaria

3. Commisurazione della pena e colpevolezza.

Come si è anticipato trattando della colpevolezza, quest'ultima è un'**entità graduabile**, ossia suscettibile di quantificazione. Si tratta, allora, di stabilire come il ***quantum* della colpevolezza** possa influire in sede di **commisurazione della pena**.

Si è detto come – secondo una concezione rigorosamente **retributiva** e moraleggiante della pena – questa dovrebbe «ripagare» il reo del male commesso, e quindi **corrispondere** esattamente al **grado della colpevolezza**: quanto maggiore è la colpevolezza, tanto maggiore dovrebbe essere, in proporzione, la pena.

Grado della colpevolezza e retribuzione

Certo, non esistono teorie che consentano di fissare un *quantum* di colpevolezza-rimproverabilità, cui corrisponda un *quantum* aritmetico di pena: ma, posto che si possa giungere in maniera ragionevole a stabilire una proporzione tra le due entità (colpevolezza e pena), si dovrebbe concludere – in una prospettiva retributiva – che a una **certa misura di colpevolezza** dovrebbe conseguire una **certa misura di pena**, di severità **corrispondente**.

In realtà, sappiamo che non è così: a parte le complesse questioni che portano oggi a ritenere per più versi «in crisi» il concetto stesso di pena, si è visto che la nostra Costituzione non recepisce l'idea di una sanzione penale rigidamente retributiva.

Esigenze di prevenzione

Più in generale, esistono esigenze politico-criminali, legate al concetto di **prevenzione (sia generale che speciale)**, che ben potrebbero spingere a punire un fatto talvolta in misura **superiore** rispetto alla «pena retributiva», talvolta in misura **inferiore**.

Se si volesse neutralizzare un soggetto particolarmente pericoloso socialmente, che con il reato commesso abbia denotato una spiccata capacità a delinquere, sarebbe opportuno punirlo financo con una pena più elevata rispetto a quella idealmente corrispondente alla colpevolezza per il singolo fatto realizzato. La soluzione sarebbe la stessa, qualora si volesse, con la punizione di quell'individuo, rafforzare l'efficacia di prevenzione generale della norma penale violata: ciò sia nei confronti dei consociati «tentati» di violarla (in modo da dissuaderli), sia nei confronti dei consociati «osservanti delle norme» (in modo tale da rafforzare il loro convincimento, che sia meglio rispettare le regole).

Al contrario, se ci si propone la rieducazione del reo, può essere talora consigliabile punire con una sanzione ridotta rispetto a quella «retributiva» (ossia corrispondente in maniera rigida al *quantum* di colpevolezza); stesso ragionamento vale se il soggetto dimostri una pericolosità inferiore alla media, e comunque in ogni ipotesi in cui vi siano ridotte esigenze di natura preventiva.

Per tirare le fila del discorso: esigenze sottese alla colpevolezza ed esigenze sottese alla prevenzione possono spesso confliggere tra loro, e spingere in direzioni opposte quando si tratti di commisurare la pena in rapporto al singolo caso concreto. Fra queste contrapposte esigenze occorre, quindi, trovare un **punto di equilibrio**.

Colpevolezza come argine a garanzia del cittadino

A tal proposito, la **colpevolezza** viene intesa come **argine a garanzia del cittadino**, contro il rischio che il perseguimento di **scopi preventivi** si traduca in una **strumentalizzazione** del reo, in funzione di bisogni propri della collettività.

Ad esempio: il rapinatore Tizio – allo scopo di rassicurare o di «dare soddisfazione» all'opinione pubblica, e di ridurre il più possibile il rischio che questi commetta altre rapine – potrebbe essere condannato al massimo della pena, anche quando egli non meriti un rimprovero così severo, in rapporto alla rapina che ha commesso. Ma ciò significherebbe che – in definitiva – la collettività si serve di Tizio per appagare i suoi «bisogni di pena», punendolo in misura eccessiva.

È in questa prospettiva che il concetto di colpevolezza, e lo stesso principio costituzionale di colpevolezza, possono fungere da limite: il *nullum crimen sine culpa*, insomma, può rappresentare una garanzia di corretta **delimitazione** della reazione statuale all'illecito, nel senso di circoscriverne non solo l'*an*, ma **anche il *quantum***, ossia la **misura** della punizione.

In altre parole, il principio costituzionale di colpevolezza copre non solo la colpevolezza come elemento del reato, ma anche la **colpevolezza** che, come **concetto graduabile**, segna il confine che non può (perlomeno tendenzialmente) essere oltrepassato in sede di commisurazione della pena, quali che siano le esigenze preventive che suggerirebbero invece una punizione più severa.

4. Pene fisse e pene proporzionali.

L'art. 27 c.p. prevede che «La legge determina i casi nei quali le pene pecuniarie sono fisse e quelli in cui sono proporzionali. Le pene pecuniarie proporzionali non hanno limite massimo».

Pene pecuniarie fisse

Le **pene pecuniarie fisse** sono quelle individuate a priori dal legislatore, in un certo importo, che potrebbe essere, per esempio, di 500 euro (di multa, o di ammenda): è chiaro che in tal caso il **giudice non ha alcun potere discrezionale** di quantificare la sanzione in rapporto al caso concreto, dovendo applicare la pena in quella **misura unica** («fissa») dettata dalla legge.

Pene pecuniarie proporzionali

Le **pene pecuniarie proporzionali** sono, viceversa, quelle che richiedono comunque di essere determinate nel loro ammontare in rapporto al fatto concreto di reato. L'entità della pena proporzionale da applicare può risultare o dalla **moltiplicazione di un valore-base** (da desumere dalla concreta vicenda criminosa) per un **numero** specificato dalla norma penale; o, all'opposto, dalla moltiplicazione di un **importo** indicato dalla norma penale per un certo **coefficiente** (da desumere dalla concreta vicenda criminosa). In entrambi i casi, l'importo della pena può essere superiore ai limiti massimi di cui agli artt. 24 e 26 c.p.

Un esempio di pena pecuniaria proporzionale si rinviene nell'art. 250 c.p.: il fatto di commercio con il nemico è punito (oltre che con la reclusione da due a dieci anni) con la multa pari al quintuplo del valore della merce oggetto del commercio (e in ogni caso non inferiore a un certo limite minimo).

Pene fisse: problemi di costituzionalità

Al di là del disposto dell'art. 27 c.p., **pene fisse** si rinvengono anche con riguardo alle sanzioni **detentive**.

Si pensi, per esempio, alla pena dell'**ergastolo**. Si confronti, inoltre, la pena fissa di trent'anni di reclusione di cui all'art. 289-*bis*, comma 2, c.p., e di cui all'art. 630, comma 2, c.p.

In dottrina, sono state manifestate non poche **perplessità** circa la **legittimità costituzionale** soprattutto in relazione alle **pene fisse**. Esse – quantomeno potenzialmente – si porrebbero in contrasto con il principio costituzionale che impone di «personalizzare» la pena in rapporto al singolo individuo che la deve subire, e con la finalità rieducativa che la pena deve avere (art. 27, commi 1 e 3, Cost.). Inoltre, la «fissità» della pena, non consentendo di adeguare la sanzione alle peculiarità del caso concreto, potrebbe comportare una violazione del principio di eguaglianza (art. 3 Cost.). Quanto alle pene **proporzionali**, taluno ha espresso **dubbi** sulla compatibilità delle stesse con **il principio di legalità**, in quanto si sottrarrebbero ad una compiuta predeterminazione legale.

La Corte costituzionale ha peraltro sino ad oggi sempre respinto tali eccezioni.

Note bibliografiche

BELLAVISTA G., *Il potere discrezionale del giudice nell'applicazione della pena*, Milano, 1939; VASSALLI G., *La potestà punitiva*, Milano, 1942; MESSINA S., *La discrezionalità nel diritto penale*, Roma, 1947; BRICOLA F., *La discrezionalità nel diritto penale. I: Nozioni e aspetti costituzionali*, Milano, 1965; LATAGLIATA R., *Circostanze discrezionali e prescrizione del reato*, Napoli, 1967; DOLCINI E., *La commisurazione della pena*, Padova, 1979; ROMANO M.-STELLA F. (a cura di), *Teoria e prassi della prevenzione generale dei reati*, Bologna, 1980; PADOVANI T., *L'utopia punitiva*, Milano, 1981; NUVOLONE P., voce *Pena*, in *Enc. dir.*, Vol. XXXII,

1982, p. 787 ss.; MILITELLO V., *Prevenzione generale e commisurazione della pena*, Milano, 1982; DE VERO G., *Circostanze del reato e commisurazione della pena*, Milano, 1983; MONACO L., *Prospettive dell'idea dello «scopo» nella teoria della pena*, Napoli, 1984; DOLCINI E., voce *Potere discrezionale del giudice*, in *Enc. dir.*, Vol. XXXIV, 1985, p. 744 ss.; DOLCINI E.-PALIERO C. E., *Il carcere ha alternative?*, Milano, 1989; EUSEBI L., *La pena «in crisi»*, Brescia, 1989; SATURNINO R., voce *Discrezionalità (dir. pen.)*, in *Enc. giur. Treccani*, Vol. XI, 1989; MANNOZZI G., *Razionalità e «giustizia» nella commisurazione della pena: il* just desert model *e la riforma del* sentencing *nordamericano*, Padova, 1996; CARUSO G., *La discrezionalità penale. Tra «tipicità classificatoria» e «tipologia ordinale»*, Padova, 2009; TUMMINELLO L., *Il volto del reo. L'individuazione della pena fra legalità ed equità*, Milano, 2010.

Capitolo V

LE VICENDE DELLA PUNIBILITÀ

1. Reato e punibilità.

Quale sia il **rapporto tra reato e punibilità** rappresenta un tema fra i più controversi della dogmatica penale.

Punibilità come caratteristica essenziale del reato

Secondo un indirizzo di pensiero, il **reato** è sempre – comunque e per definizione – un **fatto punibile**, ovvero non è possibile concepire un reato privo della sua caratteristica essenziale: la **punibilità**, intesa come **assoggettabilità a pena** dell'autore (ovvero come «dover essere» della pena dopo la commissione del reato). Anzi, **la punibilità sarebbe il vero dato caratterizzante dell'illecito penale (del reato)** rispetto alle altre figure di illecito (illecito civile, illecito amministrativo).

Punibilità come elemento esterno al reato

All'opposto, non pochi Autori **scindono reato e punibilità**. Dal punto di vista sistematico, il reato è completo di tutti i suoi elementi essenziali quando vi sia un fatto tipico, realizzato in assenza di cause di giustificazione, e colpevole. A questa stregua, la punibilità si configura come un ***quid* esterno al reato**, il cui prodursi può dipendere da fattori che non rappresentano elementi dell'illecito penale.

Fattispecie di reato in senso stretto e in senso ampio

Altri distinguono tra **fattispecie di reato in senso stretto** (in cui vengono compresi solo gli elementi essenziali: fatto, antigiuridicità e colpevolezza) e **fattispecie di reato in senso ampio** (in cui vengono compresi anche gli elementi che incidono soltanto sulla **punibilità**: es. le condizioni obiettive di punibilità).

Teoria «quadripartita» del reato

Di recente, infine, è stata proposta un'**analisi sistematica del reato «quadripartita»**, secondo cui l'entità-reato viene scomposta in fatto, antigiuridicità, colpevolezza e **punibilità** (MARINUCCI-DOLCINI). In quest'ultimo elemento strutturale del reato vengono collocate **tutte quelle condizioni**, ulteriori ed esterne rispetto al fatto tipico, antigiuridico e colpevole, che possono fondare **l'opportunità** di punirlo.

Al di là delle classificazioni di ordine dogmatico, un approccio istituzionale al tema richiede di chiarire **quali effetti giuridici si producano in conseguenza della realizzazione di un illecito penale** (= dell'integrazione di tutti gli estremi, oggettivi e soggettivi, di una fattispecie incriminatrice, in assenza di cause di giustificazione e di cause che escludono la colpevolezza), **e quali siano le «vicende» di tali effetti** (se, come e quando vengano meno).

In questa prospettiva, debbono essere oggetto di attenzione sia quei fattori, o istituti, sui quali la punibilità (= assoggettabilità a pena dell'autore) si fonda, sia quei fattori, o istituti, i quali escludono la punibilità, o comunque «estinguono» determinati effetti prodottisi in conseguenza della realizzazione di un reato.

Nell'immediato prosieguo della trattazione si analizzeranno, dunque, le cause che **fondano**, ovvero che **escludono**, o «**estinguono**» la punibilità.

2. Le condizioni obiettive di punibilità.

L'istituto delle **condizioni obiettive di punibilità** è previsto dall'**art. 44 c.p.**, che testualmente recita: «Quando, per la punibilità del reato, la legge richiede il verificarsi di una condizione, il colpevole risponde del reato, anche se l'evento, da cui dipende il verificarsi della condizione, non è da lui voluto».

Nonostante la collocazione piuttosto «defilata» in sede di trattazione manualistica (all'interno, appunto, del capitolo «punibilità»), l'istituto delle condizioni obiettive di punibilità svolge un **ruolo importante nell'ambito della teoria del reato**; e ciò è d'altra parte confermato dal fatto che il nostro codice penale disciplina l'istituto con una norma (art. 44) posizionata immediatamente dopo quella che si occupa dell'elemento soggettivo del reato (art. 43). Il che spiega altresì gli **stretti nessi fra la figura in esame e la tematica dell'elemento soggettivo**. A questo proposito, possiamo già anticipare qui, in linea del tutto generale ed al mero fine di chiarire il contesto dell'istituto in questione, che il codice dispone che in relazione alle condizioni di punibilità, **non è richiesta la volontà da parte del reo**.

Ciò suscita vari problemi, sia di ordine più spiccatamente definitorio, che di ordine costituzionale.

Criteri di individuazione delle condizioni obiettive di punibilità

Sotto il primo profilo, qual è la definizione di condizione obiettiva di punibilità? Ciò corrisponde alla seguente domanda: quali sono **i criteri di individuazione delle condizioni obiettive di punibilità**?

Criterio letterale

Un primo dato da tenere presente è quello **letterale**: laddove la norma preveda la punibilità di un certo fatto **«se»**, **«qualora»** (ecc.) si verifichi un certo **accadimento**, si può ravvisare un indizio, nel senso che il legislatore abbia inteso configurare una condizione obiettiva di punibilità.

La formulazione letterale della fattispecie non è tuttavia risolutiva: anzi, un diffuso **sfavore** nei confronti delle condizioni di punibilità (giustificato dall'attributo di «**obiettive**» che si accompagna alle stesse, e che le rende tendenzialmente confliggenti con il principio di colpevolezza) ha portato la dottrina penalistica ad un'opera di sostanziale **«riqualificazione»** di molti «eventi» concepiti come condizionali nell'ottica del legislatore del '30, in modo tale da considerarli alla stregua di **veri e propri elementi essenziali del fatto.**

Criteri logico-formali

A questo scopo, sono stati elaborati **criteri logico-formali** di individuazione delle condizioni obiettive di punibilità, destinati a **escludere** che possano essere condizioni quegli **elementi legati da un nesso psicologico** (es.: elementi che debbono essere voluti dal soggetto agente, e quindi oggetto di dolo), o da un **nesso di causalità materiale** con la condotta: in presenza di uno di questi nessi, l'interprete dovrebbe optare per la qualificazione degli elementi *de quibus* come **elementi essenziali del fatto** (BRICOLA).

Applicando tali criteri, si verificherebbe peraltro un drastico ridimensionamento, se non una sorta di svuotamento della categoria «condizioni obiettive di punibilità».

In realtà, tali criteri diagnostico-formali si sono tradotti in uno strumento per **correggere numerose ipotesi di reato** (la cui formulazione parrebbe in effetti ricalcare il paradigma dell'art. 44 c.p.), riportandole ad una **dimensione costituzionalmente orientata**. **Qualificando, infatti, un elemento come elemento essenziale del fatto, lo si assoggetta alle normali regole di imputazione soggettiva** (dolo o colpa, a seconda dei casi), **sottraendolo al regime di operatività oggettiva, che pare descritto dall'art. 44 c.p., e che potrebbe porsi in contrasto con il principio di colpevolezza**.

Forse, però, oggi è possibile ammettere **criteri** di individuazione delle condizioni obiettive di punibilità **meno selettivi**, grazie alle **nuove prospettive** che si sono aperte in tema di **colpevolezza** a seguito della **Sentenza n. 364 del 1988 della Corte costituzionale**, e del dibattito che ne è scaturito (v. *supra*, P. III, Sez. III, Cap. IV).

A tal riguardo, occorre premettere quanto segue: la dottrina ha operato nell'ambito delle condizioni obiettive di punibilità varie **distinzioni**, non sempre perfettamente coincidenti tra loro, ma tese a differenziare tra condizioni che in qualche modo **contribuiscono alla lesione del bene giuridico**, e condizioni che viceversa **non aggiungono nulla al disvalore del fatto**. Le prime sono dette **condizioni intrinseche** (o **«improprie»**); le seconde sono denominate **condizioni estrinseche** (o **«proprie»**).

Condizioni intrinseche ed estrinseche

Esempio di condizione **intrinseca** (tenendo presente che ciò varia naturalmente a seconda dell'interpretazione della norma di parte speciale di volta in volta considerata): il **pubblico scandalo nel delitto di incesto** (art. 564, comma 1, c.p.); esempio di condizione **estrinseca**: la **sorpresa in flagranza** in rapporto alla contravvenzione di **ubriachezza** (art. 688, comma 1, c.p., fatto peraltro oggi depenalizzato).

Condizioni intrinseche e principio di colpevolezza

In relazione alle **condizioni intrinseche**, si pongono **seri problemi di compatibilità col principio di colpevolezza**. Infatti, come rilevato dalla **Sentenza n. 364 del 1988**, il principio di colpevolezza richiederebbe la **sussistenza del dolo o quantomeno della colpa** almeno in rapporto agli **elementi più significativi**

della fattispecie. Considerando che le **condizioni intrinseche** sarebbero verosimilmente da includersi fra gli **elementi più significativi della fattispecie** (conf. Corte cost., Sent. n. 1085 del 1988), se esse venissero imputate *stricto sensu* **obiettivamente** all'agente, darebbero luogo ad una patente **violazione del principio *nullum crimen sine culpa***. Proprio al fine di evitare una tale evenienza, numerosi Autori (anche in questo caso talora con opinioni lievemente divergenti fra loro) hanno suggerito di **reinterpretare tali ipotesi, richiedendo quantomeno la colpa in relazione all'evento condizionante**. Così, nell'ambito dell'**incesto**, si richiederebbe ai soggetti attivi del reato quantomeno la **prevedibilità in rapporto al pubblico scandalo**. Non risponderebbero ad es. del delitto Tizio e Caia, fratello e sorella, che compissero atti sessuali tra loro in una stanza chiusa, non sapendo di essere ripresi da una telecamera, e dunque non potendo prevedere la successiva divulgazione delle immagini, e il conseguente pubblico scandalo.

Condizioni estrinseche e principio di colpevolezza

In relazione alle **condizioni estrinseche**, i **problemi di compatibilità** con il principio *nullum crimen sine culpa* sono grandemente **ridimensionati**, dal momento che esse, non attenendo alla sfera dell'offesa, **non rientrano tra gli elementi più significativi della fattispecie**, e dunque **non necessitano di un'imputazione soggettiva**, neppure a titolo di colpa. Non a caso queste condizioni sono anche denominate condizioni **obiettive «proprie»**, essendo effettivamente **obiettiva** la loro imputazione. Esse, secondo certe concezioni, **fuoriuscirebbero dalla struttura del reato**; oppure, secondo concezioni ancor più radicali, confluirebbero *tout court* nell'alveo delle mere **condizioni di procedibilità** (al pari, ad es., della querela), e dunque si trasferirebbero dall'ambito sostanziale a quello **processuale**, laddove, naturalmente, non avrebbe neppure senso parlare né di dolo né di colpa.

Da ultimo, vale la pena sottolineare che le condizioni **intrinseche** od improprie presentano comunque delle **peculiarità rispetto ai «normali» elementi essenziali del fatto tipico**. L'elemento essenziale, infatti, si imputa di norma (solo) a titolo di **dolo**, salva espressa previsione di ipotesi colposa; al contrario, la **condizione intrinseca od impropria, pur accedendo ad un fatto in senso stretto doloso**, andrebbe imputata in base ad un coefficiente modellato sulla falsariga della **colpa**.

3. Le cause di non punibilità in senso stretto.

Le **cause di non punibilità in senso stretto** rappresentano una categoria di **creazione dottrinaria**.

Tale categoria ripropone, da differente angolo di visuale, lo stesso problema già esaminato in precedenza, e cioè se sia ammissibile concettualmente un reato non punibile.

Altro aspetto da non trascurare è che la **non-punibilità** – ancorché giochi a favore dell'autore di un illecito – necessita per certi versi di essere **garantita**: una previsione arbitraria di ipotesi di non punibilità rischierebbe infatti di introdurre nel sistema elementi di sperequazione e di privilegio, che debbono all'evidenza essere evitati, e che si esporrebbero comunque a censura, nella prospettiva dell'art. 3 Cost.

Per ciò che attiene alla collocazione sistematica, l'opinione oggi probabilmente più diffusa è che le **cause di non punibilità in senso stretto** rappresentino un significativo punto di emergenza della possibile **scissione tra reato e punibilità**.

Vi sono casi, cioè, in cui **non si punisce un fatto, pur se tipico, antigiuridico e colpevole (= un reato)**, per un fattore **esterno** (= la causa di non punibilità in senso stretto), ed alla luce di **ragioni di convenienza ed opportunità pratica**.

È necessaria, peraltro, un'avvertenza per così dire terminologica, per quanto abbastanza ovvia, e di cui abbiamo già fatto cenno più sopra.

Non punibilità in senso lato

Spesso **nel codice penale** si trova **la locuzione «non è punibile»** (o altra simile): tale locuzione **è assolutamente generica**, e fa riferimento ad una «punibilità» assai latamente intesa.

È l'interprete che deve stabilire, di volta in volta, la **natura giuridica** di quella «non punibilità»; e si tratta di operazione non fine a sé stessa, bensì pregiudiziale e necessaria all'individuazione della **disciplina giuridica** concretamente applicabile.

Per esempio:

Errore

– l'art. 47, commi 1 e 3, c.p., sancisce l'esclusione della «punibilità», in caso di errore di fatto (comma 1) ovvero di errore su legge extrapenale (comma 3) che si siano tradotti in un errore sul fatto che costituisce reato: in queste ipotesi, ciò che viene ad essere escluso in radice è il **dolo** del soggetto agente;

Cause di giustificazione

– secondo il c.p., «la punibilità è esclusa», ovvero il soggetto «non è punibile», anche quando il soggetto abbia agito in presenza di una **causa di giustificazione**, tale di norma da rendere **lecito** il fatto (es. artt. 50 c.p.; 51, comma 1, c.p.; 52 c.p.; ecc.);

Scusanti

– «non è punibile» colui che abbia agito in presenza di una **causa di esclusione della colpevolezza**, ossia di un fattore idoneo ad escludere la rimproverabilità giuridico-penale di un fatto all'autore, pur se il fatto è stato realizzato con dolo (o colpa, in caso di reato colposo) ed in mancanza di cause di giustificazione; non è punibile, in quanto non rimproverabile la persona priva della capacità di intendere e di volere (ma la natura della non imputabilità è controversa) (art. 85 c.p.); non è punibile perché non colpevole (rimproverabile) chi abbia commesso un fatto di diffamazione «nello stato d'ira determinato da un fatto ingiusto altrui, e subito dopo di esso» (art. 599 c.p., «Provocazione»).

Tutte le ipotesi appena elencate di «non punibilità» **non vanno confuse con le cause di non punibilità in senso stretto** di cui ci si occupa ora.

Stabilire, per esempio, se la «non punibilità» dipenda da una **causa di giustificazione** (quale la legittima difesa) o da una **causa di non punibilità *stricto sensu*** ha delle implicazioni notevoli. Si pensi al **concorso** (e quindi alla **penale responsabilità**) di altro soggetto nel reato realizzato da chi beneficia di una **causa personale di non punibilità in senso stretto**, concorso che viceversa non è immaginabile in capo a colui che dà un proprio contributo ad un **fatto «giustificato»**; si pensi alla disciplina **dell'errore sulle «circostanze di esclusione della pena» (= cause di giustificazione)**, che, nei limiti di cui all'art. 59, ultimo comma, c.p., può escludere la punibilità, e che **non riguarda il caso di erronea supposizione di una causa di non punibilità in senso stretto**, ecc.

Ipotesi di non punibilità «strettamente intese»

Si tratta a questo punto di vedere più da vicino quali possano essere **le ipotesi di non punibilità «strettamente intese»**.

Cause di non punibilità originarie

In linea generale, le cause di non punibilità vengono distinte in **cause di non punibilità originarie** e in **cause di non punibilità sopravvenute**. Originaria è quella **coeva rispetto al reato**, sopravvenuta è la causa che si **verifica in epoca successiva alla consumazione del reato**.

Quale esempio di causa di non punibilità originaria si può citare l'art. 649 c.p. (non è punibile colui che abbia commesso determinati reati contro il patrimonio, quali furto, truffa, appropriazione indebita, ecc., in danno del coniuge non legalmente separato, di un ascendente o discendente, ecc.).

Cause di non punibilità sopravvenute

Le cause di non punibilità **sopravvenute** hanno conosciuto una particolare «fortuna» nell'ambito della c.d. **«legislazione premiale»**, mediante la concessione di **impunità** in presenza di condotte successive al reato, incentivate dal legislatore in funzione di obiettivi di politica criminale ritenuti di particolare e preminente interesse (quali la lotta al terrorismo: vedasi in particolare l'art. 1, l. n. 304 del 1982). Per limitare l'attenzione alle ipotesi codicistiche, si può richiamare (quanto alla **parte generale**) la non punibilità in rapporto al tentativo, che deriva dalla desistenza volontaria, e (quanto alla **parte speciale**) la non punibilità del delitto di falsa testimonianza, che discende dalla tempestiva ritrattazione (artt. 372 e 376 c.p.).

Cause sopravvenute di non punibilità e cause estintive del reato

Veniamo ora alla **distinzione tra cause sopravvenute di non punibilità e cause estintive del reato**.

Come meglio si vedrà fra poco, anche le cause estintive del reato incidono sulla punibilità astratta, facendo venire meno l'assoggettabilità a pena dell'autore.

Mentre **taluno inserisce le cause sopravvenute di non punibilità tra i fatti estintivi, secondo altri** i due fenomeni si **differenziano profondamente**. A sostegno di quest'ultimo assunto, si fa rilevare che esistono norme di **parte generale** (artt. 150 ss. c.p.; ma vedasi più diffusamente *infra*), che contemplano una **disciplina apposita per le cause estintive del reato**, diversa, o comunque non di per sé riferibile alle cause di non punibilità. Si vorrebbe, ancora, l'**estinzione** riservata di regola a casi in cui il fattore sopravvenuto è ricollegato ad **interessi generali**, ovvero **estranei al soggetto agente**, mentre nelle **cause di non punibilità** rileverebbe soltanto un comportamento **personale** dell'autore, **vicino nel tempo** rispetto alla consumazione, o addirittura un comportamento tenuto nel **corso** della realizzazione del reato.

La distinzione è in effetti spesso **problematica**. Talora, la dottrina riconosce natura di **cause di non punibilità sopravvenuta** a fattori che, **secondo la lettera della legge**, producono **effetti estintivi** del reato: nel codice penale, l'esempio è offerto dall'art. 641, comma 2, laddove si prevede che l'adempimento dell'obbligazione prima della condanna (definitiva) estingue il delitto di insolvenza fraudolenta.

In concreto, l'**aspetto essenziale** attiene alla **individuazione** della sfera di operatività della singola causa, vuoi estintiva, vuoi di non punibilità sopravvenuta, ossia alla esatta individuazione delle **conseguenze giuridiche che ne discendono**, in base alla **disciplina** applicabile.

Non a caso, come si vedrà nei paragrafi che seguono, un momento essenziale dello studio delle **cause estintive** consiste proprio nella ricognizione degli **effetti** del reato che **perdurano**, nonostante l'intervento di una delle cause suddette.

Sulla diversa, ma collegata problematica delle **immunità**, si rinvia a quanto detto *supra*, P. III, Sez. I, Cap. II.

4. Le cause di estinzione del reato e della pena.

Le espressioni **«estinzione del reato»** ed **«estinzione della pena»** sono utilizzate nel codice penale in sede di disciplina di istituti eterogenei, accomunati nella prospettiva delle conseguenze giuridiche prodotte: conseguenze appunto «estintive», e cioè consistenti nel venire meno di tutta una serie di effetti, prodottisi in conseguenza della realizzazione di un reato, ovvero dell'irrogazione di una pena.

Il titolo VI del libro I del c.p. è infatti dedicato proprio alla «estinzione del reato e della pena», fenomeni analiticamente regolati nel capo I (estinzione del reato a causa di morte del reo, amnistia, remissione di querela, prescrizione, oblazione, estinzione del reato per condotte riparatorie, sospensione condizionale della pena, sospensione del procedimento con messa alla prova, perdono giudiziale per i minori) e nel capo II (estinzione della pena a causa di morte del reo, prescrizione, indulto, grazia, non menzione della condanna, liberazione condizionale, riabilitazione), oltre che nel capo III, il quale reca ulteriori disposizioni, comuni ad entrambi.

Punibilità c.d. astratta e c.d. concreta

In genere, si distingue tra estinzione del reato ed estinzione della pena a seconda che la causa estintiva incida, rispettivamente, sulla **c.d. punibilità astratta**, oppure sulla **c.d. punibilità concreta**.

Più precisamente, la **punibilità astratta** viene a sussistere a partire **dal momento in cui il reato è completo in tutti i suoi elementi**. La **punibilità concreta**, invece, matura solo quando vi è una **sentenza irrevocabile di condanna** (o di applicazione di pena su richiesta delle parti), che **commina ovviamente una pena**.

Orbene, tendenzialmente una **causa estintiva del reato** interviene nel lasso temporale che va dalla realizzazione del reato sino a che non sia passata in giudicato la condanna, ed **«estingue» la punibilità astratta**, ossia il **potere statuale di punire** e la correlativa **assoggettabilità a pena di colui che ha commesso il reato**; una **causa estintiva della pena**, al contrario, interviene **dopo la condanna definitiva** (quando vi è un «reo» nel senso più proprio e completo, ossia un soggetto giudicato colpevole) e tende a cancellare **gli effetti della pena inflitta dal giudice nel caso concreto** (per questo si parla di estinzione della punibilità **in concreto**).

Per esempio: estingue il reato la morte di colui che lo ha commesso, avvenuta prima della condanna (art. 150 c.p.), mentre estingue la pena la morte del reo successiva alla condanna (art. 171 c.p.).

Talora, peraltro, la disciplina del c.p. non si presta ad essere ricondotta alla schematizzazione concettuale appena delineata: per esempio, l'art. 151 c.p., a proposito dell'amnistia, collocata fra le cause di estinzione del reato, stabilisce non solo che l'amnistia estingue il reato, ma anche che «fa cessare l'esecuzione della condanna e le pene accessorie», se condanna vi è già stata (c.d. **amnistia impropria**): sotto quest'ultimo profilo, è evidente che l'amnistia, ancorché l'art. 151 c.p. sia compreso nel capo I cit., dedicato alle cause estintive del reato, si pone quale istituto che incide sulla **punibilità in concreto** (e dunque, concettualmente, rappresenta una **causa estintiva della pena**).

Significato convenzionale della «estinzione del reato»

In dottrina, inoltre, si sottolinea come parlare di estinzione del reato, ovvero della pena, sia possibile solo convenzionalmente. Ai fini qui in esame, invero, il termine **estinzione non significa certo totale cancellazione**.

Innanzitutto, dal punto di vista logico, il **reato non può venire meno** se ed in quanto considerato **come accadimento storicamente verificatosi** (*quod factum infectum fieri nequit* = ciò che è stato fatto non può essere considerato come se non fosse mai accaduto).

Effetti residui

Ma **nemmeno** si può dire che le cause estintive del reato o della pena **cancellino tutte le conseguenze giuridiche** attinenti alla realizzazione di un reato, ovvero alla pronunzia di una sentenza di condanna. Anzi, un punto non secondario della disciplina e dello studio delle cause estintive è proprio quello che riguarda gli **effetti** del reato o della pena che «**sopravvivono**», nonostante che una di dette cause si sia verificata.

Per inciso, si può evidenziare come il fenomeno al quale si ricollegano i più drastici effetti estintivi (*lato sensu* intesi) non rientri fra le cause di cui agli artt. 150 ss. c.p., essendo viceversa individuabile nell'ipotesi di *abolitio criminis*, *ex* art. 2, comma 2, c.p.: «Nessuno può essere punito per un fatto che, secondo una legge posteriore, non costituisce reato; e, se vi è stata condanna, ne cessano la esecuzione e gli effetti penali». La depenalizzazione (o decriminalizzazione) di un reato (e stesse conclusioni valgono laddove la norma incriminatrice sia stata dichiarata costituzionalmente illegittima) comporta la più drastica ed integrale estinzione (qui davvero sinonimo di cancellazione) di quel complesso di effetti giuridici normalmente ricondotti alle nozioni di punibilità astratta, ovvero di punibilità in concreto (v. *supra*, P. II, Cap. II).

Viceversa, del reato **estinto** (e non oggetto di vera e propria *abolitio*) occorre tenere conto, alla luce di specifiche previsioni normative, che in buona sostanza ne disciplinano i **limitati effetti residui**.

In particolare, l'art. 170, comma 1, c.p. dispone che «Quando un reato è il presupposto di un altro reato, la causa che lo estingue non si estende all'altro reato»; l'ultimo comma del medesimo articolo sancisce, inoltre, che «L'estinzione di taluno fra più reati connessi non esclude, per gli altri, l'aggravamento di pena derivante dalla connessione». Ed ancora, l'art. 106, comma 1, c.p. prevede che «Agli effetti della recidiva e della dichiarazione di abitualità o di professionalità nel reato si tien conto altresì delle condanne per le quali è intervenuta una causa di estinzione del reato o della pena», tranne che la causa estingua anche gli effetti penali (comma 2).

5. (Segue) La morte del reo.

Come già anticipato, la **morte del reo** rappresenta una **causa estintiva del reato** o della **pena**, a seconda che intervenga, rispettivamente, **prima o dopo** la sentenza definitiva di condanna (artt. 150 e 171 c.p.).

La morte del reo estingue tanto la **pena principale**, quanto le **pene accessorie e gli altri effetti penali della condanna**. L'obbligazione avente ad oggetto il rimborso all'erario, da parte del condannato, delle spese per il mantenimento in carcere non si trasmette agli eredi del condannato (art. 188 c.p., del cui comma 2 la Corte costituzionale, con Sentenza n. 98 del 1998, ha dichiarato l'illegittimità costituzionale, nella parte in cui non prevede la non trasmissibilità agli eredi dell'obbligo di rimborsare le spese del processo penale). Intatte rimangono invece le obbligazioni civili nascenti da reato, che ben possono, quindi, far capo agli eredi.

6. (Segue) La prescrizione.

La **prescrizione** è una **causa estintiva del reato ovvero della pena, legata al decorso di un certo periodo di tempo**.

Ratio

La *ratio* della prescrizione è **discussa**. Tradizionalmente, si reputa che il trascorrere del tempo, senza che si sia giunti ad accertare la responsabilità penale ovvero ad eseguire la condanna, faccia **venire meno l'interesse dello Stato alla punizione** del colpevole, ciò anche perché nel frattempo si può presumere **scemato o comunque affievolito lo stesso ricordo sociale** del fatto criminoso commesso. Altri argomenti fanno leva sul concetto di **colpevolezza**, ovvero di **retribuzione**, sia nel senso che il rimprovero giuridico-penale e l'inflizione della pena hanno un senso, nei confronti del reo, solo se non sia passato troppo tempo dalla realizzazione del fatto, giacché diversamente si correrebbe il rischio di punire una persona che «non è più la stessa»; sia nel senso che il rischio di essere assoggettati a processo, a condanna e ad esecuzione della pena, è già in sé un *quid* di afflittivo, che non può durare *sine die*. Dal punto di vista della **prevenzione speciale positiva**, inoltre, pare che una condanna ad una pena per un fatto, o una condanna, **troppo lontani nel tempo** possano risultare **incompatibili con le finalità rieducative** proprie della sanzione penale. Nella prospettiva **processuale**, infine, la celebrazione di processi per fatti molto remoti comporta **difficoltà probatorie** facilmente intuibili, sia per l'accusa che per la difesa.

Le varie possibili esigenze sottese alla prescrizione cedono peraltro il passo, nel sistema positivo, laddove vengano in considerazione fatti criminosi connotati da un **disvalore particolarmente grave**: **non si prescrivono**, infatti, i delitti puniti con l'**ergastolo**, né si prescrive la pena dell'ergastolo.

Prescrizione del reato

***a*) Prescrizione del reato.**

L'istituto della **prescrizione del reato** è stato oggetto di una radicale riforma, attuata con la legge n. 251 del 2005 (c.d. «*ex-Cirielli*»), che ha inciso sugli artt. 157-161 c.p.

A norma dell'art. 157 c.p., nel testo anteriore alla riforma, la prescrizione estingueva il reato: 1) in venti anni, se si trattava di delitto per cui la legge stabilisse la pena della reclusione non inferiore a ventiquattro anni; 2) in quindici anni, se si trattava di delitto per cui la legge stabilisse la pena della reclusione non inferiore a dieci anni; 3) in dieci anni, se si trattava di delitto per cui la legge stabilisse la pena della reclusione non inferiore a cinque anni; 4) in cinque anni, se si trattava di delitto per cui la legge stabilisse la pena della reclusione inferiore a cinque anni, o la pena della multa; 5) in tre anni, se si trattava di contravvenzione per cui la legge stabilisse la pena dell'arresto; 6) in due anni, se si trattava di contravvenzione per cui la legge stabilisse la pena dell'ammenda.

Le modifiche introdotte dalla l. n. 251 del 2005

Tale disciplina risulta profondamente **modificata dalla l. n. 251 del 2005**.

In forza del primo comma del nuovo art. 157 c.p., «La prescrizione estingue il reato decorso il tempo corrispondente al massimo della pena edittale stabilita dalla legge e comunque un tempo non inferiore a sei anni se si tratta di delitto e a quattro anni se si tratta di contravvenzione, ancorché puniti con la sola pena pecuniaria».

Questa è dunque la nuova regola generale in tema di «tempo necessario a prescrivere».

I termini che si ricavano dalla suddetta disposizione sono peraltro raddoppiati, per quanto concerne una serie di reati indicati nel sesto comma dell'art. 157 c.p., ad esempio, il disastro colposo, l'omicidio colposo, nelle ipotesi di cui al secondo e terzo comma dell'art. 589 c.p., ecc.

Quale ulteriore criterio di computo del termine prescrizionale, nell'art. 157, quarto comma, c.p. si è mantenuta intatta la regola già esistente, per cui «Quando per il reato la legge stabilisce congiuntamente o alternativamente la pena detentiva e la pena pecuniaria, per determinare il tempo necessario a prescrivere si ha riguardo soltanto alla pena detentiva».

Risulta oggi esplicitamente sancita la regola della imprescrittibilità dei reati per i quali la legge prevede la pena dell'ergastolo, anche solo quale effetto dell'applicazione di circostanze aggravanti (art. 157, ultimo comma, c.p.).

Piuttosto oscura è parsa invece la disposizione di cui al quinto comma dell'art. 157 c.p.: «Quando per il reato la legge stabilisce pene diverse da quella detentiva e da quella pecuniaria si applica il termine di tre anni».

Pene principali diverse da quella detentiva e da quella pecuniaria sono previste dall'art. 52 del d.lgs. n. 274 del 2000, in tema di competenza penale del giudice di pace: si tratta della permanenza domiciliare e del lavoro di pubblica utilità. Si potrebbe pensare, dunque, che il termine di prescrizione di tre anni si applichi ai reati di competenza del giudice di pace punibili con la permanenza domiciliare o con il lavoro di pubblica utilità.

Tuttavia, queste pene peculiari del «micro-sistema» penale affidato alla competenza del giudice di pace sono sempre previste in alternativa alla pena pecuniaria: sicché non esiste un reato punito (solo) con la permanenza domiciliare o (solo) con il lavoro di pubblica utilità, o con entrambe queste sanzioni.

Una soluzione per immaginare uno spazio di operatività dell'art. 157, quinto comma, c.p. potrebbe essere quella di ritenere applicabile il termine di prescrizione di tre anni ai reati punibili anche con la permanenza domiciliare o con il lavoro di pubblica utilità. Ma quale sarebbe allora il trattamento da riservare ai reati di competenza del giudice di pace per i quali è prevista unicamente la pena pecuniaria? Sarebbe infatti irragionevole ipotizzare per questi ultimi e meno gravi reati un termine di prescrizione più lungo rispetto agli altri, più gravi.

Si profila dunque l'alternativa seguente: o si ritiene di poter forzare a tal punto il tenore letterale della norma, da interpretarla come se si riferisse *tout court* a tutti i reati di competenza del giudice di pace, o si riconosce che l'art. 157, quinto comma, c.p. detta una norma, allo stato, praticamente inapplicabile.

Anche con riferimento alla disciplina della prescrizione, così come già si è visto a proposito delle circostanze, della recidiva, del concorso formale di reati e della continuazione, il legislatore del 2005 ha mirato a **ridurre gli spazi di discrezionalità del magistrato penale**.

In precedenza, ai fini del computo della prescrizione la concessione o meno di circostanze attenuanti (fra cui le c.d. «generiche»), ed il giudizio di prevalenza o di equivalenza di queste ultime rispetto alle aggravanti, potevano avere una rilevanza decisiva. Oggi non è più così: «Per determinare il tempo necessario a prescrivere si ha riguardo alla pena stabilita dalla legge per il reato consumato o tentato, senza tener conto della diminuzione per le circostanze attenuanti o dell'aumento per le circostanze aggravanti, salvo che per le aggravanti per le quali la legge stabilisce una pena di specie diversa da quella ordinaria e per quelle ad effetto speciale, nel qual caso si tiene conto dell'aumento massimo di pena previsto per l'aggravante.

Non si applicano le disposizioni dell'articolo 69 e il tempo necessario a prescrivere è determinato a norma del secondo comma» (art. 157, secondo e terzo comma, c.p., nel testo modificato dalla «*ex*-Cirielli»).

Come si vede, è ora **la legge a fissare** in via generale e astratta **il tempo necessario affinché un reato si prescriva**.

«Rinunciabilità» della prescrizione

L'imputato può sempre espressamente **rinunciare** alla prescrizione, e chiedere di essere giudicato nel merito, al fine di vedere riconosciuta la propria innocenza (perché il fatto non sussiste, per non avere commesso il fatto, ecc.). La regola della «rinunciabilità» della prescrizione è stata testualmente sancita dal legislatore del 2005 (art. 157, settimo comma, c.p.), dopo che la Corte Costituzionale, con sentenza n. 275 del 1990, aveva dichiarato costituzionalmente illegittimo il «vecchio» art. 157 c.p., nella parte in cui non prevedeva che la prescrizione del reato potesse essere rinunziata dall'imputato.

Come si può facilmente constatare, **la nuova disciplina** del tempo necessario a prescrivere si rivela **in taluni casi più favorevole al reo**, in quanto accorcia il termine di prescrizione, ed **in altri casi meno favorevole**, poiché lo allunga (né mancano ipotesi in cui il termine rimane in sostanza identico, peraltro con le differenze sopra descritte in punto di eliminazione della discrezionalità giudiziale). Per esempio: le contravvenzioni ora si prescrivono nel più lungo termine di quattro anni. All'opposto, molti delitti si prescrivono in termini più brevi rispetto al passato: ad esempio, la circonvenzione d'incapace si prescrive, alla luce delle modifiche apportate all'art. 157 c.p., in sei anni. Ciò salvo l'effetto di atti interruttivi, su cui si dirà *infra*.

Nuova disciplina e successione di norme penali nel tempo in senso stretto

La **natura sostanziale** dell'istituto della prescrizione, che si configura appunto quale causa estintiva del reato, rende **applicabile la disciplina della successione di leggi penali nel tempo in senso stretto**, sancita dall'art. 2, quarto comma, c.p.

Pertanto, laddove le nuove norme in tema di prescrizione dovessero comportare un trattamento sfavorevole al reo non potrebbero retroagire.

In particolare, se in forza delle novità introdotte risultasse allungato il termine di prescrizione di un reato commesso prima dell'entrata in vigore della l. n. 251 del 2005, e se tale reato fosse da considerare prescritto alla luce della normativa previgente, la declaratoria di estinzione del reato per intervenuta prescrizione del medesimo si imporrebbe.

E viceversa, se in forza delle novità introdotte risultasse accorciato il termine di prescrizione di un reato commesso prima dell'entrata in vigore della l. n. 251 del 2005, l'autore potrebbe beneficiarne retroattivamente, con il consueto limite del giudicato, e altresì della disposizione transitoria secondo cui «se, per effetto delle nuove disposizioni, i termini di prescrizione risultano più brevi, le stesse si applicano ai procedimenti e ai processi pendenti alla data di entrata in vigore della presente legge, a esclusione [dei processi già pendenti in primo grado ove vi sia stata la dichiarazione di apertura del dibattimento, nonché] dei processi già pendenti in grado di appello o avanti alla Corte di cassazione» (art. 10, comma 3, l. n. 251 del 2005; articolo dichiarato incostituzionale limitatamente alle parole tra parentesi quadre da Corte cost., Sent. n. 393 del 2006).

Decorrenza dei termini di prescrizione

Il **termine della prescrizione inizia a decorrere dal giorno della consumazione**, in ipotesi di reato consumato ovvero, in caso di delitto tentato, dal giorno in cui è cessata l'attività del colpevole. Qualora si tratti di reato permanente, il termine decorre dal giorno in cui è cessata la permanenza. Così dispone l'art. 158, primo comma, c.p., che, sul punto, è rimasto inalterato.

Il legislatore del 2005 ha invece cancellato quella parte della disposizione che faceva decorrere il termine prescrizionale del reato continuato dal giorno in cui fosse cessata la continuazione.

Pertanto, ogni reato legato dal vincolo della continuazione avrà non solo un proprio termine di prescrizione (come del resto in passato), ma anche un proprio *dies a quo* per ciò che attiene alla decorrenza di tale termine, secondo le regole generali testé richiamate.

In altre parole, non si deve più attendere, affinché scatti la decorrenza del termine di prescrizione proprio di ogni singolo reato avvinto dalla continuazione, il giorno in cui la continuazione medesima venga a cessare.

Se la punibilità del reato dipende dal verificarsi di una condizione, *ex* art. 44 c.p., il termine di prescrizione decorre dal giorno in cui la condizione di punibilità si è realizzata; per ciò che concerne invece i reati procedibili a querela, istanza o richiesta, il termine di prescrizione decorre dal giorno del commesso reato (art. 158, secondo comma, c.p.).

Da ultimo, va segnalato che, con l. n. 103 del 2017, nell'art. 158 c.p. è stato introdotto un nuovo quarto comma a mente del quale se i reati di cui all'art. 392, comma 1 *bis*, del codice di procedura penale sono «commessi nei confronti di minore, il termine della prescrizione decorre dal compimento del diciottesimo anno di età della persona offesa, salvo che l'azione penale sia stata esercitata precedentemente». Per quest'ultimo caso è previsto che il termine di prescrizione decorra dall'acquisizione della notizia di reato.

Il **corso della prescrizione** del reato può essere **sospeso** ovvero **interrotto**.

Sospensione

Al verificarsi di una **causa sospensiva** (su tali cause si può rinviare all'attuale testo dell'art. 159 c.p., recentemente innovato ancora dalla l. n. 103 del 2017), si apre come una sorta di **parentesi**, che si chiude allorché la causa suddetta venga meno (cfr. art. 159, quinto comma, c.p.: la prescrizione riprende il suo corso dal giorno in cui è cessata la causa della sospensione). Il periodo di tempo compreso fra queste parentesi non si computa ai fini della prescrizione, mentre il periodo antecedente e quello successivo debbono essere sommati ai fini del calcolo *ex* art. 157 c.p.

L'art. 159, primo comma, n. 3), c.p. prevede ora espressamente che il corso della prescrizione rimanga sospeso in caso di sospensione del procedimento o del processo penale per impedimento delle parti o dei difensori, ovvero su richiesta dell'imputato o del suo difensore. Tale previsione, introdotta con la l. n. 251 del 2005, recepisce l'orientamento della Corte di Cassazione formatosi in sede di interpretazione del testo previgente (Sezioni Unite, 28 novembre 2001, *Cremonese*), nonché le indicazioni della Corte Costituzionale (Sentenza n. 116 del 2002).

Interruzione

Laddove viceversa maturi uno degli **atti interruttivi** della prescrizione del reato indicati dall'art. 160 c.p. (sentenza o decreto di condanna, ordinanza che dispone una misura cautelare personale, ecc.: pure il novero degli atti contemplati dal comma 2 è stato recentemente novellato dalla l. n. 103 del 2017), la prescrizione interrotta **ricomincia a decorrere dal giorno dell'interruzione**, restando però privo di effetti il tempo antecedentemente trascorso. In caso di più atti interruttivi che si susseguono nel tempo, la prescrizione decorre dall'ultimo di essi, ma **in nessun caso i termini stabiliti nell'art. 157 c.p. possono essere prolungati** (non più oltre la metà, ma) «**oltre i termini di cui all'articolo 161**, secondo comma, fatta eccezione per i reati di cui all'articolo 51, commi 3-*bis* e 3-*quater*, del codice di procedura penale» (art. 160, ultimo comma, c.p., nel testo introdotto dalla l. n. 251 del 2005).

A sua volta, l'art. 161, secondo comma, c.p., per come sostituito dalla l. n. 251 del 2005 e modificato dalla l. n. 103 del 2017, prevede quanto segue: «Salvo che si proceda per i reati di cui all'articolo 51, commi 3-*bis* e 3-*quater*, del codice di procedura penale, in nessun caso l'interruzione della prescrizione può comportare l'aumento di più di un quarto del tempo necessario a prescrivere, della metà per i reati di cui agli articoli 318, 319, 319-*ter*, 319-*quater*, 320, 321, 322-*bis*, limitatamente ai delitti richiamati dal presente comma, e 640-*bis*, nonché nei casi di cui all'articolo 99, secondo comma, di due terzi nel caso di cui all'articolo 99, quarto comma, e del doppio nei casi di cui agli articoli 102, 103 e 105».

Recidiva e computo della prescrizione

Al di là delle previsioni concernenti specifiche figure di reato e di autori, conviene osservare come in particolare la recidiva assuma un'importanza centrale nel computo della prescrizione, sotto un duplice profilo.

Innanzitutto, le ipotesi di recidiva aggravata e reiterata, proprio in quanto comportano un aumento di pena superiore a un terzo, sono qualificabili come circostanze aggravanti ad effetto speciale, e pertanto sono rilevanti nella prospettiva del computo del tempo necessario a prescrivere, ai sensi e nei limiti di cui all'art. 157, secondo comma, c.p.

In secondo luogo, eventuali cause di interruzione della prescrizione comporteranno una maggiore dilatazione del termine massimo entro cui si determina l'effetto estintivo del reato, nelle suddette ipotesi di recidiva aggravata e reiterata.

b) Prescrizione della pena.

Prescrizione della pena

Il decorso del tempo può incidere non soltanto sul reato, ma anche sulla pena, estinguendola. La **prescrizione della pena** è disciplinata dagli artt. 172 e 173 c.p. Essa presuppone che sia intervenuta una **pronuncia irrevocabile di condanna** (o comunque di applicazione della pena). In linea di massima, i **termini** di prescrizione della pena **decorrono** proprio **dal giorno in cui la condanna è divenuta irrevocabile**; il *dies a quo* può peraltro essere rappresentato dal giorno in cui il condannato si è sottratto volontariamente alla esecuzione già iniziata della pena; ovvero, in caso di esecuzione della pena subordinata alla scadenza di un termine, o al verificarsi di una condizione, il tempo necessario a che la pena si estingua decorre dal giorno in cui il termine è scaduto o la condizione si è verificata.

Quanto ai **termini** di prescrizione della pena:

– la reclusione si estingue con il decorso di un tempo pari al doppio della pena inflitta e, in ogni caso, non superiore a trenta e non inferiore a dieci anni (art. 172, comma 1, c.p.);

– la multa si estingue in dieci anni (art. 172, comma 2, c.p.);

– l'arresto e l'ammenda si estinguono in cinque anni, ma questo termine in taluni casi è raddoppiato (art. 173, comma 1 c.p.).

Quando vengono inflitte congiuntamente la pena detentiva e quella pecuniaria (reclusione e multa in caso di delitto, oppure arresto e ammenda, in caso di contravvenzione), si ha riguardo solo al termine stabilito per la sanzione detentiva.

In rapporto a tali termini, poi, non operano né cause sospensive, né interruttive.

In caso di concorso di reati, si tiene conto – ai fini dell'estinzione della pena – di ciascuno di essi, ancorché le pene siano state inflitte con la medesima sentenza (art. 172, comma 6, c.p.).

Reclusione e multa non si estinguono se inflitte a soggetti recidivi, nei casi previsti dai capoversi dell'art. 99 c.p., o di delinquenti abituali, professionali o per tendenza; in rapporto a tali soggetti, il termine di prescrizione di arresto e ammenda raddoppia. L'estinzione di reclusione e multa è preclusa, altresì, se il condannato, durante il tempo necessario per l'estinzione della pena, riporta una condanna alla reclusione per un delitto della stessa indole.

7. (Segue) La remissione della querela.

La **remissione della querela** è considerata dal codice penale una **causa estintiva del reato** (art. 152, comma 1, c.p.), in rapporto, appunto, ai **delitti procedibili a querela** della persona offesa.

Natura giuridica

In letteratura, peraltro, l'opinione senz'altro più diffusa annovera questo istituto fra le **cause di improcedibilità sopravvenuta**, collocandolo così sul versante **processuale**, anziché su quello sostanziale. Del resto, anche il codice di rito dedica norme *ad hoc* alla disciplina della querela e della remissione della stessa, in apposito titolo avente ad oggetto le «**condizioni di procedibilità**» (artt. 336 e ss. c.p.p.).

Disciplina

Rimettere la querela significa ritirarla. Ciò non sempre è possibile: esistono casi in cui la querela, una volta sporta, è irrevocabile (es.: art. 609-*septies* c.p., che disciplina la querela nell'ambito dei reati contro la libertà sessuale). Inoltre, la remissione della querela – che di regola deve avvenire prima della condanna (art. 152, comma 3, c.p.) – abbisogna dell'**accettazione** del querelato (art. 155 c.p.).

8. (Segue) L'amnistia.

Amnistia propria ed impropria

L'**amnistia**, come l'indulto e la grazia (sui quali vedasi *infra*), rientra nella categoria dei c.d. «**atti di clemenza**». Si tratta di **provvedimento generale e astratto**, con il quale lo **Stato rinuncia a punire certi reati**. Essa si distingue in **propria** ed **impropria**. L'amnistia si dice **propria** qualora intervenga **prima della sentenza (definitiva) di condanna**; **impropria** quando invece è **successiva alla condanna** medesima.

Siccome dal punto di vista dogmatico l'amnistia **propria** è una causa di estinzione del **reato**, e l'amnistia impropria è una causa di estinzione della **pena**, in dottrina si sottolinea l'opportunità di una disciplina separata delle due ipotesi.

De iure condito, peraltro, a differenza di quanto avviene in relazione ad altre cause estintive, l'art. 151, comma 1, c.p. si riferisce ad entrambe le ipotesi: «L'amnistia estingue il reato...» (amnistia propria) «...e, se vi è stata condanna, fa cessare l'esecuzione della condanna e le pene accessorie» (amnistia impropria). Dunque, mentre l'amnistia **propria** è connotata da un'efficacia estintiva **completa**, l'amnistia **impropria** ha un'efficacia estintiva **più ridotta**, essendo circoscritta alla cessazione dell'esecuzione della condanna ed alle pene accessorie.

La decisione di concedere un'amnistia rappresenta un passaggio molto delicato, tant'è che la materia è oggetto di **espressa previsione costituzionale**: «L'amnistia e l'indulto sono concessi con legge deliberata a maggioranza dei due terzi dei componenti di ciascuna Camera, in ogni suo articolo e nella votazione finale. La legge che concede l'amnistia o l'indulto stabilisce il termine per la loro applicazione. In ogni caso l'amnistia e l'indulto non possono applicarsi ai reati commessi successivamente alla presentazione del disegno di legge» (art. 79 Cost.).

L'attuale formulazione dell'art. 79 Cost. è frutto di una **modifica** apportata con **legge costituzionale n. 1 del 1992**. In precedenza, la Carta costituzionale prevedeva semplicemente che l'amnistia e l'indulto fossero concessi dal Presidente della Repubblica, su legge di delegazione delle Camere. Nella prassi (riconosciuta legittima dalla Consulta), le leggi deleganti disciplinavano nel dettaglio il contenuto del provvedimento di clemenza, sicché il decreto del Presidente della Repubblica, in pratica, si limitava a riprodurlo.

Da più parti si è lamentato l'**uso eccessivo** (specie in passato) di questo strumento, le cui **controindicazioni** paiono molteplici: dal sacrificio delle esigenze legate alla prevenzione, alla vanificazione dell'operato di forze dell'ordine e magistratura; dall'allungamento dei tempi processuali determinato dall'attesa del provvedimento clemenziale, all'aumento del numero di delinquenti in libertà.

Funzione di pacificazione sociale

Si riconosce, nondimeno, che l'amnistia possa rappresentare una **soluzione** apprezzabile, soprattutto in funzione di **pacificazione sociale**: l'atto di clemenza, in questa prospettiva, può servire a «voltare pagina» dopo periodi di gravi conflitti, proprio attraverso una limitazione della sfera di operatività della legge penale. Ma nemmeno si può trascurare che l'amnistia, di fatto, può svolgere (pur se impropriamente) compiti *lato sensu* deflattivi (ad esempio, sfoltendo il numero dei procedimenti penali pendenti, ovvero riducendo la presenza dei detenuti nelle carceri in periodi di sovraffollamento, ecc.).

Il **rischio** è che la causa estintiva *de qua* venga **strumentalizzata**, per ragioni di vario tipo (demagogiche, elettoralistiche, «colpi di spugna», ecc.): è proprio per arginare tale rischio che deve essere letta la **riformulazione dell'art. 79 Cost.**, nel senso di richiedere una **maggioranza qualificata** ai fini dell'approvazione della legge.

Il fatto poi che l'amnistia (e l'indulto) non possano applicarsi ai reati commessi successivamente alla presentazione del disegno di legge serve a **impedire** che si crei una sorta di **«zona franca»** temporale, in cui si possano commettere quei reati che si sappiano coperti dall'amnistia prossima ventura, con la certezza di rimanere impuniti.

I reati che ricadono nell'amnistia possono essere selezionati vuoi singolarmente, in base al *nomen iuris* (es. «danneggiamento») ovvero alla disposizione di legge che li prevede, vuoi ricorrendo ad un parametro generale, fissando un tetto massimo di pena entro il quale è concedibile il beneficio, tenuto conto della pena edittale prevista per ciascun reato (es. l'amnistia si applica ai reati puniti con pena detentiva non superiore nel massimo a tre anni), e salve esclusioni *ad hoc*. I criteri possono ovviamente essere (e normalmente sono) utilizzati in maniera congiunta.

L'ultima amnistia concessa – salvo quella del 1992 concernente i soli reati tributari – risale al 1990 (d.P.R. n. 75).

9. (Segue) L'indulto.

L'**indulto** è **causa estintiva della pena**, che condivide con l'amnistia le caratteristiche della **generalità** ed **astrattezza**.

Effetti

A norma dell'art. 174 c.p., esso **condona**, in tutto o in parte, la pena (principale) inflitta, o la **commuta** in un'altra specie di pena stabilita dalla legge. Non estingue, invece, né le pene accessorie (salvo che il provvedimento disponga altrimenti), né gli altri effetti penali della condanna.

Anhe l'indulto è preso in considerazione dalla **Costituzione, all'art. 79** (sul quale si vedano le considerazioni appena formulate, trattando dell'amnistia).

Indulto proprio ed improprio

L'indulto **non presuppone una condanna irrevocabile**. Talora si distingue appunto tra indulto proprio ed improprio, a seconda che esso intervenga nel corso della esecuzione di una condanna definitiva, oppure sia applicato in sentenza dal giudice della cognizione. In ogni caso (e a differenza di quanto osservato in tema di distinzione tra amnistia propria ed impropria), resta ferma la natura di **causa estintiva della pena** dell'indulto medesimo.

Ove sussista un concorso di reati, per l'applicazione dell'indulto occorre prima cumulare le pene, secondo le regole generali (cumulo giuridico, ovvero cumulo materiale, a seconda dei casi: vedasi *supra*, in tema di concorso di reati), e poi calcolare l'indulto (art. 174, comma 2, c.p.).

L'art. 174, ultimo comma, c.p. completa infine il quadro normativo, attraverso un richiamo agli ultimi tre capoversi dell'art. 151 c.p. In particolare, anche l'indulto può essere sottoposto a condizioni od obblighi, e non si applica nei casi di recidiva aggravata o reiterata, di abitualità o professionalità nel reato e di tendenza a delinquere.

C.d. «indultino»

Dall'indulto va peraltro tenuto distinto il c.d. «indultino», vale a dire la sospensione condizionata dell'esecuzione della parte finale della pena detentiva, nel limite massimo di due anni, introdotta con la legge n. 207 del 2003 (sul punto, vedasi da ultimo Corte cost. n. 278 del 2005). L'ultimo vero e proprio indulto (quello precedente risaliva al d.P.R. n. 394 del 1990) è stato concesso nel 2006, con la l. n. 241 del 31 luglio, ed è stato motivato dal sovraffollamento delle carceri. Il provvedimento è stato giustamente criticato da molti, ed ha creato notevole sconcerto nella pubblica opinione. Meglio sarebbe stato provvedere a costruire nuove carceri, visto che il sovraffollamento non si è verificato certo come fulmine a ciel sereno.

10. (Segue) La grazia.

La **grazia** è provvedimento di **clemenza**, che **si distingue da amnistia ed indulto** innanzitutto perché **particolare**, ossia riferito ad una **specifica persona** (e non già generale ed astratto). La concessione della grazia, inoltre, è **prerogativa esclusiva del Presidente della Repubblica (art. 87 Cost.)**.

Effetti

Come l'indulto, la grazia **condona, in tutto o in parte, la pena** principale inflitta, ovvero la **commuta** in altra specie di pena stabilita dalla legge, senza estinguere le pene accessorie (salvo che il decreto disponga altrimenti), né incidere sugli altri effetti penali della condanna.

Si tratta di **causa estintiva della pena**, che presuppone una condanna passata in giudicato.

11. (Segue) La sospensione condizionale della pena.

Struttura

La **sospensione condizionale della pena** è istituto che presenta una struttura ed un meccanismo di operatività **duplice**.

In primo luogo, esso incide **sulla pena inflitta** con sentenza di condanna (o di patteggiamento), attraverso una **specifica statuizione del giudice**, il quale può appunto ordinare che la pena rimanga **sospesa**, entro certi **termini**, ed in presenza di determinati **presupposti** e **limiti** sanciti dalla legge.

Più precisamente, gli **effetti sospensivi** del beneficio si protraggono **per cinque anni**, in caso di condanna per **delitto**, e per **due anni**, se la condanna è per **contravvenzione** (v. *infra* per quanto concerne la c.d. sospensione «speciale», introdotta dalla l. n. 145 del 2004).

In secondo luogo, la sospensione condizionale può condurre all'**estinzione del reato**: «Se, nei termini stabiliti...» (ossia, cinque oppure due anni, a seconda che si tratti, rispettivamente, di condanna per delitto o per contravvenzione) «...il condannato non commette un delitto, ovvero una contravvenzione della stessa indole, ed adempie agli obblighi impostigli, il reato è estinto. In tal caso non ha luogo la esecuzione delle pene» (art. 167 c.p.). E da questo punto di vista l'istituto *de quo* è incasellabile nell'ambito delle **cause estintive del reato**.

L'estinzione del reato in conseguenza della concessione del beneficio della sospensione condizionale non è peraltro automatica. Può infatti verificarsi la **revoca della sospensione**. Quest'ultima è infatti revocata **di diritto**, qualora, nei termini stabiliti, il condannato: 1) commetta un delitto o una contravvenzione della stessa indole, per cui venga inflitta una pena detentiva; 2) riporti un'altra condanna per un delitto anteriormente commesso a pena che, cumulata a quella precedentemente sospesa, superi i limiti massimi entro i quali il beneficio è concedibile (art. 168, comma 1, c.p.).

Il giudice, inoltre, **può** comunque revocare la sospensione condizionale, qualora il condannato riporti altra condanna per delitto anteriormente commesso a pena che, cumulata a quella in precedenza sospesa, non superi i limiti *de quibus*, esercitando un proprio **potere discrezionale**, e tenuto conto dell'indole e della gravità del reato (art. 168, comma 2, c.p.). La sospensione condizionale della pena, infine, deve essere revocata quando è stata concessa in violazione dell'art. 164, comma 4, c.p., in presenza di cause ostative (art. 168, u.c., c.p., aggiunto dalla l. n. 128 del 2001).

Ratio

Quanto alla ***ratio*** dell'istituto, essa viene ravvisata, in genere, nella esigenza di **risparmiare il carcere** a colui che abbia riportato condanna a **pena di breve durata**, in presenza di ridotte esigenze di prevenzione speciale, che lasciano supporre sufficiente la mera minaccia di una futura esecuzione della pena, in caso di recidiva. D'altra parte, è riconosciuto in dottrina il possibile effetto criminogenetico delle pene detentive brevi, e dunque le stesse **esigenze specialpreventive** sembrano talora consigliare la sospensione condizionale della pena.

Alla luce peraltro della disciplina vigente, e della **concreta prassi giurisprudenziale**, ci si duole del fatto che la sospensione condizionale si sia trasformata in una sorta di **misura clemenziale** oggetto di pressoché automatica applicazione da parte del giudice, con la conseguenza di provocare una «fuga dalla sanzione» (sia detentiva, che pecuniaria).

Disciplina

La sospensione condizionale, secondo quanto dispone l'art. 163 c.p., può essere concessa dal giudice in caso di condanna alla reclusione o all'arresto per un tempo **non superiore a due anni**, ovvero a pena pecuniaria (multa o ammenda) che, sola o congiunta alla pena detentiva e ragguagliata a norma dell'art. 135 c.p., risulti equivalente. Il limite ordinario di due anni è innalzato a **tre**, qualora il reato sia stato commesso da un **minore degli anni 18** (art. 163, comma 2, c.p.), e a **due anni e sei mesi**, quando il reato sia stato commesso da persona **maggiore di diciotto anni e minore di ventuno**, ovvero da chi abbia compiuto i **settant'anni** (art. 163, comma 3, c.p.). Peraltro, in base alle modifiche introdotte dall'art. 1, l. n. 145 del 2004, è oggi possibile che venga disposta la sospensione condizionale della pena detentiva – purché contenuta entro i suddetti limiti – a prescindere dalla entità della pena pecuniaria inflitta congiuntamente.

C.d. sospensione «speciale»

Inoltre, «qualora la pena inflitta non sia superiore ad un anno e sia stato riparato interamente il danno, prima che sia stata pronunciata la sentenza di primo grado, mediante il risarcimento di esso e, quando sia possibile, mediante le restituzioni, nonché qualora il colpevole, entro lo stesso termine e fuori del caso previsto nel quarto comma dell'articolo 56, si sia adoperato spontaneamente ed efficacemente per elidere o attenuare le conseguenze dannose o pericolose del reato da lui eliminabili, il giudice può ordinare che l'esecuzione della pena, determinata nel caso di pena pecuniaria ragguagliandola a norma dell'articolo 135, rimanga sospesa per il termine di un anno» (art. 163, comma 4, c.p.; c.d. sospensione «speciale», pure introdotta dalla l. n. 145 del 2004).

Limiti alla concessione della sospensione condizionale

Nella disciplina dell'istituto in oggetto, un **punto fondamentale** è rappresentato **dall'art. 164, ultimo comma, c.p.**, che conviene riportare integralmente: «La sospensione condizionale della pena non può essere concessa più di una volta. Tuttavia il giudice nell'infliggere una nuova condanna, può disporre la sospensione condizionale qualora la pena da infliggere, cumulata con quella irrogata con la precedente condanna anche per delitto, non superi i limiti stabiliti dall'articolo 163».

Quindi, scendendo all'esemplificazione: è chiaro che se un soggetto incensurato viene condannato alla pena di anni due di reclusione (per un reato commesso quando egli aveva un'età compresa tra i ventuno ed i settant'anni), con pena sospesa, il beneficio non è più concedibile. Ma se la condanna è ad anni uno di reclusione, è possibile che il soggetto benefici per una **seconda volta** della sospensione condizionale, in relazione alla pena inflitta con ulteriore sentenza di condanna. Quest'ultima pena, però, non deve superare, nel caso ipotizzato, la durata di un anno, perché comunque non possono essere superati i limiti massimi indicati dall'art. 163 c.p.

La Corte costituzionale, inoltre, con sentenza n. 95 del 1976, ha dichiarato l'illegittimità costituzionale della norma in esame (art. 164, ultimo comma, c.p.), nella parte in cui non consente la concessione del beneficio a chi abbia già riportato precedente condanna a pena detentiva per delitto **non sospesa**, e sempre che ovviamente la pena da infliggere – cumulata con quella irrogata con la condanna precedente – non superi i limiti dettati dall'art. 163 c.p.

In ogni caso, la sospensione condizionale **non può essere concessa per più di due volte**. Se per esempio viene concessa la sospensione per una prima condanna ad anni uno di reclusione, e poi una seconda sospensione per altra condanna a mesi sei, residuano ancora sei mesi per giungere al limite massimo di due anni: ma una terza condanna, ancorché a pena che non superi la durata di mesi sei, non ammette sospensione. Si tratta di conclusione pacifica, che discende dal tenore letterale dell'art. 164, ultimo comma, c.p.

La sospensione condizionale della pena è comunque oggetto di una **valutazione discrezionale** affidata al **giudice**. Più precisamente, «La sospensione condizionale è ammessa soltanto se, avuto riguardo alle circostanze indicate nell'art. 133, il giudice presume che il colpevole si asterrà dal commettere ulteriori reati» (art. 164, comma 1, c.p.).

Ostano al beneficio non soltanto una **prognosi giudiziale sfavorevole** sul rischio di **recidiva**, ma anche alcuni fattori sottratti ad una valutazione caso per caso: la sospensione condizionale non può essere concessa al delinquente o contravventore abituale o professionale.

La sospensione condizionale della pena può essere **subordinata dal giudice all'adempimento di determinati obblighi**, entro un termine: e così all'obbligo di provvedere alle restituzioni, al pagamento di una somma a titolo risarcitorio, alla pubblicazione della sentenza a titolo di riparazione del danno. Il giudice può inoltre, nella stessa sentenza di condanna, indicare le modalità con cui **eliminare le conseguenze dannose o pericolose del reato**, e **subordinare il beneficio** a tale eliminazione (art. 165 c.p.). In forza delle modifiche apportate all'art. 165 c.p. dalla l. n. 145 del 2004, è altresì possibile che il giudice – qualora il condannato non si opponga – subordini la sospensione alla prestazione di attività non retribuita a favore della collettività per un tempo determinato, comunque non superiore alla durata della pena sospesa. La sospensione condizionale della pena, quando è concessa a persona che ne ha già usufruito, deve essere subordinata all'adempimento di uno degli obblighi previsti dall'art. 165, primo comma, c.p. Così dispone il comma successivo di tale articolo, in cui l'ulteriore inciso «salvo che ciò sia impossibile» è stato soppresso dalla l. n. 145 del 2004, con il risultato pratico di rendere più difficile la seconda concessione del beneficio.

Con la l. n. 69 del 2015, è stato aggiunto un quarto comma all'art. 165 c.p., che prevede: «Nei casi di condanna per i reati previsti dagli articoli 314, 317, 318, 319, 319-ter, 319-quater, 320 e 322-bis, la sospensione condizionale della pena è comunque subordinata al pagamento di una somma equivalente al profitto del reato ovvero all'ammontare di quanto indebitamente percepito dal pubblico ufficiale o dall'incaricato di un pubblico servizio, a titolo di riparazione pecuniaria in favore dell'amministrazione lesa dalla condotta del pubblico ufficiale o dell'incaricato di un pubblico servizio, ovvero, nel caso di cui all'articolo 319-ter, in favore dell'amministrazione della giustizia, fermo restando il diritto all'ulteriore eventuale risarcimento del danno».

Sospensione condizionale e misure di sicurezza

Per ciò che attiene alla sfera di operatività della sospensione condizionale, essa abbraccia – rendendole inapplicabili – le **misure di sicurezza**, eccezion fatta per la confisca (art. 164, comma 3, c.p.).

Sospensione condizionale e pene accessorie

A seguito dell'innovazione introdotta con la l. n. 19 del 1990, la sospensione condizionale della pena si estende altresì – all'opposto di quanto avveniva in passato – alle pene accessorie (art. 166, comma 1, c.p.; vedasi più diffusamente *supra*, Cap. III).

12. (Segue) La sospensione del procedimento con messa alla prova.

Tramite l'art. 3 della l. n. 67 del 2014, è stata introdotta nel codice penale la **sospensione del procedimento con messa alla prova**, istituto prima presente nell'ordinamento soltanto a beneficio di imputati minorenni (vedasi *infra*, par. 17).

Condizioni

Il nuovo art. 168-*bis* c.p., al primo comma, prevede per l'imputato la possibilità di chiedere la sospensione del processo con messa alla prova quando si proceda per reati puniti con la sola pena edittale pecuniaria o con la pena edittale detentiva non superiore nel massimo a quattro anni, sola, congiunta o alternativa alla pena pecuniaria, nonché per i delitti indicati nel comma 2 dell'art. 550 c.p.p.

La messa alla prova consiste nella **sottoposizione ad un programma** sotto il controllo del servizio sociale e prevede una serie articolata di adempimenti, tra cui, ove possibile, il risarcimento del danno (art. 168-*bis*, commi 2 e 3, c.p.).

Effetti

Per esplicita previsione dell'art. 168-*ter*, comma 2, c.p., l'esito positivo della prova **estingue il reato**, anche se non pregiudica l'applicazione delle sanzioni amministrative accessorie, ove previste dalla legge.

Al fine di evitare una strumentalizzazione dell'istituto, durante il periodo di sospensione del procedimento con messa alla prova, **il corso della prescrizione del reato è sospeso** e non si applicano le disposizioni del primo comma dell'articolo 161, nel senso che l'effetto sospensivo non si estende agli eventuali concorrenti nel reato (art. 168-*ter*, comma 1, c.p.).

Fattori ostativi alla concessione

La sospensione del procedimento con messa alla prova dell'imputato **non può essere concessa più di una volta** (art. 168-*bis*, comma 4, c.p.) e, in generale, **non si applica nelle ipotesi di abitualità nel delitto o nella contravvenzione, professionalità nel reato e tendenza a delinquere**, di cui agli articoli 102, 103, 104, 105 e 108 c.p. (art. 168-*bis*, comma 5, c.p.).

Revoca

L'art. 168-*quater* c.p. prevede la **revoca** della sospensione del procedimento in caso di grave o reiterata trasgressione al programma di trattamento o alle prescrizioni imposte, ovvero di rifiuto alla prestazione di un lavoro di pubblica utilità, nonché in caso di commissione, durante il periodo di prova, di un nuovo delitto non colposo ovvero di un reato della stessa indole rispetto a quello per cui si procede.

13. (Segue) L'oblazione.

L'**oblazione** rappresenta una **causa estintiva del reato** (limitata nel sistema positivo alle fattispecie contravvenzionali punite con la sola ammenda, ovvero con pena alternativa dell'arresto o dell'ammenda), incentrata sul **pagamento di una data somma**.

Si distingue tra **oblazione c.d. obbligatoria** ed **oblazione c.d. discrezionale**.

Oblazione obbligatoria

L'impianto originario del codice penale contemplava unicamente l'**oblazione obbligatoria**. Essa si trova disciplinata **nell'art. 162 c.p.** L'istituto riguarda le **contravvenzioni per le quali è prevista la sola pena dell'ammenda**. Il pagamento di una **somma pari a un terzo** del massimo edittale di pena, oltre alle spese del procedimento, ed entro un certo termine (prima dell'apertura del dibattimento, ovvero prima del decreto penale di condanna), estingue il reato.

L'istituto ha ormai un ruolo marginale, stante l'intervenuta, ampia decriminalizzazione di molte delle fattispecie punite con la sola ammenda. Si parla di oblazione obbligatoria poiché **non è prevista alcuna valutazione discrezionale del giudice**, che – su domanda del contravventore – deve senz'altro ammettere il pagamento, una volta verificata la sussistenza dei presupposti di legge, nonché dichiarare l'estinzione del reato per intervenuta oblazione, dopo che il contravventore abbia pagato nei termini il *quantum* dovuto.

Oblazione discrezionale

L'**oblazione discrezionale** è stata introdotta con la legge n. 689 del 1981, con la quale è stato inserito nel codice penale l'**art. 162-*bis***. L'istituto *de quo* si presta a svolgere una cospicua funzione deflattiva: in virtù dell'oblazione discrezionale, infatti, possono estinguersi le contravvenzioni punite con **pena alternativa (arresto o ammenda)**, le quali, nella legislazione vigente, sono presenti in gran quantità.

Chi intenda essere ammesso all'oblazione deve farne domanda, depositando una **somma corrispondente alla metà del massimo dell'ammenda**.

L'ammissione o meno all'oblazione è qui oggetto di una **valutazione discrezionale da parte del giudice**.

Il giudice, segnatamente, può respingere la domanda, tenuto conto della **gravità del fatto** contestato. L'oblazione non è ammissibile, inoltre, nei casi di recidiva reiterata, di abitualità o professionalità nelle contravvenzioni, ovvero allorché permangano **conseguenze dannose o pericolose del reato**, **eliminabili** da parte del contravventore (art. 162-*bis*, commi 3 e 4, c.p.).

Una volta ammessa l'oblazione, l'effettivo pagamento di una somma corrispondente alla metà del massimo edittale dell'ammenda stabilita dalla legge per la contravvenzione commessa **estingue il reato**.

Anche nell'oblazione discrezionale sono previsti appositi termini processuali entro i quali il contravventore deve attivarsi per domandare di essere ammesso all'oblazione medesima, nonché per effettuare il pagamento.

14. (Segue) La liberazione condizionale.

In virtù della **liberazione condizionale** (artt. 176 e 177 c.p.), **l'esecuzione** di parte della pena resta **sospesa** per un **periodo di tempo** determinato dalla legge: se in questo periodo il condannato rimesso in libertà **non commette un altro reato**, la pena **si estingue**.

Condizioni

La concessione del beneficio presuppone che il condannato detenuto si sia comportato in maniera tale da far ritenere sicuro il suo ravvedimento; egli deve inoltre aver già scontato trenta mesi, e comunque almeno metà della pena inflittagli (che diventano quattro anni, e tre quarti, in caso di recidiva aggravata o reiterata); la pena residua, oggetto di sospensione (ed eventualmente di estinzione) non deve infine risultare superiore a cinque anni. Si richiede, altresì, l'avvenuto adempimento delle obbligazioni civili nascenti da reato (ma il detenuto è ammesso a provare di trovarsi nell'impossibilità di adempierle).

In caso di condanna all'ergastolo, il condannato deve avere scontato almeno ventisei anni di pena.

Effetti

Gli effetti della liberazione condizionale si snodano attraverso due fasi, secondo una logica non dissimile a quella sottesa alla sospensione condizionale della pena. In una prima fase, vi è la sospensione della esecuzione, sia della pena che della misura di sicurezza detentiva cui il soggetto sia stato sottoposto.

Nella fase successiva, si profilano due sbocchi alternativi. Può infatti intervenire revoca della liberazione condizionale, qualora il detenuto rimesso in libertà commetta un delitto o una contravvenzione della stessa indole rispetto al reato per cui vi era stata condanna, oppure qualora egli violi gli obblighi relativi alla libertà vigilata (che deve sempre essere ordinata nei confronti di colui che venga liberato sotto condizione).

Viceversa, si verifica l'estinzione della (residua) pena (principale), e vengono revocate le misure di sicurezza personali, ove non maturino nei termini di legge cause di revoca. È sotto questo profilo che si coglie, appunto, la natura di causa estintiva della pena dell'istituto in oggetto, il quale comunque non tocca né le pene accessorie, né gli altri effetti della condanna.

15. (Segue) La riabilitazione.

Ratio

La **riabilitazione elimina alcune conseguenze penali della condanna**, che compromettono la piena capacità di agire. Essa si propone, con ciò, di **favorire il pieno reinserimento del condannato** nella collettività.

Effetti

A norma dell'art. 178 c.p., «La riabilitazione estingue le pene accessorie ed ogni effetto penale della condanna, salvo che la legge disponga altrimenti».

In particolare, nella prospettiva degli effetti penali della condanna, la riabilitazione impedisce che del reato per cui vi è stata condanna si tenga conto ai fini della recidiva; al contrario, nonostante la riabilitazione, resta preclusa al condannato la possibilità di beneficiare della sospensione condizionale della pena, del perdono giudiziale e del beneficio della non menzione della condanna nel certificato del casellario giudiziale (nel senso che la riabilitazione non cancella, a tali fini, l'intervenuta condanna, i cui effetti debbono essere sempre tenuti presenti). Degno di nota è il **recupero**, da parte del condannato, delle **facoltà perdute** in conseguenza della **pena accessoria dell'interdizione dai pubblici uffici** (sul cui ampio contenuto interdittivo, vedasi *supra*, Cap. III).

Condizioni

Le condizioni che debbono ricorrere perché la riabilitazione possa essere concessa sono indicate dall'art. 179 c.p., di recente modificato dalla l. n. 145 del 2004. Fondamentale, in proposito, è che colui che aspira ad essere riabilitato «abbia dato prove effettive e costanti della sua buona condotta». La «costanza» del condannato dev'essere misurata lungo un non trascurabile arco temporale di osservazione: la riabilitazione è infatti concessa «quando siano decorsi almeno tre anni dal giorno in cui la pena principale sia stata eseguita», o si sia comunque estinta (art. 179, comma 1, c.p.). Tale termine è di almeno dieci anni, in caso di delinquenti abituali, professionali o per tendenza; mentre è di almeno otto anni in caso di recidiva aggravata, ecc.

Fattori ostativi alla concessione

Esistono altresì fattori ostativi alla concessione della riabilitazione, e precisamente: 1) laddove il condannato sia stato sottoposto a misura di sicurezza (tranne che si tratti di espulsione dello straniero dallo Stato, ovvero di confisca), e sempre che il relativo provvedimento non sia stato revocato; 2) laddove il condannato non abbia adempiuto le obbligazioni civili derivanti da reato, salvo che dimostri di trovarsi nell'impossibilità di adempierle (art. 179, ultimo comma, c.p.).

Revoca della riabilitazione

La riabilitazione, una volta concessa, può essere revocata (art. 180 c.p.): la revoca è di diritto, se la persona riabilitata commette entro sette anni un delitto non colposo, per il quale sia inflitta la pena della reclusione non inferiore a due anni, o altra pena più grave. La revoca, in sostanza, comporta la reviviscenza delle pene accessorie e degli altri effetti penali della condanna. Si delinea pertanto un'assonanza con il meccanismo già descritto, sia in rapporto alla sospensione condizionale, sia in rapporto alla liberazione condizionale: in una prima fase, vi è una mera sospensione delle suddette conseguenze della condanna; solo successivamente, decorso il periodo di tempo stabilito dalla legge senza che sia intervenuta una condanna ostativa, si produce l'effetto estintivo.

16. (Segue) La non menzione della condanna.

I **precedenti** penali e giudiziari di ogni soggetto risultano, in genere, da apposito **certificato del casellario giudiziale**. L'ufficio del casellario (artt. 685 ss. c.p.p.) ha appunto lo scopo di documentare ed aggiornare questo tipo di dati.

Tra gli **effetti penali** della condanna, diversi sia dalla pena principale, che dalle pene accessorie, si annovera l'**iscrizione** della stessa **nel casellario**.

Il fatto, peraltro, che una condanna sia stata iscritta (risultando così per esempio al casellario che Tizio è stato condannato da un certo giudice per un furto alla pena di mesi sei di reclusione ed euro 300 di multa, con il beneficio della sospensione condizionale) non significa che la condanna risulti, sempre ed in ogni caso, dal certificato rilasciato dal casellario.

Mentre infatti **tutti i precedenti** debbono essere indicati nel certificato richiesto **dall'autorità giudiziaria**, per quanto attiene al certificato rilasciato a **privati** il condannato può usufruire del **beneficio previsto dall'art. 175 c.p.**, e cioè, appunto, della non menzione.

Il presupposto generale è che si tratti della **prima condanna** riportata dall'interessato.

Inoltre, **la pena inflitta non deve superare certi limiti**: v. art. 175 c.p.

In presenza dei suddetti presupposti, il giudice, avuto riguardo alle circostanze indicate nell'art. 133 c.p., può ordinare in sentenza che **non sia fatta menzione** della condanna nel certificato del casellario giudiziale, spedito a richiesta di privati (salvo che per ragione di diritto elettorale, nel qual caso non si fa menzione solo dei provvedimenti che non incidono sul diritto di voto).

17. (Segue) Il perdono giudiziale.

Il **perdono giudiziale** consiste **o nella rinunzia al giudizio, o nell'astensione dalla pronuncia di condanna**. Esso è **applica-** **Condizioni**

bile soltanto ai minori degli anni diciotto, in presenza di determinate condizioni (v. art. 169 c.p. e art. 112 l. n. 689 del 1981).

Più precisamente, secondo l'art. 169, comma 3, c.p., il minore – per poter beneficiare del perdono – non deve essere già stato condannato a pena detentiva per delitto, ancorché sia intervenuta riabilitazione, né dev'essere delinquente o contravventore abituale o professionale. Il comma 4 della medesima disposizione sanciva, inoltre, la non concedibilità del perdono giudiziale per più di una volta.

La Corte costituzionale, peraltro, è intervenuta ad ampliare i margini entro i quali il beneficio può essere accordato: con la Sentenza n. 108 del 1973, la Consulta ha dichiarato l'illegittimità costituzionale dell'art. 169 c.p., nella parte in cui non consente che il perdono possa essere esteso ad altri reati, legati a quello (o a quelli) per cui il beneficio è già stato concesso dal vincolo della continuazione; successivamente (Sent. n. 154 del 1976 e Ord. 29 dicembre 1976, n. 274) la Consulta ha poi deciso nel senso dell'illegittimità della previsione secondo cui il perdono non può comunque essere concesso più di una volta, dovendosi al contrario ammettere – perché la norma «viva» in sintonia con i canoni costituzionali – la possibilità di applicare per una **seconda volta** il beneficio, in rapporto a reato commesso in epoca precedente alla prima sentenza di perdono, e sempre che il cumulo delle pene non superi il limite massimo consentito.

Quest'ultimo limite è fissato in **due anni** quanto alla pena restrittiva della libertà personale, e in **tre milioni di lire (euro 1549,37)**, nella prospettiva della pena pecuniaria (anche se congiunta alla sanzione detentiva). Il limite *de quo* si riferisce alla pena che il giudice (ossia il Tribunale per i Minorenni) ritenga applicabile nel caso concreto.

Il giudice è chiamato altresì a valutare discrezionalmente – alla luce dei parametri di cui all'art. 133 c.p. – la possibilità di formulare un **giudizio prognostico favorevole**, circa il fatto che il colpevole si asterrà dal commettere altri reati: la concessione del perdono giudiziale è dunque subordinata anche ad un esito positivo di tale vaglio.

Non revocabilità

Quanto agli effetti, il perdono giudiziale **estingue immediatamente il reato**, e **non è revocabile**.

Non luogo a procedere per irrilevanza del fatto

Distinto dal perdono giudiziale, pur se comunque riguardante i **minorenni**, è l'istituto, successivamente introdotto, del c.d. **non luogo a procedere per irrilevanza del fatto** (art. 27 d.P.R.

n. 448 del 1988): il p.m. può chiedere il non luogo a procedere laddove risulti la **tenuità del fatto** e l'**occasionalità del comportamento**, nonché l'ulteriore corso del procedimento possa pregiudicare le esigenze educative del minorenne. Non è affatto pacifico che l'istituto in oggetto si collochi su di un mero versante processuale. La verifica circa la tenuità del fatto e l'occasionalità del comportamento paiono anzi spostarne il baricentro sul piano del diritto **sostanziale**, del fatto realizzato in rapporto all'autore che lo ha commesso. Tale fatto sembra dover essere tale da integrare tutti gli estremi, soggettivi ed oggettivi, di un reato. Tuttavia, vista la **concreta esiguità** dell'offesa, l'ordinamento rinuncia a punirlo, privilegiando per ragioni di **opportunità** le **esigenze rieducative del minore**, allorché queste ultime rischino di essere compromesse dal processo. In questa prospettiva, l'irrilevanza del fatto commesso dal minorenne pare avvicinarsi maggiormente alla categoria delle **cause di non punibilità in senso stretto**, che non a quella delle cause estintive del reato. In ogni caso, si è trattato di un interessante «banco di prova» della categoria della **esiguità**, che è stata estesa (come del resto già avvenuto in relazione ai reati di competenza del giudice di pace: si veda l'art. 34 d.lgs. n. 274 del 2000) anche al codice penale, mediante l'introduzione dell'art. 131-*bis* (v. *infra*, par. 20).

Sospensione del processo minorile con messa a prova

Ancora diverso il caso della **sospensione del processo minorile con messa alla prova**: qui, all'esito favorevole della prova cui viene ammesso il minore (mediante l'affidamento dello stesso ai servizi minorili, e lo svolgimento di tutta una serie di attività di osservazione, trattamento e sostegno), segue la dichiarazione giudiziale di **estinzione del reato** (artt. 28 e 29 d.P.R. n. 448 del 1988).

Tramite la l. n. 67 del 2014, come si è visto, è stato introdotto un analogo istituto anche per i soggetti maggiorenni (artt. 168-*bis*, 168-*ter* e 168-*quater* c.p.).

18. (Segue) Il patteggiamento. L'affidamento in prova al servizio sociale. La liberazione anticipata.

Effetti estintivi discendono non soltanto dalle norme contenute nel codice penale, ma anche da istituti disciplinati altrove.

Applicazione della pena su richiesta

Assai diffuso nella prassi giudiziaria è il c.d. **patteggiamento (applicazione della pena su richiesta delle parti)**: «L'imputato e il pubblico ministero possono chiedere al giudice l'applicazione, nella specie e nella misura indicata, di una sanzione sostitutiva o di una pena pecuniaria, diminuita fino a un terzo, ovvero di una pena detentiva quando questa, tenuto conto delle circostanze e diminuita fino a un terzo, non supera cinque anni, soli o congiunti a pena pecuniaria» (art. 444, comma 1, c.p.p., nel testo risultante dalle modifiche introdotte con la l. n. 134 del 2003). In buona sostanza, **le parti** (imputato e p.m.) possono **concordare** – entro i limiti suddetti – la pena, con uno **«sconto» fino a un terzo** rispetto al *quantum* che si ritiene debba essere comminato in concreto; se il giudice reputa corretti la qualificazione giuridica del fatto ed il meccanismo di computo, nonché congrua la pena finale richiesta, dispone l'applicazione di quest'ultima.

Effetti della sentenza di patteggiamento

Ai fini in esame, riveste particolare interesse la disciplina degli **effetti** della **sentenza di patteggiamento** (art. 445 c.p.p.). Oltre al già menzionato «sconto» di pena, il patteggiamento presenta **altri vantaggi** per l'imputato. La relativa sentenza non comporta condanna al **pagamento delle spese** del procedimento, **né** l'applicazione di **pene accessorie** e di **misure di sicurezza** (eccezion fatta per la confisca obbligatoria) quando la pena irrogata non superi i due anni di pena detentiva, soli o congiunti a pena pecuniaria. La sentenza con cui viene applicata la pena su richiesta delle parti, inoltre, conduce **all'estinzione del reato** «ove sia stata irrogata una pena detentiva non superiore a due anni soli o congiunti a pena pecuniaria, se nel termine di cinque anni, quando la sentenza concerne un delitto, ovvero di due anni, quando la sentenza concerne una contravvenzione, l'imputato non commette un delitto ovvero una contravvenzione della stessa indole. In questo caso si estingue ogni effetto penale, e se è stata applicata una pena pecuniaria o una sanzione sostitutiva, l'applicazione non è comunque di ostacolo alla concessione di una successiva sospensione condizionale della pena» (art. 445, comma 2, c.p.p.).

Affidamento in prova al servizio sociale e liberazione anticipata Nell'ordinamento penitenziario si trovano disciplinati **l'affidamento in prova al servizio sociale** e **la liberazione anticipata** (artt. 47 e 54 l. n. 354 del 1975).

L'esito positivo del periodo di affidamento in prova estingue la pena e gli altri effetti penali (non le pene accessorie). La liberazione anticipata consiste in una detrazione di una quota di pena (45 giorni) per ogni semestre di pena effettivamente scontato. La remissione di detta parte di pena si traduce nell'estinzione della stessa, sempre che non intervenga revoca del beneficio medesimo (a causa di condanna per delitto non colposo commesso nel corso dell'esecuzione e dopo che il beneficio è stato concesso).

Per un'ipotesi speciale di liberazione anticipata, con detrazione di 75 giorni per ogni semestre di pena, si veda l'art. 4 del d.l. n. 146 del 2013, conv. in l. n. 10 del 2014.

19. (Segue) L'estinzione del reato conseguente a condotte riparatorie.

Una **ulteriore causa estintiva** è stata introdotta nel nostro ordinamento dal già citato d.lgs. n. 274 del 2000, in relazione ai reati di competenza del **giudice di pace**. In particolare, l'art. 35, comma 1, dispone che «Il giudice di pace, sentite le parti e l'eventuale persona offesa, dichiara con sentenza estinto il reato, enunciandone la causa nel dispositivo, quando l'imputato dimostra di aver proceduto, prima dell'udienza di comparizione, alla riparazione del danno cagionato dal reato, mediante le restituzioni o il risarcimento, e di aver eliminato le conseguenze dannose o pericolose del reato».

Analogamente a quanto notato per altri istituti, peraltro, va detto che anche questa causa estintiva, inizialmente prevista per il solo settore dei reati di competenza del giudice di pace, ha rappresentato una prima tappa per l'introduzione di altre simili previsioni nel codice penale.

Estinzione del reato per condotte riparatorie (art. 162-ter c.p.)

Infatti, di recente la l. n. 103 del 2017 ha inserito nel codice penale il nuovo art. 162-*ter*, che disciplina appunto l'«**estinzione del reato per condotte riparatorie**».

La norma prevede in particolare (comma 1) che «Nei casi di procedibilità a querela soggetta a remissione, il giudice dichiara estinto il reato, sentite le parti e la persona offesa, quando l'imputato ha riparato interamente, entro il termine massimo della dichiarazione di apertura del dibattimento di primo grado, il danno cagionato dal reato, mediante le restituzioni o il risarcimento, e ha eliminato, ove possibile, le conseguenze dannose o pericolose del reato. Il risarcimento del danno può essere riconosciuto anche in seguito ad offerta reale ai sensi degli articoli

1208 e seguenti del codice civile, formulata dall'imputato e non accettata dalla persona offesa, ove il giudice riconosca la congruità della somma offerta a tale titolo». All'esito positivo delle condotte riparatorie, il reato è dichiarato estinto dal giudice (art. 162-*ter*, comma 3, c.p.).

Ratio

In dottrina, la *ratio* dell'istituto – che pare manifestare un chiaro intento deflattivo – si rinviene usualmente nel **perseguimento della soddisfazione della vittima** e nella **sottrazione della vittima stessa e dell'imputato all'onere ed all'incertezza del processo**; né si esclude che, stante la possibilità di superare il dissenso della persona offesa, la causa estintiva *de qua* tenda a favorire **esigenze di risocializzazione** dell'autore del fatto.

Inapplicabilità alle ipotesi di procedibilità a querela non rimettibile

La scelta di **escludere** dall'ambito di applicabilità dell'articolo in questione le **ipotesi di procedibilità a querela non rimettibile** pare giustificarsi, poi, con le stesse ragioni che stanno alla base dell'irretrattabilità: vale a dire, con la volontà di sottrarre la persona offesa ad ogni condizionamento extrapenale.

Inapplicabilità al delitto di atti persecutori (art. 612-bis c.p.)

Inoltre, va evidenziato che con l. n. 172 del 2017, dunque poco dopo l'introduzione dell'art. 162-*ter*, è stato aggiunto alla norma un quarto comma secondo il quale le disposizioni dell'articolo **non risultano applicabili ai casi di cui all'art. 612-*bis* c.p.** (cioè al delitto di «atti persecutori», c.d. *stalking*).

Ulteriore termine per adempiere

In ultimo, conviene segnalare che, a mente del comma 2 dell'art. 162-*ter*, «Quando dimostra di non aver potuto adempiere, per fatto a lui non addebitabile, entro il termine di cui al primo comma, l'imputato può chiedere al giudice la fissazione di un **ulteriore termine, non superiore a sei mesi**, per provvedere al pagamento, anche in forma rateale, di quanto dovuto a titolo di risarcimento»: anche in questo caso, onde scoraggiare pratiche dilatorie, la concessione del nuovo termine si accompagna alla **sospensione del processo e, parallelamente, del decorso della prescrizione del reato**.

È prevista, altresì, l'applicazione dell'articolo 240, comma 2, c.p.

20. L'esclusione della punibilità per particolare tenuità del fatto.

Esclusione della punibilità per particolare tenuità del fatto

Come anticipato in sede di trattazione del principio di offensività (cfr. *retro*, P. I, Cap. III), il d.lgs. n. 28 del 2015 –

attuando la delega contenuta, in particolare, nell'art. 1, comma 1, lettera *m*, della l. n. 67 del 2014 –, ha tra l'altro recentemente introdotto nel codice penale l'articolo 131-*bis*, dedicato alla disciplina dell'**esclusione della punibilità per particolare tenuità del fatto**.

A norma del primo comma, «Nei reati per i quali è prevista la pena detentiva non superiore nel massimo a cinque anni, ovvero la pena pecuniaria, sola o congiunta alla predetta pena, la punibilità è esclusa quando, per le modalità della condotta e per l'esiguità del danno o del pericolo, valutate ai sensi dell'articolo 133, primo comma, l'offesa è di particolare tenuità e il comportamento risulta non abituale».

Ambito di applicabilità

Va anzitutto segnalato come la causa di non punibilità in parola **non possa essere applicata indistintamente a tutti i reati**, ma solamente a quelli per i quali siano previste la pena detentiva non superiore, nel massimo, a cinque anni o la pena pecuniaria, sola o congiunta alla prima. Per quanto riguarda la determinazione del limite di pena detentiva, si deve precisare come, stante la lettera del quarto comma, non rilevino le circostanze, salvo «quelle per le quali la legge stabilisce una pena di specie diversa da quella ordinaria del reato e di quelle ad effetto speciale», nel quale ultimo caso «non si tiene conto del giudizio di bilanciamento delle circostanze di cui all'articolo 69». Si stabilisce, poi, la possibile operatività dell'esclusione della punibilità in discorso «anche quando la legge prevede la particolare tenuità del danno o del pericolo come circostanza attenuante» (comma 5).

Posti questi limiti e precisazioni, va ancora notato come la causa di non punibilità prevista dall'articolo 131-*bis* c.p. si applichi a condizione che l'offesa sia di particolare tenuità e il comportamento non rivesta caratteri di abitualità.

Particolare tenuità dell'offesa

Quanto alla **particolare tenuità dell'offesa**, deve rilevarsi come il primo comma sostanzi tale concetto mediante un richiamo alle **modalità della condotta** ed all'**esiguità del danno o del pericolo**, da valutarsi alla stregua dei criteri rinvenibili all'art. 133, comma 1, c.p. Inoltre, il secondo comma stabilisce espressamente che l'offesa **non** può essere ritenuta di particolare tenuità quando l'autore del fatto abbia agito per **motivi abietti o futili**, abbia agito con **crudeltà** («anche in danno di animali»), abbia adoperato **sevizie** o abbia **approfittato delle condizioni di minorata difesa della vittima**, pure con riferimento all'età di questa. La particolare tenuità deve inoltre essere **esclusa** quando la condotta abbia cagionato o siano da questa derivate, quali conseguenze non volute, la **morte o** le **lesioni gravissime di una persona**.

Non abitualità del comportamento

Infine, in ordine alla **non abitualità del comportamento** va segnalato come – a norma del terzo comma – non possa soddisfare tale requisito il comportamento dell'autore che «sia stato dichiarato delinquente abituale, professionale o per tendenza ovvero abbia commesso più reati della stessa indole, anche se ciascun fatto, isolatamente considerato, sia di particolare tenuità, nonché nel caso in cui si tratti di reati che abbiano ad oggetto condotte plurime, abituali e reiterate».

Art. 131-bis c.p. e principio di esiguità

Riepilogati in tal modo i contenuti fondamentali del nuovo art. 131-*bis* c.p., deve essere segnalato come, con l'introduzione di tale norma, si sia per la prima volta accordato spazio nel codice penale al **principio di esiguità**, già accolto nel nostro ordinamento solamente in alcuni settori specifici e, in particolare, nel diritto penale minorile (art. 27 d.P.R. n. 448 del 1988) nonché nell'ambito dei reati di competenza del giudice di pace (art. 34 d.lgs. n. 274 del 2000). In tal senso, l'intervento del legislatore – che almeno a livello essenziale recepisce analoghi suggerimenti già emersi nella riflessione dottrinale ed allinea sotto questo profilo il nostro ordinamento ad altre esperienze – pare generalmente teso ad un'affermazione del carattere di *extrema ratio* del diritto penale ed al perseguimento di connesse logiche deflattive.

Saranno gli approfondimenti dottrinali e la prassi applicativa a dire di più sulle potenzialmente non trascurabili ricadute a livello sistematico e sull'idoneità dell'art. 131-*bis* c.p. al raggiungimento di questi scopi.

Note bibliografiche

MUSOTTO G., *Le condizioni obiettive di punibilità nella teoria generale del reato*, Palermo, 1936; ALIMENA B., *Le condizioni di punibilità*, Milano, 1938; PENSO G., voce *Estinzione del reato e della pena*, in *Noviss. dig. it.*, Vol. V, 1938, p. 674 ss.; VASSALLI G., *La potestà punitiva*, Torino, 1942; AZZALI G., *Le condizioni di punibilità*, Pavia, 1954; BATTAGLINI G., *La querela*, Torino, 1958; DELL'ANDRO R., voce *Amnistia*, in *Enc. dir.*, Vol. II, 1958, p. 306 ss.; PIOLETTI U., voce *Casellario giudiziario*, in *Noviss. dig. it.*, Vol. II, 1959, p. 982 ss.; PIRAINO LETO A., *Amnistia e indulto*, Milano, 1960; SANTORO A., voce *Estinzione del reato e della pena*, in *Noviss. dig. it.*, Vol. II, 1960, p. 991 ss.; CURATOLA P., voce *Condizioni di punibilità*, in *Enc. dir.*, Vol. VIII, 1961, p. 807 ss.; MAZZANTI M., voce *Liberazione condizionale*, in *Noviss. dig. it.*, Vol. IX, 1962, p. 838 ss.; NICOSIA L., voce *Grazia*, in *Noviss. dig. it.*, Vol. VIII, 1962, p. 7 ss.; SPAGNOLO G., *Lineamenti di una categoria dei fatti estintivi nel diritto penale*, Napoli, 1963; SANTORO A., voce *Morte del reo*, in *Noviss. dig. it.*, Vol. X, 1964, p. 948 ss.; MAZZANTI M., voce *Oblazione*, in *Noviss. dig. it.*, Vol. XI, 1965, p. 720 ss.; MOLARI A., voce *Prescrizione del reato e della pena (dir. pen.)*, in *Noviss. dig. it.*, Vol. XIII, 1966, p. 606 ss.; RAGNO G., voce *Estinzione del reato e della pena*, in *Enc. dir.*, Vol. XV, 1966, p. 950 ss.; GIULIANI U., *Il problema giuridico delle condizioni di punibilità*, Padova, 1966; BRICOLA F., voce *Punibilità (condizioni obiettive di)*, in *Noviss. dig. it.*, Vol. XIV, 1967, p. 588 ss.; CAMERINI G., *La grazia, la liberazione condizionale e la revoca anticipata della misura di sicurezza*, Padova, 1967; DUNI F., *Il perdono giudiziale*, Milano, 1967; PECORARO-ALBANI A., *L'estinzione delle situazioni soggettive penali*, Napoli, 1967; SANTORO A., voce *Querela*, in *Noviss. dig. it.*, Vol. XIV, 1967, p. 641 ss.; ZICCONE G., *Le cause «sopravvenute» di non punibilità*, Milano, 1968; DEAN F., voce *Sospensione condizionale della pena*, in *Noviss. dig. it.*, Vol. XVII, 1970, p. 921 ss.; FRAGOLA A., *La sospensione condizionale della pena*, Roma, 1970; BARTULLI A., *La sospensione condizionale della pena*, Milano, 1971; GIANZI G., voce *Indulto*, in *Enc. dir.*, Vol. XXI, 1971, p. 252 ss.; RAMACCI F., *Le condizioni obiettive di punibilità*, Napoli, 1971; PEYRON C., voce *Liberazione condizionale*, in *Enc. dir.*, Vol. XXIV, 1974, p. 224 ss.; ZAGREBELSKY G., *Amnistia, indulto e grazia. Profili costituzionali*, Milano, 1974; SCIUTO S., *La riabilitazione*, Latina, 1975; MAZZACUVA N., *Amnistia e difesa sociale*, Bologna, 1976; ZICCONE G., voce *Morte del reo*, in *Enc. dir.*, Vol. XXVII, 1977, p. 136 ss.; KOSTORIS S., *Amnistia e indulto*, Padova, 1978; CORSO P., *Liberazione condizionale e processo*, Padova, 1979; MAZZA L., voce *Oblazione volontaria (dir. pen.)*, in *Enc. dir.*, Vol. XXIX, 1979, p. 562 ss.; MARINI G., voce *Amnistia e indulto*, in *Noviss. dig. it.*, App. I, 1980, p. 298 ss.; MANFELLOTTO L., voce *Casellario giudiziale*, in *Noviss. dig. it.*, App. I, 1980, p. 1051 ss.; BERTONI R.-LATTANZI G.-LUPO E.-VIOLANTE L., *Modifiche al sistema penale. L. 24 novembre 1981, n. 689*, Vol. II, *Querela, oblazione, pene pecuniarie, pene accessorie ed altre misure*, Milano, 1982; DOLCE R., voce *Perdono giudiziale*, in *Enc. dir.*, Vol. XXXII, 1982, p. 992 ss.; FUSCO G.-MANCUSO P., *Amnistia e indulto nella legislazione italiana. Esposizione sistematica del D.p.R. 18 dicembre 1981, n. 744 aggiornata con la più recente giurisprudenza*, Napoli, 1982; GALLISAI PILO M. G., voce *Estinzione del reato e della pena*, in *Noviss. dig. it.*, App. III, 1982, p. 551 ss.; GEMMA G., *Principio costituzionale di eguaglianza e remissione della sanzione*, Milano, 1983; MAZZACUVA N., *Il principio della difesa sociale e i provvedimenti di clemenza*, Bologna, 1983; MAZZANTI M., voce *Liberazione condizionale*, in *Noviss. dig. it.*, App. IV, 1983, p. 881 ss.; DRIGANI O., voce *Non menzione della condanna nel certificato del casellario*, in *Noviss. dig. it.*, App. V, 1984, p. 231 ss.; LAUDI M., *Terroristi «pentiti» e liberazione condizionale*, Milano, 1984; PIGHI G., *Il perdono giudiziale*, Milano, 1984; PROCACCIANTI RAPISARDA T., voce *Oblazione*, in *Noviss. dig. it.*, App. V, 1984, p. 365 ss.; COSSEDDU A., voce *Querela*, in *Noviss. dig. it.*, App. VI, 1986, p. 224 ss.; PISA P., voce *Prescrizione*, in *Enc. dir.*, Vol. XXXV, 1986, p. 78 ss.; DINACCI U., voce *Querela*, in *Enc. dir.*, Vol. XXXVIII, 1987, p. 39; MARINI G., voce *Amnistia e indulto nel diritto penale*, in *Dig. disc. pen.*, Vol. I, 1987, p. 135 ss.; MAZZONE A., *Procedi-*

bilità a querela e struttura della fattispecie criminosa, Milano, 1987; BELLINI F., *Le condizioni obiettive di punibilità*, Torino, 1988; MOCALI P., voce *Casellario giudiziale*, in *Dig. disc. pen.*, Vol. II, 1988, p. 102 ss.; RUGGIERO G., voce *Punibilità*, in *Enc. dir.*, Vol. XXXVII, 1988, p. 1143; CERQUETTI G., voce *Riabilitazione*, in *Enc. dir.*, Vol. XL, 1989, p. 302 ss.; CUSMANO E., voce *Estinzione del reato e della pena (cause di)*, in *Enc. giur. Treccani*, Vol. XIII, 1989; PALOMBA F., *Il sistema del nuovo processo minorile*, Milano, 1989; REALI R., voce *Grazia*, (*dir. pen.*), in *Enc. giur. Treccani*, Vol. XV, 1989; AIELLO C., voce *Liberazione condizionale*, in *Enc. giur. Treccani*, Vol. XVIII, 1990; AMBROSINI G., voce *Affidamento in prova al servizio sociale*, in *Dig. disc. pen.*, Vol. IV, 1990, p. 470 ss.; ANTONINI E., *Contributo alla dommatica delle cause estintive del reato e della pena*, Milano, 1990; CERQUETTI G., *Gli effetti penali della condanna*, Padova, 1990; CIPRIANI N.-CITTERIO C.-DE CANTIS N., *Amnistia e indulto. Commento, repertorio e prontuario*[2], Rimini, 1990; D'ASCOLA V. N., voce *Oblazione*, in *Enc. giur. Treccani*, Vol. XXI, 1990; GIUNTA F., voce *Sospensione condizionale*, in *Enc. dir.*, Vol. XLIII, 1990, p. 87 ss.; GOLDONI U., voce *Morte del reo*, in *Enc. giur. Treccani*, Vol. XX, 1990; SEVERINO M., voce *Perdono giudiziale*, in *Enc. giur. Treccani*, Vol. XXIII, 1990; STORTONI L., voce *Estinzione del reato e della pena*, in *Dig. disc. pen.*, Vol. IV, 1990, p. 342 ss.; BARTOLO P., voce *Prescrizione del reato*, in *Enc. giur. Treccani*, Vol. XXIV, 1991; COVINO M. L., voce *Riabilitazione*, in *Enc. giur. Treccani*, Vol. XXVII, 1991; GAITO A., voce *Querela, richiesta, istanza*, in *Enc. giur. Treccani*, Vol. XXV, 1991; NAPPI A., voce *Riti alternativi (applicazione della pena su richiesta delle parti)*, in *Enc. giur. Treccani*, Vol. XXVII, 1991; AMBROSINI G., voce *Grazia*, in *Dig. disc. pen.*, Vol. VI, 1992, p. 44; CAMERINI G., voce *Grazia*, in *Dig. disc. pen.*, Vol. VI, 1992, p. 47 ss.; MACCHIA A., *Il patteggiamento*, Milano, 1992; VENEZIANI P., *Spunti per una teoria del reato condizionato*, Padova, 1992; ASSUMMA B., voce *Sospensione condizionale della pena*, in *Enc. giur. Treccani*, Vol. XXIX, 1993; BARONE G., voce *Liberazione condizionale*, in *Dig. disc. pen.*, Vol. VII, 1993, p. 410 ss.; GIUNTA F., *Interessi privati e deflazione penale nell'uso della querela*, Milano, 1993; LARIZZA S., voce *Non menzione della condanna nel certificato penale*, in *Dig. disc. pen.*, Vol. VIII, 1994, p. 237 ss.; MARTINI A., voce *Oblazione* (*prof. sost.*), in *Dig. disc. pen.*, Vol. VIII, 1994, p. 401 ss.; ROSSETTI M., voce *Morte dell'imputato o del condannato*, in *Dig. disc. pen.*, Vol. VIII, 1994, p. 194 ss.; ANCA G. M., voce *Pena, applicazione su richiesta delle parti*, in *Dig. disc. pen.*, Vol. IX, 1995, p. 365 ss.; PEPINO L., voce *Perdono giudiziale*, in *Dig. disc. pen.*, Vol. IX, 1995, p. 447 ss.; VOLPE G. P., voce *Querela*, in *Dig. disc. pen.*, Vol. X, 1995, p. 552 ss.; ZANOTTI M., voce *Punibilità* (*condizioni di*), in *Dig. disc. pen.*, Vol. X, 1995, p. 534 ss.; MONTANINI G., voce *Amnistia e indulto (dir. pen.)*, in *Enc. giur. Treccani*, Vol. II, 1996; GARAVELLI M., voce *Riabilitazione*, in *Dig. disc. pen.*, Vol. XII, 1997, p. 158 ss.; VERGINE A. L., voce *Sospensione condizionale della pena*, in *Dig. disc. pen.*, Vol. XIII, 1997, p. 442 ss.; DI MARTINO A., *La sequenza infranta. Profili della dissociazione tra reato e pena*, Milano, 1998; PANAGIA S., voce *Prescrizione del reato e della pena*, in *Dig. disc. pen.*, Agg. I, 2000, p. 517 ss.; STORTONI L., voce *Estinzione del reato e della pena*, in *Dig. disc. pen.*, Agg. I, 2000, p. 272 ss.; MARTINI A., *La pena sospesa*, Torino, 2001; DE FRANCESCO G.-VENAFRO E. (a cura di), *Meritevolezza di pena e logiche deflattive*, Torino, 2002; SACCHETTINI E., *Le Prescrizioni nel diritto civile, penale e tributario. Analisi e casistica*, Milano, 2002; GIUNTA F.-MICHELETTI D., Tempori cedere. *Prescrizione del reato e funzioni della pena nello scenario della ragionevole durata del processo*, Torino, 2003; Mannozzi G., *La giustizia senza spada. Uno studio comparato su giustizia riparativa e mediazione penale*, Milano, 2004; Merz S.-Squotti P., *Manuale pratico delle prescrizioni, decadenze, termini, preclusioni. Nel diritto civile, fallimentare, amministrativo, penale, fiscale e previdenziale*[2], Padova, 2004; Montagni A., *Il patteggiamento della pena*[2], Rimini, 2004; Pisani M., *Dossier sul potere di grazia*, Padova, 2004; Mannozzi G. (a cura di), *Mediazione e diritto penale*, Milano, 2004; D'Ascola V.N., *Reato e pena nell'analisi delle condizioni obiettive di punibilità*, Napoli, 2004; Larizza S., *Il diritto penale dei minori. Evoluzione e rischi di involuzione*, Padova, 2005; Pomanti P., voce *Estinzione del reato*, in *Dig. disc. pen.*, Agg. I, 2005, p. 452 ss.; Pomanti P., voce *Grazia*, in *Dig. disc. pen.*, Agg. I, 2005, p. 654 ss.; Pisani M., *Dossier sul potere di grazia*[2], Padova, 2006; Palazzo F.-Bartoli R. (diretto da), *Certezza o flessibilità della pena? Verso la riforma della sospensione condizionale*, Torino, 2007; Falcinelli D., *Le soglie di punibilità tra fatto e definizione normo-culturale*, Torino, 2007; Maiello V., *Clemenza e sistema penale. Amnistia e indulto dall'*indulgentia principis *all'idea dello scopo*, Napoli, 2007; Bridda G., voce *Estinzione reato e pena*, in *Enc. giur.*, Agg. XVI, 2007; Mestitz A. (a cura di), *Messa alla prova: tra innovazione e routine*, Roma, 2007; Caruso G., voce *Prescrizione del reato e della pena*, in *Dig. disc. pen.*, Agg. IV, 2008; De Felice P., *Lezioni di diritto penale. Profili attuali delle cause di esclusione dell'illiceità penale*, Milano, 2008; Mantovani M., *La prescrizione della pena. Spunti comparatistici per la rimeditazione di un istituto negletto*, Torino, 2008; Paterniti F., *Contributo allo studio della punibilità*, Torino, 2008; Pomanti P., *I provvedimenti di clemenza. Amnistia, indulto e grazia*, Milano, 2008; Gialuz. M., voce *Applicazione della pena su richiesta delle parti*, in *Enc. dir.*, Annali, II, I, 2008; Quattrocolo S., voce *Irrilevanza del fatto*, in *Enc. dir.*, Annali, II, I, 2008; Brizi G., *Il patteggiamento*, Torino, 2008; Astrologo A., *Le cause di non punibilità. Un percorso tra nuovi orientamenti interpretativi e perenni incertezze dogmatiche*, Bologna, 2009; Caputo M., *Il diritto penale e il problema del patteggiamento*, Napoli, 2009; Silvani S., *Il giudizio del tempo. Uno studio sulla prescrizione del reato*, Bologna, 2009; Mattevi E.-Pongiluppi C.-Ventura N., *Irrilevanza del fatto: profili sostanziali e processuali*, Milanofiori-Assago, 2009; Bellini F., *Le condizioni obiettive di punibilità*, Torino, 2009 (rist.); Colamussi M., *La messa alla prova*, Padova, 2010; Capitta A.M., *La declaratoria immediata delle cause di non punibilità*, Milano, 2010; Colamussi M.-Maestitz A., voce *Messa alla prova*, in *Dig. disc. pen.*, Agg. V, 2010; Colamussi M.-Maestitz A., voce *Irrilevanza del fatto*, in *Dig. disc. pen.*, Agg. V, 2010; Sgubbi F.-Fondaroli D. (a cura di), *Il mercato della legge penale: nuove prospettive in materia di esclusione della punibilità tra profili sostanziali e processuali*, Padova, 2011; Della Morte G., *Le amnistie nel diritto internazionale*, Padova, 2011; Longari C., *Le cause di estinzione del reato*, Torino, 2012; Triggiani N. (a cura di), *La deflazione giudiziaria. Messa alla prova degli adulti e proscioglimento per tenuità del fatto*, Torino, 2014; Santoriello C., *La clausola di particolare tenuità del fatto. Dimensione sostanziale e prospettive processuali*, Roma, 2015; De Francesco G., *Punibilità*, Torino, 2016; Murro O., *Riparazione del danno ed estinzione del reato*, Assago-Padova, 2016; Pavan G., voce *Particolare tenuità del fatto*, in *Dig. disc. pen.*, agg. 2016, p. 500 ss.; Cocco G., voce *Punibilità nella teoria del reato*, in *Dig. disc. pen.*, agg. 2016, p. 516 ss.; Squillaci E., *Le moderne cause di non punibilità susseguente nel sistema penale: un tentativo* *di normalizzare l'ipertrofia del diritto penale*, Napoli, 2016; CONTI C., voce *Sospensione del processo con messa alla prova dell'imputato maggiorenne,* in *Dig disc. pen.*, agg. 2016, p. 691 ss.; CESARI C., voce *Sospensione del processo con messa alla prova,* in *Enc. dir.,* Annali, IX, 2016, p. 1005 ss; PECCIOLI A., *La prescrizione del reato tra presente e futuro*, Genova, 2017; POMANTI P., *La esiguità: da criterio di selezione della tipicità bagatellare ad indice di esclusione della punibilità*, Pisa, 2017; TRONCONE P., *La sospensione del procedimento con messa alla prova. Nuove esperienze di scenari sanzionatori senza pena*, Roma, 2017; SANNA A., *Il patteggiamento tra prassi e novelle legislative*, Milano-Padova, 2018; FERRATO A., voce *Estinzione del reato con condotte riparatorie (profili sostanziali),* in *Dig. disc. pen.,* agg. 2018, p. 159 ss.; AMBROSETTI E. M., voce *Prescrizione del reato*, in *Dig. disc. pen.*, agg. 2018, p. 516 ss.; V. MASARONE, *Contributo ad uno studio sulle condizioni obiettive di punibilità. Profili di teoria generale del reato*, Napoli, 2018.

CAPITOLO VI

LE MISURE DI SICUREZZA

1. La nozione di misura di sicurezza.

Funzioni

Secondo la **definizione** più tradizionale, le **misure di sicurezza** rappresentano quei provvedimenti diretti, da un lato, a **riadattare il reo alla vita sociale** (con strumenti educativi ovvero terapeutici, a seconda che il soggetto abbisogni degli uni o degli altri), e, dall'altro lato, a **impedirgli di nuocere nuovamente**.

Ciò equivale a dire che le misure di sicurezza si caratterizzano per una spiccata funzione di **prevenzione speciale**: prevenzione speciale **positiva**, laddove si prefiggono lo scopo di una risocializzazione del delinquente; prevenzione speciale **negativa**, in quanto finalizzate ad impedire materialmente la recidiva da parte di un soggetto socialmente pericoloso.

Pene e misure di sicurezza

In realtà, sulla base di queste sole indicazioni, risulta oggi assai **arduo distinguere tra pene e misure di sicurezza**. Anche alla **pena**, infatti, superata la concezione schiettamente retributiva (pena come mero corrispettivo, proporzionato alla gravità del reato commesso), si riconosce, come si è visto, una **pluralità di funzioni**, non solo nella prospettiva della prevenzione generale, ma anche della prevenzione speciale, negativa (neutralizzazione del reo), e positiva (di rieducazione del condannato, *ex* art. 27, comma 3, Cost.).

La dottrina più recente, pertanto, sottolinea come sia venuta meno la partizione tra pene e misure di sicurezza, basata sulla considerazione dello **scopo** proprio delle une e delle altre. Non sarebbe più possibile, cioè, parlare di pene come sanzioni legate solo all'idea retributiva e funzionali alla prevenzione generale, e di misure di sicurezza, viceversa, come strumenti che «monopolizzano» le funzioni di rieducazione e di prevenzione speciale.

Ne consegue **un'incertezza di fondo**, nel momento attuale, su quale spazio residuo possano occupare le misure di sicurezza, se non addirittura un più drastico interrogativo, sulla stessa **legittimità della sopravvivenza** delle misure di sicurezza in un sistema penale improntato agli odierni **valori costituzionali**.

Ma per meglio comprendere i limiti di compatibilità delle misure di sicurezza rispetto alla Costituzione, è necessario descrivere in sintesi le origini dell'istituto.

2. Le origini storiche. Il c.d. «doppio binario».

Il c.d. «doppio binario»

Le misure di sicurezza sono state introdotte come una **novità** dal **codice penale** del **1930**, che viene descritta in letteratura come frutto di un **compromesso tra Scuola classica e Scuola positiva**, in punto di natura e funzioni della pena. In estrema sintesi, i canoni più tradizionali in materia di pena venivano salvaguardati, evitando di «contaminarli» con funzioni legate alla nuova idea di pericolosità sociale; quest'ultima, tuttavia, rappresentava il fulcro dell'altrettanto nuovo strumento, dato dalle misure di sicurezza, che – lungi dal soppiantare le pene – si affiancava ad esse, secondo la logica del **c.d. «doppio binario»**.

Più precisamente, le misure di sicurezza erano (e tutt'ora sono) destinate ad **integrare** il sistema tradizionale delle pene, laddove queste non risultino applicabili, ovvero non siano considerate sufficienti a prevenire la realizzazione di ulteriori reati da parte di soggetti **socialmente pericolosi**.

Non v'è dubbio, pertanto, che il sistema del doppio binario sia stato ideato, in origine, per meglio soddisfare esigenze di **difesa sociale**.

La **crisi delle misure di sicurezza**, alla quale già si è fatto cenno, riguarda tuttavia anche **l'idoneità** delle stesse a garantire un effettivo soddisfacimento del **bisogno di tutela della collettività**.

Il problema va esaminato **separatamente**, a seconda che il fatto di reato (sul c.d. quasi-reato, vedasi *infra*) sia commesso da un **imputabile** (o **semi-imputabile**: vedasi *supra*, per la nozione di semi-infermità mentale) o da un **non-imputabile**.

Reato commesso da soggetto imputabile

Il soggetto **imputabile** (o **semi-imputabile**), all'esito del processo penale, se riconosciuto colpevole, viene condannato ad una **pena**, alla quale si **può aggiungere**, in certi casi, l'applicazione di una **misura di sicurezza** (qualora il soggetto sia **socialmente pericoloso**).

Reato commesso da soggetto non imputabile

Il soggetto **non imputabile**, viceversa, **non è punibile**, e ciò comporta che egli non possa essere condannato ad una **pena**, e che, una volta riconosciuta l'incapacità di intendere e/o di volere, sia **prosciolto**. **L'imputato prosciolto perché non imputabile, tuttavia, è sanzionabile con una misura di sicurezza personale, ma soltanto se risulti socialmente pericoloso**.

Crisi delle misure di sicurezza

I sintomi della crisi cui si faceva poc'anzi riferimento, per quanto concerne i soggetti imputabili (quindi assoggettabili congiuntamente sia a pena che a misura di sicurezza personale), si colgono nella tendenza dei giudici a non applicare, nella prassi, misure di sicurezza pur potenzialmente irrogabili.

Per ciò che riguarda, invece, i soggetti **non imputabili**, e per tale ragione non punibili (= non condannabili ad una pena), la **misura di sicurezza** risulta essere **l'unica sanzione di natura penale** con la quale l'ordinamento può reagire alla realizzazione di un fatto di reato, da parte di una persona incapace di intendere e/o di volere. Nondimeno, il presupposto indefettibile per l'applicazione della misura *de qua* è rappresentato – come testé detto – dalla **pericolosità sociale** dell'individuo, ossia da un elemento di **poco agevole accertamento giudiziale**; sicché qualora nel processo penale il perito, cui è solitamente affidato il quesito sul se l'imputato sia soggetto socialmente pericoloso, vi risponda negativamente, il giudice che si attenga a tale conclusione peritale non ha altra scelta, che quella di disporre il proscioglimento non accompagnato da alcuna misura di sicurezza, senza che il sistema preveda alcun tipo residuale di reazione.

3. Natura giuridica.

Ormai pressoché definitivamente **superata è la tesi** secondo cui le misure di sicurezza avrebbero natura **amministrativa**.

Misure di sicurezza come sanzioni criminali

Oggi si ritiene comunemente che le misure di sicurezza siano **sanzioni criminali**, che appartengono a pieno titolo alla sfera del **diritto penale**. Anch'esse, infatti, sono caratterizzate da una carica di **afflittività** (acuita, rilevano alcuni, da certi profili di indeterminatezza, soprattutto in materia di durata della sanzione), e possono essere irrogate solo all'esito di un **processo giurisdizionale**, così come le pene.

Misure di sicurezza e pene: aspetti distintivi

A **differenza** della pena, invece, è certo che **esula totalmente dal concetto di misura di sicurezza l'idea di castigo**, ovvero di corrispettivo (proporzionato al male realizzato); e non potrebbe essere altrimenti, visto che il reato (o il quasi-reato) commesso è solo il presupposto oggettivo per l'irrogazione della misura, che però guarda non al passato (a ciò che il soggetto ha fatto), bensì al **futuro** (a ciò che si teme il soggetto possa fare, stante la sua pericolosità sociale). Ciò spiega anche perché la misura di sicurezza, a differenza della pena, **non** sia determinabile in maniera **fissa e definitiva** dal giudice della cognizione, essendo **destinata a cessare col venire meno della pericolosità sociale** (la cui persistenza deve quindi formare oggetto di **periodici accertamenti**). Come si è detto, inoltre, il più evidente carattere distintivo tra pene e misure di sicurezza è nei **soggetti** che ne sono destinatari: i soggetti imputabili, ovvero semi-imputabili sono potenziali destinatari, congiuntamente, sia di pene che di misure di sicurezza; i soggetti non imputabili, viceversa, possono essere sanzionati soltanto con lo strumento della misura di sicurezza, e mai con la pena, trattandosi di persone – per definizione – non punibili.

4. Le misure di sicurezza e il principio costituzionale di legalità.

In quanto sanzioni aventi natura **penale**, le misure di sicurezza debbono risultare «coperte» da una serie di **garanzie costituzionali**.

In particolare, vale anche per le misure *de quibus* il **principio di legalità**.

Già a livello codicistico si prevede che «Nessuno può essere sottoposto a misure di sicurezza che non siano espressamente stabilite dalla legge e fuori dei casi dalla legge stessa preveduti» (art. 199 c.p., rubricato «Sottoposizione a misure di sicurezza: disposizione espressa di legge»).

La garanzia del principio di legalità in rapporto alle misure di sicurezza è peraltro espressamente affermata dall'**art. 25, ultimo comma, Cost.**: «Nessuno può essere sottoposto a misure di sicurezza se non nei casi previsti dalla legge».

Riserva di legge e tassatività

Dalla norma costituzionale si ricavano due fondamentali articolazioni della legalità, con riguardo alla tipologia di sanzioni in oggetto: i casi di possibile sottoposizione di un soggetto a misura di sicurezza debbono essere stabiliti con una legge (**riserva di legge**); la legge, inoltre, deve indicare tassativamente quali sono questi casi, oltre che determinare il tipo di misura applicabile (**tassatività**).

Occorre avvertire, comunque, che la tassatività, nella peculiare prospettiva delle misure di sicurezza, tende ad essere intesa **in senso elastico**, e talora con un parziale sacrificio delle esigenze di certezza, affinché le sanzioni in argomento possano assolvere in maniera efficace alla loro funzione specialpreventiva (vedasi anche *infra*, in tema di durata delle misure di sicurezza).

Applicazione retroattiva delle misure di sicurezza: problemi e limiti

Ma è possibile un'applicazione **retroattiva** di una misura di sicurezza?

L'art. 200 c.p. stabilisce, in proposito, che «le misure di sicurezza sono regolate dalla legge in vigore al tempo della loro applicazione» (comma 1), e che «se la legge del tempo in cui deve eseguirsi la misura di sicurezza è diversa, si applica la legge in vigore al tempo della esecuzione» (comma 2).

Sarebbe tuttavia errato, limitandosi ad una prima lettura di tale disposizione, concludere nel senso di una generalizzata retroattività.

In realtà, è ormai opinione consolidata che **non è possibile applicare una misura di sicurezza in relazione ad un fatto che, quando è stato realizzato, non era previsto né come reato, né come quasi-reato**. È vero infatti che l'art. 25, comma 3, Cost. non afferma espressamente la regola dell'irretroattività delle misure di sicurezza: nondimeno, l'impossibilità di irrogare sanzioni penali (comunque «etichettate») in rapporto a fatti penalmente irrilevanti all'epoca della loro commissione, si desume dalla *ratio* complessiva dell'art. 25 Cost.

È **discusso, invece, se possa applicarsi una misura di sicurezza ad un reato** (o quasi-reato), **per il quale nel *tempus commissi delicti* non era prevista alcuna misura** (ovvero se si possa applicare una **misura di tipo diverso**).

Vi è chi **ammette** tale possibilità, argomentando proprio dall'art. 200 c.p. (riconosciuto legittimo dalla Corte costituzionale), oltre che dalla considerazione che le misure di sicurezza si prefiggono di arginare uno stato di pericolosità attuale, sicché appare consentito reagire anche con misure nuove, tipizzate in epoca successiva alla realizzazione del reato.

Secondo una **diversa opinione**, il **divieto di retroattività** avrebbe invece una portata più ampia, comportando altresì l'**impossibilità di applicare una misura di sicurezza originariamente non prevista**. In quest'ottica, l'art. 200 c.p. andrebbe interpretato nel senso che una legge successiva alla consumazione del fatto di reato può disciplinare in modo diverso **semplici modalità esecutive** di una misura di sicurezza già tipizzata all'epoca del *tempus commissi delicti* (v. *amplius* sul punto *retro*, P. I, Cap. II, par. 4).

5. I presupposti di applicabilità.

Da quanto sinora esposto, già è emerso che i **presupposti** per l'applicabilità di una misura di sicurezza sono, per regola generale, **due** (si confronti l'art. 202 c.p.):

Presupposto oggettivo

1) **la realizzazione di un fatto previsto dalla legge come reato** (**presupposto oggettivo**); occorre, quindi, la sussistenza di un fatto tipico e antigiuridico (ossia non giustificato da alcuna scriminante), nonché del dolo o della colpa (pur tenuto conto delle particolari condizioni psichiche dell'autore, che può essere un soggetto anche totalmente incapace di intendere e di volere);

Presupposto soggettivo

2) **la pericolosità sociale del reo** (**presupposto soggettivo**); l'art. 203, comma 1, c.p. fornisce la definizione di «persona socialmente pericolosa», individuandola nella persona, anche se non imputabile o non punibile, che abbia realizzato un fatto previsto dalla legge come reato o quasi-reato (vedasi appena *infra*), «quando è probabile che commetta nuovi fatti preveduti dalla legge come reati». Quindi, la «pericolosità» va intesa come **«probabilità» di ricadere nel crimine**. In linea con la funzione specialpreventiva delle misure di sicurezza, il giudice deve operare in concreto un giudizio prognostico circa la probabilità di recidiva, tenuto conto degli indici di cui all'art. 133 c.p., e **senza che operi più alcuna presunzione di pericolosità *iuris et de***

iure (cfr. l'abrogazione dell'art. 204 c.p., *ex* art. 31 l. n. 663 del 1986): se la recidiva appare probabile, sussiste il presupposto soggettivo di applicabilità della misura di sicurezza.

Quasi-reato

Eccezionalmente, il presupposto oggettivo può consistere non nella commissione di un reato, bensì di un **quasi-reato**.

Si tratta delle ipotesi previste dagli artt. 49 e 115 c.p.

L'art. 49, ultimo comma, c.p., stabilisce che il giudice possa ordinare che l'imputato **prosciolto** in caso di c.d. **reato impossibile** (art. 49, comma 2, c.p.: «quando per la inidoneità dell'azione o per l'inesistenza dell'oggetto di essa, è impossibile l'evento dannoso o pericoloso») sia sottoposto a **misura di sicurezza**.

L'art. 115, comma 2, c.p., in tema di **concorso di persone nel reato**, sancisce che il giudice possa applicare una **misura di sicurezza** per il **solo fatto di un mero accordo tra due o più persone per commettere un delitto**. Inoltre, i commi 3 e 4 dello stesso articolo prevedono che si possa applicare una **misura di sicurezza** in caso di **istigazione a commettere un reato, qualora l'istigazione sia stata accolta, ma il reato non sia stato commesso**; e altresì qualora l'istigazione **non sia stata accolta, purché in questo caso si sia trattato di istigazione diretta a commettere un delitto**.

Il **presupposto soggettivo**, dato dalla **pericolosità sociale**, deve invece sussistere in ogni caso.

6. La durata.

L'art. 207, comma 1, c.p., prevede che «Le misure di sicurezza non possono essere revocate se le persone ad esse sottoposte non hanno cessato di essere socialmente pericolose».

Tendenziale indeterminatezza della durata

Secondo tale previsione, dunque, **la durata della misura di sicurezza è indeterminata** (salvo **eccezioni**: cfr. art. 237, comma 3, c.p., e quanto si dirà *infra*): la misura di sicurezza, conformemente alle esigenze di prevenzione speciale cui si ispira, è destinata a protrarsi, **fintantoché persiste la pericolosità sociale**. Al tempo stesso, la misura di sicurezza non ha più ragion d'essere, quando la pericolosità sociale risulti cessata: in proposito, va ricordato come sia stato dichiarato **costituzionalmente illegittimo il comma 2 dell'art. 207 c.p., laddove prevedeva la non revocabilità della misura di sicurezza prima che fosse decorso**

un tempo corrispondente alla durata minima stabilita dalla legge per ciascuna misura di sicurezza (Corte Cost., Sent. n. 110 del 1974).

Sono peraltro rimaste ferme le previsioni di una **durata minima** in rapporto a **singole misure di sicurezza** (cfr., ad es., gli artt. 217, 219, 222 c.p.): ma tale durata minima è meramente **indicativa**, perché appunto la misura può (e deve) essere revocata, anche prima della scadenza del termine legale di durata minima, **se risulti che la pericolosità è cessata**.

Quanto al **massimo**, l'indeterminatezza di cui si è detto comporta la conseguenza che la misura può durare (attraverso un meccanismo di proroghe, all'esito di periodici esami della pericolosità) **anche per tutta la vita del soggetto socialmente pericoloso, qualora appunto la pericolosità del medesimo non cessi**. Va tuttavia osservato che, a seguito della l. n. 81 del 2014, le **misure di sicurezza detentive non possono avere una durata eccedente il limite edittale massimo della pena detentiva prevista per il reato commesso**.

7. Le singole misure di sicurezza.

La *summa divisio* nell'ambito delle misure di sicurezza è tra misure di sicurezza **personali** e misure di sicurezza **patrimoniali**.

Le misure di sicurezza personali si distinguono, a loro volta, in misure **detentive** e **non detentive**.

Misure di sicurezza personali detentive

Le misure di sicurezza **detentive** previste dal codice penale sono le seguenti (art. 215, comma 2, c.p.):

1) l'assegnazione ad una colonia agricola o ad una casa di lavoro;

2) il ricovero in una casa di cura e custodia;

3) il ricovero in un ospedale psichiatrico giudiziario;

4) il ricovero in un riformatorio giudiziario.

Peraltro, il d.l. n. 211 del 2011 (conv., con modificazioni, dalla l. n. 9 del 2012) ha disposto la sostituzione degli ospedali psichiatrici giudiziari e delle case di cura e custodia con nuove strutture sanitarie, le residenze per l'esecuzione delle misure di sicurezza (R.E.M.S.), che si prevede operino in coordinamento con i Dipartimenti di salute mentale presenti sul territorio.

Misure di sicurezza personali non detentive

Non detentive sono invece (art. 215, comma 3, c.p.):

1) la libertà vigilata;

2) il divieto di soggiorno in uno o più Comuni, ovvero in una o più Province;

3) il divieto di frequentare osterie e pubblici spacci di bevande alcoliche;

4) l'espulsione dello straniero dal territorio dello Stato.

Per ciò che riguarda la **disciplina** delle singole specie di misure di sicurezza personali, si rinvia al disposto degli artt. 216 e ss. c.p.

Misure di sicurezza patrimoniali

Quali misure di sicurezza **patrimoniali** (art. 236 c.p.), il codice penale contempla la **cauzione di buona condotta** (artt. 237 e ss. c.p.) e la **confisca**, disciplinata da due distinte norme del Libro I del codice penale: l'**art. 240**, il quale dispone la "classica" **confisca c.d. "diretta"** – a sua volta, a seconda dei casi, **obbligatoria** o **facoltativa** – e l'**art. 240-*bis***, rubricato «confisca in casi particolari», relativo al diverso istituto della **c.d. "confisca allargata"** o "per sproporzione".

L'istituto della confisca, peraltro, sta registrando, negli ultimi anni, una significativa evoluzione, segnata dall'introduzione – all'interno ma anche al di fuori del codice penale – di numerose ipotesi speciali, dai tratti molto più incisivi di quella tradizionale prevista dall'art. 240 c.p. La dottrina, a questo riguardo, ha sottolineato come sia venuta meno l'unitarietà dell'istituto, e come sia dunque preferibile riferirsi non più alla "confisca" quanto alle **"confische"**, allo scopo di meglio evidenziare l'eterogenea struttura delle varie ipotesi, non tutte peraltro riconducibili alla natura originaria di "misura di sicurezza" (VENEZIANI).

La confisca c.d. "per equivalente"

Si consideri, in particolare, la c.d. **"confisca per equivalente"**.

Essa è prevista da specifiche norme di legge, in relazione a determinati reati, e si caratterizza per avere ad oggetto somme di denaro, beni o altre utilità del condannato, per un valore "equivalente", ossia "corrispondente", ai proventi del reato stesso (al "profitto", al "prezzo", ecc., a seconda delle tassative indicazioni legali).

La confisca per equivalente, detta anche «di valore», o «indiretta», presuppone l'impossibilità di procedere a confisca diretta.

In altre parole, nelle ipotesi in cui la legge contempla la confisca per equivalente, vengono colpiti beni del patrimonio del condannato di valore equivalente, cioè corrispondente (e mai eccedente) rispetto al profitto, ecc., ancorché non collegati alla realizzazione del crimine: ciò proprio per ovviare al fatto che non vi è la concreta possibilità di confiscare direttamente i proventi del reato.

Per esempio, nel settore dei reati contro la pubblica amministrazione, non solo è obbligatoria la confisca diretta della tangente versata nell'ambito di una vicenda corruttiva, ma, qualora sia impossibile apprendere direttamente la somma di denaro pagata per corrompere il pubblico ufficiale, deve essere disposta confisca per equivalente, avente ad oggetto beni dei condannati per un valore corrispondente all'importo della tangente medesima (cfr. art. 322-*ter* c.p.).

D'altra parte, tale evoluzione dello strumento ablativo ha imposto, vista anche l'impossibilità di riferirsi ancora ad una logica di «pericolosità» dei beni, una qualificazione della misura come autentica sanzione penale (con conseguente assoggettamento, in particolare, al divieto di retroattività), come riconosciuto sia a livello nazionale dalla Corte di Cassazione, sia in sede sovranazionale, sulla base dell'orientamento della Corte europea dei diritti dell'uomo in tema di definizione autonoma di «pena» (*supra*, Parte I, Cap. II, par. 4).

La confisca «in casi particolari» o c.d. "allargata"

Da ultimo, il d.lgs. n. 21/2018 ha inserito nel codice penale il nuovo **art. 240-*bis***, il quale dispone, come visto, un tipo ancora diverso di confisca, ossia quella definita "allargata" o "per sproporzione", già disciplinata, in precedenza, dall'art. 12-*sexies* d.l. n. 306/1992. Tale istituto prevede, **in caso di condanna** per uno dei reati espressamente indicati nella norma, la confisca di ogni bene di cui il reo abbia la **disponibilità** e che sia **sproporzionato** (da cui il termine "confisca per sproporzione") rispetto ai redditi dichiarati al fisco ovvero alla sua attività economica, e di cui lo stesso non sia in grado di dimostrare la provenienza lecita. La legge traccia, in buona sostanza, una presunzione con relativa inversione dell'onere della prova, in ragione della quale ogni bene "sproporzionato" nella disponibilità di alcuni soggetti particolarmente "qualificati" (e cioè condannati per alcuno dei reati elencati nell'art. 240-*bis* c.p.), si presume essere di origine illecita, e viene quindi confiscato. Si tratta tuttavia, come anticipato, di una **presunzione relativa**, in ragione del fatto che al soggetto è data la possibilità di provare che il bene o i beni, ancorché sproporzionati, sono in realtà di origine lecita, evitandone così la confisca. La confisca "allargata" è una misura estremamente incisiva, introdotta originariamente come strumento di aggressione ai patrimoni illeciti accumulati dalla criminalità organizzata (specie da quella mafiosa), il cui ambito di applicazione si è poi tuttavia gradualmente esteso, negli anni, fino a ricomprendere oggi fattispecie di reato molto diverse da quelle originarie, quali i reati contro la pubblica amministrazione e la prostituzione minorile. In virtù della straordinaria incisività della misura, la più recente giurisprudenza di legittimità ne riconosce – così come per la confisca "per equivalente" – natura sostanzialmente sanzionatoria, e non già di misura di sicurezza (Cass., SS.UU., n. 4880/2015, Spinelli).

Proprio alla luce del continuo sviluppo e potenziamento di questi strumenti reali, la dottrina rappresenta che, anche a causa della scarsa effettività ed efficacia delle "classiche" pene detentive, si sta assistendo ad una graduale trasformazione in senso patrimoniale dell'ordinamento penale moderno (MANES; MAUGERI). In questa prospettiva, sarebbe proprio l'aggressione ai patrimoni, più ancora che alla libertà personale, lo strumento più efficace di lotta al crimine; con particolare riferimento, naturalmente, a quei fenomeni criminali che mirano, per l'appunto, all'accumulo di ricchezze illecite.

8. Il delinquente abituale, il delinquente professionale e il delinquente per tendenza.

Delinquente abituale

Nell'ottica del c.p., il **delinquente abituale** è un soggetto che – quanto al **passato** – ha ripetutamente commesso atti criminosi, così da acquisire una sorta di «familiarità», o «consuetudine» con il delitto (**c.d. *consuetudo delinquendi***); e che – quanto al **futuro** – denota una spiccata **pericolosità sociale**: il fatto di essere avvezzo al crimine, infatti, rende probabile la realizzazione, da parte di quel soggetto, di altri fatti penalmente rilevanti. Tale probabilità si reputa tanto più elevata, quanto più il reo abbia acquisito dimestichezza nel delinquere; la «pratica» svolta, infatti, può rendere più agevole la reiterazione dei reati.

C.d. abitualità presunta dalla legge

L'art. 102 c.p. prevede, in particolare, la **c.d. abitualità presunta dalla legge**. Dispone il comma 1 di tale articolo che «È dichiarato delinquente abituale chi, dopo essere stato condannato alla reclusione in misura superiore complessivamente a cinque anni per tre delitti non colposi, della stessa indole, commessi entro dieci anni, e non contestualmente, riporta un'altra condanna per delitto, non colposo, della stessa indole, e commesso entro dieci anni successivi all'ultimo dei delitti precedenti».

Abitualità ritenuta dal giudice

L'**abitualità ritenuta dal giudice** è, viceversa, disciplinata dal successivo art. 103: «Fuori del caso indicato nell'articolo precedente, la dichiarazione di abitualità nel delitto è pronunciata anche contro chi, dopo essere stato condannato per due delitti non colposi, riporta un'altra condanna per delitto non colposo, se il giudice, tenuto conto della specie e gravità dei reati, del tempo entro il quale sono stati commessi, della condotta e del genere di vita del colpevole e delle altre circostanze indicate nel capoverso dell'art. 133, ritiene che il colpevole sia **dedito al delitto**» (per ciò che attiene alla **abitualità nelle contravvenzioni**, si rinvia all'art. 104 c.p.).

Delinquente professionale

Per ciò che riguarda il **delinquente professionale**, questi rappresenta – in sostanza – una *species* rispetto al *genus* «delinquente abituale». Infatti, l'art. 105 c.p. – che disciplina appunto la **professionalità nel reato** – prevede che possa essere dichiarato delinquente (o contravventore) professionale chi già si trovi nelle condizioni richieste per la dichiarazione di abitualità, purché ricorrano congiuntamente due condizioni ulteriori. La prima è che tale soggetto riporti **condanna per un altro reato**. La seconda è che debba ritenersi che il reo «**viva abitualmente,** anche in parte soltanto, dei **proventi del reato**»; e ciò «avuto riguardo alla natura dei reati, alla condotta e al genere di vita del colpevole», nonché «alle altre circostanze indicate nel capoverso dell'articolo 133».

Delinquente per tendenza

La figura del **delinquente per tendenza**, infine, si ricava dall'art. 108, comma 1, c.p.: «È dichiarato delinquente per tendenza chi, sebbene non recidivo o delinquente abituale o professionale, commette un delitto non colposo, contro la vita o l'incolumità individuale, anche non preveduto dal capo primo del titolo dodicesimo del libro secondo di questo codice, il quale, per sé e unitamente alle circostanze indicate nel capoverso dell'articolo 133, riveli una **speciale inclinazione al delitto**, che trovi la sua causa nell'**indole particolarmente malvagia del colpevole**» (e tranne che l'inclinazione al delitto derivi da vizio totale o parziale di mente).

Conseguenze giuridiche

Fra le non poche **conseguenze giuridiche** della dichiarazione di abitualità, o di professionalità, o di tendenza a delinquere (art. 109, comma 1, c.p.), la principale è rappresentata dalla possibilità di applicare (**in aggiunta alla pena**) una **misura di sicurezza** nei confronti del delinquente (abituale, professionale o per tendenza), previo **accertamento in concreto della pericolosità** (cfr. art. 31 l. n. 663 del 1986). La misura di sicurezza è rappresentata dalla assegnazione ad una colonia agricola o casa di lavoro, e, per i minorenni, dal riformatorio giudiziario.

La dottrina più recente tende a ritenere queste tipologie legali di autore (delinquente abituale, professionale, per tendenza), di ascendenza positivistica, **discutibili ed anacronistiche**; su tutte, quella del delinquente per tendenza mostrerebbe – oltre che mancanza di fondamento criminologico – un eccessivo sbilanciamento verso forme di responsabilità troppo eticizzanti e legate al «modo di essere» interiore del soggetto, oltretutto – si aggiunge – di difficile accertamento.

Note bibliografiche

PETROCELLI B., *La pericolosità criminale e la sua posizione giuridica*, Padova, 1940; RICCIO S., voce *Abitualità e professionalità nel reato*, in *Noviss. dig. it.*, Vol. I, 1957, p. 62 ss.; SESSO R., voce *Abitualità nel reato*, in *Enc. dir.*, Vol. I, 1959, p. 116 ss.; BRICOLA F., *Fatto del non imputabile e pericolosità*, Milano, 1961; AA.VV., *Stato di diritto e misure di sicurezza*, Padova, 1962; AA.VV., *Pene e misure di sicurezza. Atti* del I Convegno di studio «Enrico De Nicola», Milano, 1962; GUARNERI G., voce *Misure di sicurezza*, in *Noviss. dig. it.*, Vol. X, 1964, p. 778 ss.; GUARNERI G., voce *Pericolosità sociale*, in *Noviss. dig. it.*, Vol. XII, 1965, p. 951 ss.; CARACCIOLI I., *I problemi generali delle misure di sicurezza*, Milano, 1970; NUVOLONE P., voce *Misure di prevenzione e misure di sicurezza*, in *Enc. dir.*, Vol. XXVI, 1976, p. 631 ss.; MUSCO E., *La misura di sicurezza detentiva. Profili storici e costituzionali*, Milano, 1978; D'ARGENTO N., *Misure di prevenzione*, Napoli, 1979; TAGLIARINI F., voce *Pericolosità*, in *Enc. dir.*, Vol. XXXIII, 1983, p. 6 ss.; DELL'OSSO G., *Capacità a delinquere e pericolosità sociale*, Milano, 1985; ALESSANDRI A., voce *Confisca nel diritto penale*, in *Dig. disc. pen.*, Vol. III, 1989, pp. 39 ss.; PELUSO C., voce *Misure di sicurezza*, in *Dig. disc. pen.*, Vol. VIII, 1994, p. 145 ss.; FIANDACA G., voce *Misure di prevenzione (profili sostanziali)*, in *Dig. disc. pen.*, Vol. VIII, 1994, pp. 108 ss.; CALABRIA A., voce *Pericolosità sociale*, in *Dig. disc. pen.*, Vol. IX, 1995, p. 451 ss.; MUSCO E., voce *Misure di sicurezza*, in *Enc. dir.*, Agg. I, 1997, p. 762 ss.; MANNA A., *L'imputabilità e i nuovi modelli di sanzione*, Torino, 1997; FORNARI L., *Criminalità del profitto e tecniche sanzionatorie*, Padova, 1997; CASSANO F., *Misure di prevenzione patrimoniale e amministrazione dei beni. Questioni e materiali di dottrina e giurisprudenza*, Milano, 1998; MANGIONE A., *La misura di prevenzione patrimoniale fra dogmatica e politica criminale*, Padova, 2001; FILIPPI L., *Il procedimento di prevenzione patrimoniale*, Padova, 2002; MANNA A. (a cura di), *Verso un Codice penale modello per l'Europa. Imputabilità e misure di sicu-*

rezza, Padova, 2002; MOLINARI P. V.-PAPADIA U., *Le misure di prevenzione nella Legge fondamentale e nelle leggi antimafia*[2], Milano, 2002; FONDAROLI D., *Le ipotesi speciali di confisca nel sistema penale. Ablazione patrimoniale, criminalità economica, responsabilità delle persone fisiche e giuridiche*, Bologna, 2007; PELISSERO M., *Pericolosità sociale e doppio binario. Vecchi e nuovi modelli di incapacitazione*, Torino, 2008; FURFARO S., voce *Confisca*, in *Dig. disc. pen.*, agg. 2008, p. 201 ss.; EPIDENDIO T.E., *La confisca nel diritto penale e nel sistema delle responsabilità degli enti*, Padova, 2011; NICOSIA E., *La confisca, le confische. Funzioni politico--criminali, natura giuridica e problemi ricostruttivo-applicativi*, Torino, 2012; MAZZA P., *Pericolosità sociale e legalità*; Padova, 2012; PAVARINI M.-STORTONI L. (a cura di), *Pericolosità e giustizia penale*, Bologna, 2013; PADOVANI T., *Misure di sicurezza e misure di prevenzione*, Pisa, 2014; MAUGERI A. M., voce *Confisca (diritto penale)*, in *Enc. dir.*, Annali VIII, 2015, p. 185 ss; AA.VV., *Misure patrimoniali nel sistema penale: effettività e garanzie*, Milano, 2016 VERGINE F., voce *Confisca*, in *Dig. disc. pen.*, agg. 2016, p. 179 ss.

CAPITOLO VII

CONSEGUENZE CIVILI DEL REATO

1. Le fonti delle obbligazioni civili da reato.

Effetti civilistici del reato

La commissione di un reato può dare luogo al verificarsi non solo di una serie di conseguenze penali (irrogazione di pene e/o misure di sicurezza, effetti penali della condanna), ma anche di **effetti** che si producono sul piano **civilistico**.

Le principali fonti legali dalle quali si ricavano le conseguenze civili del reato sono rappresentate da talune specifiche disposizioni del codice civile, nonché – in un'ottica più generale e sistematica – dalle norme contenute nel Titolo VII del Libro I del codice penale.

Per ciò che attiene al codice civile, si possono menzionare, a titolo esemplificativo:

– i casi di esclusione dalla successione, come indegno, di colui che ha volontariamente ucciso o tentato di uccidere la persona della cui successione si tratta, o che ha commesso contro la medesima reati particolarmente odiosi (calunnia con incolpazione di gravi reati, falsa testimonianza, falsità aventi ad oggetto il testamento del *de cuius*, ecc.) (art. 463 c.c.);

– le ipotesi di revoca della donazione per ingratitudine da parte del donante, qualora il donatario abbia commesso nei suoi confronti uno dei reati cui fa richiamo l'art. 801 c.c.;

– l'annullabilità della transazione fatta, in tutto o in parte, sulla base di documenti che in seguito sono stati riconosciuti falsi (art. 1973 c.c.).

Le «**sanzioni civili**» che di regola discendono dalla realizzazione di un reato sono invece descritte e disciplinate in generale dagli artt. 185 ss. c.p. Si tratta di vere e proprie **obbligazioni civili**, che possono essere suddivise in **due gruppi**:

Obbligazioni civili

a) obbligazioni **nei confronti delle vittime del reato**; in questa categoria rientrano gli obblighi di restituzione e gli obblighi di risarcimento del danno;

b) obbligazioni **verso lo Stato**; in particolare, il condannato deve rimborsare sia le spese per il mantenimento in carcere, sia le spese del processo penale.

2. Le obbligazioni nei confronti delle vittime: restituzioni e risarcimento del danno.

L'art. 185, comma 1, c.p. stabilisce che «ogni reato obbliga alle restituzioni, a norma delle leggi civili».

Restituzioni

Per **restituzione** (*restitutio in integrum*) si intende la reintegrazione, ovvero il ripristino della situazione di fatto che preesisteva alla realizzazione del reato, e che è stata in qualche modo alterata dalla commissione dell'illecito penale (es.: riconsegna della cosa mobile sottratta, in caso di furto; distruzione della piantagione, in caso di illecita coltivazione di stupefacenti).

Risarcimento del danno

Talora, la restituzione è impossibile, per ragioni giuridiche (es.: la cosa mobile è stata acquistata da un terzo in buona fede) o naturalistiche (es.: il bene da riconsegnare all'avente diritto è andato distrutto): in questi casi, l'obbligo di restituire non è configurabile, e viene semmai in considerazione l'obbligo di risarcire il danno derivante dal mancato ripristino dello stato di cose originario.

L'art. 185, comma 2, c.p., prevede che «Ogni reato, che abbia cagionato un danno patrimoniale o non patrimoniale, obbliga al risarcimento il colpevole e le persone che, a norma delle leggi civili, debbono rispondere per il fatto di lui».

Tale disposizione rappresenta una **fonte di responsabilità autonoma e distinta rispetto a quella dettata dall'art. 2043 c.c.**, in tema di risarcimento per fatto illecito. Ovviamente, inoltre, il danno *de quo* non deve essere confuso con il danno inteso come lesione del bene giuridico protetto.

Danno patrimoniale

Il **danno patrimoniale** si presta per sua natura ad una valutazione **economica**, attraverso il confronto tra il patrimonio dell'offeso prima e dopo la realizzazione del reato; in particolare, ai fini della quantificazione della somma dovuta a titolo di risarcimento del danno patrimoniale sia del c.d. danno emergente (perdite subite, somme spese, ecc.), sia del c.d. lucro cessante (mancato guadagno).

Danno non patrimoniale

Più complessa è invece la valutazione del **danno non patrimoniale**, che rappresenta il dato peculiare e caratterizzante degli obblighi civili risarcitori nascenti da reato.

L'art. 2059 c.c., infatti, stabilisce che il danno non patrimoniale deve essere risarcito solo nei casi determinati dalla legge, e fra questi casi quello sicuramente più importante è costituito dal danno non patrimoniale **da reato**. Anzi, sino al 1996 la previsione, *ex* art. 185, comma 2, c.p., della risarcibilità (anche) del danno non patrimoniale derivante da reato rappresentava l'unica eccezione rispetto alla regola generale della non risarcibilità del danno non patrimoniale (l'art. 29, comma 9, l. n. 675 del 1996, in tema di tutela delle persone rispetto al trattamento dei dati personali, ha introdotto nell'ordinamento una ulteriore ipotesi di risarcibilità del danno non patrimoniale, in caso di violazione del disposto dell'art. 9 della medesima legge, riguardante le modalità di raccolta ed i requisiti dei dati in oggetto; si veda, ora, l'art. 15 del d.lgs. n. 196 del 2003, c.d. codice della *privacy*).

Danno morale

Rientra nel concetto di danno non patrimoniale, risarcibile *ex* art. 185, comma 2, c.p., il c.d. **danno morale**, che viene comunemente identificato nella **sofferenza fisica o psichica, ovvero nel discredito o pregiudizio sociale patito dalla vittima** in conseguenza del reato.

Si tratta, evidentemente, di un'entità immateriale per sua natura **sottratta ad una puntuale valutazione economica**; sicché la quantificazione e l'attribuzione alla persona offesa di una somma di denaro a titolo di risarcimento del danno morale viene, in sostanza, ad alterare la funzione «riparatoria» (a rigore, non c'è somma che possa «ripagare» il *pretium doloris*), colorandosi piuttosto in chiave afflittivo-satisfattiva, ossia a dare alla vittima una «soddisfazione» che almeno per certi versi «compensi» il male patito, per il tramite del corrispondente obbligo risarcitorio in capo all'autore del reato.

Si badi che il concetto di «sofferenza» va inteso in senso lato, e tale da ricomprendere – in tal senso è orientata altresì la prassi giurisprudenziale – la possibilità del risarcimento del danno non patrimoniale anche a favore delle persone giuridiche (si pensi ai casi in cui la persona giuridica è vittima di una diffamazione).

Pubblicazione della sentenza di condanna

È esplicitamente contemplata quale forma speciale di risarcimento del danno non patrimoniale la **pubblicazione della sentenza di condanna** (art. 186 c.p., «Riparazione del danno mediante pubblicazione della sentenza di condanna»: «Oltre quanto prescritto nell'articolo precedente e in altre disposizioni di legge, ogni reato obbliga il colpevole alla pubblicazione, a sue spese, della sentenza di condanna, qualora la pubblicazione costituisca un mezzo per riparare il danno non patrimoniale cagionato dal reato»). Tale sanzione civile da reato non deve essere confusa con la pena accessoria, di analogo contenuto, *ex* art. 36 c.p.

3. Le obbligazioni nei confronti dello Stato.

Il **«soggiorno» in carcere non è gratuito per il detenuto**. Nella prospettiva delle **obbligazioni verso lo Stato**, infatti, «il condannato è obbligato a rimborsare all'erario dello Stato le spese per il suo mantenimento negli stabilimenti di pena, e risponde di tale obbligazione con tutti i suoi beni mobili e immobili, presenti e futuri, a norma delle leggi civili» (art. 188, comma 1, c.p.).

Spese per il mantenimento in carcere

Tali **spese di mantenimento in carcere** riguardano sia il periodo della custodia cautelare (prima, cioè, che intervenga una sentenza irrevocabile di condanna e che sia emesso il conseguente ordine di esecuzione, con cui il P.M. dispone la carcerazione), sia la fase di esecuzione della pena detentiva vera e propria.

Spese processuali

Il condannato, inoltre, deve pagare le **spese processuali** (art. 535 c.p.p.). Ad esempio, il condannato per il delitto di illecita detenzione di sostanze stupefacenti è tenuto a rimborsare allo Stato le spese della consulenza tecnica ovvero della perizia chimico-tossicologica effettuata sulla droga.

Remissione del debito

In relazione a tali obbligazioni, è tuttavia possibile che si addivenga alla **rimessione del debito**, in base alla normativa penitenziaria, a beneficio del condannato o dell'internato che versi in condizioni economiche disagiate, e che si sia distinto per regolare condotta.

L'obbligazione di rimborsare le spese di mantenimento in carcere non si estende alla persona civilmente responsabile, e non si trasmette agli eredi del condannato (art. 188, comma 2, c.p.; la Corte costituzionale ha inoltre dichiarato l'illegittimità costituzionale di questa norma, laddove non prevede la non trasmissibilità agli eredi del condannato dell'obbligo di rimborsare le spese del processo penale: Sent. n. 98 del 1998).

4. Profili di disciplina delle obbligazioni civili nascenti da reato.

Obbligazioni civili aventi ad oggetto le restituzioni e la pubblicazione della sentenza di condanna

Le **obbligazioni aventi ad oggetto le restituzioni e la pubblicazione della sentenza di condanna** sono espressamente qualificate dalla legge come **indivisibili** (art. 187, comma 1, c.p.), ossia non sono suscettibili di adempimento parziale. È prevista, altresì, la regola della **solidarietà**: «I condannati per uno stesso reato sono obbligati in solido al risarcimento del danno patrimoniale o non patrimoniale» (art. 187, comma 2, c.p.). Detti condannati sono dunque tutti tenuti al pagamento per l'intero; il creditore può esigere l'adempimento totale indifferentemente da uno qualsiasi degli obbligati, così come può esercitare il suo diritto contemporaneamente nei confronti di tutti (fermo restando che l'adempimento integrale dell'uno libera anche gli altri).

Obbligazioni civili per pene pecuniarie

Hanno carattere **sussidiario**, e non solidale, le c.d. **obbligazioni civili per le pene pecuniarie**: esse sorgono soltanto se il condannato è insolvibile. Il codice penale prevede, in particolare:

– **l'obbligazione civile per le pene pecuniarie**, in capo alla **persona rivestita dell'autorità sul dipendente**; l'art. 196, comma 1, c.p. dispone, in proposito, che «Nei reati commessi da chi è soggetto all'altrui autorità, direzione o vigilanza, la persona rivestita dell'autorità, o incaricata della direzione o vigilanza, è obbligata, in caso di insolvibilità del condannato, al pagamento di una somma pari all'ammontare della multa o dell'ammenda inflitta al colpevole, se si tratta di violazioni di disposizioni che essa era tenuta a far osservare e delle quali non debba rispondere penalmente»;

– **l'obbligazione civile per le pene pecuniarie**, in capo alle **persone giuridiche**; l'art. 197, comma 1, c.p. sancisce, al riguardo, che «Gli enti forniti di personalità giuridica, eccettuati lo Stato, le regioni, le provincie ed i comuni, qualora sia pronunciata condanna per reato contro chi ne abbia la rappresentanza, o l'amministrazione, o sia con essi in rapporto di dipendenza, e si tratti di reato che costituisca violazione degli obblighi inerenti alla qualità rivestita dal colpevole, ovvero sia commesso nell'interesse della persona giuridica, sono obbligati al pagamento, in caso di insolvibilità del condannato, di una somma pari all'ammontare della multa o dell'ammenda inflitta».

Qualora la persona preposta risulti insolvibile, ovvero quando l'obbligazione non possa essere adempiuta dalla persona giuridica, si applicano al condannato le disposizioni dell'art. 136 c.p. (art. 196, u.c., c.p.; art. 197, u.c., c.p.).

Le obbligazioni civili per le pene pecuniarie di cui agli artt. 196 e 197 c.p. si estinguono in caso di estinzione del reato o della pena: ciò rappresenta un'eccezione rispetto alla regola generale che vale per le altre obbligazioni civili derivanti da reato (art. 198 c.p.).

5. Le garanzie: cenni.

A garanzia dell'adempimento delle obbligazioni civili nascenti da reato, il codice penale contempla una serie di istituti, e segnatamente:

Sequestro conservativo penale

– il **sequestro conservativo penale** dei beni, mobili e/o immobili dell'imputato, nonché delle somme o cose al medesimo dovute (nei limiti in cui è consentito il pignoramento) (cfr. artt. 316 e ss. c.p.p.; con l'entrata in vigore del codice di procedura penale del 1988 sono state abolite, invece, le disposizioni del c.p. in tema di ipoteca legale); il sequestro può essere evitato, se l'imputato o il responsabile civile offrono idonea **cauzione** (cfr. art. 319 c.p.p.);

Azione revocatoria

– l'**azione revocatoria** nei riguardi degli atti in frode compiuti dal colpevole, soggetta a differenti condizioni a seconda che si tratti di atti a titolo oneroso ovvero gratuito, e dell'anteriorità o posteriorità dell'atto medesimo rispetto al reato (cfr. artt. 192 ss. c.p.);

Prelievo sulla remunerazione

– il **prelievo sulla remunerazione** per il lavoro prestato dal condannato in carcere (art. 145 c.p.).

Note bibliografiche

PAOLI G., *Il reato, il risarcimento e la riparazione*, Bologna, 1925; CARNELUTTI F., *Il danno e il reato*, Padova, 1926; ANTOLISEI F., *L'offesa ed il danno nel reato*, Bergamo, 1930; FROSALI R.A., *Reato, danno e sanzione*, Padova, 1932; BONINI G., *Le garanzie patrimoniali penali*, Milano, 1938; CANDIAN AL., *Sequestro conservativo penale*, Padova, 1955; GUARNERI G., voce *Obbligazione civile per l'ammenda*, in *Noviss. Dig. it.*, Vol. XI, 1965, p. 631 ss.; GIARDA A., *La persona offesa dal reato nel processo penale*, Milano, 1971; AMODIO E., *Le cautele patrimoniali nel processo penale*, Milano, 1971; AMODIO E., *Ipoteca legale penale*, in *Enc. dir.*, Vol. XXII, 1972, p. 766 ss.; DINACCI U., *Contributo allo studio del sequestro conservativo nel processo penale*, Roma, 1972; RICCIO G., *I principi informatori della responsabilità civile da reato*, Napoli, 1979; BONILINI G., *Il danno non patrimoniale*, Milano, 1983; ALESSANDRI A., *Reati di impresa e modelli sanzionatori alternativi*, Milano, 1984; DINACCI U., *Il sequestro conservativo nel nuovo processo penale*, Padova, 1990; FALZEA M.G., voce *Danno (nascente da reato)*, in *Enc. Giur. Treccani*, Vol. X, 1988; CASTELLANO M., voce *Ipoteca legale penale*, in *Dig. disc. pen.*, Vol. VII, 1993, p. 273 ss.; DASSANO F., *Il danno da reato*, Torino, 1993; MANNA A., *La tutela penale della personalità*, Bologna, 1993; DE CARO A., voce *Responsabile civile*, in *Dig. disc. pen.*, Vol. XII, 1997, p. 93 ss.; PENNISI A., voce *Parte civile*, in *Enc. dir.*, Agg., Vol. I, 1997, Milano, p. 783 ss.; ZENO ZENCOVICH V., *La responsabilità civile da reato*, Padova, 1989; ZENO ZENCOVICH V., voce *Sanzioni civili conseguenti al reato*, in *Dig. disc. pen.*, Vol. XII, 1997, p. 1 ss.; FONDAROLI D., *Illecito penale e riparazione del danno*, Milano, 1999; BELLANTONI D., *Lesione dei diritti della persona. tutela penale, tutela civile e risarcimento del danno*, Padova, 2000; GALIONE A.-MACCIONI S., *Il danno e il reato. La persona offesa, la parte civile e il responsabile civile*, Padova, 2000; CENDON P. (a cura di), *Trattato breve dei nuovi danni. Il risarcimento del danno essenziale: aspetti civili, penali*, Voll. I-III, Padova, 2001; SQUARCIA E., *L'azione di danno nel processo penale*, Padova, 2002; PALMIERI E., *Le «sanzioni civili» del reato nel processo penale. Risarcimento del danno. Condanna generica e provvisionale*, Milano, 2002; CASSANO G. (a cura di), *Nuovi diritti della persona e risarcimento del danno. Tutela civile e penale*, Voll. I-II, Torino, 2003; CIOFFI F., *Il danno nel processo penale*, Padova, 2003; CASSANO G.-SGROI M. (a cura di), *Nuovi diritti della persona e risarcimento del danno. Tutela civile e penale*, Voll. III-IV, Torino, 2004; PAOLA F., voce *Azione civile e processo penale*, in *Dig. disc. pen.*, Agg. II, 2004, p. 9 ss.; DI PINTO S., *Conseguenze civili del reato e nuovi tipi di danni*, Milano, 2007; BONDI A.-MARRA G.-POLIDORI P. (a cura di), *Il prezzo del reato: la pena in una prospettiva interdisciplinare*, Torino, 2010; D'APOLLO L. (a cura di), *Danno morale e reato: risarcimento in caso di lesioni e omicidio colposo da sinistro stradale, diffamazione e ingiuria, danno dell'ambiente,* stalking, Torino, 2010; PITTARO P. (a cura di), *Reato e danno. Fattispecie criminose e ipotesi risarcitorie*, Milano, 2014; DELVECCHIO F., *Il danno alla vittima del reato e i suoi rimedi*, Assago-Padova, 2017.

INDICE ANALITICO

F

G

I

K

L

Q

R

U

V

APPUNTI

APPUNTI

APPUNTI

APPUNTI

APPUNTI

APPUNTI

APPUNTI

APPUNTI

APPUNTI

APPUNTI

APPUNTI

APPUNTI

APPUNTI

APPUNTI

APPUNTI

APPUNTI

APPUNTI

APPUNTI

APPUNTI

APPUNTI

APPUNTI

APPUNTI